중학

뉴런

사회 ①

개념책

중학도 역시 EBS

하루 **한 장**으로
중학 수학 **실력 UP**

인터넷·모바일·TV
무료 강의 제공

한 장 수학

한 장 수학

| 1(상) | 1(하) | 2(상) | 2(하) | 3(상) | 3(하) |

중학 수학은
한 장 수학으로
이렇게!

하루 한 장으로
가볍게 습관 들이기

기초부터 시작해서
문제로 완성하기

셋!

서술형·신유형 문항도
빠짐없이 연습하기

중학 뉴런

한 권으로 끝내는 자기주도 학습
공부 세포를 깨우는 새로운 배움의 시작

누적 판매
300만
베스트셀러

사회 ①

개념책

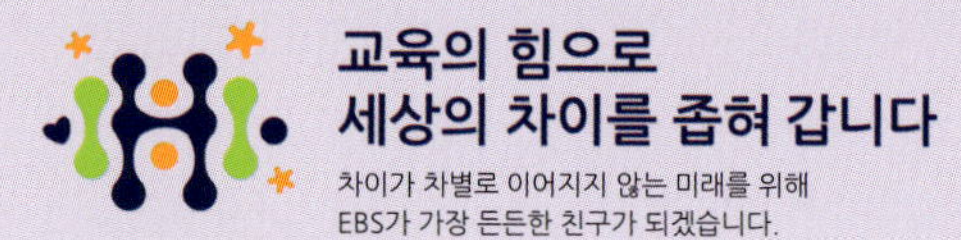

본 교재는 EBS 교재사이트에서
eBook으로도 구입하실 수 있습니다.

기획 및 개발

이은희
박영민

집필 및 검토

김은희(광덕중)
박세구(하남고)
이보람(삼성중)
조수진(옥정중)
최재영(서라벌고)
최종현(세마고)

검토

강승태
김봉수
김세진
김연주
김한솔
박서연
박의현
손영찬
이준구
조민기
조영매
조철민

본 교재의 강의는 TV와 모바일 APP, EBS 중학사이트(mid.ebs.co.kr)에서 무료로 제공됩니다.

발행일 2024. 12. 14. **4쇄 인쇄일** 2025. 10. 31. **신고번호** 제2017-000193호 **펴낸곳** 한국교육방송공사 경기도 고양시 일산동구 한류월드로 281 **제조국** 대한민국
표지디자인 ㈜무닉 **편집** ㈜글사랑 **인쇄** ㈜타라티피에스 **사진** 게티이미지코리아, ㈜아이엠스톡, 이미지파트너스
인쇄 과정 중 잘못된 교재는 구입하신 곳에서 교환하여 드립니다. 신규 사업 및 교재 광고 문의 pub@ebs.co.kr

중학

뉴런

사회 ①

개념책

이 책의 구성과 특징

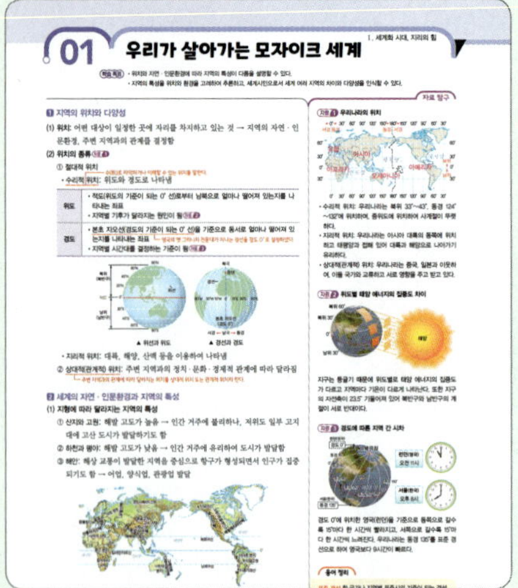 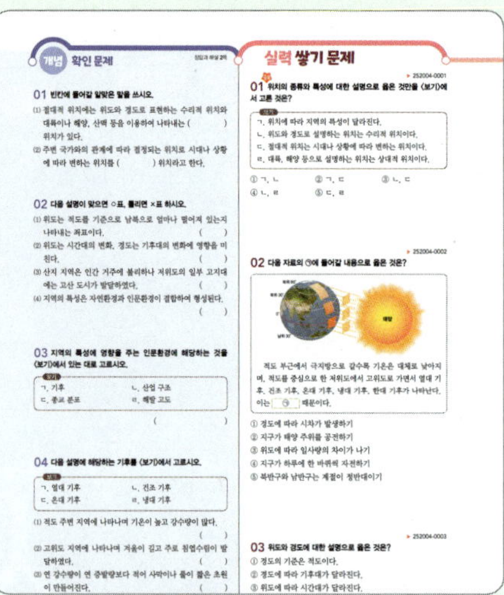 

🔴 개념 정리&자료 탐구

교과서의 핵심 개념을 체계적으로 정리하였고, 보충 설명이 필요한 내용은 첨삭을 추가하였습니다. 보조단에는 개념 학습에 꼭 필요한 자료를 실어 보다 깊이 있는 학습이 가능하도록 하였습니다.

🔴 다양한 유형의 단계별 문제 수록

개념 확인 문제 ➡ 실력 쌓기 문제 ➡ 서술형 문제

개념 정리에서 학습한 내용을 확인해 볼 수 있도록 개념 확인 문제부터 실력 쌓기 문제, 서술형 문제까지 다양한 유형의 단계별 문제를 제공하여 학습한 개념을 다시 한번 다지고 학교 시험에 완벽 대비할 수 있도록 하였습니다.

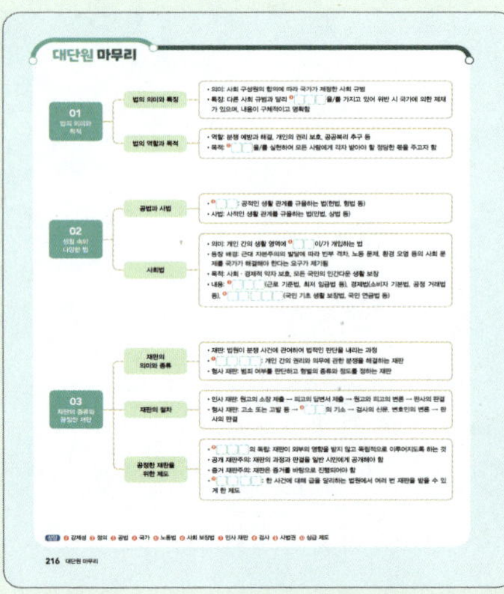 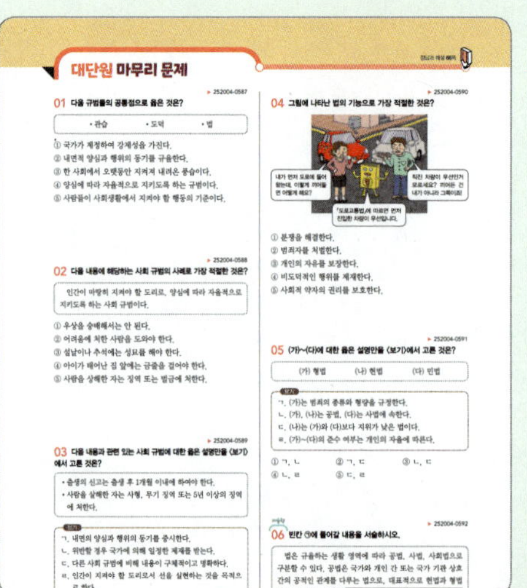 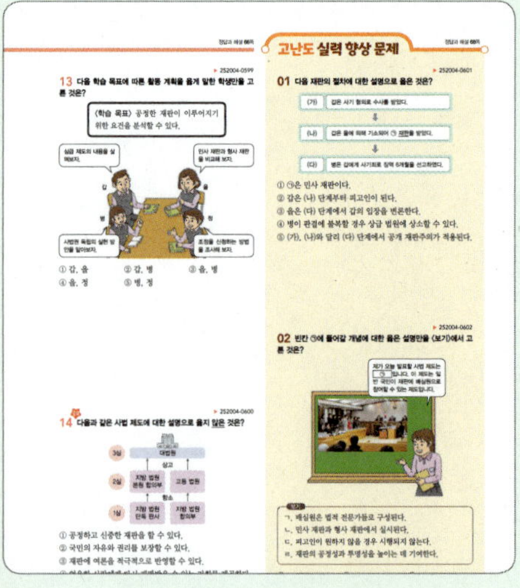

🔴 대단원 정리   대단원 마무리 ➡ 대단원 마무리 문제 ➡ 고난도 실력 향상 문제

한 단원의 학습이 끝나면 핵심 개념을 다시 한번 정리하고 문제를 통해 확인해 볼 수 있도록 하였습니다. 모든 학습이 끝나면 고난도 실력 향상 문제로 최종 실력을 점검하세요.

실전책

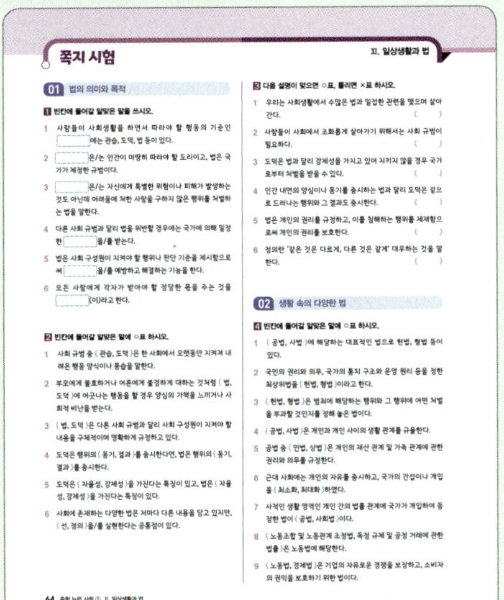

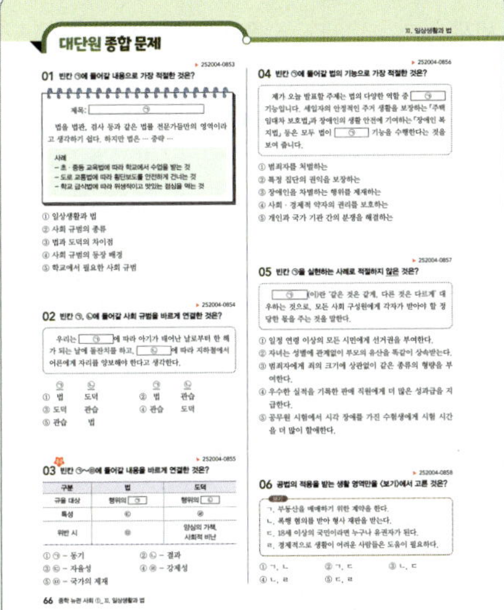

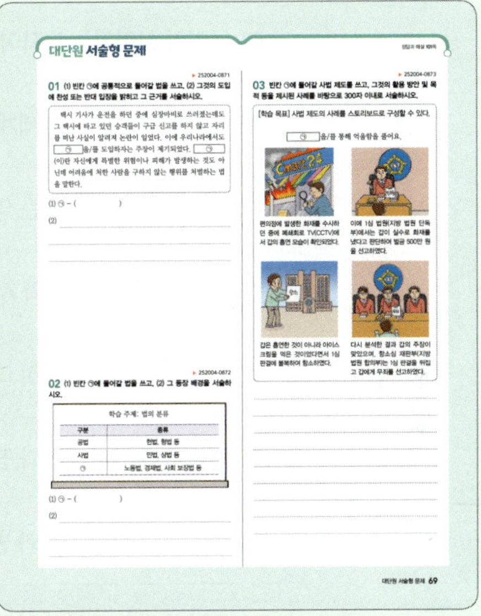

⬆ 쪽지 시험

교과서의 핵심 개념을 빈칸 채우기 문항으로 만들었습니다. 빈칸의 핵심 개념을 채우면서 주요 개념을 완벽하게 익혀 보세요.

⬆ 대단원 종합 문제

단원 통합 문제를 대비할 수 있도록 다양한 문제로 구성하였습니다. 대단원 종합 문제를 통해 학교 시험에 완벽히 대비하세요.

⬆ 대단원 서술형 문제

확대된 서술형 평가에 대비하기 위한 코너입니다. 문제를 풀어보며 서술형 평가에 대해 자신감을 쌓아 보세요.

차례 & 우리 학교 교과서 **찾아보기**

Contents

I

세계화 시대, 지리의 힘

01 우리가 살아가는 모자이크 세계

학습목표 • 위치와 자연 · 인문환경에 따라 지역의 특성이 다름을 설명할 수 있다.
• 지역의 특성을 위치와 환경을 고려하여 추론하고, 세계시민으로서 세계 여러 지역의 차이와 다양성을 인식할 수 있다.

1 지역의 위치와 다양성

(1) 위치: 어떤 대상이 일정한 곳에 자리를 차지하고 있는 것 → 지역의 자연 · 인문환경, 주변 지역과의 관계를 결정함

(2) 위치의 종류 자료 ❶

① 절대적 위치
    └ 수(數)로 파악하거나 이해할 수 있는 위치를 말한다.
• **수리적 위치:** 위도와 경도로 나타냄

위도	• 적도(위도의 기준이 되는 0° 선)로부터 남북으로 얼마나 떨어져 있는지를 나타내는 좌표 • 지역별 기후가 달라지는 원인이 됨 자료 ❷
경도	• 본초 자오선(경도의 기준이 되는 0° 선)을 기준으로 동서로 얼마나 떨어져 있는지를 나타내는 좌표 └ 영국의 옛 그리니치 천문대가 지나는 경선을 경도 0°로 설정하였다. • 지역별 시간대를 결정하는 기준이 됨 자료 ❸

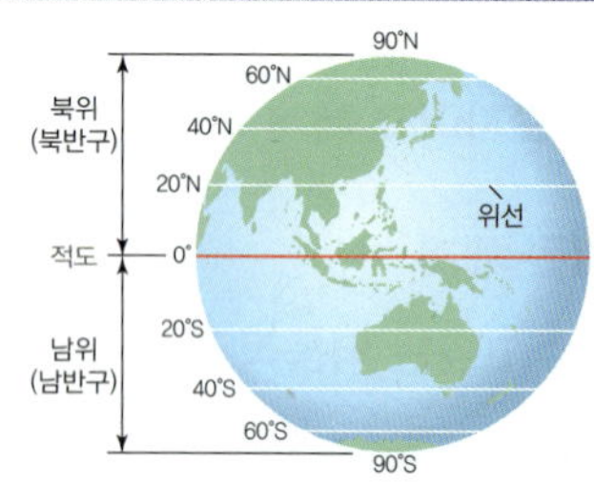

▲ 위선과 위도

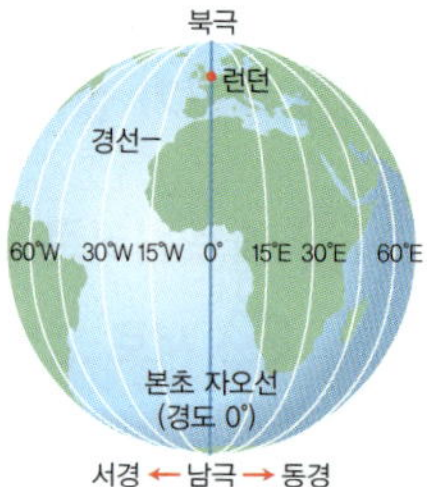

▲ 경선과 경도

• **지리적 위치:** 대륙, 해양, 산맥 등을 이용하여 나타냄

② **상대적(관계적) 위치:** 주변 지역과의 정치 · 문화 · 경제적 관계에 따라 달라짐
    └ 주변 지역과의 관계에 따라 달라지는 위치를 상대적 위치 또는 관계적 위치라 한다.

2 세계의 자연 · 인문환경과 지역의 특성

(1) 지형에 따라 달라지는 지역의 특성

① **산지와 고원:** 해발 고도가 높음 → 인간 거주에 불리하나, 저위도 일부 고지대에 고산 도시가 발달하기도 함

② **하천과 평야:** 해발 고도가 낮음 → 인간 거주에 유리하여 도시가 발달함

③ **해안:** 해상 교통이 발달한 지역을 중심으로 항구가 형성되면서 인구가 집중되기도 함 → 어업, 양식업, 관광업 발달

▲ 세계의 지형 분포

자료 ❶ 우리나라의 위치

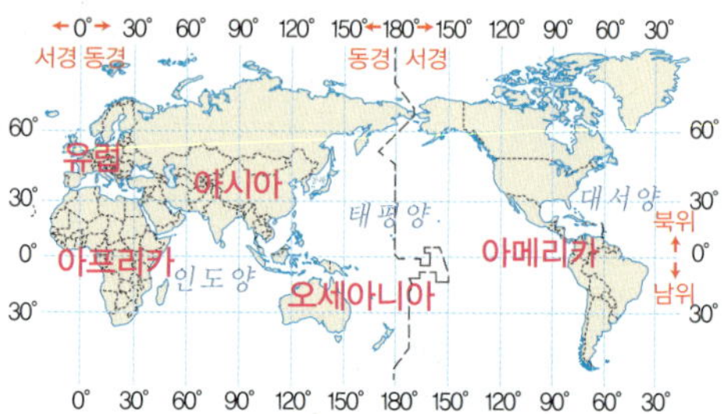

• **수리적 위치:** 우리나라는 북위 33°~43°, 동경 124°~132°에 위치하며, 중위도에 위치하여 사계절이 뚜렷하다.
• **지리적 위치:** 우리나라는 아시아 대륙의 동쪽에 위치하고 태평양과 접해 있어 대륙과 해양으로 나아가기 유리하다.
• **상대적(관계적) 위치:** 우리나라는 중국, 일본과 이웃하여, 이들 국가와 교류하고 서로 영향을 주고 받고 있다.

자료 ❷ 위도별 태양 에너지의 집중도 차이

지구는 둥글기 때문에 위도별로 태양 에너지의 집중도가 다르고 지역마다 기온이 다르게 나타난다. 또한 지구의 자전축이 23.5° 기울어져 있어 북반구와 남반구의 계절이 서로 반대이다.

자료 ❸ 경도에 따른 지역 간 시차

경도 0°에 위치한 영국(런던)을 기준으로 동쪽으로 갈수록 15°마다 한 시간씩 빨라지고, 서쪽으로 갈수록 15°마다 한 시간씩 느려진다. 우리나라는 동경 135°를 표준 경선으로 하여 영국보다 9시간이 빠르다.

용어 정리

표준 경선 한 국가나 지역별 표준시의 기준이 되는 경선

---

(2) 기후에 따라 달라지는 지역의 특성

① 위도에 따른 기후의 차이: 적도에서 극지방으로 가면서 대체로 열대, 건조, 온대, 냉대, 한대 기후가 나타남

열대 기후	적도 주변 지역에 나타나며 기온이 높고 강수량이 많음 자료 4
건조 기후	연 증발량이 연 강수량보다 많아 식생이 빈약함
온대 기후	중위도 지역에 나타나며 사계절의 변화가 뚜렷하고 대체로 온화함
냉대 기후	고위도 지역에 나타나며 겨울이 길고 침엽수림이 발달함
한대 기후	극지방 주변에 나타나며 연중 기온이 매우 낮음 자료 5

② 해발 고도가 높은 지역: 평지보다 기온이 낮은 고산 기후가 나타남

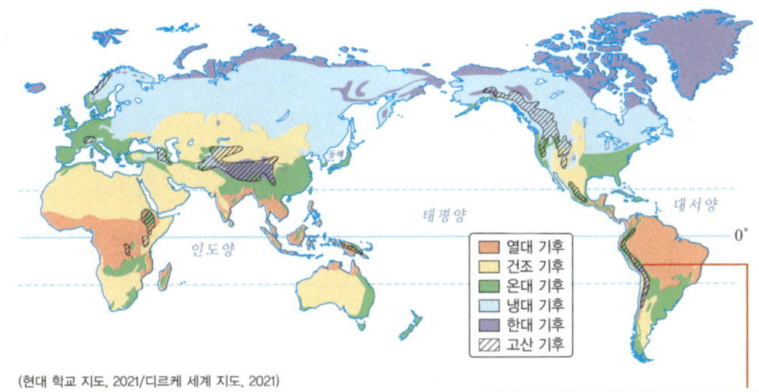

(현대 학교 지도, 2021/디르케 세계 지도, 2021)

▲ 세계의 기후 분포

저위도 지역에 위치하며 해발 고도가 높아 고산 기후가 나타나는 안데스산맥에는 고대 잉카 문명의 유적이 있으며, 고산 도시가 발달하였다. 이 지역 주민들은 알파카, 라마를 사육하고 감자, 옥수수 등을 재배하며 살아간다.

(3) 인문환경에 따라 달라지는 지역의 특성

① 산업: 농경을 하는 지역에서는 작물을 기르며 정착 생활을 하고, 제조업과 서비스업이 발달한 지역은 도시적 생활 모습이 나타남

② 종교: 지역 주민의 의식주를 비롯한 생활양식에 영향을 미치며, 독특한 인문환경을 형성함 자료 6

예를 들어, 종교적 이유로 이슬람교도들은 돼지고기를 먹지 않으며, 힌두교도들은 소고기를 먹지 않는다.

3 모자이크 세계 속 지역의 차이와 다양성

(1) 세계 여러 지역의 다양성

① 지역의 위치: 지역의 위치에 따라 자연환경의 특성이 달라짐

② 지형, 기후, 식생 등의 자연환경에 따라 생활 양식이 달라짐

③ 자연환경과 인문환경이 결합하여 지역의 특성 형성

(2) 지리적 다양성의 존중: 세계 각 지역의 특성을 이해하고, 다양성과 고유성을 존중하는 세계시민으로서의 자질을 갖추어야 함

특정 국가의 국적에서 벗어나 전체 세계 인류의 구성원으로서 시민을 의미한다.

집중 탐구 싱가포르의 위치에 따른 지역성 추론하기

• **싱가포르의 위치**: 북위 1°, 동경 104°

• 에 위치하여 적도와 가깝다. 태평양과 인도양을 연결하는 믈라카 해협에 위치하며, 교통의 요지이다.

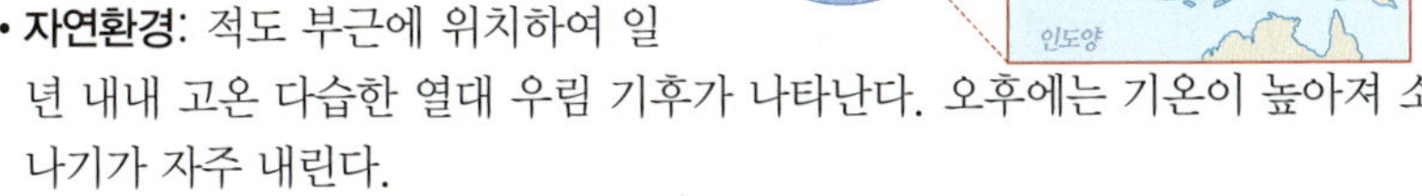

• **자연환경**: 적도 부근에 위치하여 일 년 내내 고온 다습한 열대 우림 기후가 나타난다. 오후에는 기온이 높아져 소나기가 자주 내린다.

• **인문환경**: 태평양과 인도양을 연결하는 해상 교통의 중요 지점에 위치하여 중계 무역항으로 성장하였으며, 세계적인 금융 중심지로 발전하고 있다.

자료 4 열대 기후 지역의 주민 생활

적도 주변의 열대 기후 지역은 덥고 습해 땅에서 올라오는 열기, 습기를 방지하고 해충을 막기 위해 가옥의 바닥을 지면에서 띄워 집을 짓는다.

자료 5 한대 기후 지역의 주민 생활

극지방 주변에 나타나는 한대 기후 지역은 겨울이 길고 몹시 추우며 여름이 짧다. 이 지역 주민들은 순록을 유목하며 살아간다.

자료 6 세계의 종교 분포

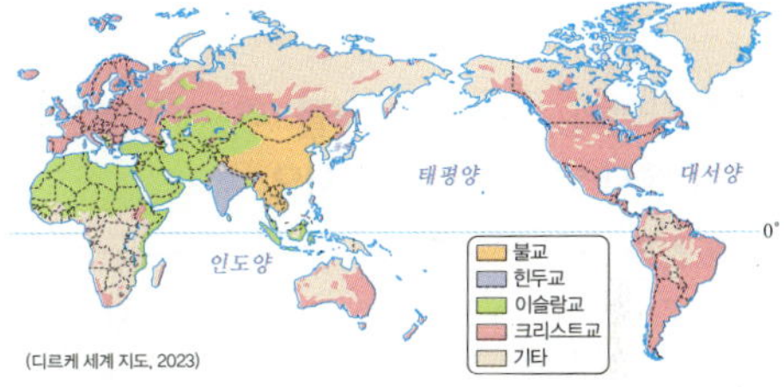

(디르케 세계 지도, 2023)

종교 분포에 따라 세계 여러 지역의 특성이 달라진다. 유럽과 아메리카, 오세아니아에서는 크리스트교 문화, 북부 아프리카와 서남아시아에서는 이슬람교 문화가 발달하였으며, 아시아의 인도차이나반도에서는 불교 문화, 아시아의 인도에서는 힌두교 문화가 발달하였다.

용어 정리

고산 기후 고도가 높은 산지에서 나타나는 기후

식생 특정 지역의 지표면을 덮고 있는 식물 집단

중계 무역 다른 국가에서 사들인 물자를 다른 국가로 수출하는 형식의 무역

유목 일정한 거처를 정하지 아니하고 물과 풀밭을 찾아 옮겨 다니면서 목축을 하며 삶

알파카 낙타과의 포유류

라마 낙타과의 포유류로 알파카보다 크기가 작음

01 빈칸에 들어갈 알맞은 말을 쓰시오.

(1) 절대적 위치에는 위도와 경도로 표현하는 수리적 위치와 대륙이나 해양, 산맥 등을 이용하여 나타내는 (   ) 위치가 있다.

(2) 주변 국가와의 관계에 따라 결정되는 위치로 시대나 상황에 따라 변하는 위치를 (   ) 위치라고 한다.

02 다음 설명이 맞으면 ○표, 틀리면 ×표 하시오.

(1) 위도는 적도를 기준으로 남북으로 얼마나 떨어져 있는지 나타내는 좌표이다. (   )

(2) 위도는 시간대의 변화, 경도는 기후대의 변화에 영향을 미친다. (   )

(3) 산지 지역은 인간 거주에 불리하나 저위도의 일부 고지대에는 고산 도시가 발달하였다. (   )

(4) 지역의 특성은 자연환경과 인문환경이 결합하여 형성된다. (   )

03 지역의 특성에 영향을 주는 인문환경에 해당하는 것을 〈보기〉에서 있는 대로 고르시오.

> **보기**
> ㄱ. 기후 　　　　　ㄴ. 산업 구조
> ㄷ. 종교 분포 　　　ㄹ. 해발 고도

(   )

04 다음 설명에 해당하는 기후를 〈보기〉에서 고르시오.

> **보기**
> ㄱ. 열대 기후 　　　ㄴ. 건조 기후
> ㄷ. 온대 기후 　　　ㄹ. 냉대 기후

(1) 적도 주변 지역에 나타나며 기온이 높고 강수량이 많다. (   )

(2) 고위도 지역에 나타나며 겨울이 길고 주로 침엽수림이 발달하였다. (   )

(3) 연 강수량이 연 증발량보다 적어 사막이나 풀이 짧은 초원이 만들어진다. (   )

(4) 중위도 지역에 나타나며 사계절의 변화가 뚜렷하고 대체로 기온이 온화하다. (   )

실력 쌓기 문제

▶ 252004-0001

01 위치의 종류와 특성에 대한 설명으로 옳은 것만을 〈보기〉에서 고른 것은?

> **보기**
> ㄱ. 위치에 따라 지역의 특성이 달라진다.
> ㄴ. 위도와 경도로 설명하는 위치는 수리적 위치이다.
> ㄷ. 절대적 위치는 시대나 상황에 따라 변하는 위치이다.
> ㄹ. 대륙, 해양 등으로 설명하는 위치는 상대적 위치이다.

① ㄱ, ㄴ　　　　② ㄱ, ㄷ　　　　③ ㄴ, ㄷ
④ ㄴ, ㄹ　　　　⑤ ㄷ, ㄹ

▶ 252004-0002

02 다음 자료의 ㉠에 들어갈 내용으로 옳은 것은?

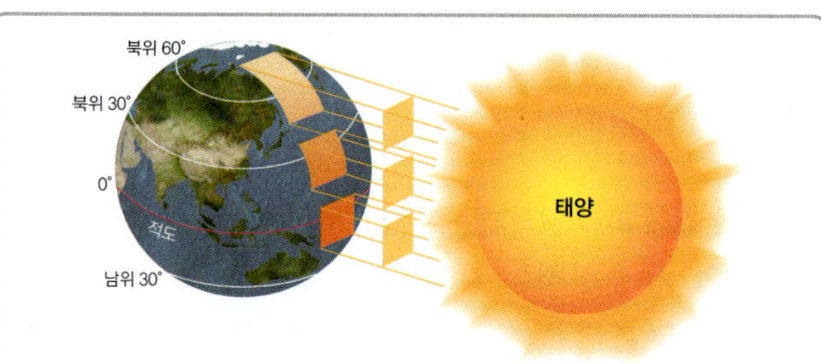

　적도 부근에서 극지방으로 갈수록 기온은 대체로 낮아지며, 적도를 중심으로 한 저위도에서 고위도로 가면서 열대 기후, 건조 기후, 온대 기후, 냉대 기후, 한대 기후가 나타난다. 이는 　㉠　 때문이다.

① 경도에 따라 시차가 발생하기
② 지구가 태양 주위를 공전하기
③ 위도에 따라 일사량의 차이가 나기
④ 지구가 하루에 한 바퀴씩 자전하기
⑤ 북반구와 남반구는 계절이 정반대이기

▶ 252004-0003

03 위도와 경도에 대한 설명으로 옳은 것은?

① 경도의 기준은 적도이다.
② 경도에 따라 기후대가 달라진다.
③ 위도에 따라 시간대가 달라진다.
④ 위도는 0°부터 180°까지 설정한다.
⑤ 위도는 가로선, 경도는 세로선으로 표현된다.

04 ▶ 252004-0004

04 지도를 보고 알 수 있는 우리나라의 위치에 대한 설명으로 옳은 것은?

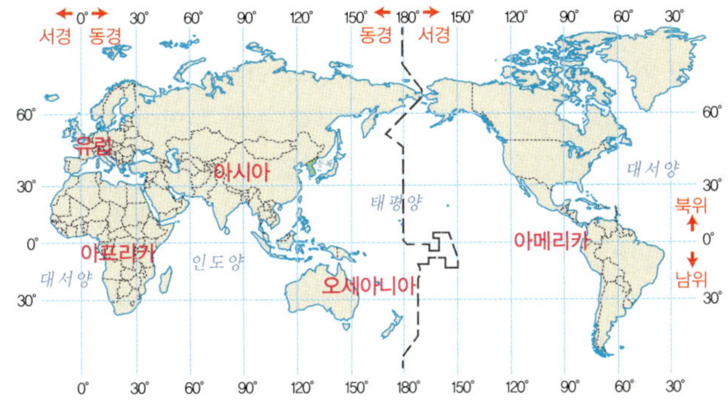

① 남반구에 위치한다.
② 인도양과 접하고 있다.
③ 저위도 지역에 위치한다.
④ 아시아 대륙의 서쪽에 위치한다.
⑤ 동경 120°~135° 사이에 위치한다.

▶ 252004-0005

05 다음 자료와 같이 두 국가에서 업무를 연속적으로 처리할 수 있는 이유로 가장 적절한 것은?

▲ 인도 벵갈루루

▲ 미국 샌프란시스코

① 두 지역의 계절이 반대이기 때문이다.
② 두 지역에 시차가 나타나기 때문이다.
③ 두 지역의 위도가 비슷하기 때문이다.
④ 한 지역의 해발 고도가 더 높기 때문이다.
⑤ 두 지역의 주민이 믿는 종교가 서로 같기 때문이다.

▶ 252004-0006

06 지도는 세계의 기후 분포를 나타낸 것이다. A~C에 해당하는 기후로 옳은 것은?

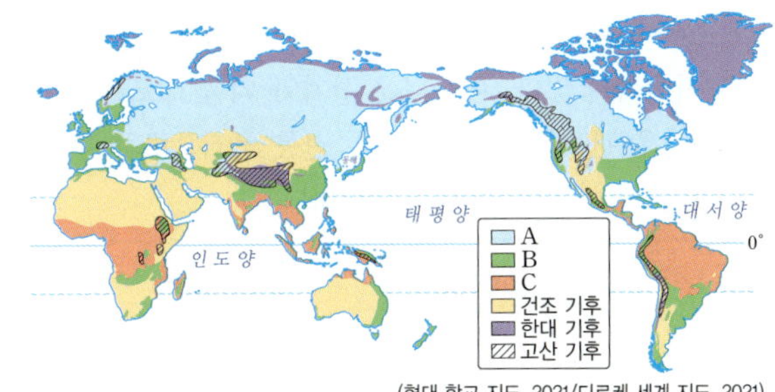

(현대 학교 지도, 2021/디르케 세계 지도, 2021)

	A	B	C		A	B	C
①	냉대	열대	온대	②	냉대	온대	열대
③	열대	냉대	온대	④	열대	온대	냉대
⑤	온대	냉대	열대				

▶ 252004-0007

07 다음 자료의 ㉠ 지역에 대한 위치 특성으로 옳은 것은?

㉠ 지역은 연중 온화한 기후가 나타나 큰 도시가 발달하였다. 하루 동안의 기온 변화가 큰 편이어서 주민들은 여러 벌의 옷을 겹쳐 입거나 판초와 같은 옷을 즐겨 입는다.

① 고위도에 위치한다.
② 북아메리카에 위치한다.
③ 해발 고도가 높은 곳이다.
④ 바다와 가까워 항구 발달에 유리하다.
⑤ 사계절이 뚜렷하게 구분되는 온대 기후 지역이다.

▶ 252004-0008

08 다음 글에서 설명하는 기후 지역을 지도의 A~E에서 고른 것은?

극지방에 가까운 지역으로 가장 따뜻한 달의 평균 기온이 10℃ 미만이며, 겨울이 길고 춥다. 오로라 관측, 개썰매, 얼음 낚시 등의 관광 상품이 발달하였다.

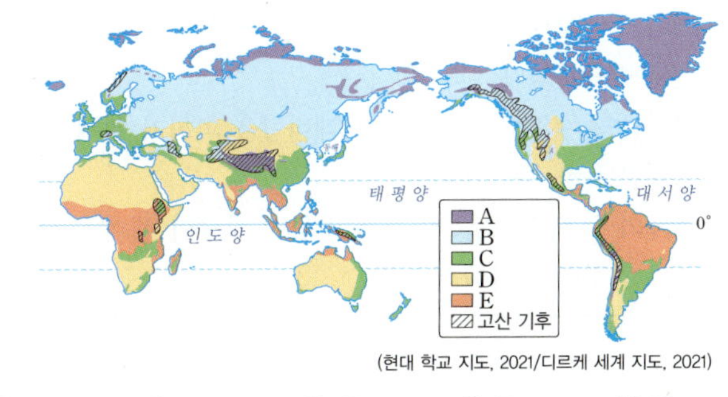

(현대 학교 지도, 2021/디르케 세계 지도, 2021)

① A ② B ③ C ④ D ⑤ E

실력 쌓기 문제

▶ 252004-0009

09 다음 글에서 설명하는 국가로 옳은 것은?

알프스산맥의 중부에 위치한 이 국가는 국토의 약 70%가 산지로 이루어져 있다. 아름다운 산지와 겨울 스포츠를 즐기기 위해 많은 관광객이 찾고 있다. 전통 음식으로는 추운 날씨에 치즈를 녹여 먹는 퐁뒤가 유명하다.

① 네팔 ② 미국 ③ 페루
④ 스위스 ⑤ 노르웨이

▶ 252004-0010

10 지도는 세계의 주요 종교 분포를 나타낸 것이다. A~C에 해당하는 종교로 옳은 것은?

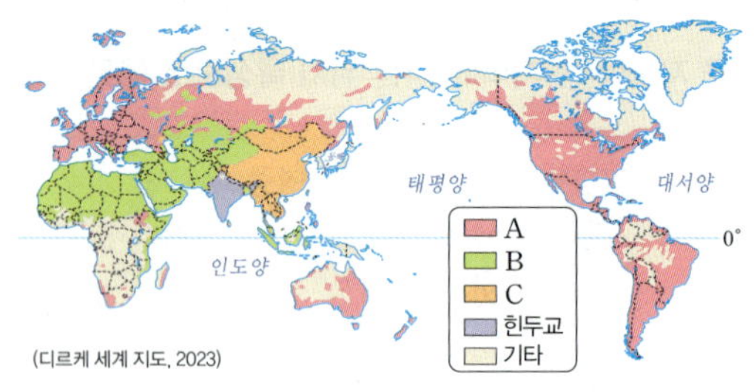

	A	B	C
①	불교	이슬람교	크리스트교
②	불교	크리스트교	이슬람교
③	이슬람교	불교	크리스트교
④	크리스트교	불교	이슬람교
⑤	크리스트교	이슬람교	불교

▶ 252004-0011

11 세계 여러 지역의 특성에 대한 설명으로 옳은 것만을 〈보기〉에서 고른 것은?

〈보기〉

ㄱ. 이라크는 연중 기온이 높고 강수량이 풍부해 벼농사가 활발하다.

ㄴ. 그리스는 고대 유적이 많고 여름철 날씨가 맑아 관광 산업이 발달하였다.

ㄷ. 베트남의 주민들은 사막의 모래바람을 피하기 위해 길고 헐렁한 옷을 주로 입는다.

ㄹ. 미국의 뉴욕은 금융 및 보험업 등이 발달한 세계 도시로 고층 건물이 밀집해 있다.

① ㄱ, ㄴ ② ㄱ, ㄷ ③ ㄴ, ㄷ
④ ㄴ, ㄹ ⑤ ㄷ, ㄹ

▶ 252004-0012

12 다음 글에서 설명하는 지역을 지도의 A~E에서 고른 것은?

이 지역은 저위도에 위치하여 일 년 내내 고온 다습한 열대 우림 기후가 나타난다. 또한 태평양과 인도양을 연결하는 해상 교통의 요지에 위치하여 일찍부터 중계 무역이 발달하였고, 세계적인 금융 중심지로 성장하였다. 지역이 개발될 때 주변 국가에서 노동자들이 많이 들어와 다양한 민족, 언어, 종교를 가진 사람들이 어우러져 살고 있다.

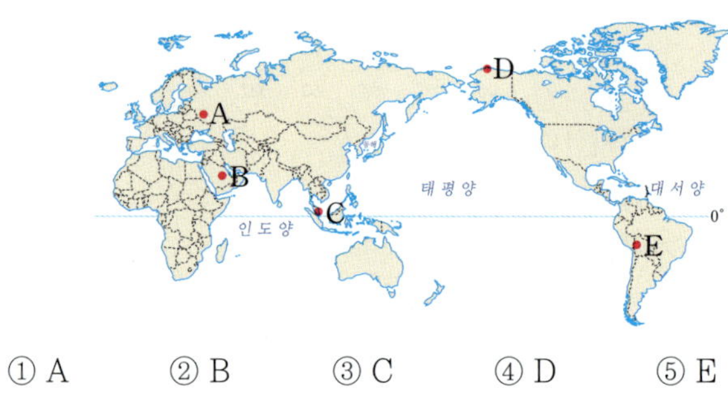

① A ② B ③ C ④ D ⑤ E

▶ 252004-0013

13 지도의 A~D 국가의 지역 특성에 대한 설명으로 옳은 것만을 〈보기〉에서 고른 것은?

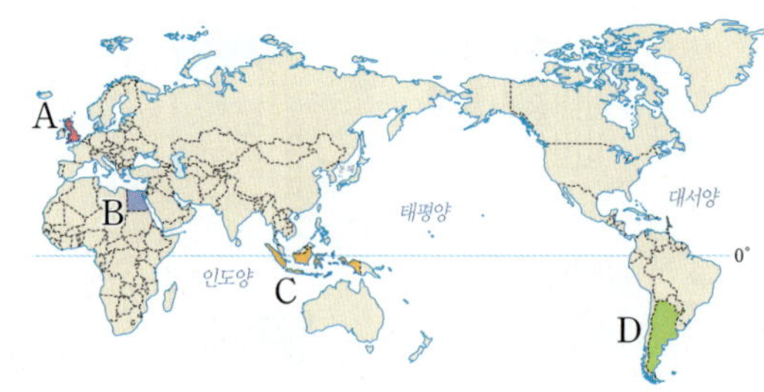

〈보기〉

ㄱ. A는 경도의 기준이 되는 선이 지나간다.

ㄴ. B는 C보다 연 강수량이 많다.

ㄷ. C는 D보다 연평균 기온이 높다.

ㄹ. D는 A보다 산업화가 시작된 시기가 이르다.

① ㄱ, ㄴ ② ㄱ, ㄷ ③ ㄴ, ㄷ
④ ㄴ, ㄹ ⑤ ㄷ, ㄹ

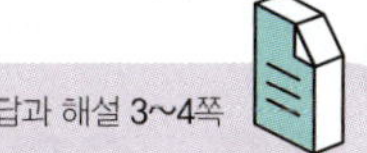

서술형 문제

1단계 핵심 키워드 파악하기

▶ 252004-0014

01 지도를 참고하여 싱가포르의 수리적 위치와 지리적 위치를 서술하고, 이에 따른 지역 특성에 대해 서술하시오.

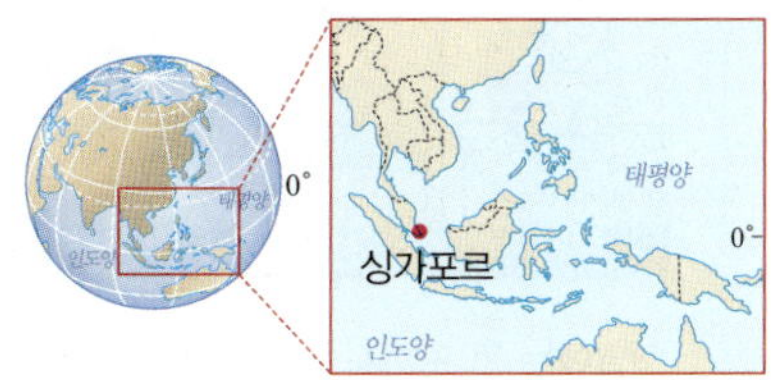

답 완성하기

싱가포르는 북위 1°, (　　　　　　) 104°에 위치하며, 적도 부근에 위치하여 (　　　　　　) 기후가 나타난다. 또한 태평양과 (　　　　　　)을/를 연결하는 교통의 요지에 위치하여 중계 무역이 발달하였다.

▶ 252004-0015

02 사진은 지도에 표시된 지점의 주민 생활 모습을 나타낸 것이다. 이 지역의 기후 특징과 사진을 통해 알 수 있는 지역 주민의 생활 모습에 대해 서술하시오.

답 완성하기

지도에 표시된 지역은 겨울이 길고 몹시 추우며 여름이 짧은 (　　　　　　) 기후가 나타난다. 이 지역은 추운 날씨로 농사를 짓기 어려워 주민들은 (　　　　　　)을/를 키우며 (　　　　　　) 생활을 한다.

2단계 스스로 문장 완성하기

▶ 252004-0016

03 지도를 참고하여 우리나라의 수리적 위치와 지리적 위치를 서술하고, 이에 따른 지역 특성에 대해 서술하시오.

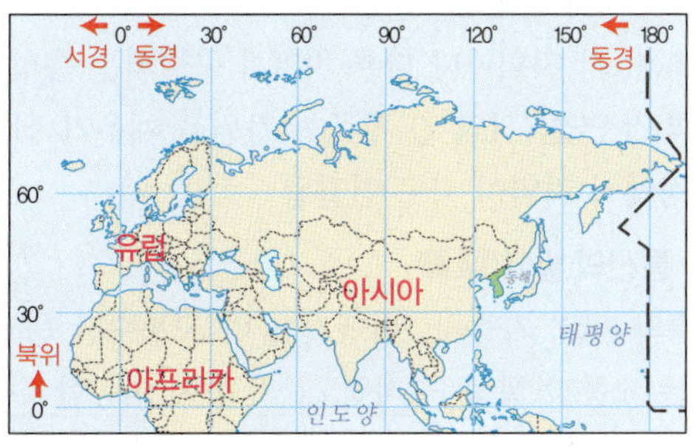

▶ 252004-0017

04 사진은 지도에 표시된 지점의 전통 가옥을 나타낸 것이다. 이 지역의 기후 명칭을 쓰고, 가옥의 바닥을 지면에서 띄워 지은 이유를 이 지역의 기후 특징에 맞게 서술하시오.

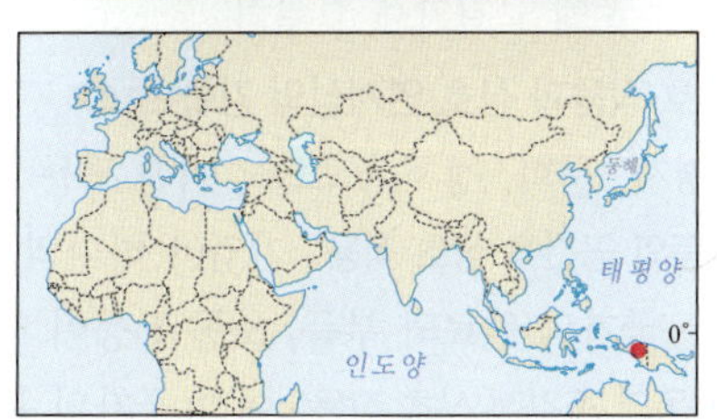

02~03 네트워크로 연결된 세계 ~ 서로 영향을 주고받는 역동적인 세계

학습 목표 • 다양한 스케일에서 지역이 서로 연결되어 있음을 사례를 통해 설명할 수 있다.
• 세계화가 지역에 미치는 영향과 세계화 속에서 각 지역이 어떻게 대응해 나가고 있는지를 설명할 수 있다.

❶ 교통 · 통신의 발달과 공간적 상호 작용

(1) 지역성과 지역 간 연결

① 지역성: 각 지역마다 다른 지역과 구별되는 특성을 지님

② 지역 간 연결: 지역 간 부족한 자원을 채우기 위해 사람과 물자가 이동하는 과정에서 지역이 서로 연결됨

(2) 교통 · 통신의 발달 (자료 ❶)

① 교통의 발달: 자동차, 비행기 등의 교통수단 등장, 전 세계 각 지역을 연결하는 교통망 형성 → 사람, 물자 등이 이동할 수 있는 공간 범위 확대
  — 여가 및 경제활동의 시간적 거리가 단축되어 활동 범위가 확대되었다.

② 통신의 발달: 초고속 인터넷을 이용한 정보 통신 기술의 발달로 공간적 제약 극복 → 실시간으로 전 세계 사람들이 정보를 공유함

(3) 공간적 상호 작용

① 의미: 여러 지역 간 사람, 물자, 정보, 자본 등이 서로 교류하는 것

② 교통과 통신의 발달에 따른 시공간 압축으로 공간적 상호 작용이 더욱 활발해짐
  — 시간적, 공간적 제약이 감소되고 물리적 거리와 시간의 영향력이 완화된 상태를 의미한다.

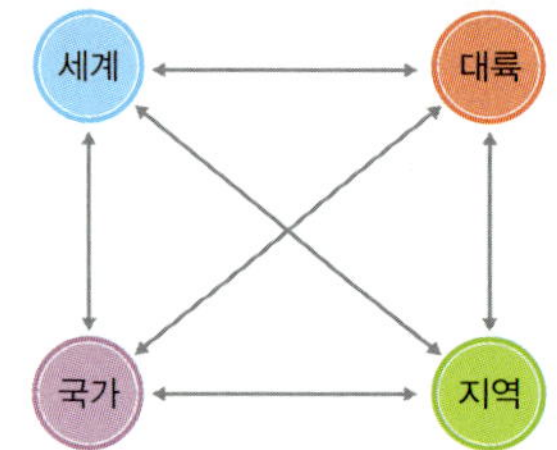

▲ 다양한 공간 스케일에서 상호 작용하는 세계

❷ 지역이 서로 연결된 네트워크 세계

(1) 네트워크의 형성 (자료 ❷)

① 배경: 교통 · 통신 수단의 발달과 공간적 상호 작용 확대

② 결과: 여러 교통로가 그물망처럼 연결된 교통 네트워크, 초고속 정보 통신망과 해저 케이블 구축을 통한 통신 네트워크가 형성됨

③ 다양한 규모의 공간 스케일: 지역, 국가, 세계 등 다양한 규모의 네트워크가 형성됨
  — 바다 밑에 부설되어 있으며 통신 또는 전력용으로 사용되는 케이블을 말한다.

④ 국지적 수준에서 전 지구적 수준에 이르기까지 다양한 공간 스케일에서 공간적 상호 작용이 나타남 → 세계 여러 지역이 다양한 공간 스케일에서 네트워크를 통해 긴밀하게 연결됨

(2) 공간적 상호 작용과 상호 연계성의 강화 (자료 ❸)

① 영역: 경제, 문화, 정치, 스포츠, 여행 모든 영역에서 나타남

② 경제활동의 공간적 상호 작용: 기업이 하나의 상품을 생산, 유통하는 과정에서 많은 국가의 원료와 부품, 노동력 등이 서로 연결되어 있음

③ 문화 활동의 공간적 상호 작용: 여러 국가의 문화, 스포츠, 여행 관련 정보가 사회 관계망 서비스(SNS)와 동영상 공유 플랫폼 등으로 공유 → 개인의 취향에 따라 다양한 문화를 즐길 수 있음

④ 국경을 초월한 활발한 공간적 상호 작용으로 지역 간 상호 연계성과 상호 의존성이 강화됨

자료 탐구

자료 ❶ 통신 수단의 발달

옛날에는 먼 곳까지 편지를 써서 소식을 전하였으며, 이후 전보를 이용해 급한 소식을 전하기도 하였다. 이후 전화가 발명되어 상대방과 직접 통화할 수 있게 되었고 지금은 스마트폰 하나로 세계 곳곳의 사람들과 소식을 주고받을 수 있게 되었다.

자료 ❷ 세계 해저 케이블 네트워크

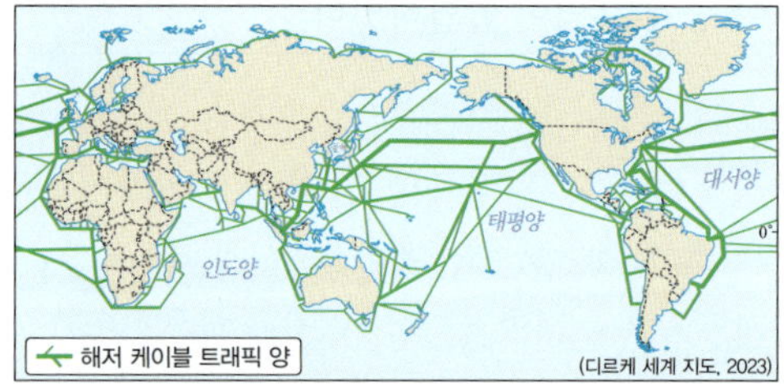

인터넷에 올라온 정보는 국내 통신망과 해저 케이블을 거쳐 기업의 데이터 센터로 이동하고, 다시 해저 케이블과 각국의 국내 통신망을 통해 순식간에 세계로 퍼진다.

자료 ❸ 경제활동의 공간적 상호 작용

영국에 본사를 둔 의류 기업이 청바지를 생산할 때, 면직물의 원료인 목화는 아프리카 베냉에서 수확하고, 영국 북아일랜드에서 실을 만든다. 일본과 프랑스에서 지퍼를 생산하며, 튀니지에서 청바지를 바느질한 뒤 완성된 청바지는 세계 각 지역에 있는 매장으로 수출된다.

기업이 하나의 상품을 생산하고 유통하는 과정에서 많은 국가가 공간적으로 상호 작용하고 있다.

용어 정리

국지적 일정한 지역에 한정된 것
사회 관계망 서비스 인터넷상에서 이용자들이 인적 네트워크를 형성할 수 있게 해 주는 서비스
동영상 공유 플랫폼 인터넷상에서 불특정 다수의 이용자가 올린 동영상을 다른 이용자들과 공유하고 시청할 수 있게 해 주는 서비스
전보 전신기를 이용하여 먼 거리에서 하는 통신이나 통보

3 서로 영향을 주고받는 역동적인 세계

(1) 세계화
① 의미: 세계 전체가 경제, 문화 등 모든 영역에서 하나의 지역처럼 통합되는 현상
② 배경: 세계 여러 지역 간의 상호 의존성이 확대되고 국경의 제약이 완화됨
③ 경제의 세계화: 상품, 서비스, 자본, 노동력 등이 활발하게 교류하고 세계가 하나의 거대한 시장을 형성하는 현상
④ 문화의 세계화: 한 지역에서 국경을 초월하여 음식, 스포츠, 음악, 영화 등의 다양한 문화를 경험할 수 있는 현상 〈자료 4〉

(2) 세계의 변화가 지역에 미친 영향
① 긍정적인 영향: 기업이나 지역의 경제적 이익이 늘어나고 소비자가 다양한 상품을 쉽게 구매할 수 있게 됨, 두 지역의 문화가 결합하여 새로운 문화가 생겨나고 다채로운 문화가 공존함
② 부정적인 영향: 선진국과 개발 도상국 간 빈부 격차가 확대되고, 지역의 전통문화 소멸에 따른 문화 획일화 현상이 나타나기도 함

(3) 지역화와 지역화 전략
① 지역화: 각 지역이 고유성을 살려 세계적 차원에서 고유한 가치를 지니게 되는 현상
② 지역화 전략: 지역의 고유한 전통과 특성을 살려 세계화에 능동적으로 대처함 → 지역의 경쟁력을 강화함
③ 지역화 전략의 종류

우리나라의 보성 녹차, 이천 쌀, 횡성 한우 등도 지리적 표시제로 등록되어 있다.

지역 브랜드화	지역을 상징적으로 표현하는 브랜드를 개발하여 지역 고유의 이미지를 형성하는 것 예 미국 뉴욕의 'I♥NY'
지리적 표시제 〈자료 5〉	지리적 특성이 반영된 우수한 특산물을 생산·판매하고 이를 상품에 표시할 수 있도록 하는 제도 예 프랑스의 카망베르 치즈
장소 마케팅	지역 축제 등을 통해 해당 장소 또는 지역을 상품으로 인식하고 사람들이 선호할 수 있도록 지역 가치를 높이는 홍보 전략 예 브라질 리우 카니발

프랑스 파리의 에펠탑, 영국 런던의 타워브리지 등과 같은 랜드마크 역시 지역 가치를 높이는 홍보 전략에 이용되기도 한다.

④ 초국적 기업의 현지화 전략: 각 지역의 고유한 문화, 생활 양식, 기호 등의 특성을 반영한 제품을 개발하여 판매하는 전략 〈자료 6〉
⑤ 지역 변화가 세계에 미치는 영향: 지역의 자율성이 강화되면서 지역의 성공 사례들이 세계적으로 전파되고 세계의 다른 여러 지역의 변화에 영향을 미침

국경을 초월하여 세계 각지에 자회사와 지사, 공장 등을 두고 여러 국가에 걸쳐 상품을 생산 및 판매하는 기업을 말한다.

집중 탐구 지역의 변화가 세계에 미치는 영향의 사례(브라질의 쿠리치바)

▲ 쿠리치바의 버스 전용 차로

▲ 우리나라의 버스 전용 차로

쿠리치바의 버스 전용 차로는 우리나라 시내버스 체계의 모델이 되었으며 콜롬비아, 에콰도르 등 세계 여러 국가에 도입되었다.

우리나라의 한복, 중국의 치파오, 베트남의 아오자이처럼 지역마다 다른 형태의 전통 의복이 발달했다. 그러나 오늘날 우리나라, 중국, 베트남 사람들의 옷차림은 모두 비슷해졌다. 특히 미국 서부에서 입기 시작한 청바지는 세계 각지 사람들이 즐겨 입는 일상복이 되었다.

세계화를 통해 사람들은 다양한 상품을 구매하고 다양한 문화를 누릴 수 있게 되었다. 하지만 이에 따라 지역의 전통문화가 소멸하고 문화 획일화 현상이 나타나기도 한다.

자료 5 지리적 표시제

세계 각 지역은 지리적 표시제를 통해 인정받은 지역 특산물을 판매하며 세계화에 대응하여 지역 경쟁력을 높이는 지역화 전략을 추진하고 있다. 지리적 표시제의 대표적 사례로는 인도의 다르질링 차, 콜롬비아의 콜롬비아 커피, 프랑스의 카망베르 치즈 등이 있다.

자료 6 초국적 기업의 현지화 전략

▲ 케밥을 넣은 튀르키예 햄버거 ▲ 닭고기를 넣은 인도 햄버거 ▲ 밥으로 만든 일본 햄버거

세계적인 기업은 각 지역의 고유한 문화, 기호, 생활 양식 등의 특성을 반영하는 현지화 전략을 활용하여 세계화의 효과를 높이기도 한다. 미국에 본점을 둔 세계적인 패스트푸드 전문점 M사는 세계화를 추구하면서 해당 국가 사람들의 고유한 취향을 고려한 햄버거를 출시하는 현지화 전략을 사용하고 있다.

용어 정리

소멸 사라져 없어짐
획일화 모두가 한결같아서 다름이 없게 됨
브랜드 사업자가 자기의 상품을 경쟁 업체의 상품과 구별하기 위하여 사용하는 기호, 문자, 도형 등의 일정한 표지
마케팅 제품을 생산자로부터 소비자에게 원활하게 이전하기 위한 기획 활동

개념 확인 문제

01 빈칸에 들어갈 알맞은 말을 쓰시오.

(1) 교통의 발달로 사람이나 물자 등이 이동할 수 있는 공간 범위가 (　　　)되었다.

(2) (　　　)의 발달로 초고속 인터넷을 이용한 정보 공유가 가능해졌으며, 경제활동의 공간적 제약이 작아졌다.

(3) 여러 지역 간 사람과 물자, 정보, 자본 등이 서로 교류하는 것을 (　　　) 상호 작용이라고 한다.

02 다음 설명이 맞으면 ○표, 틀리면 ×표 하시오.

(1) 교통과 통신의 발달에 따른 시공간 압축으로 공간적 상호 작용은 더욱 활발해지고 있다. (　　　)

(2) 네트워크를 통한 연결은 국지적 수준에서 전 지구적 수준에 이르기까지 다양한 공간 스케일에서 발생한다. (　　　)

(3) 공간적 상호 작용이 활발해지면서 지역 간 상호 연계성과 상호 의존성이 약화되었다. (　　　)

(4) 상품, 서비스 등을 활발하게 교류하고 세계가 하나의 거대한 시장을 형성하는 것을 경제의 세계화라고 한다. (　　　)

(5) 각 지역이 고유한 특성을 살려 세계적 차원에서 고유한 가치를 지니게 되는 현상을 지역화라 한다. (　　　)

03 다음 설명에 해당하는 지역화 전략을 〈보기〉에서 고르시오.

> **보기**
> ㄱ. 장소 마케팅   ㄴ. 지역 브랜드화
> ㄷ. 지리적 표시제

(1) 지역을 상징적으로 표현하는 브랜드를 개발하여 지역 고유의 이미지를 형성하는 것을 말한다. (　　　)

(2) 지리적 특성이 반영된 우수한 특산물을 생산·판매하고 이를 상품에 표시할 수 있도록 하는 제도를 말한다. (　　　)

(3) 지역 축제 등을 통해 해당 장소 또는 지역을 상품으로 인식하고 사람들이 선호할 수 있도록 지역 가치를 높이는 홍보 전략을 말한다. (　　　)

실력 쌓기 문제

01 〈중요〉 **교통·통신의 발달이 공간적 상호 작용에 미친 영향으로 옳지 않은 것은?** ▶ 252004-0018

① 개인의 여가 활동 범위가 확대되었다.

② 경제활동의 시간적 거리가 단축되었다.

③ 제품 구매의 공간적 제약이 강화되었다.

④ 지역 간 사람과 물자 이동량이 증가하였다.

⑤ 다양한 정보 획득에 대한 접근성이 높아졌다.

02 **지도는 세계 해저 인터넷 연결망을 나타낸 것이다. 이를 통해 학습할 수 있는 주제로 가장 적절한 것은?** ▶ 252004-0019

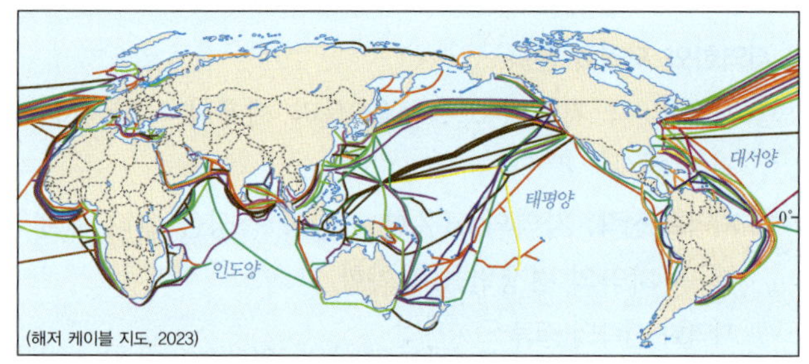

① 위도에 따라 달라지는 기후 환경

② 세계 여러 지역 간 공간적 상호 작용

③ 자연환경에 따라 달라지는 지역의 특성

④ 항공 교통 발달이 세계화에 미치는 영향

⑤ 지역 경쟁력 강화를 위한 지역화 전략의 성공 사례

03 **네트워크 형성에 따른 공간적 상호 작용의 모습에 해당하지 않는 것은?** ▶ 252004-0020

① 기업은 여러 국가에서 상품을 생산 및 판매한다.

② 항공 네트워크를 통해 세계 주요 도시가 연결되어 있다.

③ 소비자는 다양한 국가에서 만들어진 상품을 구입할 수 있다.

④ 사회 관계망 서비스(SNS)를 통해 다양한 문화가 교류할 수 있다.

⑤ 여러 국가의 각 정부는 자국의 실정에 맞는 복지 제도를 만든다.

04 세계의 공간적 상호 작용에 대한 사례를 조사할 때 조사 내용으로 옳은 것만을 〈보기〉에서 고른 것은?

▶ 252004-0021

보기
ㄱ. 세계 항공 노선의 네트워크
ㄴ. 세계 지진 발생 지점의 분포
ㄷ. 초국적 기업의 제품 생산 및 유통 과정
ㄹ. 풍향에 따른 동아시아의 황사 이동 경로

① ㄱ, ㄴ　② ㄱ, ㄷ　③ ㄴ, ㄷ　④ ㄴ, ㄹ　⑤ ㄷ, ㄹ

05 자료는 자동차 주요 부품의 생산 국가를 나타낸 것이다. 이를 통해 알 수 있는 내용으로 옳은 것은?

▶ 252004-0022

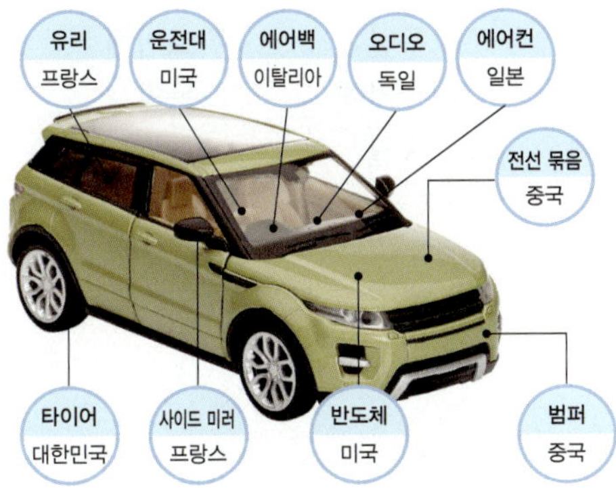

① 세계화로 문화의 획일화 현상이 나타난다.
② 문화 분야의 공간적 상호 작용이 활발하다.
③ 경제 분야에서 지역 간 상호 연계성이 높다.
④ 기업은 각 지역에 맞는 현지화 전략을 수립한다.
⑤ 각 지역은 지역화 전략을 통해 세계화에 대처한다.

06 다음 글에 대한 설명으로 옳은 것만을 〈보기〉에서 고른 것은?

▶ 252004-0023

　세계적인 카카오 생산국인 ＿＿(가)＿＿ 에서는 열대림을 농장으로 개발하였고, 이로 인해 넓은 면적의 열대림이 파괴되었다. 이곳에서 생산된 카카오는 독일, 벨기에, 이탈리아 등으로 수출되며, 이들 국가에서 생산된 초콜릿은 주로 ＿＿(나)＿＿ 에서 소비된다.

보기
ㄱ. (가)에는 영국, 프랑스 등이 포함된다.
ㄴ. (나)는 (가)보다 경제 발달 수준이 높다.
ㄷ. 초콜릿의 소비로 열대림 파괴가 심화될 수 있다.
ㄹ. 카카오의 주요 생산국과 주요 소비국은 대체로 일치한다.

① ㄱ, ㄴ　② ㄱ, ㄷ　③ ㄴ, ㄷ　④ ㄴ, ㄹ　⑤ ㄷ, ㄹ

07 그래프는 우리나라의 연도별 해외 직접 구매 현황을 나타낸 것이다. 이와 같은 추세가 나타나게 된 직접적인 원인으로 옳은 것만을 〈보기〉에서 고른 것은?

▶ 252004-0024

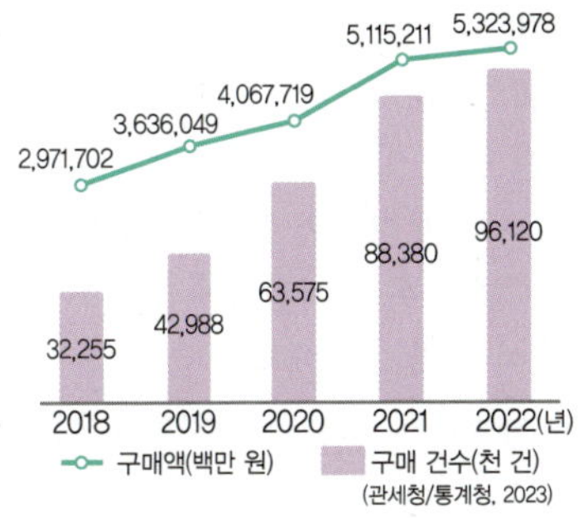

보기
ㄱ. 한류 문화의 세계 전파
ㄴ. 국제 운송 수단의 발달
ㄷ. 정보 통신 기술의 발달
ㄹ. 화석 에너지의 사용 증가

① ㄱ, ㄴ　　② ㄱ, ㄷ　　③ ㄴ, ㄷ
④ ㄴ, ㄹ　　⑤ ㄷ, ㄹ

08 다음 글에서 설명하는 용어로 옳은 것은?

▶ 252004-0025

　교통·통신의 발달로 국가 간 상호 의존성이 높아지고 국제 사회가 국경을 초월하여 하나의 지구촌으로 통합되는 과정을 말한다. 이로 인해 공간 이동의 제약이 줄어들어 개인 활동 범위가 넓어지고, 국가 간 경제 교류가 증가한다.

① 산업화　　② 세계화　　③ 지역화
④ 현지화　　⑤ 문화의 획일화

09 세계화가 문화에 미치는 영향에 대한 설명으로 옳은 것만을 〈보기〉에서 고른 것은?

▶ 252004-0026

보기
ㄱ. 문화의 획일화 현상이 사라진다.
ㄴ. 문화 전파 속도가 점차 늦어진다.
ㄷ. 문화 간 접촉으로 새로운 문화가 만들어진다.
ㄹ. 외부 문화 유입으로 기존 문화가 소멸되기도 한다.

① ㄱ, ㄴ　　② ㄱ, ㄷ　　③ ㄴ, ㄷ
④ ㄴ, ㄹ　　⑤ ㄷ, ㄹ

실력 쌓기 문제

▶ 252004-0027

10 다음 글의 ㉠~㉤에 대한 설명으로 옳지 <u>않은</u> 것은?

> ㉠ <u>세계화</u>가 빠르게 진행되면서 상품, 서비스, 자본 등의 교류가 활발해지고 전 세계가 하나의 거대한 시장을 형성하는 　㉡　이/가 나타났다. 또한 세계 각국의 다양한 음식, 스포츠, 영화 등을 일상에서 즐길 수 있는 　㉢　도 함께 나타났다. 이렇게 다양한 분야의 세계화는 우리의 삶을 풍요롭게 만드는 데 도움이 되었지만, ㉣ <u>이에 따른 부작용</u>도 나타나고 있다. 이에 각 지역에서는 ㉤ <u>해당 지역의 고유성을 살리고 세계적 차원에서 고유한 가치를 지니도록 하는 전략</u>을 추진하기도 한다.

① ㉠으로 국경에 따른 제약이 작아졌다.

② ㉡에는 '경제의 세계화'가 들어갈 수 있다.

③ ㉢에는 '문화의 세계화'가 들어갈 수 있다.

④ ㉣의 예로 소비자가 다양한 상품을 쉽게 구입할 수 있게 된 것이 있다.

⑤ ㉤을 '지역화 전략'이라고 한다.

▶ 252004-0028

11 다음 글의 (가), (나)에 해당하는 용어로 옳은 것은?

> (가) 특정 지역의 지리적 특성을 반영한 상품이 그 지역에서 생산, 제조, 가공한 것임을 증명하고 표시하는 제도이다. 사례로 이탈리아의 부팔라 캄파냐 모차렐라 치즈, 인도의 다르질링 차 등이 있다.
>
> (나) 지역의 상품과 서비스에 그 지역의 이미지를 결합하여 지역 그 자체를 하나의 브랜드로 인식되도록 만드는 것을 말한다. 사례로 네덜란드 암스테르담의 'I amsterdam', 미국 뉴욕의 'I♥NY' 등이 있다.

	(가)	(나)
①	장소 마케팅	지역 브랜드화
②	장소 마케팅	지리적 표시제
③	지역 브랜드화	장소 마케팅
④	지리적 표시제	장소 마케팅
⑤	지리적 표시제	지역 브랜드화

▶ 252004-0029

12 사진은 초국적 기업의 현지화 전략에 따라 세 국가의 특징에 맞게 만들어진 햄버거를 나타낸 것이다. (가)~(다)에 해당하는 국가로 옳은 것은?

(가)	(나)	(다)
		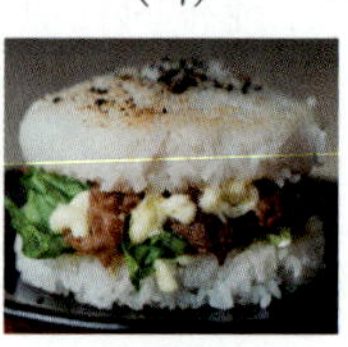
▲ 소시지 버거	▲ 케밥 버거	▲ 쌀밥 버거

	(가)	(나)	(다)
①	독일	필리핀	튀르키예
②	독일	튀르키예	필리핀
③	필리핀	독일	튀르키예
④	필리핀	튀르키예	독일
⑤	튀르키예	독일	필리핀

▶ 252004-0030

13 (가)에 들어갈 제목으로 옳은 것은?

> 제목: 　(가)　
>
> • 이탈리아의 오르비에토에서는 슬로시티 운동이 시작되었다. 슬로시티는 빠른 속도와 생산성만을 강요하는 사회에서 벗어나 자연과 조화를 이루며 여유 있게 살자는 뜻을 담고 있다. 이러한 슬로시티 운동은 우리나라에도 소개되었으며, 세계 여러 국가로 전파되었다.
>
> • 브라질의 쿠리치바는 인구 급증으로 인한 교통 체증 및 환경 오염 문제를 해결하기 위해 환경친화적인 교통 체계를 구축하였다. 굴절 버스, 버스 전용 차로 등의 도입으로 교통 문제를 해소하였으며, 이는 우리나라뿐만 아니라 에콰도르, 콜롬비아 등의 교통 정책에 모델이 되었다.

① 초국적 기업의 현지화 전략

② 문화의 획일화 현상에 따른 문제점

③ 세계화가 환경에 미치는 부정적인 영향

④ 지역의 변화가 세계에 영향을 미친 사례

⑤ 지역화 전략으로서 지리적 표시제를 활용한 사례

서술형 문제

① 단계 핵심 키워드 파악하기

▶ 252004-0031

01 두 지도에 나타난 변화를 바탕으로 지역 간 접근성 및 상호 작용이 어떻게 변화했는지 서술하시오.

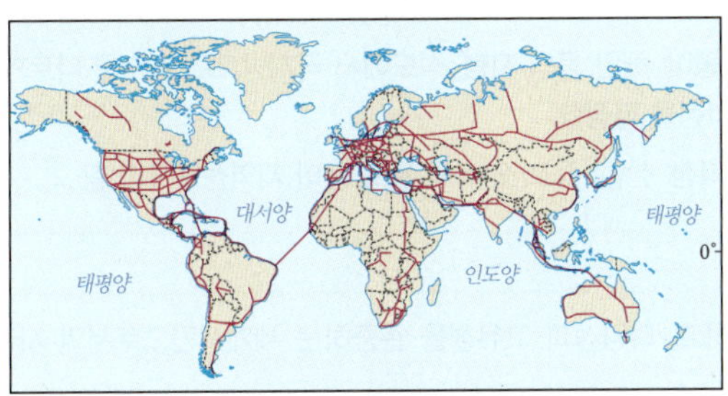

▲ 1935년의 항공 노선

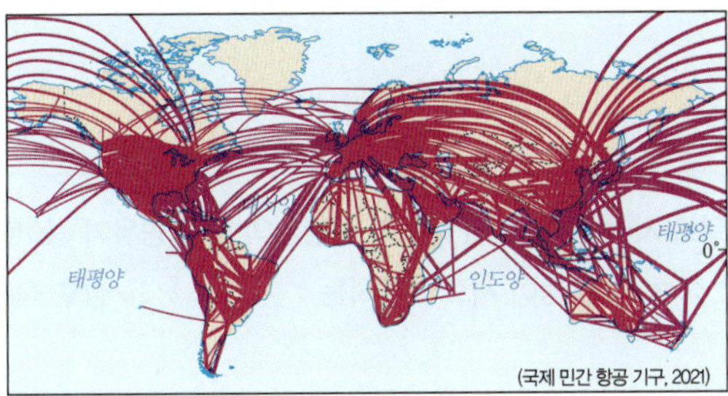

▲ 2018년의 항공 노선

답 완성하기

항공 노선의 증가로 다른 지역으로 이동할 때 공간적 제약이 (   )하였고, 지역 간 이동 시 접근성이 (   )하였다. 이러한 교통 발달로 지역 간 상호 작용이 (   )하였다.

▶ 252004-0032

02 다음 글의 (1) ㉠에 들어갈 용어를 쓰고, (2) ㉡에 해당하는 전략의 명칭을 두 가지만 서술하시오.

> 세계화로 세계 각 지역은 비슷한 모습을 보인다. 반면 한 지역이 세계적인 차원에서 독자적인 가치를 지니게 되는 현상도 나타나는데 이를 [㉠   ](이)라고 한다. 그리고 [㉠   ]을/를 위해 ㉡ 세계 각 지역은 지역의 고유한 전통이나 특성을 살려 세계적인 경쟁력을 갖추려고 노력하고 있다.

답 완성하기

(1) ㉠ - (   )

(2) 지역의 경쟁력을 높이기 위한 지역화 전략으로 장소 마케팅, (   ), (   ) 등이 있다.

② 단계 스스로 문장 완성하기

▶ 252004-0033

03 다음 글의 ㉠, ㉡이 공통적으로 지역 간 상호 작용에 어떤 변화를 가져왔는지 두 가지만 서술하시오.

> 한 도시에서 다른 도시로 이동할 때는 고속버스, 고속철도 등의 네트워크를 이용하며, 국가 및 대륙 간 이동에서는 항공기를 주로 이용하는데, ㉠ 세계 항공 네트워크는 그물망처럼 서로 연결되었다. 또한, 세계 각국에는 초고속 정보 통신망과 국가 및 대륙을 연결하는 ㉡ 세계 해저 케이블 네트워크가 구축되었다.

▶ 252004-0034

04 다음 자료의 (1) ㉠에 들어갈 용어를 쓰고, (2) 〈사례〉를 통해 알 수 있는 ㉠의 부정적 영향에 대해 서술하시오.

> **탐구 주제:** [㉠   ]의 부정적 영향
> 〈사례〉 다국적 기업에서 일하는 ○○씨는 세계 곳곳으로 출장을 다닌다. 그는 유럽과 아프리카의 여러 국가를 다녀온 후 친구에게 아쉬움을 토로하였다. "유럽이든 아프리카든 이제 세계 어디를 가건 똑같은 커피와 햄버거를 팔고 있어. 어디서나 똑같이 규격화된 음식이야. 모든 것이 비슷비슷해져서 그 지역만의 특징은 사라져 버린 것 같아."

(1) ㉠ - (   )

(2)

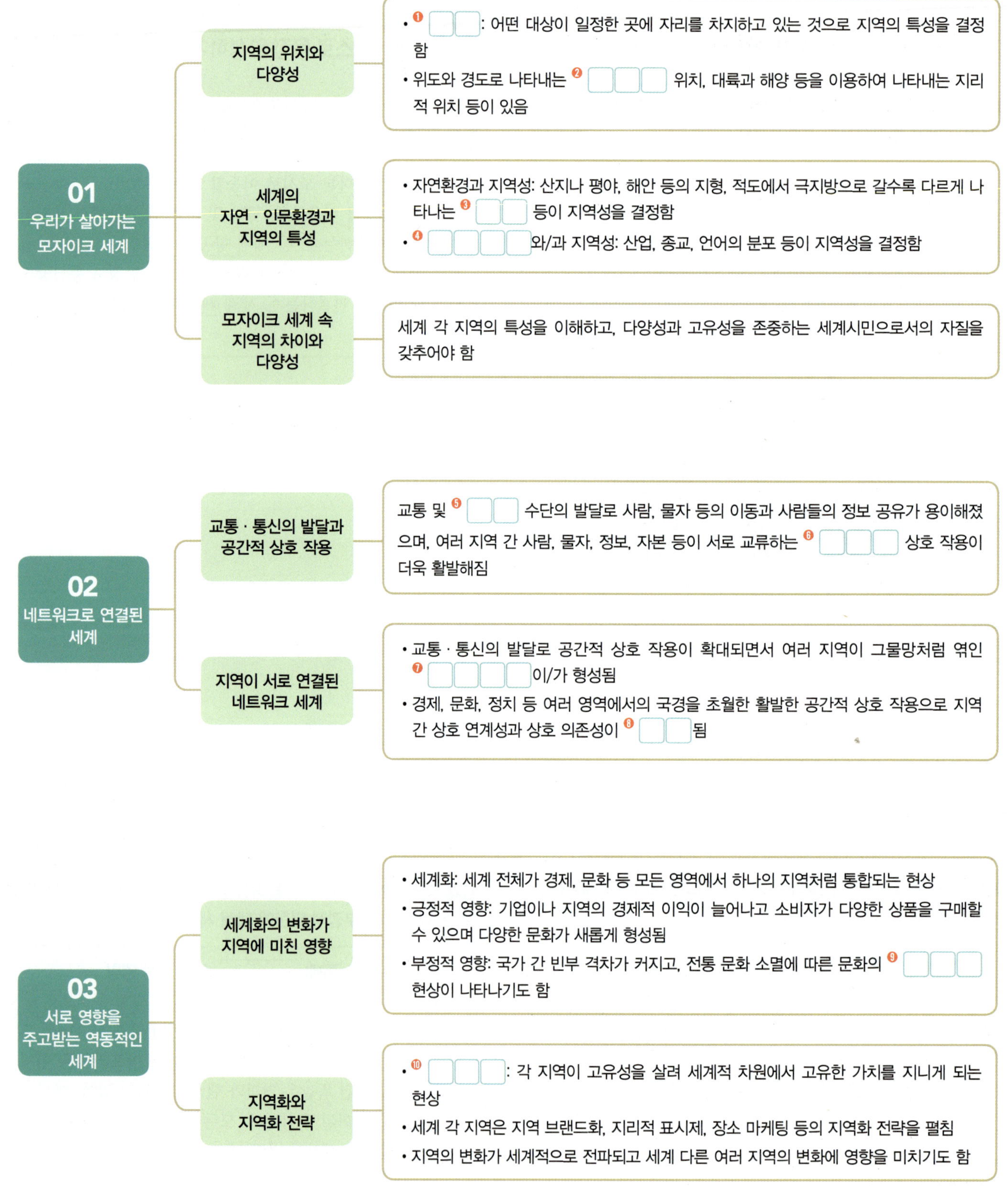

정답 ❶ 위치 ❷ 수리적 ❸ 기후 ❹ 인문환경 ❺ 통신 ❻ 공간적 ❼ 네트워크 ❽ 강화 ❾ 획일화 ❿ 지역화

대단원 마무리 문제

▶ 252004-0035

01 위치의 종류와 특성에 대한 설명으로 옳은 것은?

① 위도에 따라 시간대가 달라진다.
② 위도와 경도로 설명하는 위치는 절대적 위치이다.
③ 대륙, 해양 등으로 설명하는 위치는 수리적 위치이다.
④ 상대적 위치는 지역의 변하지 않는 고정적인 위치를 말한다.
⑤ 지리적 위치는 주변 국가와의 관계로 설명하며 상황에 따라 변하는 위치이다.

▶ 252004-0036

02 그림의 A에서 B로 가면서 나타나는 기후의 변화로 옳은 것은?

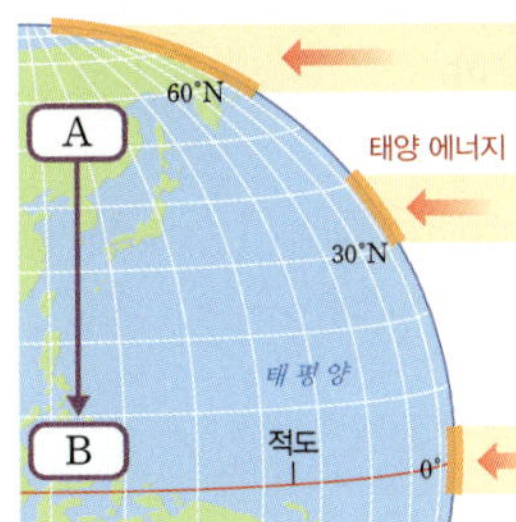

① 냉대 → 열대 → 온대
② 냉대 → 온대 → 열대
③ 열대 → 냉대 → 온대
④ 열대 → 온대 → 냉대
⑤ 온대 → 냉대 → 열대

▶ 252004-0037

03 그림은 A와 B 지역에서 크리스마스를 즐기는 모습을 표현한 것이다. 두 지역의 크리스마스 모습이 차이가 나는 이유를 위치와 관련지어 서술하시오.

▶ 252004-0038

04 지도는 세계의 기후 분포를 나타낸 것이다. A~E 기후에 대한 설명으로 옳은 것은?

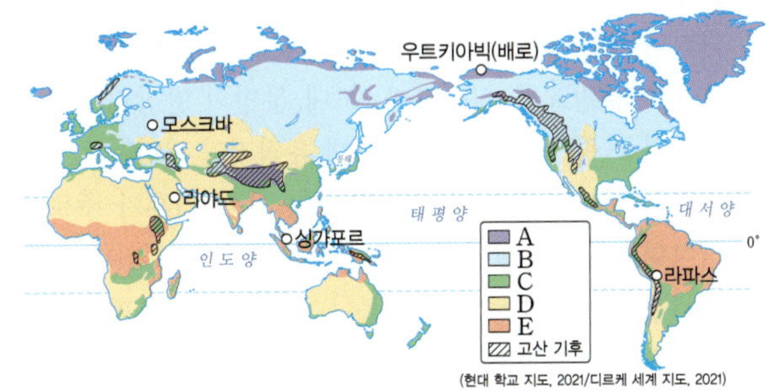

① A는 연 강수량보다 연 증발량이 많다.
② B는 일 년 내내 기온이 높고 연 강수량이 많다.
③ C는 사계절이 뚜렷하고 기온이 대체로 온화하다.
④ D는 가장 따뜻한 달의 평균 기온이 10℃ 미만이다.
⑤ E는 겨울이 길고 침엽수림이 넓게 분포한다.

▶ 252004-0039

05 사진 (가), (나)의 모습이 나타나는 지역을 지도의 A~C에서 고른 것은?

(가)   (나)

	(가)	(나)			(가)	(나)
①	A	B		②	A	C
③	B	A		④	B	C
⑤	C	B				

06 다음 글의 (가), (나)에 해당하는 국가로 옳은 것은?

▶ 252004-0040

> (가) 아프리카 북동부에 위치한 국가이다. 건조 기후가 주로 나타나며, 국토를 나일강이 가로지르고 있다. 주민 대부분이 이슬람교를 신봉하며, 고대 문명의 발상지로 피라미드와 스핑크스를 비롯한 고대 유적지가 많다.
> (나) 유럽의 서부에 위치한 섬나라이다. 온대 기후가 주로 나타나며, 수도인 런던을 템스강이 가로지르고 있다. 주민 대부분이 크리스트교를 신봉하며, 근대 산업 혁명의 발상지로 제조업과 서비스업이 발달하였다.

	(가)	(나)		(가)	(나)
①	영국	베트남	②	영국	이집트
③	베트남	영국	④	이집트	영국
⑤	이집트	베트남			

07 지도는 항공 노선의 변화를 나타낸 것이다. 이와 같은 변화가 세계에 미친 영향으로 옳은 것은?

▶ 252004-0041

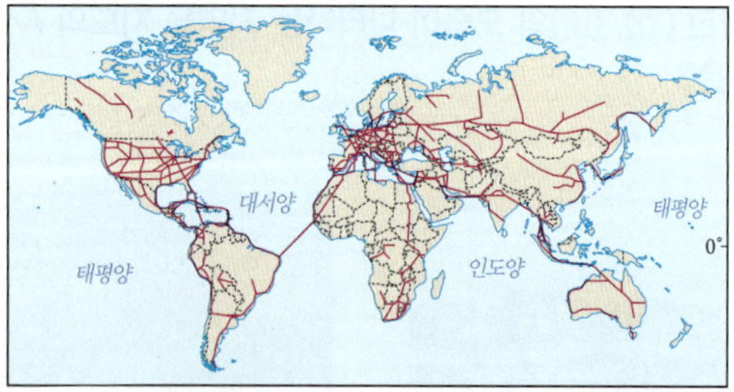

▲ 1935년의 항공 노선

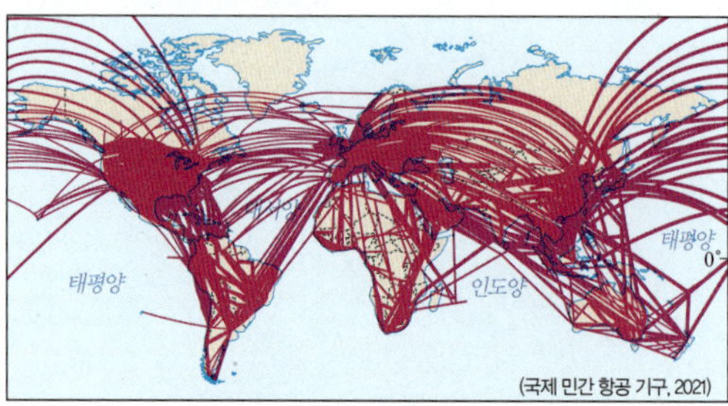

▲ 2018년의 항공 노선

(국제 민간 항공 기구, 2021)

① 개인의 여가 활동 범위가 축소되었다.
② 경제활동의 공간적 제약이 강화되었다.
③ 시공간 압축으로 지역 간 교류가 증가하였다.
④ 동일한 공간 스케일에서만 교류가 발생하였다.
⑤ 다른 지역의 정보 획득에 대한 접근성이 낮아졌다.

08 다음은 어떤 티셔츠의 생산부터 폐기까지의 과정을 나타낸 것이다. 이를 통해 학습할 수 있는 학습 주제로 적절한 것은?

▶ 252004-0042

> 1단계: 본사가 있는 영국에서 티셔츠를 디자인한다.
> 2단계: 인도에서 생산한 목화를 이용해 방글라데시에서 실을 뽑고 천을 짠다.
> 3단계: 튀르키예에서 천을 염색한 후, 적당한 크기로 잘라 바느질을 한다.
> 4단계: 영국에서 세계 각지의 매장으로 티셔츠를 운송한다.
> 5단계: 우리나라 소비자가 상점이나 인터넷 쇼핑몰에서 티셔츠를 구매한다.
> 6단계: 입고 버려진 티셔츠는 개발 도상국에 중고 의류로 수출된다.

① 세계인이 함께하는 지역 축제 사례
② 각 도시의 정책이 세계에 미치는 영향
③ 경도에 따른 시차 발생을 이용한 사례
④ 지역 간 네트워크와 공간적 상호 작용
⑤ 지역화 전략에 따른 지역 경쟁력 강화

09 세계화가 지역에 미친 영향으로 옳은 것만을 〈보기〉에서 고른 것은?

▶ 252004-0043

> **보기**
> ㄱ. 초국적 기업의 영향력이 커졌다.
> ㄴ. 국경의 의미와 역할이 강화되었다.
> ㄷ. 상품이나 자본의 교류가 활발해졌다.
> ㄹ. 전염병의 전파 및 유행 속도가 늦어졌다.

① ㄱ, ㄴ　　② ㄱ, ㄷ　　③ ㄴ, ㄷ
④ ㄴ, ㄹ　　⑤ ㄷ, ㄹ

10 다음 글의 (가)에 들어갈 세계화의 부정적 영향에 대해 서술하시오.

서술형　▶ 252004-0044

> 문화의 세계화로 여러 매체를 통해 각 지역의 문화가 빠르게 공유되었고 다양한 문화를 접할 기회가 늘어났다. 이로 인해 다채로운 문화가 공존하는 지역이 있다. 반면, ________
> ________ (가) ________.

▶ 252004-0045

11 빈칸 ㉠에 들어갈 용어로 옳은 것은? [중요]

> 세계 각 지역은 자연환경과 인문환경이 반영된 지역 문화의 정체성을 살리고 세계인의 관심을 끌기 위해 노력한다. 이렇게 각 지역이 고유성을 살리고 성장 잠재력을 길러 세계적 차원에서 고유한 가치를 지니게 되는 현상을 ㉠ 라고 한다.

① 산업화 ② 세계화 ③ 지역화
④ 현지화 ⑤ 문화의 획일화

▶ 252004-0046

12 다음 자료의 ㉠에 들어갈 용어로 옳은 것은?

㉠ 의 사례

프랑스
카망베르 드 노르망디(치즈)

미국
아이다호 감자

에스파냐
아세이테 델 바호 아라곤(올리브유)

인도
다르질링(차)

콜롬비아
콜롬비아 커피

① 지역 축제
② 지리적 표시제
③ 자유 무역 협정(FTA)
④ 기업의 현지화 전략
⑤ 기업 활동의 공간적 상호 작용

▶ 252004-0047

13 다음 글의 ㉠, ㉡에 해당하는 국가로 옳은 것은?

> • ㉠ 의 리우 카니발은 유럽의 크리스트교 문화와 아프리카의 전통문화가 결합해 만들어진 축제이다. 강렬한 삼바 퍼레이드는 전 세계의 이목을 끌며 세계 3대 축제 중 하나로 알려져 있다.
> • ㉡ 의 뮌헨에서 개최되는 옥토버페스트는 전 세계에서 가장 큰 규모의 맥주 축제이다. 매년 9월 말~10월 초에 개최되며, 600만 명 이상의 관광객이 방문하여 축제를 즐긴다.

	㉠	㉡		㉠	㉡
①	독일	타이	②	독일	브라질
③	타이	독일	④	브라질	독일
⑤	브라질	타이			

고난도 실력 향상 문제

▶ 252004-0048

01 다음 자료의 (가), (나)에 해당하는 국가를 지도의 A~C에서 고른 것은?

 ▲ (가)의 화폐	세계에서 가장 높은 에베레스트산과 힌두교 사원이 표현되어 있다. 뒷면에는 고산 지대에 사는 야크가 그려져 있다.
 ▲ (나)의 화폐	고대 잉카 문명의 유적지인 마추픽추가 그려져 있다. 이곳은 열대 고산 기후가 나타나 고대부터 도시가 발달하였다.

	(가)	(나)		(가)	(나)
①	A	B	②	A	C
③	B	A	④	B	C
⑤	C	A			

▶ 252004-0049

02 밑줄 친 ㉠~㉣에 대한 설명으로 옳은 것만을 〈보기〉에서 고른 것은?

> ㉠ 교통과 통신의 발달 이후 경제·문화 등 모든 부문의 인간 활동 범위가 세계로 확대되는 현상이 나타났다. 이로 인해 ㉡ 세계 경제가 하나의 단일 시장이 되어 갔으며, ㉢ 전 세계의 다양한 문화가 서로 활발하게 교류하게 되었다. 한편, 세계화와 더불어 ㉣ 지역성이 지역의 수준을 넘어 세계적 가치를 지니게 되는 현상도 함께 나타나고 있다.

> [보기]
> ㄱ. ㉠으로 경제활동의 시공간적 제약이 커졌다.
> ㄴ. ㉡으로 초국적 기업의 제품 생산 과정에서 공간적 분업이 활발해진다.
> ㄷ. ㉢을 경제의 세계화라 한다.
> ㄹ. ㉣을 위한 전략으로 지역 브랜드화, 장소 마케팅 등이 있다.

① ㄱ, ㄴ   ② ㄱ, ㄷ   ③ ㄴ, ㄷ
④ ㄴ, ㄹ   ⑤ ㄷ, ㄹ

문제 ▶ 세계의 다른 국가를 여행한다고 가정하고, 해당 국가의 특징을 정리하며 여행 계획서를 작성해 봅시다.

A 활동 계획 세우기

1. 내가 여행하고 싶은 국가의 위치를 확인하고, 위치에 따른 지역 특징에 대해 조사한다.

2. 조사한 지역 특성이 잘 반영된 여행지 세 곳을 찾아 조사한다.

B 활동하기

1. 내가 여행하고 싶은 국가를 선정하고, 해당 국가의 위치와 자연·인문환경 등의 지역 특징에 대해 조사한다.

국가	인도네시아	위치	아시아 대륙에 위치한 섬나라로 우리나라의 남서쪽에 있다. 적도 부근에 위치하며 서쪽에서 동쪽으로 길게 뻗어 있다.
자연·인문 환경 특징			• **자연환경**: 인도네시아는 저위도에 위치하여 주로 열대 기후가 나타난다. 일 년 내내 우리나라의 여름과 같이 무더운 날씨가 지속된다. 또한 판의 경계부에 위치하여 화산이 많이 분포한다. • **인문환경**: 2024년 기준 인구는 약 2억 8천만 명으로 세계에서 네 번째로 많다. 국민의 약 87%가 이슬람교를 믿고 있으며, 다양한 종교를 인정하는 정책을 통해 크리스트교, 불교, 힌두교 등의 종교 경관이 함께 나타난다. 기후의 영향으로 벼농사가 활발하게 이루어지며, 전통 음식으로 나시고렝(볶음밥)이 유명하다.

2. 해당 국가의 자연·인문환경이 잘 드러나는 여행지 세 곳을 찾아 조사한다.

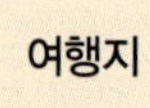

여행지	 ▲ 술라웨시섬의 토라자 마을	토라자 마을의 전통 가옥을 통코난이라고 한다. 통코난은 땅의 열기와 습기, 해충을 막기 위해 지은 고상 가옥으로 배 모양의 경사가 가파른 지붕이 특징이다.
	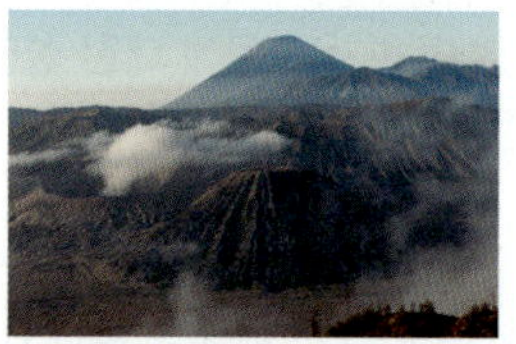 ▲ 자와섬 동부의 브로모 화산	인도네시아에서 가장 유명한 활화산으로 손꼽힌다. 해발 고도가 2,000m를 넘으며 지프나 조랑말을 타고 정상에 오를 수 있다. 정상에 올라가면 수증기를 내뿜는 분화구가 보인다.
	 ▲ 자카르타의 이스티크랄 모스크	이스티크랄 모스크는 동남아시아에서 가장 규모가 큰 이슬람교 사원이다. '이스티크랄'은 독립을 뜻하며, 인도네시아가 네덜란드로부터 독립한 것을 기념하기 위해 지어졌다.

평가하기

평가 영역	채점 기준	상	중	하
문제 해결 능력	조사한 국가의 위치를 정확하게 설명하였는가?			
	해당 국가의 자연·인문환경의 특징을 정확하게 설명하였는가?			
논리적 타당성	국가의 위치가 해당 국가의 자연·인문환경에 미친 영향을 논리적으로 연결하였는가?			
	해당 국가의 자연·인문환경 특징이 잘 반영된 여행지 세 곳을 적절하게 선정하였는가?			

Ⅱ 아시아

아시아의 여러 국가

북극해
러시아
조지아
아르메니아
아제르바이잔
키프로스
레바논
이스라엘
튀르키예
시리아
요르단
이라크
카자흐스탄
우즈베키스탄
투르크메니스탄
키르기스스탄
타지키스탄
몽골
동해
일본
대한민국
황해
쿠웨이트
사우디아라비아
이란
아프가니스탄
바레인
카타르
아랍 에미리트
파키스탄
중국
태평양
예멘
오만
네팔
부탄
인도
방글라데시
미얀마
라오스
필리핀
타이
캄보디아
베트남
몰디브
스리랑카
브루나이
인도양
말레이시아
싱가포르
인도네시아
동티모르

아시아는 세계에서 면적이 가장 넓은 대륙으로, 가장 많은 인구가
살고 있는 지역이다. 다양한 자연환경이 나타나는 아시아에는
어떠한 국가들과 도시가 있는지, 종교와 관련된 아시아의 문화
경관과 생활양식은 어떠한 모습을 보이는지 살펴보자. 또한 많은
인구와 관련한 아시아의 성장 잠재력과 변화 모습에 대해서도
추론해 보자.

▲ 에베레스트산(네팔)

▲ 만리장성(중국)

▲ 두바이(아랍 에미리트)

▲ 쉐다곤 파고다(미얀마)

01 아시아의 여러 국가와 자연환경

학습목표
- 아시아의 주요 국가와 도시의 위치를 지도에 표시할 수 있다.
- 아시아의 지형 특징과 기후 특징을 이해하고 지도에 표현할 수 있다.

■ 아시아의 위치와 지역 구분

(1) 아시아의 위치와 특징

① 위치
- 유라시아 대륙의 동쪽에 위치(우랄산맥을 경계로 유럽과 구분) **자료 ①**
- 서쪽으로는 유럽, 서남쪽으로는 아프리카, 남쪽으로는 인도양, 동쪽으로는 태평양, 북쪽으로는 북극해와 접함
② 특징: 세계에서 인구가 가장 많고, 넓은 면적에 다양한 자원이 매장되어 있으며 쌀 생산량이 많음

(2) 아시아의 지역 구분

동아시아	• 유교와 불교, 젓가락 문화가 나타남 • 주요 국가: 대한민국, 중국, 일본 등 • 주요 도시: 서울(대한민국의 수도이자 정치·경제·문화 중심지), 도쿄(일본의 수도이자 세계 도시), 베이징(중국의 수도), 상하이(중국의 경제 중심지)
동남아시아	• 주로 열대 기후가 나타나며, 종교와 민족이 다양함 • 주요 국가: 타이, 베트남, 인도네시아, 싱가포르 등 • 주요 도시: 싱가포르(해상 교통의 요충지에 위치한 도시 국가), 하노이(베트남의 수도), 방콕(타이의 수도) **자료 ②**
남부 아시아	• 히말라야산맥 이남의 인도반도를 중심으로 한 지역 • 주요 국가: 인도, 네팔, 파키스탄 등 • 주요 도시: 뭄바이(인도에서 인구가 가장 많은 도시), 뉴델리(인도의 수도), 이슬라마바드(파키스탄의 수도)
중앙아시아	• 유라시아 대륙 내부에 위치하며 주로 건조 기후가 나타남 • 주요 국가: 카자흐스탄, 우즈베키스탄 등 • 주요 도시: 사마르칸트(우즈베키스탄의 도시, 과거 동서 문명을 연결하는 실크로드의 교역 중심지)
서남아시아	• 주로 건조 기후가 나타나며 주민 대부분이 이슬람교를 믿음 • 주요 국가: 사우디아라비아, 아랍 에미리트, 이라크 등 • 주요 도시: 리야드(사우디아라비아의 수도), 메카(이슬람교의 성지), 두바이(아랍 에미리트의 도시, 금융과 항공 교통의 중심지) **자료 ③**

과거 동서양을 연결한 교역로이며, 주로 비단을 교역하여 비단길 또는 실크로드라 불린다.

사우디아라비아 서부에 위치한 도시로 무함마드의 출생지이자 이슬람교 제1의 성지이다.

▲ 아시아의 지역 구분

자료 ① 유럽과 아시아의 경계

하나의 땅덩어리인 유라시아 대륙을 유럽과 아시아로 구분하는 이유는 두 지역의 문화, 역사, 종교 등이 다르기 때문이다. 두 지역의 구분 기준은 일반적으로 러시아에서 남북으로 뻗은 우랄산맥이며, 우랄산맥의 서쪽은 유럽, 동쪽은 아시아이다.

자료 ② 타이의 방콕

타이는 인도차이나반도에 위치한 국가이며, 주민들은 대부분 불교를 신봉한다. 방콕은 타이의 수도이자 역사, 경제, 문화의 중심지이다. 불교 사원과 왕궁 등의 볼거리가 풍부하며 관광 산업이 발달하였다.

자료 ③ 아랍 에미리트의 두바이

서남아시아에 위치한 아랍 에미리트는 석유 수출을 통해 성장한 국가이다. 석유 수출을 통해 얻은 이익을 바탕으로 두바이를 개발하였으며, 두바이는 금융과 항공 교통의 중심지로 성장하였다.

용어 정리

유라시아 유럽과 아시아를 아울러 이르는 이름

2 아시아의 자연환경

(1) 아시아의 지형

① 산맥과 고원: 히말라야산맥, 시짱 (티베트)고원 등과 같이 높은 산 지와 고원이 나타남 (자료 4)

② 하천과 평야

- 창장강, 메콩강, 갠지스강 등의 대하천 하류에 비옥한 평야 발 달 → 벼농사 발달
- 황허강, 인더스강, 티그리스·유 프라테스강 하류 → 고대 문명의 발상지

▲ 아시아의 지형

황하 문명, 인더스 문명, 메소포타미아 문명의 발상지이다.

③ 화산 지형: 환태평양 조산대(일본, 필리핀, 인도네시아 등) (자료 5)

④ 사막: 아라비아반도의 룹알할리 사막, 아시아 내륙의 타커라마간 사막, 고 비 사막

(2) 아시아의 기후와 주민 생활

바다에 인접한 대륙의 동쪽으로, 중위도의 대륙 동안은 중위도의 대륙 서안보다 대체로 기온의 연교차가 크다.

동아시아	• 중위도 대륙에 위치하여 계절 변화가 뚜렷한 온대 기후와 냉대 기후가 주로 나타남 • 계절풍의 영향으로 여름은 덥고 습하며 겨울은 춥고 건조함 • 몽골의 경우 건조 기후가 나타나며, 주민들은 이동식 가옥인 게르에 살 며 유목 생활을 함 (자료 6)
동남 및 남부 아시아	• 적도 가까이에 위치하여 일 년 내내 기온이 높은 열대 기후가 주로 나타남 • 계절풍의 영향을 받아 여름 강수량이 풍부한 지역에서 벼농사가 발달함 • 전통 가옥으로 고상 가옥이 나타나며, 플랜테이션이 발달함
중앙 및 서남 아시아	• 건조 기후가 나타나 사막과 초원이 넓게 분포함 • 주민들은 양, 염소 등을 키우며 유목 생활을 하거나 물을 끌어와 농사짓 는 관개 농업을 함

주로 열대 및 아열대 기후 지역에서 선진국의 자본과 원주민의 노동력이 결합하여 이루어지는 농업 형태를 말한다.

집중 탐구 아시아의 주요 기후

(필립스 세계 지도, 2022)
▲ 아시아의 기후

울란바토르
(℃) (mm)

• **몽골의 건조 기후**
강수량이 적어 초원이 넓게 나 타나고, 주민들 은 이동식 가옥 에서 살며 유목 생활을 한다.

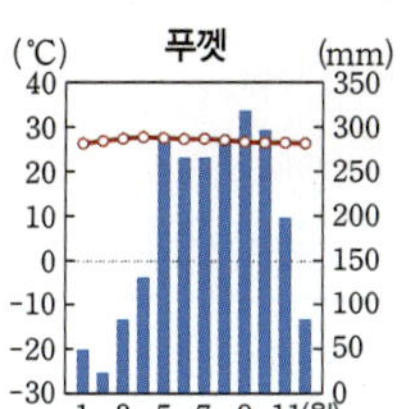
푸껫
(℃) (mm)

• **타이의 열대 기후**
일 년 내내 기온 이 높고, 주민들 은 고상 가옥에 서 살아간다.

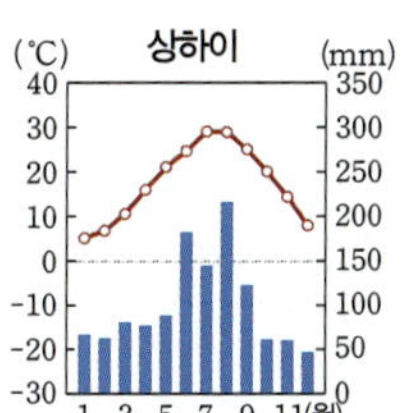
상하이
(℃) (mm)

• **중국의 온대 기후**
여름에 덥고 습한 기후가 나타나며, 사계절의 변화가 뚜렷하다.

자료 4 히말라야산맥

세계에서 해발 고도가 가장 높은 에베레스트산을 비롯 하여 해발 고도 8,000m 이상의 산지가 많은 세계에서 가장 높은 산맥이다. 동아시아와 남부 아시아의 경계를 이루며, 히말라야산맥의 고지를 등반하기 위해 많은 사 람들이 네팔을 찾는다.

자료 5 환태평양 조산대

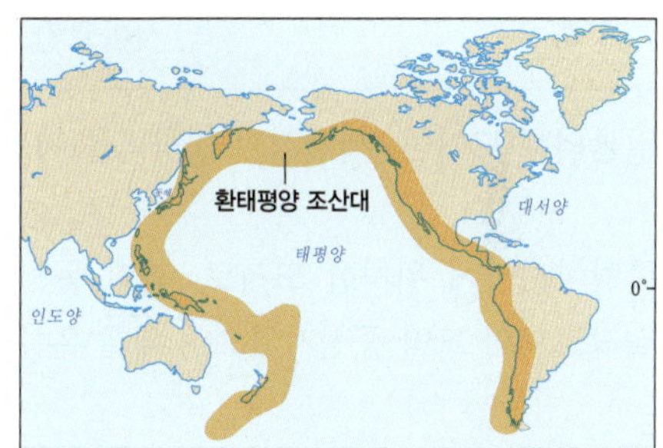

태평양판과 이를 둘러싼 판들이 충돌하는 화산대이다. 전 세계 화산의 70~80%가 분포하여 '불의 고리'라 불 리기도 하며, 아시아에서는 일본, 필리핀, 인도네시아의 일부가 이에 속한다.

자료 6 건조 기후의 게르와 열대 기후의 고상 가옥

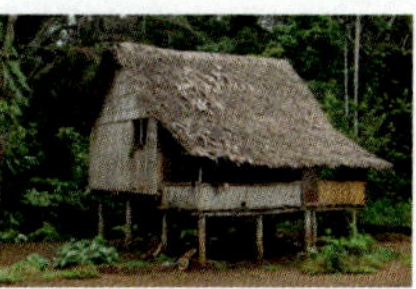
▲ 게르 　　　　▲ 고상 가옥

건조 기후의 게르는 초원 지역에서 유목 활동을 하기 위 해 빠르게 설치하고 해체할 수 있는 형태의 이동식 가옥 이다. 열대 기후 지역의 고상 가옥은 땅의 열기와 습기, 해충을 피하기 위해 집의 바닥을 지상과 띄워 지은 가옥 이다. 지붕의 경사를 급하게 하여 빗물이 빨리 흘러내리 게 하였다.

용어 정리

비옥 땅이 기름지고 양분이 많음
조산대 산맥을 형성하는 지각 변동이 있었거나 일어날 가능성이 큰 지역으로 띠 모양으로 길게 이어져 습곡 산 맥을 이루며 지각이 불안정함
관개 농사를 짓는 데에 필요한 물을 논밭에 댐

01 서남아시아에 위치한 국가를 〈보기〉에서 있는 대로 고르시오.

> **보기**
> ㄱ. 인도 　　　　　ㄴ. 이라크
> ㄷ. 카타르 　　　　ㄹ. 필리핀
> ㅁ. 카자흐스탄 　　ㅂ. 사우디아라비아

（　　　　　）

02 다음 설명에 해당하는 도시를 〈보기〉에서 고르시오.

> **보기**
> ㄱ. 도쿄 　　　　　ㄴ. 두바이
> ㄷ. 상하이 　　　　ㄹ. 사마르칸트

(1) 일본의 수도이며, 세계적인 영향력을 지닌 금융 도시이다.
（　　　）

(2) 중앙아시아에 위치한 도시로, 과거 동서 문명을 연결하던 실크로드의 교역 중심지였으며 세계 유산으로 지정되었다.
（　　　）

(3) 석유 수출로 얻은 이익을 바탕으로 개발되어 세계의 항공 및 금융 중심지로 성장한 아랍 에미리트의 도시이다.
（　　　）

03 빈칸에 들어갈 알맞은 말을 쓰시오.

(1) 세계에서 가장 높은 에베레스트산이 위치한 산맥은 （　　　）이다.

(2) '불의 고리'라 불리는 환태평양 조산대에 위치한 일본과 필리핀 등지에는 （　　　） 지형이 잘 나타난다.

(3) 창장강, 메콩강, 갠지스강 하류에 발달한 평야 지역에서는 계절풍의 영향을 크게 받으며 （　　　）농사가 발달하였다.

04 다음 설명이 맞으면 ○표, 틀리면 ×표 하시오.

(1) 동아시아는 대부분 강수량이 적은 건조 기후가 나타난다.
（　　　）

(2) 동남아시아는 주로 열대 기후가 나타나 벼농사가 활발하다.
（　　　）

(3) 중앙아시아와 서남아시아 일대는 사계절이 뚜렷한 온대 기후가 주로 나타난다.
（　　　）

실력 쌓기 문제

▶ 252004-0050

01 아시아의 위치에 대한 설명으로 옳은 것만을 〈보기〉에서 고른 것은?

> **보기**
> ㄱ. 유럽의 서쪽에 위치한다.
> ㄴ. 남쪽으로 인도양과 접하고 있다.
> ㄷ. 동쪽으로 태평양과 접하고 있다.
> ㄹ. 북쪽에는 남극 대륙이 위치한다.

① ㄱ, ㄴ 　　② ㄱ, ㄷ 　　③ ㄴ, ㄷ
④ ㄴ, ㄹ 　　⑤ ㄷ, ㄹ

▶ 252004-0051

주요
02 지도의 A~E 지역에 대한 설명으로 옳은 것은?

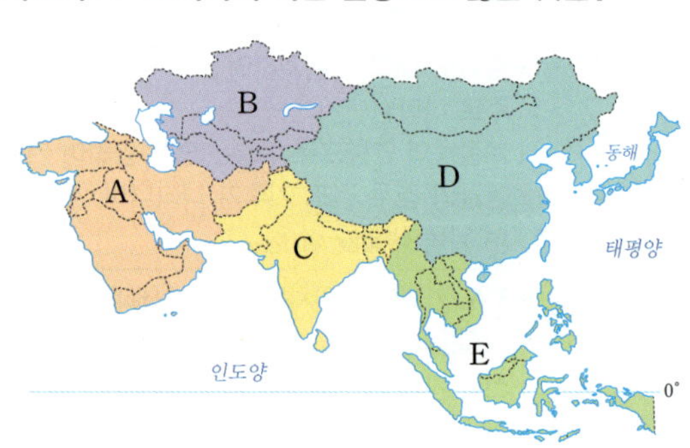

① A의 주민 대부분은 이슬람교를 믿는다.
② B는 주로 온대 기후가 나타난다.
③ C는 젓가락을 사용하는 문화가 발달하였다.
④ D에는 국가명이 '스탄'으로 끝나는 국가가 많다.
⑤ E에는 인도, 네팔 등이 있다.

▶ 252004-0052

03 다음 자료에서 설명하는 국가로 옳은 것은?

> 아시아의 인도차이나반도 동쪽에 위치한 국가이며, 수도는 하노이이다. 석회암으로 이루어진 섬과 석회 동굴을 볼 수 있는 할롱 베이, 미케 해변으로 유명한 중부 항구 도시 다낭 등이 주요 관광지이다.

① 일본 　　② 미얀마 　　③ 베트남
④ 필리핀 　　⑤ 인도네시아

04 ▶ 252004-0053

04 지도의 A~C에 해당하는 국가로 옳은 것은?

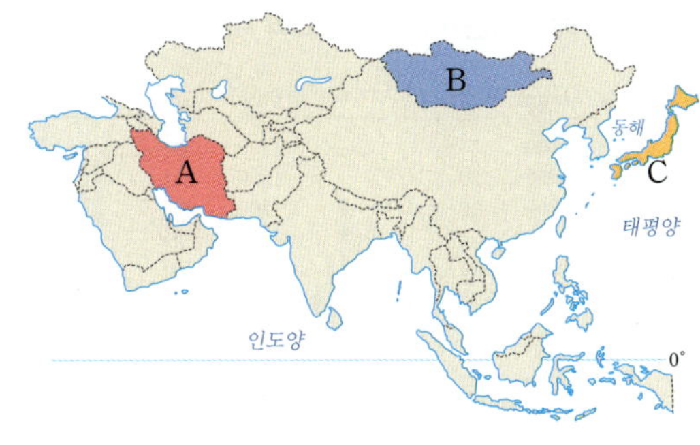

	A	B	C		A	B	C
①	몽골	이란	일본	②	몽골	일본	이란
③	이란	몽골	일본	④	이란	일본	몽골
⑤	일본	몽골	이란				

05 (중요) ▶ 252004-0054

05 다음 자료의 ㉠, ㉡ 도시를 지도의 A~C에서 고른 것은?

과거 사막 지역이었던 ㉠ 은/는 석유 수출로 얻은 이익을 통해 수많은 시설이 지어지며 성장하였다. 특히 관광 산업과 금융 산업이 발달한 것으로 유명하다.

㉡ 은/는 타이의 수도이자 역사, 경제, 문화의 중심지이다. 화려한 불교 사원, 왕궁 등의 볼거리가 풍부하고 관광 산업이 발달하였으며 아시안게임이 총 4회 개최되었다.

	㉠	㉡		㉠	㉡
①	A	B	②	A	C
③	B	A	④	B	C
⑤	C	A			

06 (중요) ▶ 252004-0055

06 다음 글에서 설명하는 도시로 옳은 것은?

네 개의 큰 섬으로 이루어진 국가의 수도이며, 세계적인 영향력을 지닌 금융 도시이다. 이 도시의 신주쿠 지역은 기업과 상점이 밀집하여 유동 인구가 많은 지역으로 손꼽힌다.

① 도쿄　　② 뉴델리　　③ 리야드
④ 마닐라　　⑤ 베이징

07 ▶ 252004-0056

07 지도의 A~E 국가에 대한 설명으로 옳은 것은?

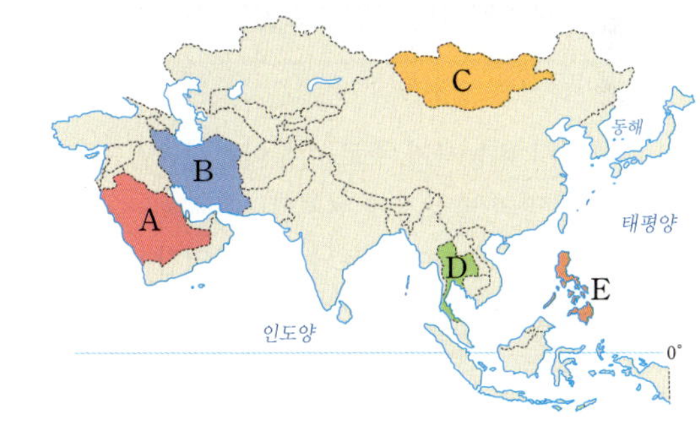

① A는 이란이다.
② B의 수도는 리야드이다.
③ C에는 룹알할리 사막이 있다.
④ D는 국토 대부분이 건조 기후에 속한다.
⑤ E는 동남아시아에 속한다.

08 (중요) ▶ 252004-0057

08 아시아의 지형에 대한 설명으로 옳은 것만을 〈보기〉에서 고른 것은?

보기

ㄱ. 일본, 필리핀은 환태평양 조산대에 위치한다.
ㄴ. 인도차이나반도에는 고비 사막이 발달하였다.
ㄷ. 메콩강, 창장강 하류에는 비옥한 평야가 발달하였다.
ㄹ. 아라비아반도에는 시짱(티베트)고원이 발달하였다.

---

① ㄱ, ㄴ　　② ㄱ, ㄷ　　③ ㄴ, ㄷ
④ ㄴ, ㄹ　　⑤ ㄷ, ㄹ

실력 쌓기 문제

▶ 252004-0058

09 빈칸 ⊙에 들어갈 지형 명칭으로 옳은 것은?

> ⊙ 에는 세계에서 가장 높은 에베레스트산을 비롯한 해발 고도 8,000m 이상의 산들이 모여 있다. 두 개의 판이 충돌하여 형성되어 높고 험준하며, 중국과 인도의 경계를 이룬다.

① 데칸고원　　　　② 우랄산맥
③ 히말라야산맥　　④ 시짱(티베트)고원
⑤ 환태평양 조산대

▶ 252004-0059

10 다음은 학생과 교사가 어떤 국가에 대해 스무고개를 하는 내용의 일부이다. ⊙에 해당하는 하천으로 옳은 것은?

학생	교사
한 고개: 하류에서 벼농사가 주로 이루어집니까?	예
두 고개: 고대 문명의 발상지에 위치합니까?	아니요
세 고개: 중국에서 발원하여 베트남으로 흘러갑니까?	예
네 고개: 이 하천은 ⊙ 입니까?	예

① 메콩강　　　　　② 황허강
③ 갠지스강　　　　④ 인더스강
⑤ 티그리스 · 유프라테스강

▶ 252004-0060

11 지도의 A~D 지역에 대한 설명으로 옳은 것은?

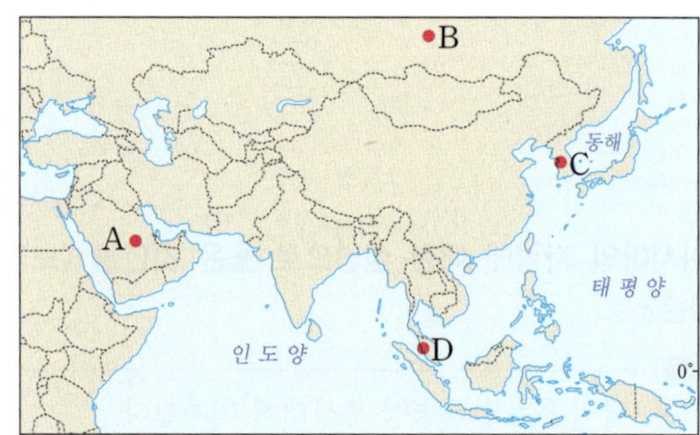

① A는 연 강수량이 연 증발량보다 많다.
② C는 여름에 고온 건조하다.
③ B는 C보다 겨울 평균 기온이 높다.
④ C는 D보다 1월 강수량이 많다.
⑤ D는 B보다 기온의 연교차가 작다.

▶ 252004-0061

12 그래프는 세 지역의 월평균 기온과 월 강수량을 나타낸 것이다. (가)~(다)에 해당하는 지역을 지도의 A~C에서 고른 것은?

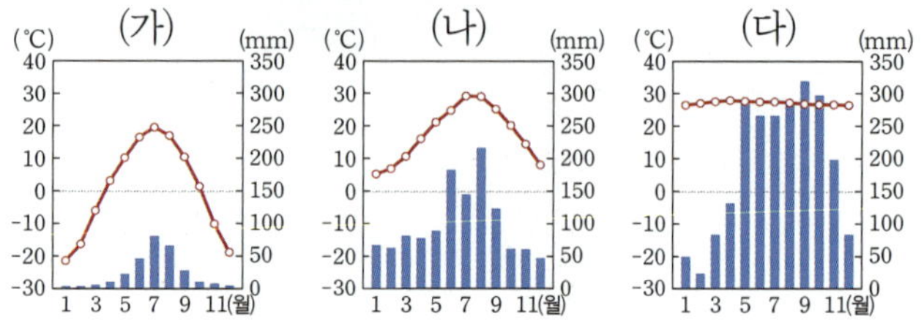

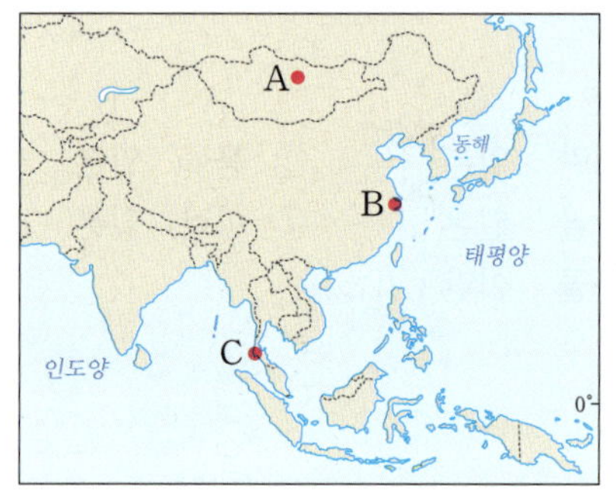

	(가)	(나)	(다)
①	A	B	C
②	A	C	B
③	B	A	C
④	B	C	A
⑤	C	A	B

▶ 252004-0062

13 사진은 아시아에 나타나는 두 기후 지역의 전통 가옥을 나타낸 것이다. (가), (나) 지역에 대한 설명으로 옳은 것만을 〈보기〉에서 고른 것은?

(가)　　　　　(나)

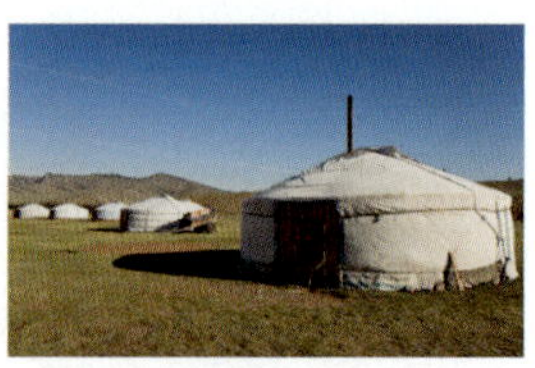

> **보기**
> ㄱ. (가)에는 열대림이 분포한다.
> ㄴ. (나)는 벼농사 짓기에 유리하다.
> ㄷ. (가)는 (나)보다 연 강수량이 많다.
> ㄹ. (나)는 (가)보다 1월 평균 기온이 높다.

① ㄱ, ㄴ　　　　② ㄱ, ㄷ　　　　③ ㄴ, ㄷ
④ ㄴ, ㄹ　　　　⑤ ㄷ, ㄹ

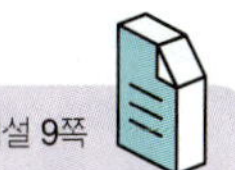

서술형 문제

1 단계 핵심 키워드 파악하기

▶ 252004-0063

01 지도에 표시된 A 국가의 명칭과 수도를 쓰고, 이 국가의 기후 특징을 위치와 관련지어 서술하시오.

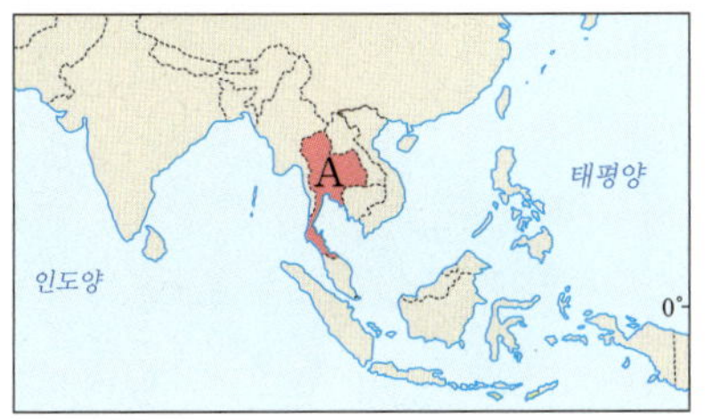

답 완성하기

A 국가는 (   )이며, 수도는 (   )이다.

이 국가는 적도 주변에 위치하여 대체로 (   ) 기후가 나타난다.

▶ 252004-0064

02 지도에 표시된 A 산맥과 B 하천의 명칭을 쓰고, 해당 지형의 특징을 서술하시오.

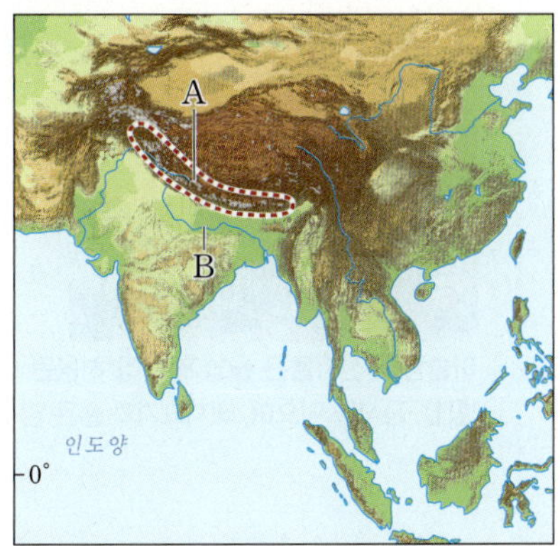

답 완성하기

A 산맥은 (   )(으)로 세계에서 가장 높은 산맥이다. B 하천은 (   )(으)로 하류에 넓은 평야가 발달하여 (   )농사가 주로 행해진다.

2 단계 스스로 문장 완성하기

▶ 252004-0065

03 아시아의 지역 구분 중 지도에 표시된 A 지역의 명칭과 이에 속한 국가를 두 개 이상 쓰고, A 지역의 기후와 종교 특징을 서술하시오.

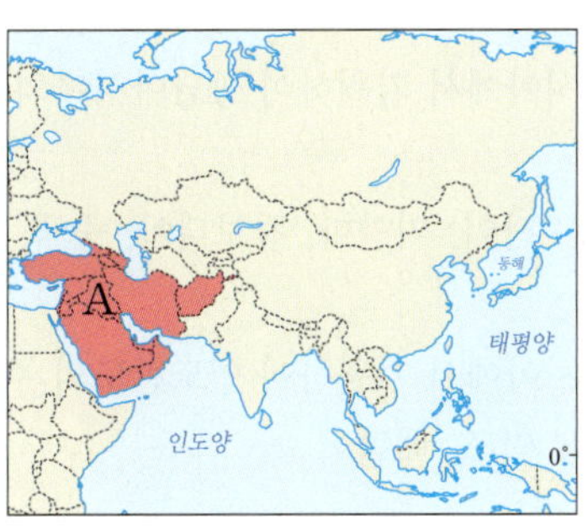

▶ 252004-0066

04 지도에 표시된 A와 B의 기후 명칭과 각 지역의 기후 특징을 서술하시오.

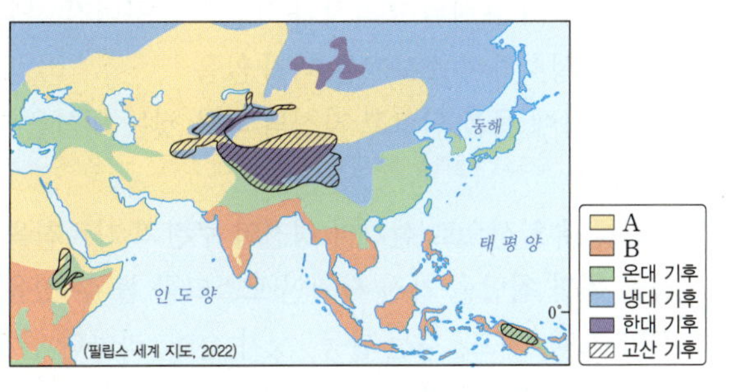

02 아시아의 종교와 문화 다양성

학습 목표
- 종교와 관련된 아시아의 다양한 문화 경관과 생활양식을 설명할 수 있다.
- 종교 갈등과 공존의 사례를 이해하고, 다양한 문화를 존중하는 태도를 기를 수 있다.

1 아시아의 종교 분포와 다양한 문화 경관

(1) 아시아의 종교 분포 (자료 1), (자료 2)

① 불교
- 남부 아시아에서 기원하여 동남아시아의 인도차이나반도와 동아시아로 전파됨
- 주요 국가: 타이, 미얀마, 캄보디아, 중국, 일본 등

② 힌두교
- 남부 아시아에서 기원하여 인도반도의 주민들이 주로 믿는 민족 종교임
- 주요 국가: 인도, 네팔

③ 이슬람교
- 서남아시아에서 기원하여 서남아시아, 중앙아시아의 주민들이 주로 믿고 있으며, 이슬람 상인들의 활동으로 동남아시아로 전파됨
- 주요 국가: 사우디아라비아, 아랍 에미리트, 이라크, 카자흐스탄, 우즈베키스탄, 파키스탄, 방글라데시, 말레이시아, 인도네시아 등

④ 크리스트교
- 에스파냐 식민 지배의 영향으로 필리핀에 전파됨
- 주요 국가: 필리핀

(2) 아시아의 다양한 종교 경관

① 불교
- 석가모니의 가르침에 따라 수행하여 깨달음을 얻는 것을 중시함
- 불상과 탑이 있는 사원이 나타남
- 길거리에서 탁발하는 승려 등을 볼 수 있음

② 힌두교
- 고행을 통한 수련을 중시하며 여러 신을 믿는 다신교임
- 다양한 신이 표현된 조각상과 그림으로 꾸며진 사원을 볼 수 있음
- 소를 신성시하여 소고기를 먹지 않음
- 갠지스강에 몸을 담그고 자신의 죄를 씻는 의식을 행함
  └ 인도의 북동쪽을 흐르며 힌두교 신자가 성스러운 곳으로 여기는 하천이다.

③ 이슬람교
- 알라를 유일신으로 섬기며 경전인 쿠란의 가르침을 따름
- 둥근 돔과 첨탑을 가진 사원인 모스크를 볼 수 있음
- 신앙 고백, 기도, 자선 활동, 성지 순례, 라마단 금식 등의 의무를 지킴
- 돼지를 부정하게 여겨 돼지고기를 먹지 않음 (자료 3)
  └ 이슬람교 신자에게는 일생에 한 번은 이슬람교의 성지인 메카를 순례해야 하는 의무가 있다.

④ 크리스트교 ─ 크리스트교는 이슬람교와 같이 유일신을 섬기는 종교이다.
- 예수를 구원자로 믿고 이웃 사랑을 중시하며 성경의 가르침을 따름
- 십자가와 종탑이 있는 성당이나 교회를 볼 수 있음
- 주로 일요일에 예배함

자료 1 아시아의 종교 분포

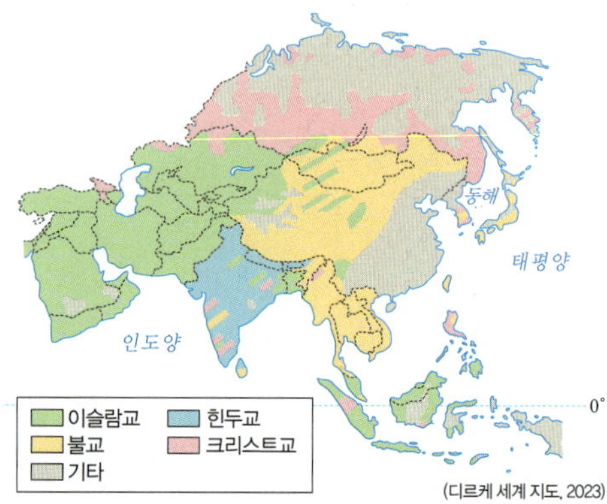

서남아시아, 중앙아시아, 동남아시아의 섬들에는 주로 이슬람교가 분포하며, 인도반도에는 주로 힌두교가 분포한다. 동남아시아의 인도차이나반도와 동아시아에는 주로 불교가 분포한다.

자료 2 아시아의 종교별 신자 수

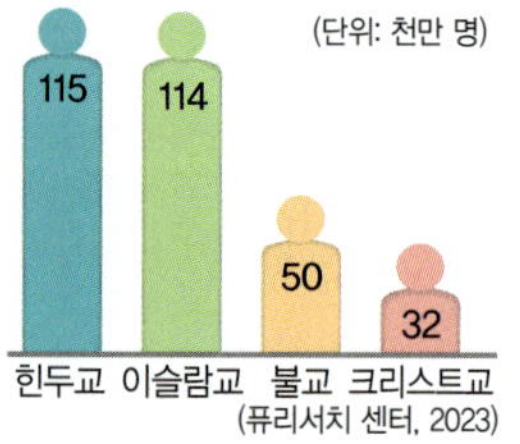

아시아는 인구가 많은 인도에서 가장 많이 신봉하는 힌두교와 서남 및 중앙아시아, 남부 아시아, 동남아시아 섬 지역의 주민들이 주로 신봉하는 이슬람교의 신자 수가 많다.

자료 3 이슬람교의 할랄

이슬람교 신자들은 율법에 따라 허용된 음식이라는 뜻의 '할랄' 음식을 먹으며, 돼지고기와 술은 엄격하게 금지한다.

용어 정리

민족 종교 특정 민족이나 지역과 밀접하게 연관된 종교로 유대교, 힌두교 등이 있음
탁발 도를 닦는 승려가 경문을 외면서 동냥하는 일
라마단 이슬람력의 아홉 번째 달로, 해가 뜰 때부터 해가 질 때까지 식사, 흡연 등을 금함

2 아시아의 종교 갈등과 공존

(1) 아시아의 종교 갈등 지역

두 차례의 세계 대전 이후 팔레스타인 지역에 유대인들이 이스라엘 정부를 수립하면서 분쟁이 지속되고 있다.

이스라엘–팔레스타인	유대교 신자가 대부분인 유대인(이스라엘 민족)과 이슬람교 신자가 대부분인 아랍인(팔레스타인 민족) 간 갈등
카슈미르	힌두교 신자가 대부분인 인도와 이슬람교 신자가 대부분인 파키스탄 간 국경을 둘러싼 갈등 (자료 4)
미얀마 라카인주	불교 신자가 대부분인 미얀마의 정부가 이슬람교 신자가 대부분인 로힝야족을 탄압하며 발생한 갈등 (자료 5)
필리핀 민다나오섬	크리스트교 신자가 대부분인 필리핀의 정부와 이슬람교 신자가 대부분인 민다나오섬의 주민들 간 갈등
스리랑카	불교 신자가 대부분인 신할리즈족과 힌두교 신자가 대부분인 타밀족 간 갈등

영국은 스리랑카를 식민 지배하면서 차, 고무 플랜테이션에 필요한 노동력을 조달하기 위해 인도의 타밀족을 스리랑카로 이주시켰다.

(2) 아시아의 종교 공존과 문화 다양성

① 여러 종교의 공존 노력
- 다양한 종교가 공존하는 국가: 말레이시아, 싱가포르, 인도네시아 등
- 한 국가에서 여러 종교 관련 법적 공휴일을 제정하는 등 다양한 종교가 공존하기 위한 법적·제도적 장치를 마련함 (자료 6)
- 한 도시 내에서 힌두교, 불교, 크리스트교, 이슬람교 사원이 공존하는 모습을 볼 수 있음

② 문화 다양성을 위한 세계시민의 자세
- 국가: 종교의 자유를 법으로 보장하고 종교 갈등을 극복하기 위한 장치를 마련해야 함
- 시민: 문화 상대주의적 관점에서 다양한 문화를 존중하고 수용할 줄 아는 세계시민의 자질을 길러야 함

어떠한 문화가 우월하거나 열등하지 않으며, 세계의 문화는 모두 존중받아야 한다고 보는 태도이다.

집중 탐구 아시아의 다양한 종교 건축물

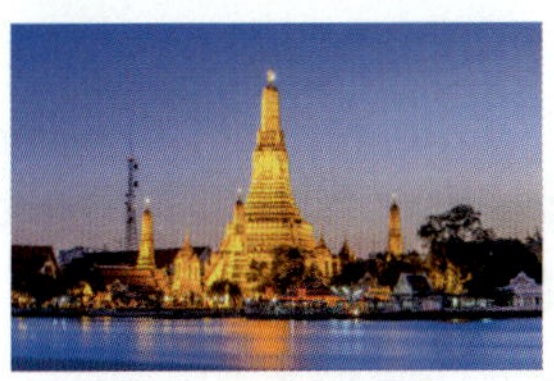

불교 사원에서는 불상을 모시는 불당, 부처님의 사리나 유품이 있는 탑 등을 볼 수 있다.

힌두교 사원에는 다양한 신들의 모습을 표현한 조각상과 그림이 많다.

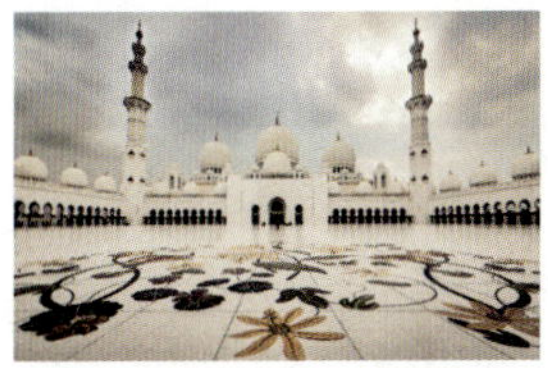

이슬람교 사원인 모스크에서는 둥근 지붕과 첨탑, 아라베스크 문양 등을 볼 수 있다.

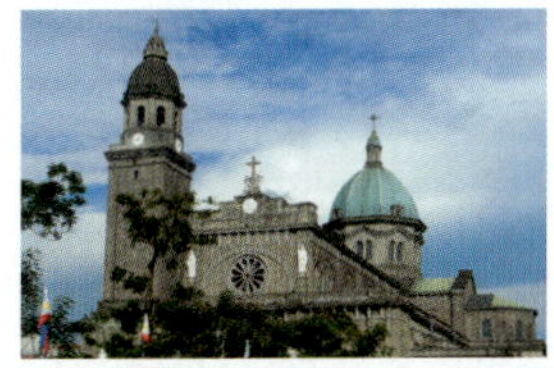

크리스트교의 교회나 성당에서는 십자가와 종탑을 볼 수 있다.

자료 4 카슈미르의 종교 갈등

영국으로부터 독립할 당시 카슈미르는 이슬람교 신자가 대부분이었으며 주민 대부분이 이슬람교를 믿고 있는 파키스탄에 포함될 예정이었다. 하지만 이 지역의 통치자는 힌두교를 믿고 있었고 통치권이 인도에 넘어가면서 파키스탄과 인도의 갈등이 시작되었다.

자료 5 미얀마 라카인주의 종교 갈등

이슬람교를 믿는 로힝야족 일부는 불교 국가인 미얀마의 라카인주에 거주하고 있다. 미얀마 정부는 이들을 방글라데시에서 온 불법 이주자로 규정하고 이들에 대한 탄압 정책을 시행하였다.

자료 6 싱가포르의 종교 관련 휴일(2024년 양력)

4월 10일	하리 라야 푸아사 라마단 기간이 끝났음을 축하하는 날	5월 22일	베삭 데이 부처님 오신 날
10월 31일	디파발리(디왈리) 힌두교 신에게 감사 기도를 드리는 날	12월 25일	크리스마스 예수의 탄생을 기념하는 날

싱가포르는 불교, 크리스트교, 이슬람교, 힌두교 등 여러 종교 기념일을 법정 공휴일로 정하였다. 싱가포르, 말레이시아, 인도네시아 등은 종교의 다양성을 인정하고 서로의 종교를 존중하는 정책을 시행하고 있다.

용어 정리

사리 석가모니나 성자를 화장한 뒤에 나오는 구슬 모양의 유골

아라베스크 꽃, 덩굴, 문자 등을 기하학적으로 배치한 장식 기법

개념 확인 문제

01 주민들이 주로 불교를 믿는 국가를 〈보기〉에서 있는 대로 고르시오.

보기
ㄱ. 이란	ㄴ. 타이
ㄷ. 미얀마	ㄹ. 캄보디아
ㅁ. 방글라데시	ㅂ. 인도네시아

(   )

02 다음 설명이 맞으면 ○표, 틀리면 ×표 하시오.

(1) 힌두교는 고행을 통한 수련을 중시하며 여러 신을 믿는 다신교이다. (   )

(2) 크리스트교를 믿는 주민들은 돼지를 불결히 여겨 돼지고기를 먹지 않는다. (   )

(3) 이슬람교를 믿는 주민들은 성지 순례, 라마단 금식 등의 의무를 지키기 위해 노력한다. (   )

03 빈칸에 들어갈 알맞은 말을 쓰시오.

(1) 불상과 탑이 있는 사원은 (   )와/과 관련된 종교 경관이다.

(2) (   ) 사원인 모스크에서는 둥근 돔과 뾰족한 탑, 아라베스크 문양 등을 볼 수 있다.

(3) (   )을/를 믿는 주민들은 소를 신성시하여 소고기를 먹지 않는다.

04 다음 설명에 해당하는 갈등 지역을 〈보기〉에서 고르시오.

보기
ㄱ. 카슈미르	ㄴ. 미얀마 라카인주
ㄷ. 필리핀 민다나오섬	ㄹ. 이스라엘−팔레스타인

(1) 유대교를 믿는 민족과 이슬람교를 믿는 민족 간 갈등이 발생하는 지역이다. (   )

(2) 힌두교 신자가 대부분인 인도와 이슬람교 신자가 대부분인 파키스탄 간 국경을 둘러싼 갈등 지역이다. (   )

(3) 불교 국가의 정부가 이슬람교를 믿는 로힝야족 주민들을 탄압하여 갈등이 발생한 지역이다. (   )

실력 쌓기 문제

▶ 252004-0067

01 아시아의 종교에 대한 설명으로 옳은 것만을 〈보기〉에서 고른 것은?

보기
ㄱ. 불교와 힌두교는 서남아시아에서 기원하였다.
ㄴ. 이슬람교와 크리스트교는 남부 아시아에서 기원하였다.
ㄷ. 인도의 힌두교와 이스라엘의 유대교는 민족 종교에 해당한다.
ㄹ. 아시아에는 힌두교, 이슬람교, 불교 등의 다양한 종교가 분포한다.

① ㄱ, ㄴ   ② ㄱ, ㄷ   ③ ㄴ, ㄷ
④ ㄴ, ㄹ   ⑤ ㄷ, ㄹ

▶ 252004-0068

02 사진의 경관과 관련된 종교로 옳은 것은?

① 불교   ② 유대교   ③ 힌두교
④ 이슬람교   ⑤ 크리스트교

▶ 252004-0069

03 그래프는 아시아의 종교별 신자 수를 나타낸 것이다. (가), (나) 종교에 대한 설명으로 옳은 것은?

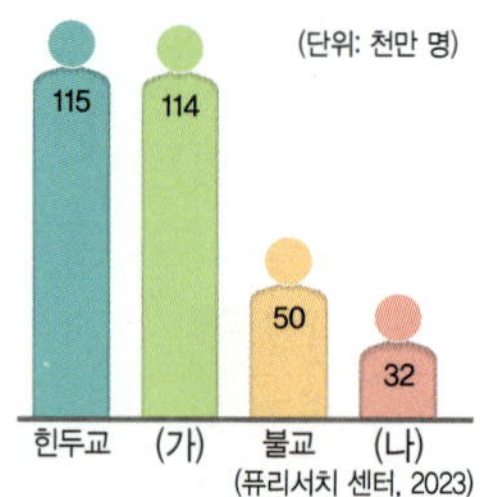

① (가)는 예수를 구원자로 믿는다.
② (가)는 알라를 유일신으로 섬긴다.
③ (나)는 쿠란의 가르침을 중시한다.
④ (나)는 깨달음을 중시하고 자비와 평등을 실천한다.
⑤ (가)와 (나)는 모두 여러 신을 모시는 다신교이다.

▶ 252004-0070

04 사진은 두 종교의 사원 모습을 나타낸 것이다. (가), (나)에 해당하는 종교로 옳은 것은?

(가)

(나)

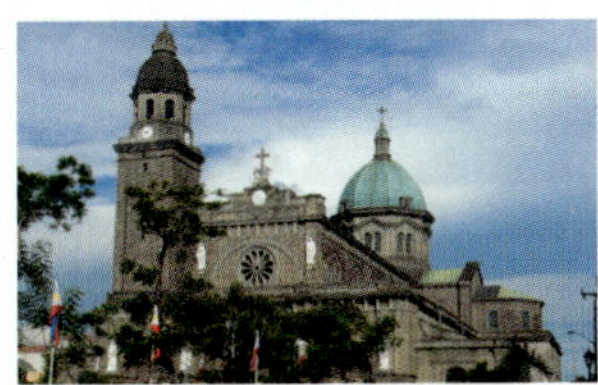

	(가)	(나)
①	힌두교	이슬람교
②	힌두교	크리스트교
③	이슬람교	힌두교
④	이슬람교	크리스트교
⑤	크리스트교	이슬람교

▶ 252004-0071

05 자료는 두 종교의 관련 축제를 소개한 것이다. ㉠, ㉡ 종교에 대한 설명으로 옳은 것은?

이란에서 열리는 ㉠ 축제인 이드 알피트르는 금식 기간인 라마단이 끝난 직후 사원에 모여 예배를 드리고, 음식을 장만하여 서로 나누어 먹는 축제이다.

㉡ 축제인 페라헤라는 스리랑카에서 가장 큰 규모로 개최되는 축제이다. 축제 기간에는 부처의 치아 사리를 모시며 행진하는 행사가 진행된다.

① ㉠은 명상과 수행을 통한 깨달음을 중시한다.
② ㉠의 사원에서는 둥근 돔과 첨탑을 볼 수 있다.
③ ㉡의 신자들은 강가에서 목욕을 하며 자신의 죄를 씻는다.
④ ㉡의 신자들은 신앙 고백, 기도, 성지 순례 등의 의무를 따른다.
⑤ ㉠은 남부 아시아, ㉡은 서남아시아에서 기원하였다.

▶ 252004-0072

06 지도에 표시된 A~D 종교 신자들의 생활 모습에 대한 설명으로 옳은 것만을 〈보기〉에서 고른 것은?

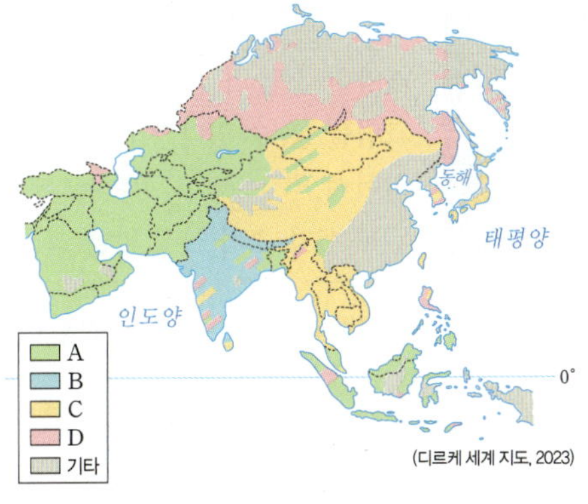

보기
ㄱ. A – 하루에 다섯 번 메카를 향해 기도한다.
ㄴ. B – 소를 신성시하여 소고기를 먹지 않는다.
ㄷ. C – 십자가를 세운 교회나 성당에 모여 기도한다.
ㄹ. D – 돼지를 금기시하여 돼지고기를 먹지 않는다.

① ㄱ, ㄴ　　② ㄱ, ㄷ　　③ ㄴ, ㄷ
④ ㄴ, ㄹ　　⑤ ㄷ, ㄹ

▶ 252004-0073

07 그래프는 두 국가의 종교 분포를 나타낸 것이다. (가), (나)에 해당하는 국가로 옳은 것은?

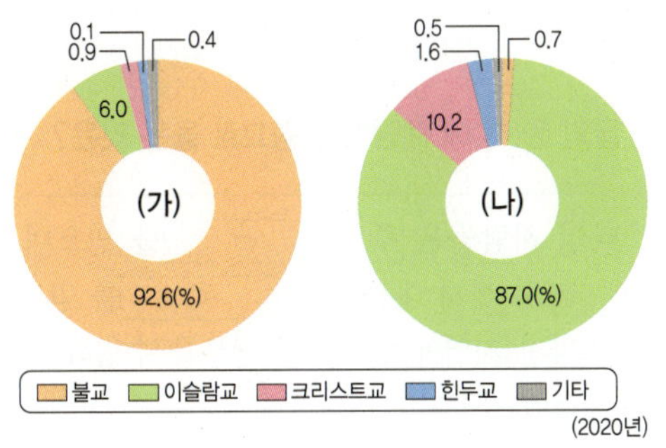

	(가)	(나)
①	타이	필리핀
②	타이	인도네시아
③	필리핀	타이
④	인도네시아	타이
⑤	인도네시아	필리핀

실력 쌓기 문제

▶ 252004-0074

08 다음 자료의 ㉠에 해당하는 국가로 옳은 것은?

　　　　　㉠　의 스리미낙시 사원에서는 다양한 신들의 모습을 표현한 조각상과 그림을 볼 수 있다. 이 사원은 힌두교 사원이며, 　㉠　은/는 세계에서 힌두교 신자 수가 가장 많은 국가이다.

① 인도　　　　② 필리핀　　　　③ 캄보디아
④ 인도네시아　　⑤ 사우디아라비아

▶ 252004-0075

09 다음 글의 ㉠ 지역을 지도의 A~E에서 고른 것은?

　　미얀마는 대부분의 주민들이 불교를 믿고 있다. 그런데 　㉠　에 사는 로힝야족은 이슬람교를 믿는다. 이 때문에 로힝야족은 미얀마 정부로부터 차별을 받으며, 이로 인한 갈등이 나타나고 있다.

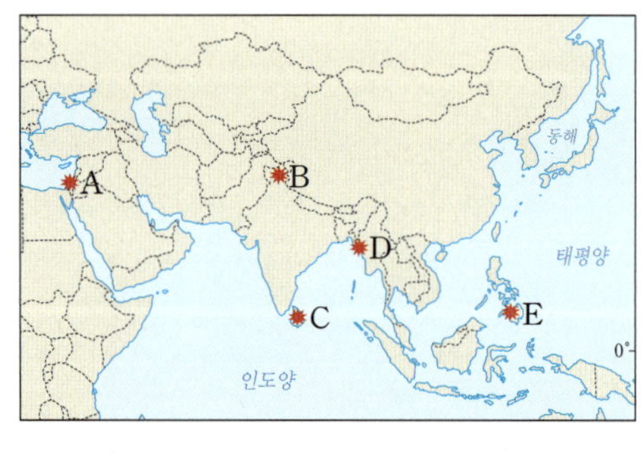

① A　　② B　　③ C　　④ D　　⑤ E

▶ 252004-0076

10 다음 글의 ㉠, ㉡에 해당하는 종교로 옳은 것은?

　　팔레스타인 사람들은 주로 　㉠　를 믿으며 살아왔다. 그런데 제1차 세계 대전 직후 　㉡　를 믿는 유대인들이 팔레스타인 지역에 이스라엘 정부를 수립하면서 이 지역에서는 분쟁이 지속되고 있다.

	㉠	㉡
①	유대교	이슬람교
②	유대교	크리스트교
③	이슬람교	유대교
④	이슬람교	크리스트교
⑤	크리스트교	유대교

▶ 252004-0077

11 자료의 ㉠에 해당하는 지역으로 옳은 것은?

　　많은 주민이 이슬람교를 믿는 　㉠　은/는 영국으로부터 독립할 때 이슬람교를 믿는 파키스탄의 땅이 될 예정이었다. 그러나 힌두교를 믿는 인도에 속하게 되면서 분쟁이 발생하였다.

① 라카인주　　② 스리랑카　　③ 카슈미르
④ 민다나오섬　　⑤ 팔레스타인

▶ 252004-0078

12 (중요) 다음 글을 통해 알 수 있는 말레이시아의 특징으로 옳은 것만을 〈보기〉에서 고른 것은?

　　다양한 민족이 함께 살고 있는 말레이시아는 종교의 자유를 헌법에 명시하고 있다. 말레이시아의 도시 중 하나인 믈라카에는 이슬람 모스크, 불교 사찰, 크리스트교 성당과 교회, 힌두교 사원이 함께 공존하고 있다.

〈보기〉
ㄱ. 종교 차이로 인한 갈등이 심화되고 있다.
ㄴ. 다양한 종교의 공존을 위한 노력이 이어지고 있다.
ㄷ. 모든 주민들이 다양한 신을 믿는 다신교를 신봉한다.
ㄹ. 문화 상대주의의 관점에서 종교 정책을 시행하고 있다.

① ㄱ, ㄴ　　② ㄱ, ㄷ　　③ ㄴ, ㄷ
④ ㄴ, ㄹ　　⑤ ㄷ, ㄹ

▶ 252004-0079

13 다음 자료의 ㉠에 해당하는 국가로 옳은 것은?

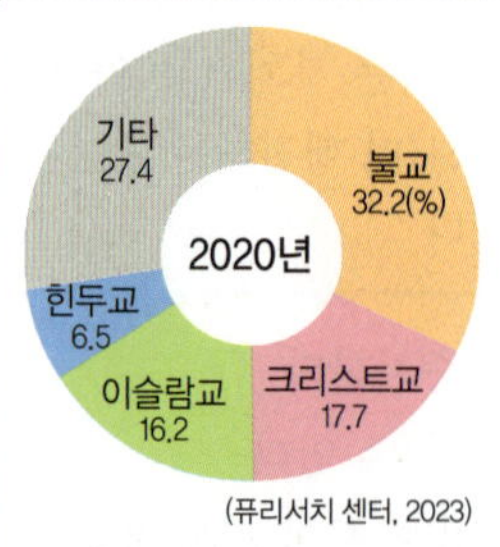

　　　㉠　은/는 다양한 종교를 믿는 주민들이 공존하며 종교 다양성이 잘 드러나는 국가이다. 불교, 크리스트교, 이슬람교, 힌두교 등 여러 종교의 기념일을 각각 법정 공휴일로 지정하였으며, 주민들은 서로의 종교를 존중하며 공존한다.

① 미얀마　　② 필리핀　　③ 스리랑카
④ 싱가포르　　⑤ 아랍 에미리트

서술형 문제

1단계 핵심 키워드 파악하기

▶ 252004-0080

01 지도는 아시아 주요 국가의 종교별 인구 비율을 나타낸 것이다. (1) A, B에 해당하는 종교의 명칭을 쓰고, (2) 두 종교의 주민 생활 모습을 각각 한 가지씩 서술하시오.

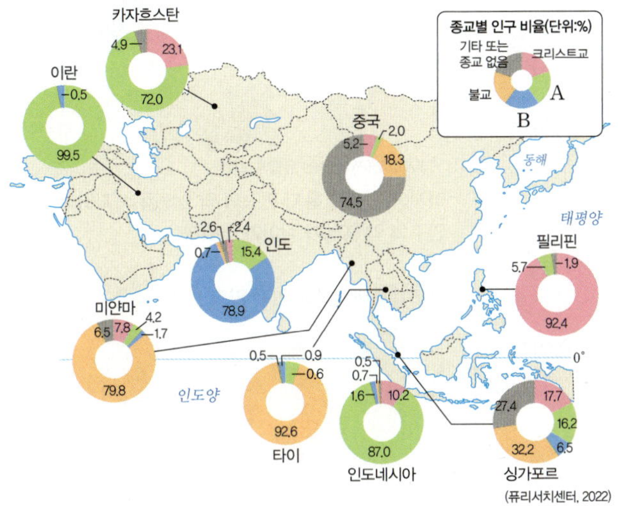

답 완성하기

(1) A – (   ), B – (   )

(2) A를 믿는 주민들은 (   )을/를 불결하게 여겨 그 고기를 먹지 않으며, B를 믿는 주민들은 (   )을/를 신성시하여 그 고기를 먹지 않는다.

▶ 252004-0081

02 지도에 표시된 지역에서 발생하는 갈등 양상을 종교와 민족의 명칭을 포함하여 서술하시오.

답 완성하기

지도에 표시된 지역에서는 (   )를 믿는 이스라엘 민족과 (   )를 믿는 (   ) 민족 간의 갈등과 분쟁이 나타나고 있다.

2단계 스스로 문장 완성하기

▶ 252004-0082

03 사진은 두 종교의 사원과 신자의 모습을 나타낸 것이다. (1) (가), (나)에 해당하는 종교의 명칭을 쓰고, (2) 두 종교 사원의 특징을 서술하시오.

(가)　　　　　　　　(나)

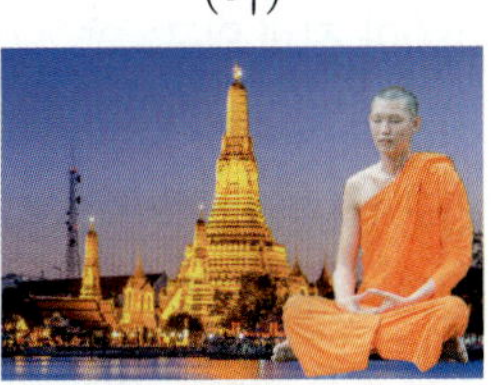

(1) (가) – (   ), (나) – (   )

(2) ________________________________

____

____

____

▶ 252004-0083

04 다음 자료를 보고 말레이시아에 종교 관련 공휴일이 많은 이유를 서술하시오.

4월 10~11일 **하리 라야 푸아사** 라마단 기간이 끝났음을 축하하는 날

5월 22일 **베삭 데이** 부처님 오신 날

10월 31일 **디파발리(디왈리)** 힌두교 신에게 감사 기도를 드리는 날

12월 25일 **크리스마스** 예수의 탄생을 기념하는 날

▲말레이시아의 종교 관련 주요 공휴일(2024년)

▲ 말레이시아의 종교별 인구 비율

____

____

____

03~04 아시아의 인구 특징과 성장 잠재력 ~ 아시아의 산업 특징과 변화

학습 목표 • 아시아의 지역별 인구 구조 변화를 파악하고, 이에 따른 지역의 변화 모습을 추론할 수 있다.
• 아시아의 산업 특징과 산업 구조 변화에 관해 설명하고, 이런 변화가 우리나라 산업에 미친 영향을 설명할 수 있다.

1 아시아의 인구 특징과 성장 잠재력

(1) 아시아의 인구 분포

① 세계 대륙 중 인구가 가장 많고, 인구 밀도가 가장 높음

② 아시아 전체 인구: 약 47억 명(2023년 기준)으로 전 세계 인구의 약 60%를 차지함 **자료 1**

③ 인구 1억 명 이상의 아시아 국가: 세계 인구 1위, 2위의 인도와 중국을 포함하여 인도네시아, 파키스탄, 방글라데시, 일본, 필리핀, 베트남(2023년 기준)

④ 인구 분포: 벼농사에 유리한 동아시아, 동남아시아, 남부 아시아의 평야 지역에 인구가 집중됨 **자료 2**

> 국제 연합(UN)의 통계에 따르면 2022년까지 세계 인구 1위 국가는 중국이었으나 2023년 이후 인도 인구가 중국 인도를 추월하면서 인도가 세계 인구 1위 국가가 되었다.

(2) 아시아의 인구 이동 **자료 3**

① 복잡하고 다양한 요인에 의해 인구 이동이 나타나며, 특히 경제적 요인에 의한 인구 이동이 활발함

> 깨끗한 환경과 좋은 일자리 등과 같이 인구를 유입하게 하는 요인은 흡인 요인, 전쟁이나 정치적 불안, 실업 등과 같이 인구를 유출하게 하는 요인은 배출 요인이라 한다.

② 경제적 요인에 의한 인구 이동

• 인구 유출 지역: 동남아시아, 남부 아시아 등 소득 수준이 낮고 고용 기회가 적은 지역

• 인구 유입 지역: 동아시아, 서남아시아 등 소득 수준이 높거나 일자리가 풍부한 지역

③ 정치적 요인에 의한 인구 이동: 시리아, 아프가니스탄 등의 분쟁 지역에서 인구 유출이 나타남

(3) 아시아의 지역별 인구 구조

① 출생률이 높은 국가들

• 기대 수명 증가와 함께 빠른 속도로 인구가 증가함

• 상대적으로 유소년층 인구 비율이 높음

• 도로, 학교 등의 사회 기반 시설 부족 문제가 발생함

• 생산 활동 가능 인구 비율이 높아 경제 성장 잠재력이 높음

• 파키스탄, 필리핀 등이 대표적임

② 저출산·고령화를 겪는 국가들

• 결혼과 자녀에 대한 가치관 변화, 자녀 양육 부담 증가 등으로 저출산이 나타남

• 상대적으로 노년층 인구 비율이 높음

• 노동력 부족, 경제 성장률 둔화, 노년층 부양 부담 증가 등의 문제가 발생함

• 출산과 양육 지원 및 노인 복지를 위한 제도 마련이 필요함

• 대한민국, 일본이 대표적임

③ 많은 이주민을 받아들인 국가들

• 방글라데시, 인도, 파키스탄 등에서 젊은 남성 노동자 유입

• 청장년층의 남초 현상이 발생함

• 사우디아라비아, 카타르 등이 대표적임

> 석유와 천연가스 개발 및 건설업 등에 많은 노동력을 필요로 하였으며 이에 외국인 노동자의 유입이 활발하게 나타났다.

자료 1 아시아의 인구 분포

아시아는 세계 육지 면적의 약 24%를 차지하며 전 세계 인구의 약 60%가 살아가고 있다.

자료 2 아시아의 인구 밀도

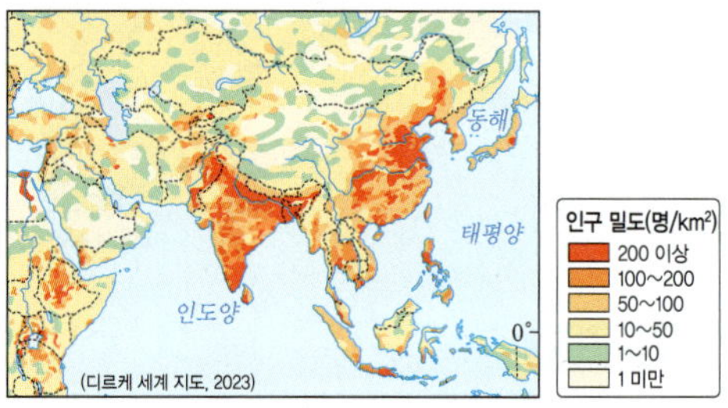

남부 아시아, 동남아시아, 동아시아는 계절풍의 영향을 받아 벼농사가 활발하며 인구가 밀집해 있다. 반면 건조 기후가 나타나는 서남아시아, 중앙아시아 등지는 인구가 희박하다.

자료 3 아시아의 인구 이동

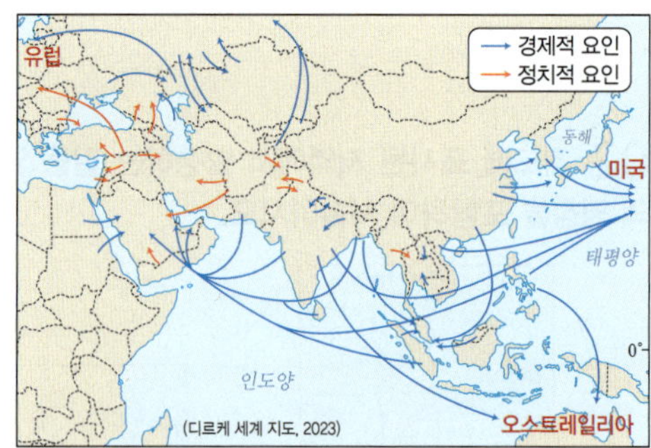

최근에는 경제적 이유로 소득 수준이 낮은 국가에서 일자리가 많은 국가로 인구가 이주하는 경우가 많다. 또한 시리아, 아프가니스탄 등 분쟁이 발생하는 지역에서는 정치적 이동이 나타나기도 한다.

용어 정리

인구 밀도 일정 지역의 인구를 해당 지역 면적으로 나눈 수치

기대 수명 사람이 태어나 앞으로 생존할 것으로 기대되는 평균 연수

남초 현상 여성 인구보다 남성 인구가 많은 현상

② 아시아의 산업 특징과 변화

(1) 아시아의 산업 특징

① 에너지 자원 생산 〔자료 4〕
- 석유와 천연가스: 사우디아라비아, 카타르 등 서남아시아 국가들의 생산 및 수출량이 많음
  - *중국은 전 세계 석탄 생산량과 석탄 소비량의 50% 이상을 차지하고 있다.*
- 석탄: 중국, 인도, 인도네시아의 생산과 소비가 많음

② 제조업 발달 〔자료 5〕
  - *해안의 공업 지역에서 철광석과 석탄, 석유 등을 수입하고 철강과 화학 제품 등을 만들어 수출하는 형태의 공업과 가공 무역이 발달하였다.*
- 우리나라와 일본: 지하자원이 부족하지만, 원료 수입과 제품 수출에 유리한 해안 지역을 중심으로 중화학 공업 발달
- 중국: 2010년대 '세계의 공장'이라 불릴 정도로 제조업 성장
- 동남아시아의 베트남, 인도네시아 등: 저렴한 인건비를 바탕으로 의류나 신발 등을 생산하는 노동 집약적 제조업 성장
  - *중국의 인건비 상승으로 상대적으로 인건비가 저렴한 동남아시아 국가로 생산 공장이 이전하는 경우가 많아졌다.*

③ 첨단·문화 산업 발달
- 우리나라, 일본, 중국 등: 반도체, 디스플레이 등의 산업 발달
- 우리나라의 K-pop, 일본의 애니메이션 등 발달

(2) 아시아의 산업 변화가 우리나라에 미치는 영향

① 아시아의 산업 변화
- 동남아시아 국가들: 풍부한 자원과 노동력을 바탕으로 외국 자본 유치 및 공업화 추진 〔자료 6〕
- 서남아시아의 석유 생산국: 석유 고갈에 대비하여 제조업, 관광 산업 등의 산업에 투자하고 산업의 다변화를 꾀함

② 우리나라 산업에 미치는 영향
- 제조업 중심지로 떠오르고 있는 남부 및 동남아시아 지역 진출을 꾀함
- 서남아시아 지역의 관광 및 제조업에 필요한 기반 시설 구축에 참여함
- 한류 콘텐츠를 활용한 문화 상품 수출 증대 및 관광객 증가를 통한 연계 효과가 발생하도록 노력함

집중 탐구 아시아의 국가별 인구 특성

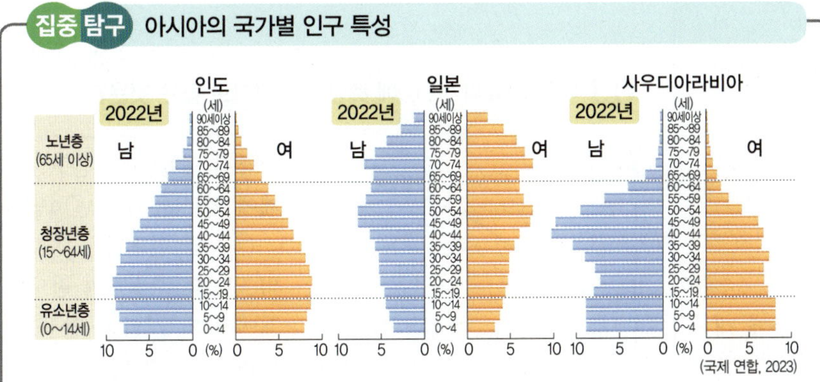

파키스탄, 인도, 필리핀 등 합계 출산율이 높은 국가들은 상대적으로 유소년층 인구 비율이 높으며 인구가 빠르게 증가하고 있다. 반면 우리나라, 일본 등 경제 발전 수준이 높은 국가들은 결혼과 자녀에 대한 가치관 변화로 인해 저출산·고령화 현상이 나타나고 있다. 사우디아라비아, 카타르 등의 산유국들은 남성 노동자의 유입으로 청장년층에서 남초 현상이 나타나고 있다.

자료 4 아시아의 에너지 자원

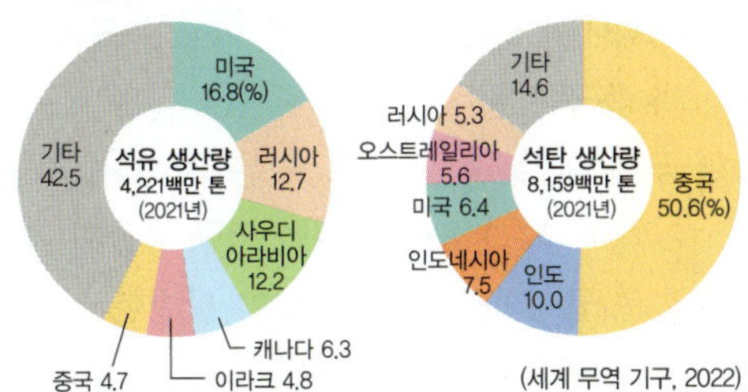

아시아는 다양한 천연자원을 보유하고 있다. 사우디아라비아, 이라크 등 서남아시아는 석유와 천연가스 생산량이 많다. 또한 중국, 인도, 인도네시아 등은 석탄 생산량이 많다.

자료 5 아시아 주요 국가의 상품군별 수출액 비율

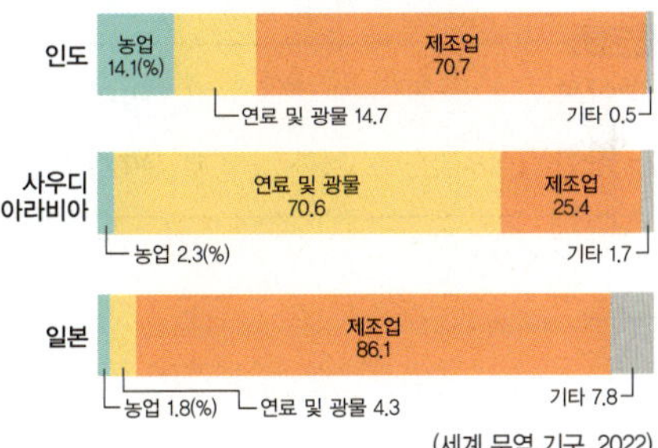

전통 농업, 제조업, 첨단 산업까지 다양한 산업이 발달한 인도는 다른 국가에 비해 농업의 수출 비율이 높다. 세계적인 산유국이자 석유 수출국인 사우디아라비아는 연료 및 광물의 수출 비율이 높으며, 제조업과 첨단 산업이 발달한 일본은 제조업의 수출 비율이 가장 높다.

자료 6 베트남의 총 수출액과 산업 구조 변화

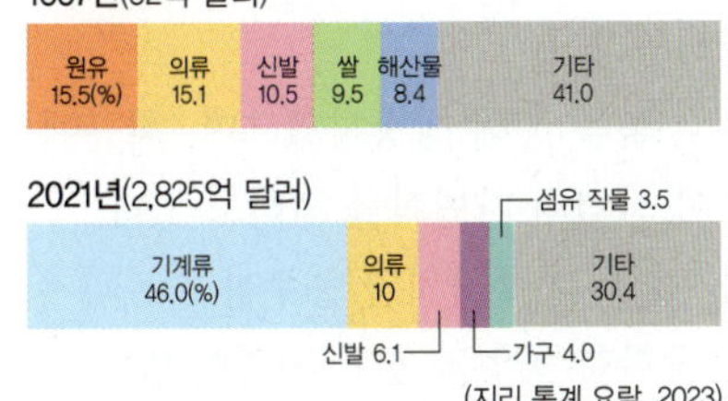

▲ 베트남의 주요 수출 품목 변화

베트남은 과거에 천연자원, 노동 집약적 경공업 제품의 수출이 많았으나, 최근에는 기계류 등의 수출 비중이 높아지는 등 산업이 발전하고 있다.

용어 정리

인건비 사람에게 일을 시키는 것에 드는 비용
합계 출산율 한 여성이 가임 기간(15~49세)에 낳을 것으로 기대되는 평균 출생아 수
천연자원 자연상에서 존재하여 인간 생활이나 생산 활동에 이용할 수 있는 물자나 에너지를 통틀어 이르는 말
경공업 부피에 비하여 무게가 가벼운 물건을 만드는 공업으로 섬유 공업, 식품 공업 등이 해당함

개념 확인 문제

01 빈칸에 들어갈 알맞은 말을 쓰시오.

(1) 세계에서 인구가 10억 명 이상인 국가는 (　　　　)와/
과 중국이다.

(2) 국가 내 분쟁을 겪고 있는 시리아, 아프가니스탄 등은
(　　　　) 요인에 의한 인구 유출이 나타난다.

(3) 젊은 남성 노동자의 유입이 활발한 카타르, 사우디아라비
아 등에서는 청장년층의 (　　　　) 현상이 나타난다.

**02 저출산·고령화가 나타나고 있는 국가만을 〈보기〉에서 있는
대로 고르시오.**

> 보기
> ㄱ. 일본　　　　　　ㄴ. 필리핀
> ㄷ. 대한민국　　　　ㄹ. 파키스탄

(　　　　　　)

03 다음 설명에 해당하는 국가를 〈보기〉에서 고르시오.

> 보기
> ㄱ. 중국　　　　　　ㄴ. 일본
> ㄷ. 베트남　　　　　ㄹ. 사우디아라비아

(1) 2010년대 '세계의 공장'이라 불릴 정도로 제조업 강국으로
성장하였다. (　　　)

(2) 석유 수출을 통해 성장하였으며, 최근에는 석유 고갈에 대
비하여 산업의 다변화를 꾀하고 있다. (　　　)

(3) 지하자원은 부족하지만 풍부한 자본과 뛰어난 기술을 활용
하여 중화학 공업과 첨단 산업이 발달하였다. (　　　)

04 다음 설명이 맞으면 ○표, 틀리면 ✕표 하시오.

(1) 서남아시아의 주요 산유국은 자원 수출 확대로 석유에 대
한 의존도를 높이고자 노력한다. (　　　)

(2) 베트남과 인도네시아의 산업 구조는 제조업 중심에서 농업
중심으로 변화하고 있다. (　　　)

(3) 아시아의 산업 변화에 발맞춰 우리나라는 연구 개발 투자
강화, 기술 혁신, 한류 산업 육성 등을 통해 경쟁력을 강화
하고 있다. (　　　)

실력 쌓기 문제

▶ 252004-0084

**01 (중요) 아시아의 인구 특징에 대한 설명으로 옳은 것만을 〈보기〉에서
고른 것은?**

> 보기
> ㄱ. 남부 아시아의 총인구는 증가하고 있다.
> ㄴ. 중앙아시아는 동아시아보다 총인구가 많다.
> ㄷ. 전 세계 인구의 절반 이상이 아시아에 거주한다.
> ㄹ. 서남아시아에서 동남아시아로 많은 인구가 이주하고 있다.

① ㄱ, ㄴ　　　　② ㄱ, ㄷ　　　　③ ㄴ, ㄷ
④ ㄴ, ㄹ　　　　⑤ ㄷ, ㄹ

▶ 252004-0085

**02 그래프는 대륙(지역)별 인구와 면적을 나타낸 것이다. A~C에
해당하는 대륙(지역)으로 옳은 것은?**

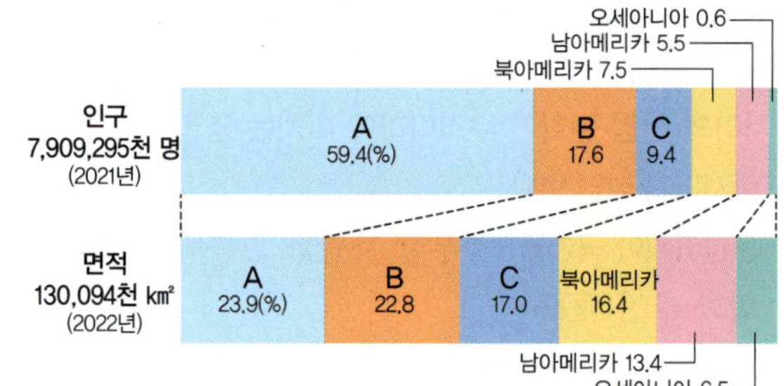

	A	B	C
①	유럽	아시아	아프리카
②	유럽	아프리카	아시아
③	아시아	유럽	아프리카
④	아시아	아프리카	유럽
⑤	아프리카	유럽	아시아

▶ 252004-0086

03 다음 자료의 ㉠, ㉡에 해당하는 국가로 옳은 것은?

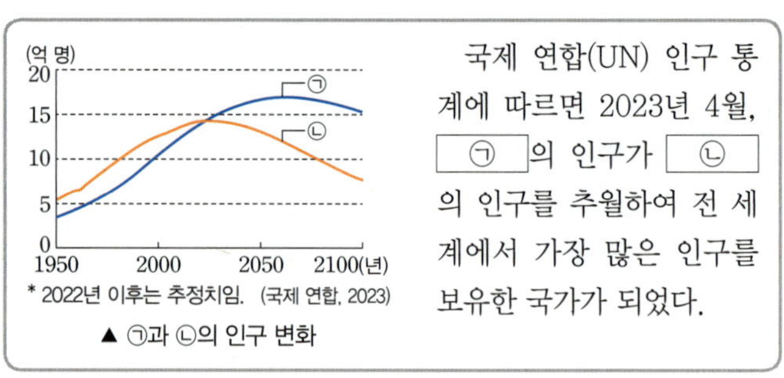

국제 연합(UN) 인구 통계에 따르면 2023년 4월, ㉠ 의 인구가 ㉡ 의 인구를 추월하여 전 세계에서 가장 많은 인구를 보유한 국가가 되었다.

	㉠	㉡			㉠	㉡
①	인도	일본		②	인도	중국
③	일본	인도		④	일본	중국
⑤	중국	일본				

▶ 252004-0087

04 지도의 A~D 지역의 인구 특징에 대한 설명으로 옳은 것만을 〈보기〉에서 고른 것은?

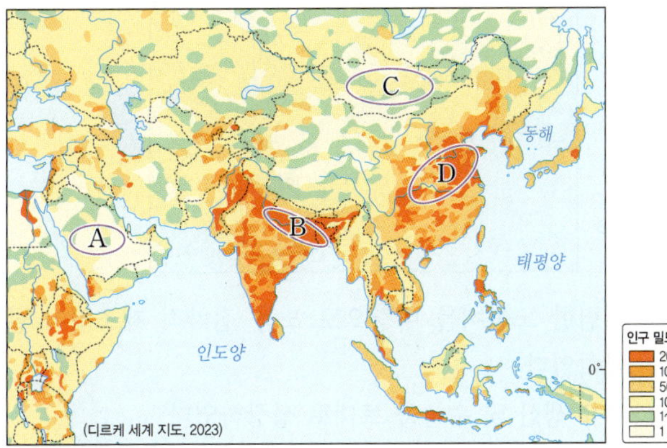

보기

ㄱ. A는 건조한 기후로 인구가 희박한 지역이다.
ㄴ. B는 벼농사에 유리한 기후로 인구 밀도가 높다.
ㄷ. C는 산업 발달로 인구가 밀집한 지역이다.
ㄹ. D는 일 년 내내 고온 다습한 기후로 인구 밀도가 낮다.

① ㄱ, ㄴ　　② ㄱ, ㄷ　　③ ㄴ, ㄷ
④ ㄴ, ㄹ　　⑤ ㄷ, ㄹ

▶ 252004-0088

05 지도는 아시아의 인구 관련 지표를 나타낸 것이다. 이에 해당하는 인구 지표로 옳은 것은?

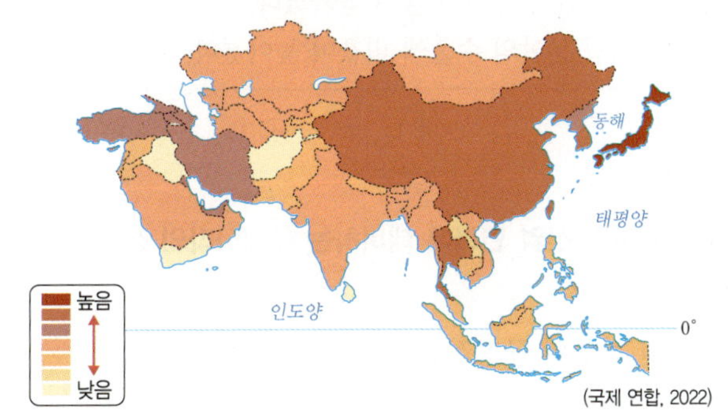

① 인구 밀도　　　② 중위 연령
③ 합계 출산율　　④ 유출 인구 수
⑤ 유소년층 인구 비율

▶ 252004-0089

06 (가), (나) 국가의 인구 피라미드로 옳은 것만을 〈보기〉에서 고른 것은?

(가) 저출산·고령화에 따른 노동력 부족, 소비 감소 등으로 경제 성장이 둔화하고, 노년층 인구 증가로 노인 복지 비용이 증가하는 등의 문제가 발생하고 있다.

(나) 석유 수출을 통해 얻은 이익을 바탕으로 여러 분야의 산업을 성장시키기 위해 노력하고 있으며, 해외 청장년층 인구를 받아들여 부족한 노동력을 메우고 있다.

보기

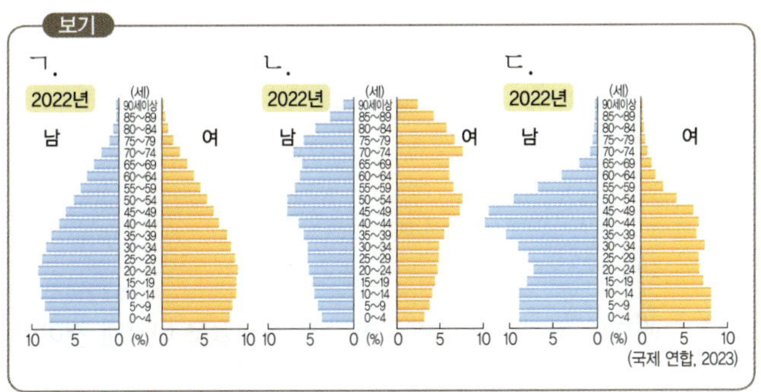

	(가)	(나)			(가)	(나)
①	ㄱ	ㄴ		②	ㄱ	ㄷ
③	ㄴ	ㄱ		④	ㄴ	ㄷ
⑤	ㄷ	ㄱ				

중요

▶ 252004-0090

07 그래프는 아시아 두 국가의 총인구 및 인구 구조 변화를 나타낸 것이다. (가), (나) 국가에 대한 설명으로 옳은 것만을 〈보기〉에서 고른 것은?

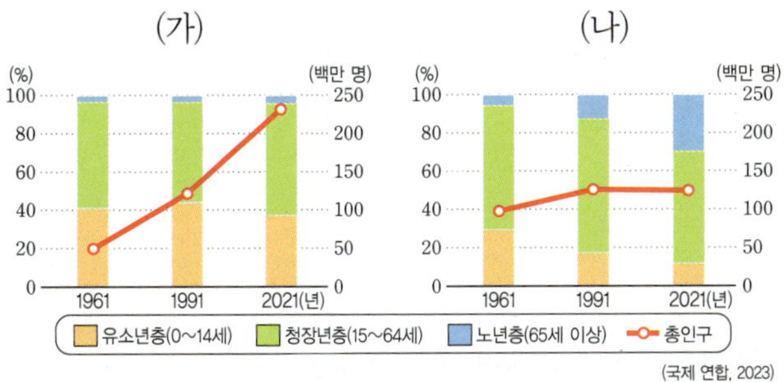

보기

ㄱ. (가)는 (나)보다 평균 기대 수명이 길다.
ㄴ. (가)는 (나)보다 여성 1인당 출생아 수가 많다.
ㄷ. (나)는 (가)보다 유소년층 인구 비율이 높다.
ㄹ. (나)는 (가)보다 국민 1인당 평균 소득이 높다.

① ㄱ, ㄴ　　② ㄱ, ㄷ　　③ ㄴ, ㄷ
④ ㄴ, ㄹ　　⑤ ㄷ, ㄹ

실력 쌓기 문제

▶ 252004-0091

08 아시아의 산업 특징에 대한 설명으로 옳은 것만을 〈보기〉에서 고른 것은?

> **보기**
> ㄱ. 세계 석유의 절반 이상이 동아시아에서 생산된다.
> ㄴ. 석탄, 희토류 등 주요 천연자원의 공급지 역할을 한다.
> ㄷ. 반도체, 정보 통신 기기 등의 첨단 산업이 쇠퇴하고 있다.
> ㄹ. 노동 집약적 제조업의 공장이 남부 및 동남아시아로 옮겨 가고 있다.

① ㄱ, ㄴ 　② ㄱ, ㄷ 　③ ㄴ, ㄷ
④ ㄴ, ㄹ 　⑤ ㄷ, ㄹ

▶ 252004-0092

09 그래프는 두 국가의 상품군별 수출액 비율을 나타낸 것이다. (가), (나)에 해당하는 국가로 옳은 것은?

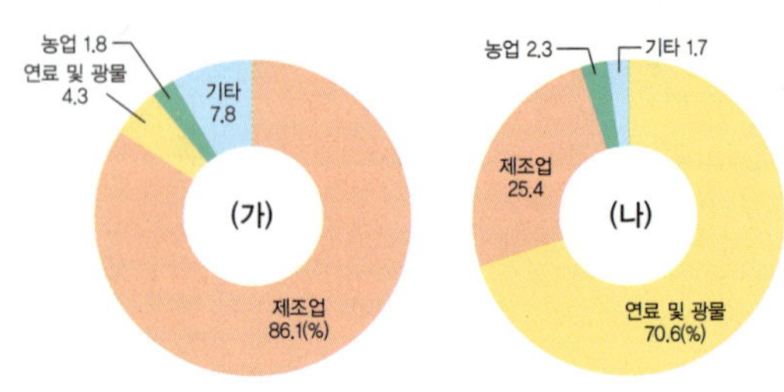

	(가)	(나)
①	인도	일본
②	인도	사우디아라비아
③	일본	인도
④	일본	사우디아라비아
⑤	사우디아라비아	일본

▶ 252004-0093

10 다음 글에서 설명하는 국가로 옳은 것은?

> 노동력이 풍부하고 빈곤율이 꾸준히 감소하며 발전이 기대된다. 특히 영어를 사용하는 인구와 우수한 과학 인재가 많아 이를 바탕으로 뉴델리, 벵갈루루, 뭄바이 등에서 정보 통신 기술(IT) 산업이 발달하고 있다.

① 인도 　② 일본 　③ 중국
④ 인도네시아 　⑤ 사우디아라비아

▶ 252004-0094

11 지도의 A~E 국가의 산업 특징에 대한 설명으로 옳은 것은?

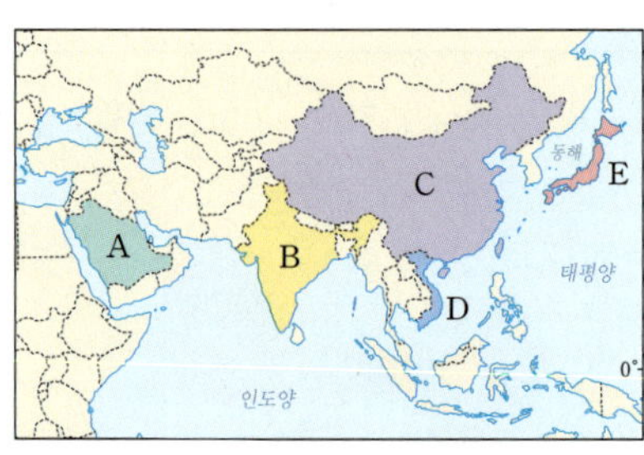

① A - 저렴한 노동비를 바탕으로 노동 집약적 제조업이 발달하였다.
② B - 석유 생산 및 수출을 토대로 성장하였다.
③ C - '세계의 공장'이라 불릴 정도로 노동 집약적 제조업이 성장하였다.
④ D - '볼리우드(Bollywood)'라 불릴 정도로 영화 산업이 발달하였다.
⑤ E - 풍부한 지하자원 생산을 바탕으로 중화학 공업이 성장하였다.

▶ 252004-0095

12 그래프는 아시아 어떤 국가의 주요 수출 품목 변화를 나타낸 것이다. 이 국가의 산업 구조 변화에 대한 설명으로 옳은 것만을 〈보기〉에서 고른 것은?

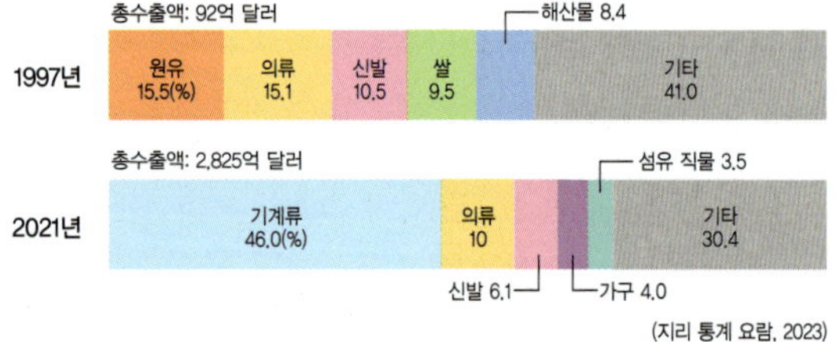

> **보기**
> ㄱ. 총무역액이 증가하였다.
> ㄴ. 2차 산업 생산액이 증가하였다.
> ㄷ. 천연자원의 수출액 비율이 높아졌다.
> ㄹ. 농림어업 분야의 수출액 비율이 높아졌다.

① ㄱ, ㄴ ② ㄱ, ㄷ ③ ㄴ, ㄷ ④ ㄴ, ㄹ ⑤ ㄷ, ㄹ

▶ 252004-0096

13 아시아의 산업 변화에 대비하는 우리나라의 성장 노력으로 옳지 <u>않은</u> 것은?

① 다양한 산업의 균형적인 성장을 추구한다.
② 기술 혁신을 통해 국가 경쟁력을 강화한다.
③ 첨단 및 서비스 산업의 해외 진출을 확대한다.
④ 일부 아시아 국가에 대한 무역 의존도를 높인다.
⑤ 다양한 한류 콘텐츠를 개발하고 관광 산업을 육성한다.

서술형 문제

① 단계 핵심 키워드 파악하기

▶ 252004-0097

01 지도는 아시아의 인구 이동을 나타낸 것이다. (1) A, B 인구 이동의 요인을 쓰고, (2) 두 인구 이동의 방향성을 분석하여 서술하시오.

답 완성하기

(1) A – (   ), B – (   )

(2) A는 주로 소득 수준이 (   ) 고용 기회가 적은 국가에서 (   )이/가 풍부한 국가로 이동한다. B는 주로 (   )을/를 피해 주변 국가로 이동한다.

▶ 252004-0098

02 다음 글은 아시아의 산업 구조 변화가 우리나라의 산업에 미친 영향을 나타낸 것이다. (가)에 들어갈 우리나라 기업의 대책을 서술하시오.

> ○○ 전자를 비롯한 여러 기업은 중국에 있던 생산 공장을 철수하였다. ○○ 전자는 생산 비용 절감을 위해 인건비가 저렴한 중국에 생산 공장을 세워 가동하였으나, 중국의 경제 성장으로 인건비가 상승하면서 ＿＿＿＿＿＿＿＿ (가) ＿＿＿＿＿＿＿＿

답 완성하기

베트남, 인도와 같이 (   )이/가 저렴한 다른 국가로 (   )을/를 옮기고 있다.

② 단계 스스로 문장 완성하기

▶ 252004-0099

03 그래프는 카타르의 인구 피라미드를 나타낸 것이다. 이를 분석하여 카타르의 남녀 성별에 따른 인구 구조를 비교하고, 이와 같은 결과가 나타난 원인을 서술하시오.

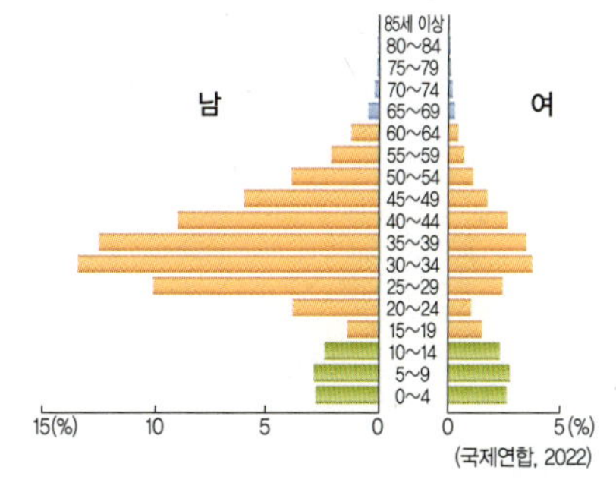

▶ 252004-0100

04 두 사람의 대화를 보고 한류 문화가 우리나라 경제에 미친 영향을 상품 수출과 관광객 수 측면에서 서술하시오.

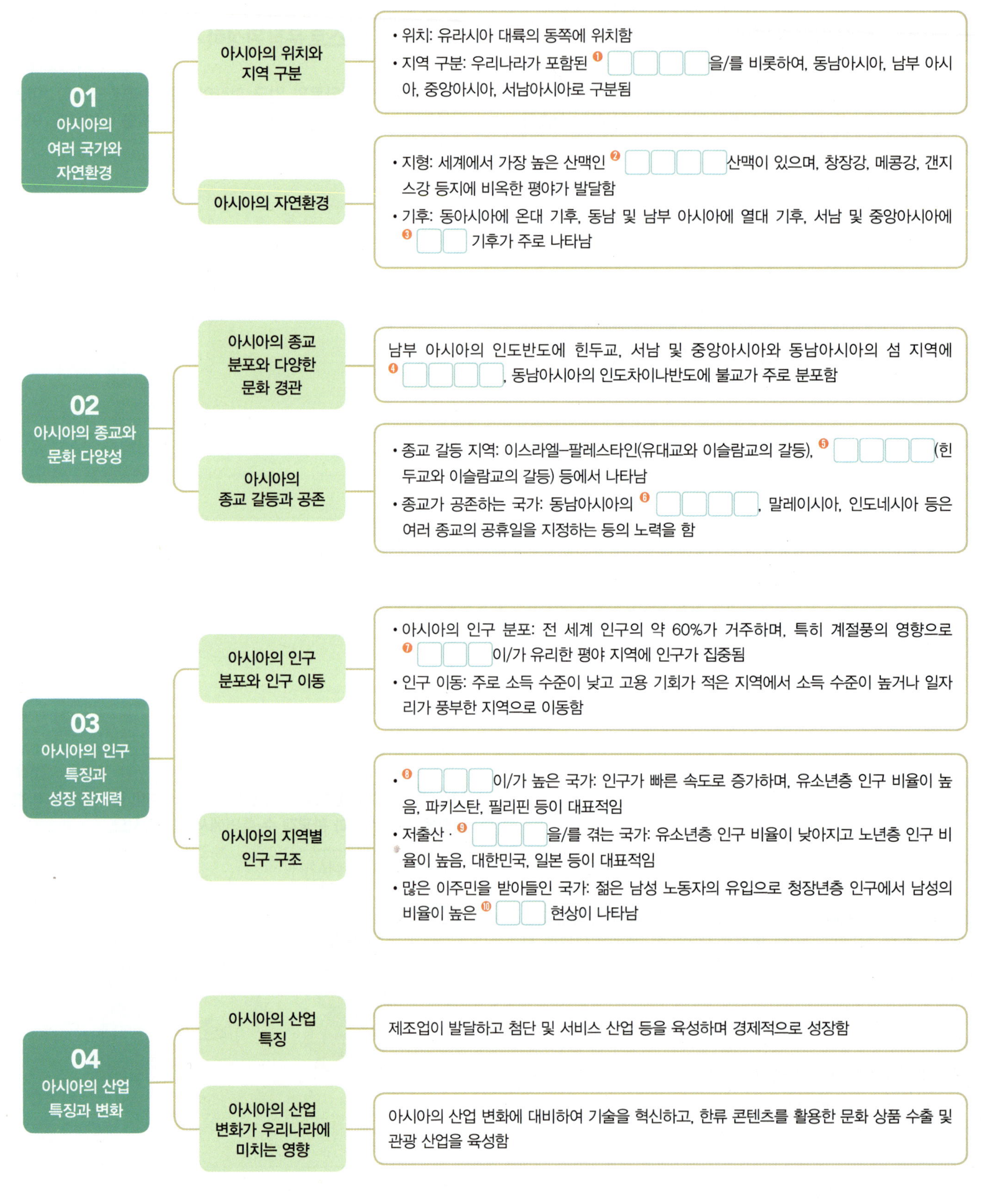

정답 ❶ 동아시아 ❷ 히말라야 ❸ 건조 ❹ 이슬람교 ❺ 카슈미르 ❻ 싱가포르 ❼ 벼농사 ❽ 출생률 ❾ 고령화 ❿ 남초

대단원 마무리 문제

▶ 252004-0101

01 지도의 A~E 지역에 속한 국가를 옳게 연결한 것은?

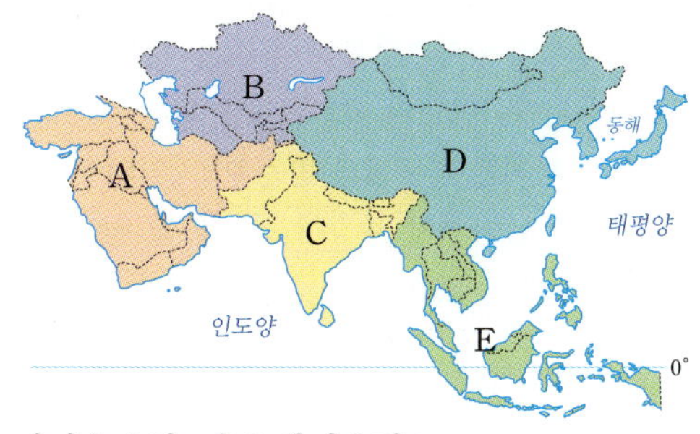

① A – 카자흐스탄, 우즈베키스탄
② B – 중국, 몽골
③ C – 사우디아라비아, 이라크
④ D – 인도, 파키스탄
⑤ E – 인도네시아, 미얀마

서술형

▶ 252004-0102

02 다음 자료의 ㉠에 해당하는 도시명을 쓰고, 아랍 에미리트가 성장할 수 있었던 요인에 해당하는 (가)를 특정 자원과 연관지어 서술하시오.

아랍 에미리트의 ㉠ 에는 2024년 기준 세계에서 가장 높은 빌딩인 부르즈 할리파가 있다. 아랍 에미리트는 (가) 을/를 바탕으로 경제적으로 크게 성장하였고, 과거 사막 지역이던 ㉠ 에 수많은 시설을 건설하였다. 이를 통해 이 도시는 세계 금융과 항공 교통의 중심지로 성장하였다.

▶ 252004-0103

03 다음 글의 ㉠에 들어갈 지형 명칭으로 옳은 것은?

아시아의 일본과 필리핀 등은 ㉠ 에 위치하여 지진과 화산 활동이 활발하게 나타난다. 곳곳에 화산 지형이 나타나며 이를 활용한 관광 산업이 발달하였다. 또한 화산재가 쌓여 만들어진 비옥한 토양을 농업에 이용하고 있다.

① 우랄산맥
② 갠지스강 하류
③ 시짱(티베트)고원
④ 환태평양 조산대
⑤ 알프스-히말라야 조산대

▶ 252004-0104

04 지도는 아시아의 기후 분포를 나타낸 것이다. A~C에 해당하는 기후로 옳은 것은?

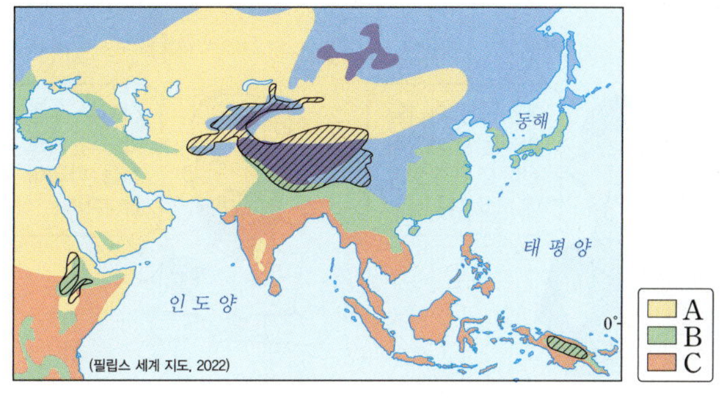

	A	B	C
①	건조 기후	열대 기후	온대 기후
②	건조 기후	온대 기후	열대 기후
③	열대 기후	건조 기후	온대 기후
④	열대 기후	온대 기후	건조 기후
⑤	온대 기후	건조 기후	열대 기후

중요

▶ 252004-0105

05 그래프는 아시아에 위치한 세 지역의 기온과 강수량을 나타낸 것이다. 아시아의 (가)~(다) 지역에 대한 설명으로 옳은 것은?

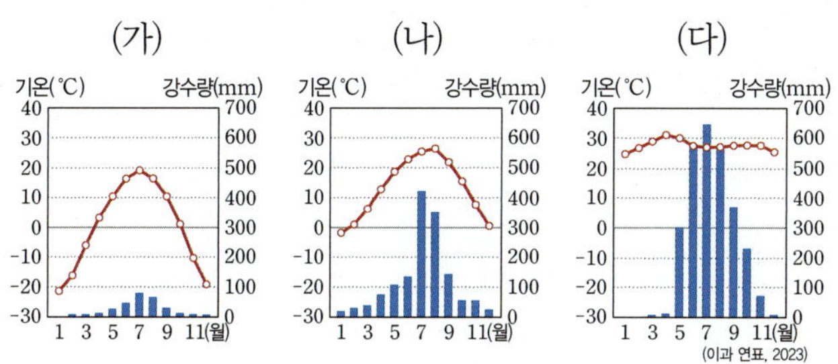

① (가)는 연 강수량이 연 증발량보다 많다.
② (다)는 서남아시아에 위치한다.
③ (가)는 (나)보다 7월 강수량이 많다.
④ (나)는 (다)보다 1월 평균 기온이 높다.
⑤ (다)는 (가)보다 벼농사에 유리하다.

▶ 252004-0106

06 그림은 두 종교 지도자의 설교 모습을 나타낸 것이다. (가), (나) 종교의 주민 생활 모습으로 옳은 것만을 〈보기〉에서 고른 것은?

보기

ㄱ. 불상을 모시는 불당에서 예불을 올린다.

ㄴ. 갠지스강에서 목욕을 하며 죄를 씻어 낸다.

ㄷ. 주로 일요일에 성당이나 교회에 가서 예배한다.

ㄹ. 하루에 다섯 번 정해진 시간에 메카를 향해 기도한다.

	(가)	(나)		(가)	(나)
①	ㄱ	ㄴ	②	ㄱ	ㄹ
③	ㄴ	ㄷ	④	ㄷ	ㄴ
⑤	ㄷ	ㄹ			

▶ 252004-0107

07 지도는 동남아시아의 종교 분포를 나타낸 것이다. A~C에 해당하는 종교로 옳은 것은?

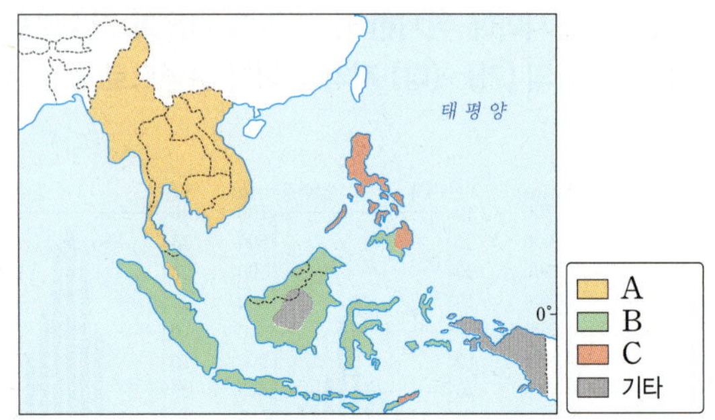

	A	B	C
①	불교	이슬람교	크리스트교
②	불교	크리스트교	이슬람교
③	이슬람교	불교	크리스트교
④	이슬람교	크리스트교	불교
⑤	크리스트교	이슬람교	불교

▶ 252004-0108

08 다음 글의 ㉠ 지역을 지도의 A~E에서 고른 것은?

　　　㉠　　　은/는 영국으로부터 독립할 당시 이슬람교 신자가 대부분인 지역이었으며 이슬람교를 믿는 ○○국에 포함될 예정이었다. 하지만 힌두교를 믿는 이 지역의 지배층이 통치권을 □□국에 넘기면서 　　　㉠　　　을/를 놓고 ○○국과 □□국의 갈등이 시작되었다.

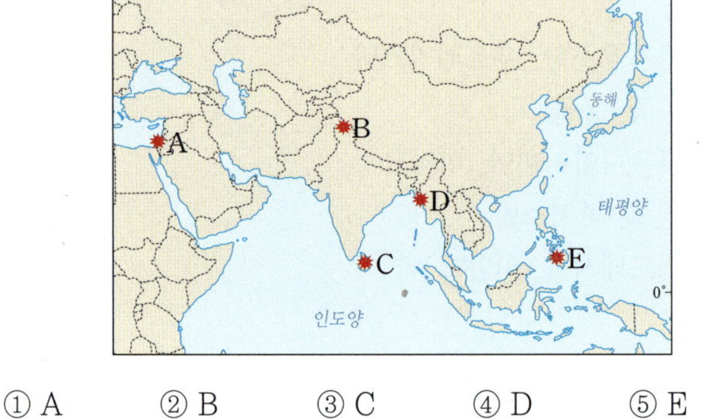

① A　　② B　　③ C　　④ D　　⑤ E

서술형
▶ 252004-0109

09 싱가포르는 이슬람교, 불교, 힌두교, 크리스트교와 관련된 날을 법정 공휴일로 정하고 있다. 이와 같이 싱가포르의 법정 공휴일이 다양한 이유를 서술하시오.

▶ 252004-0110

10 그래프는 아시아에 위치한 두 국가의 인구 피라미드이다. (가), (나) 국가에 대한 설명으로 옳은 것은?

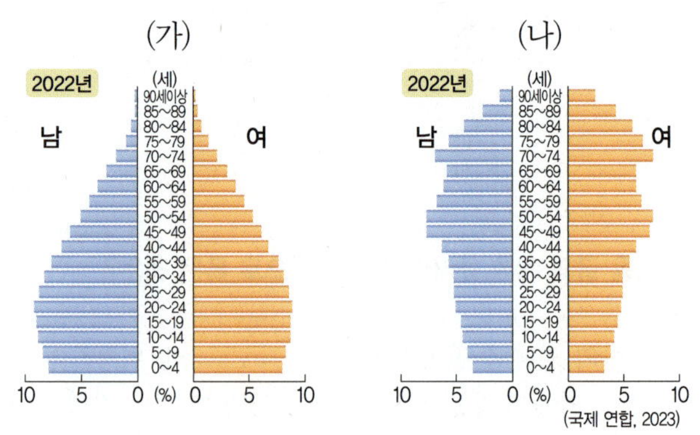

① (가)는 노년층 인구가 유소년층 인구보다 많다.

② (가)는 (나)보다 평균 연령이 높다.

③ (가)는 (나)보다 저출산 현상이 뚜렷하다.

④ (나)는 (가)보다 인구 증가율이 높다.

⑤ (나)는 (가)보다 인구 고령화 현상이 뚜렷하다.

▶ 252004-0111

11 다음 자료의 ㉠에 해당하는 국가로 옳은 것은?

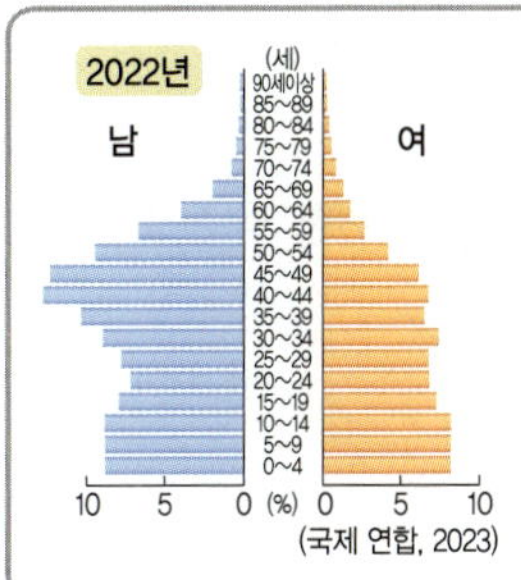

　㉠　은/는 국가에 필요한 노동자를 해외에서 적극 수용하였다. 그 과정에서 많은 남성 노동자들이 유입되었으며, 이로 인해 남성 청장년층의 비율이 높게 나타난다.

① 인도
② 필리핀
③ 파키스탄
④ 인도네시아
⑤ 사우디아라비아

▶ 252004-0112

12 (가), (나)에 해당하는 국가를 지도의 A~C에서 고른 것은?

(가) '세계의 공장'이라 불리며 노동 집약적 제조업을 주도했지만, 최근 임금 상승으로 생산 기지의 중심이 상대적으로 임금이 낮은 지역으로 옮겨 가고 있다.
(나) 천연자원은 부족하지만 원료를 수입하고 이를 가공하여 수출하는 형태의 가공 무역이 발달하였으며, 반도체와 로봇 등 첨단 산업이 발달하였다.

	(가)	(나)
①	A	B
②	A	C
③	B	A
④	B	C
⑤	C	A

▶ 252004-0113

13 다음 두 글을 통해 학습할 수 있는 주제로 가장 적절한 것은?

• 사우디아라비아는 석유 고갈에 대비하여 다양한 산업의 발전을 꾀하고 있다. 최근에는 첨단 기술이 발달한 우리나라와 협력해 정보 통신 기술(IT) 기반을 구축하고 있다.
• 베트남은 저렴한 노동비와 풍부한 자원을 바탕으로 경제 성장 가능성이 크다. 이에 우리나라 기업들의 생산 공장이 베트남으로 옮겨가고 있다.

① 아시아 여러 국가의 문화 산업 성장
② 노동 집약적 제조업이 발달한 동남아시아
③ 천연자원 공급지 역할을 하는 서남아시아
④ 아시아의 산업 변화가 우리나라에 미치는 영향
⑤ 한류 문화 전파가 우리나라 관광 산업에 미친 영향

고난도 실력 향상 문제

▶ 252004-0114

01 다음 글의 (가)~(다)에 해당하는 국가를 지도의 A~C에서 고른 것은?

(가) 국가 내에서 크리스트교 신자 수가 가장 많으며, 수도는 마닐라이다. 남부 민다나오섬 등에 거주하는 모로족은 이슬람교를 믿는다.
(나) 국가 내에서 불교 신자 수가 가장 많으며, 수도는 네피도이다. 라카인주에 거주하는 소수 민족인 로힝야족은 주로 이슬람교를 믿는다.
(다) 국가 내에서 이슬람교 신자 수가 가장 많으며, 수도는 쿠알라룸푸르이다. 문화와 종교의 다양성을 존중하여 여러 종교 관련 공휴일이 있다.

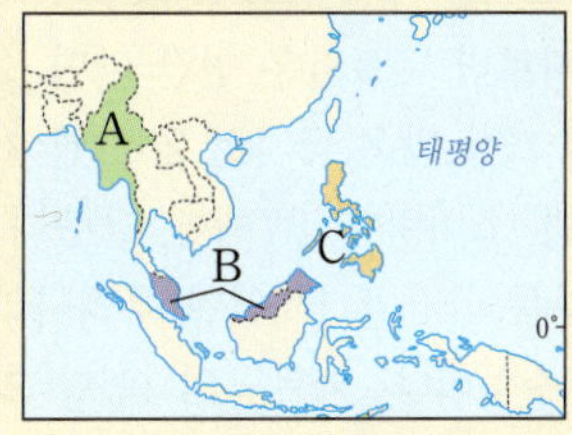

	(가)	(나)	(다)
①	A	B	C
②	A	C	B
③	B	A	C
④	C	A	B
⑤	C	B	A

▶ 252004-0115

02 밑줄 친 ㉠~㉣에 대한 설명으로 옳은 것만을 〈보기〉에서 고른 것은?

수행평가 주제: 인도의 자연 및 인문환경

1학년 ○반 최○○

• 자연환경: 인도 북쪽에는 ㉠ 히말라야산맥이 있고, 인도양으로 ㉡ 갠지스강이 흘러간다.
• 인문환경: ㉢ 세계에서 인구가 가장 많은 국가이며, 다양한 언어를 사용한다. ㉣ 정보 기술 산업 관련 다국적 기업의 진출이 활발하다.

보기

ㄱ. ㉠은 세계에서 평균 해발 고도가 가장 높은 산맥이다.
ㄴ. ㉡에서 힌두교도들은 목욕을 하며 죄를 씻는다.
ㄷ. ㉢을 이루기 위해 출산 장려 정책을 적극적으로 시행하였다.
ㄹ. ㉣은 석유 수출 중심의 산업 구조에서 벗어나기 위해 노력한 결과물이다.

① ㄱ, ㄴ
② ㄱ, ㄷ
③ ㄴ, ㄷ
④ ㄴ, ㄹ
⑤ ㄷ, ㄹ

문제 ▶ 아시아의 산업 구조 변화 속에서 새롭게 발달할 수 있는 직업을 탐색하여 진로 보고서를 작성해 봅시다.

A 활동 계획 세우기

1. 아시아의 산업 구조가 어떻게 변화하고 있는지 신문 기사를 찾아본다.
2. 변화하는 아시아의 산업 구조에 발맞춰 새롭게 발달할 수 있는 직업을 조사하고, 탐색한 직업의 모습을 그림으로 표현한 후 진로 보고서를 완성한다.

B 활동하기

1. 아시아의 산업 구조 변화와 관련된 신문 기사를 찾아본다.

예시

○○ 신문	칼 럼	2024. ○○. ○○.

세계라면협회에 따르면 베트남은 연간 라면 소비량이 전 세계에서 가장 많은 국가로 2021년 기준 연간 1인당 라면 소비량이 87개에 달했다. 2021년 이전까지 부동의 세계 1위였던 우리나라(73개)를 뛰어넘은 수치이다. 베트남의 1인당 라면 소비량은 매년 10% 수준씩 증가할 만큼 빠르게 성장하고 있다. 국내 시장에서 소비가 줄어 고민하던 식품업계에 베트남은 중요한 시장으로 떠오르고 있다.

○○ 신문	칼 럼	2024. ○○. ○○.

인도 국민의 약 80%가 힌두교 신자로, 힌두교의 신분 제도인 '카스트(Caste)'를 따르고 있다. 시대가 변하면서 인도는 카스트 제도에 따른 차별을 금지했지만, 여전히 사회 관습으로 남아 있다. 그러나 IT 산업은 카스트와 관계없이 누구라도 관련 직업을 가질 수 있기 때문에 낮은 신분의 젊은이들은 세계 주요 IT 기업에 취직하기 위해 열심히 공부하였다. 그 결과 인도 내 IT 산업이 발전하면서 인도 경제가 성장할 수 있었다.

2. 변화하는 아시아의 산업 구조에 맞는 진로를 탐색하여 그림으로 표현하고, 진로 보고서를 완성한다.

예시

평가하기

평가 영역	채점 기준	상	중	하
문제 해결 능력	신문 기사의 내용에 아시아의 산업 구조 변화 내용이 포함되어 있는가?			
	그림과 대화 상자를 활용해 진로 보고서를 효과적으로 표현하였는가?			
논리적 타당성	아시아의 산업 구조 변화에 맞는 직업을 탐색하였는가?			

Ⅲ
유 럽

유럽의 여러 국가

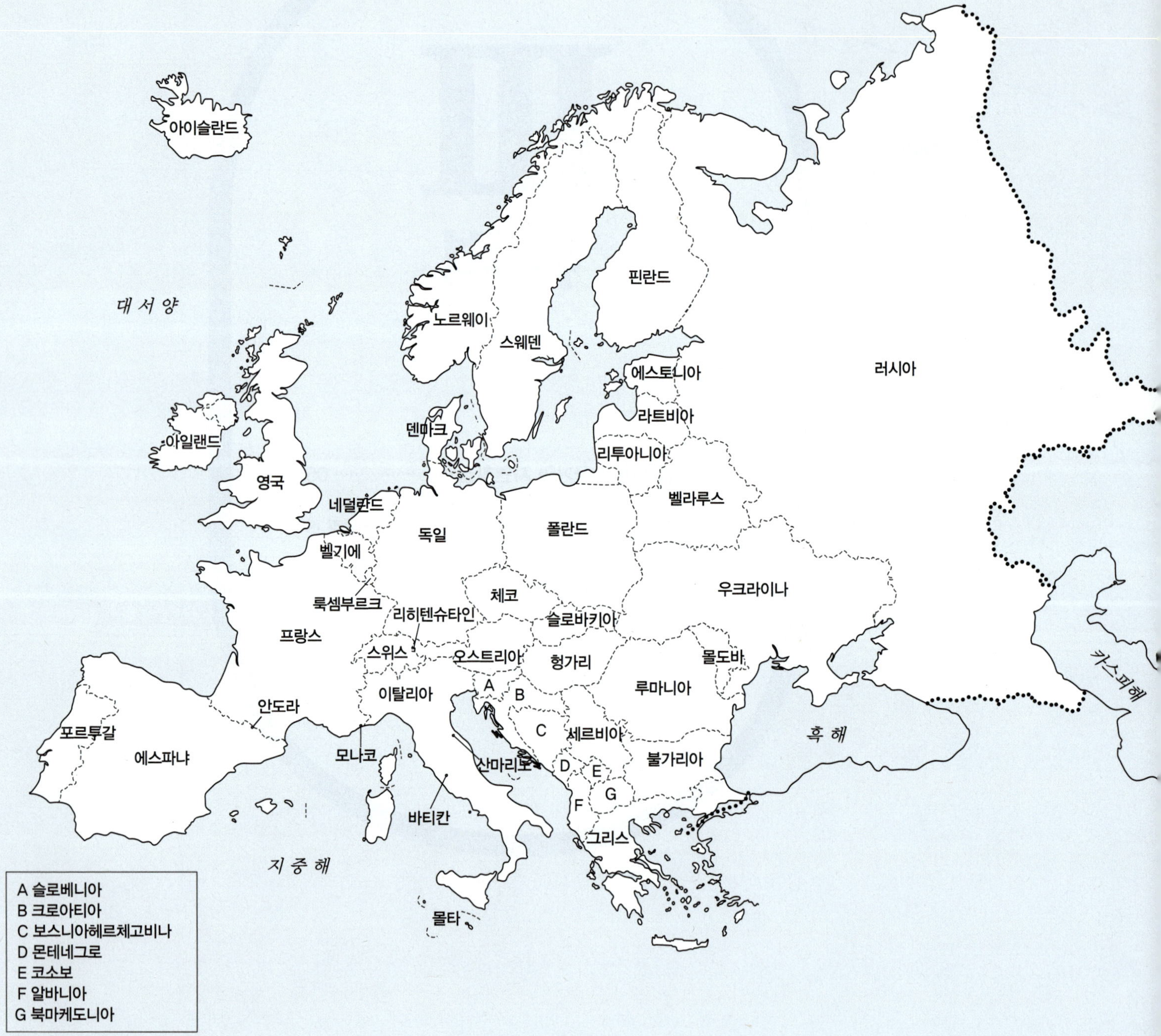

A 슬로베니아
B 크로아티아
C 보스니아헤르체고비나
D 몬테네그로
E 코소보
F 알바니아
G 북마케도니아

다채로운 자연환경이 나타나는 유럽은 일찍이 산업화가 이루어져 다양한 도시와 문화가 발달하였다. 유럽에는 어떤 국가와 도시가 있으며, 기후위기에 대응하기 위해 도시들은 어떤 노력을 하고 있는지 살펴보자. 또 최근 통합과 분리의 움직임으로 인해 주민들의 삶이 어떻게 변화하고 있는지 조사해 보자.

▲ 센강(프랑스)

▲ 산토리니(그리스)

▲ 로마(이탈리아)

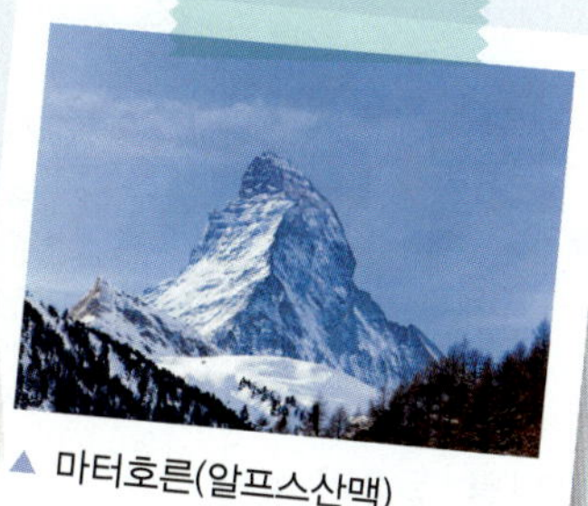

▲ 마터호른(알프스산맥)

01 유럽의 여러 국가와 자연환경

학습 목표
• 유럽의 주요 국가와 도시를 파악하고 위치를 지도에 표시할 수 있다.
• 유럽의 자연환경 특성을 이해하고, 지도나 도표에 표현할 수 있다.

① 유럽의 위치와 지역 구분

(1) 유럽의 위치와 특징

① 북반구의 중위도와 고위도에 위치하며, 유라시아 대륙의 서부에 위치
② 지리적 범위: 서쪽에 대서양, 남쪽에 지중해, 북쪽에 북극해가 있으며, 동쪽에 우랄산맥을 기준으로 아시아와 경계를 이룸

(2) 유럽의 지역 구분과 주요 국가 〈자료 ❶〉

제품을 대량 생산할 수 있는 계기가 된 산업 혁명이 18세기에 서부 유럽에 위치한 영국에서 시작되었다.

구분	특징 및 주요 국가
서부 유럽	• 일찍부터 산업화를 통해 제조업 및 금융업 발달 • 주요 국가(도시): 영국(런던), 프랑스(파리), 독일(베를린) 등
북부 유럽	• 빙하 지형 발달, 사회 복지 제도가 잘 갖춰짐 • 주요 국가(도시): 노르웨이(오슬로), 스웨덴(스톡홀름), 핀란드(헬싱키) 등
남부 유럽	• 온화한 기후, 오랜 역사 도시, 관광업 발달 • 주요 국가(도시): 에스파냐(바르셀로나), 이탈리아(로마), 그리스(아테네) 등
동부 유럽	• 농업 발달, 제조업의 빠른 성장 • 주요 국가(도시): 러시아(모스크바), 폴란드(바르샤바), 체코(프라하) 등

지중해 연안을 중심으로 과거 그리스 문명과 로마 제국의 유적이 많이 분포해 있다.

② 유럽의 지형

고생대에 지각 변동으로 인해 형성된 산지이기 때문에 오랜 기간 풍화와 침식을 많이 받았다.

(1) 북부의 낮은 산지

① 해발 고도가 비교적 낮은 산지 발달
　예 스칸디나비아산맥
② 빙하에 의해 형성된 다양한 지형 발달
　예 빙하호, 피오르 〈자료 ❷〉

▲ 유럽의 지형

(2) 중부의 넓은 평원

① 오랜 기간 침식을 받음
　예 프랑스 평원, 북독일 평원, 동유럽 평원
② 도나우강(다뉴브강), 라인강, 센강 등 큰 강이 운하로 연결되어 수운 교통에 이용 〈자료 ❸〉
③ 강을 따라 주요 도시 및 인구 밀집

(3) 남부의 높은 산지

신생대에 지각 변동을 받아 풍화와 침식을 받은 기간이 짧다.

① 해발 고도가 높고 험준한 산지 발달 예 알프스산맥, 피레네산맥
② 산악 열차를 이용한 빙하 지형 관광 산업 발달 예 마터호른 〈자료 ❷〉

(4) 화산 지형: 아이슬란드, 이탈리아

자료 ❶ 유럽의 지역 구분

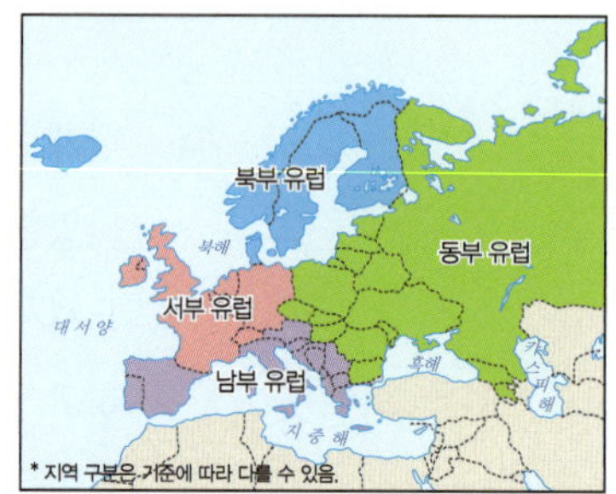

유럽은 방위 및 지리적 특징뿐만 아니라 문화적 특징 등을 고려하여 북부 유럽, 서부 유럽, 남부 유럽, 동부 유럽으로 구분한다.

자료 ❷ 피오르와 마터호른

▲ 송네 피오르(노르웨이)　　▲ 마터호른(알프스산맥)

피오르는 빙하에 침식된 골짜기가 바닷물에 잠기면서 형성된 좁고 긴 만으로, 교통로 및 크루즈 관광 상품으로 활용된다. 마터호른은 빙하가 산 정상부를 뾰족하게 깎아 만든 지형 중 하나로 만년설과 함께 관광 자원으로 활용된다.

자료 ❸ 유럽의 강

▲ 센강(프랑스)

서안 해양성 기후는 연중 강수량이 고른 편이다. 따라서 이 지역의 강은 수위 변화가 작기 때문에 수운 교통이 발달하기에 유리하다.

용어 정리

운하 강이나 바다를 연결하여 배가 다닐 수 있게 인공적으로 만든 물길
수운 강이나 바다에서 배를 이용하여 여객이나 화물을 운반하는 기능

3 유럽의 기후

(1) 서안 해양성 기후

① 서부 유럽의 대부분 지역에서 나타남

② 난류와 편서풍의 영향으로 비슷한 위도의 대륙 동안보다 기온의 연교차가 작고 연중 강수량이 고름

③ 농업 특징: 혼합 농업(곡물 재배+가축 사육+사료 작물), 낙농업(대도시 주변)

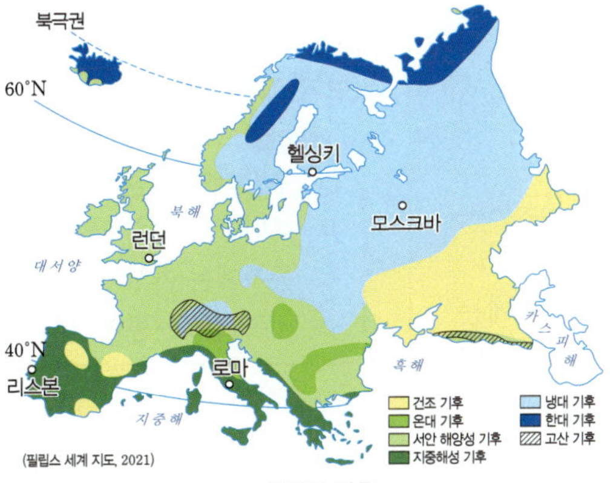

▲ 유럽의 기후

(2) 지중해성 기후

① 남부 유럽의 지중해 연안 지역에서 나타남

② 여름이 덥고 건조하며, 겨울은 따뜻하고 비가 자주 내림

③ 농업 특징

└ 저위도의 기온이 높고 건조한 아열대 고압대의 영향을 강하게 받는다.
└ 편서풍의 영향으로 대서양의 습윤한 바람의 영향을 강하게 받는다.

• 여름: 수목 농업 예 올리브, 포도, 코르크나무 자료 4

• 겨울: 곡물 재배 예 밀

(3) 냉대 기후

① 동부 유럽 및 북부 유럽에서 나타남

오로라는 태양에서 방출되는 플라즈마 입자가 지구 대기권 상층부의 자기장과 마찰하여 빛을 내는 광전 현상으로 극지방 부근에서 겨울철 야간에 주로 관찰된다.

② 여름과 겨울의 기온 차가 크고 침엽수림이 넓게 분포 자료 5

③ 고위도 지역에서 백야 현상, 오로라 관찰 자료 6

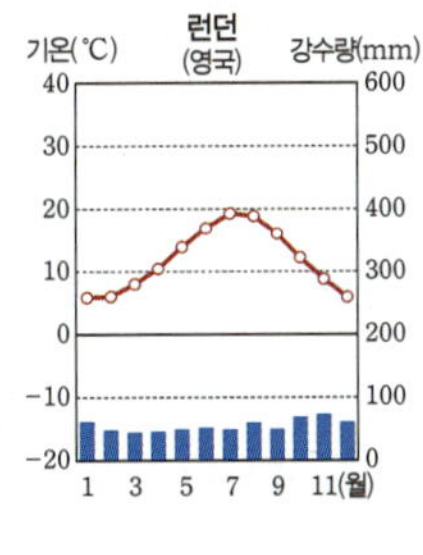

▲ 서안 해양성 기후

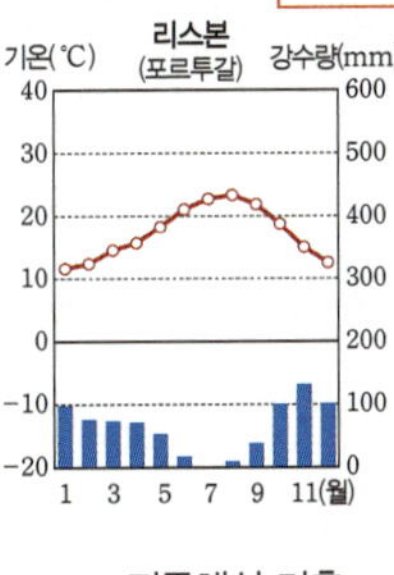

▲ 지중해성 기후

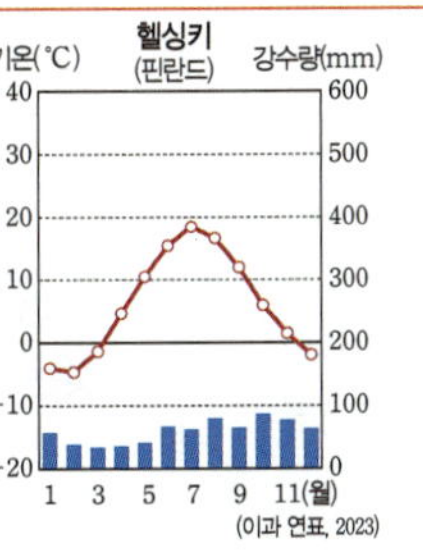

▲ 냉대 기후

집중 탐구 유럽의 농업 특징

• 서안 해양성 기후 지역

서부 유럽은 여름이 서늘하기 때문에 벼보다 밀, 호밀, 감자 등을 주로 재배하며, 육류 중심의 식생활로 가축 사육과 함께 귀리, 옥수수 등 사료 작물을 재배한다. 이러한 농업을 혼합 농업이라고 한다. 또한 교통이 편리한 대도시 주변에서는 우유, 버터, 치즈 등을 생산하는 낙농업이 발달하였다.

• 지중해성 기후 지역

지중해 연안 지역의 여름은 덥고 건조하여 곡물 재배가 어렵다. 따라서 여름철에는 덥고 건조한 기후에 잘 견디는 작물인 포도, 올리브, 코르크나무 등을 재배하는 수목 농업이 발달하였다. 반면 겨울철에는 비가 자주 내리고 날씨가 온화하기 때문에 밀, 보리 등의 곡물을 재배한다.

자료 4 올리브와 코르크나무

▲ 올리브 　　　　▲ 코르크나무

올리브는 뿌리가 깊고 건조한 기후 조건에 잘 적응한 식물이며, 코르크나무는 껍질이 두꺼워 기후가 건조해도 수분 증발을 최소화할 수 있다. 올리브 열매는 각종 식재료로 활용되며, 코르크는 와인 병마개, 건축재 등으로 활용된다.

자료 5 냉대 기후 지역의 숲(타이가)

냉대 기후 지역에서는 춥고 습한 기후 조건에 적응한 상록 침엽수림이 주로 분포하는데, 이를 타이가라고 한다. 타이가는 유라시아 대륙의 동서로 길게 뻗어 있는데, 그 일부가 동부 유럽과 북부 유럽에 분포하고 있다.

자료 6 백야 현상

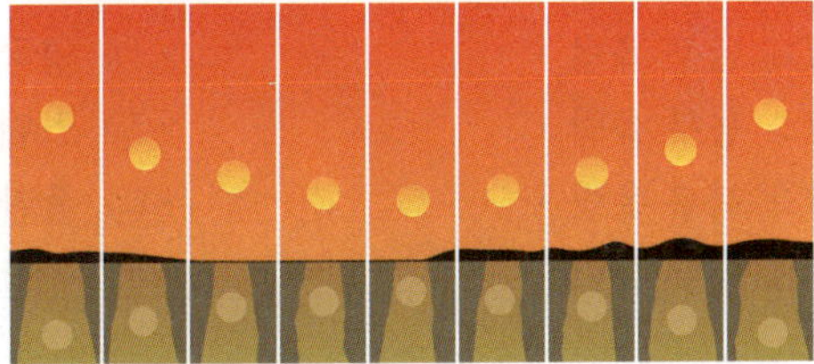

하루 종일 해가 지지 않아 밤에도 어두워지지 않는 현상으로 위도 66.5° 이상인 지역에 해당하는 스칸디나비아반도와 러시아에서 주로 관찰할 수 있다.

용어 정리

난류 따뜻한 바닷물의 일정한 흐름

편서풍 약 30°~60°의 위도대에서 연중 서쪽에서 동쪽으로 부는 바람

기온의 연교차 1년 중 월평균 기온이 가장 높은 달의 평균 기온에서 월평균 기온이 가장 낮은 달의 평균 기온을 뺀 값

수목 농업 일반적으로 농업은 1년생 작물을 재배하는 것과 대비해서 다년생의 나무를 재배하는 농업

개념 확인 문제

01 빈칸에 들어갈 알맞은 말에 ○표 하시오.

(1) 유럽은 유라시아 대륙의 서부에 위치하며, (알프스, 우랄) 산맥을 기준으로 아시아와 경계를 이룬다.

(2) 유럽의 북부에는 비교적 (낮은, 높은) 산지가 분포하고 남부에는 (낮은, 높은) 산지가 분포한다.

(3) 유럽은 온대 기후가 넓게 나타나는데, 서부 유럽에는 (서안 해양성, 지중해성) 기후가 나타나며, 남부 유럽의 지중해 연안에는 (서안 해양성, 지중해성) 기후가 나타난다.

02 다음 설명이 맞으면 ○표, 틀리면 ×표 하시오.

(1) 북부 유럽은 냉대 기후가 나타나며, 대표적인 국가로 그리스가 있다. ( )

(2) 피오르 해안은 빙하의 침식으로 형성된 골짜기가 바닷물에 잠기면서 형성되었다. ( )

(3) 지중해성 기후 지역에서는 곡물 농업과 목축업을 동시에 하는 혼합 농업이 발달하였다. ( )

03 유럽의 지역과 국가를 옳게 연결하시오.

(1) 남부 유럽 •　　　　　• ㉠ 영국

(2) 동부 유럽 •　　　　　• ㉡ 스웨덴

(3) 북부 유럽 •　　　　　• ㉢ 폴란드

(4) 서부 유럽 •　　　　　• ㉣ 이탈리아

04 다음 설명에 해당하는 것을 〈보기〉에서 고르시오.

> 보기
> ㄱ. 낙농업　　　　ㄴ. 라인강
> ㄷ. 도나우강　　　ㄹ. 수목 농업

(1) 교통이 편리한 대도시 주변에서는 우유, 버터, 치즈 등을 생산한다. ( )

(2) 알프스 산지에서 시작되어 북쪽으로 흘러 독일을 지나고 북해로 흘러간다. ( )

(3) 다뉴브강으로도 불리며 알프스 산지에서 시작되어 동유럽을 지나 흑해로 흘러간다. ( )

(4) 지중해 연안 지역에서는 여름철에 덥고 건조한 기후에 잘 적응하는 작물을 재배한다. ( )

실력 쌓기 문제

▶ 252004-0116

01 유럽의 위치와 지리적 범위에 대한 설명으로 옳은 것만을 〈보기〉에서 고른 것은?

> 보기
> ㄱ. 우랄산맥의 동쪽에 위치한다.
> ㄴ. 북반구의 중위도와 고위도에 위치한다.
> ㄷ. 동쪽에는 아시아, 남쪽에는 아프리카 대륙이 있다.
> ㄹ. 서쪽으로 지중해, 남쪽으로 대서양에 둘러싸여 있다.

① ㄱ, ㄴ　　　　② ㄱ, ㄷ　　　　③ ㄴ, ㄷ
④ ㄴ, ㄹ　　　　⑤ ㄷ, ㄹ

▶ 252004-0117

02 사진은 어느 도시의 랜드마크이다. 이 도시가 위치하고 있는 국가에 대한 설명으로 옳지 <u>않은</u> 것은?

① 서부 유럽에 해당하는 국가이다.

② 대서양과 지중해에 모두 접하고 있다.

③ 독일, 이탈리아 등과 국경을 접하고 있다.

④ 북쪽에는 유럽에서 가장 높은 알프스산맥이 있다.

⑤ 수도는 세계적인 예술과 문화의 도시로 불리는 파리이다.

03 〔중요〕 **지도는 유럽의 지역 구분이다. A∼D에 대한 설명으로 옳은 것은?**

▶ 252004-0118

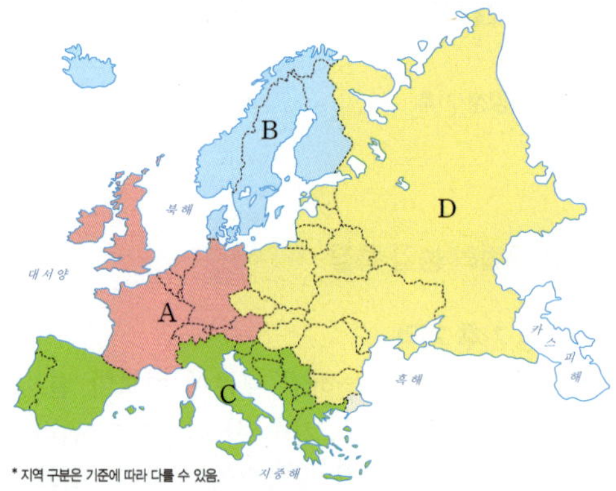

① A는 산업화를 통해 일찍부터 제조업이 발달하였다.

② B는 온화한 기후를 바탕으로 관광업이 발달하였다.

③ C의 해안에는 피오르 등 빙하 지형이 발달하였다.

④ D의 국가들은 B의 국가들에 비해 사회 복지 제도가 잘 갖춰져 있다.

⑤ 알프스산맥은 C와 D 사이에 위치한다.

04 다음 설명에 해당하는 국가로 옳은 것은? ▶ 252004-0119

- 서부 유럽에 위치한다.
- 국가의 일부가 대서양에 접해 있다.
- 서안 해양성 기후가 나타나 비가 자주 내린다.
- 템스강이 흐르는 세계 금융의 중심 도시가 있다.

① 독일　　　② 영국　　　③ 프랑스
④ 노르웨이　　⑤ 에스파냐

05 유럽의 지형에 대한 설명으로 옳지 <u>않은</u> 것은? ▶ 252004-0120

① 북부에는 형성 시기가 오래된 낮은 산지가 있다.
② 중앙에는 넓은 평원이 펼쳐져 있어 밀 재배가 활발하다.
③ 큰 강은 대부분 북부의 산지에서 시작하여 대서양으로 흘러간다.
④ 하천의 연중 유량 변화가 작아 내륙 수운 교통에 원활하게 활용된다.
⑤ 남부의 산지는 해발 고도가 높아 정상부는 여름철에도 눈으로 덮여 있다.

06 지도의 A, B 산맥에 대한 설명으로 옳은 것만을 〈보기〉에서 고른 것은? ▶ 252004-0121

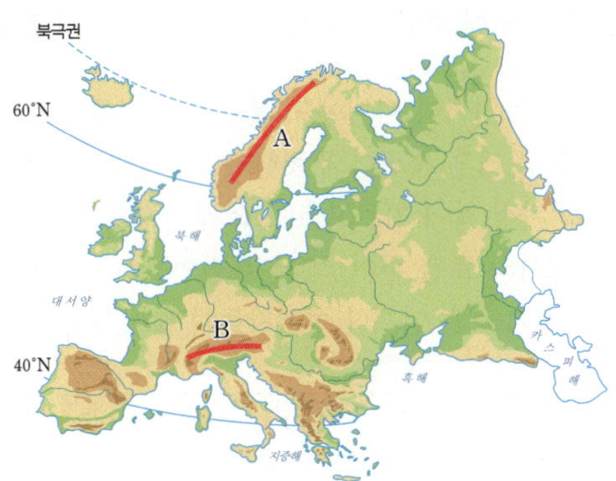

> **보기**
> ㄱ. A는 B보다 평균 해발 고도가 높다.
> ㄴ. A는 B보다 침식 작용을 받은 기간이 길다.
> ㄷ. B는 A보다 많은 국가에 걸쳐 분포한다.
> ㄹ. A와 달리 B에는 빙하의 작용으로 형성된 지형이 나타나지 않는다.

① ㄱ, ㄴ　　② ㄱ, ㄷ　　③ ㄴ, ㄷ
④ ㄴ, ㄹ　　⑤ ㄷ, ㄹ

07 (가), (나)에 공통적으로 영향을 미친 지형 형성 작용으로 옳은 것은? ▶ 252004-0122

(가)	(나)
	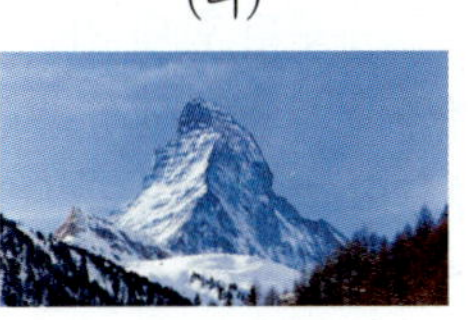
▲ 송네 피오르	▲ 마터호른

① 바람의 침식 작용　　② 빙하의 침식 작용
③ 빙하의 퇴적 작용　　④ 하천의 침식 작용
⑤ 하천의 퇴적 작용

08 다음과 같은 지형 단면이 나타나는 구간을 지도의 A∼E에서 고른 것은? ▶ 252004-0123

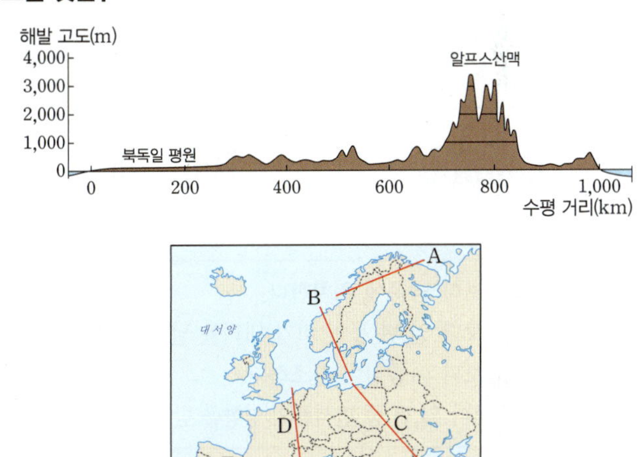

① A　　② B　　③ C　　④ D　　⑤ E

09 (가), (나) 국가로 옳은 것은? ▶ 252004-0124

> (가) 산타의 나라로 불리며, 국토의 여기저기에 빙하의 작용으로 형성된 호수가 많다. 겨울이 춥고 긴 냉대 기후가 나타나며, 울창한 침엽수림이 연중 푸르름을 잃지 않는다.
> (나) 파란 하늘과 지중해의 푸른 빛이 조화를 이루고 파르테논 신전 등 고대 유적을 찾아 방문하는 여행객이 많다. 여름철이 덥고 건조하여 주민들은 올리브를 많이 재배한다.

	(가)	(나)		(가)	(나)
①	그리스	프랑스	②	스위스	그리스
③	프랑스	핀란드	④	핀란드	그리스
⑤	핀란드	스위스			

실력 쌓기 문제

▶ 252004-0125

10 유럽의 기후에 대한 설명으로 옳은 것은?

① 북부 유럽에는 온대 기후가 나타나지 않는다.

② 열대 기후부터 한대 기후까지 다양하게 나타난다.

③ 난류와 편서풍의 영향이 큰 지역은 겨울이 매우 춥다.

④ 대부분의 지역이 우리나라보다 기온의 연교차가 크다.

⑤ 지중해 연안 지역은 겨울철이 여름철보다 강수량이 많다.

▶ 252004-0126

11 다음은 두 지역의 기후 그래프를 나타낸 것이다. (가), (나) 지역에 대한 설명으로 옳은 것만을 〈보기〉에서 고른 것은?

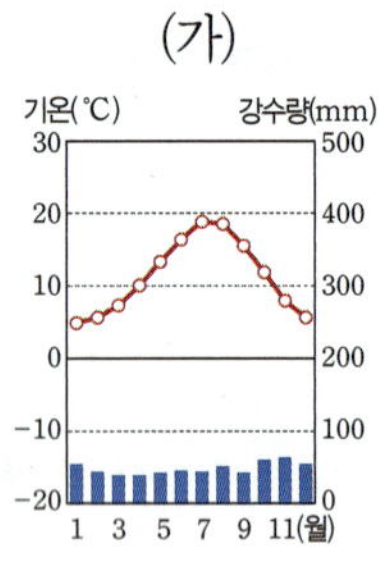
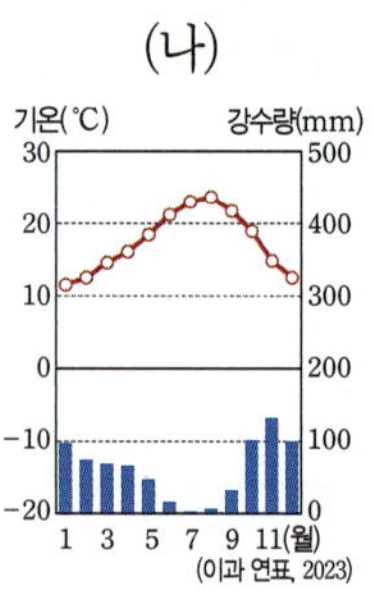

보기

ㄱ. (가)는 (나)보다 남쪽에 위치한다.

ㄴ. (가)는 (나)보다 일 년 동안 비가 내리는 날이 많다.

ㄷ. (나)는 (가)보다 여름철이 건조하다.

ㄹ. (나)는 (가)보다 일 년 중 편서풍의 영향을 받는 기간이 길다.

① ㄱ, ㄴ　　　② ㄱ, ㄷ　　　③ ㄴ, ㄷ

④ ㄴ, ㄹ　　　⑤ ㄷ, ㄹ

▶ 252004-0127

12 지도의 A 기후 지역과 비교한 B 기후 지역의 상대적 특성으로 가장 적절한 것은?

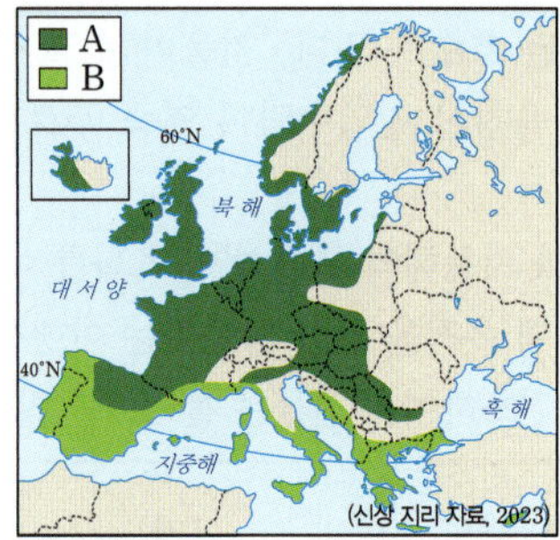

① 겨울이 춥고 길다.　　　② 치즈 생산량이 많다.

③ 올리브 생산량이 많다.　　　④ 운하가 잘 발달해 있다.

⑤ 여름에 밀 재배가 활발하다.

▶ 252004-0128

13 다음 자료는 주민들의 대화 내용이다. 갑~병이 사는 국가로 옳은 것은?

갑: 여기는 여름에 해가 지지 않을 때도 많아. 나무는 바늘처럼 생긴 잎을 촘촘하게 달고 있어. 여름에는 웅장한 피오르에서 크루즈 여행을 하면서 휴가를 보내곤 해.

을: 우리는 뜨거운 여름에 낮잠을 자는 문화가 있어. 지중해의 아름다운 풍경을 배경으로 다양한 해산물 요리에 올리브유를 첨가해 먹는 전통이 있어.

병: 내가 살고 있는 지역은 여름철에 기온이 높지 않지만 풀이 잘 자라 목축업을 하기에 적당해. 경지를 둘러보면 한쪽에는 밀이 자라고, 한쪽에는 소들이 풀을 뜯고 있어. 치즈와 우유는 덤이지.

	갑	을	병
①	네덜란드	노르웨이	이탈리아
②	네덜란드	이탈리아	노르웨이
③	노르웨이	네덜란드	이탈리아
④	노르웨이	이탈리아	네덜란드
⑤	이탈리아	노르웨이	네덜란드

▶ 252004-0129

14 다음 자료에 해당하는 국가를 지도의 A~E에서 고른 것은?

지중해 연안 지역이 아님에도 불구하고 여름철이 덥고 건조한 지중해성 기후 특징이 뚜렷하게 나타난다. 세계에서 코르크나무를 가장 많이 기르고 코르크 생산량도 가장 많다. 수도 리스본에서의 트램 투어, 옛날 유럽인들이 세상의 끝이라고 여겼던 '호카곶'은 언제나 여행자들이 많이 찾는 곳이다.

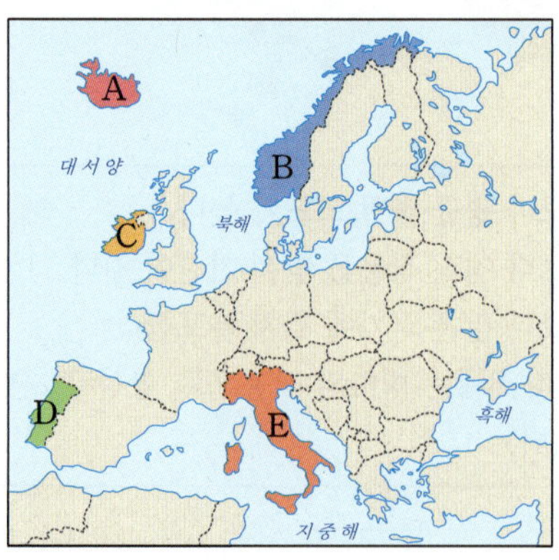

① A　　　② B　　　③ C　　　④ D　　　⑤ E

서술형 문제

1 단계 핵심 키워드 파악하기

▶ 252004-0130

01 다음 글의 밑줄 친 부분과 함께 제시된 지도를 바탕으로 유럽의 위치 특성을 서술하시오.

위치는 일정한 곳에 자리를 차지함을 의미한다. 지표상의 위치는 다양한 방식으로 표현된다. 위도와 경도를 활용하여 수치로 표현할 수 있는데, 이를 수리적 위치라고 한다. 또한 <u>주변의 지형이나 지물 등을 기준 삼아 방위를 활용하여 표현할 수도 있는데, 이를 지리적 위치라고 한다.</u>

답 완성하기

유럽은 대륙을 기준으로 표현하면 (　　　　　) 대륙의 서쪽에, (　　　　　) 대륙의 북쪽에 위치한다. 또한 해양을 기준으로 표현하면 삼면이 바다로 둘러싸여 있어, 유럽의 서쪽에는 (　　　　　), 남쪽에는 (　　　　　), 북쪽에는 북극해가 있다.

▶ 252004-0131

02 라인강의 수운 교통이 활발한 이유를 지형 및 기후적 특성을 고려하여 서술하시오.

▲ 라인강(독일)

답 완성하기

독일에는 (　　　　　)이/가 넓게 펼쳐져 있다. 독일은 (　　　　　) 기후가 나타나기 때문에, 연중 (　　　　　)이/가 고르고 라인강의 수위는 항상 일정하다. 이러한 이유로 라인강은 일찍부터 (　　　　　)(으)로 활용되어 왔으며, 독일은 이를 통해 산업 발달의 기반을 다질 수 있었다.

2 단계 스스로 문장 완성하기

▶ 252004-0132

03 (1) 사진의 경관이 나타나는 지역의 기후 유형을 쓰고, (2) 이 지역의 농업 특성을 기후 유형과 관련시켜 여름철과 겨울철을 구분하여 서술하시오.

▲ 올리브 농장

(1)

(2)

▶ 252004-0133

04 (1) (가)~(다)의 기후 유형을 쓰고, (2) 각 기후별로 유럽에서의 분포 지역, 기온의 연교차, 월별 강수량 등을 활용하여 비교 서술하시오. (단, (가)~(다)는 각각 냉대 기후, 서안 해양성 기후, 지중해성 기후 중 하나임.)

(1)

(2)

02~03 유럽 도시의 다양성과 지속가능한 도시를 위한 노력 ~ 유럽의 통합과 분리

[학습 목표]
• 유럽의 다양한 도시 특성을 파악하고 지속가능한 도시를 만들기 위한 노력을 조사할 수 있다.
• 유럽의 통합과 분리의 움직임이 주민 생활에 미친 영향을 설명할 수 있다.

1 유럽의 다양한 도시

구분	주요 특징 및 사례 도시
세계 도시 [자료 1]	• 세계의 중심 도시 역할 • 기업의 본사, 금융 기관, 국제기구의 본부가 많음 • 주요 도시: 런던(영국), 파리(프랑스), 프랑크푸르트(독일), 브뤼셀(벨기에, 유럽 연합 본부 위치) 등
역사·문화·예술 도시	• 오래된 역사 유적과 다양한 문화를 바탕으로 성장 • 주요 도시: 로마(이탈리아), 아테네(그리스), 빈(오스트리아), 베네치아(이탈리아), 바르셀로나(에스파냐), 리스본(포르투갈), 프라하(체코) 등
산업 도시	• 첨단 산업 클러스터 형성 • 주요 도시: 소피아 앙티폴리스(프랑스), 오울루(핀란드), 시스타 사이언스 시티(스웨덴 스톡홀름) • 교역에 유리한 항구 • 주요 도시: 로테르담(네덜란드) • 산업 구조 변화: 제조업 쇠퇴 후 도시 재생을 통해 서비스업 중심 도시로 변화 • 주요 도시: 맨체스터(영국), 빌바오(에스파냐) [자료 2]
관광·휴양 도시	• 특색 있는 자연환경을 바탕으로 관광 산업, 서비스 산업 발달 • 주요 도시: 니스(프랑스), 인터라켄(스위스), 레이캬비크(아이슬란드) 등

└ 아름다운 해안 지형, 산지 지형과 화산 활동이 활발한 지역에서 볼 수 있는 화산 지형 등은 관광 자원으로서의 가치가 높다.

2 유럽의 지속가능한 도시를 만들기 위한 노력 [자료 3]

(1) 지속가능한 도시의 등장

└ 이산화 탄소를 비롯한 온실 가스의 대량 배출, 자동차 배기 가스로 인한 황산화물, 질소 산화물 등 산성비를 유발하는 오염 물질이 대량으로 배출되었다.

① 산업화, 도시화로 인한 도시 문제와 <u>환경 문제</u> 발생, 이상 기후 현상에 따른 자연재해 증가

② 지속가능한 삶터 조성에 대한 필요성 증가 → '탄소중립'을 목표로 하는 친환경 도시 조성

(2) 유럽의 친환경 도시 사례

말뫼(스웨덴)	풍력, 조력, 태양광 등 재생 에너지를 이용한 친환경 도시
밀라노(이탈리아)	수직 정원을 이용한 탄소 배출량 감축
코펜하겐(덴마크)	<u>풍력 발전의 비율이 높아</u> '바람의 도시'로 불림, 자전거 고속 도로 운영
프라이부르크(독일)	도시 내 자동차 운행 금지, 트램과 자전거 이용, 독일의 '환경 수도'

└ 일 년 내내 대서양과 북해로부터 불어오는 편서풍의 영향을 많이 받는다.

(3) 유럽의 탄소중립 목표 달성 계획

핏 포 55 (Fit for 55)	2030년까지 1990년 수준 대비 탄소 배출량을 55% 줄이기 위한 계획
탄소 국경 조정 제도	유럽 연합 내로 수입되는 제품 가운데 자국 제품보다 탄소 배출이 많은 제품에 대한 비용을 부과하는 조치
배출권 거래제	온실가스 배출량을 평가하여 여분 또는 부족분의 배출권에 대한 거래를 허용하는 제도

[자료 1] 세계 도시

▲ 런던(시티 오브 런던)   ▲ 파리(라데팡스)

세계화 시대에 국가의 경계를 넘어 세계적인 중심지 역할을 하는 대도시로, 런던, 파리 등은 세계적으로 영향력이 매우 큰 세계 도시이다. 특히 런던의 '시티 오브 런던', 파리의 '라데팡스'에는 세계적인 기업과 금융 회사가 밀집해 있다.

[자료 2] 빌바오의 도시 재생

▲ 1970년   ▲ 2023년

에스파냐 북부의 빌바오는 과거 철강 산업 중심의 산업 도시였지만, 철강 산업이 쇠퇴하면서 지역 경제가 침체되었다. 빌바오는 이를 극복하기 위해 구겐하임 미술관을 유치하고, 강 주변을 정비하여 예술과 문화의 도시로 탈바꿈하였다. 이로 인해 빌바오는 매년 100만 명 이상의 관광객이 찾는 도시가 되었다.

[자료 3] 유럽 연합의 기후 목표

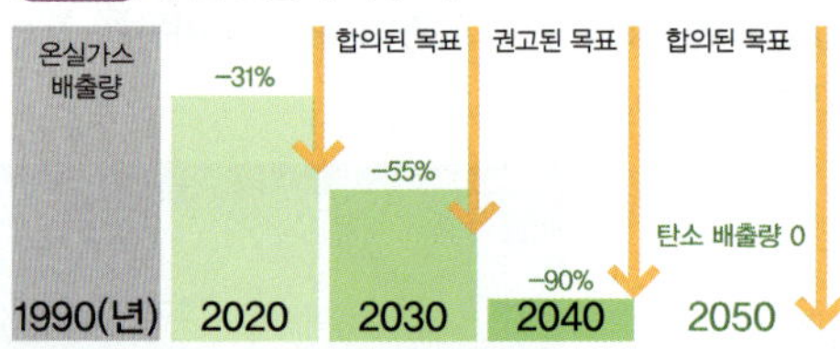

유럽은 화석 에너지 사용을 줄이고 친환경 에너지 사용 확대를 통해 2050년까지 1990년 대비 탄소 배출량을 '0'으로 만들 계획을 세워 그 목표를 달성하기 위해 노력하고 있다.

[용어 정리]

산업 클러스터 서로 관련 있는 기업과 연구소, 대학, 정부 기관 등이 가까이 위치하여 긴밀한 협력이 가능한 지역
도시 재생 인구와 기능이 집중하여 도시 문제가 발생할 경우 도시 환경을 개선하기 위해 정책적인 노력을 하는 것
수직 정원 이탈리아어로 '보스코 베르티칼레(수직 숲)'로 불리며, 빌딩의 층마다 나무를 심어 수직으로 조성한 정원
탄소중립 이산화 탄소를 배출한 만큼 다시 흡수해 실질적인 이산화 탄소 배출량을 '0'으로 만드는 것

❸ 유럽의 통합과 분리

(1) 유럽 연합의 형성과 변화

① 배경: 두 차례의 세계 대전 이후 어려워진 정치적·경제적 위기를 극복하고 전쟁의 재발 방지를 위해 결성

② 과정: 유럽 석탄 철강 공동체(ECSC, 1952년) → 유럽 공동체(EC, 1967년) → 유럽 연합(EU, 1993년)

③ 회원국 현황: 2024년 현재 27개 회원국이 가입

④ 통합에 따른 변화

- 국가를 초월하여 경제뿐만 아니라 정치, 사회 분야까지 공동 정책 확대
- 상품, 자본, 서비스, 노동력 등 이동의 자유 보장 (자료 4)
- 여러 국가에서 <u>유로(Euro)화를 단일 화폐로 사용</u>
- 회원국 간 경제적 격차나 문화적 차이에 따른 갈등 발생 (자료 5)
  - 2024년 현재 유럽의 20개 국가, 약 3억 4천만 명이 유로 사용 지대에 속해 있다. 유로화를 쓰지 않는 유럽 연합 국가로는 덴마크, 스웨덴, 불가리아, 체코, 헝가리, 폴란드, 루마니아 7개 국가이다.

▲ 유럽 연합(EU) 가입국

(2) 유럽의 분리·독립 움직임

① 영국의 탈퇴(브렉시트): 2020년 영국의 유럽 연합 탈퇴 → 영국 내 노동력 부족, 정치·경제적 혼란 발생

② 국가 내 분리 독립 움직임

- 배경: 민족, 언어, <u>종교</u> 등 문화적 다양성과 서로 다른 역사적 배경
- 사례 지역: 스코틀랜드(영국), 플랑드르(벨기에), 카탈루냐(에스파냐), 파다니아(이탈리아) (자료 6)
- 주민들에 미치는 영향: 정치적 불안, 문화적 갈등, 지역 내 주민 간의 갈등 발생
  - 유럽은 크리스트교를 기반으로 문화적 공통점이 형성되어 있지만 지역에 따라 크리스트교 내 서로 다른 종파, 즉 가톨릭교와 개신교 간 갈등이 발생하기도 한다.

▲ 유럽에서 분리·독립 움직임이 나타나는 지역

집중 탐구 │ 유럽의 국가 내 분리·독립 움직임

• 에스파냐 카탈루냐

에스파냐의 카탈루냐 자치주는 독자적인 언어와 민족 정체성을 유지해 온 지역이다. 카탈루냐 지역은 다른 지역보다 경제적으로 발전했지만 충분한 권리를 누리지 못한다는 불만이 높아지면서 2000년대에 들어 분리·독립을 원하는 목소리가 높아졌다.

• 벨기에 플랑드르

벨기에는 네덜란드어를 사용하는 북부의 플랑드르 지역과 프랑스어를 사용하는 남부의 왈롱 지역으로 나뉘어 있다. 북부 지역은 남부 지역보다 소득 수준이 높다. 플랑드르 지역 주민들은 언어 차이와 함께 경제적 차이가 벌어지면서 분리·독립을 요구하고 있다.

자료 4 │ 이동의 자유를 보장하는 셍겐 조약

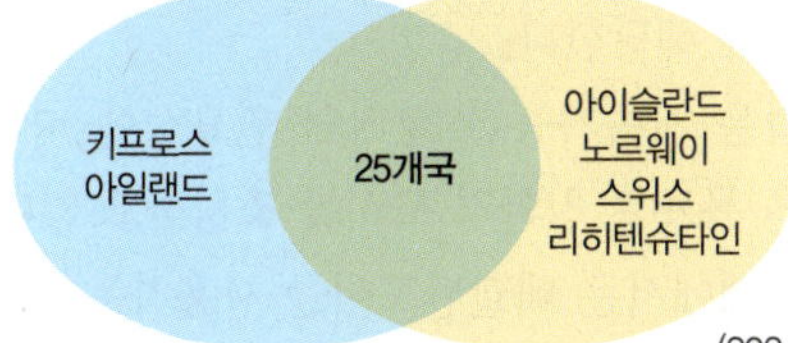

셍겐 조약은 유럽 각국이 국경 검문·검색 폐지, 여권 검사 면제 등을 통해 국가 간 통행에 제한이 없도록 한다는 내용의 조약이다.

자료 5 │ 유럽의 국가 간 경제적 격차

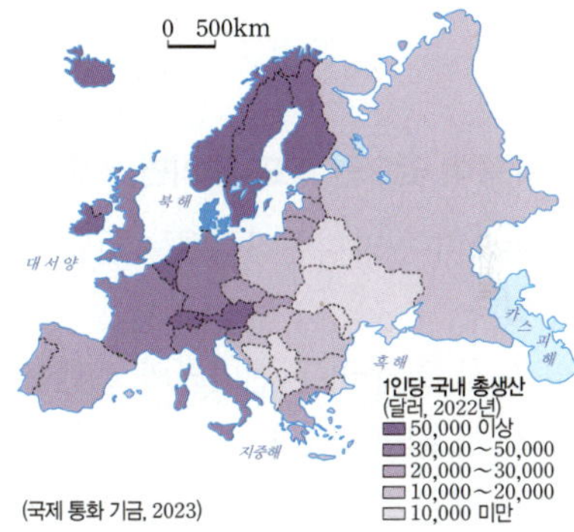

(국제 통화 기금, 2023)

유럽은 국가 간 경제적 격차가 매우 크다. 북부 및 서부 유럽 국가들은 경제적 수준이 높은 반면, 유럽 연합에 추가로 가입한 국가들, 특히 동부 유럽의 여러 국가는 1인당 국내 총생산이 상대적으로 적다.

자료 6 │ 이탈리아의 파다니아 지역

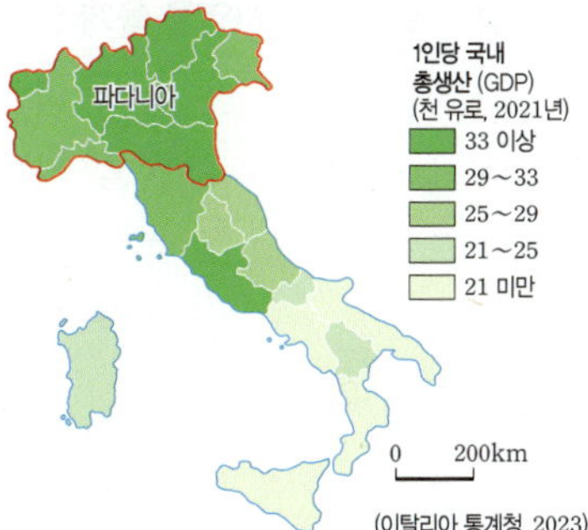

(이탈리아 통계청, 2023)

이탈리아의 북부 지역은 제조업이 발달하여 국가 내에서도 농업이 발달한 남부 지역보다 경제 수준이 높다. 이러한 이유로 1990년대부터 북부 파다니아 지역은 이탈리아로부터 분리·독립을 요구하고 있다.

용어 정리

브렉시트(Brexit) 영국의 유럽 연합 탈퇴를 뜻하는 용어로 영국을 뜻하는 '브리튼(Britain)'과 탈퇴를 뜻하는 '엑시트(exit)'를 합친 말

자본 기계, 설비, 원료 등의 생산 수단 내지는 그것을 만들어 내는 데 드는 비용

개념 확인 문제

01 빈칸에 들어갈 알맞은 말을 쓰시오.

(1) 영국의 (　　　　　)은/는 세계 금융의 중심지로서 세계 도시에 해당한다.

(2) 유럽은 지속가능한 삶터의 필요성에 따라 (　　　　　)중립을 목표로 친환경 도시를 조성하고 있다.

(3) 벨기에에서는 네덜란드어를 사용하는 북부의 (　　　　) 지역 주민들이 분리·독립을 요구하고 있다.

(4) 유럽 연합은 2020년에 탈퇴한 (　　　　)을/를 제외하고 2024년 현재 27개 회원국이 가입되어 있다.

02 다음 내용이 맞으면 ○표, 틀리면 ×표 하시오.

(1) 프랑스의 소피아 앙티폴리스에는 첨단 산업 클러스터가 형성되어 있다. (　　)

(2) '바람의 도시'로 불리는 덴마크의 코펜하겐에는 자전거 고속 도로가 건설되어 있다. (　　)

(3) 유럽 연합 회원국 주민이 유럽 연합 회원국의 국경을 통과할 때는 여권 검사가 필수적이다. (　　)

03 국가와 분리·독립 요구 지역을 옳게 연결하시오.

(1) 영국　　　•　　　　　•　㉠ 카탈루냐

(2) 벨기에　•　　　　　•　㉡ 파다니아

(3) 에스파냐　•　　　　•　㉢ 플랑드르

(4) 이탈리아　•　　　　•　㉣ 스코틀랜드

04 빈칸에 들어갈 알맞은 말에 ○표 하시오.

(1) 서부 유럽은 동부 유럽보다 경제 수준이 (높은, 낮은) 편이다.

(2) (핀란드, 스웨덴)의 오울루에는 고부가 가치의 첨단 산업이 발달해 있다.

(3) 프랑스의 (니스, 인터라켄)에는 푸른 지중해를 배경으로 아름다운 해변이 펼쳐져 있다.

(4) 독일의 '환경 수도'로 불리는 (코펜하겐, 프라이부르크)에서는 도시 내 자동차 운행이 금지되어 있다.

실력 쌓기 문제

▶ 252004-0134

01 유럽의 도시에 대한 설명으로 옳은 것만을 〈보기〉에서 고른 것은?

> **보기**
> ㄱ. 아프리카 대륙보다 도시 발달의 역사가 짧다.
> ㄴ. 남부 유럽에는 로마의 역사가 깃들어 있는 도시가 많다.
> ㄷ. 도시 역사가 오래되어 다양한 유형의 도시가 발달하였다.
> ㄹ. 동부 유럽에는 산업 혁명 초기부터 발달한 도시가 많이 분포한다.

① ㄱ, ㄴ　　　② ㄱ, ㄷ　　　③ ㄴ, ㄷ

④ ㄴ, ㄹ　　　⑤ ㄷ, ㄹ

▶ 252004-0135

02 다음에서 설명하는 유럽의 지역으로 옳은 것은?

> 스칸디나비아반도에 자리 잡은 스웨덴의 수도 스톡홀름에는 유럽의 대표적인 첨단 산업 도시가 건설되어 있다. 이곳에서는 대학 및 각종 교육·연구 기관에서 양성한 인재를 바탕으로 정보 통신 기술 산업이 발달하였다.

① 말뫼　　　　　　② 밀라노

③ 오울루　　　　　④ 소피아 앙티폴리스

⑤ 시스타 사이언스 시티

▶ 252004-0136

03 지도의 A~D 도시에 대한 설명으로 옳은 것은?

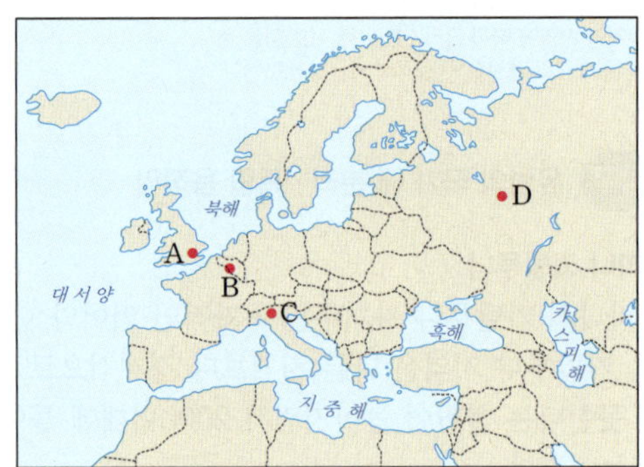

① A에는 개선문, 에펠탑 등의 랜드마크가 있다.

② B에는 유럽 연합의 본부가 있다.

③ C를 여행하면 파르테논 신전을 볼 수 있다.

④ D는 A보다 기온의 연교차가 작다.

⑤ A~D 모두 해당 국가의 수도이다.

04 (가), (나) 도시에 대한 설명으로 옳은 것만을 〈보기〉에서 고른 것은?
▶ 252004-0137

(가)   (나)

▲ 로테르담

▲ 아테네

보기
ㄱ. (가)는 (나)보다 제품의 수출량이 많다.
ㄴ. (가)는 (나)보다 고대 유적을 찾는 관광객이 많다.
ㄷ. (나)는 (가)보다 도시의 역사가 오래되었다.
ㄹ. (나)는 (가)보다 무역을 위한 대규모 선박을 이용하기에 유리하다.

① ㄱ, ㄴ   ② ㄱ, ㄷ   ③ ㄴ, ㄷ
④ ㄴ, ㄹ   ⑤ ㄷ, ㄹ

05 다음에 제시된 도시들의 공통점으로 옳은 것은?
▶ 252004-0138

> 말뫼, 코펜하겐, 암스테르담, 프라이부르크

① 북부 유럽에 속한다.
② 해당 국가의 수도이다.
③ 지속가능한 환경 친화적 도시이다.
④ 고부가 가치의 첨단 산업이 발달하였다.
⑤ 오래된 역사 유적을 바탕으로 성장한 도시이다.

06 다음 글의 ㉠, ㉡에 들어갈 도시로 옳은 것은?
▶ 252004-0139

> 유럽에는 그리스의 아테네, 이탈리아의 로마 등 오랜 역사를 지닌 역사 도시, 핀란드의 오울루, 스웨덴의 ㉠ 등 첨단 산업이 성장하고 있는 첨단 산업 도시, 영국의 런던, 독일의 프랑크푸르트 등 세계적인 금융 기관이 밀집한 금융 도시, 오스트리아의 빈, 이탈리아의 ㉡ 등 예술과 관련된 문화 도시 등 다양한 도시가 있다.

     ㉠   ㉡   ㉠   ㉡
① 니스   리스본   ② 니스   스톡홀름
③ 리스본   니스   ④ 베네치아   스톡홀름
⑤ 스톡홀름   베네치아

07 다음 자료의 (가), (나) 도시로 옳은 것은?
▶ 252004-0140

(가)	(나)
센강이 흐르는 이 도시에는 상업이 발달한 샹젤리제 거리가 있으며 이곳에서 첨단 업무·상업 기능이 밀집한 라데팡스를 바라볼 수 있다.	템스강이 흐르는 이 도시는 세계 경제 및 금융의 중심지이며, 빅벤, 타워 브리지 등은 관광객에게 인기가 많다.

     (가)   (나)   (가)   (나)
① 런던   로마   ② 런던   파리
③ 로마   런던   ④ 파리   런던
⑤ 파리   로마

08 유럽 연합(EU)에 대한 설명으로 옳은 것만을 〈보기〉에서 고른 것은?
▶ 252004-0141

보기
ㄱ. 영국은 2023년 기준 회원국이다.
ㄴ. 유로(EURO)를 단일 화폐로 사용한다.
ㄷ. 출범 당시와 현재의 회원국 수는 동일하다.
ㄹ. 회원국 간 주민들은 취업을 위한 이동이 자유롭다.

① ㄱ, ㄴ   ② ㄱ, ㄷ   ③ ㄴ, ㄷ
④ ㄴ, ㄹ   ⑤ ㄷ, ㄹ

09 다음 글의 ㉠에 들어갈 도시로 옳은 것은?
▶ 252004-0142

> 벨기에의 수도인 ㉠ 은/는 주민 대부분이 네덜란드어를 사용하는 플랑드르 지역에 포함되어 있지만 ㉠ 에서는 네덜란드어와 프랑스어가 모두 공용어로 지정되어 있다. 이곳에는 유럽 연합의 본부가 위치한다.

① 브뤼셀   ② 오슬로   ③ 헬싱키
④ 마드리드   ⑤ 바르샤바

실력 **쌓기 문제**

[10~11] 다음은 유럽 연합 가입국 현황을 나타낸 것이다. 물음에 답하시오.

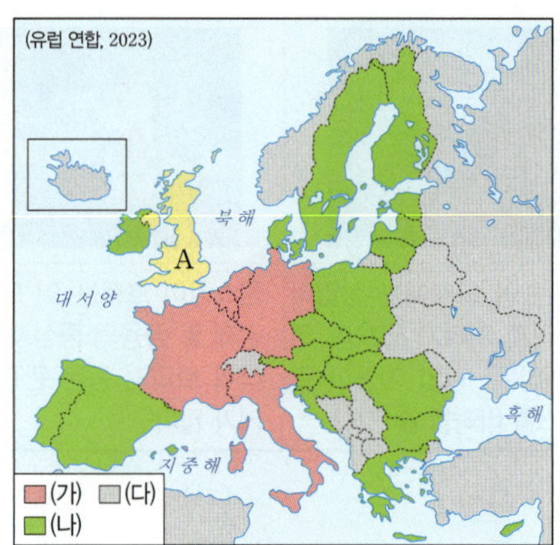

▶ 252004-0143

10 (가)~(다) 국가군에 대한 설명으로 옳은 것은?

① (가)에는 유럽 연합 본부가 있는 국가가 있다.
② (다)의 모든 국가는 (가)로의 이동이 자유롭지 못하다.
③ (나)는 (가)보다 유럽 연합에 가입한 시기가 이르다.
④ (가)~(다) 모두 2023년 현재 유럽 연합 가입국이다.
⑤ 유럽 연합 최초 가입국은 대부분 동부 유럽에 위치한다.

▶ 252004-0144

11 A 국가에 해당하는 내용만을 〈보기〉에서 고른 것은?

> **보기**
> ㄱ. 수도의 랜드마크는 에펠탑이다.
> ㄴ. 유럽 연합으로부터 탈퇴하였다.
> ㄷ. 유로화를 단일 화폐로 사용하고 있다.
> ㄹ. 북부의 스코틀랜드에서 분리·독립의 움직임이 있다.

① ㄱ, ㄴ　　② ㄱ, ㄷ　　③ ㄴ, ㄷ
④ ㄴ, ㄹ　　⑤ ㄷ, ㄹ

[12~13] 지도는 유럽 각 국가에서 분리·독립의 움직임이 발생하고 있는 지역을 나타낸 것이다. 물음에 답하시오.

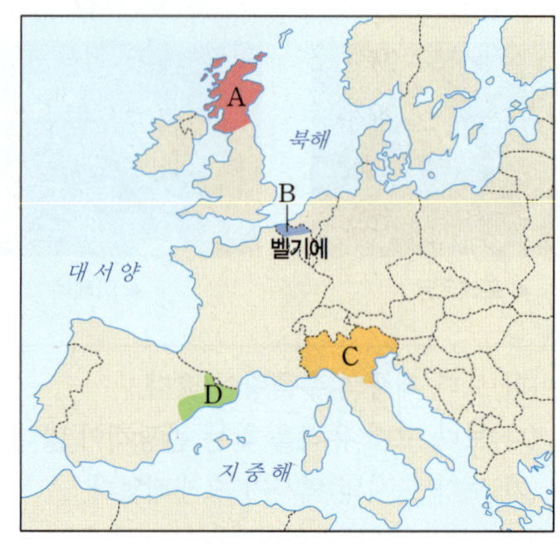

▶ 252004-0145

12 지도의 B, C 지역에서 분리·독립의 움직임이 발생하는 가장 적절한 이유를 제시한 것은?

	B	C
①	언어 갈등	종교 갈등
②	언어 갈등	경제적 격차
③	종교 갈등	언어 갈등
④	종교 갈등	경제적 격차
⑤	경제적 격차	종교 갈등

▶ 252004-0146

13 (가), (나)에 해당하는 지역을 A~D에서 고른 것은?

> (가) 이 지역은 전통적으로 민족 정체성이 강하며, 국가 내 다른 지역과 달리 카탈루냐어를 사용하는 등 고유한 문화를 간직하고 있는 지역으로 오랜 기간 자치권을 누려왔다.
> (나) 이 지역은 '킬트'라고 불리는 남성 전통 의복이 유명한데, 치마 형태에 체크무늬가 그려져 있다. 잉글랜드와 민족, 문화가 다르기 때문에 분리·독립을 요구하고 있다.

	(가)	(나)
①	A	B
②	B	C
③	C	A
④	D	A
⑤	D	B

서술형 문제

① 단계 핵심 키워드 파악하기

▶ 252004-0147

01 밑줄 친 부분을 토대로 제시된 도시들의 특성을 서술하시오.

유럽은 일찍이 산업화가 진행되고 오랜 기간 도시가 성장하면서 다양한 유형의 도시들이 발달하였다. 그 사례로 <u>고대 제국의 수도로 오랜 역사를 지닌 역사 도시</u>, <u>고부가 가치의 첨단 산업이 성장하고 있는 첨단 산업 도시</u>, <u>독특한 자연환경을 바탕으로 성장한 관광 도시</u> 등이 있다.

> 로마, 니스, 시스타 사이언스 시티

답 완성하기

로마는 고대 (　　　　　)의 수도로 콜로세움 등과 같은 역사 유적이 풍부한 (　　　　　)이다. 니스는 프랑스의 지중해 연안에 위치한 (　　　　　)(으)로 푸른 지중해와 아름다운 (　　　　　)이/가 유명하여 많은 관광객이 찾는다. 시스타 사이언스 시티는 스웨덴의 수도인 스톡홀름에 위치한 (　　　　　)(으)로, 첨단 산업과 관련된 기업과 연구소, 대학, 정부 기관 등이 가까이 위치하여 긴밀한 협력이 이루어지는 (　　　　　)을/를 형성하고 있다.

▶ 252004-0148

02 다음은 산업화 이후 급격한 변화를 겪은 두 도시의 모습을 나타낸 것이다. 두 도시의 변화 과정을 공통적 요소를 중심으로 서술하시오.

▲ 빌바오

▲ 맨체스터

답 완성하기

에스파냐의 빌바오는 과거 (　　　　　) 및 조선 공업이 발달하였다. 영국의 맨체스터는 과거 (　　　　　) 생산 등을 바탕으로 산업이 성장하였다. 그러나 두 도시 모두 다른 국가나 다른 지역에 산업 주도권을 내주고 산업이 빠르게 쇠퇴한 후 (　　　　　)을/를 통해 (　　　　　) 중심으로 산업 구조가 변화하였다.

② 단계 스스로 문장 완성하기

▶ 252004-0149

03 다음은 어느 국제기구의 깃발이다. (1) 이 공동체의 명칭을 쓰고, (2) 공동체의 형성 이후에 회원국들에 나타난 변화에 대해 긍정적 측면과 부정적 측면에서 서술하시오.

(1)

(2)

▶ 252004-0150

04 지도는 벨기에의 지역을 구분한 것이다. (1) 벨기에에서 분리·독립을 요구하는 지역의 명칭을 쓰고, (2) 분리·독립을 요구하는 이유를 문화적·경제적 특징을 중심으로 서술하시오.

(1)

(2)

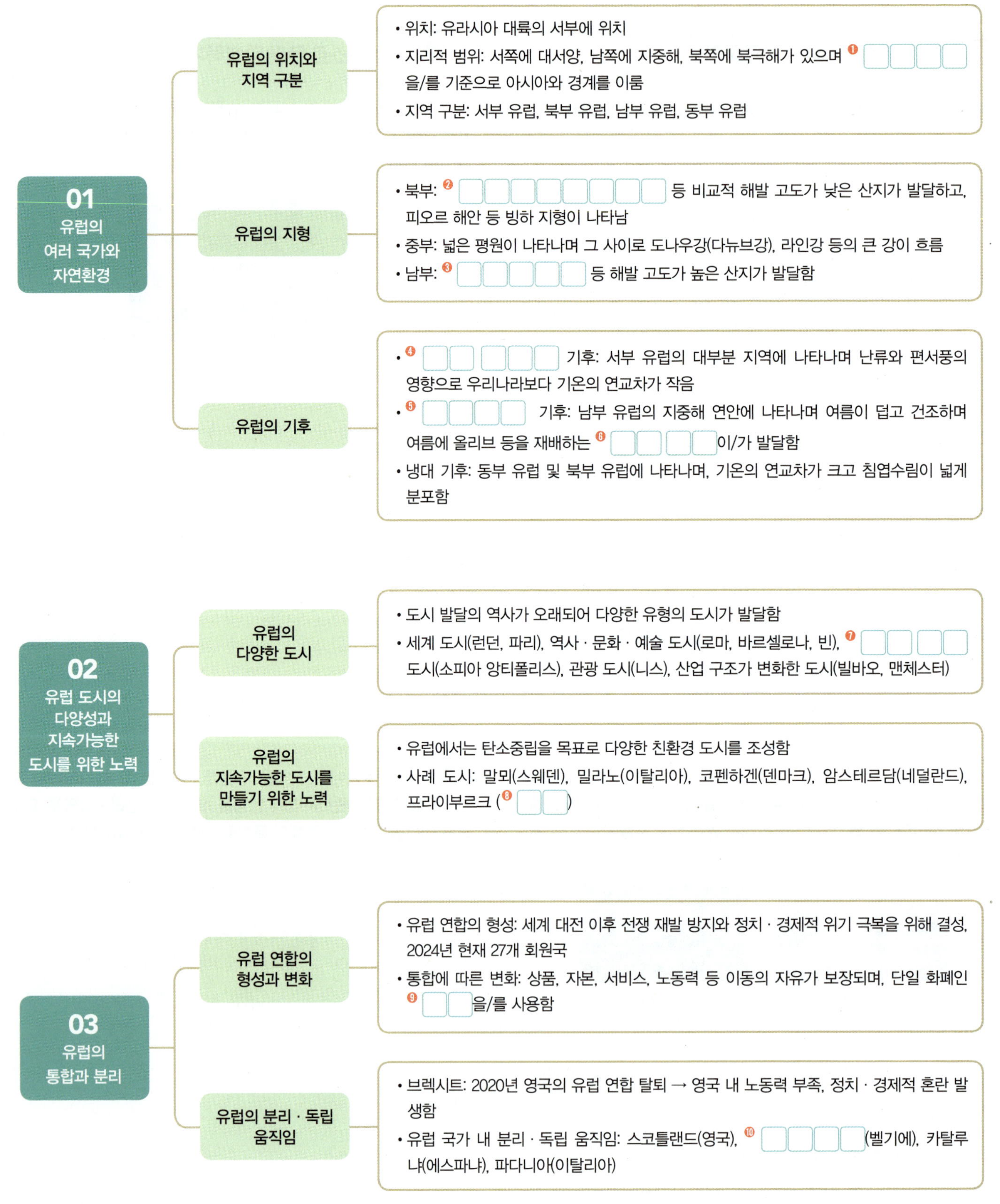

정답 ❶ 우랄산맥 ❷ 스칸디나비아산맥 ❸ 알프스산맥 ❹ 서안 해양성 ❺ 지중해성 ❻ 수목 농업 ❼ 첨단 산업 ❽ 독일 ❾ 유로 ❿ 플랑드르

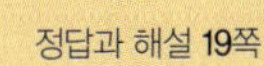

대단원 마무리 문제

▶ 252004-0151

01 유럽에 대한 설명으로 옳지 <u>않은</u> 것은?

① 유럽은 아시아보다 인구가 적다.

② 알프스산맥을 기준으로 아시아와 구분한다.

③ 서부 유럽에는 산업 혁명이 시작된 영국이 있다.

④ 서쪽, 남쪽, 북쪽의 삼면이 바다로 둘러싸여 있다.

⑤ 동부 유럽에는 세계에서 국토 면적이 가장 넓은 러시아가 있다.

▶ 252004-0152

02 다음은 유럽을 여행하며 찍은 사진이다. (가), (나) 사진을 찍기 위해 방문한 국가로 옳은 것은?

(가)   (나)

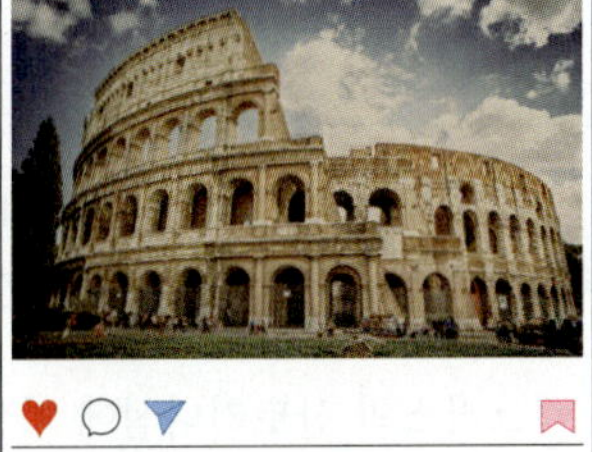

	(가)	(나)			(가)	(나)
①	독일	영국		②	독일	이탈리아
③	영국	독일		④	영국	이탈리아
⑤	이탈리아	독일				

▶ 252004-0153

03 다음 글의 ㉠~㉫에 대한 설명으로 옳은 것은?

> 유럽은 북부와 남부에 산지가 분포하고 중앙에는 ㉠ 넓은 평원이 펼쳐져 있다. [　㉡　]에는 비교적 형성 시기가 오래되어 침식을 많이 받은 ㉢ 낮은 산지가 있고, [　㉣　]에는 비교적 형성된 지 오래되지 않은 ㉤ 알프스산맥 등과 같은 ㉥ 높고 험준한 산지가 있다.

① 라인강은 ㉠을 흘러 지중해로 들어간다.

② ㉡에는 '남부', ㉣에는 '북부'가 들어간다.

③ ㉢의 사례로 피레네산맥이 있다.

④ ㉤에는 산악 열차 등의 교통이 발달하여 많은 관광객이 찾는다.

⑤ ㉥의 사례로 알프스산맥 이외에 스칸디나비아산맥이 있다.

▶ 252004-0154

04 (중요) 그림은 지도의 Ⓐ–Ⓑ의 단면도이다. (가)~(다)에 해당하는 지형의 명칭으로 옳은 것은?

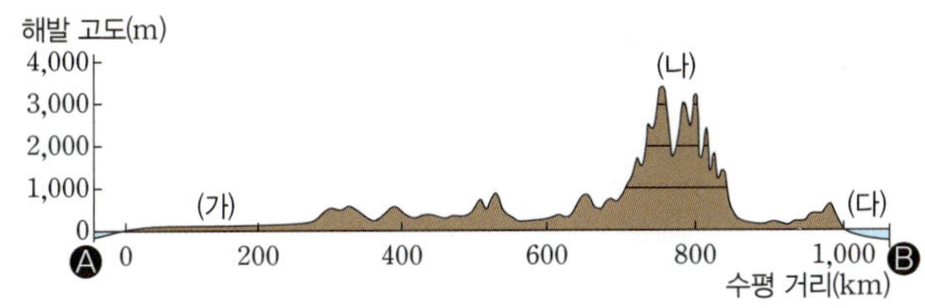

	(가)	(나)	(다)
①	북독일 평원	알프스산맥	지중해
②	북독일 평원	피레네산맥	지중해
③	동유럽 평원	알프스산맥	북해
④	동유럽 평원	피레네산맥	지중해
⑤	프랑스 평원	알프스산맥	북해

▶ 252004-0155

05 (서술형) 지도는 유럽 일부 지역의 기후 분포를 나타낸 것이다. A 기후와 B 기후를 쓰고, 두 기후 지역의 여름철 기후 특징을 기온과 강수량을 중심으로 비교하여 서술하시오.

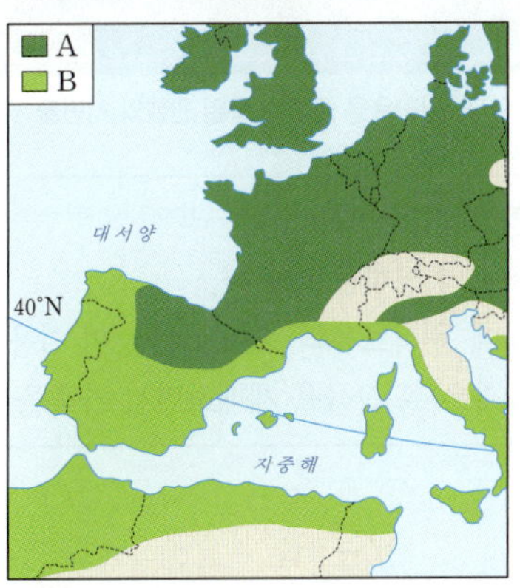

▶ 252004-0156

06 기후 그래프 (가)~(다)에 해당하는 지역을 지도의 A~C에서 고른 것은?

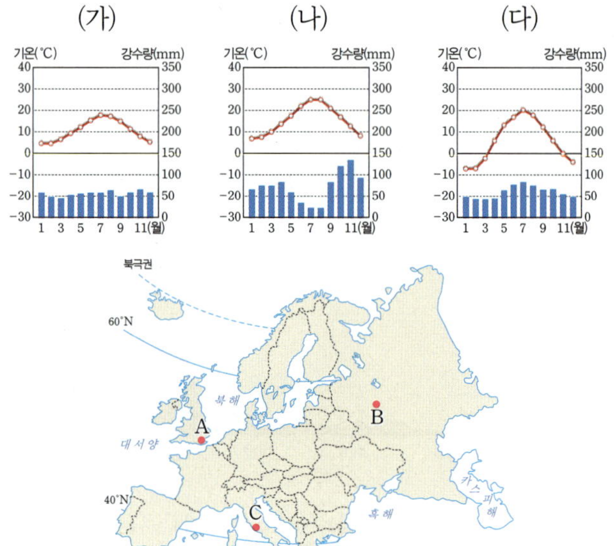

	(가)	(나)	(다)
①	A	B	C
②	A	C	B
③	B	A	C
④	B	C	A
⑤	C	A	B

▶ 252004-0157

07 다음과 같은 풍경이 나타나는 기후 지역에 대한 설명으로 옳은 것만을 〈보기〉에서 고른 것은?

▲ 일광욕을 즐기는 독일 뮌헨의 시민들

보기

ㄱ. 여름이 덥고 건조하다.
ㄴ. 연중 편서풍의 영향을 받는다.
ㄷ. 전통 음식에 올리브유와 토마토를 많이 사용한다.
ㄹ. 식량 작물과 사료 작물을 재배하면서 가축을 함께 기른다.

① ㄱ, ㄴ   ② ㄱ, ㄷ   ③ ㄴ, ㄷ
④ ㄴ, ㄹ   ⑤ ㄷ, ㄹ

▶ 252004-0158

08 다음은 어느 지역에서 19시에서 03시까지 태양의 위치를 나타낸 것이다. 이 지역에 대한 설명으로 옳은 것은?

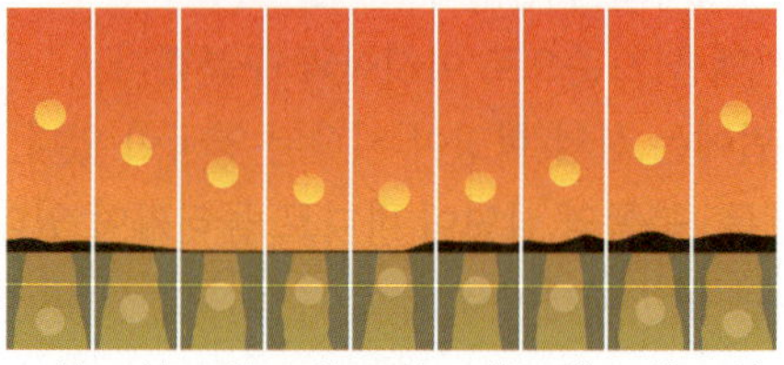

① 겨울에 오로라 현상을 관찰할 수 있다.
② 적도와 가까운 저위도 지역에 위치한다.
③ 여름이 덥고 건조하여 수목 농업이 이루어진다.
④ 바다의 영향을 많이 받아 기온의 연교차가 작다.
⑤ 겨울이 따뜻하고 비가 자주 내려 곡물 농업이 이루어진다.

▶ 252004-0159

서술형

09 다음 글의 그리스 산토리니섬의 기후 유형을 쓰고, 밑줄 친 부분의 이유를 기후 환경과 관련시켜 서술하시오.

> 그리스의 산토리니섬에 가면 아름다운 마을의 풍경을 감상할 수 있다. 가옥의 파란 지붕은 맑은 하늘, 푸른 지중해와 조화를 이룬다. 또한, 벽은 두꺼우며 흰색 계열의 밝은색으로 칠한다.

▶ 252004-0160

10 밑줄 친 '이 도시'를 지도의 A~E에서 고른 것은?

> 이 도시는 천재 건축가 '가우디의 도시'로 불리며, 아름다운 역사·문화적 건축물이 많다. 에스파냐에서 분리·독립의 움직임이 일어나고 있는 카탈루냐 자치주의 주도이기도 하다. 이 도시에서는 가우디 외에도 피카소 등 수많은 예술가가 배출되었으며, 지중해 연안에 위치하여 지중해성 기후가 나타난다.

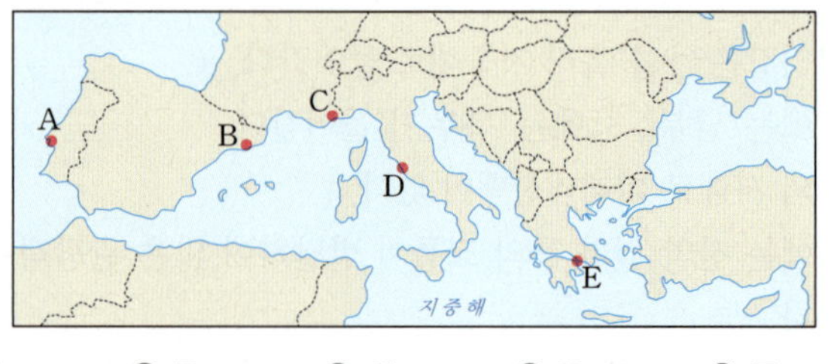

① A   ② B   ③ C   ④ D   ⑤ E

▶ 252004-0161

11 지속가능한 도시를 만들기 위한 유럽의 노력과 관련된 설명으로 옳지 <u>않은</u> 것은?

① '탄소중립'을 목표로 친환경 도시 조성을 위해 노력하고 있다.
② 이상 기후 현상에 따른 자연재해 증가로 인한 대응책의 일환이다.
③ 이탈리아의 밀라노는 수직 정원을 이용하여 탄소 배출량을 감축하고 있다.
④ 2030년까지 1990년 수준 대비 탄소 배출량을 55%로 줄일 계획을 세웠다.
⑤ 독일의 '환경 수도'로 불리는 프랑크푸르트는 도시 내 자동차 운행을 금지하고 있다.

▶ 252004-0162

12 밑줄 친 '이 국가'로 옳은 것은?

> 이 국가는 유럽 연합 출범 당시 최초 가입국으로, 2024년 현재 27개 가입국 중 국내 총생산이 가장 많다. 과거 동쪽과 서쪽이 서로 다른 이념으로 인해 분단되어 있었으나 현재는 통일된 국가를 이루고 있다. 또한 유럽 연합 회원국 중 지속가능한 친환경 도시 건설에 가장 적극적으로 임하는 국가로 평가받고 있다.

① 독일　　　② 러시아　　　③ 핀란드
④ 헝가리　　　⑤ 네덜란드

▶ 252004-0163

13 지도 A, B 국가에 대한 설명으로 옳은 것만을 〈보기〉에서 고른 것은?

보기

ㄱ. A에는 주로 서안 해양성 기후가 나타난다.
ㄴ. A에서는 서로 다른 언어 사용으로 인해 지역 갈등이 발생한다.
ㄷ. B는 유럽 연합 비가입국이다.
ㄹ. A, B 모두 남부 지역이 북부 지역보다 소득 수준이 높다.

① ㄱ, ㄴ　② ㄱ, ㄷ　③ ㄴ, ㄷ　④ ㄴ, ㄹ　⑤ ㄷ, ㄹ

고난도 실력 향상 문제

▶ 252004-0164

01 다음은 유럽에 위치한 두 지역과 관련된 미술 작품이다. 작품의 배경이 된 (가), (나) 지역에 대한 설명으로 옳은 것은?

(가)

▲ 귀스타브 카유보트, 「파리, 비 오는 날」

(나)

▲ 빈센트 반 고흐, 「노란 하늘과 태양 아래의 올리브 나무」

① (가)에서는 여름에 수목 농업이 이루어진다.
② (나)는 연중 편서풍의 영향을 받는다.
③ (가)는 (나)보다 겨울 기온이 높다.
④ (나)는 (가)보다 고위도에 위치한다.
⑤ (나)는 (가)보다 연 강수량에서 겨울 강수량이 차지하는 비율이 높다.

▶ 252004-0165

02 (주요) 지도의 A~E 국가에 대한 설명으로 옳지 <u>않은</u> 것은? (단, B~E는 솅겐 조약 가입국임.)

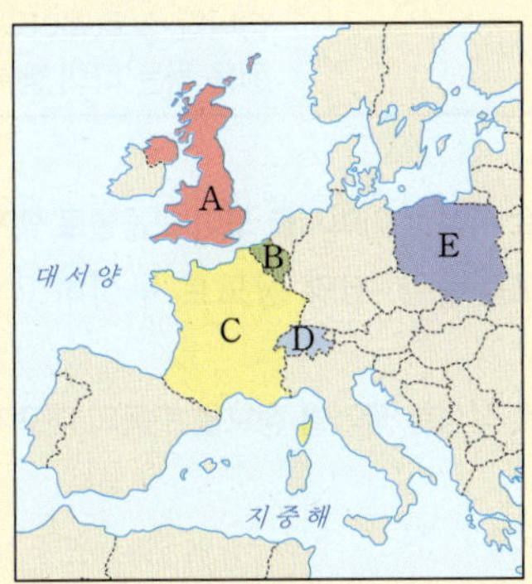

① B에는 유럽 연합의 본부가 있다.
② A와 E 사이에는 2019년에 노동력의 이동이 자유로웠다.
③ B의 북부 지역은 C 국가의 언어를 공용어로 사용한다.
④ C는 E보다 유럽 연합에 가입한 시기가 이르다.
⑤ C와 D 사이를 왕래할 때는 국경 검문이나 여권 검사를 하지 않는다.

문제 유럽의 자연환경과 인문환경의 특성을 살려 나만의 유럽 지도를 만들어 봅시다.

A 활동 계획 세우기

1. 평소 관심이 많았던 유럽의 국가를 교과서에 제시된 백지도 또는 사회과 부도에서 찾아본다.

2. 교과서에서 배웠던 유럽의 자연환경(지형, 기후) 및 인문환경 특징을 파악한다.

3. 자신만의 독특한 생각이 담긴 국가별 이미지(랜드마크)를 그려 보고 그 이유를 작성해 본다.

B 활동하기

1. 평소에 관심이 많았던 국가에 대해 조사한 후 해당 국가의 특징을 알 수 있는 이미지를 그려 보고 그 이유를 써 보자.

예시

국가 정보	1. 국가명: 노르웨이 3. 인구: 540만 명 5. 1인당 국내 총생산: 66,871달러 7. 유럽 연합 가입 여부: 비가입국	2. 면적: 62,450km²(연안 해역 포함) 4. 수도: 오슬로 6. 주요 종교: 크리스트교 (국제 연합, 2021 / 지리 통계, 2023)
대표 이미지		
이유	제가 그린 이미지는 피오르입니다. 피오르는 과거 빙하의 침식으로 형성된 U자 형태의 골짜기가 해수면이 상승하면서 바다의 일부가 된 것입니다. 육지 깊숙이 좁고 길게 뻗어 있는 피오르는 주로 노르웨이에서 볼 수 있습니다. 노르웨이의 피오르는 석양이 붉게 물들 때 환상적인 경관을 연출합니다. 언젠가 피오르에서 크루즈 여행을 하는 나의 행복한 모습을 상상해 봅니다.	

2. 개인별로 작성한 이미지를 모아 모둠별로 백지도에 표시해 보자.

예시 모둠을 5~6명 정도로 구성하고 모둠별로 유럽 백지도를 준비함.

3. 모둠별로 작성한 국가별 정보를 모둠의 대표가 학급 전체 학생들을 대상으로 요약해서 발표한다.

평가하기

평가 영역	채점 기준	상	중	하
문제 해결 능력	자신이 선택한 국가의 정보를 정확하게 조사했는가?			
	선택한 국가의 대표 이미지가 해당 국가의 특징을 잘 반영하고 있는가?			
창의적 · 논리적 사고력	개인별로 그린 국가별 대표 이미지를 실제 사물의 특징이 잘 나타나도록 창의적으로 그렸는가?			
	이미지 선택 이유를 자신만의 관점에서 논리적으로 작성하였는가?			
발표 능력	주제를 정확하게 파악하여 발표하였는가?			
	발표 내용과 발표자의 태도, 자세 등에 대해 학생들의 호응도가 높았는가?			

IV 아프리카

아프리카의 여러 국가

지중해
튀니지
모로코
알제리
리비아
이집트
홍해
모리타니
말리
니제르
차드
수단
에리트레아
카보베르데
세네갈
감비아
부르키나파소
지부티
기니비사우
기니
베냉
나이지리아
소말리아
가나
에티오피아
시에라리온
콘트디부아르
중앙아프리카
공화국
남수단
라이베리아
토고
적도 기니
카메룬
우간다
가봉
콩고
르완다
케냐
상투메 프린시페
콩고
민주 공화국
부룬디
인도양
세이셸
탄자니아
말라위
대서양
코모로
앙골라
잠비아
짐바브웨
모잠비크
마다가스카르
모리셔스
나미비아
보츠와나
남아프리카
공화국
에스와티니
레소토

아프리카는 아시아 다음으로 넓은 대륙으로, 적도를 기준으로
남북의 기후가 대칭으로 나타난다. 다양한 문화와 잠재력을 가진
아프리카에는 어떤 국가와 도시가 있으며, 지속가능한 발전을
위해 아프리카는 스스로 어떤 노력을 하고 있는지 살펴보고
세계시민으로서 참여 방안을 모색해 보자.

▲ 킬리만자로산(케냐)

▲ 사하라 사막(이집트)

▲ 커피 플랜테이션(에티오피아)

▲ 바오바브나무(마다가스카르)

01 아프리카의 여러 국가와 자연환경

학습목표
• 아프리카의 주요 국가와 도시를 파악하고 이들 위치를 지도에 표시할 수 있다.
• 아프리카의 자연환경 특성을 이해하고, 이를 지도에 표현할 수 있다.

1 아프리카의 위치와 지역 구분

(1) 아프리카의 위치와 특징

① 적도를 기준으로 북반구와 남반구에 걸쳐 있음

② 지리적 범위: 지중해를 사이에 두고 북쪽에 유럽이 있으며, 서쪽으로 대서양, 동쪽으로 인도양과 홍해에 접해 있음

(2) 아프리카의 지역 구분과 주요 국가 자료 1 자료 2

구분	특징 및 주요 국가와 도시
북부 아프리카	• 이슬람교의 영향, 사막의 발달, 고대 이집트 문명의 유적, 지중해 연안을 따라 온대 기후가 나타남 (사우디아라비아를 중심으로 서남 아시아에서 이슬람교가 전파되었다.) • 주요 국가(도시): 이집트(카이로), 모로코(카사블랑카)
서부 아프리카	• 자원의 개발 및 수출 중심의 경제활동 (기니만 연안의 석유 자원과 초콜릿의 원료가 되는 카카오 등이 풍부하다.) • 주요 국가(도시): 나이지리아(라고스), 코트디부아르
중앙 아프리카	• 열대 우림 발달, 생태계의 보고 • 주요 국가(도시): 콩고 민주 공화국(킨샤사), 카메룬
동부 아프리카	• 고원 지대 발달 → 인구 밀도가 높음, 야생 동물의 천국 • 주요 국가(도시): 에티오피아(아디스아바바–아프리카 연합 본부 위치), 케냐(나이로비), 탄자니아 (건기와 우기가 뚜렷한 사바나 기후 지역에서 초식 동물의 대규모 이동 모습을 관찰할 수 있다.)
남부 아프리카	• 일부 지역의 온대 기후가 나타남, 일찍부터 유럽인의 진출 • 주요 국가(도시): 남아프리카 공화국(요하네스버그, 케이프타운)

2 아프리카의 지형

(1) 북부의 높은 산지와 사막

지각판의 경계와 가까이 위치하여 지진이 자주 발생한다.

① 해발 고도가 높고 험준한 산지 발달 예 아틀라스산맥

② 사하라 사막: 아틀라스산맥 남쪽, 아프리카 전체 면적의 약 30% 차지

(2) 동부의 고원과 화산

① 동아프리카 지구대: 지각이 갈라지고 있으며, 거대한 골짜기를 이룸 자료 3

② 높은 산(화산): 킬리만자로산, 케냐산 등

③ 고원: 아비시니아고원 → 높은 인구 밀도, 고대 문명 발달

해발 고도가 높아 일 년 내내 우리나라의 봄과 같은 기후가 지속되어 사람이 살기에 적당하다.

(3) 분지와 평야, 하천의 발달

① 기니만 연안의 평야, 콩고강 유역의 분지

② 큰 강: 나일강, 콩고강, 잠베지강(빅토리아 폭포), 나이저강 등 열대 기후 지역에서 시작해 바다로 흘러듦

나일강은 지중해, 콩고강과 나이저강은 대서양, 잠베지강은 인도양으로 흘러든다.

(4) 남부의 낮은 산지와 사막: 드라켄즈버그산맥, 나미브 사막, 칼라하리 사막

▲ 아프리카의 지형

자료 1 아프리카의 지역 구분

*지역 구분은 기준에 따라 다를 수 있음.

아프리카는 사하라 사막을 기준으로 크게 북부 아프리카와 중·남부 아프리카로 구분하며, 중·남부 아프리카는 자연환경 및 인문환경의 특징에 따라 중앙·동부·서부·남부 아프리카로 구분한다.

자료 2 사막과 열대 우림

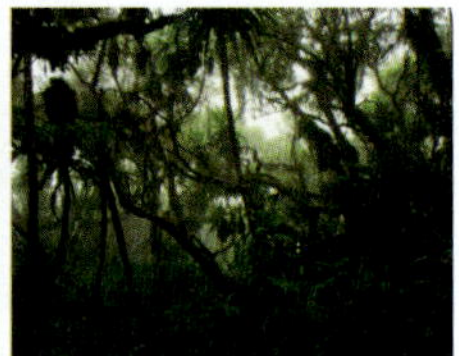

▲ 사하라 사막   ▲ 열대 우림

아프리카 대륙은 세계에서 가장 넓은 사막인 사하라 사막이 있으며, 적도 주변의 콩고 민주 공화국에는 다양한 높이의 나무가 빽빽하게 들어선 열대 우림이 분포한다. 사막과 열대 우림은 강수량에서 큰 차이가 나타나는데, 사막은 일 년 내내 비가 거의 내리지 않는 반면, 열대 우림 지역은 거의 매일 비가 내린다.

자료 3 동아프리카 지구대

동아프리카 지구대는 아프리카 동부의 긴 골짜기로 지각판이 갈라지면서 서로 멀어지는 과정에서 가운데 부분이 내려앉아 형성되었다. 현재에도 계속 갈라지고 있으며, 지각이 불안정하여 지진과 화산 활동이 발생하며, 낮아진 땅의 곳곳에는 물이 고여 길이가 긴 호수가 형성되어 있다.

용어 정리

지구대 양쪽에서 잡아당기는 힘이 발생하여, 판이 갈라지고 그 사이는 내려앉은 지형

지각판 지구의 표면을 덮고 있는 여러 개의 두께 100km 정도의 암반을 의미하며 크게 대륙판과 해양판으로 구분됨

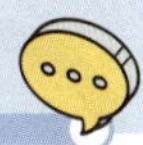

3 아프리카의 기후

(1) **특징**: 적도를 중심으로 고위도로 가면서 열대 기후, 건조 기후, 온대 기후 등이 대칭적으로 분포함

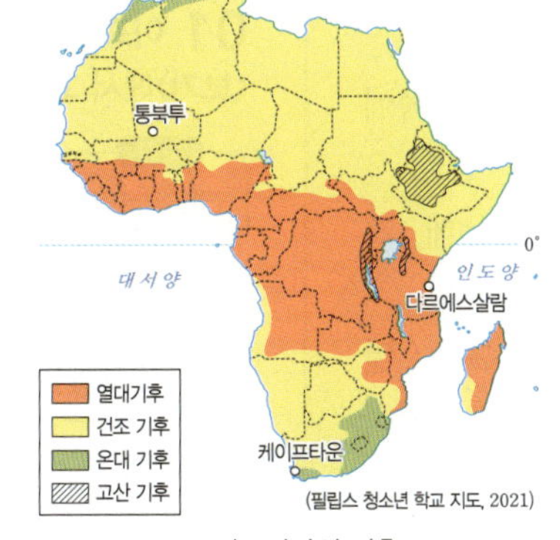

통북투
대서양
인도양
0°
다르에스살람
케이프타운
열대기후
건조 기후
온대 기후
고산 기후
(필립스 청소년 학교 지도, 2021)

▲ 아프리카의 기후

(2) **열대 기후**

① 적도 부근에 분포함, 열대 우림 기후와 사바나 기후로 구분

② **열대 우림 기후**: 일 년 내내 비가 많이 내리고 울창한 숲을 이룸 → 지붕의 경사가 급하고 개방적인 가옥 발달

③ **사바나 기후**: 건기와 우기가 뚜렷하며, 넓은 초원 발달, 다양한 야생 동물이 서식함 → 사파리 관광 발달 자료 4

└ 긴 풀 사이로 키가 작은 나무가 듬성듬성 자라기 때문에 풀을 찾아 이동하는 초식 동물과 이를 쫓는 육식 동물이 조화를 이루며 생태계를 유지하고 있다.

④ 플랜테이션, 이동식 화전 농업

(3) **건조 기후**

① 연 강수량보다 연 증발량이 많음

② 북부의 사하라 사막과 그 주변, 남부의 나미브 사막과 칼라하리 사막 → 낙타 투어

└ 차가운 바닷물의 영향을 받아 형성된 사막으로 해안을 따라 발달해 있다.

③ 사막의 주변에는 짧은 풀이 자라는 초원 발달

④ **사막의 주민 생활**: 온몸을 감싸는 옷을 입으며, 흙벽돌집을 지음, 오아시스나 하천 주변에서 농사를 지음 자료 5 자료 6

(4) **온대 기후**

┌ 여름은 덥고 건조하고 겨울은 온화하고 습윤한 지중해성 기후가 나타난다.

① 지중해 연안과 남아프리카 공화국 남부 해안 일대 → 도시 발달, 인구 밀집

② 유럽과 활발한 교류, 수목 농업 발달

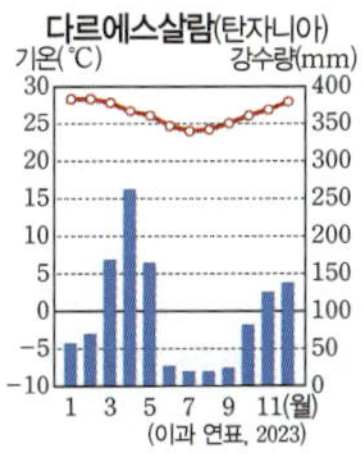

다르에스살람(탄자니아)
기온(℃)
강수량(mm)
1 3 5 7 9 11(월)
(이과 연표, 2023)

▲ 열대 기후

통북투(말리)
기온(℃)
강수량(mm)
1 3 5 7 9 11(월)
(세계 기상 기구, 2023)

▲ 건조 기후

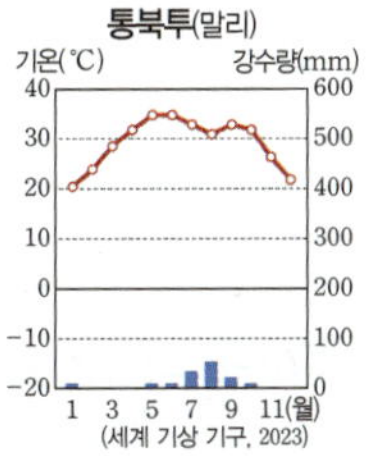

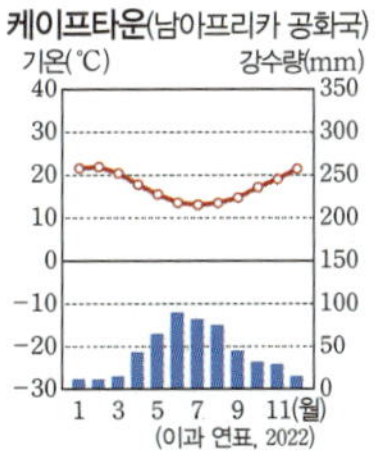

케이프타운(남아프리카 공화국)
기온(℃)
강수량(mm)
1 3 5 7 9 11(월)
(이과 연표, 2022)

▲ 온대 기후

집중 탐구 아프리카의 농업 특징

• **플랜테이션**

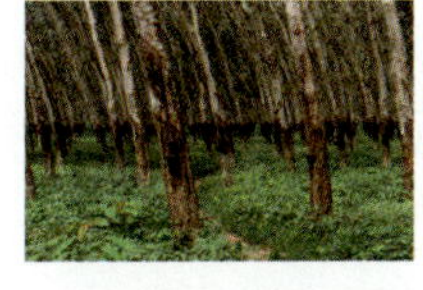

◀ 천연고무 플랜테이션

플랜테이션은 원주민의 노동력과 선진국의 기술 및 자본이 결합하여 열대작물을 상업적으로 재배하는 농업으로, 천연고무, 카카오, 커피 등을 주로 재배한다.

• **이동식 화전 농업**

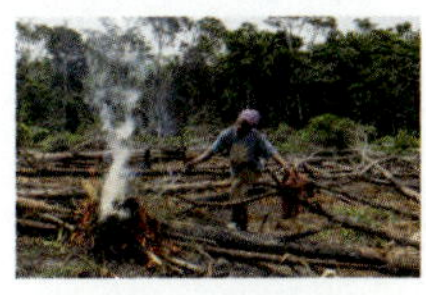

◀ 숲을 태워 만드는 농경지

삼림을 불태워 작물을 재배하고 토지가 황폐해지면 다른 지역으로 이동하는 전통적인 농업 방식으로, 주로 옥수수, 카사바 등의 식량 작물을 재배한다.

자료 탐구

자료 4 사파리 관광과 사막 낙타 투어

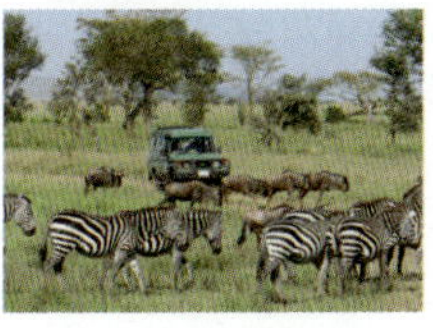

▲ 사파리 관광

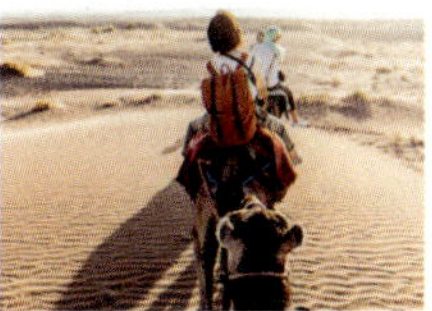

▲ 사막 낙타 투어

아프리카에서는 다양한 자연환경을 이용한 관광 산업이 발달하였다. 사파리 관광은 열대 기후 중 초원이 나타나는 지역에서 차를 타고 야생 동물을 관찰하는 관광이며, 사막 투어는 사막 환경에 잘 적응한 낙타를 타고 사막을 둘러보는 체험형 관광이다.

자료 5 사막의 전통 가옥

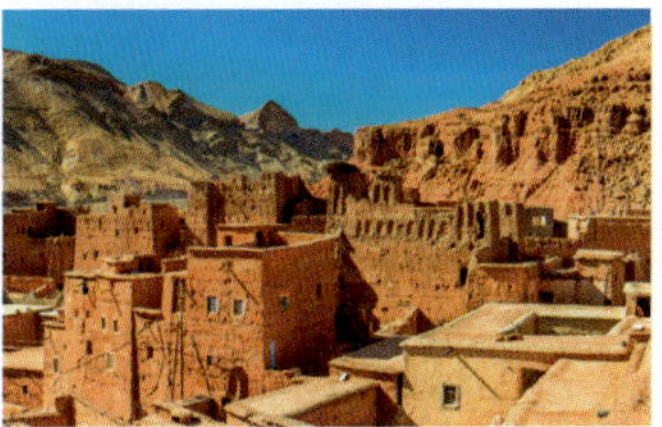

사막에서는 집을 지을 때 뜨거운 열기와 모래바람을 막기 위해 흙벽돌을 이용하여 창문을 작게 만들고 벽을 두껍게 한다. 비가 거의 내리지 않기 때문에 대부분의 집은 지붕을 경사지게 만들 필요가 없어 평평하다.

자료 6 오아시스 농업

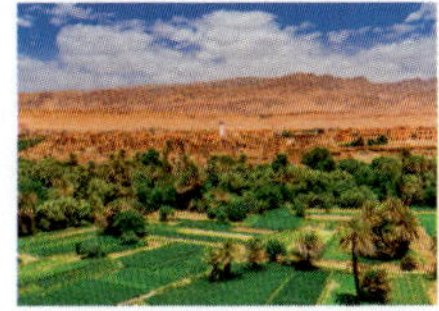

▲ 오아시스 농업

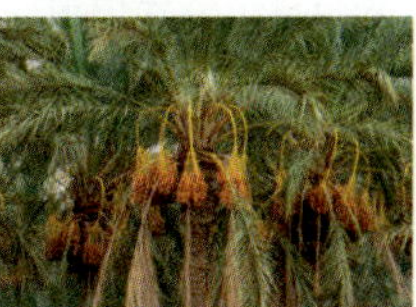

▲ 대추야자

아프리카의 건조 기후 지역에서는 물을 구할 수 있는 오아시스나 하천 주변에서 밀, 대추야자 등과 같은 작물을 재배한다.

용어 정리

사바나 키가 큰 풀이 자라는 초원에 나무가 드문드문 분포하는 열대 초원

건조 기후 대체로 연 강수량 500mm 미만인 지역으로, 250mm 미만이면 사막, 250~500mm이면 초원으로 구분함

사파리 자동차를 타고 다니며 야생 동물을 구경하는 행위 또는 공원을 의미하며, 아프리카 스와힐리어로 사파리는 여행이라는 의미를 가지고 있음

개념 확인 문제

01 빈칸에 들어갈 알맞은 말에 ○표 하시오.

(1) 아프리카는 (지중해, 대서양)을/를 사이에 두고 북쪽에 유럽이 있다.

(2) 아프리카의 북부에는 높고 험준한 산지가 분포하는데, 그 사례로 (아틀라스, 드라켄즈버그)산맥이 있다.

(3) 아프리카의 기후는 적도를 중심으로 고위도로 갈수록 (열대, 온대) 기후, 건조 기후, (열대, 온대) 기후가 대칭적으로 분포한다.

02 다음 설명이 맞으면 ○표, 틀리면 ×표 하시오.

(1) 아프리카는 동부에 거대한 지구대가 있어 지각이 갈라지고 있다. ( )

(2) 세계에서 가장 긴 강으로 알려진 나일강은 아프리카 동쪽에서 서쪽으로 흐른다. ( )

(3) 아프리카의 사바나 기후 지역에서는 야생 동물이 많아 사파리 관광이 발달하였다. ( )

03 아프리카의 지역과 국가를 옳게 연결하시오.

(1) 중앙아프리카 •　　　　　• ㉠ 케냐

(2) 북부 아프리카 •　　　　　• ㉡ 이집트

(3) 서부 아프리카 •　　　　　• ㉢ 나이지리아

(4) 동부 아프리카 •　　　　　• ㉣ 콩고 민주 공화국

(5) 남부 아프리카 •　　　　　• ㉤ 남아프리카 공화국

04 다음 설명에 해당하는 것을 〈보기〉에서 고르시오.

> **보기**
> ㄱ. 플랜테이션　　　ㄴ. 나미브 사막
> ㄷ. 사하라 사막　　　ㄹ. 이동식 화전 농업

(1) 칼라하리 사막과 함께 남부 아프리카의 대표적인 건조 기후 지역이다. ( )

(2) 세계에서 가장 넓은 사막으로 아프리카 전체 면적의 약 30%를 차지한다. ( )

(3) 삼림을 불태워 작물을 재배하고 토지가 황폐해지면 다른 지역으로 이동하는 전통적 농업 방식이다. ( )

(4) 원주민의 노동력과 선진국의 기술 및 자본이 결합하여 열대작물을 상업적으로 재배하는 농업 방식이다. ( )

실력 쌓기 문제

▶ 252004-0166

01 아프리카의 위치와 지리적 범위에 대한 설명으로 옳은 것만을 〈보기〉에서 고른 것은?

> **보기**
> ㄱ. 북쪽에는 유럽, 동쪽에는 아시아가 있다.
> ㄴ. 동쪽으로 대서양, 서쪽으로 인도양이 있다.
> ㄷ. 적도를 기준으로 북반구와 남반구에 걸쳐 있다.
> ㄹ. 유럽과는 홍해, 아시아와는 지중해를 사이에 두고 있다.

① ㄱ, ㄴ　　　② ㄱ, ㄷ　　　③ ㄴ, ㄷ
④ ㄴ, ㄹ　　　⑤ ㄷ, ㄹ

▶ 252004-0167

02 아프리카의 주요 국가에 대한 설명으로 옳지 않은 것은?

① 서부 아프리카의 나이지리아는 사막이 발달하여 인구가 적다.

② 중앙아프리카의 콩고 민주 공화국에는 열대 우림이 발달해 있다.

③ 북부 아프리카의 이집트에는 피라미드 등 고대 문명의 유적이 많다.

④ 남부 아프리카의 남아프리카 공화국은 일찍부터 유럽인이 진출하였다.

⑤ 동부 아프리카의 케냐에는 초원이 발달하여 다양한 야생 동물을 볼 수 있다.

▶ 252004-0168

03 🔶중요 지도의 A~E 국가에 대한 설명으로 옳은 것은?

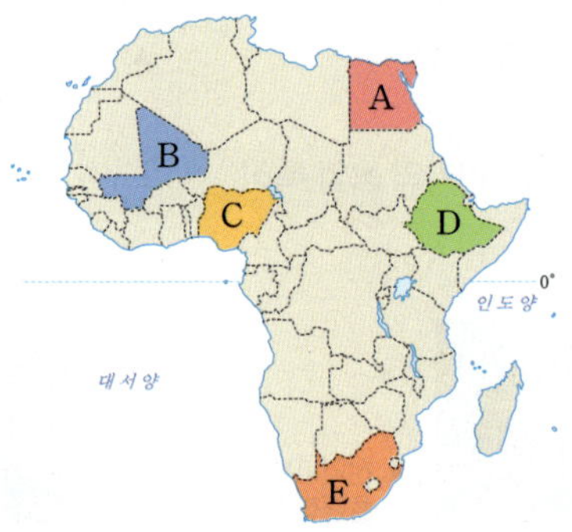

① A에 넓게 발달한 열대 우림은 환경적 가치가 높다.

② B는 아프리카에서 인구가 가장 많은 나라이다.

③ C는 A보다 비가 자주 내린다.

④ D는 C보다 평균 해발 고도가 낮다.

⑤ E는 D보다 주민 중 유럽계가 차지하는 비중이 낮다.

▶ 252004-0169

04 다음 설명에 해당하는 국가로 옳은 것은?

- 적도가 지난다.
- 아프리카 대륙의 가운데에 위치한다.
- 열대 우림에 고릴라가 서식하고 있다.
- 수도 킨샤사는 카이로, 라고스 등과 함께 인구 1,000만 명 이상의 도시이다.

① 수단
② 알제리
③ 나이지리아
④ 마다가스카르
⑤ 콩고 민주 공화국

▶ 252004-0170

05 아프리카의 지형에 대한 설명으로 옳지 <u>않은</u> 것은?

① 동부에는 지각이 갈라지고 있는 동아프리카 지구대가 있다.
② 아프리카에서 가장 높은 산은 북서부의 아틀라스산맥에 있다.
③ 아프리카의 지형은 전체적으로 완만한 고원 지역으로 이루어져 있다.
④ 북부 아프리카에서 가장 넓은 면적을 차지하는 지형은 사하라 사막이다.
⑤ 나일강은 강수량이 풍부한 열대 기후 지역에서 시작하여 사막을 가로질러 흐른다.

▶ 252004-0171

06 다음은 초성으로 제시한 아프리카의 지형들이다. A~E에 대한 설명으로 옳지 <u>않은</u> 것은?

구분	지형	아프리카 대륙에서의 위치
A	ㅇㅌㄹㅅ산맥	북서부
B	ㅅㅎㄹ 사막	북부
C	ㅋㄹㅁㅈㄹ산	동부
D	ㅋㄹㅎㄹ 사막	남부
E	ㅇㅂㅅㄴㅇ고원	동부

① A는 해발 고도가 높고 험준하다.
② C는 화산 활동으로 형성되었다.
③ E는 기후가 온화하여 사람이 살기에 알맞다.
④ D는 B보다 면적이 넓다.
⑤ A와 C의 꼭대기는 연중 눈으로 덮여 있다.

▶ 252004-0172

07 (가), (나) 강에 대한 설명으로 옳은 것만을 〈보기〉에서 고른 것은?

(가) 세계에서 가장 긴 강으로 열대 기후 지역 및 고원에서 시작하여 사막을 지나 흐른다. 여러 나라를 지나 흐르기 때문에 각 나라는 물 자원을 확보하기 위해 많은 노력을 하고 있다.

(나) 아프리카 대륙에서 물이 가장 풍부한 강으로 열대 우림 지역을 지나 흐른다. 콩고 민주 공화국의 나라 이름도 이 강에서 비롯되었다. 이 강 주변의 열대 우림에는 고릴라가 살고 있다.

ㄱ. (나)의 하류에는 이집트 문명의 유적이 많다.
ㄴ. (가)는 지중해로, (나)는 대서양으로 흘러든다.
ㄷ. (가)는 (나)보다 강 하류에서 강수량이 많다.
ㄹ. (나)는 (가)보다 물 자원 확보로 인한 국가 간 갈등이 적다.

① ㄱ, ㄴ   ② ㄱ, ㄷ   ③ ㄴ, ㄷ   ④ ㄴ, ㄹ   ⑤ ㄷ, ㄹ

▶ 252004-0173

08 다음 글에서 설명하는 지형으로 옳은 것은?

아프리카 동부에 남북으로 길게 뻗은 골짜기로, 지각판이 갈라지면서 서로 멀어지는 과정에서 가운데 부분이 내려앉아 형성되었다. 지금도 계속 규모가 확대되고 있으며, 그 안쪽에는 화산이 분출하기도 하고 물이 고여 호수가 형성되어 있기도 하다.

① 콩고 분지
② 칼라하리 사막
③ 아비시니아고원
④ 드라켄즈버그산맥
⑤ 동아프리카 지구대

▶ 252004-0174

09 다음은 아프리카 지형의 홍보 문구이다. ㉠~㉢에 들어갈 지형의 명칭으로 옳은 것은?

- 세계 최대의 모래 바다, [㉠] 사막
- 인류 문명의 기원, [㉡] 강
- 아프리카의 지붕, [㉢] 산

	㉠	㉡	㉢
①	나미브	나일	킬리만자로
②	나미브	콩고	케냐
③	사하라	나일	킬리만자로
④	사하라	콩고	케냐
⑤	사하라	콩고	킬리만자로

실력 쌓기 문제

▶ 252004-0175

10 아프리카의 기후에 대한 설명으로 옳은 것은?

① 남반구에는 온대 기후가 나타나지 않는다.
② 온대 기후가 열대 기후보다 넓게 분포한다.
③ 적도와 가까운 지역에 냉대 기후가 넓게 나타난다.
④ 열대 우림 기후 주변에 건기와 우기가 뚜렷한 기후가 나타난다.
⑤ 남아프리카 공화국의 남부 해안에는 건조 기후가 넓게 나타난다.

▶ 252004-0176

11 다음은 두 지역의 기후 그래프를 나타낸 것이다. (가), (나) 지역에 대한 설명으로 옳은 것만을 〈보기〉에서 고른 것은?

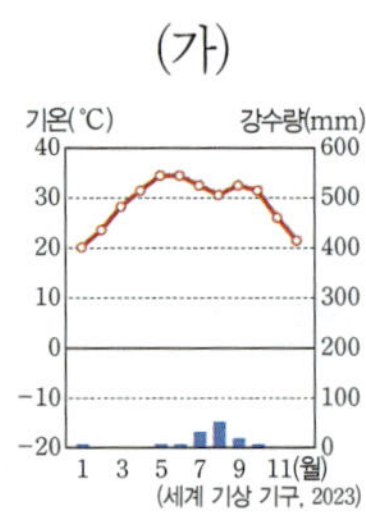
(가)

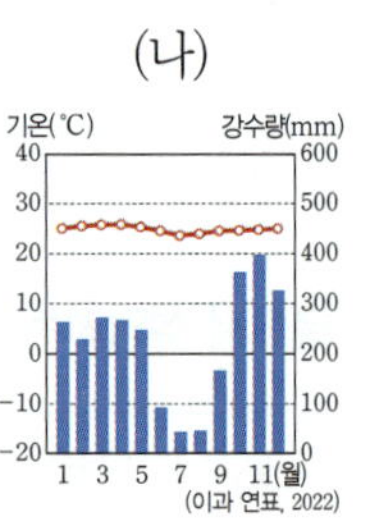
(나)

보기
ㄱ. (가)는 북반구에 위치한다.
ㄴ. (나)는 건기와 우기가 뚜렷하다.
ㄷ. (가)는 (나)보다 연 강수량이 많다.
ㄹ. (나)는 (가)보다 기온의 연교차가 크다.

① ㄱ, ㄴ   ② ㄱ, ㄷ   ③ ㄴ, ㄷ
④ ㄴ, ㄹ   ⑤ ㄷ, ㄹ

▶ 252004-0177

12 아프리카 사막 지역의 주민 생활 모습에 대한 설명으로 옳지 않은 것은?

① 온몸을 감싸는 옷을 입는다.
② 이동식 화전 농업을 통해 카사바 등을 재배한다.
③ 오아시스 주변에서 밀이나 대추야자를 재배한다.
④ 창문이 작고 벽이 두터운 흙벽돌집에서 생활한다.
⑤ 최근 낙타 투어 등 관광 산업에 종사하는 주민들이 늘어나고 있다.

▶ 252004-0178

13 지도의 A~C 기후에 대한 설명으로 옳은 것은?

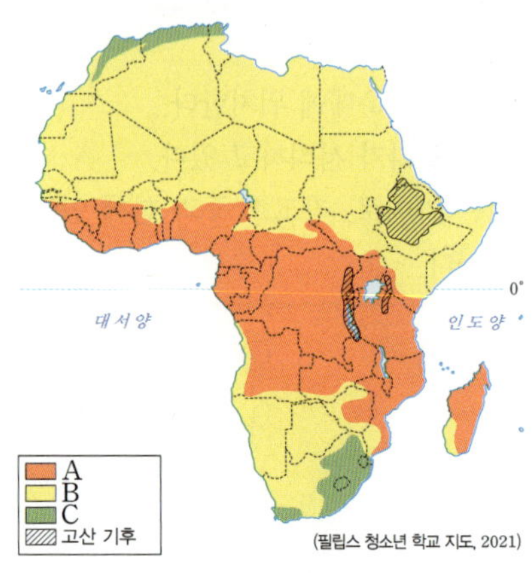

① A의 대부분 지역은 일 년 내내 무덥고 습한 날씨가 지속된다.
② B는 대체로 연 강수량이 연 증발량보다 많다.
③ C에서는 커피, 천연고무 등을 플랜테이션으로 재배한다.
④ A는 B보다 식물의 분포 밀도가 높다.
⑤ B는 C보다 겨울철 강수량이 많다.

▶ 252004-0179

14 지도의 A~C 지역의 기후 그래프를 〈보기〉에서 고른 것은?

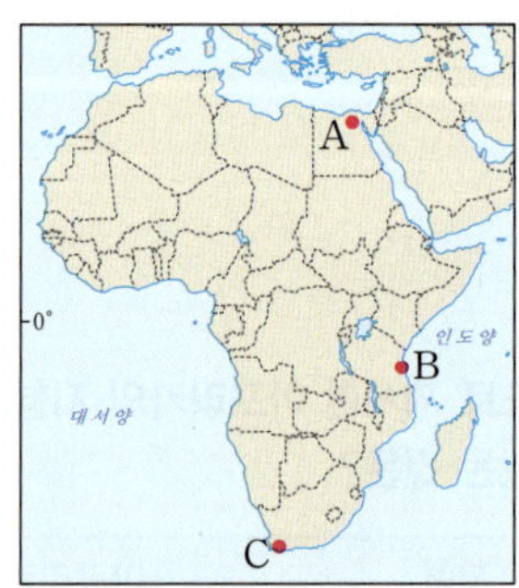

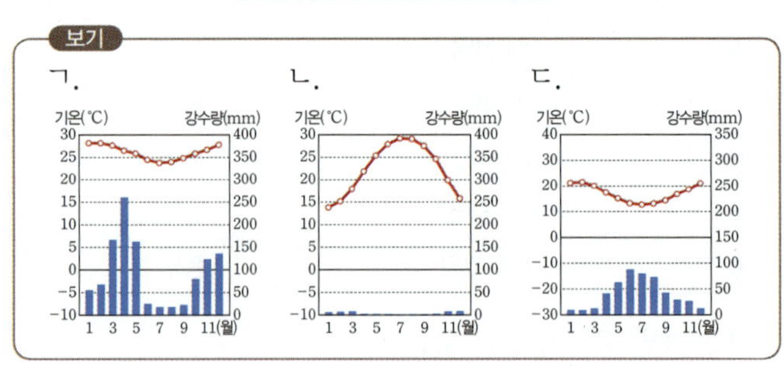

	A	B	C			A	B	C
①	ㄱ	ㄴ	ㄷ		②	ㄱ	ㄷ	ㄴ
③	ㄴ	ㄱ	ㄷ		④	ㄴ	ㄷ	ㄱ
⑤	ㄷ	ㄷ	ㄴ					

서술형 문제

1 단계 핵심 키워드 파악하기

▶ 252004-0180

01 다음 글의 밑줄 친 부분과 함께 제시된 지도를 바탕으로 아프리카의 위치 특성을 서술하시오.

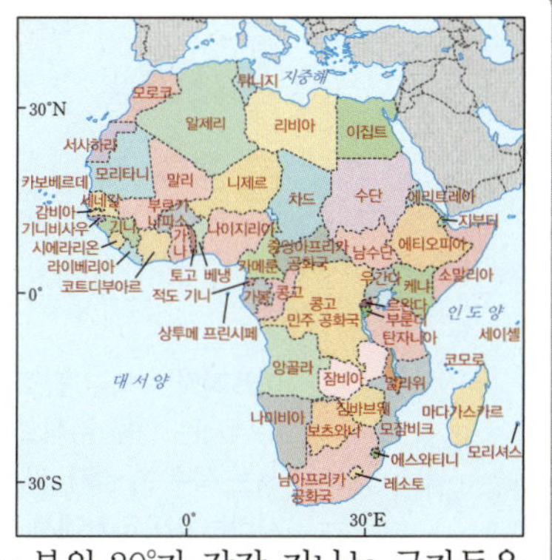

위치는 일정한 곳에 자리를 차지함을 의미한다. 지표상의 위치는 다양한 방식으로 표현할 수 있는데, 그중 하나가 위도와 경도를 활용하여 표현하는 수리적 위치이다. 아프리카 대륙은 다른 대륙과 달리 적도, 남북 대칭인 남·북위 30°가 각각 지나는 국가들을 언급하면 아프리카의 위치 특성을 잘 표현할 수 있다.

답 완성하기

아프리카는 (   )을/를 기준으로 (   )와/과 (   )에 비교적 균등하게 분포하고 있다. 적도가 지나는 국가는 대표적으로 가봉, (   ), 케냐 등이 있으며, 북위 30°가 지나는 국가는 모로코, 알제리, 리비아, (   ) 등이 있다. 한편, 아프리카의 남반구는 북반구에 비해 면적이 좁기 때문에 남위 30°가 지나는 국가는 북반구와는 달리 (   )와/과 레소토뿐이다.

▶ 252004-0181

02 다음은 아프리카 온대 기후 지역의 기후 그래프이다. (가), (나) 지역의 위치 특성을 기후 그래프를 토대로 서술하시오.

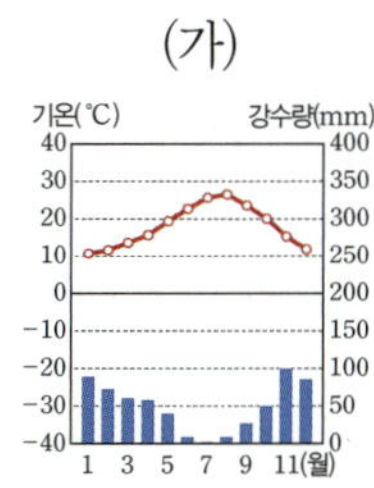

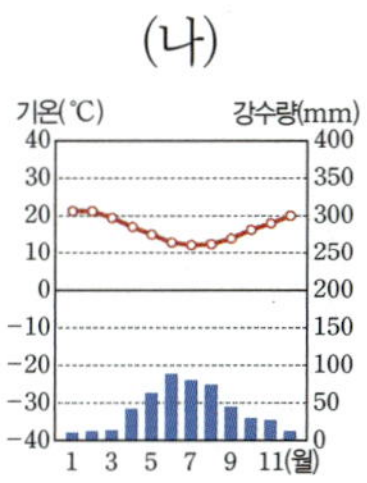

답 완성하기

(가)는 (   )하기 때문에 (   )의 지중해 연안에 위치하고, (나)는 (   )하기 때문에 (   )의 남아프리카 공화국 해안에 위치한 지역이다.

2 단계 스스로 문장 완성하기

▶ 252004-0182

03 (1) (가) 지형의 명칭을 쓰고, (2) (가) 지형의 형성 원인과 이 지형의 형성 과정에서 나타나는 아프리카 동부 지역의 다양한 지형 특색을 서술하시오.

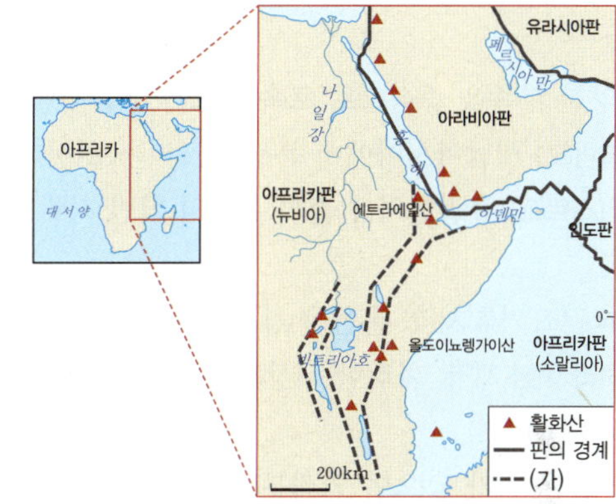

(1) ______________________________

(2) ______________________________

____

____

____

▶ 252004-0183

04 (1) 아프리카에서 다음 사진과 같은 경관을 볼 수 있는 대표적인 사례 국가를 두 개 이상 쓰고, (2) 이 지역의 기후 특성을 서술하시오.

(1) ______________________________

(2) ______________________________

____

____

02~03 아프리카의 다양한 문화와 지역 잠재력~지속가능한 발전을 위한 노력과 협력

학습 목표
• 아프리카의 지리적 특성에 기반한 다양한 문화를 설명할 수 있다.
• 지속가능한 발전을 위한 아프리카 국가들의 주체적인 노력을 설명할 수 있다.

1 아프리카의 문화 다양성

(1) **아프리카의 다양한 문화**: 수많은 부족이 자신들만의 고유한 정체성을 형성 → 문화, 종교, 언어가 지역별로 다양함

① 종교
- 다양한 부족을 중심으로 토속 종교가 뿌리내림
- 이슬람교: 서남아시아에서 북부 아프리카로 전파 및 확산
- 크리스트교: 유럽인의 진출과 유럽의 식민 지배로 전파

② 의복
- 북부 건조 기후 지역: 온몸을 감싸는 형태의 옷
- 사하라 이남 지역: 화려한 색상과 무늬의 옷 └ 사막의 강한 햇빛과 뜨거운 열기 때문이다. 사막에서는 밤과 낮의 기온차가 40도가 넘는 곳도 있다.

③ 주식 **자료 1**
- 쌀: 덥고 비가 많으며 일찍부터 아시아인이 진출하였던 지역 **예** 마다가스카르 └ 과거에 동남아시아의 말레이반도에서 이주한 사람들이 많다.
- 밀, 대추야자: 건조 기후 지역의 오아시스나 강 주변
- 기타: 쌀, 밀을 재배하기 어려운 지역에서는 옥수수, 카사바, 감자 등을 재배 → 전통 음식 발달 **예** 푸푸(카사바), 우갈리(옥수수)

④ 가옥
- 개방적인 가옥: 덥고 습한 열대 기후 지역
- 폐쇄적인 가옥: 건조 기후 지역, 흙벽돌을 활용해 벽이 두껍고 창문이 작으며 지붕이 평평한 집

(2) **아프리카 문화의 영향**: 아프리카의 고유한 관습, 의례, 의복, 그림, 음악 등은 오늘날 세계의 패션, 디자인, 음악 산업 등에 영향을 미치고 있음
예 브라질의 삼바, 미국 남부의 재즈와 블루스 음악, 피카소의 작품 등

2 아프리카의 지역 잠재력

(1) **아프리카의 인적 자원**

① 아시아 다음으로 면적이 넓고 인구가 많음 → 경제 성장, 1인당 국민 총소득 증가 **자료 2** └ 아프리카는 세계에서 인구 증가율이 가장 높은 대륙이다.

② 세계에서 가장 젊은 대륙: 아프리카 전체 인구의 약 70%가 30세 이하 **자료 3** → 생산 연령층 인구의 증대 └ 15~64세의 경제활동에 참여하는 인구를 의미한다. 아프리카 대륙은 사회 발전의 기반이 되는 젊은 연령의 인구가 빠르게 증가하여 미래에 경제 성장의 가능성이 매우 높다.

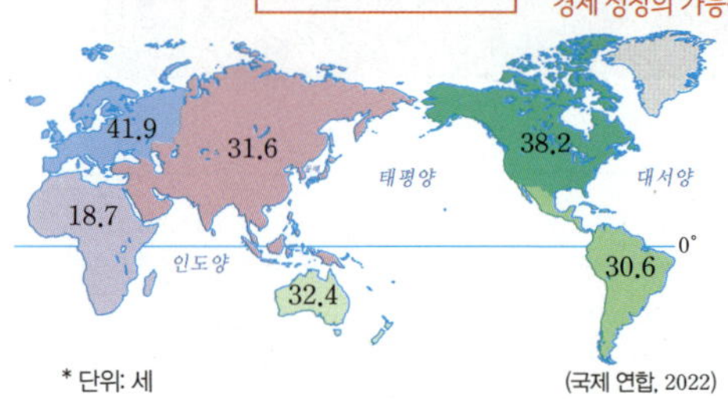

▲ 세계의 대륙별 중위 연령

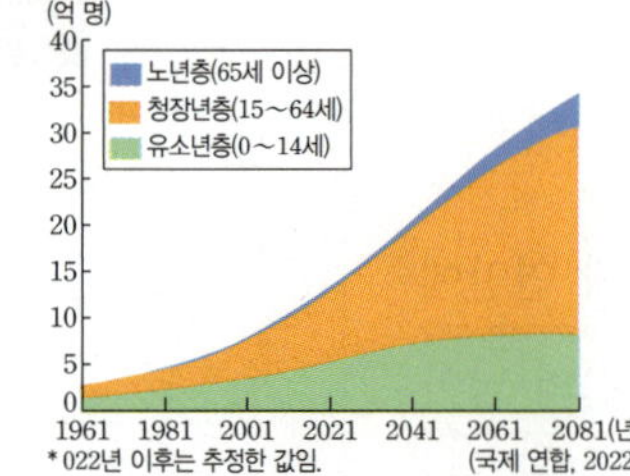

▲ 아프리카의 총인구와 인구 구조의 변화

자료 1 아프리카의 지역별 주요 주식의 재료

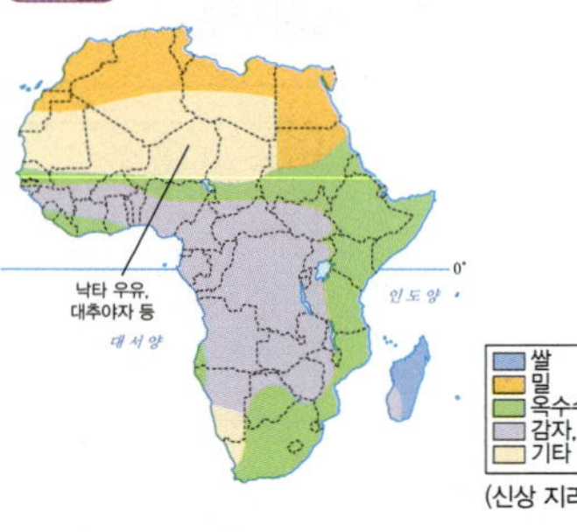

아프리카는 북부 건조 기후 지역에서는 밀, 마다가스카르에서는 쌀을 주식으로 하며, 나머지 대부분의 지역에서는 옥수수, 감자, 카사바 등을 주식으로 한다. 특히, 카사바는 아프리카에서 중요한 식량 작물이다.

자료 2 아프리카의 발전

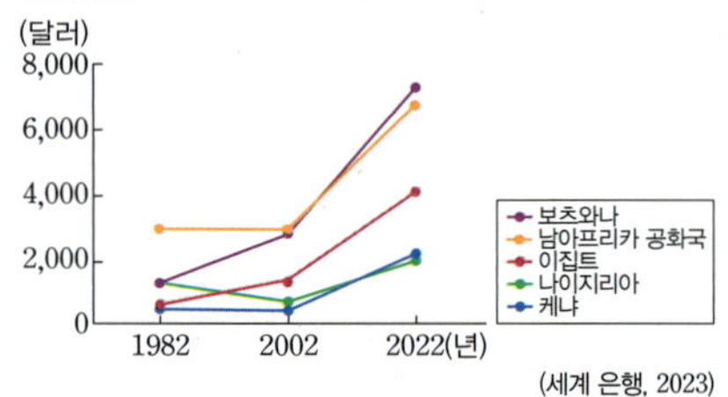

▲ 아프리카 주요 국가의 1인당 국민 총소득의 변화

최근 아프리카의 경제 발전을 보여 주듯 아프리카 주요 국가의 1인당 국민 총소득은 2002년 이후 빠르게 증가하였다.

자료 3 세계에서 가장 젊은 대륙, 아프리카

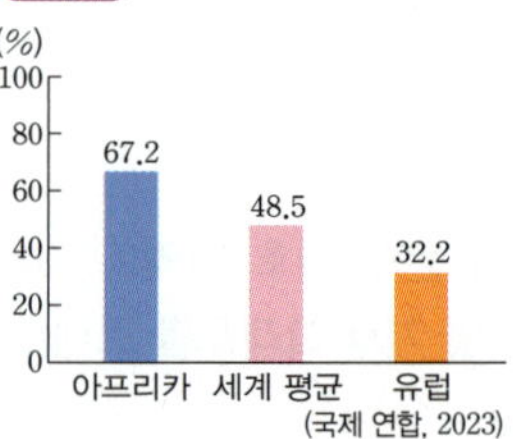

▲ 30세 미만 인구 비율

아프리카는 30세 미만 인구 비율이 유럽의 두 배 이상이다. 30세 미만 인구는 미래의 성장 동력으로, 세계 노동력의 미래는 아프리카에 달려 있다는 것을 의미한다.

용어 정리

중위 연령 한 국가의 인구를 연령 순으로 일렬로 세웠을 때, 한가운데에 있는 사람의 나이

1인당 국민 총소득 국민이 벌어들인 총소득을 총인구로 나눈 것

(2) 아프리카의 풍부한 자원

① 지하자원 생산과 상품 작물 재배가 활발

② 지하자원: 석유(북부 아프리카, 기니만 연안), 석탄(남아프리카 공화국), 구리(잠비아, 콩고 민주 공화국), 다이아몬드(보츠와나), 금, 크롬, 니켈, 희토류 광물 등 풍부

③ 상품 작물: 커피(동부 고원 지대, 에티오피아), 카카오(기니만 연안, 코트디부아르)

(3) 다양한 산업의 발달: 영화 산업 [자료 4], 첨단 산업

(4) 풍부한 신·재생 에너지: 수력, 태양광, 풍력 등의 개발에 유리

▲ 아프리카의 주요 자원

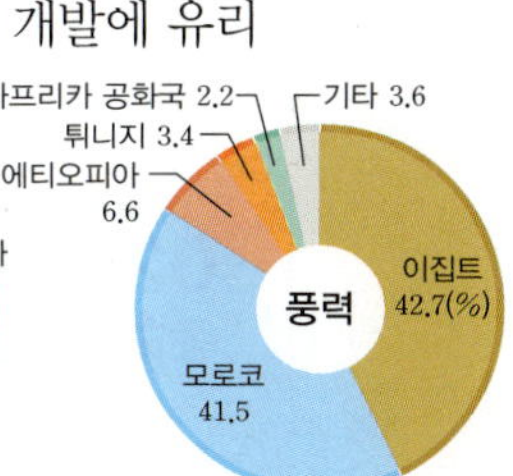

▲ 아프리카 내 주요 신·재생 에너지 발전량의 국가별 비율(2021년)

3 지속가능한 발전을 위한 아프리카의 노력

(1) 지속가능한 발전과 아프리카

① 국제 연합(UN)의 지속가능한 발전 목표(SDGs) 17개 제시

② 아프리카의 여러 국가는 경제 성장과 함께 더 나은 미래를 위해 경제, 사회, 환경 등 다양한 측면에서 지속가능한 발전을 위해 노력하고 있음

③ 사례: 일회용 비닐봉지 수입 및 생산 금지(케냐, 탄자니아), 일회용 플라스틱 사용 금지(르완다), 농업 기술 혁신(잠비아) 등

(2) 아프리카의 주체적 노력

① 아프리카 연합(AU) 설립: 아프리카의 통합, 공동의 이익과 입장 추구, 빈곤 퇴치와 경제 개발, 평화와 안정 추구, 본부는 에티오피아 아디스아바바에 위치

② 아프리카 대륙 자유 무역 지대(AfCFTA) 구축: 아프리카 내 관세나 무역 규제 철폐, 아프리카 국가들의 불공정 무역 개선 등

4 지속가능한 발전을 위한 아프리카와 세계의 협력

(1) 세계적 차원의 협력

① 세계의 다양한 주체들에 의해 공적 개발 원조가 이루어짐

② 국제 연합(UN) 산하 여러 기구의 식량 보급 및 난민 지원 활동

③ 비정부 기구(NGO)의 활동: 옥스팜(빈곤 퇴치), 그린피스(환경 보호 운동), 국경 없는 의사회(저개발 지역 의료 지원) 등

④ 대표 협력 사례: 아프리카 연합(AU)과 유럽 연합(EU)과의 정상 회담, K-라이스벨트 [자료 5], 녹색 장벽(Great Green Wall) 프로젝트 [자료 6]

(2) 세계시민으로서의 참여 방안: 빈곤과 기아 문제 해결을 위해 기부나 봉사 활동 참여, 공정 무역 제품 구매, 공정 여행 이용 등

[자료 4] 놀리우드(Nollywood)

아프리카 나이지리아의 영화 산업을 가리키는 말로 '나이지리아'와 '할리우드'의 합성어이다. 1990년대부터 급성장한 놀리우드는 세계에서 두 번째로 많은 영화를 생산하고 있으며, 지역에서 많은 일자리를 창출한다.

[자료 5] K-라이스벨트

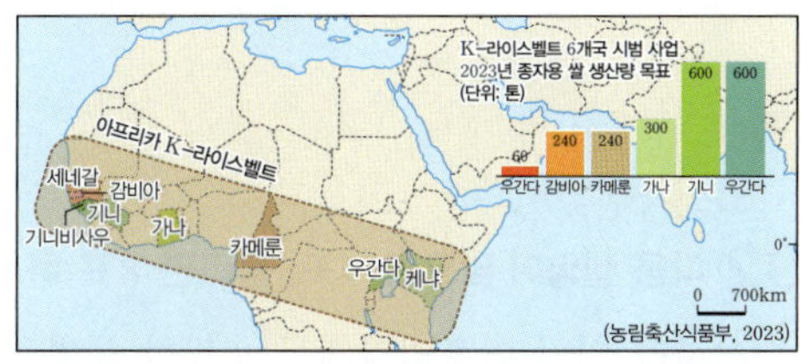

우리나라가 식량난을 겪고 있는 아프리카 여러 나라에 쌀 품종 개발 및 보급, 기술 교육 등을 종합적으로 지원하는 사업이다. 이 일대에서 매년 1만 톤의 쌀을 생산하는 것을 목표로 하고 있다.

[자료 6] 녹색 장벽(Great Green Wall) 프로젝트

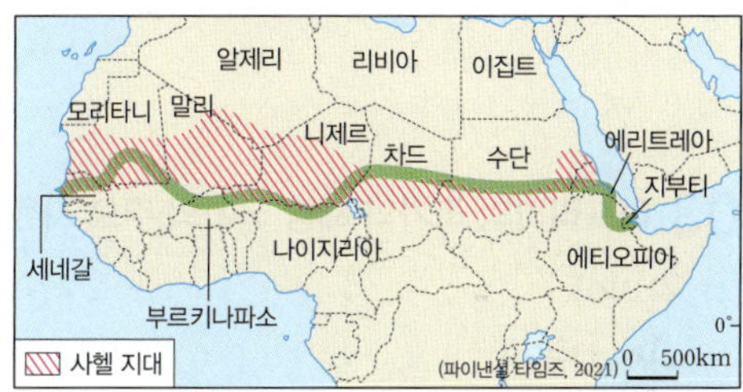

사하라 사막과 사헬 지대의 사막화를 막기 위해 국제 사회와 아프리카 국가들이 2007년부터 녹색 장벽(Great Green Wall) 프로젝트에 참여하고 있다. 녹색 장벽 프로젝트는 아프리카 사헬 지대를 가로질러 8,000km에 이르는 나무 장벽(지도의 녹색 띠)을 만드는 것이 목표이다. 그 결과 세네갈, 에티오피아 등 여러 지역에서 숲이 복원되고 있다.

용어 정리

상품 작물 시장에 내다 팔기 위하여 재배하는 농작물

지속가능한 발전 자연과 인간이 조화를 이루는 개발을 통해 현세대의 필요를 충족시키면서 미래 세대의 삶의 질을 보장하는 것

공적 개발 원조 선진국의 정부나 공공 기관이 개발 도상국에 자금을 지원해 주는 제도

공정 무역 소비자가 생산자에게 정당한 가격을 지급하는 무역 방식

01 빈칸에 들어갈 알맞은 말에 ○표 하시오.

(1) 아프리카는 유럽보다 인구가 (많다, 적다).

(2) 북부 아프리카에는 (이슬람교, 크리스트교)가 넓게 분포한다.

(3) 아프리카에서 석유는 (홍해, 기니만) 연안에서 많이 생산된다.

(4) 아프리카는 최근 다양한 산업이 발달하고 있는데, (나이지리아, 에티오피아)에서는 영화 산업이 빠르게 발달하고 있다.

02 다음 설명이 맞으면 ○표, 틀리면 ×표 하시오.

(1) 사하라 이남 아프리카에서는 강한 햇볕을 가리기 위해 주로 온몸을 감싸는 형태의 옷을 입는다. ( )

(2) 미국 남부의 대표적인 음악 재즈는 아프리카 음악의 영향을 받았다. ( )

(3) 아프리카 인구의 약 70%는 연령이 30세 이하이다. ( )

03 아프리카의 국가와 해당 국가의 주요 자원을 연결하시오.

(1) 잠비아 •   • ㉠ 구리

(2) 나이지리아 •   • ㉡ 석유

(3) 에티오피아 •   • ㉢ 석탄

(4) 코트디부아르 •   • ㉣ 커피

(5) 남아프리카 공화국 •   • ㉤ 카카오

04 다음 설명에 해당하는 국가를 〈보기〉에서 고르시오.

> **보기**
> ㄱ. 보츠와나   ㄴ. 나이지리아
> ㄷ. 마다가스카르   ㄹ. 콩고 민주 공화국

(1) 다이아몬드 생산량이 많으며, 이를 토대로 경제 성장 속도가 매우 빠르다. ( )

(2) 덥고 비가 많이 내려 전통적으로 쌀을 주식으로 하는 아프리카 동부의 섬나라이다. ( )

(3) 기니만 연안에 위치하고 아프리카 대륙에서 인구가 가장 많으며 석유가 많이 생산된다. ( )

(4) 열대 우림이 우거져 있으며, 야생 고릴라를 보기 위해 찾는 관광객이 많고 세계적인 구리 생산국이다. ( )

실력 쌓기 문제

▶ 252004-0184

01 아프리카의 문화 다양성에 대한 설명으로 옳은 것은?

① 동남아시아로부터 이슬람교가 전파되었다.

② 사막 지역에서는 카사바를 주식으로 이용한다.

③ 덥고 습한 열대 기후 지역에서는 개방적인 가옥이 발달하였다.

④ 유럽의 식민 지배의 결과로 아프리카 전통 문화는 완전히 사라졌다.

⑤ 북부의 건조 기후 지역에서는 화려한 색상과 무늬의 옷을 주로 입는다.

▶ 252004-0185

02 지도는 아프리카의 주요 종교 분포를 나타낸 것이다. A~C 종교로 옳은 것은?

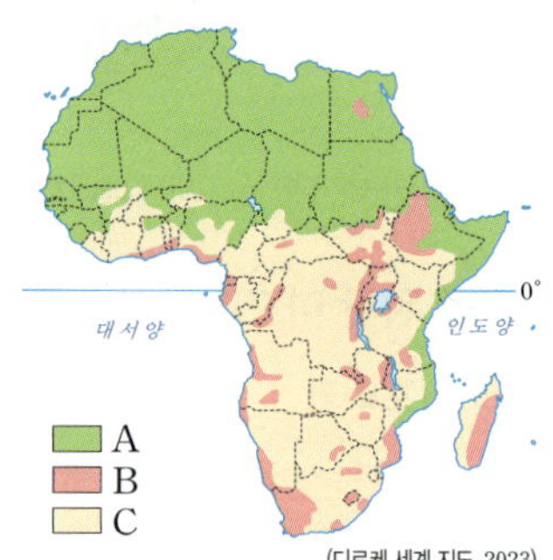

	A	B	C
①	이슬람교	토속 종교	크리스트교
②	이슬람교	크리스트교	토속 종교
③	토속 종교	이슬람교	크리스트교
④	크리스트교	이슬람교	토속 종교
⑤	크리스트교	토속 종교	이슬람교

▶ 252004-0186

03 다음은 아프리카에서 볼 수 있는 진흙으로 지은 모스크이다. 이러한 건축물을 문화유산으로 가지고 있는 국가로 옳은 것은?

① 말리   ② 에티오피아

③ 탄자니아   ④ 콩고 민주 공화국

⑤ 남아프리카 공화국

▶ 252004-0187

04 다음과 같은 전통 음식이 발달한 국가를 지도의 A~E에서 고른 것은?

타진은 육류, 향신료, 채소를 찐 요리이다. 원뿔 모양의 뚜껑을 덮고 음식을 찌면 가열하는 동안 재료에서 증발한 수분이 뚜껑에 모여 다시 떨어진다. 물이 귀한 지역에서 소량의 물로도 요리할 수 있는 방법이다.

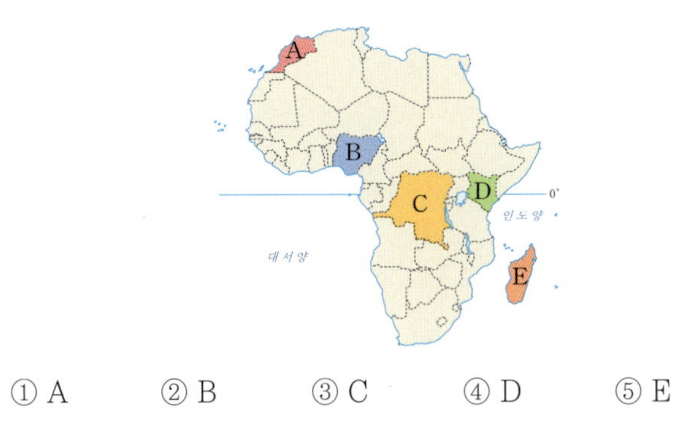

① A   ② B   ③ C   ④ D   ⑤ E

▶ 252004-0188

05 그래프는 두 대륙의 30세 미만 인구 비율을 나타낸 것이다. 이에 대해 추론한 내용으로 가장 적절한 것은?

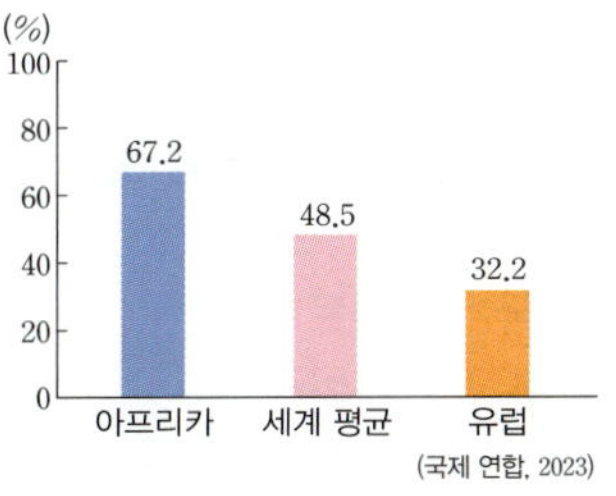

① 아프리카는 유럽보다 평균 수명이 길 것이다.
② 아프리카는 유럽보다 평균 연령이 낮을 것이다.
③ 유럽은 아프리카보다 인구 증가율이 높을 것이다.
④ 노동력은 주로 유럽에서 아프리카로 이동할 것이다.
⑤ 유럽은 아프리카보다 아이를 돌보기 위한 경제적 부담이 클 것이다.

▶ 252004-0189

06 아프리카의 문화가 세계 여러 지역에 영향을 미친 사례로 적절한 것만을 〈보기〉에서 고른 것은?

<보기>

ㄱ. 남아메리카의 대부분 국가의 주민들은 크리스트교를 믿는다.
ㄴ. 미국 남부에서는 흑인을 중심으로 블루스 음악이 유행하였다.
ㄷ. 동남아시아 여러 국가에서는 쌀을 이용한 전통 음식이 발달하였다.
ㄹ. 피카소는 작품 「거울 앞의 소녀」에서 얼굴을 과장되고 단순하게 표현하고 있다.

① ㄱ, ㄴ   ② ㄱ, ㄷ   ③ ㄴ, ㄷ   ④ ㄴ, ㄹ   ⑤ ㄷ, ㄹ

▶ 252004-0190

07 다음에서 설명하는 국가로 옳은 것은?

남부 아프리카의 내륙에 위치한 이 국가는 다이아몬드 채굴, 효율적인 경제 정책, 관광 산업 활성화 등을 바탕으로 경제가 크게 성장해 왔다. 1980년과 비교했을 때 2022년 세계 각국의 국내 총생산(GDP) 총합은 약 8.9배 성장한 반면, 이 국가는 무려 약 19.2배나 성장하였다.

① 앙골라   ② 잠비아   ③ 나미비아
④ 보츠와나   ⑤ 짐바브웨

▶ 252004-0191

08 다음은 아프리카에서 생산되는 주요 자원을 나타낸 것이다. A~D 자원에 대한 설명으로 옳은 것은? (단, A~D는 각각 구리, 석유, 카카오, 커피 중 하나임.)

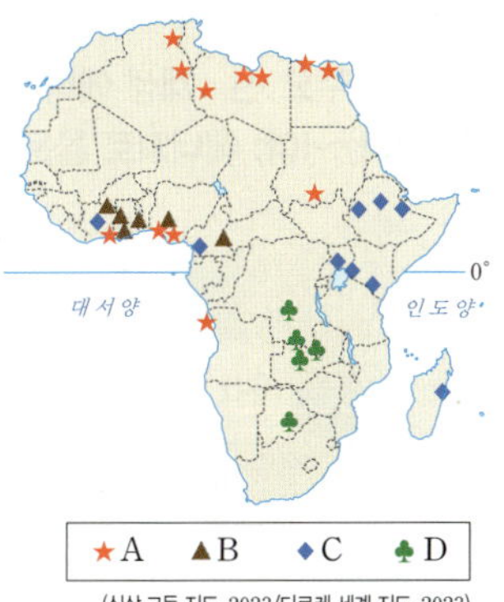

(신상 고등 지도, 2023/디르케 세계 지도, 2023)

① A는 농산물이다.
② B는 지하자원에 해당한다.
③ C는 아프리카에서 나이지리아가 최대 생산국이다.
④ D는 에너지원으로 이용된다.
⑤ B와 C는 모두 상품 작물에 해당한다.

실력 쌓기 문제

▶ 252004-0192

09 다음은 어느 지표의 상·하위 5개국을 나타낸 것이다. 이 지표로 옳은 것은?

순위	상위 5개국	하위 5개국
1위	모나코	니제르
2위	일본	중앙 아프리카 공화국
3위	이탈리아	차드
4위	산마리노	말리
5위	포르투갈	소말리아

(국제 연합, 2022년)

① 총인구
② 국토 면적
③ 중위 연령
④ 가족당 자녀 수
⑤ 30세 이하 인구 비율

▶ 252004-0193

10 아프리카의 잠재력에 대한 설명으로 옳지 않은 것은?

① 인구 증가율이 높아 노동력이 풍부하다.
② 남아프리카 공화국은 세계적인 석탄 수출국이다.
③ 최근 케냐 등을 중심으로 첨단 산업이 빠르게 성장하고 있다.
④ 높은 의료 기술 수준과 교육 기회의 확대로 주민들의 생활 수준이 높은 편이다.
⑤ 북부 아프리카와 기니만 연안에는 에너지 자원인 석유가 풍부하게 매장되어 있다.

▶ 252004-0194

11 다음은 아프리카 내 주요 신·재생 에너지 발전량의 국가별 비중을 나타낸 것이다. (가)~(다) 에너지로 옳은 것은?

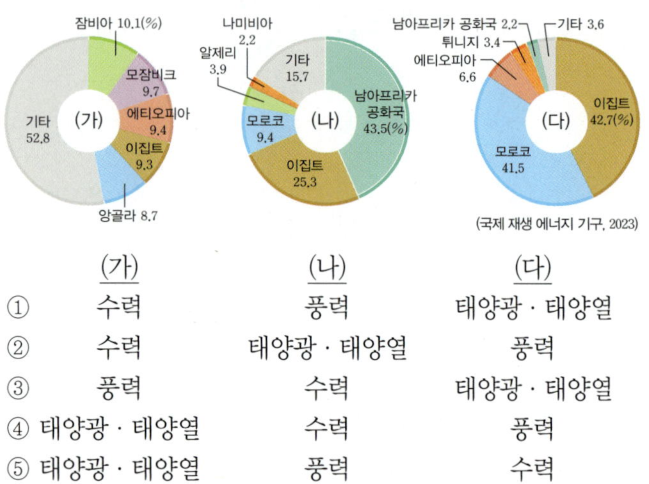

(국제 재생 에너지 기구, 2023)

	(가)	(나)	(다)
①	수력	풍력	태양광·태양열
②	수력	태양광·태양열	풍력
③	풍력	수력	태양광·태양열
④	태양광·태양열	수력	풍력
⑤	태양광·태양열	풍력	수력

▶ 252004-0195

12 지속가능한 발전을 위한 아프리카의 주체적 노력에 대한 설명으로 옳은 것만을 〈보기〉에서 고른 것은?

보기
ㄱ. 지속가능한 발전 목표(SDGs) 17개를 제시하였다.
ㄴ. 신·재생 에너지 생산을 늘려 기후변화에 대응하고 있다.
ㄷ. 화석 연료 생산과 사용을 확대하여 경제 성장을 꾀하고 있다.
ㄹ. 아프리카 대륙 자유 무역 지대(AfCFTA)를 구축하여 불공정 무역 개선을 위해 노력하고 있다.

① ㄱ, ㄴ
② ㄱ, ㄷ
③ ㄴ, ㄷ
④ ㄴ, ㄹ
⑤ ㄷ, ㄹ

▶ 252004-0196

13 빈칸의 ㉠, ㉡에 해당하는 내용으로 옳은 것은?

┌─────────────────────────────┐
│ ㉠ 사막 남쪽의 동서로 약 6,400km에 이르는 ㉡ 지대는 최근 사막화 현상으로 주민들이 고통받고 있다. 이러한 문제를 해결하기 위해 국제 사회와 아프리카 국가들은 2007년부터 녹색 장벽 프로젝트에 참여하고 있다.
└─────────────────────────────┘

	㉠	㉡		㉠	㉡
①	나미브	사헬	②	사하라	사헬
③	사하라	열대림	④	칼라하리	사헬
⑤	칼라하리	열대림			

▶ 252004-0197

14 다음 자료의 ㉠에 해당하는 작물로 옳은 것은?

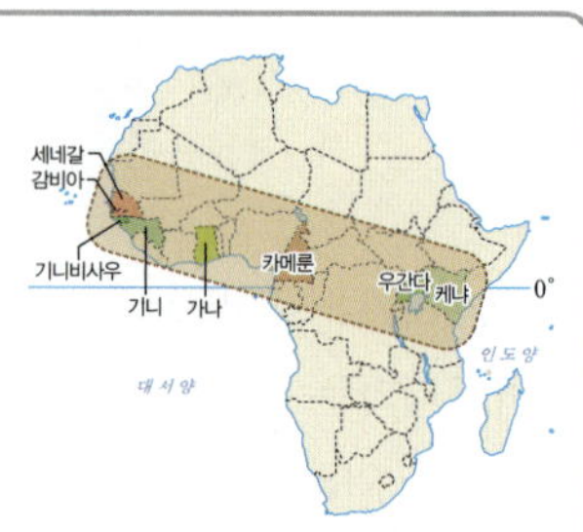

아프리카의 8개 국가는 빠르게 증가하는 인구를 부양하기 위해 대한민국의 ㉠ 재배 기술을 도입하여 2023년부터 ㉠ 재배지를 구축하고 있다.

① 밀
② 벼
③ 감자
④ 옥수수
⑤ 카사바

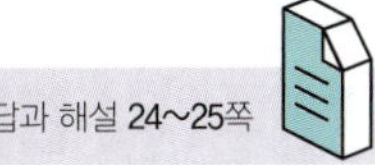

서술형 문제

1 단계 핵심 키워드 파악하기

▶ 252004-0198

01 다음은 아프리카의 지역별 가옥 구조를 나타낸 것이다. 두 지역의 가옥 구조 특징을 각각 설명하고, 그 차이점을 자연환경 측면을 중심으로 서술하시오.

(가) (나)

답 완성하기

(가)는 창문이 (   ) 지붕이 (   )하다. (나)는 창문이 (   ) 지붕의 경사가 (   )하다. 사막이 발달한 (가) 지역에는 (   )과 (   )이 강하여 창문을 작게 만들고 비가 거의 내리지 않기 때문에 지붕이 평평하다. (나) 지역은 열대 기후가 나타나기 때문에 날씨가 (   ) 창문을 크게 만들었으며, 비가 (   ) 내려서 빗물이 잘 흘러내릴 수 있도록 지붕의 경사가 급하다.

▶ 252004-0199

02 다음은 아프리카의 인구와 인구 구조의 변화를 나타낸 것이다. 제시된 그래프와 용어를 활용하여 아프리카의 지역 잠재력에 대해 서술하시오.

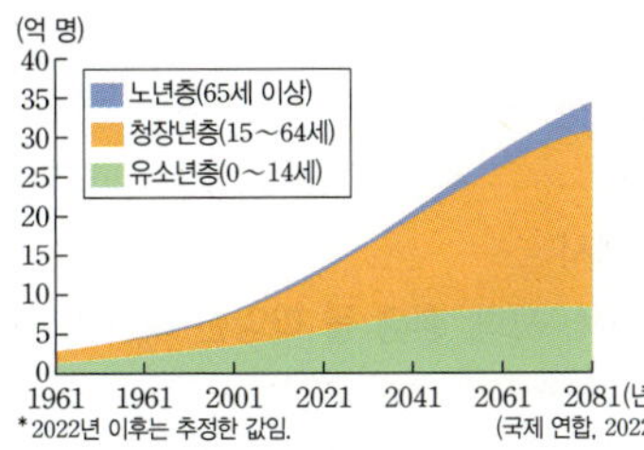

- 경제 성장
- 소비 시장
- 경제활동 인구

답 완성하기

아프리카는 세계에서 인구가 가장 빠르게 증가하는 대륙이다. 특히 (   )에 해당하는 (   ) 인구의 비중이 빠르게 증가하고 있다. 이는 생산자와 소비자가 동시에 증가하는 효과를 가져올 수 있다. 이를 토대로 (   )의 확대와 함께 (   )도 이룰 수 있어 앞으로 아프리카는 세계 경제에서 큰 부분을 차지할 것으로 기대된다.

2 단계 스스로 문장 완성하기

▶ 252004-0200

03 (1) 다음 자료의 A, B 종교의 명칭을 쓰고, (2) 제시된 지도를 토대로 아프리카에서 A, B 종교가 자리 잡게 된 배경을 서술하시오.

종교는 생활 방식을 결정하는 데 많은 영향을 미친다. 인류의 기원지인 아프리카는 수천 개의 종족이 수천 년 동안 자신들의 정체성을 유지하고 그들만의 고유한 종교를 믿으며 살아왔다. 그러나 오늘날 아프리카는 북부에는 [A]이/가, 사하라 이남 일부 지역에는 [B] 이/가 토속 종교를 밀어내고 주민들의 생활에 많은 영향을 주고 있다.

(디르케 세계 지도, 2023)

▲ 아프리카 주요 종교 분포

(1) A – (   ), B – (   )

(2) _______________________________

▶ 252004-0201

04 (1) 다음 글의 밑줄 친 ㉠의 의미를 쓰고, (2) 아프리카 연합(AU)의 역할에 대해 서술하시오.

▲ 아프리카 연합의 깃발

아프리카 연합(AU)은 2002년에 출범했으며, 본부는 에티오피아의 아디스아바바에 있다. 깃발에는 아프리카 대륙을 중심으로 ㉠55개의 별이 그려져 있다.

(1) _______________________________

(2) _______________________________

01 아프리카의 여러 국가와 자연환경

아프리카의 위치와 도시
- 위치 특징: 적도를 기준으로 북반구와 남반구에 걸쳐 있음
- 지리적 범위: ❶ □□□을/를 사이에 두고 북쪽에 유럽이 있으며, 서쪽으로 대서양, 동쪽으로 인도양과 홍해에 접해 있음
- 주요 국가(도시): 이집트(카이로), 모로코(카사블랑카), 나이지리아(라고스), 콩고 민주 공화국(킨샤사), 에티오피아(아디스아바바), 케냐(나이로비), 남아프리카 공화국(케이프타운)

아프리카의 지형
- 북부: 해발 고도가 높은 산지(아틀라스산맥)와 사하라 사막
- 동부: ❷ □□□□□ 지구대, 화산(킬리만자로산), 아비시니아고원
- 서부: 콩고강 유역의 분지, 기니만 연안의 평야
- 큰 강: ❸ □□□, 콩고강, 잠베지강, 나이저강 등
- 남부: 낮은 산지(드라켄즈버그산맥)와 사막(칼라하리 사막, 나미브 사막)

아프리카의 기후
- ❹ □□ 기후: 일 년 내내 비가 많이 내리는 열대 우림 기후와 건기와 우기가 뚜렷한 사바나 기후로 구분
- ❺ □□ 기후: 연 강수량보다 연 증발량이 많음, 사막과 사막 주변의 초원으로 이루어짐
- 온대 기후: ❻ □□□ 연안과 남아프리카 공화국 해안 일대 → 도시 발달, 인구 밀집, 수목 농업 발달

02 아프리카의 다양한 문화와 지역 잠재력

아프리카의 문화 다양성
- 종교: 다양한 부족을 중심으로 한 토속 신앙이 발달, 북부에는 ❼ □□□□, 사하라 이남에는 크리스트교가 전파됨
- 의복: 건조 기후 지역은 온몸을 감싸는 형태의 옷, 사하라 이남은 화려한 색상과 무늬의 옷
- 주식: 쌀(❽ □□□□□□□), 밀과 대추야자(건조 기후 지역), 옥수수, 카사바, 감자 등
- 가옥: 열대 기후 지역은 개방적, 건조 기후 지역은 폐쇄적 가옥

아프리카의 지역 잠재력
- 풍부한 인적 자원: 세계에서 가장 젊은 대륙, 아시아 다음으로 면적이 넓고 인구가 많음
- 풍부한 천연자원: 석유(북부 아프리카, 기니만 연안), 석탄(❾ □□□□□□□), 구리(잠비아, 콩고 민주 공화국) 다이아몬드(❿ □□□□□), 금, 크롬, 희토류 광물 등 풍부
- 다양한 산업 발달: 영화 산업(나이지리아), 첨단 산업 발달

03 지속가능한 발전을 위한 노력과 협력

지속가능한 발전을 위한 아프리카의 노력
- 국제 연합(UN)의 지속가능한 발전 목표(SDGs) 17개 제시
- 아프리카의 여러 국가는 지속가능한 발전을 위해 경제, 사회, 환경 등 다양한 측면에서 노력하고 있음
- 사례: 일회용 제품 사용 금지(케냐, 탄자니아, 르완다 등), 농업 기술 혁신(잠비아) 등
- 주체적 노력: ⓫ □□□□□□, 아프리카 대륙 자유 무역 지대(AfCFTA) 구축

지속가능한 발전을 위한 아프리카와 세계의 협력
- 국제 연합(UN) 산하 여러 기구의 식량 보급 및 난민 지원
- ⓬ □□□□□□의 활동: 옥스팜(빈곤 퇴치), 그린피스(환경 보호), 국경 없는 의사회(저개발 지역 의료 지원) 등
- 사례: K-라이스벨트, 녹색 장벽 프로젝트

정답 ❶ 지중해 ❷ 동아프리카 ❸ 나일강 ❹ 열대 ❺ 건조 ❻ 지중해 ❼ 이슬람교 ❽ 마다가스카르 ❾ 남아프리카 공화국 ❿ 보츠와나 ⓫ 아프리카 연합(AU) ⓬ 비정부 기구(NGO)

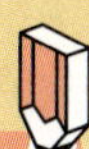

대단원 마무리 문제

▶ 252004-0202

01 아프리카에 대한 설명으로 옳지 <u>않은</u> 것은?

① 지중해 건너 유럽이 있다.

② 아시아 다음으로 면적이 넓다.

③ 전체적으로 완만한 고원 형태이다.

④ 적도를 기준으로 대체로 기후가 대칭으로 나타난다.

⑤ 북쪽에는 낮은 산지, 남쪽에는 높은 산지가 분포한다.

▶ 252004-0203

02 다음 설명에 해당하는 국가로 옳은 것은?

> • 대서양과 지중해에 모두 접해 있다.
> • 아프리카 국가 중 유럽과 가장 가깝다.
> • 사하라 사막에서 낙타 투어를 즐길 수 있다.
> • 아프리카에서 가장 높은 산맥의 일부가 지나간다.

① 모로코　　　② 세네갈　　　③ 앙골라
④ 튀니지　　　⑤ 코트디부아르

▶ 252004-0204

03 다음과 같은 경관을 볼 수 있는 국가를 지도의 A~E에서 고른 것은?

▲ 바오바브나무

▲ 벼농사

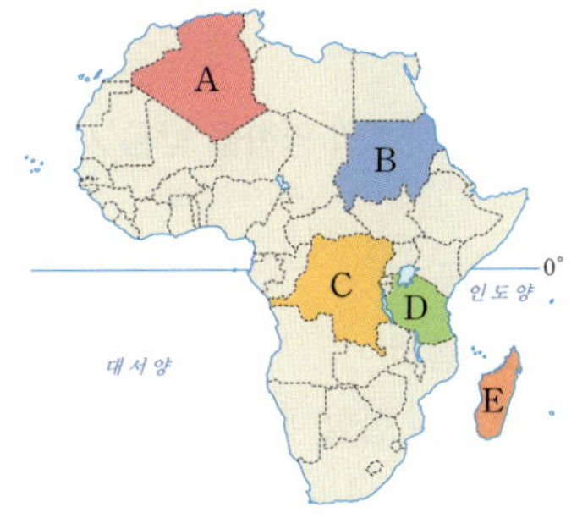

① A　　　② B　　　③ C　　　④ D　　　⑤ E

▶ 252004-0205

04 다음은 아프리카 일부 지역의 지형을 나타낸 것이다. 이에 대한 설명으로 옳은 것은?

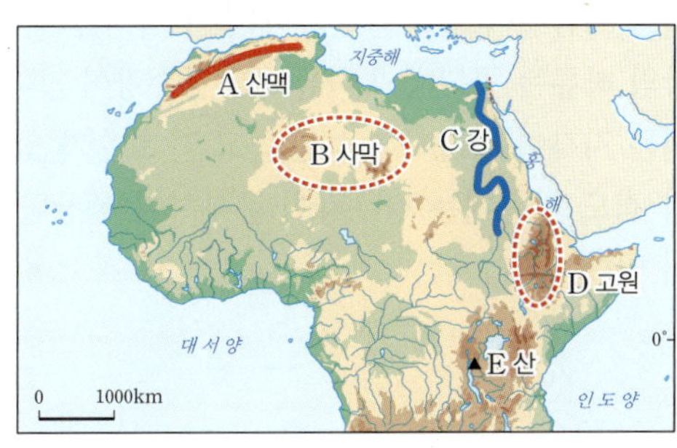

① A 산맥은 오랜 기간 침식을 받아 대체로 해발 고도가 낮다.

② B 사막의 주민들은 전통적으로 화려한 색상과 무늬의 옷을 입는다.

③ C 강 주변의 주민들은 강물을 이용하여 주로 카사바를 재배한다.

④ D 고원의 주민들은 카카오를 많이 재배한다.

⑤ E 산은 화산 활동에 의해 형성되었다.

▶ 252004-0206

05 서술형 지도는 아프리카의 연 강수량을 나타낸 것이다. A, B 지역의 강수량을 비교해 보고 차이가 나는 이유를 서술하시오.

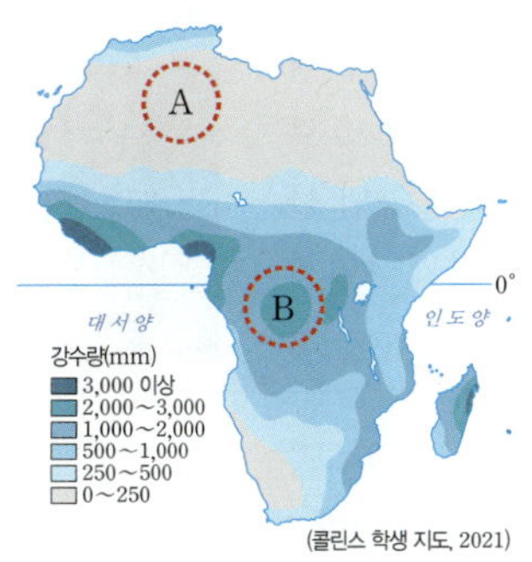

▶ 252004-0207

06 아프리카의 자연환경에 대한 설명으로 옳지 <u>않은</u> 것은?

① 사막은 남부보다 북부에 넓게 발달해 있다.

② 남부에는 여름철이 건조한 온대 기후가 나타난다.

③ 나일강의 하류는 콩고강의 하류보다 강수량이 많다.

④ 동부에는 지각이 갈라져 형성된 좁고 긴 호수가 있다.

⑤ 서부의 적도 부근에는 강수량이 풍부하여 울창한 숲이 형성되어 있다.

▶ 252004-0208

07 다음과 같은 경관이 나타나는 국가에 대한 설명으로 옳은 것만을 〈보기〉에서 고른 것은?

| 보기 |

ㄱ. 나일강의 상류에 위치한다.

ㄴ. 연 증발량이 연 강수량보다 많다.

ㄷ. 주민들은 대부분 토속 종교를 믿으며 생활하고 있다.

ㄹ. 홍해 건너 아시아와 마주하고 지중해 건너 유럽과 마주하고 있다.

① ㄱ, ㄴ   ② ㄱ, ㄷ   ③ ㄴ, ㄷ

④ ㄴ, ㄹ   ⑤ ㄷ, ㄹ

▶ 252004-0209

08 밑줄 친 '이 강'으로 옳은 것은?

세계 3대 폭포로 알려진 빅토리아 폭포는 잠비아와 짐바브웨의 국경을 따라 흐르는 이 강에서 엄청난 양의 물을 수직으로 떨어뜨리면서 형성된다.

① 나일강   ② 콩고강   ③ 나이저강

④ 세네갈강   ⑤ 잠베지강

▶ 252004-0210

서술형 중요

09 (가)와 (나)는 모두 열대 기후 지역의 경관이다. 두 지역에서 발달한 숲의 특성과 차이가 나타나는 이유를 기후와 관련하여 서술하시오.

(가)

▲ 키가 다양한 나무들로 이루어진 숲

(나)

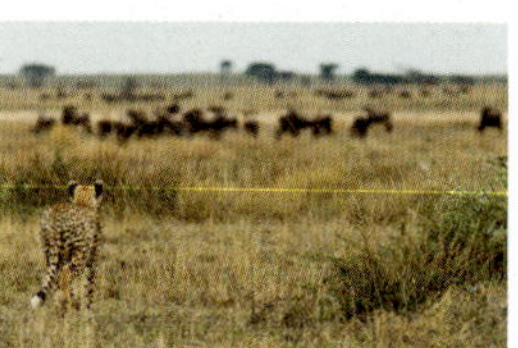

▲ 긴 풀이 덮여 있고 야생 동물이 많은 초원

▶ 252004-0211

10 다음은 두 종교 시설을 나타낸 것이다. (가), (나)와 같은 종교 시설을 흔하게 볼 수 있는 국가를 지도의 A~D에서 고른 것은?

(가)

(나)

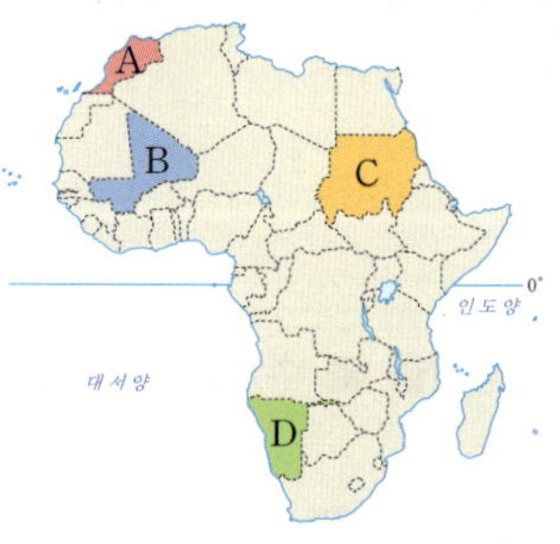

	(가)	(나)		(가)	(나)
①	A	C	②	B	A
③	B	C	④	C	A
⑤	C	D			

▶ 252004-0212

11 다음 중 아프리카 문화의 영향을 받은 사례로 적절하지 <u>않은</u> 것은?

① 브라질의 삼바 축제

② 미국 남부의 재즈 음악

③ 세계적으로 유행하는 힙합 문화

④ 피카소의 작품 「아비뇽의 처녀들」

⑤ 서남아시아 여성들이 착용하는 히잡

▶ 252004-0213

12 자료는 세 대륙의 합계 출산율을 나타낸 것이다. (가)~(다) 대륙에 대한 설명으로 옳은 것은? (단, (가)~(다)는 각각 아시아, 아프리카, 유럽 중 하나임.)

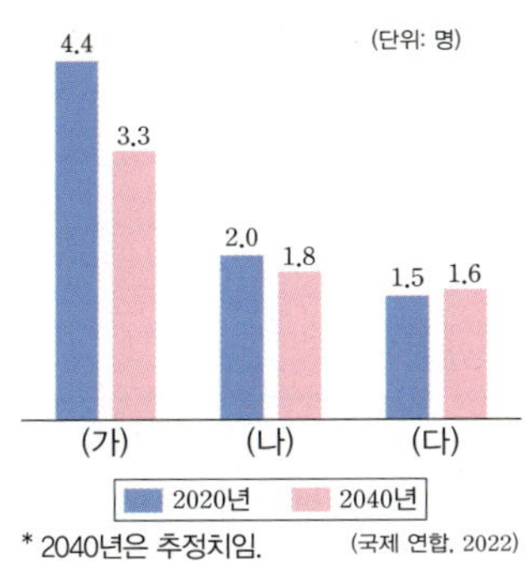

① (가)는 (나)보다 면적이 넓다.
② (나)는 (다)보다 중위 연령이 높다.
③ (다)는 (가)보다 인구가 많다.
④ (가)와 (나)를 합쳐 유라시아라 부른다.
⑤ (가)와 (다) 사이에는 지중해가 있다.

▶ 252004-0214

13 다음은 어느 주제와 관련된 뉴스의 일부이다. 뉴스의 주제로 가장 적절한 것은?

> 초콜릿의 원료인 카카오는 코트디부아르, 가나 등 기니만 연안 국가에서 주로 생산된다. 이 국가의 어린이들은 농장에서 카카오를 수확한다. 이렇게 만들어진 초콜릿 수익의 약 6%만이 생산자인 농민들에게 돌아가며, 대부분의 수익이 유통 과정에서 중간 판매자들에게 돌아가는 불공정한 수익 구조가 나타난다. – ○○뉴스, 2021. ○○. ○○.

① 공정 무역의 필요성
② 카카오의 생산 과정
③ 초콜릿의 원료, 카카오
④ 아프리카의 생태계 보호
⑤ 기후변화와 농산물 가격 간의 관계

▶ 252004-0215

14 아프리카의 지속가능한 발전을 위한 아프리카의 주체적 노력 사례로 적절하지 않은 것은?

① 아프리카 연합(AU) 설립
② 잠비아의 농업 기술 혁신
③ 사헬 지대의 녹색 장벽 프로젝트 참여
④ 르완다의 일회용 플라스틱 사용 금지 정책
⑤ 주민들의 복지 증진을 위한 공적 개발 원조

고난도 실력 향상 문제

▶ 252004-0216

01 지도에 표시된 A 지역의 기후 및 주민 생활에 대한 설명으로 옳은 것만을 〈보기〉에서 고른 것은?

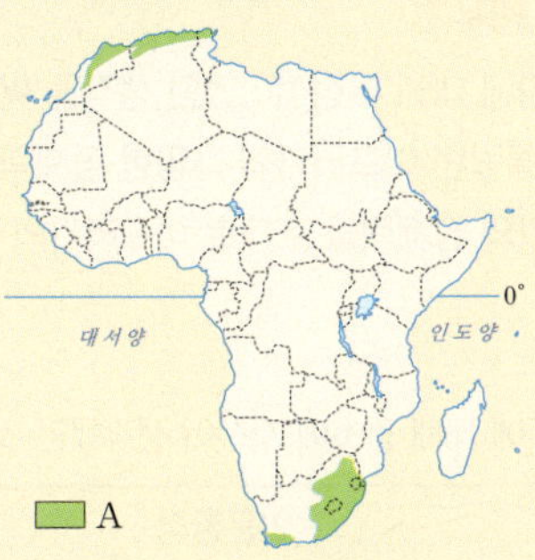

보기
ㄱ. 넓은 초원에 나무가 드문드문 자란다.
ㄴ. 연중 기온이 높고 강수량이 풍부하다.
ㄷ. 모로코의 표시된 지역에서는 7월보다 1월 강수량이 많다.
ㄹ. 남아프리카 공화국의 남서부에서는 1월에 포도를 재배한다.

① ㄱ, ㄴ   ② ㄱ, ㄷ   ③ ㄴ, ㄷ
④ ㄴ, ㄹ   ⑤ ㄷ, ㄹ

▶ 252004-0217

02 표는 주요 자원의 아프리카 내 생산량 1위 국가를 나타낸 것이다. A~E 국가에 대한 설명으로 옳은 것은? (단, A~E는 각각 지도에 표시된 다섯 국가 중 하나임.)

자원	생산량 1위 국가
커피	A
석탄	B
석유	C
카카오	D
다이아몬드	E

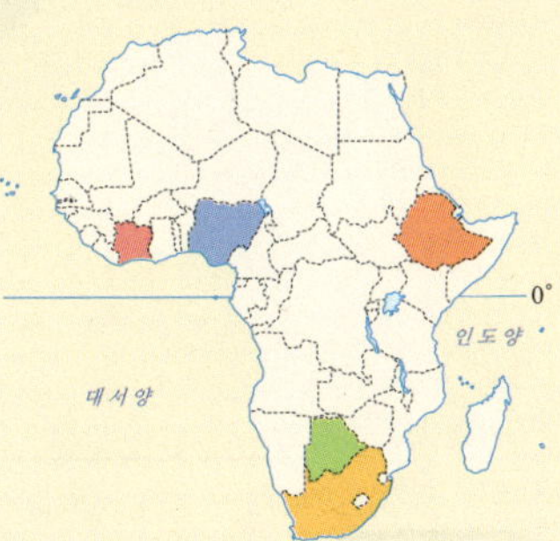

① A는 D보다 평균 해발 고도가 높다.
② C는 E보다 1인당 국민 총소득이 많다.
③ D는 C보다 총인구가 많다.
④ A와 B는 모두 남부 아프리카에 위치한다.
⑤ B와 E는 모두 내륙에 위치한다.

문제 ▶ 내가 몰랐던 아프리카의 자연 및 인문환경에 대해 조사해 보고 아프리카의 지속가능한 발전에 대해 토의해 보자.

A 활동 계획 세우기

1. 아프리카에 대해 부정적이었던 생각을 써 보고 그 사실 관계를 확인한 후 아프리카에 대한 인식을 바꾼다.
2. 자신이 몰랐던 아프리카의 다양한 잠재력을 찾아보고 아프리카에 대한 부정적인 이미지를 개선하도록 노력한다.
3. 아프리카의 잠재력을 토대로 아프리카의 지속가능한 발전 방안을 정리해 본다.

B 활동하기

1. 아프리카에 대해 평소에 자신이 생각했던 것들을 주제별로 자유롭게 써 보자.

예시

인문환경	자연환경	기타
• 도시가 없고 모두 농촌이다. • •	• 아프리카는 덥다. • •	• 아프리카는 국가 이름이다. • •

2. 자신이 몰랐던 아프리카의 잠재력을 교과서, 인터넷 등을 활용하여 찾아 정리해 보자.

예시

인문환경	자연환경	기타
• 세계에서 가장 젊은 대륙이다. • •	• 재생 에너지의 잠재력이 높다. • •	• 미국과 중국을 합친 것보다 넓다. • •

3. 정리한 내용 중 하나를 골라 아프리카의 백지도에 표현해 보고, 아프리카의 지속가능한 발전 방안을 조사하여 발표해 보자.

예시

아프리카의 실제 면적	아프리카의 지속가능한 발전 방안 조사하기
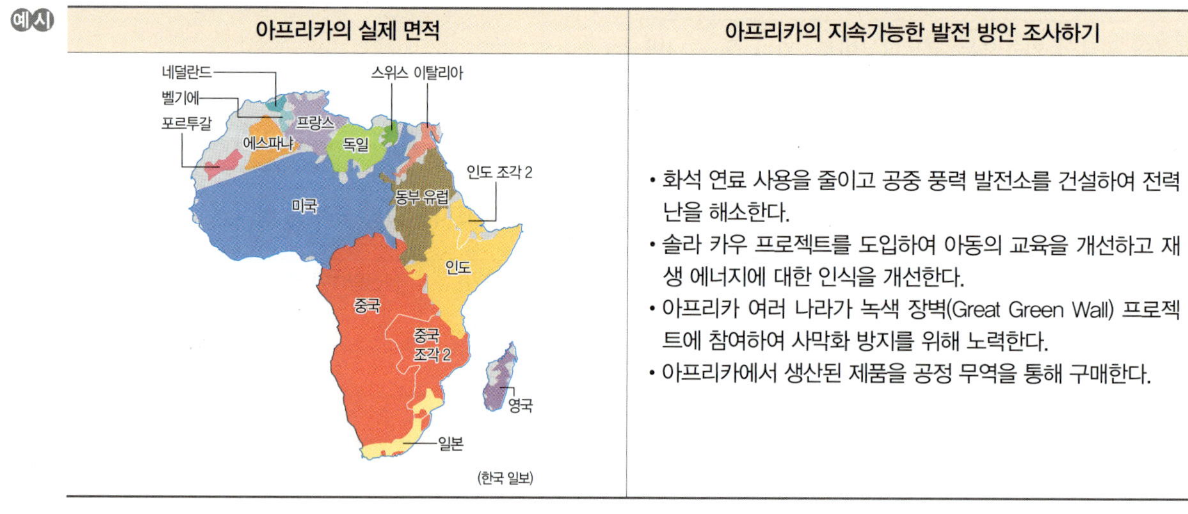	• 화석 연료 사용을 줄이고 공중 풍력 발전소를 건설하여 전력난을 해소한다. • 솔라 카우 프로젝트를 도입하여 아동의 교육을 개선하고 재생 에너지에 대한 인식을 개선한다. • 아프리카 여러 나라가 녹색 장벽(Great Green Wall) 프로젝트에 참여하여 사막화 방지를 위해 노력한다. • 아프리카에서 생산된 제품을 공정 무역을 통해 구매한다.

평가하기

평가 영역	채점 기준	상	중	하
문제 해결 능력	자신이 생각했던 아프리카의 이미지를 주제에 맞춰 잘 썼는가?			
	아프리카의 잠재력 조사 과정에서 교과서나 인터넷을 효율적으로 활용하였는가?			
창의적·논리적 사고력	아프리카의 잠재력에 관한 자료를 객관적·논리적으로 제시하였는가?			
	아프리카의 지속가능한 발전 방안을 창의적으로 제시하였는가?			
발표 능력	주제를 정확하게 파악하여 발표하였는가?			
	발표 내용과 발표자의 태도 등에 대해 학생들의 호응도가 높았는가?			

V

아메리카

아메리카의 여러 국가

그린란드(덴)
알래스카(미)
캐나다
미국
콜롬비
에콰도르
페루
태 평 양
대 서 양
태 평 양
멕시코만
멕시코
바하마
아이티
도미니카 공화국
쿠바
벨리즈
온두라스
자메이카
과테말라
엘살바도르
니카라과
코스타리카
파나마
카리브해
트리니다드 토바고
A
B
C
D
E
F
G
A 세인트키츠 네비스
B 앤티가 바부다
C 도미니카
D 세인트루시아
E 세인트빈센트 그레나딘
F 바베이도스
G 그레나다

아메리카는 15세기 이후 유럽인의 항해와 탐험으로 세계 무대에 본격적으로 등장한 이래 세계 정치와 경제의 흐름을 주도하는 대륙이 되었다. 아메리카의 국가와 주요 도시의 위치 및 자연환경 특징은 어떠한지, 다양한 민족(인종)의 분포로 나타나는 문화는 어떠한 모습을 보이는지 살펴보고, 초국적 기업의 입지가 아메리카 각 지역의 변화에 어떠한 영향을 미치는지 파악해보자.

▲ 그랜드 캐니언(미국)

▲ 나이아가라 폭포(미국 · 캐나다)

▲ 우유니 사막(볼리비아)

▲ 아마존강
(브라질 · 페루 · 볼리비아 등)

01 아메리카의 여러 국가와 자연환경

- 다양한 지리정보와 매체를 활용하여 아메리카의 국가와 주요 도시의 위치를 파악할 수 있다.
- 아메리카의 자연환경 특성을 설명할 수 있다.

1 아메리카의 국가와 도시

(1) 지리적 범위와 구분 (자료 1)

① 서쪽으로는 태평양, 동쪽으로는 대서양과 접함

② 남반구와 북반구에 걸쳐 긴 형태이며, 남극 및 북극과 가까운 편임

③ 구분

- 지리적 기준: 파나마 지협을 경계로 북아메리카와 남아메리카로 구분
  (주로 산맥, 하천, 지협, 해협 등을 기준으로 한다.)
- 문화적 기준: 리오그란데강을 경계로 앵글로아메리카와 라틴 아메리카로 구분
  (언어, 음식, 의복, 가옥, 종교 등 다양한 기준에 따라 지역이 구분될 수 있다.)

(2) 북아메리카의 국가와 주요 도시 (자료 2)

국가	주요 도시
캐나다	오타와(수도), 토론토, 몬트리올, 밴쿠버
미국	워싱턴 D.C.(수도), 뉴욕, 로스앤젤레스, 샌프란시스코
멕시코	멕시코시티(수도, 고산 도시)

(3) 남아메리카의 국가와 주요 도시 (자료 3)

국가	주요 도시
브라질	브라질리아(수도), 상파울루, 리우데자네이루
아르헨티나	부에노스아이레스(수도) — 남반구에서 인구가 가장 많은 도시이다.
콜롬비아	보고타(수도, 고산 도시)
에콰도르	키토(수도, 고산 도시)
볼리비아	라파스(수도, 고산 도시)

집중 탐구 — 사회 관계망 서비스(SNS)에서 찾아 본 아메리카 국가들

(가)

세계 최대 경제 대국 # 뉴욕
로키산맥과 미시시피강 등의 자연환경과 수많은 대도시를 볼 수 있는 국가

(나)

아스테카 문명 # 예술 궁전
에스파냐어를 주로 사용하며, 미국, 캐나다와 자유 무역 협정(FTA) 체결 이후 경제 성장이 두드러지는 국가

(다)
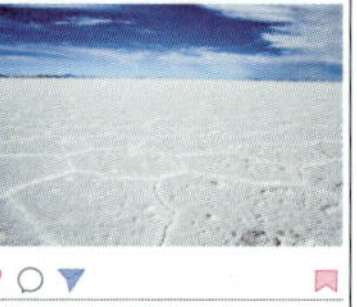
잉카 문명 # 우유니 사막
안데스산맥에 위치하고, 잉카 유적과 티티카카호 등을 볼 수 있는 국가

(라)
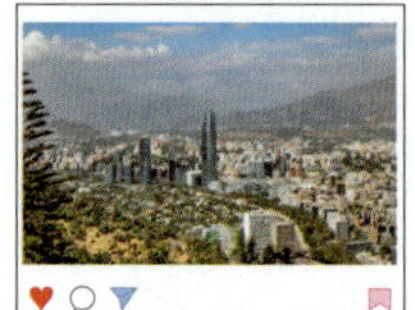
국토 모양이 길쭉한 국가 # 산티아고
국토가 남북으로 길어 다양한 기후가 나타나고 구리와 포도 수출로 잘 알려진 국가

- **(가):** 세계에서 국내 총생산(GDP)이 가장 많은 국가이자, 세계 정치·경제의 중심 도시인 뉴욕이 있는 미국이다.
- **(나):** 아스테카 문명의 유적지가 있으며, 미국, 캐나다와의 경제 협력으로 빠른 경제 성장을 이루고 있는 멕시코이다.
- **(다):** 잉카 문명의 유적지가 있으며, 소금 사막인 우유니 사막과 티티카카호 등의 관광지가 있는 볼리비아이다.
- **(라):** 태평양 연안에 위치하며, 국토 모양이 남북으로 길어 건조 기후, 온대 기후 등 다양한 기후가 나타나는 칠레이다.

자료 1 아메리카의 구분

파나마 지협은 북아메리카의 가장 남쪽에 위치한 파나마에 위치한다. 리오그란데강은 미국과 멕시코 국경의 일부를 이룬다.

자료 2 캐나다와 미국의 주요 도시 분포

캐나다의 주요 도시는 미국과의 국경 부근에 주로 분포한다. 미국의 주요 도시는 내륙의 중앙부보다 태평양과 대서양 연안에 주로 분포한다.

자료 3 남아메리카의 주요 도시 분포

보고타, 키토, 쿠스코, 라파스는 고산 도시로 해발 고도 2,000m 이상의 고지대에 위치한다. 이외 주요 도시로 브라질리아, 산티아고, 부에노스아이레스는 해당 국가의 수도이다.

용어 정리

반구 공의 형태를 띠는 물체의 절반

지협 큰 육지 사이를 잇는 좁고 잘록한 땅

2 아메리카의 자연환경

(1) 지형 (자료 4)

① 산맥
  - 로키산맥(북아메리카): 해발 고도가 높고 험준하며, 지각 운동이 활발함
  - 애팔래치아산맥(북아메리카): 해발 고도가 낮고 완만한 편임
  - 안데스산맥(남아메리카): 해발 고도가 높고 험준하며, 지각 운동이 활발함
    └ 지각이 안정적인 상태이며, 오랜 기간 침식 작용을 받았다.

② 하천
  - 미시시피강(북아메리카): 미국 대평원을 남북으로 가로지르며 흐름
  - 아마존강(남아메리카): 안데스산맥에서 발원하여 대서양으로 흐름

③ 사막
  - 모하비 사막(북아메리카): 미국 서부에 위치함
  - 아타카마 사막(남아메리카): 페루 및 칠레 해안에 걸쳐 위치함
  - 파타고니아 사막(남아메리카): 아르헨티나 남부에 위치함

④ 빙하 지형
  - 피오르: 캐나다 서부 해안, 칠레 남부 해안 등지에 분포함
  - 빙하호: 캐나다, 미국 북부에 다수가 분포함
    └ 과거에 빙하가 땅을 덮고 있었음을 보여주는 증거로, 염도(염분 농도)가 거의 없다.

(2) 기후 (자료 5)

한대 기후	북극해 주변에 나타남 → 겨울이 춥고 길며, 농업에 불리
냉대 기후	캐나다, 미국 북부에 나타남 → 침엽수림 분포, 임업 발달
온대 기후	미국 남동부·서부 해안, 아르헨티나 등지에 나타남 → 인구 밀집, 대도시 발달
건조 기후	미국 내륙, 페루 및 칠레 해안, 아르헨티나 남부에 나타남
열대 기후	적도 부근 저위도 지역(카리브해, 브라질 등지)에 나타남
고산 기후	연중 기후가 온화함 → 고산 도시 발달

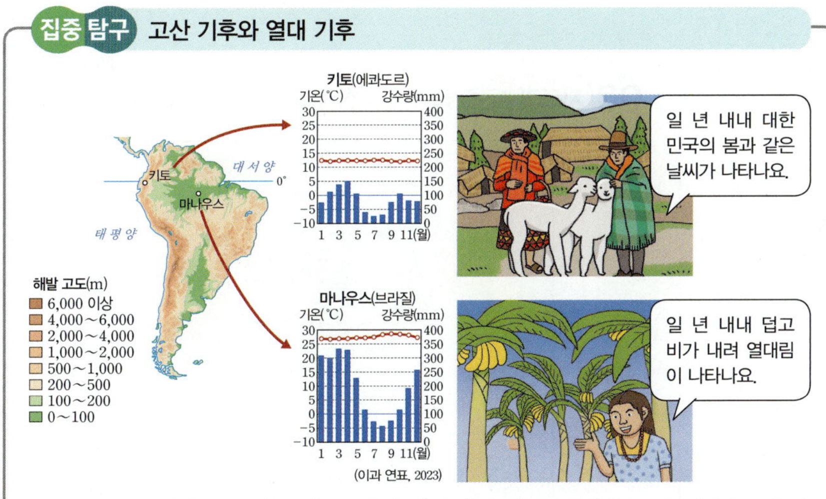

집중 탐구 고산 기후와 열대 기후

  - **고산 기후**: 해발 고도가 높은 곳에서 나타나며 적도 주변의 고산 기후는 일 년 내내 온화한 특성을 보인다. 남아메리카에서는 안데스산맥의 고지대에서 나타난다.
  - **열대 기후**: 일 년 내내 월평균 기온이 높아 가장 추운 달의 평균 기온이 18℃ 이상을 보인다. 건기가 없이 연중 비가 많이 내리는 지역은 울창한 열대림이 나타난다.

자료 4 아메리카의 주요 산맥과 하천

로키산맥과 안데스산맥은 환태평양 조산대에 위치하고, 애팔래치아산맥은 미국 동부에 위치한다. 미시시피강은 미국 대평원을 지나며, 아마존강은 열대 기후 지역을 지나 대서양으로 흘러들어간다.

자료 5 아메리카의 기후 분포

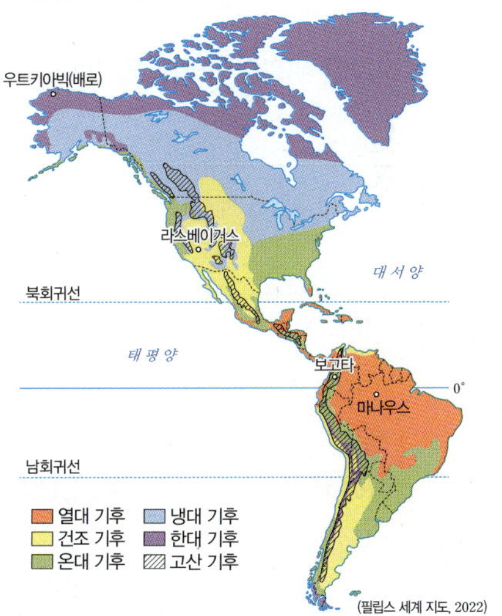

아메리카는 남북으로 긴 형태를 하고 있어 다양한 기후가 분포한다.

용어 정리

해발 고도 해수면을 기준으로 하여 측정된 육지의 높이
피오르 빙하가 깎은 U자형의 계곡에 바닷물이 들어와 형성된 좁고 긴 만
임업 삼림에서 주로 나무를 벌채하고 목재를 생산하는 산업

개념 확인 문제

01 빈칸에 들어갈 알맞은 말을 쓰시오.

(1) 아메리카는 동쪽으로는 대서양, 서쪽으로는 (   )과 접한다.

(2) 북아메리카와 남아메리카를 구분하는 경계가 되는 것은 (   ) 지협이다.

(3) 아메리카에서 국토 면적이 가장 넓고, 대부분의 지역에서 냉대 및 한대 기후가 나타나는 국가는 (   )이다.

02 다음 설명이 맞으면 ○표, 틀리면 ×표 하시오.

(1) 캐나다와 미국은 모두 앵글로아메리카에 위치한다.
(   )

(2) 아마존강은 대부분 아르헨티나를 거쳐 바다로 흘러간다.
(   )

(3) 앵글로아메리카와 라틴 아메리카를 구분하는 하천은 미시시피강이다.
(   )

(4) 안데스산맥은 애팔래치아산맥보다 지각이 불안정하여 지진과 화산 활동이 활발하다.
(   )

03 남아메리카에 위치한 국가만을 〈보기〉에서 있는 대로 고르시오.

> **보기**
> ㄱ. 미국   ㄴ. 페루   ㄷ. 멕시코
> ㄹ. 캐나다   ㅁ. 에콰도르   ㅂ. 우루과이

(   )

04 다음 설명에 해당하는 도시를 〈보기〉에서 고르시오.

> **보기**
> ㄱ. 뉴욕   ㄴ. 보고타
> ㄷ. 산티아고   ㄹ. 부에노스아이레스

(1) 미국의 도시로 세계 정치·경제의 중심지 역할을 한다.
(   )

(2) 콜롬비아의 수도로 안데스산맥에 위치한 고산 도시이다.
(   )

(3) 칠레의 수도로 온대 기후가 나타나며, 여름이 고온 건조하다.
(   )

(4) 아르헨티나의 수도로 음악의 한 장르인 탱고의 고장으로 알려져 있다.
(   )

실력 쌓기 문제

▶ 252004-0218

01 아메리카에 대한 설명으로 옳은 것만을 〈보기〉에서 고른 것은?

> **보기**
> ㄱ. 태평양과 인도양에 접해 있다.
> ㄴ. 브라질은 남아메리카에 위치한다.
> ㄷ. 멕시코는 앵글로아메리카에 위치한다.
> ㄹ. 적도에 걸쳐 있는 국가로는 에콰도르가 있다.

① ㄱ, ㄴ   ② ㄱ, ㄷ   ③ ㄴ, ㄷ
④ ㄴ, ㄹ   ⑤ ㄷ, ㄹ

▶ 252004-0219

02 다음 설명에 해당하는 국가로 옳은 것은?

> • 애팔래치아산맥이 있다.
> • 멕시코와 국경을 맞대고 있다.
> • 영국의 영향을 받아 영어 사용자 비율이 높다.

① 미국   ② 멕시코   ③ 캐나다
④ 콜롬비아   ⑤ 파라과이

▶ 252004-0220

03 지도의 A~C 국가에 대한 설명으로 옳은 것은?

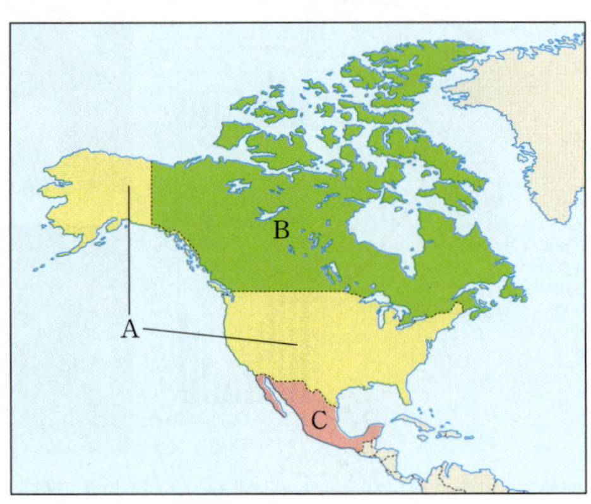

① A의 수도는 오타와이다.
② B의 수도는 고산 도시이다.
③ C에는 애팔래치아산맥이 위치한다.
④ B는 C보다 냉대 기후가 넓게 나타난다.
⑤ A~C는 모두 앵글로아메리카에 위치한다.

04 지도의 A, B 국가에 대한 설명으로 옳은 것만을 〈보기〉에서 고른 것은?

▶ 252004-0221

〈보기〉
ㄱ. A에는 북아메리카와 남아메리카를 구분하는 지협이 있다.
ㄴ. B는 적도에 걸쳐 있다.
ㄷ. A와 B는 모두 앵글로아메리카에 위치한다.
ㄹ. A와 B의 수도는 모두 고산 도시이다.

① ㄱ, ㄴ   ② ㄱ, ㄷ   ③ ㄴ, ㄷ
④ ㄴ, ㄹ   ⑤ ㄷ, ㄹ

05 다음 자료는 어느 국가를 소개하는 사회 관계망 서비스(SNS) 장면이다. 이 국가에 대한 설명으로 옳은 것은?

▶ 252004-0222

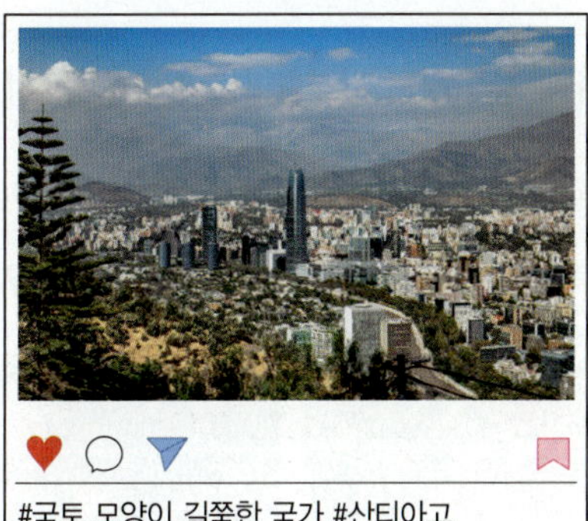

① 대서양에 접해 있다.
② 피오르가 발달하였다.
③ 북아메리카에 위치한다.
④ 수도는 고산 지대에 위치한다.
⑤ 국토 대부분은 열대 기후 지역이다.

06 (가), (나)에 해당하는 도시를 지도의 A~D에서 고른 것은?

▶ 252004-0223

(가) 과거 아스테카 문명의 중심지였으며 고산 도시이다.
(나) 세계 정치·경제의 중심지로 대서양 연안에 위치한다.

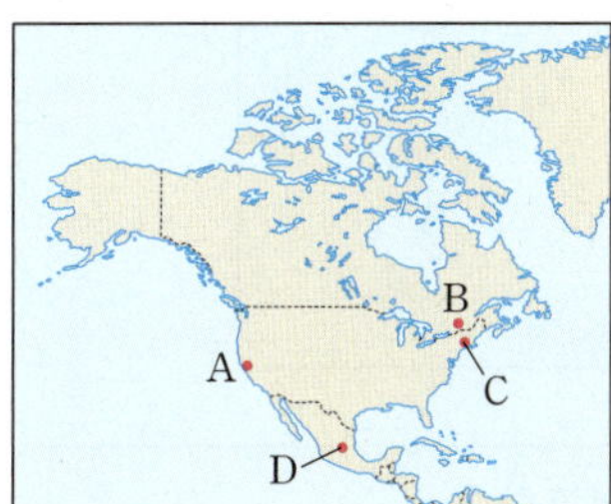

	(가)	(나)
①	A	B
②	A	C
③	B	D
④	D	A
⑤	D	C

07 (가), (나)에 해당하는 국가로 옳은 것은?

▶ 252004-0224

(가) 수도는 안데스산맥에 위치한 고산 도시이다. 잉카 문명의 유적과 우유니 사막이 있다.
(나) 수도의 이름에 국가의 이름이 포함되어 있다. 주요 도시로는 상파울루, 리우데자네이루가 있다.

	(가)	(나)		(가)	(나)
①	페루	콜롬비아	②	페루	아르헨티나
③	볼리비아	브라질	④	볼리비아	파나마
⑤	콜롬비아	브라질			

08 지도의 A~D 도시에 대한 설명으로 옳은 것만을 〈보기〉에서 고른 것은? (단, A~D는 각각 보고타, 부에노스아이레스, 라파스, 쿠스코 중 하나임.)

▶ 252004-0225

〈보기〉
ㄱ. A는 해당 국가의 수도이다.
ㄴ. B에는 아스테카 문명의 유적지가 있다.
ㄷ. C는 D보다 해발 고도가 높다.
ㄹ. B는 라파스, D는 보고타이다.

① ㄱ, ㄴ   ② ㄱ, ㄷ   ③ ㄴ, ㄷ   ④ ㄴ, ㄹ   ⑤ ㄷ, ㄹ

실력 쌓기 문제

▶ 252004-0226

09 지도의 A, B 산맥에 대한 설명으로 옳은 것만을 〈보기〉에서 고른 것은?

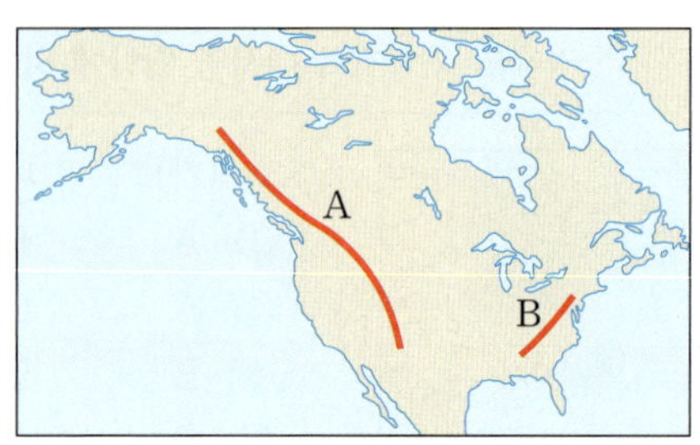

보기

ㄱ. A에는 잉카 문명의 유적이 분포한다.
ㄴ. B는 미국과 멕시코에 걸쳐 있다.
ㄷ. A는 B보다 지각이 불안정하다.
ㄹ. B는 A보다 평균 해발 고도가 낮다.

① ㄱ, ㄴ ② ㄱ, ㄷ ③ ㄴ, ㄷ ④ ㄴ, ㄹ ⑤ ㄷ, ㄹ

▶ 252004-0227

10 (가), (나)에 해당하는 하천으로 옳은 것은?

(가) 안데스산맥에서 발원하여 대서양으로 흘러들어간다.
(나) 미국과 멕시코의 국경 일부를 이루며 멕시코만으로 흘러들어간다.

	(가)	(나)
①	아마존강	미시시피강
②	아마존강	리오그란데강
③	미시시피강	리오그란데강
④	리오그란데강	아마존강
⑤	리오그란데강	미시시피강

▶ 252004-0228

11 지도의 A 지역에 대한 설명으로 옳은 것은?

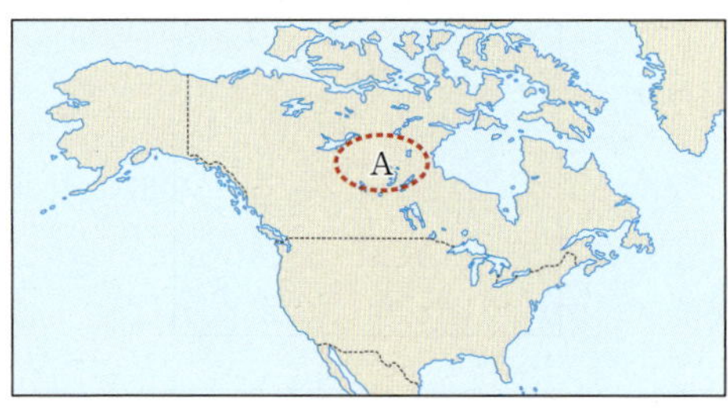

① 지진과 화산 활동이 활발한 산맥이 지난다.
② 모래와 자갈 등으로 구성된 사막이 나타난다.
③ 다양한 높이의 나무로 구성된 열대림이 분포한다.
④ 빙하가 녹아 형성된 물이 고인 호수가 널리 나타난다.
⑤ 하천 주변의 넓은 농경지에서 벼농사가 활발하게 이루어진다.

▶ 252004-0229

12 (가) 지역을 지도의 A∼E에서 고른 것은?

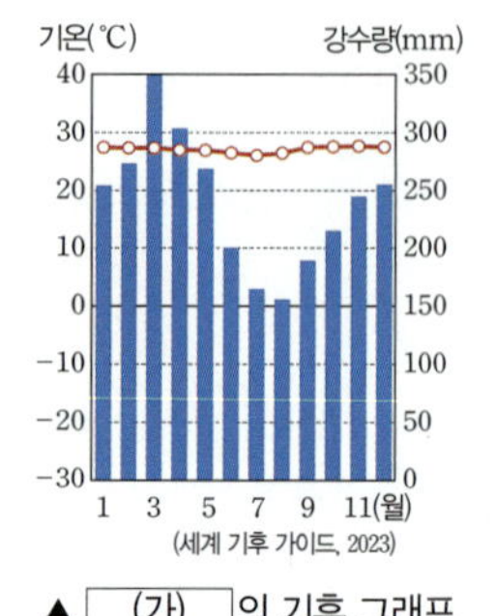
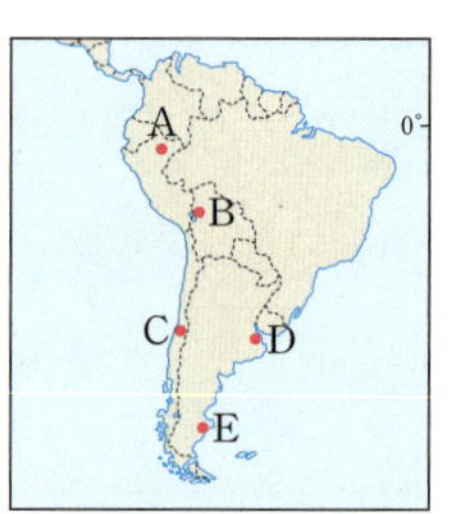

▲ (가) 의 기후 그래프

① A ② B ③ C ④ D ⑤ E

▶ 252004-0230

중요
13 지도에 표시된 A∼E 국가의 자연환경에 대한 설명으로 옳은 것은?

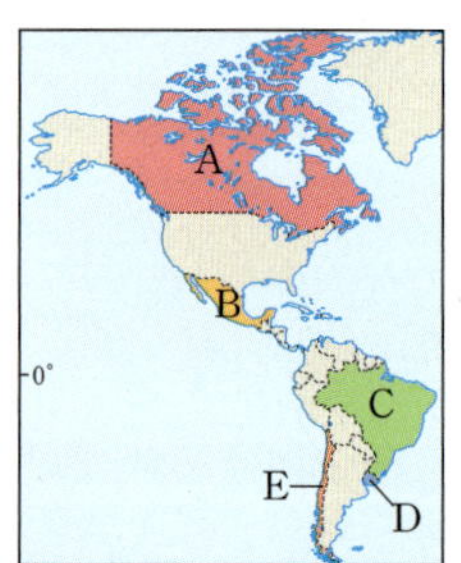

① A – 건조 기후보다 냉대 기후가 넓게 나타난다.
② B – 피오르가 발달하였다.
③ C – 국토 대부분이 사막으로 이루어져 있다.
④ D – 환태평양 조산대에 위치한다.
⑤ E – 수도는 일 년 내내 우리나라의 봄과 같은 기후가 나타난다.

▶ 252004-0231

14 (가), (나)에 해당하는 지역을 지도의 A∼C에서 고른 것은?

(가)	(나)

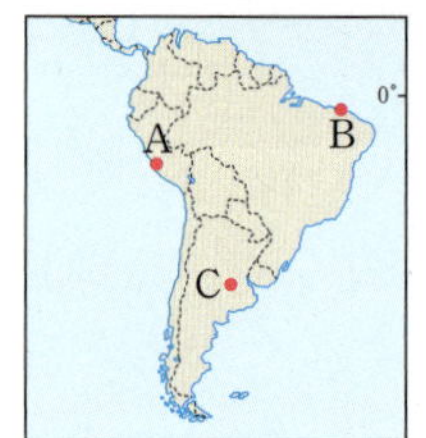

	(가)	(나)
①	A	B
②	B	A
③	B	C
④	C	A
⑤	C	B

서술형 문제

❶ 단계 핵심 키워드 파악하기

▶ 252004-0232

01 다음 글은 아메리카의 구분에 관한 내용이다. (1) ㉠에 해당하는 하천을 쓰고, (2) ㉡, ㉢의 이름 및 각각에 속해 있는 국가를 한 곳씩 서술하시오.

> 아메리카는 지리적 기준 외에도 ㉠ 문화적 기준에 따라 두 지역으로 구분된다. 과거 유럽 열강의 식민지 진출 과정에서 ㉡ 영국의 식민 지배를 주로 받은 지역과 ㉢ 에스파냐, 포르투갈의 식민 지배를 주로 받은 지역은 서로 다른 명칭으로 불리게 되었다.

답 완성하기

(1) ㉠ – (   )

(2) ㉡은 (   )이고, 미국이 이에 속한다. ㉢은 (   )이고, 브라질이 이에 속한다.

▶ 252004-0233

02 다음 글의 밑줄 친 ㉠의 이유를 기후 분포와 관련하여 서술하시오.

> 미국은 모두 50개의 주(state)로 이루어져 있다. 그런데 북극해 연안에 위치한 ㉠ 알래스카주는 단위 면적당 인구 수를 의미하는 인구 밀도가 2020년 약 0.5명/㎢으로 50개 주 가운데 최하위이다.

답 완성하기

알래스카주는 대부분 냉대 기후와 (   ) 기후가 나타난다. 이들 기후가 나타나는 지역은 연평균 기온이 (   ), 겨울이 춥고 길어 농업에 (   )하므로 인구가 밀집하여 거주하기 어렵다.

❷ 단계 스스로 문장 완성하기

▶ 252004-0234

03 (1) 지도의 두 해안 지역에서 발달한 빙하 지형을 쓰고, (2) 이 지형의 형성 원인을 서술하시오.

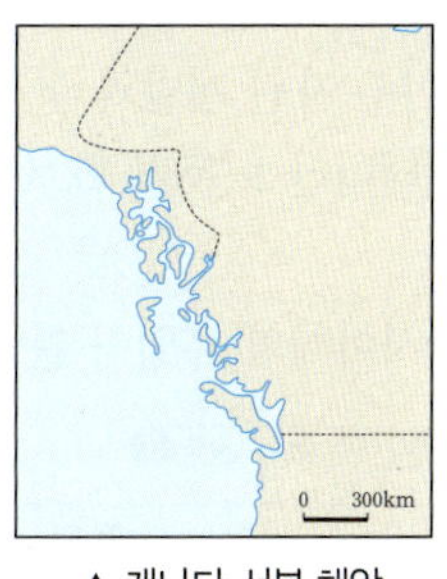

▲ 캐나다 서부 해안   ▲ 칠레 남부 해안

(1) ____

(2) ____

____

▶ 252004-0235

04 지도의 두 지역은 모두 저위도에 위치해 있다. 그럼에도 기온 분포 차이가 나타나는 이유를 서술하시오.

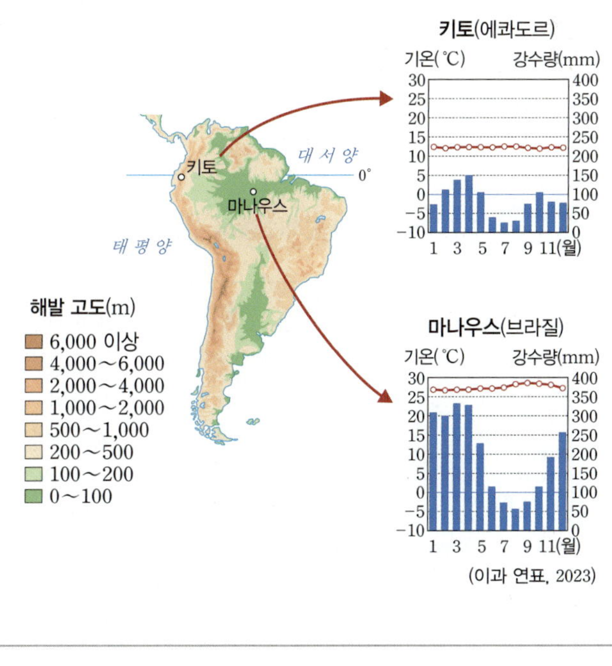

____

____

____

02~03 다양한 민족(인종)으로 구성된 아메리카 ~ 초국적 기업의 발달과 지역 변화

• 다양한 민족(인종)으로 구성된 아메리카의 인구 특징과 문화 혼종성을 설명할 수 있다.
• 초국적 기업의 글로벌 생산체제 형성과 지역 변화를 설명할 수 있다.

1 아메리카의 인구 구성과 문화

(1) 다양한 민족(인종)의 분포 배경 [자료 1]

① 유럽계의 식민 지배: 15세기 이후 자원 개발과 경제적 이익을 위함

② 유럽계의 유입과 함께 플랜테이션 노동력 확보를 위한 아프리카계의 유입이 많았음

> 값싼 노동력으로 부당한 대우를 받으며 노동력을 착취당했다.

③ 20세기 이후 히스패닉과 아시아계의 유입이 활발함

(2) 앵글로아메리카의 민족(인종) 구성 [자료 2], [자료 3]

국가	특징
캐나다	• 유럽계 비율이 높음(영국계, 프랑스계) • 북극해 연안에 원주민(이누이트)이 거주함
미국	• 유럽계 비율이 높음(영국계) • 남동부 지역에 아프리카계가 강제 이주됨 • 경제적 원인으로 히스패닉과 아시아계 유입이 급증함

> 일자리를 얻기 위해서 또는 이전보다 많은 소득을 벌기 위해서이며, 주로 개발 도상국에서 선진국으로의 인구 이동이 나타난다.

(3) 라틴 아메리카의 민족(인종) 구성

민족(인종)	특징
유럽계	대서양 연안에 위치한 국가(아르헨티나, 우루과이, 브라질)에 주로 거주함
원주민	안데스산맥에 위치한 국가(페루, 볼리비아)에 주로 거주함
아프리카계	열대 기후가 나타나는 국가(자메이카, 브라질)에 주로 거주함
혼혈	라틴 아메리카 전역에 거주하며, 일부 국가(멕시코, 콜롬비아, 파라과이)에서 구성 비율이 높음

> 유럽계와 원주민, 유럽계와 아프리카계, 아프리카계와 원주민 간 혼인에 의해 나타났다

 라틴 아메리카의 민족(인종)별 구성

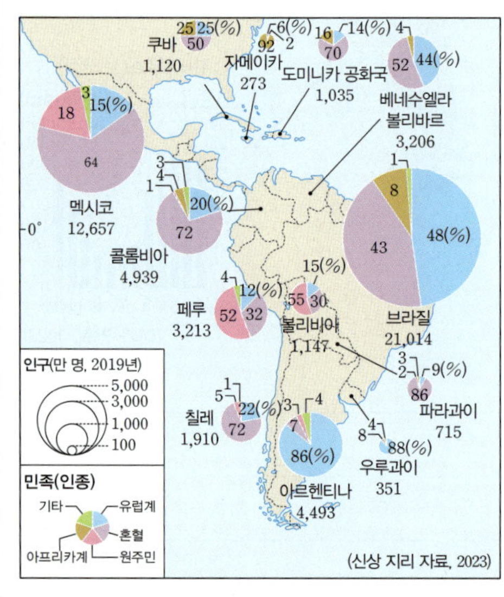

• 유럽계 비율은 아르헨티나, 우루과이에서 높고, 원주민 비율은 페루, 볼리비아에서 높으며, 아프리카계는 자메이카, 쿠바, 도미니카 공화국에서 높음

• 혼혈 비율은 멕시코, 콜롬비아, 파라과이에서 높음

• 브라질은 포르투갈의 식민 지배를 받았고, 아르헨티나를 포함한 라틴 아메리카 대부분의 국가들은 에스파냐의 식민 지배를 받았음

자료 1 아메리카로의 인구 이동 유형

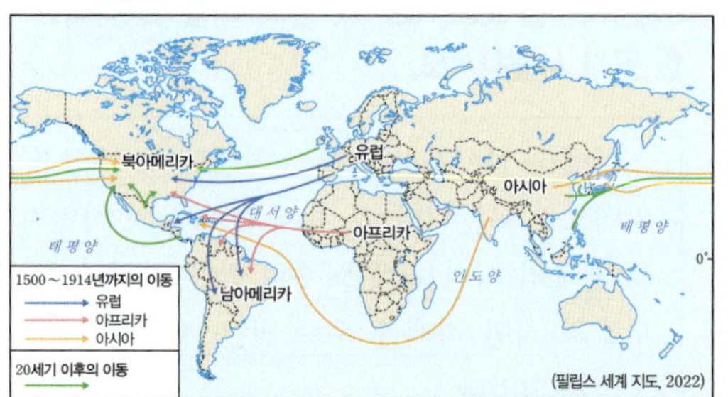

유럽이 아메리카를 식민 지배하면서 유럽계와 아프리카계의 이주가 본격적으로 이루어졌다. 아시아계는 20세기 이후 유입이 많아지고 있다.

자료 2 캐나다 퀘벡주의 위치와 문화 특징

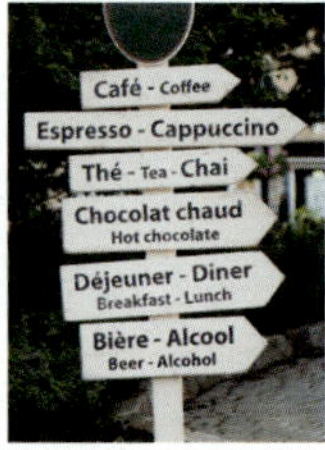

▲ 퀘벡주의 위치   ▲ 퀘벡주의 프랑스어 간판

캐나다 퀘벡주의 주민들은 프랑스 문화를 고수하며 프랑스어 사용자 비율이 높은 편이다. 이러한 점이 반영되어 캐나다는 영어와 프랑스어를 공용어로 사용하고 있다.

자료 3 미국의 민족(인종)별 구성

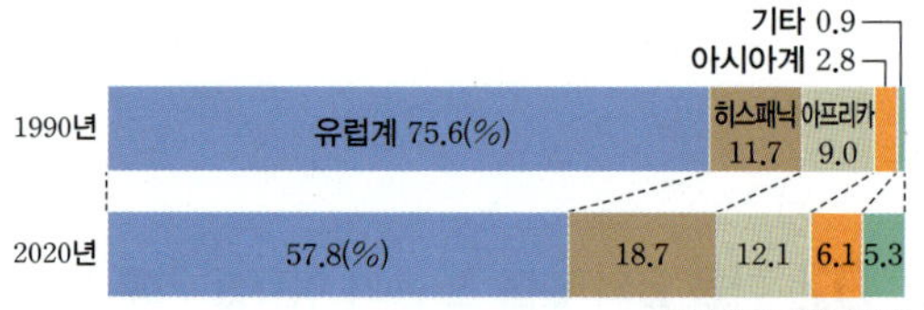

2020년 미국의 민족(인종)별 구성을 보면 유럽계 > 히스패닉 > 아프리카계 > 아시아계 순으로 높은 비율을 보인다. 1990년에 비해 유럽계 비율이 감소하고, 비유럽계 비율이 증가하였다.

플랜테이션 주로 열대 기후 지역에서 이루어지며, 대규모 농장, 풍부한 자본, 원주민과 이주 노동자의 저임금 노동력 등을 이용한 상업적 농업

히스패닉 에스파냐어를 모국어로 사용하는 사람으로 주로 미국에 거주하는 라틴 아메리카 출신 이주자

② 아메리카의 문화 혼종성

(1) 의미: 둘 이상의 문화가 대등한 관계로 섞이면서 독자적이고 새로운 문화가 만들어지는 현상

(2) 특징: 원주민 문화와 외래(유럽, 아프리카)문화가 공존하면서 새로운 문화가 탄생함

(3) 사례 (자료 4)

구분	내용
음악	유럽의 음악과 아프리카 또는 원주민 음악이 결합 예 재즈(미국), 탱고(아르헨티나), 삼바(브라질)
종교	크리스트교 문화와 원주민 문화가 결합 예 과달루페 성모상(멕시코)

└ 유럽계는 식민 지배 과정에서 크리스트교를 전파하였다. 크리스트교의 종파로 보면, 앵글로아메리카에는 주로 개신교, 라틴 아메리카에는 주로 가톨릭교가 전파되었다.

③ 초국적 기업의 발달과 글로벌 생산체제

(1) 초국적 기업의 의미와 발달 (자료 5)

① 의미: 본사 외에 여러 국가에 다양한 기능을 수행하는 조직(생산 공장, 연구소 등)을 두고, 긴밀하게 연결된 네트워크를 통해 생산과 판매가 이루어지는 기업

② 발달: 경제의 세계화, 교통과 통신의 발달로 기업의 활동 범위가 국경을 넘어 전 세계로 확대됨

(2) 초국적 기업의 공간적 분업과 글로벌 생산체제

① 공간적 분업: 기업의 각 조직들이 서로 다른 지역에 입지하여 각각의 기능을 수행하는 것 → 경영의 효율성을 추구하여 이윤을 늘림

조직	기능	분포
본사	경영과 관리	풍부한 자본 및 정보 획득에 유리한 곳 → 주로 선진국
연구소	기술·디자인 개발	우수한 기술 인력의 확보에 유리한 곳 → 주로 선진국
생산 공장	제품 제조	저임금 노동력 확보에 유리한 곳 → 주로 개발 도상국

② 자회사 설립과 글로벌 생산체제

- 해외에 자회사를 설립 → 자회사는 본사와 수평적이고 상호 의존적인 관계를 유지함

  └ 자회사는 본사에 종속되지 않은 상태에서 자율적인 의사결정을 통해 경영 효율성을 높일 수 있다. 이와 동시에 본사와의 긴밀한 협력 또한 함께 이루어진다.

- 글로벌 생산체제 형성: 기업의 다양한 조직이 세계 여러 지역과 복잡하게 연결됨

④ 초국적 기업의 입지와 지역 변화 (자료 6)

(1) 초국적 기업의 입지에 따라 나타나는 지역 변화

① 지역 경제가 활성화되고 일자리가 증가함

② 경쟁력이 약한 현지 기업은 불리한 환경에 놓이게 됨

(2) 초국적 기업의 폐쇄와 이전으로 나타나는 지역 변화

① 지역 경제가 침체되고 일자리가 감소하여 산업 공동화가 발생함

② 문화·예술 또는 관광 산업 육성으로 침체된 지역 경제를 살리고자 하는 노력도 나타남

자료 4 아메리카의 문화 혼종성

▲ 탱고　　　　▲ 과달루페 성모상

아르헨티나에서 유래한 탱고는 라틴 아메리카와 아프리카의 음악과 리듬이 결합하여 형성되었다. 멕시코 과달루페 성당에는 원주민의 피부색이 반영된 성모상이 있다.

자료 5 초국적 기업의 글로벌 생산체제 형성

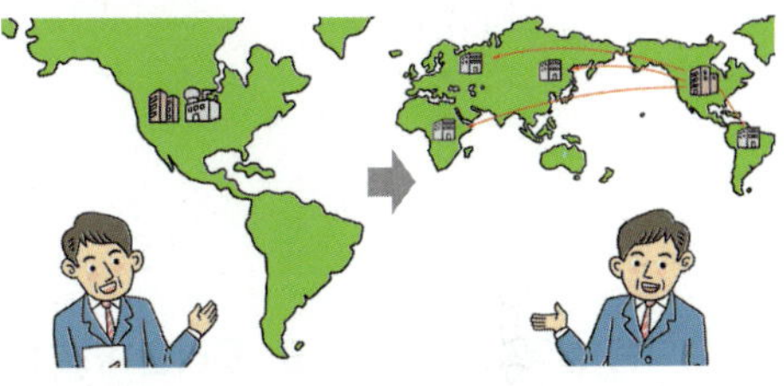

미국에 본사를 세우고, 생산 시설과 영업 지점을 열었어요.

판매 시장을 넓히기 위해 세계 각지에 자회사와 영업 지점을 만들었어요.

의사 결정 권한을 갖게 된 해외 자회사는 현지화한 상품과 서비스를 제공해요.

전문화된 핵심 자산과 기능을 보유하게 된 해외 자회사는 본사와 수평적이고 상호 의존적인 관계를 형성하게 돼요.

초국적 기업은 본국 외에도 국경을 초월하여 해외 각 지역에 여러 조직을 세워 공간적 분업을 하면서 경영의 효율성을 높인다.

자료 6 초국적 기업의 입지와 지역 변화

▲ 근무 교대를 하는 공장 노동자들로 거리가 북적이는 모습

▲ 자동차 공장의 폐쇄와 해외 이전으로 한산한 모습

미국의 디트로이트는 자동차 산업의 중심지였다. 그러나 자동차 기업들이 생산 공장을 폐쇄하고 해외로 이전함에 따라 지역 경제가 크게 침체되었다.

용어 정리

자회사 모회사의 영향을 받으면서도 독립적인 경영을 추구하는 회사

산업 공동화 지역에 기반을 둔 산업이 다른 지역으로 이전하면서 지역 경제와 산업 활동이 크게 위축되는 현상

01 빈칸에 들어갈 알맞은 말을 쓰시오.

(1) 라틴 아메리카의 원주민은 안데스산맥에 위치한 국가인 (　　　), 볼리비아에 주로 거주한다.

(2) 아메리카에 아프리카계가 유입하게 된 주된 이유는 자원 개발과 (　　　) 노동력 확보를 위한 것이었다.

(3) 캐나다 퀘벡주는 유럽 국가인 (　　　)의 문화와 전통을 유지하는 사람들이 다수 거주하고 있다.

(4) 둘 이상의 문화가 대등한 관계로 섞이면서 독자적이고 새로운 문화가 만들어지는 현상을 문화 (　　　)(이)라고 한다.

02 다음 설명이 맞으면 ○표, 틀리면 ×표 하시오.

(1) 브라질은 포르투갈의 식민 지배를 받았다. (　　　)

(2) 초국적 기업의 본사는 주로 선진국보다 개발 도상국에 많이 분포한다. (　　　)

(3) 초국적 기업은 대부분 본사와 자회사 간 수직적이고 통제적인 위계 질서를 보인다. (　　　)

(4) 미국의 민족(인종) 구성에서 유럽계 다음으로 높은 비율을 보이는 민족(인종)은 아프리카계이다. (　　　)

03 아메리카의 문화 혼종성을 보여주는 사례만을 〈보기〉에서 고르시오.

> **보기**
> ㄱ. 재즈　　ㄴ. 탱고　　ㄷ. 모스크
> ㄹ. 오페라　　ㅁ. 판소리　　ㅂ. 과달루페 성모상

(　　　　　　)

04 초국적 기업의 각 조직에 해당하는 기능을 찾아 옳게 연결하시오.

(1) 본사　　•　　　•㉠ 제품 제조

(2) 연구소　•　　　•㉡ 경영과 관리

(3) 생산 공장•　　　•㉢ 기술 · 디자인 개발

실력 쌓기 문제

▶ 252004-0236

01 다음 설명에 해당하는 국가로 옳은 것은?

> • 앵글로아메리카에 위치한다.
> • 북극해 연안에 이누이트가 거주한다.
> • 영어와 프랑스어를 공용어로 사용한다.

① 미국　　　　② 쿠바　　　　③ 멕시코
④ 캐나다　　　⑤ 파나마

▶ 252004-0237

02 지도의 A 지역에 대한 설명으로 옳은 것은?

① 플랜테이션이 발달하였다.
② 에스파냐의 식민 지배를 받았다.
③ 국가 간 자원을 둘러싼 갈등이 나타난다.
④ 장기간의 내전이 일어나 많은 난민이 발생하였다.
⑤ 국가 내 다른 지역에 비해 프랑스어 사용자 비율이 높다.

▶ 252004-0238

03 지도에 표시된 인구 이동의 주요 원인에 대한 설명으로 옳은 것은?

① 전쟁을 위한 이동이다.
② 종교의 자유를 위한 이동이다.
③ 쾌적한 환경을 찾는 이동이다.
④ 노동력 공급을 위한 강제적 이동이다.
⑤ 정치적 박해를 피하기 위한 이동이다.

▶ 252004-0239

04 (가)~(다) 국가를 지도의 A~C에서 고른 것은?

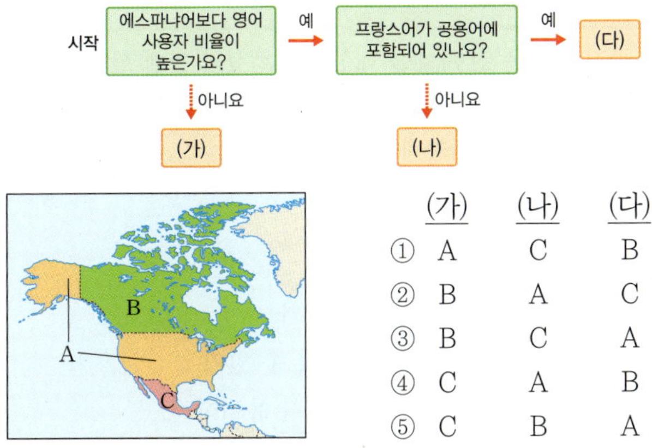

	(가)	(나)	(다)
①	A	C	B
②	B	A	C
③	B	C	A
④	C	A	B
⑤	C	B	A

▶ 252004-0240

05 그래프는 두 시기 미국 내 민족(인종) 구성을 나타낸 것이다. (가)~(다) 민족(인종)으로 옳은 것은?

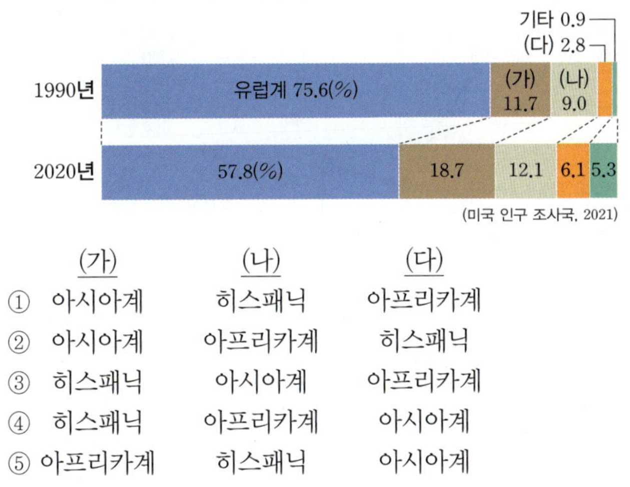

	(가)	(나)	(다)
①	아시아계	히스패닉	아프리카계
②	아시아계	아프리카계	히스패닉
③	히스패닉	아시아계	아프리카계
④	히스패닉	아프리카계	아시아계
⑤	아프리카계	히스패닉	아시아계

▶ 252004-0241

06 그래프는 라틴 아메리카 두 국가의 민족(인종) 구성을 나타낸 것이다. (가), (나) 국가에 대한 설명으로 옳은 것은? (단, (가), (나)는 각각 멕시코, 브라질 중 하나임.)

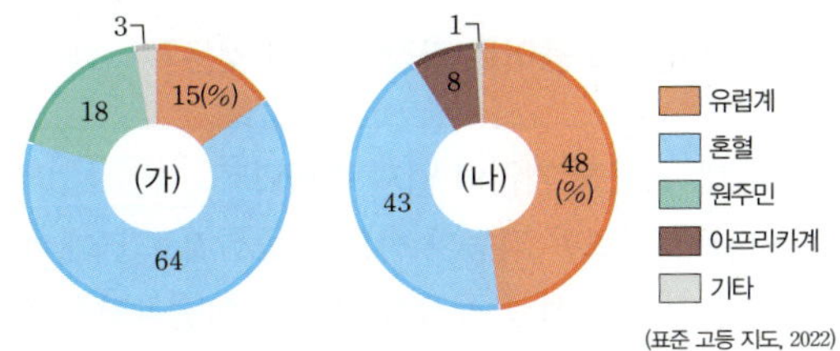

① (가)는 아르헨티나와 국경을 접하고 있다.
② (나)의 국토 일부는 안데스산맥에 걸쳐 있다.
③ (가)는 (나)보다 수도의 해발 고도가 낮다.
④ (가)는 (나)보다 국가 내 포르투갈어 사용자 비율이 높다.
⑤ (나)는 (가)보다 국토 면적이 넓다.

▶ 252004-0242

07 지도에 표시된 두 국가의 공통점으로 옳은 것은?

① 로키산맥에 걸쳐 있다.
② 유럽계보다 원주민의 수가 많다.
③ 포르투갈어를 공용어로 사용한다.
④ 크리스트교보다 이슬람교 신자가 많다.
⑤ 국토 대부분에서 냉대 기후가 나타난다.

▶ 252004-0243

08 ^{주요} 지도의 A~C 국가에 대한 설명으로 옳은 것만을 〈보기〉에서 고른 것은?

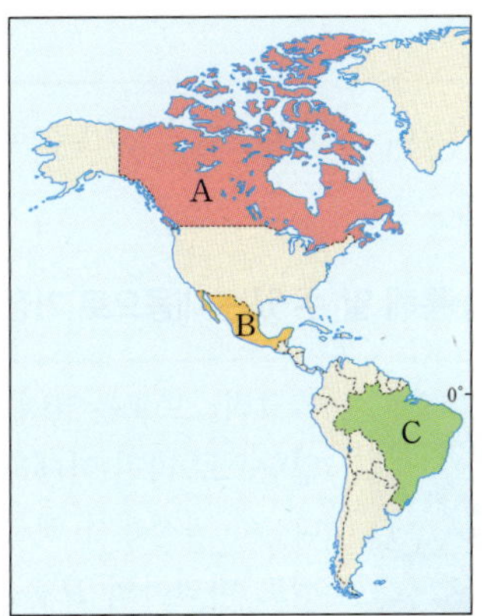

보기

ㄱ. A는 플랜테이션의 발달로 아프리카계가 다수 유입하였다.
ㄴ. C에는 아스테카 문명의 유적이 곳곳에 분포한다.
ㄷ. B는 에스파냐, C는 포르투갈의 식민 지배를 받았다.
ㄹ. A~C 중 이누이트는 A에 주로 거주한다.

① ㄱ, ㄴ　　　② ㄱ, ㄷ　　　③ ㄴ, ㄷ
④ ㄴ, ㄹ　　　⑤ ㄷ, ㄹ

실력 쌓기 문제

▶ 252004-0244

09 다음 글의 (가), (나) 국가 사례로 옳은 것은?

> (가) 대서양 연안에 위치하며 민족(인종) 구성에서 유럽계의 비율이 매우 높은 국가이다.
>
> (나) 카리브해에 위치한 섬나라이다. 플랜테이션의 발달에 따라 아프리카계가 다수 유입되었다.

	(가)	(나)		(가)	(나)
①	우루과이	칠레	②	우루과이	자메이카
③	자메이카	칠레	④	자메이카	우루과이
⑤	코스타리카	자메이카			

▶ 252004-0245

10 다음 글의 (나) 국가에 대한 (가) 국가의 상대적 특징으로 옳은 것만을 〈보기〉에서 고른 것은? (단, (가), (나)는 각각 브라질, 아르헨티나 중 하나임.)

> 탱고는   (가)   (으)로 이주해 온 남부 유럽 출신 사람들에 의해 시작된 음악이다. 삼바는 아프리카에서   (나)   (으)로 끌려온 노예들이 고향의 춤과 악기로 향수를 달랬던 것에서 유래하였다.

보기

ㄱ. 열대림의 분포 면적이 넓다.
ㄴ. 플랜테이션 작물의 수출액이 많다.
ㄷ. 국가 내 에스파냐어 사용자 비율이 높다.
ㄹ. 국가 내 민족(인종) 구성에서 유럽계가 차지하는 비율이 높다.

① ㄱ, ㄴ ② ㄱ, ㄷ ③ ㄴ, ㄷ ④ ㄴ, ㄹ ⑤ ㄷ, ㄹ

▶ 252004-0246

11 다음 자료를 통해 알 수 있는 내용으로 가장 적절한 것은?

> 크리스트교는 16세기 초에 유럽의 영향으로 라틴 아메리카에 전파되었다. 이 과정에서 멕시코의 원주민은 성모 마리아의 모습을 자신들과 닮은 갈색 피부와 검은 머리를 가진 모습으로 바꾸었다.

① 각각의 문화는 우수성을 비교하기가 어렵다.
② 모든 문화는 보편적으로 추구하는 가치가 동일하다.
③ 문화가 획일화되는 과정에서 소수 문화가 소멸된다.
④ 지역의 고유한 문화는 세계적으로 전파되기 어렵다.
⑤ 서로 다른 문화가 만나 독자적이고 새로운 문화가 형성된다.

▶ 252004-0247

12 빈칸 ㉠에 들어갈 내용으로 가장 적절한 것은?

> 초국적 기업은 전 세계를 대상으로 생산과 판매 활동을 하는데, 그 수가 많아지고 진출 범위도 넓어지고 있다. 본사는 주로 선진국에 입지하는데 그 이유는   ㉠   때문이다.

① 무역 장벽을 피할 수 있기
② 제품의 운송비를 줄일 수 있기
③ 생산 공장이 대부분 선진국에 있기
④ 같은 업종의 기업 간 경쟁을 피할 수 있기
⑤ 풍부한 자본과 고급 정보를 얻기가 유리하기

▶ 252004-0248

13 다음 자료는 미국에 본사를 둔 항공기 제조 기업의 부품별 조달 현황을 나타낸 것이다. 이 기업의 생산 전략으로 옳은 것은?

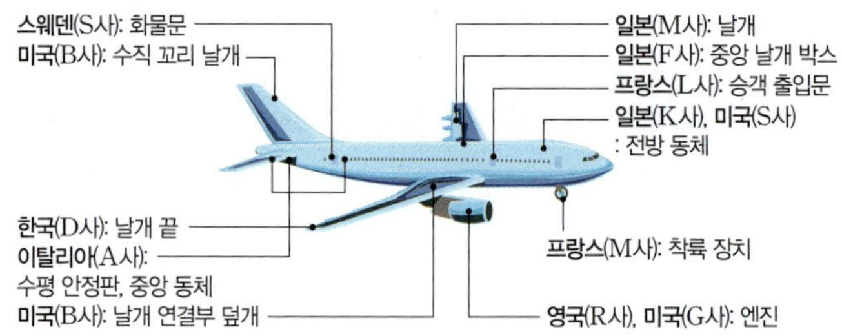

① 저임금 노동력 확보에 유리한 국가로 진출하고 있다.
② 전문 기술 기업과의 글로벌 생산체제를 구축하고 있다.
③ 현지의 고유한 문화적 특성을 생산 공정에 반영하고 있다.
④ 원료 산지와의 접근성을 중시한 생산 시설 투자가 이루어지고 있다.
⑤ 핵심 기술의 해외 이전을 통한 외국 기업과의 협력을 추구하고 있다.

▶ 252004-0249

14 빈칸 ㉠에 들어갈 용어로 가장 적절한 것은?

> • 주제: 초국적 기업의 입지 변화와   ㉠
>
> 미국의 디트로이트는 자동차 산업의 중심지로 크게 성장하였다. 그러나 자동차 생산 공장이 해외로 이전하면서 인구가 크게 감소하였고, 2013년 시 당국은 재정난으로 파산 보호 신청까지 해야 했다.

① 공간적 분업 ② 문화 혼종성
③ 산업 공동화 ④ 현지화 전략
⑤ 글로벌 생산체제

서술형 문제

1 단계 핵심 키워드 파악하기

▶ 252004-0250

01 지도는 라틴 아메리카로의 민족(인종) 이주를 나타낸 것이다. (1) A, B에 해당하는 국가를 쓰고, (2) C의 이주 원인을 서술하시오. (A, B는 모두 유럽계에 해당하며, 각각 유럽에 표시된 두 국가 중 하나임.)

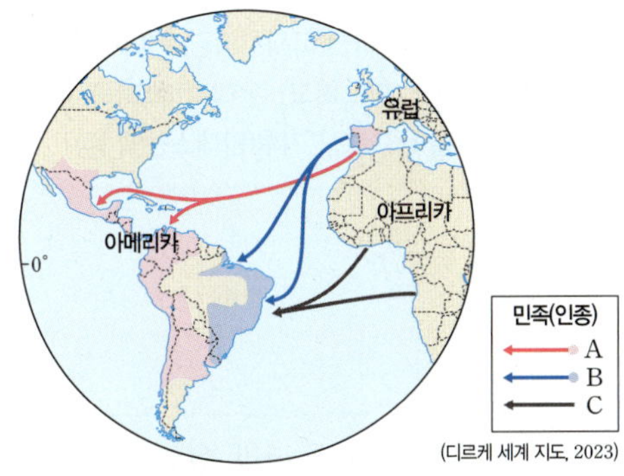

답 완성하기

(1) A – (   ), B – (   )

(2) 주로 커피, 사탕수수와 같은 작물을 대규모로 생산하는 농업인 (   )의 노동력 확보를 위해 (   )에 의해 강제 이주되었다.

▶ 252004-0251

02 지도는 미국과 캐나다의 언어 분포를 나타낸 것이다. (1) A, B에 들어갈 언어명을 쓰고, (2) 캐나다에서 두 언어가 공용어로 사용되고 있는 이유를 서술하시오.

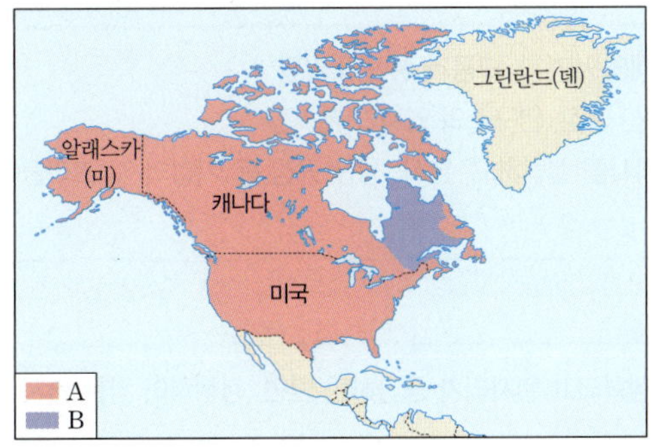

답 완성하기

(1) A – (   ), B – (   )

(2) 캐나다는 영국과 (   )이/가 식민지 지배권을 놓고 경쟁함에 따라 두 국가의 영향을 크게 받았으며, 문화적 다양성을 인정하여 두 언어를 공용어로 사용하고 있다.

2 단계 스스로 문장 완성하기

▶ 252004-0252

03 다음 자료의 (가)에 들어갈 적절한 내용을 서술하시오.

미국 남서부 지역에서는 거리에서 영어와 에스파냐어가 혼용된 간판을 쉽게 볼 수 있다. 이는 민족(인종)의 이주와 관련지어 설명할 수 있다. 즉, _______________ (가) _______________.

▶ 252004-0253

04 지도는 어느 스포츠 의류 기업의 입지를 나타낸 것이다. (1) 본사가 있는 국가와 공장 근로자 수가 가장 많은 대륙을 쓰고, (2) 베트남, 인도네시아 등지에 주요 생산 공장이 입지하게 된 이유를 서술하시오.

(1) • 본사가 있는 국가: (   )

　　• 공장 근로자 수가 가장 많은 대륙: (   )

(2)

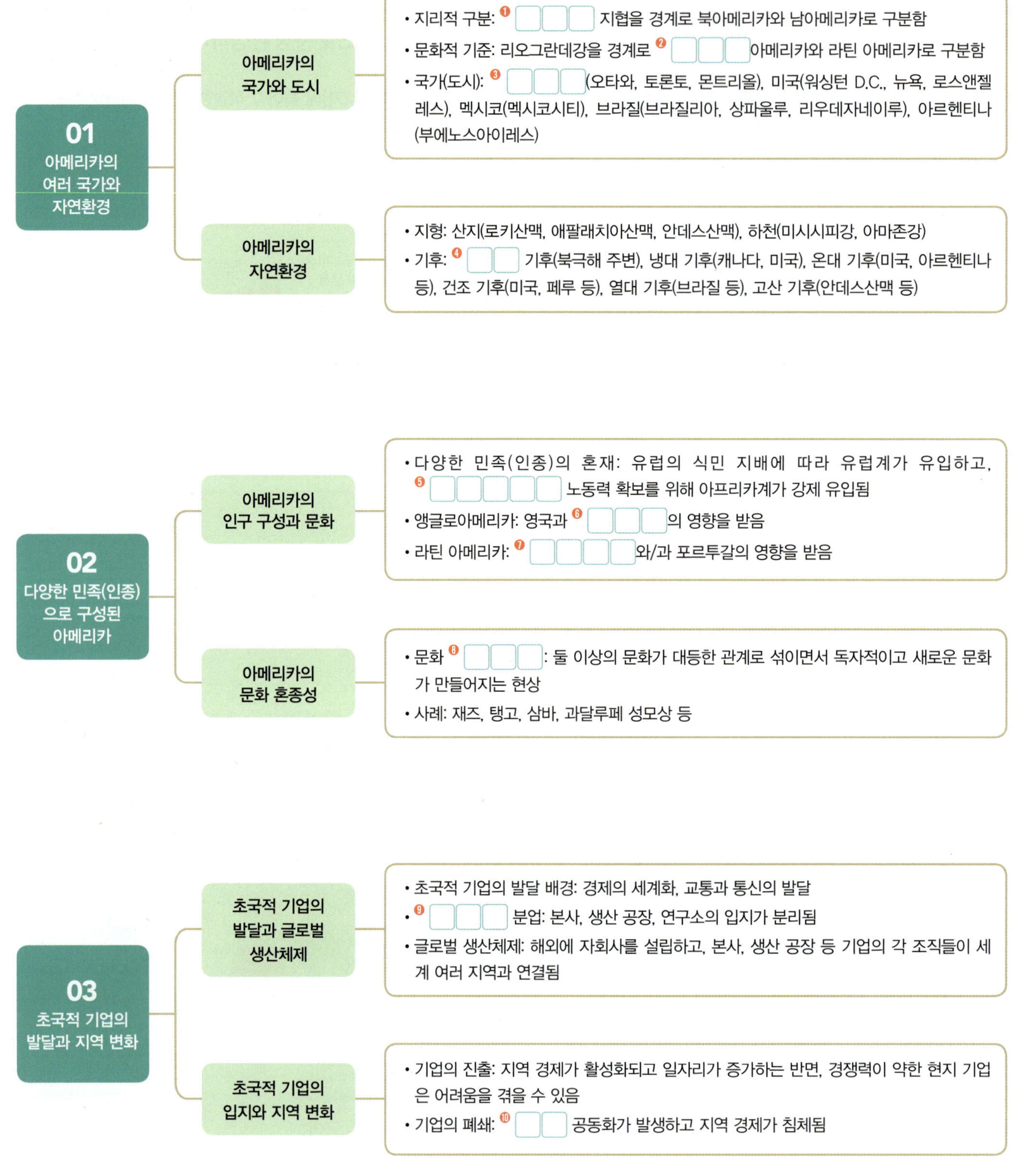

정답 ❶ 파나마 ❷ 앵글로 ❸ 캐나다 ❹ 한대 ❺ 플랜테이션 ❻ 프랑스 ❼ 에스파냐 ❽ 혼종성 ❾ 공간적 ❿ 산업

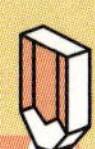

대단원 마무리 문제

▶ 252004-0254

01 아메리카에 대한 설명으로 옳은 것만을 〈보기〉에서 고른 것은?

보기
ㄱ. 태평양과 접해 있다.
ㄴ. 남반구와 북반구에 모두 걸쳐 있다.
ㄷ. 모든 국가는 영국보다 표준시가 이르다.
ㄹ. 국토 면적이 가장 넓은 국가는 미국이다.

① ㄱ, ㄴ　　　② ㄱ, ㄷ　　　③ ㄴ, ㄷ
④ ㄴ, ㄹ　　　⑤ ㄷ, ㄹ

▶ 252004-0255

02 지도의 A, B 국가에 대한 설명으로 옳은 것은?

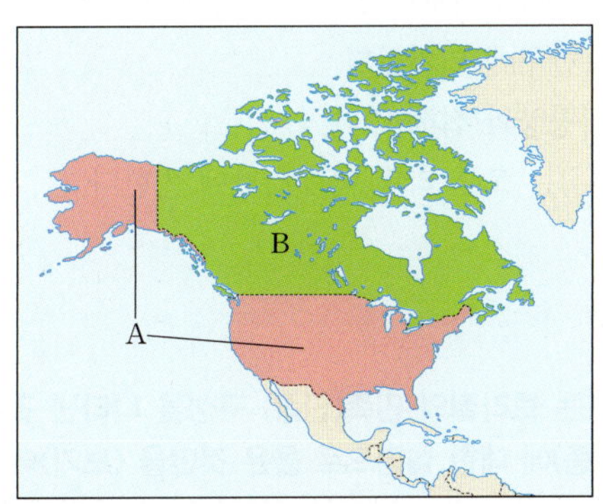

① A의 수도는 고산 도시이다.
② B의 수도는 태평양 연안에 위치한다.
③ B에서는 영어와 프랑스어가 공용어로 사용된다.
④ A는 B보다 한대 기후 지역이 넓게 나타난다.
⑤ A와 B는 모두 라틴 아메리카에 속한다.

▶ 252004-0256

03 다음 글에서 설명하는 도시로 옳은 것은?

　국제 연합(UN) 본부와 월스트리트가 있어 세계 정치, 경제의 중심 도시로 불린다. 도시를 상징하는 대표적인 건축물로는 자유의 여신상이 유명하다.

① 뉴욕　　　② 런던　　　③ 오타와
④ 토론토　　　⑤ 워싱턴 D.C.

▶ 252004-0257

04 지도의 A 산맥에 대한 설명으로 옳은 것은?

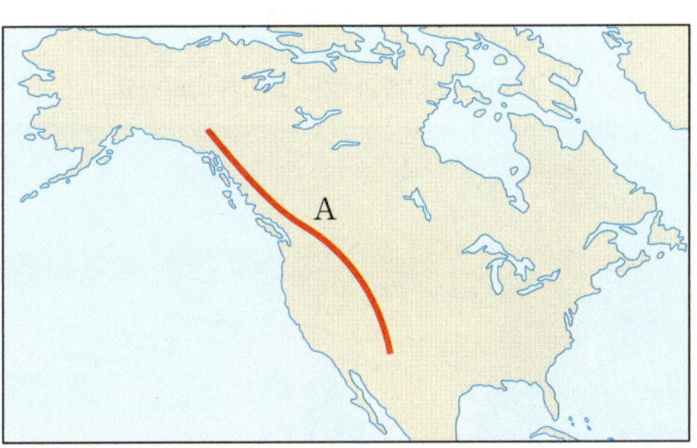

① 국가의 수도가 위치한다.
② 아마존강의 발원지가 있다.
③ 환태평양 조산대에 속한다.
④ 잉카 문명의 유적지가 있다.
⑤ 세계에서 해발 고도가 가장 높은 산이 있다.

▶ 252004-0258

05 다음 글에서 설명하는 국가로 옳은 것은?

　빙하가 깎아 만든 U자곡이 해수면 상승으로 침수되어 형성된 피오르가 나타난다. 지형 경관이 아름답고 웅장하여 관광 자원으로 이용된다.

① 칠레　　　② 쿠바　　　③ 우루과이
④ 파라과이　　　⑤ 코스타리카

▶ 252004-0259

06 지도는 아메리카 내 두 기후의 분포를 나타낸 것이다. A, B에 해당하는 내용으로 옳은 것은?

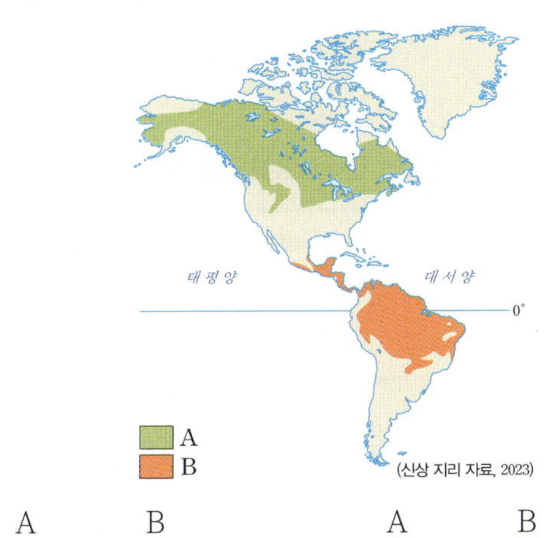

	A	B		A	B
①	열대	건조	②	열대	냉대
③	냉대	열대	④	냉대	한대
⑤	한대	열대			

▶ 252004-0260

07 사진의 ㉠과 같은 기후 특성이 나타나는 이유를 서술하시오.

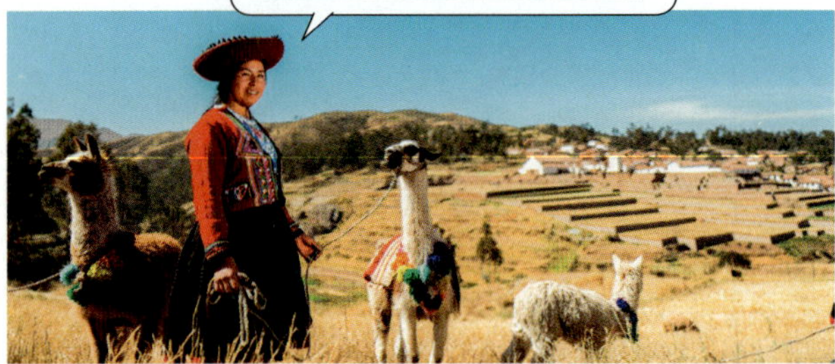

▲ 페루의 주민

▶ 252004-0261

08 지도의 A 국가에 대한 설명으로 옳은 것은?

① 아마존강이 지난다.
② 모하비 사막이 위치한다.
③ 수도는 부에노스아이레스이다.
④ 아스테카 문명의 유적이 있다.
⑤ 주민 대부분이 포르투갈어를 사용한다.

▶ 252004-0262

09 빈칸 ㉠, ㉡에 해당하는 민족(인종)으로 옳은 것은?

> 미국의 남동부는 대규모 목화 재배를 위한 노동력이 필요하여 ㉠ 에 의해 강제 이주된 ㉡ 가 다수 거주하게 되었다.

	㉠	㉡
①	유럽계	아시아계
②	유럽계	아프리카계
③	아시아계	아프리카계
④	아프리카계	유럽계
⑤	아프리카계	아시아계

▶ 252004-0263

10 다음 글의 '이곳'이 위치한 국가로 옳은 것은?

> 과거 프랑스가 이곳에 진출하면서 프랑스계 이주민이 많이 정착하였다. 영어 사용자 비율이 높은 국가에서 프랑스의 문화 정체성이 뚜렷하게 나타나는 것이 특징이다.

① 미국　　② 칠레　　③ 캐나다
④ 멕시코　　⑤ 볼리비아

▶ 252004-0264

11 (가), (나) 국가군에 대한 설명으로 옳은 것은?

> (가) 페루, 멕시코　　　　(나) 브라질, 우루과이

① (가)에는 애팔래치아산맥이 위치한다.
② (가)는 에스파냐어보다 포르투갈어 사용자 비율이 높다.
③ (나)는 북반구에 위치한다.
④ (나)는 태평양과 접해 있다.
⑤ (가)와 (나)는 모두 라틴 아메리카에 속한다.

▶ 252004-0265

12 그래프는 브라질의 민족(인종) 구성을 나타낸 것이다. (가), (나) 민족(인종)에 대한 설명으로 옳은 것만을 <보기>에서 고른 것은? (단, (가), (나)는 각각 원주민, 아프리카계, 유럽계 중 하나임.)

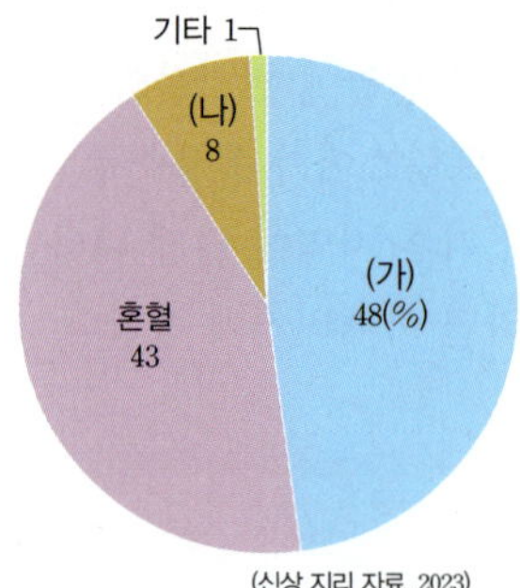

(신상 지리 자료, 2023)

> **보기**
> ㄱ. (가)는 브라질 내에서는 주로 아마존 분지에 거주한다.
> ㄴ. (나)는 과거 플랜테이션 노동력 확보의 목적으로 강제 이주되었다.
> ㄷ. (가)는 (나)보다 라틴 아메리카 총인구에서 차지하는 비율이 낮다.
> ㄹ. 자메이카는 (가)보다 (나)의 구성 비율이 높다.

① ㄱ, ㄴ　　② ㄱ, ㄷ　　③ ㄴ, ㄷ
④ ㄴ, ㄹ　　⑤ ㄷ, ㄹ

13 다음 자료를 통해 알 수 있는 아메리카의 문화 특징을 민족(인종)의 유입과 관련지어 서술하시오.

▶ 252004-0266

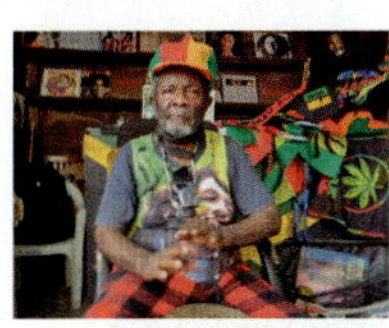

음악 장르 중 하나인 '레게'는 초기 자메이카의 음악에 카리브해의 음악, 미국의 리듬 앤드 블루스, 아프리카의 리듬 등이 융합되어 탄생하였다.

14 다음 글의 ㉠에 들어갈 내용으로 가장 적절한 것은?

▶ 252004-0267

세계적인 의류 기업 ○○사의 본사는 글로벌 생산체제의 관리와 의사결정 기능을 맡고 있으며, 미국의 뉴욕에 위치한다. 생산 공장은 ㉠ 에 유리한 베트남과 인도네시아 등의 동남아시아 국가에 위치한다.

① 고급 정보 취득
② 원료 운송비 절감
③ 풍부한 자본 확보
④ 저임금 노동력 확보
⑤ 경쟁 업체와의 교류와 협력

15 다음은 사회 수업 장면의 일부이다. 교사의 질문에 대한 답변이 옳은 학생만을 고른 것은?

▶ 252004-0268

교사: 초국적 기업의 생산 공장이 입지하게 되면 해당 지역에서는 어떠한 변화가 일어날까요?
갑: 산업 공동화 현상이 나타나요.
을: 기업 투자로 새로운 일자리가 창출돼요.
병: 생산 공장 관리를 위해 본사가 이전해 올 가능성이 높아요.
정: 경쟁력이 약한 현지 기업은 이전에 비해 어려움을 겪을 수 있어요.

① 갑, 을   ② 갑, 병   ③ 을, 병
④ 을, 정   ⑤ 병, 정

고난도 실력 향상 문제

01 지도의 A~D 도시에 대한 설명으로 옳은 것은? (단, A~D는 각각 뉴욕, 리우데자네이루, 멕시코시티, 키토 중 하나임.)

▶ 252004-0269

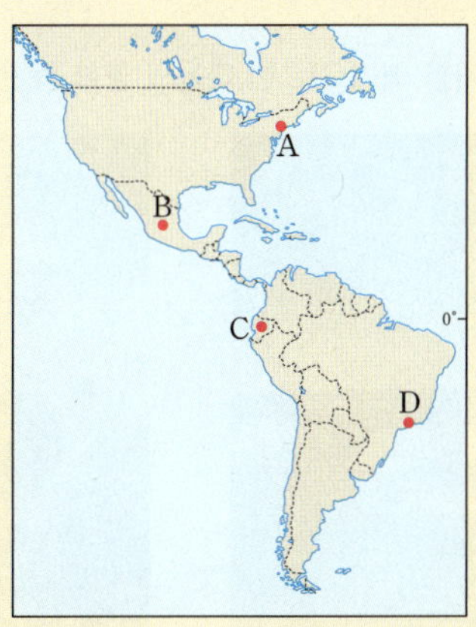

① A는 건조 기후가 나타난다.
② B는 주민 대부분이 영어를 사용한다.
③ C는 D보다 연평균 기온이 높다.
④ D는 A보다 초국적 기업의 본사 수가 많다.
⑤ B와 C는 모두 해당 국가의 수도이다.

02 지도의 A~D 민족(인종)에 대한 설명으로 옳은 것은? (단, A~D는 각각 아프리카계, 원주민, 유럽계, 혼혈 중 하나임.)

▶ 252004-0270

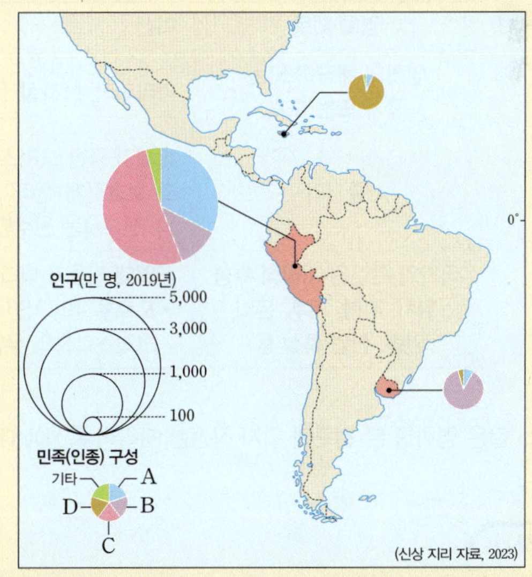

① B는 과거 안데스산맥에서 고대 문명을 발달시켰다.
② A는 D보다 라틴 아메리카 내 거주 비율이 높다.
③ D는 B보다 고소득 업종의 종사자 비율이 높다.
④ B는 C보다 라틴 아메리카에 정착한 시기가 이르다.
⑤ A~D 중 멕시코 내 거주 비율이 가장 높은 민족(인종)은 C이다.

문제 ▷ **영화 속 아메리카의 지리적 특성 알아보기**

A 활동 계획 세우기

1. 아메리카를 배경으로 한 다음의 영화 중 한 편을 선정하여 감상한다.

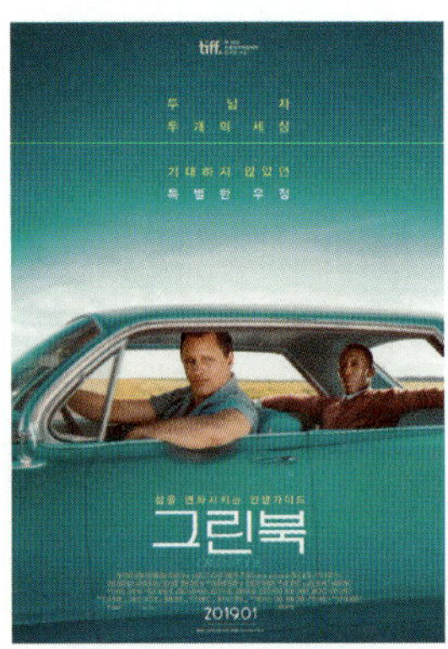

▲ **그린북** 다른 인종과 신분의 두 사람이 인종 차별의 사회적 시선을 극복하고 친구가 되어 가는 과정을 담고 있다.

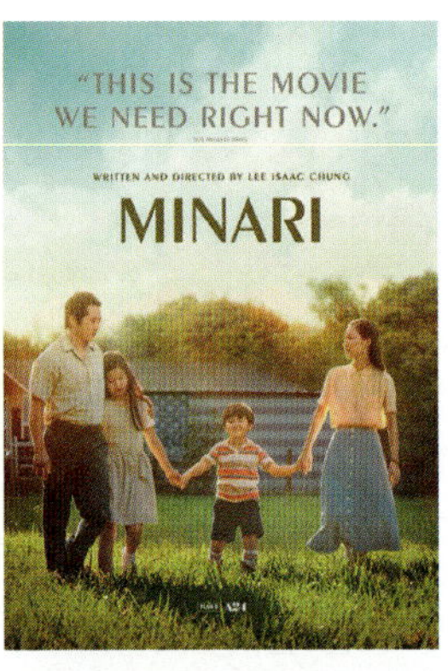

▲ **미나리** 이민자 가족이 낯선 이국땅에 정착하는 과정에서 가족의 의미가 무엇인지 알게 되는 과정을 보여 준다.

▲ **미션** 18세기 오지에서 원주민들과 함께 생활하는 선교사를 통해 진정한 사랑이 무엇인지를 보여 준다.

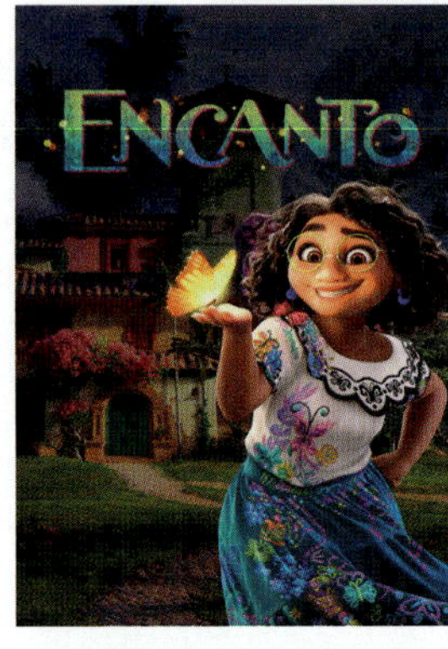

▲ **엔칸토** 가족 중 유일하게 마법의 힘을 못 쓰는 소녀 미라벨과 그녀의 가족이 위기를 겪으면서 가족애를 느끼게 된다는 내용을 담고 있다.

2. 감상한 영화 속 지리적 내용을 정리해 보고, 각자 작성한 영화 속 지리적 특성을 발표한다.

B 활동하기

1. 영화를 감상한 후 아래의 표를 작성한다.

예시

영화 제목	미션
영화의 배경이 되는 국가 또는 도시	파라과이, 브라질, 우루과이 등
줄거리	18세기 중반 크리스트교 선교사 가브리엘은 원주민을 위한 선교 활동을 하며 그들의 문화를 존중하고 보호하게 된다. 그러나 포르투갈 제국의 원주민에 대한 착취가 심화되면서 상황은 점점 악화된다. 선교사는 원주민을 위해 투쟁하지만, 결국 원주민 마을은 함락된다.
국가와 관련된 지리적 특성 (위치, 지형, 기후, 문화, 인종, 산업 특성 등)	• 열대 기후가 나타나며 울창한 밀림이 분포한다. • 포르투갈의 식민 지배를 받았다. • 크리스트교의 유입과 전파가 이루어졌다.

2. 같은 영화를 본 친구와 각자 작성한 지리적 특성에 대해 이야기를 나눈 후 정리한 내용을 발표한다.

평가하기

평가 영역	채점 기준	상	중	하
창의적 사고력	영화의 줄거리를 나름의 기준과 분량으로 적절하게 정리하였는가?			
	새롭게 알게 된 점이 반영되어 있는가?			
정보 활용 능력	영화에 제시된 여러 정보를 잘 습득하였는가?			
	배경 장소의 지리적 특성을 정확히 찾아냈는가?			
의사소통 및 협업 능력	동료와의 협업이 활발하게 이루어졌는가?			
	자신의 생각을 잘 정리해서 동료에게 전달했는가?			

VI

오세아니아와 극지방

오세아니아의 여러 국가

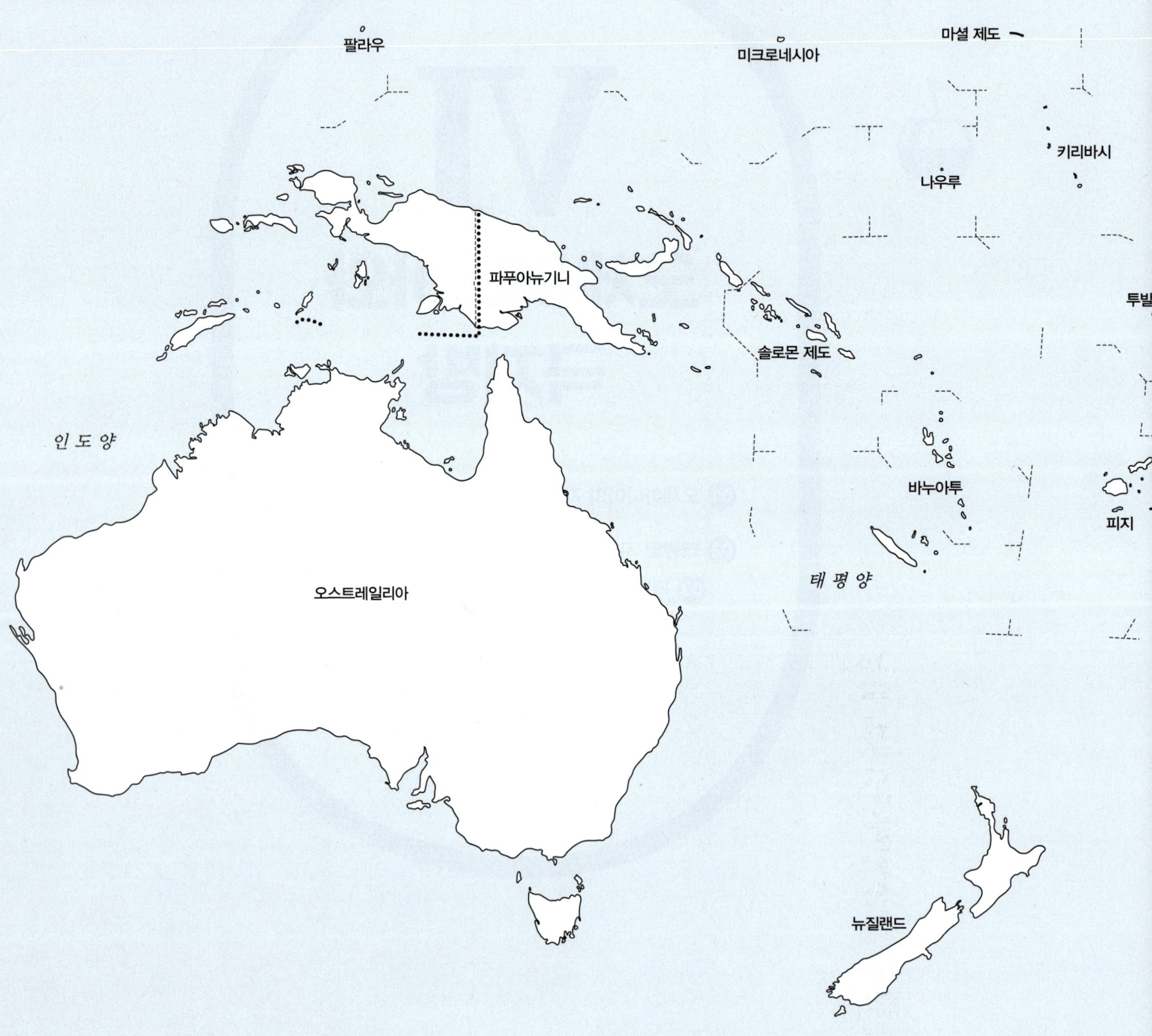

팔라우
미크로네시아
마셜 제도
키리바시
나우루
파푸아뉴기니
투발루
솔로몬 제도
인도양
바누아투
피지
오스트레일리아
태평양
뉴질랜드

오세아니아는 그 이름이 '큰 바다'라는 뜻의 '오션'에서
유래하였을 정도로 바다와 밀접한 관계를 맺고 있다. 풍부한
자원과 아름다운 경관을 보유하고 있는 오세아니아가 세계 각
지역과 어떻게 상호 협력하고 있는지, 오세아니아가 있는 태평양
지역에서 나타나고 있는 환경 문제는 무엇이며 어떠한 해결 방안이
있는지를 살펴보고, 극지방의 지리적 중요성과 지역 개발을 둘러싼
이해관계를 파악해 보자.

▲ 울루루(오스트레일리아)

▲ 대보초(오스트레일리아)

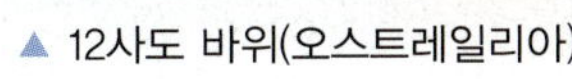

▲ 12사도 바위(오스트레일리아)

▲ 밀포드 사운드(뉴질랜드)

01 오세아니아의 지리적 특성과 자원 수출

학습목표
- 다양한 지리정보와 매체를 활용하여 오세아니아의 국가와 주요 도시의 위치를 파악할 수 있다.
- 오세아니아의 자연환경 특성을 지도로 표현할 수 있다.

1 오세아니아의 국가와 도시

(1) 오세아니아의 지리적 특성 (자료 1)
① 인도양과 남태평양 사이에 위치함
② 크고 작은 수많은 섬들로 이루어짐
③ 대륙(아시아 · 아프리카 · 유럽 · 북아메리카 · 남아메리카 · 오세아니아) 중 가장 면적이 좁음

(2) 오세아니아의 국가 (자료 2)
① 국토 면적이 비교적 넓은 국가
- 오스트레일리아: 오세아니아 내 국토 면적 1위 〔면적상으로 오세아니아의 대부분을 차지할 정도로 넓으며, 인구 역시 오세아니아 국가 중 가장 많다.〕
- 뉴질랜드: 크게 북섬과 남섬으로 이루어짐
- 파푸아뉴기니: 뉴기니섬에 위치하며, 인도네시아와 국경을 접함 〔그린란드에 이어 세계에서 두번째로 면적이 넓은 섬으로, 서쪽에는 인도네시아, 동쪽에는 파푸아뉴기니가 위치한다.〕
② 기타 섬나라: 키리바시, 바누아투, 투발루, 솔로몬 제도, 나우루, 피지 등

(3) 오세아니아의 주요 도시 (자료 3)

오스트레일리아	캔버라(수도), 시드니(국가 내 인구 1위), 멜버른
뉴질랜드	웰링턴(수도), 오클랜드(국가 내 인구 1위)

집중 탐구 오세아니아의 국가와 도시

- 오스트레일리아는 오세아니아에서 국토 면적이 가장 넓은 국가이며, 시드니, 캔버라 등의 주요 도시가 남동부 지역에 위치한다.
- 뉴질랜드는 크게 북섬과 남섬으로 이루어져 있는데, 수도와 국가 내 인구 1위 도시가 모두 북섬에 위치한다.
- 오스트레일리아와 뉴질랜드를 제외한 다른 국가들은 인구가 적은 편이며, 대도시 발달이 미약하다.

자료 1 대륙별 면적 비율

오세아니아 6.5

아시아 23.9(%)	아프리카 22.8	유럽 17.0	북아메리카 16.4	남아메리카 13.4

세계 육지 총면적 13,009만 km²
* 러시아는 유럽에 포함됨.　　　　(세계 각국 요람, 2023)
세계에서 면적 비율이 가장 높은 대륙은 아시아이고, 가장 낮은 대륙은 오세아니아이다.

자료 2 키리바시와 피지의 국기

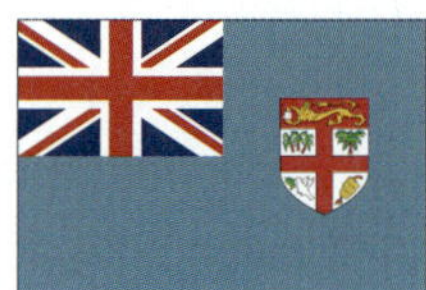

▲ 키리바시의 국기　　　　▲ 피지의 국기

키리바시의 국기에는 일출을 상징하는 그림이 표현되어 있다. 키리바시는 사모아와 함께 세계에서 일출 시각이 가장 이른 국가이다. 피지의 국기에는 영국의 국기가 표현되어 있는데, 이는 피지가 영국의 지배를 받았음을 보여준다. 피지 외에 오세아니아에는 오스트레일리아, 뉴질랜드, 투발루 등의 국기에 영국의 국기가 표현되어 있어, 영국의 지배를 받은 국가가 여럿 있음을 알 수 있다.

자료 3 오스트레일리아와 뉴질랜드의 국가 내 인구 1위 도시

▲ 오스트레일리아의 시드니　　　　▲ 뉴질랜드의 오클랜드

시드니는 오스트레일리아 남동부에 위치하며 세계 3대 미항 중 하나로 불린다. 오페라 하우스는 시드니를 상징하는 대표적인 건축물이다. 오클랜드는 뉴질랜드 북섬에 위치하며, 옛 수도이기도 하다. 남반구 최고 높이의 인공 구조물인 스카이 타워가 유명하다.

용어 정리

남태평양 태평양 중 적도 이남에 해당하는 바다
제도(諸島) 한 무리를 이루고 있는 여러 섬

---

② 오세아니아의 자연환경

(1) 오세아니아의 지형 (자료 ④)

① 오스트레일리아
- 동부: 낮고 완만한 그레이트디바이딩산맥이 있음
- 서부: 사막(그레이트샌디 사막, 그레이트빅토리아 사막)이 넓게 나타남
- 중부: 대찬정 분지가 있음
- 북동부 해안: 세계 최대 규모의 산호초 지대인 대보초가 있음

② 뉴질랜드
- 북섬: 환태평양 조산대에 속하여 지각이 불안정함 → 화산 지형이 발달함
- 남섬: 높은 산지와 빙하 지형(피오르, U자곡)이 발달함

③ 기타 섬나라: 화산 활동이 활발하며 일부 섬들은 산호초가 쌓여 형성됨
└ 해저에서 발생한 화산 활동에 의해 해수면 위로 땅이 드러나기도 한다.

(2) 오세아니아의 기후

① 오스트레일리아: 대부분 건조 기후가 나타남(일부 열대 및 온대 기후 분포)
② 뉴질랜드: 대부분 온대 기후(서안 해양성 기후)가 나타남
③ 기타 섬나라: 대부분 열대 기후가 나타남

집중 탐구 오세아니아의 기후와 인구 밀도

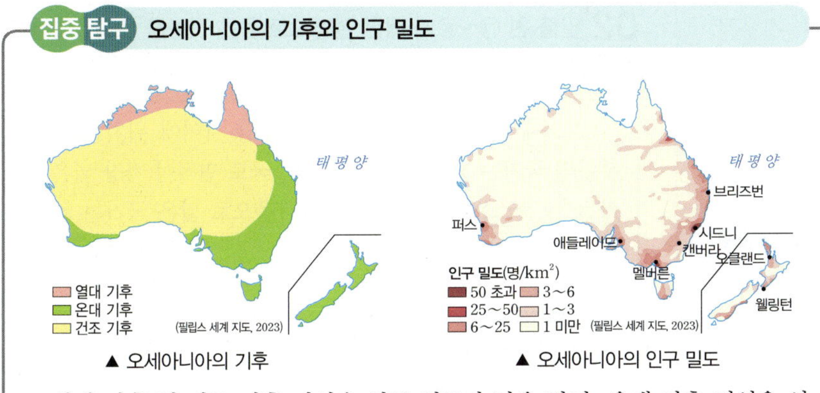

열대 기후 및 건조 기후 지역은 인구 밀도가 낮은 반면, 온대 기후 지역은 인구 밀도가 높으며, 대도시가 발달해 있다.

③ 오세아니아와 다른 지역과의 상호 연계성 (자료 ⑤) (자료 ⑥)

(1) 오세아니아의 자원

오스트레일리아	• 철광석, 석탄, 천연가스 등의 생산량 및 수출량이 세계적임 • 밀, 육류, 양모 등의 생산 및 수출도 활발함
뉴질랜드	육류, 유제품, 과일과 채소의 생산 및 수출이 활발함

(2) 다른 지역과의 상호 연계성

① 제조업 성장이 취약하여 공산품은 대부분 수입함
② 수출 품목으로는 각종 지하자원과 식량 자원이 주를 이룸
오스트레일리아를 포함한 오세아니아 대부분의 국가는 영국의 식민 지배를 받았다.
③ 과거에는 영국을 중심으로 한 유럽과의 교역 비중이 높았으나 최근에는 지리적으로 가까운 아시아 국가들(중국, 일본, 대한민국 등)과의 교역 비중이 높아짐 → 총 15개국(아시아 13개국 및 오스트레일리아, 뉴질랜드) 간 무역 활성화와 경제 협력을 위한 역내 포괄적 경제 동반자 협정(RCEP)이 체결됨

자료 ④ 오세아니아의 지형

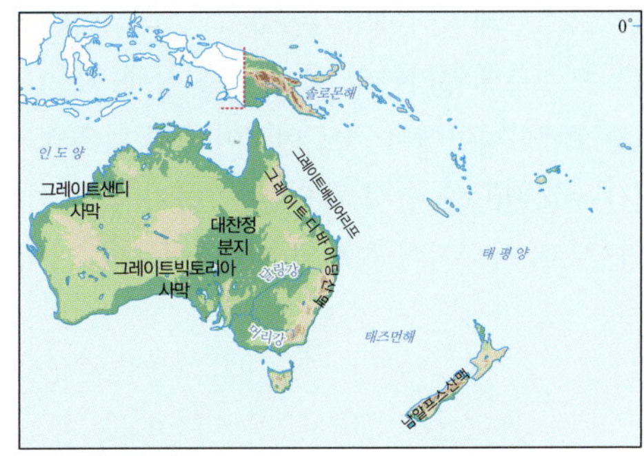

오스트레일리아 대부분의 지역은 대체로 해발 고도가 낮고 평탄하며 주요 산맥으로는 그레이트디바이딩산맥이 있다. 뉴질랜드에는 남알프스산맥이 있다.

자료 ⑤ 뉴질랜드의 상품별 수출액 비율

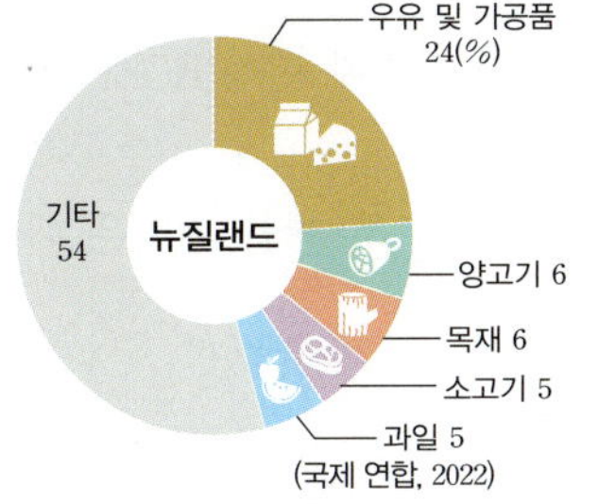

뉴질랜드는 지하자원보다 농림축산물의 수출액 비율이 높다.

자료 ⑥ 오스트레일리아의 주요 수출 상대국 및 자원 수출

순위	시기	1960년	2021년
1위		영국(26)	중국(46)
2위		일본(15)	일본(14)
3위		미국(8)	대한민국(9)
4위		프랑스(7)	인도(6)
5위		뉴질랜드(6)	미국(3)

* 괄호 안은 수출액 비율임.(%)
** 수출액 비율 상위 5개국을 나타냄. (국제 연합)

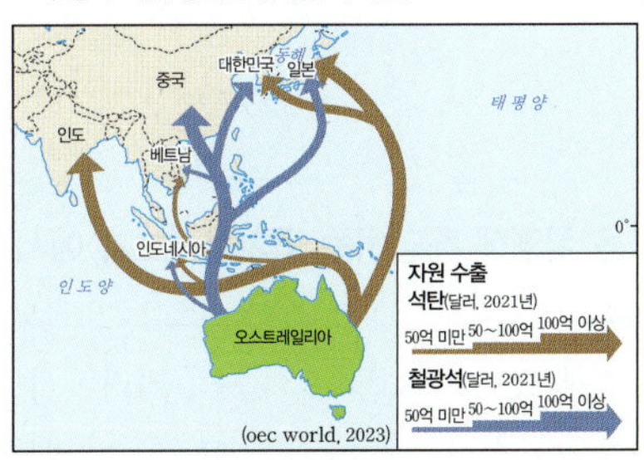

오스트레일리아는 아시아에 대한 수출 의존도가 높다. 중국, 일본, 대한민국은 제조업에 필요한 원료와 에너지 자원의 상당량을 오스트레일리아로부터 수입한다. 오스트레일리아 서부 지역은 철광석, 동부 지역은 석탄의 생산과 수출이 활발하다.

용어 정리

찬정 지층과 지층 사이의 지하수가 높은 압력에 의해 우물로 개발된 것

개념 확인 문제

01 빈칸에 들어갈 알맞은 말을 쓰시오.

(1) 오스트레일리아의 수도는 (　　　)이다.

(2) 오스트레일리아의 최대 수출 상대국은 (　　　)이다.

(3) 오세아니아에서 국토 면적이 가장 넓은 국가는 (　　　)이다.

(4) 뉴질랜드의 남섬 해안은 빙하가 깎은 계곡이 해수면 상승으로 침수되어 형성된 지형인 (　　　)이/가 나타난다.

02 다음 설명이 맞으면 ○표, 틀리면 ×표 하시오.

(1) 오세아니아는 대서양과 접하고 있다. (　　)

(2) 오스트레일리아는 뉴질랜드보다 철광석 수출량이 많다.

(　　)

(3) 역내 포괄적 경제 동반자 협정(RCEP) 회원국은 총 15개국이다. (　　)

(4) 오스트레일리아의 북부 해안 지역은 대부분 건조 기후가 나타난다. (　　)

03 오스트레일리아에 위치한 도시만을 〈보기〉에서 있는 대로 고르시오.

> 보기
>
> ㄱ. 멜버른　　　ㄴ. 시드니　　　ㄷ. 웰링턴
> ㄹ. 캔버라　　　ㅁ. 오클랜드　　ㅂ. 포트모르즈비

(　　　　　)

04 다음 설명에 해당하는 국가를 〈보기〉에서 고르시오.

> 보기
>
> ㄱ. 뉴질랜드　　　　　ㄴ. 키리바시
> ㄷ. 파푸아뉴기니　　　ㄹ. 오스트레일리아

(1) 인도네시아와 국경을 접하고 있다. (　　)

(2) 사모아와 함께 세계에서 일출 시각이 가장 이르다.

(　　)

(3) 환태평양 조산대에 위치하며, 크게 북섬과 남섬으로 이루어져 있다. (　　)

(4) 인도양과 태평양에 접해 있으며, 국토 대부분이 건조 기후 지역이다. (　　)

실력 쌓기 문제

▶ 252004-0271

01 그래프는 대륙별 면적 비율을 나타낸 것이다. (가)~(다) 대륙으로 옳은 것은?

(가) 23.9(%)	아프리카 22.8	(나) 17.0	북아메리카 16.4	남아메리카 13.4

(다) 6.5

*러시아는 유럽에 포함됨.　　　　　(세계 각국 요람, 2023)

	(가)	(나)	(다)
①	유럽	아시아	오세아니아
②	유럽	오세아니아	아시아
③	아시아	유럽	오세아니아
④	아시아	오세아니아	유럽
⑤	오세아니아	유럽	아시아

▶ 252004-0272

02 밑줄 친 ㉠~㉢에 대한 설명으로 옳은 것만을 〈보기〉에서 고른 것은?

> ㉠ 오세아니아는 인도양과 남태평양 사이에 위치한다. 대부분의 국가는 남반구에 위치하며, 국토 면적이 가장 넓은 국가는 ㉡ 오스트레일리아이고, 그다음으로 넓은 국가는 ㉢ 파푸아뉴기니이다.

> 보기
>
> ㄱ. ㉠에는 아이슬란드가 포함된다.
> ㄴ. ㉡의 수도는 캔버라이다.
> ㄷ. ㉢에는 그레이트빅토리아 사막이 있다.
> ㄹ. ㉢은 ㉡보다 수도의 위도가 낮다.

① ㄱ, ㄴ　　　② ㄱ, ㄷ　　　③ ㄴ, ㄷ

④ ㄴ, ㄹ　　　⑤ ㄷ, ㄹ

▶ 252004-0273

03 다음 설명에 해당하는 국가로 옳은 것은?

> • 피오르가 발달함.
> • 영국의 식민 지배를 받음.
> • 환태평양 조산대에 위치함.

① 통가　　　② 피지　　　③ 뉴질랜드

④ 파푸아뉴기니　　　⑤ 오스트레일리아

04 다음 자료에 해당하는 도시로 옳은 것은?

▶ 252004-0274

소속 국가에서 인구가 가장 많은 도시이다. 세계 3대 미항이라 불리며, 대표적인 명소로는 오페라 하우스가 있다.

① 멜버른　　② 시드니　　③ 브리즈번
④ 애들레이드　　⑤ 포트모르즈비

05 국가의 수도에 해당하는 지역만을 지도의 A~E에서 고른 것은?

▶ 252004-0275

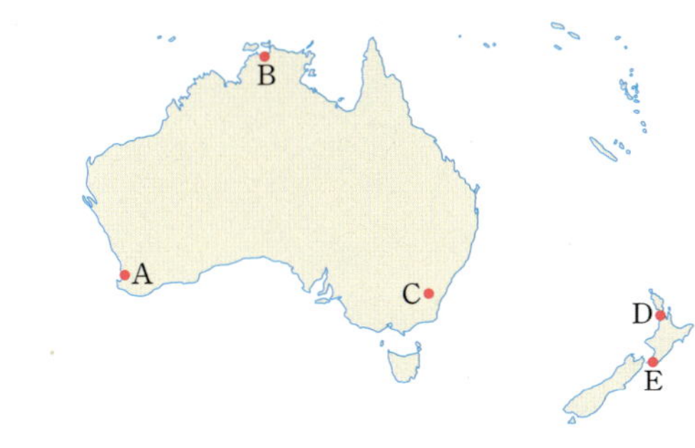

① A, D　　② B, D　　③ B, E
④ C, D　　⑤ C, E

06 지도의 A~E에 대한 설명으로 옳은 것은?

▶ 252004-0276

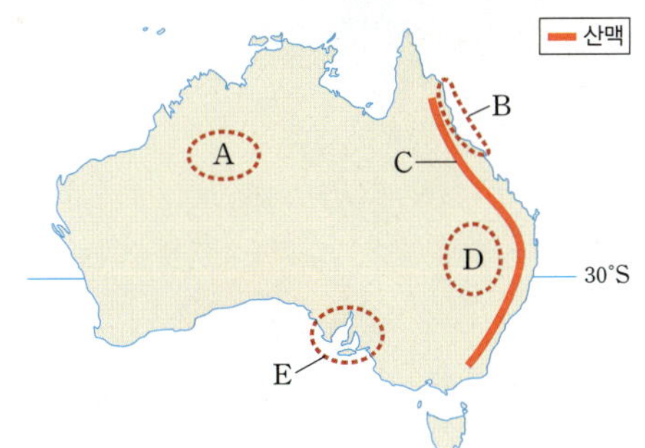

① A – 열대림이 분포한다.
② B – 산호초 지대가 발달하였다.
③ C – 세계에서 해발 고도가 가장 높은 산이 있다.
④ D – 계절풍을 이용한 벼농사가 활발하다.
⑤ E – 피오르가 관광 자원으로 이용된다.

07 지도에 표시된 A 국가의 자연환경에 대한 설명으로 옳은 것은?

▶ 252004-0277

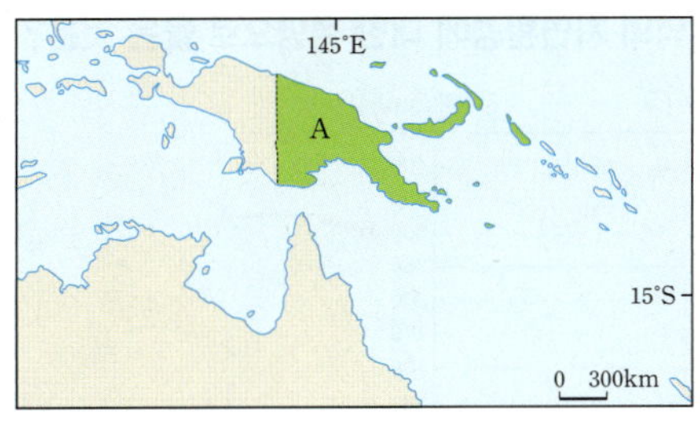

① 피오르가 발달하였다.
② 침엽수림이 널리 나타난다.
③ 연중 편서풍의 영향을 받는다.
④ 여름에 고온 건조한 기후가 나타난다.
⑤ 지각이 불안정하며 화산 활동이 활발하다.

08 지도에 표시된 A 지형의 형성 원인으로 옳은 것만을 〈보기〉에서 고른 것은?

▶ 252004-0278

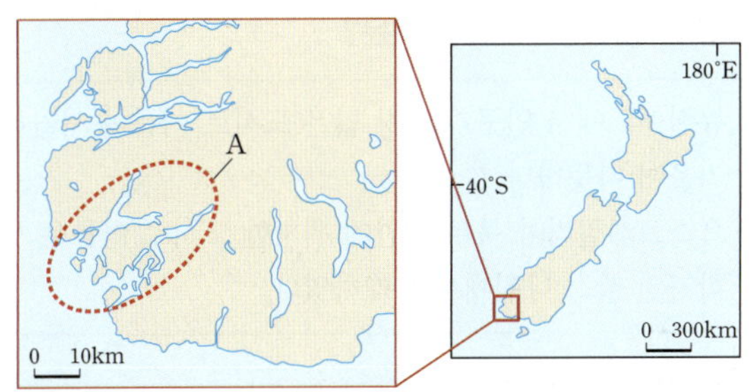

보기

ㄱ. 해수면의 상승
ㄴ. 빙하의 침식 작용
ㄷ. 마그마의 분출과 냉각
ㄹ. 지진에 의한 지표면 균열

① ㄱ, ㄴ　② ㄱ, ㄷ　③ ㄴ, ㄷ　④ ㄴ, ㄹ　⑤ ㄷ, ㄹ

09 ㉠에 들어갈 내용으로 옳은 것은?

▶ 252004-0279

㉠ 기후의 분포

(필립스 세계 지도, 2023)

① 건조　　② 냉대　　③ 열대　　④ 온대　　⑤ 한대

실력 쌓기 문제

▶ 252004-0280

10 다음 자료는 지도에 표시된 지역의 기후 그래프를 나타낸 것이다. 이 지역의 자연환경에 대한 설명으로 옳은 것은?

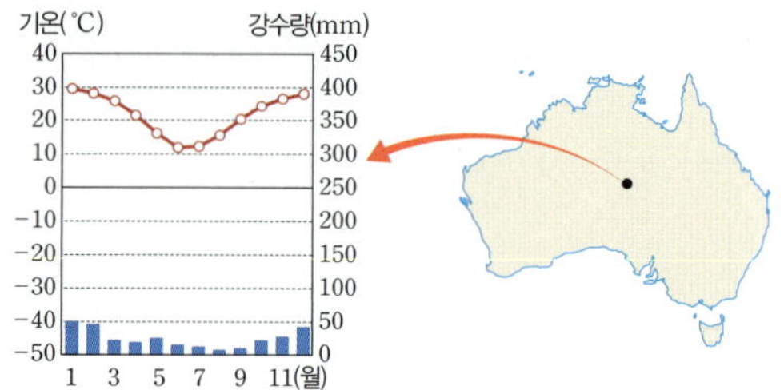

① 침엽수림이 나타난다.
② 여름이 고온 다습하다.
③ 바다의 영향으로 겨울이 따뜻하다.
④ 건조한 기후 환경으로 농업에 불리하다.
⑤ 기온의 연교차가 작은 고산 기후가 나타난다.

▶ 252004-0281

11 다음 글의 (가) 도시와 비교한 (나) 도시의 상대적 특징으로 옳은 것만을 〈보기〉에서 고른 것은?

(가) 뉴질랜드에서 인구가 가장 많은 도시로 여름이 서늘하고 겨울이 따뜻하다.
(나) 오스트레일리아 북부 해안에 위치한 도시로 이름은 생물학자인 찰스 다윈에서 유래하였다.

〈보기〉
ㄱ. 일출 시각이 이르다.
ㄴ. 연평균 기온이 높다.
ㄷ. 기온의 연교차가 크다.
ㄹ. 적도와의 최단 거리가 가깝다.

① ㄱ, ㄴ   ② ㄱ, ㄷ   ③ ㄴ, ㄷ   ④ ㄴ, ㄹ   ⑤ ㄷ, ㄹ

▶ 252004-0282

12 그래프의 ㉠에 해당하는 국가로 옳은 것은?

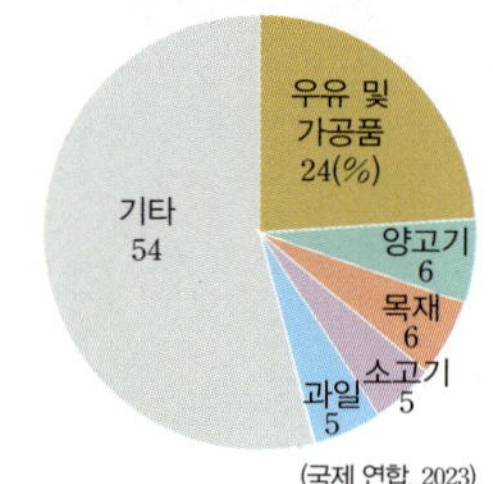

① 나우루   ② 뉴질랜드   ③ 바누아투
④ 키리바시   ⑤ 파푸아뉴기니

▶ 252004-0283

13 지도의 A, B에 해당하는 자원으로 옳은 것은?

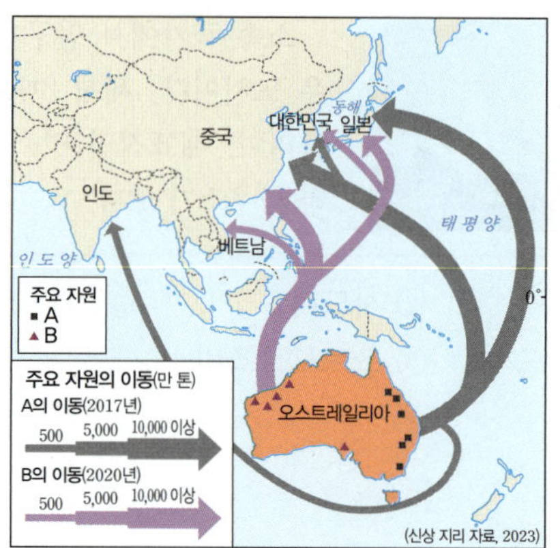

	A	B		A	B
①	석유	석탄	②	석유	철광석
③	석탄	석유	④	석탄	철광석
⑤	철광석	석탄			

▶ 252004-0284

14 <중요> 지도의 A~C 국가에 대한 설명으로 옳은 것은?

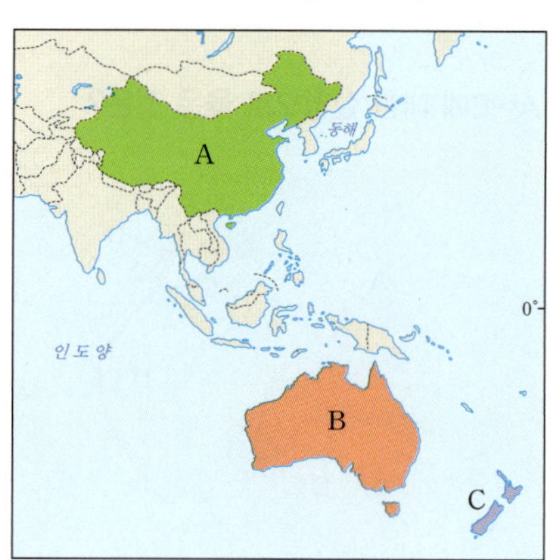

① A의 동부에는 그레이트디바이딩산맥이 있다.
② B의 대찬정 분지에서는 지하수를 목축업에 사용하고 있다.
③ A는 B보다 제조업 생산액이 적다.
④ B는 C보다 국가 수출액에서 유제품이 차지하는 비율이 높다.
⑤ A~C 중 총인구가 가장 많은 국가는 B이다.

서술형 문제

① 단계 핵심 키워드 파악하기

▶ 252004-0285

01 (1) 다음 글의 ㉠에 들어갈 국가를 쓰고, (2) ㉡을 수도와 국가 내 인구 1위 도시로 구분하여 서술하시오.

> 오세아니아에는 국토 면적이 비교적 넓은 국가로 오스트레일리아, 뉴질랜드, ⟨ ㉠ ⟩이/가 있고, 이들 세 국가를 제외한 나머지 국가들은 태평양에 흩어져 분포하고 있다. 주요 도시로는 ㉡ 시드니, 캔버라, 웰링턴, 오클랜드 등이 있다.

답 완성하기

(1) ㉠ – (   )

(2) 국가의 수도에 해당하는 도시는 (   )와/과 웰링턴이고, 국가 내 인구 1위에 해당하는 도시는 시드니와 (   )이다.

▶ 252004-0286

02 지도에 표시된 A~C 지역의 주요 관광 자원은 무엇이 있을지 서술하시오. (단, A는 기후, B와 C는 각각 빙하 지형, 화산 지형 중 하나씩 연관지을 것.)

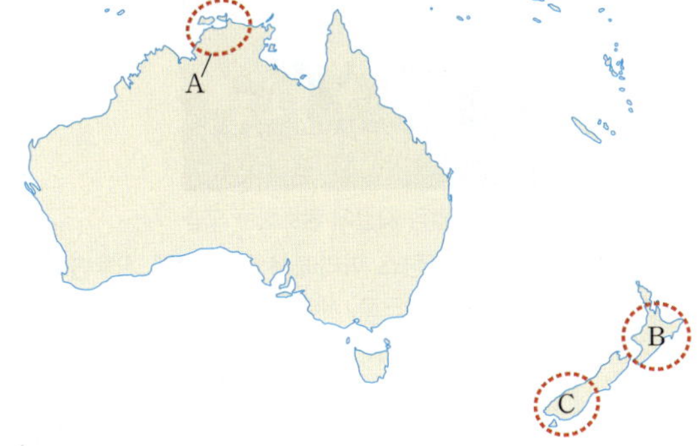

답 완성하기

A는 (   ) 기후 환경에서 서식하는 동식물이 주요 관광 자원이다. B는 (   ) 지형이 발달하여 활화산, 간헐천 등이 주요 관광 자원이다. C는 (   ) 지형이 발달하여, 피오르가 주요 관광 자원이다.

② 단계 스스로 문장 완성하기

▶ 252004-0287

03 지도는 오스트레일리아의 인구 밀도를 나타낸 것이다. A 지역의 인구 밀도가 낮은 이유 및 B 지역의 인구 밀도가 높은 이유를 기후 분포와 관련지어 서술하시오.

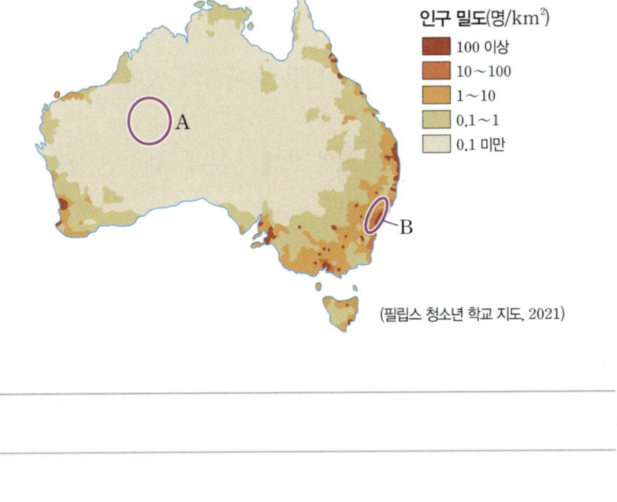

▶ 252004-0288

04 다음 글에서 오스트레일리아의 수출 상대국 변화가 나타난 이유를 밑줄 친 부분과 관련지어 서술하시오.

> 오스트레일리아는 과거에 영국을 중심으로 한 유럽과의 수출액 비율이 높았으나 최근에는 중국, 일본, 대한민국, 인도 등 아시아 국가로의 수출액 비율이 높아졌다. 여기에는 오스트레일리아와 아시아 국가 간 자원 생산과 수출, 제조업의 발달 차이가 큰 영향을 미쳤다.

02~03 태평양 지역의 환경 문제와 해결 방안 ~ 극지방의 지리적 중요성과 지역 개발

학습 목표
- 태평양 지역의 환경 문제를 조사하고, 그 해결 방안을 제시할 수 있다.
- 극지방의 지리적 중요성과 극지방 개발을 둘러싼 다양한 이해관계를 파악한 후, 이에 대한 의견을 비판적으로 검토할 수 있다.

1 태평양 지역의 환경 문제와 해결 방안

(1) 태평양 지역의 특징

① 태평양은 세계에서 가장 넓은 해양으로 지구의 모든 육지 면적을 더한 것 보다 넓음

② 연안국을 포함하여 수많은 섬나라가 있어, 환경 문제의 파악과 해결이 매우 중요함

③ 대표적인 환경 문제: 해양 쓰레기 문제, 해수면 상승

(2) 해양 쓰레기 문제 (자료 1)

① 원인
- 비닐봉지, 플라스틱 제품, 어업 도구 등이 해양에 버려지거나 육지에서 흘러내려오는 하천과 함께 이동하다가 해양으로 유입됨
- 각종 쓰레기는 해류와 바람을 타고 국제적으로 먼 거리까지 이동함

② 영향
- 해양 오염, 해양 생물 폐사로 인하여 생태계가 파괴됨
- 미세 플라스틱은 어패류를 거쳐 사람의 체내로 들어와 건강을 위협함
- 태평양 지역 주민들의 어업, 양식업, 관광 산업에도 피해를 입힘
- 한곳에 모인 쓰레기가 거대한 해양 쓰레기 섬을 형성함
  └ 태평양 지역은 미국, 중국, 일본, 대한민국, 멕시코 등 자원과 각종 산업 제품 소비량이 많은 세계의 주요 국가들이 위치해 있어, 막대한 양의 쓰레기가 태평양으로 배출되고 있다.

(3) 해수면 상승 (자료 2)

① 원인: 산업화와 도시화에 따른 화석 연료 사용 증가 → 온실가스 배출량 증가로 지구 기온 상승 → 빙하가 녹아 바닷물의 양 증가

② 영향: 해발 고도가 낮은 남태평양의 섬들이 바닷물에 침수되고 있음
- 국토가 줄어들고 주민의 생활 공간이 상실됨
- 지하수에 바닷물이 섞여 마실 물이 줄어듦
- 수온 상승으로 해양 생물 서식지가 변화하여 어업 활동에 지장을 줌

(4) 환경 문제의 해결 방안 (자료 3)

① 해양 쓰레기 문제
- 개인: 어업 폐기물, 플라스틱 쓰레기 등의 소비량 줄이기, 쓰레기 줍기, 쓰레기 분리배출 생활화
- 기업: 자원 순환 기술 개발, 제품 생산·유통·폐기 과정에서의 환경 피해 최소화
- 국가와 국제 사회: 해양 정화 활동, 국제 환경 협약 체결
  └ 폐기물의 해양 투기로 인한 해양 오염을 방지하기 위해 런던 협약(1972년)이 체결되었다.

② 해수면 상승
- 개인: 전기 에너지 절약, 대중교통 이용, 저탄소 제품 구매
- 기업: 제품 생산 시 에너지 절감 기술 개발, 산업용 전력 이용시 재생 에너지 사용
- 국가와 국제 사회: 저탄소 에너지 정책 마련, 국제 환경 협약 체결
  └ 파리 협정 체결 이전에 선진국(38개국)의 온실가스 감축 목표를 구체적으로 제시한 교토 의정서(1997년)가 체결되었다.

자료 탐구

자료 1 해양 쓰레기 섬

▲ 태평양 거대 쓰레기 지대의 위치

북태평양에는 '태평양 거대 쓰레기 지대'라 불리는 쓰레기 섬이 있다. 바다로 유입된 플라스틱 쓰레기가 해류와 바람에 의해 이동하다가 한곳에 모여 형성된 것이다.

자료 2 산호초의 백화 현상(그레이트배리어리프)

▲ 수온 상승 전   ▲ 수온 상승 후

기후변화로 바닷물의 온도가 상승하면서 산호초가 하얗게 변하는 백화 현상이 발생하고 있다. 백화 현상이 지속되면 바닷물고기의 주요 서식처인 산호초가 사라지는 등 해양 생태계가 파괴된다.

자료 3 파리 협정

▲ 파리 협정 체결에 환호하는 모습

2015년 프랑스 파리에서 열린 유엔 기후변화 회의에서 채택된 협정으로, 세계 195개국은 지구 평균 기온 상승을 1.5℃ 이내로 제한하기로 약속하였다. 각국은 온실가스 감축 목표를 스스로 정하고 실천해야 하며, 국제 사회는 그 이행에 대해서 공동으로 검증하게 된다.

용어 정리

미세 플라스틱 길이나 지름이 5㎜ 이하인 플라스틱 입자
산업화 생산 활동에서 농림어업의 비중이 감소하고 공업의 비중이 점차 확대되는 현상
도시화 도시 거주 인구 비율이 증가하는 현상

2 극지방의 지리적 중요성과 지역 개발

(1) 극지방의 구성 자료 4

① 북극: 유라시아 대륙, 북아메리카, 그린란드에 둘러싸여 있는 바다임

② 남극: 거대한 빙하가 덮여 있는 대륙으로, 남극해로 둘러싸여 있음

(2) 지리적 중요성 자료 5

구분	내용
우수한 생물 다양성	• 다양한 생물이 극지방의 자연환경에 적응하면서 서식함 • 극지방의 생물 다양성은 생물학적 연구와 환경 보전에 중요한 자료를 제공함
기후변화 연구 대상으로서의 가치	빙하와 토양층, 동식물 등의 연구는 기후변화 예측에 도움이 됨
풍부한 자원	• 화석 에너지(석유, 천연가스)와 다양한 지하자원(금, 은, 구리, 철광석 등)이 풍부하게 매장되어 있음 • 각종 수산 자원이 풍부함
교통의 요지	• 북극은 항공과 선박의 운항에 중요한 지역임 • 기후변화로 북극해의 빙하가 녹으면서 새로운 해상 교통로(북극 항로)가 형성됨 → 아시아와 유럽 간 기존 항로보다 시간과 비용이 크게 절감됨

북반구에 경제 규모 및 교역량이 많은 국가들이 집중해 있기 때문에 북극의 지리적 중요성이 높다.

(3) 극지방과 영유권 주장 자료 6

북극해 연안에 위치한 5개국으로, 미국은 알래스카주, 덴마크는 그린란드(자치령)가 북극해 연안에 위치해 있다.

① 북극: 미국, 캐나다, 덴마크, 노르웨이, 러시아가 영유권을 주장하고 있음

② 남극: 남극 조약(1959년)에 의해 과학 조사의 자유가 보장되며, 남극에 대한 영유권 주장 및 군사 행동이 금지되고 있음

(4) 극지방의 지역 개발을 둘러싼 다양한 이해관계

① 지역 개발과 환경 보호 측면 — 지역 개발은 환경 보호에 비해 경제적 이익을 중시한다.

지역 개발 측면	환경 보호 측면
• 다양한 자원의 확보와 이용 가능 • 깨끗하고 독특한 자연환경을 이용한 관광 상품 개발 가능	• 생물학적 학술 연구 가치 우수 • 기후변화와 관련한 지구 환경 변화 연구 및 예측 가능

② 바람직한 관점: 극지방의 지역 개발에 신중하게 접근해야 함 → 지속가능한 개발 고려

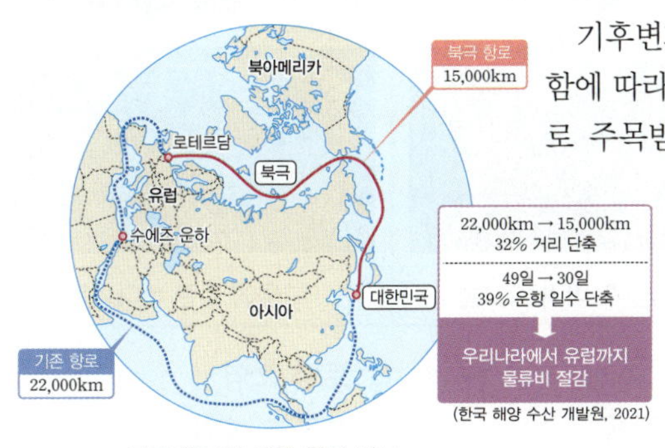

집중 탐구 **북극 항로의 개발**

기후변화로 북극해의 빙하가 감소함에 따라 북극 항로가 새로운 교통로로 주목받고 있다. 대한민국(부산)에서 네덜란드(로테르담)까지 운항할 때 북극 항로를 이용하면 기존 항로보다 운항 거리와 운항 일수가 단축됨으로써 물류비가 절감되는 효과가 나타난다.

▲ 북극 항로와 기존 항로 비교

자료 4 북극과 남극의 위치

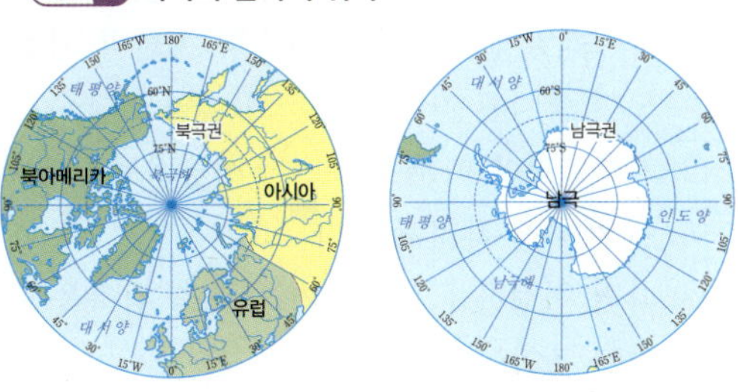

▲ 북극의 위치   ▲ 남극의 위치

북극은 여러 대륙으로 둘러싸인 바다이고, 남극은 빙하로 구성된 하나의 대륙이다.

자료 5 세종 과학 기지와 장보고 과학 기지

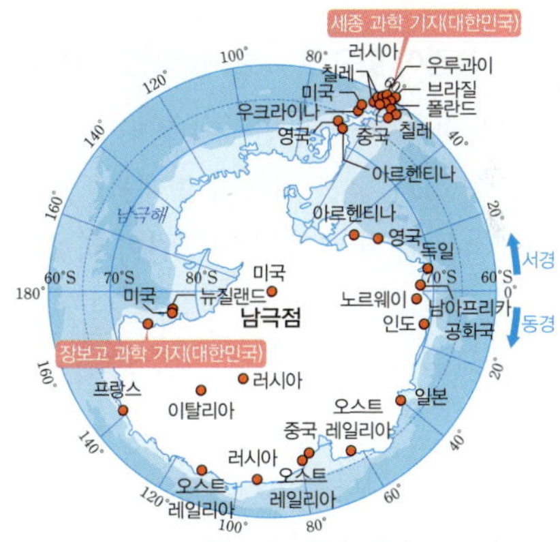

▲ 남극의 과학 기지

우리나라는 남극의 지리적 중요성을 인식하고 두 곳의 과학 기지를 설치하여 운영 중이다.

자료 6 북극해 영유권 주장

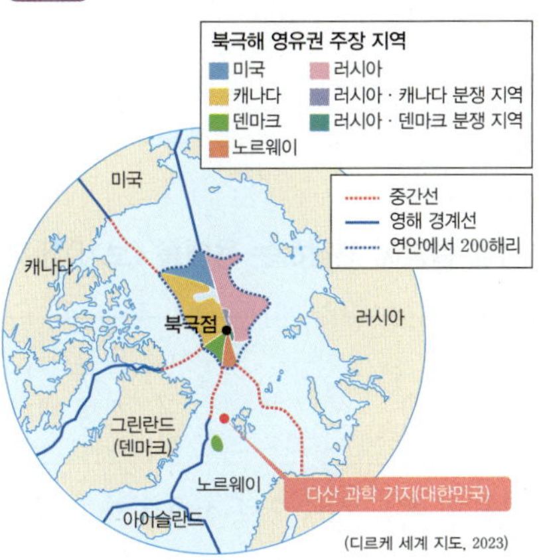

북극의 경제적 가치에 주목하는 국가들이 북극해에 대한 영유권을 주장하고 있다.

용어 정리

영유권 국가가 땅이나 바다, 또는 하늘을 점유하고 소유하는 권리

개념 확인 문제

01 빈칸에 들어갈 알맞은 말을 쓰시오.

(1) 북태평양에는 각종 플라스틱 제품과 어업 도구 등이 한데 모여 형성된 거대 (　　　) 섬이 있다.

(2) 기후변화에 따른 (　　　) 상승으로 남태평양의 많은 섬들이 바다에 잠기고 있다.

(3) 파리 협정은 (　　　)가스 배출 감축을 목표로 2015년 체결된 조약이다.

(4) 남극에는 우리나라가 운영하는 (　　　) 과학 기지와 장보고 과학 기지가 있다.

02 다음 설명이 맞으면 ○표, 틀리면 ×표 하시오.

(1) 대서양보다 태평양의 면적이 넓다. (　　　)

(2) 북극은 빙하가 덮인 대륙의 형태를 하고 있다. (　　　)

(3) 남극에서는 개별 국가의 영유권이 허용되고 있다. (　　　)

(4) 국가의 저탄소 에너지 정책 확대 시행은 해수면 상승 문제 해결에 도움이 된다. (　　　)

03 북극해 영유권 분쟁 당사국만을 〈보기〉에서 있는 대로 고르시오.

> 보기
> ㄱ. 미국　　　ㄴ. 덴마크　　　ㄷ. 러시아
> ㄹ. 브라질　　　ㅁ. 이집트　　　ㅂ. 노르웨이

(　　　　　)

04 다음 설명에 해당하는 용어를 〈보기〉에서 고르시오.

> 보기
> ㄱ. 산업화　　　　ㄴ. 온실가스
> ㄷ. 백화 현상　　　ㄹ. 재생 에너지

(1) 바닷물의 온도 상승으로 산호초가 하얗게 변화하는 현상이다. (　　　)

(2) 화석 연료의 사용으로 배출되어 지구의 기온을 높이는 기체이다. (　　　)

(3) 생산 활동에서 농림어업의 비중이 감소하고 공업의 비중이 점차 확대되는 현상이다. (　　　)

(4) 풍력, 태양광, 조력과 같이 자연 상태에서 무제한으로 사용할 수 있는 에너지이다. (　　　)

실력 쌓기 문제

▶ 252004-0289

01 태평양에 대한 설명으로 옳은 것만을 〈보기〉에서 고른 것은?

> 보기
> ㄱ. 아프리카와 접하고 있다.
> ㄴ. 인도양보다 면적이 좁다.
> ㄷ. 거대 쓰레기 섬이 형성되어 있다.
> ㄹ. 대서양보다 해수면 상승으로 위기를 겪는 섬나라가 많다.

① ㄱ, ㄴ　　　② ㄱ, ㄷ　　　③ ㄴ, ㄷ
④ ㄴ, ㄹ　　　⑤ ㄷ, ㄹ

▶ 252004-0290

02 (중요) 다음 글의 'ㄱ 섬'이 위치한 지역(해역)을 지도의 A~E에서 고른 것은?

> 땅으로 이루어져 있지 않은 섬이 바다에 존재한다. 바로 ┌ ㄱ ┐ 섬이다. 이 섬은 바다로 유입된 플라스틱 쓰레기, 각종 어업 도구, 비닐봉지 등이 한데 모여 형성되었다.

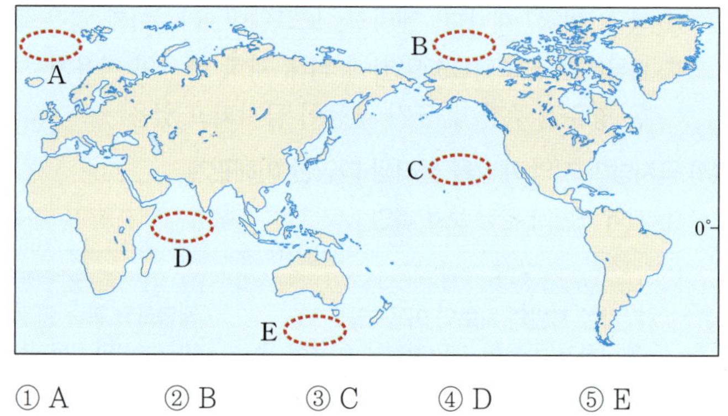

① A　　　② B　　　③ C　　　④ D　　　⑤ E

▶ 252004-0291

03 다음 자료로 탐구할 수 있는 학습 주제로 가장 적절한 것은?

원인	피해 현황
어업 활동 후 버려진 그물	그물에 걸린 바다거북

① 사막화　　　　② 토양 오염
③ 산성비 문제　　④ 오존층 파괴
⑤ 해양 쓰레기 문제

▶ 252004-0292

04 밑줄 친 ㉠에 대한 설명으로 옳은 것은?

㉠ 길이나 지름이 5㎜ 이하의 작은 플라스틱 입자는 하수 처리 시설에서 걸러내지 못하고 하천과 바다로 그대로 유입된다. 또는 페트병과 같은 제품이 바다에 떠다니면서 바다에서 파랑과 해류에 의해 잘게 쪼개져 형성되기도 한다.

① 오존층 파괴의 주된 요인이다.
② 건물 부식, 호수의 산성화를 유발한다.
③ 파리 협정에 의해 배출이 규제되고 있다.
④ 해류 순환 과정에서 쪼개지면서 대부분 소멸된다.
⑤ 어패류에 의해 인체에 유입되어 건강을 위협한다.

▶ 252004-0293

05 사진은 산호초가 하얗게 변화한 모습을 나타낸 것이다. 이 현상의 원인을 탐구할 때 필요한 조사 내용으로 가장 적절한 것은?

① 해류 속도 변화
② 해수 온도 변화
③ 해양 생물 간의 천적 관계
④ 해저 지진의 주요 발생 지역
⑤ 선박 기름 유출 사고 발생 지역과의 거리

▶ 252004-0294

06 다음 글에서 설명하는 국가로 옳은 것은?

국토의 평균 해발 고도가 2m 미만이기 때문에 해수면 상승의 영향을 크게 받고 있다. 한 보도에 따르면 이르면 50년, 늦어도 100년 안에 국토의 대부분이 사라질 것이라고 한다. 2021년에는 외교 장관이 바다로 들어가 연설을 하여 화제가 된 바 있다.

① 투발루　　② 뉴질랜드　　③ 스리랑카
④ 아이슬란드　　⑤ 마다가스카르

▶ 252004-0295

07 다음 글에서 설명하는 국제 협약으로 옳은 것은?

2015년 국제 연합 기후변화 회의에서 195개국이 채택한 조약으로, 온실가스 배출량을 단계적으로 줄이기로 약속한 국제적인 협약이다.

① 런던 협약　　② 바젤 협약
③ 파리 협정　　④ 교토 의정서
⑤ 람사르 협약

▶ 252004-0296

08 다음은 탄소 정책 관련 누리집 화면 중 일부이다. ㉠에 들어갈 수 있는 내용으로 가장 적절한 것은?

① 숲 조성　　② 쓰레기 분리배출
③ 재생 에너지 시설　　④ 중화학 공업 육성
⑤ 고효율 에너지 제품 이용

▶ 252004-0297

09 지도의 A 지역(해역)에 대한 설명으로 옳은 것은?

① 난류성 어족 자원이 풍부하다.
② 해양 쓰레기 섬이 형성되어 있다.
③ 국토가 물에 잠기는 섬나라가 있다.
④ 산호초 백화 현상이 나타나고 있다.
⑤ 미국, 러시아 등이 영유권을 주장하고 있다.

실력 쌓기 문제

▶ 252004-0298

10 밑줄 친 ㉠~㉣에 대한 설명으로 옳은 것만을 〈보기〉에서 고른 것은?

> 북극해는 ㉠ <u>유라시아 대륙</u>, 북아메리카, ㉡ <u>그린란드</u>에 둘러싸여 있는 바다로, ㉢ <u>해빙</u>이 많다. ㉣ <u>남극</u>은 거대한 빙하가 덮여 있는 대륙으로, 남극해로 둘러싸여 있다.

보기
> ㄱ. ㉠에는 러시아가 포함된다.
> ㄴ. ㉡은 한대 기후가 넓게 나타난다.
> ㄷ. ㉢의 면적은 기후변화로 인해 확대되고 있다.
> ㄹ. ㉣에서 여러 국가 간 영유권 분쟁이 나타나고 있다.

① ㄱ, ㄴ　　　② ㄱ, ㄷ　　　③ ㄴ, ㄷ
④ ㄴ, ㄹ　　　⑤ ㄷ, ㄹ

▶ 252004-0299

11 다음 글의 (가)에 들어갈 내용으로 적절한 것만을 〈보기〉에서 고른 것은?

> 북극해 연안 및 주변 지역에서 석유와 천연가스가 개발되면서 ________________ (가)

보기
> ㄱ. 해빙의 양이 늘고 있다.
> ㄴ. 환경이 오염되고 쓰레기 발생량이 늘고 있다.
> ㄷ. 원주민들이 도시로 이주하는 경우가 늘고 있다.
> ㄹ. 지역 내 에너지 자원 소비의 해외 의존도가 높아지고 있다.

① ㄱ, ㄴ　　　② ㄱ, ㄷ　　　③ ㄴ, ㄷ
④ ㄴ, ㄹ　　　⑤ ㄷ, ㄹ

▶ 252004-0300

12 빈칸 ㉠에 들어갈 지역에 대한 설명으로 옳은 것은?

> 　㉠　 조약은 1959년에 12개국이 체결에 참여하여 이 지역의 국제법상 지위를 정하였고, 평화적 이용 원칙을 확립한 조약이다. 2023년 기준 56개국이 가입되어 있다.

① 북반구에 위치한다.
② 이누이트가 거주하는 곳이 있다.
③ 다산 과학 기지가 설치되어 있다.
④ 각국의 영유권 주장 및 군사 행동이 금지되고 있다.
⑤ 아시아와 유럽 간 선박의 새로운 항로가 개척되고 있다.

▶ 252004-0301

13 밑줄 친 ㉠에 해당하는 내용만을 〈보기〉에서 고른 것은?

보기
> ㄱ. 지각이 불안정하여 지열 발전 잠재력이 높다.
> ㄴ. 지구의 기후변화를 예측하는 데 도움이 된다.
> ㄷ. 생물 다양성이 높아 환경 보전에 관한 중요한 자료를 얻을 수 있다.
> ㄹ. 새로운 농경지 확보를 통해 식량 자원 생산량을 획기적으로 늘릴 수 있다.

① ㄱ, ㄴ　　　② ㄱ, ㄷ　　　③ ㄴ, ㄷ
④ ㄴ, ㄹ　　　⑤ ㄷ, ㄹ

▶ 252004-0302

14 다음 그림을 통해 유추할 수 있는 북극의 환경 변화 내용으로 가장 적절한 것은?

① 해양 오염이 동물의 건강을 해치고 있다.
② 한대 기후의 범위가 저위도로 확대되고 있다.
③ 기후변화로 기존 생태 환경이 크게 바뀌고 있다.
④ 생태계 교란으로 새로운 생물종이 나타나고 있다.
⑤ 바닷물의 온도 변화로 어족 자원이 감소하고 있다.

서술형 문제

① 단계 핵심 키워드 파악하기

▶ 252004-0303

01 다음 글은 해양 쓰레기 문제와 관련한 것이다. (1) ㉠에 들어갈 내용을 쓰고, (2) ㉡, ㉢의 이유를 모두 서술하시오.

> 태평양 지역에서는 각종 폐기물이 해양으로 대량 유입되고 있다. 육지에서 바다로 바로 유입되거나 해류에 의해 폐기물이 분해되어 형성되는 미세 [㉠]은/는 해양 생물뿐만 아니라 ㉡ 인체의 건강에 큰 위협이 되고 있다. 그리고 해양 쓰레기 증가는 ㉢ 주민들의 어업 활동에 지장을 초래하고 있다.

답 완성하기

(1) ㉠ – (   )

(2) ㉡은 미세 [㉠]이/가 (   ) 안으로 들어가고, 인간이 그 (   )을/를 (   )하기 때문이다. ㉢은 해양 오염 및 해양 생물의 폐사로 (   )이/가 감소하기 때문이다.

▶ 252004-0304

02 (1) ㉠에 들어갈 내용을 쓰고, (2) 밑줄 친 내용과 관련하여 투발루의 위기에 대해 서술하시오.

답 완성하기

(1) ㉠ – (   )

(2) 투발루는 국토 대부분의 (   )이/가 낮고 (   )(으)로 둘러싸인 섬나라이다. 따라서 해수면 상승에 취약한 지형 조건을 갖추고 있다.

② 단계 스스로 문장 완성하기

▶ 252004-0305

03 그림과 같은 일상생활에서의 노력이 태평양 지역 해수면 상승 문제를 해결하는 방법이 될 수 있는 이유를 서술하시오.

▲ 냉방 온도 2℃ 높이기

▲ 난방 온도 2℃ 낮추기

▶ 252004-0306

04 (1) ㉠에 들어갈 내용을 쓰고, (2) 밑줄 친 두 부분의 이유를 모두 서술하시오.

> 북극은 과거 인간의 접근이 어려웠던 지역이다. 그러나 탐사와 채굴 기술의 발전으로 각종 자원 개발이 이루어지고, [㉠](으)로 해빙이 감소하면서 북극 항로가 개발되는 등 인간의 접근과 이용이 활발해지고 있다. 북극 항로를 이용할 경우 아시아와 유럽 간 해상 무역에 있어 기존 항로와 비교할 때 경제적 효과가 크게 나타날 것으로 예상된다. 그러나 한편으로 북극의 생태 환경 악화를 우려하는 입장도 있다.

(1) ㉠ – (   )

(2)

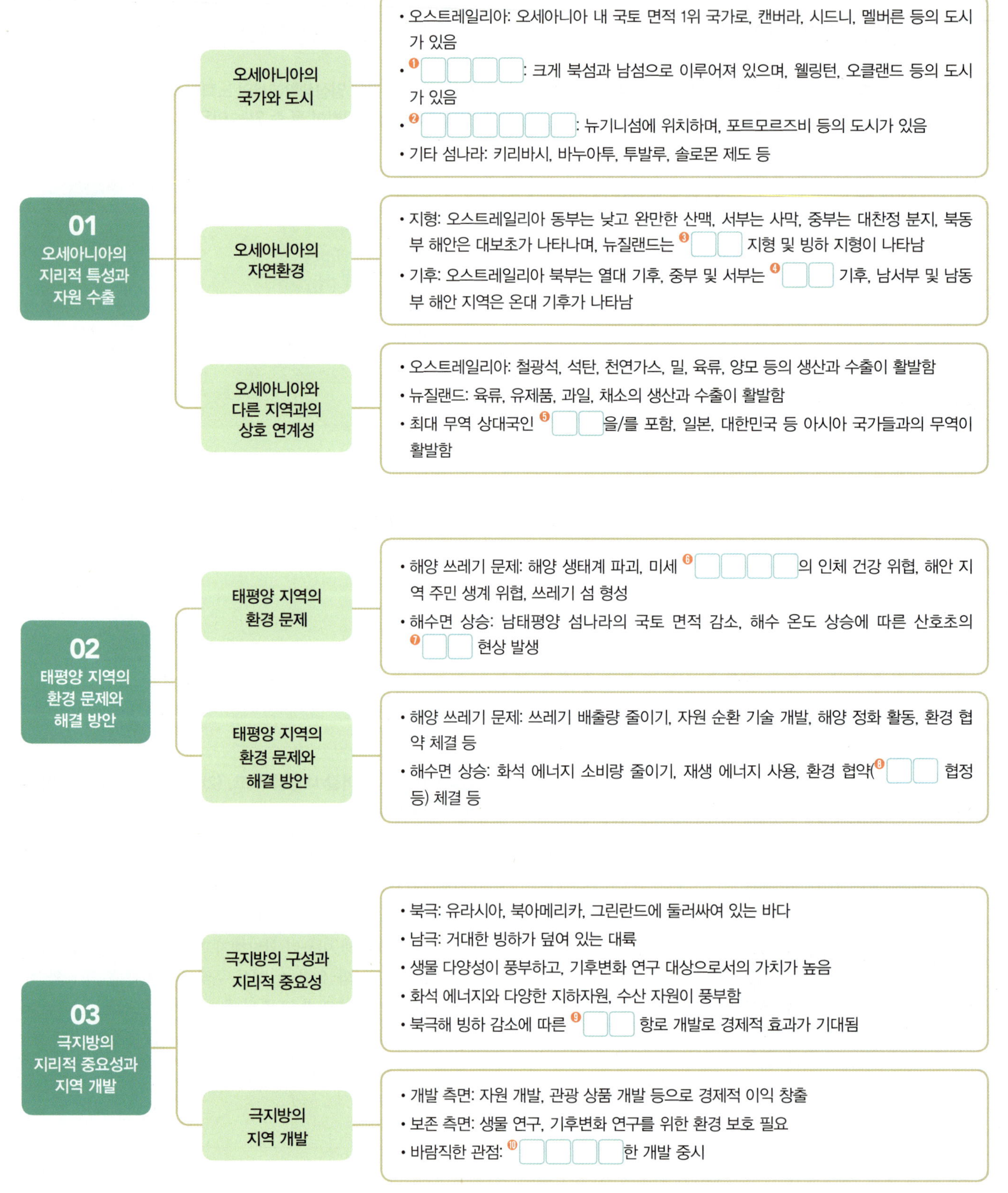

01 오세아니아의 지리적 특성과 자원 수출

오세아니아의 국가와 도시
- 오스트레일리아: 오세아니아 내 국토 면적 1위 국가로, 캔버라, 시드니, 멜버른 등의 도시가 있음
- ❶ ⬚⬚⬚⬚: 크게 북섬과 남섬으로 이루어져 있으며, 웰링턴, 오클랜드 등의 도시가 있음
- ❷ ⬚⬚⬚⬚⬚⬚: 뉴기니섬에 위치하며, 포트모르즈비 등의 도시가 있음
- 기타 섬나라: 키리바시, 바누아투, 투발루, 솔로몬 제도 등

오세아니아의 자연환경
- 지형: 오스트레일리아 동부는 낮고 완만한 산맥, 서부는 사막, 중부는 대찬정 분지, 북동부 해안은 대보초가 나타나며, 뉴질랜드는 ❸ ⬚⬚ 지형 및 빙하 지형이 나타남
- 기후: 오스트레일리아 북부는 열대 기후, 중부 및 서부는 ❹ ⬚⬚ 기후, 남서부 및 남동부 해안 지역은 온대 기후가 나타남

오세아니아와 다른 지역과의 상호 연계성
- 오스트레일리아: 철광석, 석탄, 천연가스, 밀, 육류, 양모 등의 생산과 수출이 활발함
- 뉴질랜드: 육류, 유제품, 과일, 채소의 생산과 수출이 활발함
- 최대 무역 상대국인 ❺ ⬚⬚을/를 포함, 일본, 대한민국 등 아시아 국가들과의 무역이 활발함

02 태평양 지역의 환경 문제와 해결 방안

태평양 지역의 환경 문제
- 해양 쓰레기 문제: 해양 생태계 파괴, 미세 ❻ ⬚⬚⬚⬚의 인체 건강 위협, 해안 지역 주민 생계 위협, 쓰레기 섬 형성
- 해수면 상승: 남태평양 섬나라의 국토 면적 감소, 해수 온도 상승에 따른 산호초의 ❼ ⬚⬚ 현상 발생

태평양 지역의 환경 문제와 해결 방안
- 해양 쓰레기 문제: 쓰레기 배출량 줄이기, 자원 순환 기술 개발, 해양 정화 활동, 환경 협약 체결 등
- 해수면 상승: 화석 에너지 소비량 줄이기, 재생 에너지 사용, 환경 협약(❽ ⬚⬚ 협정 등) 체결 등

03 극지방의 지리적 중요성과 지역 개발

극지방의 구성과 지리적 중요성
- 북극: 유라시아, 북아메리카, 그린란드에 둘러싸여 있는 바다
- 남극: 거대한 빙하가 덮여 있는 대륙
- 생물 다양성이 풍부하고, 기후변화 연구 대상으로서의 가치가 높음
- 화석 에너지와 다양한 지하자원, 수산 자원이 풍부함
- 북극해 빙하 감소에 따른 ❾ ⬚⬚ 항로 개발로 경제적 효과가 기대됨

극지방의 지역 개발
- 개발 측면: 자원 개발, 관광 상품 개발 등으로 경제적 이익 창출
- 보존 측면: 생물 연구, 기후변화 연구를 위한 환경 보호 필요
- 바람직한 관점: ❿ ⬚⬚⬚⬚한 개발 중시

정답 ❶ 뉴질랜드 ❷ 파푸아뉴기니 ❸ 화산 ❹ 건조 ❺ 중국 ❻ 플라스틱 ❼ 백화 ❽ 파리 ❾ 북극 ❿ 지속가능

대단원 마무리 문제

▶ 252004-0307

01 다음 글에서 설명하는 대륙으로 옳은 것은?

> 이름은 '해양'을 뜻하는 단어에서 유래하였다. 이 대륙에 속하는 대부분의 국가는 남반구에 위치하며 섬나라이다.

① 유럽 ② 아시아 ③ 아메리카
④ 아프리카 ⑤ 오세아니아

▶ 252004-0308

02 다음 글의 ㉠에 대한 설명으로 옳은 것만을 〈보기〉에서 고른 것은?

> ⃞ ㉠ ⃞ 은/는 오세아니아에서 국토 면적이 가장 넓은 국가이다. 독특한 자연환경을 갖추고 있으며 코알라, 캥거루와 같은 동물들이 서식한다.

보기
ㄱ. 환태평양 조산대에 위치한다.
ㄴ. 수도는 온대 기후가 나타난다.
ㄷ. 그레이트디바이딩산맥이 위치한다.
ㄹ. 주민들은 주로 에스파냐어를 사용한다.

① ㄱ, ㄴ ② ㄱ, ㄷ ③ ㄴ, ㄷ
④ ㄴ, ㄹ ⑤ ㄷ, ㄹ

▶ 252004-0309

03 (중요) (가), (나)에 해당하는 국가로 옳은 것은?

> (가) 수도는 웰링턴으로, 크게 북섬과 남섬으로 이루어져 있다.
> (나) 수도는 포트모르즈비로, 오세아니아에서 두 번째로 국토 면적이 넓다.

	(가)	(나)
①	뉴질랜드	파푸아뉴기니
②	뉴질랜드	오스트레일리아
③	파푸아뉴기니	뉴질랜드
④	파푸아뉴기니	오스트레일리아
⑤	오스트레일리아	파푸아뉴기니

▶ 252004-0310

04 다음 자료에서 설명하는 국가로 옳은 것은?

> 사모아와 더불어 세계에서 해가 가장 일찍 뜨는 국가이다. 정부 당국은 이를 이용하여 관광 산업을 발달시키고 있다. 국기에는 바다 위로 해가 떠오르는 모습이 표현되어 있다.

① 피지 ② 투발루 ③ 뉴질랜드
④ 키리바시 ⑤ 솔로몬 제도

▶ 252004-0311

05 다음 자료에서 설명하는 도시를 지도의 A~E에서 고른 것은?

> 세계 3대 미항 중 하나로 꼽힐 정도로 아름다운 풍광을 자랑한다. 대표적인 건축물로는 조개껍데기 모양의 이색적인 외형이 특징으로, 유네스코 세계 유산에 등재된 오페라 하우스가 있다.

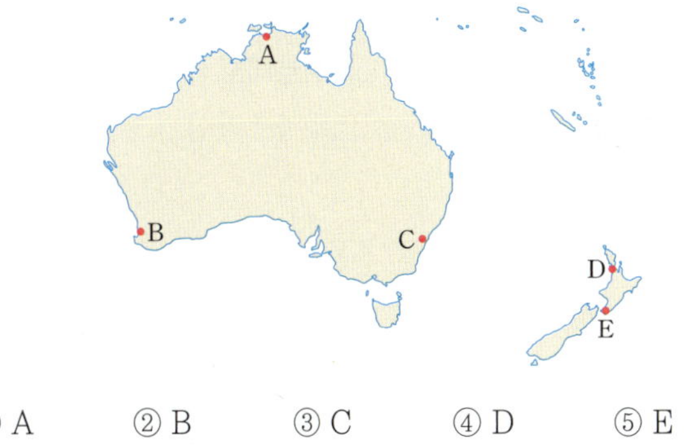

① A ② B ③ C ④ D ⑤ E

▶ 252004-0312

06 다음 글은 오세아니아의 기후에 관한 것이다. (가), (나) 기후로 옳은 것은?

> (가) 뉴질랜드 대부분의 지역에서 나타나며, 계절의 변화가 뚜렷하다.
> (나) 오스트레일리아 북부 지역 및 남태평양 대부분의 섬에서 나타나며, 가장 추운 달의 평균 기온이 18℃ 이상이다.

	(가)	(나)		(가)	(나)
①	열대 기후	건조 기후	②	열대 기후	온대 기후
③	온대 기후	건조 기후	④	온대 기후	열대 기후
⑤	한대 기후	열대 기후			

▶ 252004-0313

07 지도의 A~E 지역에 대한 설명으로 옳은 것은?

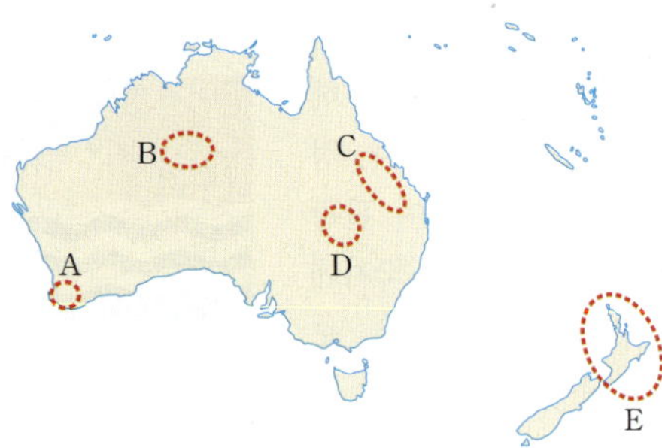

① A – 건조 기후가 나타난다.
② B – 사막이 발달하였다.
③ C – 환태평양 조산대에 속하는 산지가 있다.
④ D – 활화산, 간헐천 등의 지형이 나타난다.
⑤ E – 대찬정 분지가 있다.

▶ 252004-0314

08 다음 글에서 설명하는 섬으로 옳은 것은?

> 오스트레일리아 북쪽에 위치하며 세계에서 두 번째로 넓은 섬이다. 서부와 동부에 서로 다른 국가가 위치한다.

① 뉴기니섬
② 보르네오섬
③ 그린란드섬
④ 수마트라섬
⑤ 마다가스카르섬

▶ 252004-0315

09 그래프는 오스트레일리아의 상품별 수출액 비율을 나타낸 것이다. (가), (나)로 옳은 것은?

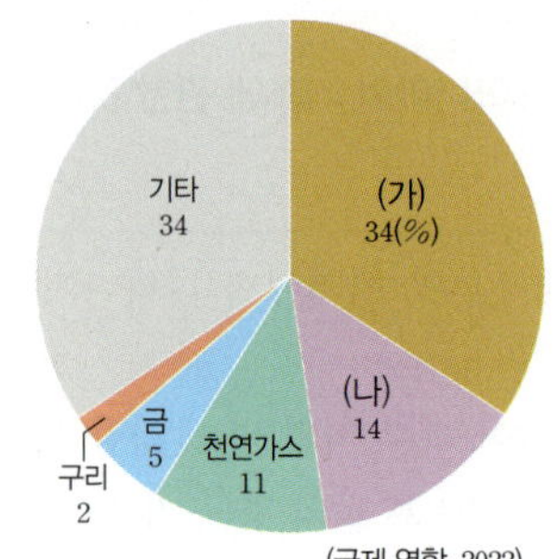

	(가)	(나)		(가)	(나)
①	석유	석탄	②	석유	다이아몬드
③	석탄	다이아몬드	④	철광석	석유
⑤	철광석	석탄			

▶ 252004-0316

10 다음은 오스트레일리아 어느 지역의 기후 그래프이다. 이 지역에서 나타나는 기후의 명칭을 쓰고, 기온과 강수량의 분포 특징에 대해 서술하시오.

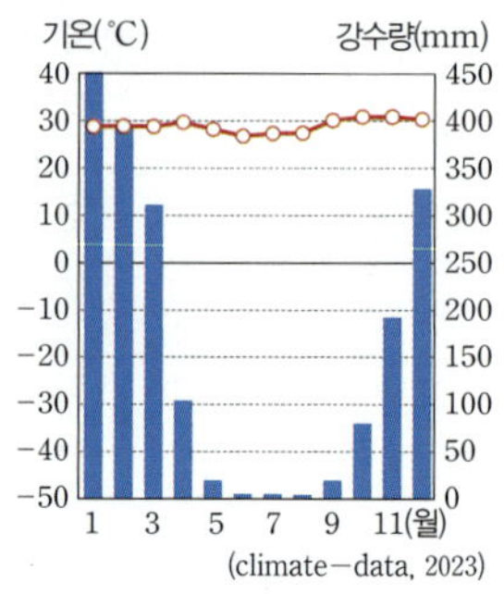

▶ 252004-0317

11 다음 글에서 설명하는 경제 블록으로 옳은 것은?

> 2023년 기준 동아시아 3개국, 동남아시아 10개국 및 오스트레일리아, 뉴질랜드 등 총 15개국이 참여하고 있다. 회원국 간의 자유로운 상품 무역과 투자를 촉진하기 위해 결성되었다.

① 걸프 협력 회의(GCC)
② 경제 협력 개발 기구(OECD)
③ 동남아시아 국가 연합(ASEAN)
④ 아시아 · 태평양 경제 협력체(APEC)
⑤ 역내 포괄적 경제 동반자 협정(RCEP)

▶ 252004-0318

12 지도의 A 지역에서 심각하게 나타나는 환경 문제로 옳은 것은?

① 사막화
② 산성비
③ 황사 피해
④ 열대림 파괴
⑤ 해수면 상승

▶ 252004-0319

13 지도의 A 지역에 대한 설명으로 옳은 것은?

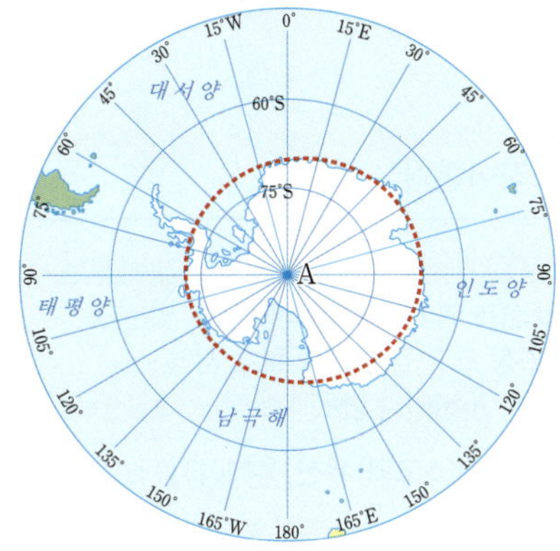

① 오세아니아에 속한다.
② 산호초 해안이 발달하였다.
③ 이누이트의 주요 거주지이다.
④ 대부분 냉대 기후가 나타난다.
⑤ 석유, 천연가스의 매장량이 풍부하다.

▶ 252004-0320

14 빈칸 ㉠, ㉡에 들어갈 내용으로 옳은 것은?

극지방에는 우리나라의 과학 기지가 건설·운영되고 있는데, 북극에는 ┌ ㉠ ┐ 과학 기지, 남극에는 세종 과학 기지와 ┌ ㉡ ┐ 과학 기지가 있다.

	㉠	㉡
①	다산	이순신
②	다산	장보고
③	장보고	다산
④	장보고	이순신
⑤	장영실	장보고

▶ 252004-0321

15 다음 글의 ㉠에 들어갈 내용을 쓰고, ㉡의 이유를 서술하시오.

2015년 체결된 ┌ ㉠ ┐ 은/는 전 세계 195개국이 참여하였으며 온실가스 감축 목표를 정하고 실천할 것을 명시하였다. 각국의 협력과 실천이 이어진다면 ㉡ 해수면 상승 문제 해결에 도움이 될 수 있다.

고난도 실력 향상 문제

▶ 252004-0322

01 그래프는 대륙별 면적 비율을 나타낸 것이다. (가)~(다)에 대한 설명으로 옳은 것만을 〈보기〉에서 고른 것은? (단, (가)~(다)는 아시아, 아프리카, 오세아니아 중 하나임.)

(가) 23.9(%)	(나) 22.8	유럽 17.0	북아메리카 16.4	남아메리카 13.4	(다) 6.5

* 러시아는 유럽에 포함됨.　　　　(세계 각국 요람, 2023)

보기

ㄱ. (나)에서 국토 면적이 가장 넓은 국가는 오스트레일리아이다.
ㄴ. (가)는 (다)보다 총인구가 많다.
ㄷ. (가)와 (다)의 일부 국가들은 역내 포괄적 경제 동반자 협정(RCEP)을 체결하였다.
ㄹ. (나)와 (다)의 일부 지역은 환태평양 조산대에 속한다.

① ㄱ, ㄴ　　　② ㄱ, ㄷ　　　③ ㄴ, ㄷ
④ ㄴ, ㄹ　　　⑤ ㄷ, ㄹ

▶ 252004-0323

02 표는 오스트레일리아의 주요 수출 상대국을 나타낸 것이다. (가)~(다) 국가에 대한 설명으로 옳은 것은? (단, (가)~(다)는 각각 뉴질랜드, 영국, 중국 중 하나임.)

연도 순위	1960년	2021년
1위	(가)	(다)
2위	일본	일본
3위	미국	대한민국
4위	프랑스	인도
5위	(나)	미국

* 수출액 비율 상위 5개국을 나타냄.　(경제 복잡성 연구소, 2021)

① (가)는 아시아에 위치한다.
② (나)의 수도는 런던이다.
③ (나)는 (가)보다 제조업 수출액이 많다.
④ (다)는 (가)보다 총인구가 많다.
⑤ (나)와 (다)는 모두 섬나라이다.

문제 ▶ 오세아니아 여행 안내 책자 만들기

A 활동 계획 세우기

1. 오세아니아 여행 안내 책자에 넣고 싶은 주제와 내용을 정하고 자료를 조사해 보자.

예시 교과서에 제시된 참고 사이트를 활용하거나 다양한 자료를 참고하여 적어본다.

주제	예 오세아니아의 유네스코 세계 유산을 찾아 떠나는 여행
내용	예 팔라우: 록 아일랜드 – 유네스코 세계 복합 유산, 독특한 형상의 섬과 과거 문화 유적이 남아 있는 곳 키리바시: 피닉스 제도 – 유네스코 세계 자연유산, 태평양에서 가장 크고 깊은 해양 보호 지역 마셜 제도: 비키니 섬 – 유네스코 세계 문화유산, 과거 핵 실험지였던 비키니 환초
관련 자료	예 태평양관광기구 홈페이지(http://www.southpacificislands.kr)와 유네스코와 유산 홈페이지(https://heritage.unesco.or.kr)를 참고하여 사진과 설명 등 자료를 조사한다.

2. 조사한 자료를 토대로 여행 안내 책자를 만들어 보자.

B 활동하기

1. 조사한 자료를 바탕으로 오세아니아 여행 안내 책자를 만들어 보자.

예시 디자인 편집 사이트를 활용하면 웹에서 여행 안내 책자를 손쉽게 만들 수 있다.

2. 안내 책자를 전시하고, 친구들의 안내 책자를 감상하며 느낀 오세아니아의 매력에 대해 이야기해 보자.

평가하기

평가 영역	채점 기준	상	중	하
창의적 사고력	자신의 계획에 따라 오세아니아의 특색 있는 장소를 찾아 정리하였는가?			
	교과서에 명시되어 있지 않은 내용을 찾아보고자 하였는가?			
정보 활용 능력	여행 안내 책자의 내용과 관련 자료를 다양한 지리정보와 매체를 사용하여 주제에 맞게 정확히 조사하였는가?			
	그림, 사진, 지도 등의 배치가 잘 되어 구성이 조화롭고, 논리적으로 설명하여 완성도를 높였는가?			
의사소통 및 협업 능력	작품 감상을 통해 느낀 오세아니아의 매력을 발표하는 수준(전달력, 태도)이 우수한가?			
	타인의 의견을 잘 청취하고 공감하였는가?			

VII 인간과 사회생활

01 사회화와 자아 정체성

학습목표
- 사회화의 의미를 일상생활의 사례를 들어 설명할 수 있다.
- 사회화 과정에서 형성되는 자아 정체성에 대해 성찰하는 태도를 가질 수 있다.

1 사회화의 의미와 기능

(1) **의미:** 인간이 자신이 속한 사회의 언어, 행동 양식, 지식, 가치관 등을 배워 나가는 과정 → 사회적 존재로 성장하는 과정 〈자료1〉

(2) **기능**

└ 사회화의 내용이나 방식은 사회마다 다르게 나타난다.

① 개인적 측면: 자신이 속한 사회의 생활 양식을 학습하여 사회 구성원으로 성장하고, 자신만의 개성과 자아 정체성을 형성함

② 사회적 측면: 사회의 규범과 가치를 다음 세대로 전달하여 사회를 유지하고 발전시킴

2 사회화의 과정 〈자료2〉

(1) **사회화 기관**

① 의미: 사회 구성원의 사회화에 영향을 미치는 집단이나 기관

② 종류

└ 태어나서 처음 접하는 사회화 기관이다.

가정	• 가장 기초적인 사회화 기관 • 예절, 언어, 기본적인 생활 습관을 습득함
또래 집단	• 친근감을 느끼는 비슷한 나이의 친구 집단 • 놀이를 통해 공동체 생활의 규칙 및 질서를 습득함
학교	• 사회화를 목적으로 만들어진 공식적인 사회화 기관 • 사회생활에 필요한 지식, 기술, 규범을 체계적으로 습득함
직장	• 성인기의 사회화에 중요한 역할 담당 • 업무에 필요한 지식, 기술을 습득함
대중 매체	• 신문, 텔레비전, 인터넷 등을 통해 다양한 지식과 정보 제공 • 현대 사회에서 큰 영향력을 행사함

(2) **재사회화**

└ 사회가 급격하게 변화하는 오늘날에는 사회화가 특정 시기나 기간에만 한정되지 않고 평생에 걸쳐 이루어진다.

① 의미: 개인이 속한 집단이 바뀌거나 사회 변화에 적응하기 위해 새로운 지식, 기술, 가치 등을 배우는 과정 → 변화가 빠른 현대 사회에서 중요성이 증대됨

② 사례: 정보 사회로 변화함에 따라 새로운 디지털 매체의 사용법을 배우는 것, 군대에 입대하여 신병 교육을 받는 것 등

3 자아 정체성

(1) **의미:** 다른 사람들과 구별되는 자신의 고유성을 깨닫고 자신이 누구인지를 명확하게 이해하는 것

(2) **긍정적인 자아 정체성의 형성**

① 인간은 사회화 과정을 통해 자아 정체성을 형성하며, 청소년기는 자아 정체성 형성에 중요한 시기임

② 자신의 고유한 특성과 원하는 미래의 모습 등을 충분히 고민하고 탐색하여 바람직한 자아 정체성을 형성해야 함

자료 탐구

자료 1 본능적 행동과 사회화된 행동

▲ 본능적인 행동　　▲ 사회화된 행동

배고픔을 느끼거나 배고플 때 무언가를 먹는 것, 잠을 자거나 하품을 하는 것은 본능적으로 나타나는 행동이다. 그러나 식사를 할 때 도구를 사용하고 식사 예절을 지키는 것, 하품이 나올 때 입을 손으로 가리는 행동은 사회화의 결과이다. 이처럼 인간의 타고난 본능은 사회화와는 무관하며, 후천적으로 학습한 행동만이 사회화의 결과이다.

자료 2 평생에 걸쳐 이루어지는 사회화 과정

유아기	아동기
가정에서 기본적인 생활 습관 습득	또래 집단과의 놀이를 통해 규칙과 공동체 의식 습득
청소년기	**성인기**
학교에서 사회생활에 필요한 지식, 규범 학습	직장에서 업무에 필요한 지식과 정보 습득

노년기
급변하는 사회에 적응하기 위해 새로운 지식, 기술 습득

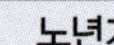

인간은 사회화 과정에서 다양한 사회화 기관의 영향을 받으며, 생애 각 시기마다 주로 영향을 받는 사회화 기관이 다르다. 이처럼 사회화는 다양한 사회화 기관을 통해 평생에 걸쳐 이루어진다.

용어 정리

규범 사회생활을 하면서 지켜야 할 행동 양식
대중 매체 책, 신문, 라디오, 텔레비전, 인터넷 등과 같이 다수의 사람에게 동시에 정보를 전달하는 수단
자아 다른 사람과 구별되는 자기 자신에 대한 인식

개념 확인 문제

01 빈칸에 들어갈 알맞은 말을 쓰시오.

(1) 인간이 사회생활에 필요한 지식, 가치, 규범 등을 학습하는 과정을 ( )(이)라고 한다.

(2) 개인이 속한 집단이 바뀌거나 사회가 변화하여 이에 적응하기 위해 새로운 지식, 기술, 규범 등을 다시 배우는 과정을 ( )(이)라고 한다.

(3) ( )(이)란 '나는 어떤 사람일까?'라는 질문의 답으로 자신만의 고유성을 이해하고 자신이 누구인가를 명확하게 알고 있는 것을 말한다.

02 다음 설명이 맞으면 ○표, 틀리면 ×표 하시오.

(1) 사회화는 청소년기를 거치며 완성된다. ( )

(2) 학교는 사회생활에 필요한 지식과 규범 등을 체계적으로 배우는 공식적인 사회화 기관이다. ( )

(3) 청소년기는 자아 정체성을 형성하는 데 가장 중요한 시기이다. ( )

03 사회화와 관련된 사례만을 〈보기〉에서 있는 대로 고르시오.

> **보기**
> ㄱ. 졸리면 잠을 잔다.
> ㄴ. 선생님께 인사를 한다.
> ㄷ. 화장실에서 노크를 한다.
> ㄹ. 감기에 걸려서 기침을 한다.
> ㅁ. 배가 고프면 꼬르륵 소리가 난다.

( )

04 사회화 기관과 그 특징을 옳게 연결하시오.

(1) 가정 •　　• ㉠ 현대 사회에서 영향력 증대

(2) 학교 •　　• ㉡ 언어, 기본적인 생활 습관 습득

(3) 또래 집단 •　　• ㉢ 놀이를 통해 공동체의 규칙과 질서 습득

(4) 대중 매체 •　　• ㉣ 사회생활에 필요한 지식과 규범의 체계적인 학습

실력 쌓기 문제

▶ 252004-0324

01 빈칸 ㉠에 들어갈 가장 적절한 개념으로 옳은 것은?

> 인간은 [　㉠　]을/를 통해 사회에서 어떻게 행동해야 하는지를 배우고 소속감을 느끼며, 그 사회 구성원으로 성장해 간다.

① 역할
② 사회화
③ 재사회화
④ 사회적 지위
⑤ 자아 정체성

▶ 252004-0325

02 (중요) 빈칸 ㉠에 대한 설명으로 옳지 <u>않은</u> 것은?

> 인간이 태어나 다른 사람들과 생활하면서 자신이 속한 사회에 필요한 지식, 가치관, 행동 양식 등을 배워 나가는 과정을 [　㉠　](이)라고 한다.

① 사회를 유지하고 발전시킨다.
② 평생에 걸쳐 계속되는 과정이다.
③ 다양한 기관의 영향을 받으며 이루어진다.
④ 개인의 개성과 자아 정체성을 형성하게 한다.
⑤ 어느 사회에서나 동일한 내용과 방식으로 이루어진다.

▶ 252004-0326

03 밑줄 친 ㉠에 해당하는 내용만을 〈보기〉에서 고른 것은?

> 사회화의 기능은 ㉠ 개인적 측면과 사회적 측면으로 구분할 수 있다.

> **보기**
> ㄱ. 사회 질서 유지 및 발전
> ㄴ. 개인의 개성과 자아 정체성 형성
> ㄷ. 자신이 속한 사회의 구성원으로 성장
> ㄹ. 사회의 문화를 공유하고 다음 세대에 전달

① ㄱ, ㄴ
② ㄱ, ㄷ
③ ㄴ, ㄷ
④ ㄴ, ㄹ
⑤ ㄷ, ㄹ

▶ 252004-0327

04 다음 설명에 해당하는 사회화 기관으로 옳은 것은?

> 비슷한 나이의 구성원이 주로 놀이를 중심으로 형성한 집 단으로 공동체 생활의 규칙과 질서를 배운다.

① 가정 　　　② 직장 　　　③ 학교
④ 대중 매체 　　⑤ 또래 집단

▶ 252004-0328

05 (가), (나)에 해당하는 사회화 기관을 바르게 연결한 것은?

> (가) 가장 기초적인 사회화 기관으로 기본적인 생활 습관을 습득
> (나) 사회생활에 필요한 지식이나 기술, 규범 등을 체계적으로 학습

	(가)	(나)
①	가정	학교
②	가정	또래 집단
③	학교	가정
④	학교	또래 집단
⑤	또래 집단	학교

▶ 252004-0329

06 그림에 나타난 시기의 사회화에 대한 설명으로 옳은 것은?

① 가정이 가장 큰 영향을 끼친다.
② 주로 기초적인 생활 습관을 습득한다.
③ 업무에 필요한 특정 지식과 행동 양식을 배운다.
④ 사회 변화에 적응하기 위한 재사회화가 강조된다.
⑤ 사회생활에 필요한 지식과 규범 등을 체계적으로 학습한다.

▶ 252004-0330

07 그림에 나타난 사회화 기관에 대한 옳은 설명만을 〈보기〉에서 고른 것은?

> **보기**
> ㄱ. 가장 기초적인 사회화 기관이다.
> ㄴ. 다양한 지식과 정보를 전달한다.
> ㄷ. 사회화를 목적으로 하는 공식적인 기관이다.
> ㄹ. 현대 사회에서 많은 영향력을 행사하고 있다.

① ㄱ, ㄴ 　　　② ㄱ, ㄷ 　　　③ ㄴ, ㄷ
④ ㄴ, ㄹ 　　　⑤ ㄷ, ㄹ

▶ 252004-0331

08 재사회화가 필요한 이유로 가장 적절한 것은?

① 새로운 사회 변화에 적응하기 위해
② 자신만의 독특한 개성을 가지기 위해
③ 긍정적인 자아 정체성을 형성하기 위해
④ 바람직하지 못한 행동을 수정하기 위해
⑤ 기본적인 생활 습관을 형성해야 하기 때문에

▶ 252004-0332

09 다음은 민수가 사회 공부를 하며 정리한 내용이다. 빈칸 (가)에 들어갈 사례로 적절하지 <u>않은</u> 것은?

> **재사회화**
> • 의미: 개인이 속한 집단이 변하거나 사회가 빠르게 변화하는 경우 새로운 지식, 기술, 가치 등을 배우는 것
> • 사례: (가)

① 유치원생이 한글 공부를 하는 것
② 군대에 입대하여 신병 교육을 받는 것
③ 노인 대학에서 스마트폰 사용법을 익히는 것
④ 북한에서 이주하여 남한의 문화를 익히는 것
⑤ 새롭게 옮긴 직장에서 필요한 기술을 익히는 것

▶ 252004-0333

10 밑줄 친 ⊙에 대한 설명으로 옳은 것은?

터치스크린 방식을 사용하는 무인 정보 단말기(무인 주문기)를 설치하는 기관이나 매장이 크게 늘어나고 있다. 이에 ⊙ 노인을 대상으로 키오스크 활용 교육이 실시되는 재사회화가 나타나고 있다.

① 기초적인 생활 습관을 익히는 과정이다.
② 주로 학교와 또래 집단을 통해 이루어진다.
③ 급변하는 사회에서 특히 중요성이 강조된다.
④ 업무 수행에 필요한 지식과 정보를 학습한다.
⑤ 자아 정체성 형성에 결정적인 영향을 미치는 과정이다.

▶ 252004-0334

11 다음은 수업 활동 계획서이다. 빈칸 ⊙에 들어갈 수업의 주제로 가장 적절한 것은?

> ⊙ 을/를 알아보자!
>
> 〈활동 1〉 나는 누구인가?
> • 친구가 바라보는 나의 모습 알아보기
> • 내가 생각하는 나의 모습 발표하기
> 〈활동 2〉 내가 살고 싶은 삶은?
> • 내가 원하는 미래 설계하기

① 사회화   ② 재사회화   ③ 사회화 기관
④ 사회적 존재   ⑤ 자아 정체성

▶ 252004-0335

12 자아 정체성에 대한 설명으로 옳지 <u>않은</u> 것은?

① 자신의 고유한 특성에 대해 성찰하는 것이 중요하다.
② '나는 누구인가?'에 대한 답을 명확히 한 상태를 말한다.
③ 청소년기는 자아 정체성을 형성하는 데 중요한 시기이다.
④ 자신을 존중하고 긍정적인 자아 정체성을 형성하는 것이 중요하다.
⑤ 자아를 찾으려는 자신의 노력이 중요하므로 타인의 도움을 받지 않는다.

서술형 문제

① 단계 핵심 키워드 파악하기

▶ 252004-0336

01 (1) 빈칸 ⊙에 들어갈 개념을 쓰고, (2) ⊙의 기능을 개인적 측면과 사회적 측면으로 구분하여 서술하시오.

> 인간은 태어나면서부터 죽을 때까지 다른 사람과 관계를 맺으며 살아가는데, 이러한 의미에서 인간을 사회적 존재라고 한다. 이처럼 인간이 자신이 속한 사회에서 다른 사람들과 생활하는 데 필요한 언어, 행동 양식, 지식, 가치관 등을 배우는 과정을 ⊙ (이)라고 한다.

답 완성하기

(1) ⊙ – (   )

(2) 개인적 측면에서 인간은 (   )을/를 통해 자신이 속한 사회에 적응하고, 자신만의 독특한 (   )와/과 (   )을/를 형성한다. 또한 사회적 측면에서는 자신이 속한 사회의 규범과 가치를 다음 세대에 (   )하여 그 사회를 (   )하고 발전시키는 기능을 한다.

② 단계 스스로 문장 완성하기

▶ 252004-0337

02 (1) 밑줄 친 ⊙과 관련된 사회학적 개념을 쓰고, (2) 현대 사회에서 ⊙의 중요성이 강조되는 이유를 서술하시오.

> **○○신문**
>
> 디지털 기기의 활용이 일상화되면서 노인들이 일상생활에 어려움을 겪고 있다. 이에 따라 여러 공공 기관과 교육 기관을 통해 ⊙ 다양한 디지털 교육을 받는 노인들이 늘어나고 있다.

(1) ___________________________

(2) ___________________________

____

____

02~03 사회적 지위와 역할 ~ 우리 사회의 다양한 갈등과 차별

학습목표 • 사회적 지위와 역할의 의미를 설명할 수 있다.
• 우리 사회의 다양한 갈등과 차별의 사례를 제시할 수 있다.

1 사회적 지위
— 개인은 다양한 사회적 지위를 갖고 있다.

(1) **의미**: 한 개인이 속한 집단이나 사회적 관계에서 차지하는 위치

(2) **유형** 자료 1

귀속 지위	• 개인의 의지나 노력과 관계없이 자연적으로 갖는 지위 • 신분 제도가 있던 전통 사회에서 중시함 예 딸, 아들, 여성, 노인, 청소년 등
성취 지위	• 개인의 의지나 노력, 능력에 따라 후천적으로 얻게 되는 지위 • 현대 사회에서 중요성이 더 커짐 예 학생, 학급 회장, 교사, 어머니, 남편 등

2 역할과 역할 행동

(1) **역할**: 사회적 지위에 따라 기대되는 일정한 행동 양식
예 학교에서 학생에게 수업에 충실할 것을 기대

(2) **역할 행동**: 역할을 실제로 수행하는 개인의 구체적인 행동 방식
— 개인마다 다르게 나타날 수 있다.

(3) **역할과 역할 행동** 자료 2

① 지위에 따른 역할을 충실히 수행한 경우 → 사회적 인정과 보상을 받음

② 지위에 따른 역할을 제대로 수행하지 못한 경우 → 사회적 비난과 제재를 받음

집중 탐구 역할 행동에 따른 보상과 제재

학생에게는 수업에 충실하고 교칙을 잘 지킬 것을 기대한다. 이러한 역할을 잘 수행하는 학생은 주변 사람들로부터 칭찬을 받고 상과 같은 보상을 받는다. 그러나 수업 태도가 바르지 않고 교칙을 자주 어긴다면 꾸지람을 받거나 제재가 따르게 된다.

---

3 역할 갈등 자료 3

(1) **의미**: 한 사람이 갖는 여러 지위에 따른 역할이 서로 충돌하여 갈등이 발생하는 상태

(2) **특징**: 현대 사회가 복잡해지고 사회적 관계가 다양해지면서 역할 갈등이 증가함

(3) **문제점**
— 사회적 관계가 다양해지면서 사회 구성원의 지위와 역할이 많아지므로 역할 갈등이 증가한다.

① 개인적 차원: 정서적 불안감 경험, 사회적 관계 악화

② 사회적 차원: 사회 혼란 유발

자료 1 개인이 갖는 다양한 사회적 지위

개인은 자신이 속한 사회에서 다양한 사회적 지위를 가진다. 은우의 여러 가지 사회적 지위 중 형, 아들은 귀속 지위에 해당하고, 1학년 학생, 학급 회장, 댄스부원은 성취 지위에 해당한다.

자료 2 장영실의 사회적 지위

> 장영실은 조선 시대 천민으로 태어났으나 궁중 기술자로서 조선의 과학 기술을 크게 발전시킨 공으로 종3품까지 오르게 되었다.

천민은 귀속 지위에 해당하고, 궁중 기술자와 종3품의 관직은 성취 지위에 해당한다. 장영실은 타고난 신분이 중요했던 조선 시대에 자신의 능력과 노력으로 궁중 기술자와 종3품의 관직이라는 성취 지위를 얻게 되었다.

자료 3 역할 갈등의 사례

회사원이라는 지위에 따라 업무 회의에 참석해야 하는 역할과 엄마라는 지위에 따라 아픈 아이를 돌봐야 하는 역할이 충돌하는 역할 갈등의 상황에 처해 고민하고 있다.

용어 정리

보상 어떤 일을 잘 해냈을 때 긍정적 대가로 받는 물질이나 칭찬

제재 일정한 규칙이나 관습을 어겼을 때 이를 제한하거나 금지하는 것

(4) 해결 방안

① 개인적 차원: 역할 갈등의 원인 등을 분석한 후 중요한 역할을 하나 선택하거나 우선순위를 정하여 순서대로 역할을 수행함
  역할의 우선순위는 개인의 가치관에 따라 달라질 수 있다.

② 사회적 차원: 사회 구성원 다수가 공통으로 겪는 역할 갈등을 줄일 수 있도록 사회적 지원이나 적절한 제도를 도입함

집중 탐구 · 역할 갈등을 줄이기 위한 사회적 노력

맞벌이 부부가 늘어나면서 부모라는 지위에 따른 역할과 직장인이라는 지위에 따른 역할이 충돌하는 역할 갈등을 경험하는 이들이 많다. 직장 내에 어린이집을 설치하거나 월급의 일정 부분을 받으면서 육아 휴직을 할 수 있는 유급 육아 휴직 제도를 확대하는 것은 부모라는 지위에 따른 역할과 직장인이라는 지위에 따른 역할 간의 역할 갈등을 해결하기 위한 사회적 노력에 해당한다.

---

4 우리 사회의 다양한 갈등과 차별

(1) 갈등

① 의미: 개인이나 집단 사이에서 가치나 이해관계가 부딪히며 충돌하는 현상
  현대 사회에서는 사회 구성원의 가치, 이해관계 등이 다양해져 사회 곳곳에서 다양한 형태의 갈등이 발생하고 있다.

② 사례: 성별 갈등, 지역 갈등, 계층 갈등, 세대 갈등 등

③ 문제점: 갈등은 자연스러운 현상이지만 적절히 대처하지 않으면 사회 안정과 발전 저해

(2) 차별 자료 4 자료 5

① 의미: 차이를 이유로 편견을 갖고 특정 사람이나 집단을 부당하게 대우하는 것

차이	• 서로 같지 않고 다른 것 • 서로 다른 성별, 종교, 외모, 계층, 민족 등
차별	• 차이를 이유로 부당하게 대우하는 것 • 주로 편견과 고정 관념에 의해 발생함

② 사례: 성차별, 장애인 차별, 이주민 차별, 외모에 따른 차별 등

③ 문제점: 인간의 존엄성 훼손 및 인권 침해, 사회 구성원 간 갈등과 대립으로 사회 통합과 발전 저해

(3) 갈등과 차별의 대처 방안

① 사회적 갈등 대처 방안
  갈등이 원만하게 해결되면 사회가 더욱 통합되고 발전할 수 있다.

• 양보와 타협의 자세
• 갈등 원인 파악, 의견 차이 조정 방안 마련
• 자기가 속한 집단뿐만 아니라 공동체 전체의 가치와 이익도 고려

② 사회적 차별 개선 방안 자료 6

• 개인적 차원: 차이를 인정하는 관용적 태도 및 다양성을 존중하는 태도 함양
• 사회적 차원: 차별적인 법과 제도 개선, 사회적 약자 보호, 복지 제도 마련

자료 탐구

자료 4 · 우리 사회에서 나타나는 차별의 사례

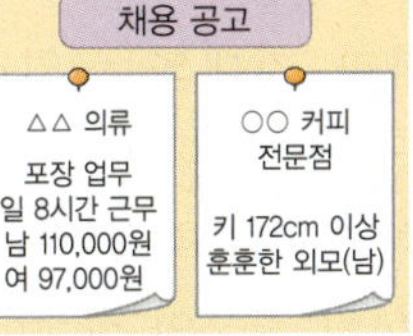

▲ 성차별　　　　▲ 장애인 차별

성별과 장애를 이유로 차별받는 사례이다. 차별은 인권을 침해하고 사회 통합을 저해한다. 따라서 서로 다르다는 차이를 인정하는 관용적 태도와 다양성을 존중하는 태도를 가지고, 차별을 해소하기 위한 법과 정책을 마련해야 한다.

자료 5 · 먼지 차별

먼지 차별이란 먼지처럼 눈에 잘 띄지 않지만 곳곳에 깔린 아주 작은 먼지와 같은 차별을 말한다. 일상에서 무심코 성별, 나이, 인종, 직업 등에 대한 차별이 드러나는 표현을 한 적 없는지 되돌아보면서 이를 개선하고자 노력해야 한다.

자료 6 · 차별을 금지하기 위한 법률

• 장애인 차별 금지법
  제1조(목적) 이 법은 모든 생활영역에서 장애를 이유로 한 차별을 금지하고 장애를 이유로 차별받은 사람의 권익을 효과적으로 구제함으로써 … (후략) …

• 남녀 고용 평등법
  제1조(목적) 이 법은 「대한민국 헌법」의 평등 이념에 따라 고용에서 남녀의 평등한 기회와 대우를 보장하고 모성 보호와 여성 고용을 촉진하여 남녀 고용 평등을 실현함과 아울러 … (후략) …

우리 사회에서는 차별을 막고 모두가 인간다운 삶을 영위할 수 있도록 사회적 약자를 위한 법을 마련하고 있다.

용어 정리

편견 공정하지 못하고 한쪽으로 치우친 생각
관용 남의 잘못이나 나와 다른 의견이나 행동 등을 너그럽게 받아들이는 것

01 빈칸에 들어갈 알맞은 말을 쓰시오.

(1) 한 개인이 속한 집단이나 사회적 관계에서 차지하는 위치를 (　　　　)(이)라고 한다.

(2) 사회적 지위에 따라 기대되는 일정한 행동 양식을 (　　　　)(이)라고 한다.

(3) 개인이 여러 사회적 지위를 갖게 되면서 그 지위에 따른 역할이 서로 충돌하여 갈등이 발생하기도 하는데 이를 (　　　　)(이)라고 한다.

(4) (　　　　)은/는 차이를 이유로 특정 사람이나 집단을 부당하게 대우하는 것이다.

02 다음 설명이 맞으면 ○표, 틀리면 ×표 하시오.

(1) 현대 사회에서는 성취 지위의 중요성이 커지고 있다. (　　　)

(2) 개인의 역할 행동은 모두 동일하다. (　　　)

(3) 역할 갈등이 잘 해결되지 못하면 개인은 심리적인 불안감을 느끼게 된다. (　　　)

(4) 개인이나 집단의 가치나 이해관계가 달라 충돌하는 현상을 갈등이라고 한다. (　　　)

(5) 차별은 이익과 가치의 차이에 따라 발생할 수 있는 자연스러운 현상이다. (　　　)

03 귀속 지위에 해당하는 것만을 〈보기〉에서 있는 대로 고르시오.

보기

ㄱ. 동생　　　　　ㄴ. 아빠
ㄷ. 여자　　　　　ㄹ. 연예인
ㅁ. 중학생　　　　ㅂ. 청소년

(　　　　　　)

04 사회적 지위의 유형과 그 의미를 옳게 연결하시오.

(1) 귀속 지위 •　　　• ㉠ 개인의 노력, 능력에 따라 후천적으로 얻게 되는 지위

(2) 성취 지위 •　　　• ㉡ 개인의 의지나 노력과 관계없이 자연적으로 갖는 지위

실력 쌓기 문제

▶ 252004-0338

01 사회적 지위에 대한 옳은 설명만을 〈보기〉에서 고른 것은?

보기

ㄱ. 개인은 하나의 지위만을 갖는다.
ㄴ. 전통 사회에서는 귀속 지위가 중시되었다.
ㄷ. 개인이 사회적 관계 속에서 차지하는 위치이다.
ㄹ. 모든 사회적 지위는 태어날 때부터 주어지는 것이다.

① ㄱ, ㄴ　　　② ㄱ, ㄷ　　　③ ㄴ, ㄷ
④ ㄴ, ㄹ　　　⑤ ㄷ, ㄹ

▶ 252004-0339

02 (주요) 밑줄 친 ㉠의 사례로 옳은 것은?

〈 사회적 지위의 유형 〉

• 귀속 지위: 자신의 의지와 관계없이 가지는 지위
• 성취 지위: ㉠ 개인의 의지나 노력에 따라 가지는 지위

① 노인　　　② 막내　　　③ 아빠
④ 여자　　　⑤ 청소년

▶ 252004-0340

03 밑줄 친 ㉠~㉤ 중 성취 지위에 해당하는 것만을 있는 대로 고른 것은?

장영실은 관가 기생의 ㉠ 아들로 태어나 ㉡ 어머니의 신분을 따라 ㉢ 관노비로 지냈다. 어릴 때부터 손재주가 남달라 아무도 생각하지 못했던 기구를 만들었던 장영실은 ㉣ 발명가로서 훌륭한 재주를 인정받았다. 세종은 장영실을 명나라로 유학 보내 관련 학문을 배우게 하였고, 이후 장영실은 천문기기를 제작한 공을 인정받아 ㉤ 천민 신분을 면하였다.

① ㉠, ㉡　　　② ㉡, ㉣　　　③ ㉢, ㉤
④ ㉠, ㉣, ㉤　　　⑤ ㉡, ㉢, ㉣

▶ 252004-0341

04 다음은 영화의 줄거리를 소개하는 글이다. 밑줄 친 ㉠~㉢에 해당하는 사회적 지위의 유형을 바르게 연결한 것은?

> 서로가 최고의 친구였던 자매이지만 ㉠ 언니에게는 하나 뿐인 ㉡ 동생에게조차 말 못할 비밀이 있다. 그것은 모든 것을 얼려버리는 신비로운 힘. 갑작스럽게 ㉢ 부모님이 사고로 돌아가시고, 주인공은 통제할 수 없는 자신의 힘이 두려워 왕국을 떠나는데…

	㉠	㉡	㉢
①	귀속 지위	귀속 지위	성취 지위
②	귀속 지위	성취 지위	귀속 지위
③	귀속 지위	성취 지위	성취 지위
④	성취 지위	귀속 지위	귀속 지위
⑤	성취 지위	성취 지위	귀속 지위

▶ 252004-0342

05 다음과 같은 사회적 지위에 대한 설명으로 옳은 것은?

> • 학생　　　• 남편　　　• 어머니

① 귀속 지위에 해당한다.
② 전통 사회에서 특히 중시되었다.
③ 개인의 의지나 노력에 따라 얻는 지위이다.
④ 자신의 의지와는 상관없이 주어지는 지위이다.
⑤ 청소년, 노인과 같은 유형에 해당하는 지위이다.

▶ 252004-0343

06 다음 글을 통해 파악할 수 있는 내용으로 옳지 <u>않은</u> 것은?

> 우리 학교는 상·벌점 제도를 실시해서 학생으로서 바람직한 행동을 하면 상점을 받고, 그렇지 못한 행동을 하면 벌점을 받게 된다. 오늘 ㉠ 사회 수업 시간에 적극적인 태도로 수업에 참여해서 사회 선생님께 상점을 받았다. 작년에는 수업 시간에 집중하지 못하고 ㉡ 수업을 방해해서 벌점을 많이 받았었는데, 올해는 열심히 공부하고 있는 내가 자랑스럽다.

① 지위에 따른 역할이 충돌하여 역할 갈등이 발생하였다.
② 사회적 지위에는 그에 따라 기대되는 행동 양식이 있다.
③ ㉠은 지위에 따른 역할을 잘 수행해서 보상을 받은 것이다.
④ ㉡과 같이 역할을 제대로 수행하지 못하면 제재가 따를 수 있다.
⑤ 개인이 실제로 역할을 수행하는 역할 행동은 상황에 따라 다르게 나타날 수 있다.

▶ 252004-0344

07 역할과 역할 행동에 대한 옳은 설명만을 〈보기〉에서 고른 것은?

> **보기**
> ㄱ. 개인에게는 하나의 역할만이 주어진다.
> ㄴ. 역할이 같더라도 역할 행동은 개인마다 다를 수 있다.
> ㄷ. 역할을 훌륭하게 수행하면 사회적 인정이나 보상을 받는다.
> ㄹ. 사회적 지위에 따라 기대되는 일정한 행동 양식을 역할 행동이라고 한다.

① ㄱ, ㄴ　　　② ㄱ, ㄷ　　　③ ㄴ, ㄷ
④ ㄴ, ㄹ　　　⑤ ㄷ, ㄹ

▶ 252004-0345

08 밑줄 친 ㉠을 설명할 수 있는 개념으로 옳은 것은?

> 세계적인 성악가 ○○○은 프랑스에서 데뷔 20주년 공연을 앞두고 고국에 계신 아버지가 돌아가셨다는 소식을 들었다. 예정된 공연의 취소가 어렵지만 ㉠ 아버지의 장례식에 참석할지, 예정된 공연을 해야 할지를 두고 고민하였다.

① 성취 지위　　② 역할 갈등　　③ 역할 행동
④ 사회적 차별　　⑤ 자아 정체성

▶ 252004-0346

09 역할 갈등에 대한 설명으로 옳지 <u>않은</u> 것은?

① 여러 지위에 따라 요구되는 다양한 역할이 충돌하는 것이다.
② 개인의 고충이므로 사회적 제도 개선은 도움이 되지 않는다.
③ 충돌하는 역할 간에 우선순위를 정해 중요한 것부터 처리할 수 있다.
④ 현대 사회가 복잡해지면서 과거에 비해 역할 갈등의 상황이 증가하고 있다.
⑤ 원만하게 해결되지 못하면 개인은 심리적 불안을 겪게 되고 사회도 불안정해질 수 있다.

실력 쌓기 문제

▶ 252004-0347

10 다음과 같은 제도를 시행하는 공통의 목적으로 가장 적절한 것은?

- 「영유아 보육법」에 따라 일정한 규모 이상의 사업장에서는 직장 내 어린이집을 설치해야 한다.
- 재판관이 담당하는 사건과 특수한 관계가 있어 불공정한 재판을 할 염려가 있다고 스스로 판단하는 경우 자발적으로 다른 재판관에게 사건을 넘기는 회피 제도를 이용할 수 있다.

① 사회적 갈등을 해소하기 위해서
② 편견과 차별을 해결하기 위해서
③ 역할의 우선순위를 정해 주기 위해서
④ 개인이 경험하는 역할 갈등을 줄이기 위해서
⑤ 자아 정체성을 확립하는 데 도움을 주기 위해서

▶ 252004-0348

11 다음과 같은 상황이 발생하는 원인으로 가장 적절한 것은?

① 현대 사회가 급속하게 변화하기 때문에
② 서로 다르다는 차이를 받아들이지 못하기 때문에
③ 이해관계가 달라 자신의 이익을 추구하기 때문에
④ 개인이 역할을 수행하는 방식이 각자 다르기 때문에
⑤ 한 개인이 가진 여러 지위에 따른 역할들이 서로 충돌하기 때문에

▶ 252004-0349

12 사회적 갈등에 대한 설명으로 옳지 **않은** 것은?

① 차이를 이유로 부당하게 대우하는 것을 말한다.
② 원만하게 잘 해결하면 사회 통합에 도움이 된다.
③ 현대 사회에서는 다양한 형태의 갈등이 발생하고 있다.
④ 대화와 타협의 자세로 의견 차이를 조정하는 노력이 필요하다.
⑤ 이익과 가치의 차이에 따라 발생할 수 있는 자연스러운 현상이다.

▶ 252004-0350

13 차별에 대한 옳은 설명만을 〈보기〉에서 고른 것은?

> **보기**
> ㄱ. 선천적 특성 때문에 발생한다.
> ㄴ. 인간의 존엄성을 훼손하고 인권을 침해한다.
> ㄷ. 편견을 버리고 차이를 인정해야 해결할 수 있다.
> ㄹ. 개인이나 집단 사이에 이해관계가 부딪히는 현상이다.

① ㄱ, ㄴ ② ㄱ, ㄷ ③ ㄴ, ㄷ
④ ㄴ, ㄹ ⑤ ㄷ, ㄹ

▶ 252004-0351

14 다음 사례에 대한 설명으로 옳은 것은?

① 객관적으로 다른 차이를 존중한 결과이다.
② 공동체의 이익을 위해 인내하는 자세가 필요하다.
③ 개인적 차원에서 자신의 능력에 따라 스스로 해결해야 한다.
④ 가치관의 차이에 따라서 발생할 수 있는 자연스러운 현상이다.
⑤ 이와 같은 현상을 해결하기 위해 사회적으로 법과 정책을 마련해야 한다.

▶ 252004-0352

15 다음과 같은 제도를 실시하는 공통적인 목적으로 가장 적절한 것은?

- 청각 장애인을 위한 영화 자막 서비스 실시
- 장애인 차별 금지 및 권리 구제 등에 관한 법률
- 남녀 고용 평등과 일·가정 양립 지원에 관한 법률

① 갈등 조정 ② 편견 인정
③ 차별 해결 ④ 역할 갈등 해결
⑤ 자아 정체성 실현

서술형 문제

① 단계 핵심 키워드 파악하기

▶ 252004-0353

01 밑줄 친 ㉠의 이유를 지위와 역할의 측면에서 서술하시오.

○○신문

쉬는 날에도 화재 진압한 소방관 표창

휴일임에도 불구하고 도로에서 차량 화재를 목격하고 신속히 화재를 진압하여 대형 사고로 이어지는 것을 막은 ㉠ 소방관 A씨에게 모범 소방관 표창장을 수여하였다. A씨는 평소에도 시민의 안전을 위해 헌신하는 모범적인 모습으로 … (후략) …

답 완성하기

사회적 (   )에 따라 기대되는 (   )을/를 잘 수행하는 경우에는 사회로부터 (   )을/를 받을 수 있다.

▶ 252004-0354

02 (1) 강민이가 처해 있는 상황을 설명할 수 있는 개념을 쓰고, (2) 이와 같은 상황을 합리적으로 해결하기 위한 개인적 측면의 대응 방법을 서술하시오.

강민이는 이틀 뒤에 있을 기말고사 공부를 해야 하는데, 친구들이 축구를 하자고 해서 고민이다.

답 완성하기

(1) ______________________________

(2) 어떤 역할이 갈등을 일으키는지 갈등 상황을 명확하게 분석한 후 하나의 역할을 (   )하거나 (   )을/를 정하여 순서대로 역할을 수행한다.

② 단계 스스로 문장 완성하기

▶ 252004-0355

03 (1) (가), (나)에 알맞은 사회적 지위의 유형을 쓰고, (2) 그 의미를 비교하여 서술하시오.

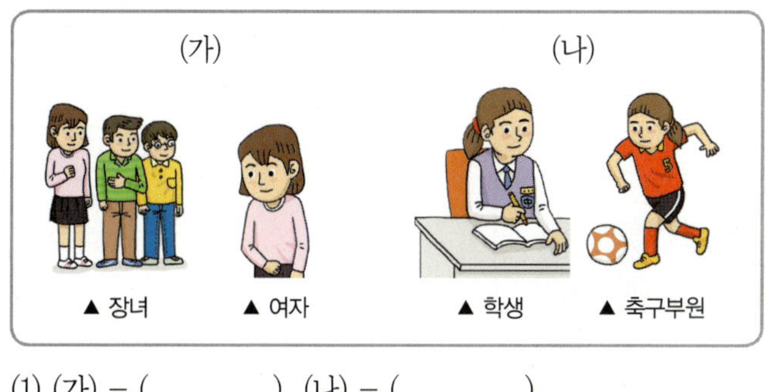

(1) (가) – (   ), (나) – (   )

(2) ______________________________

____

____

▶ 252004-0356

04 차별을 해결할 수 있는 방안을 개인적 측면과 사회적 측면으로 구분하여 각각 서술하시오.

____

____

____

____

____

____

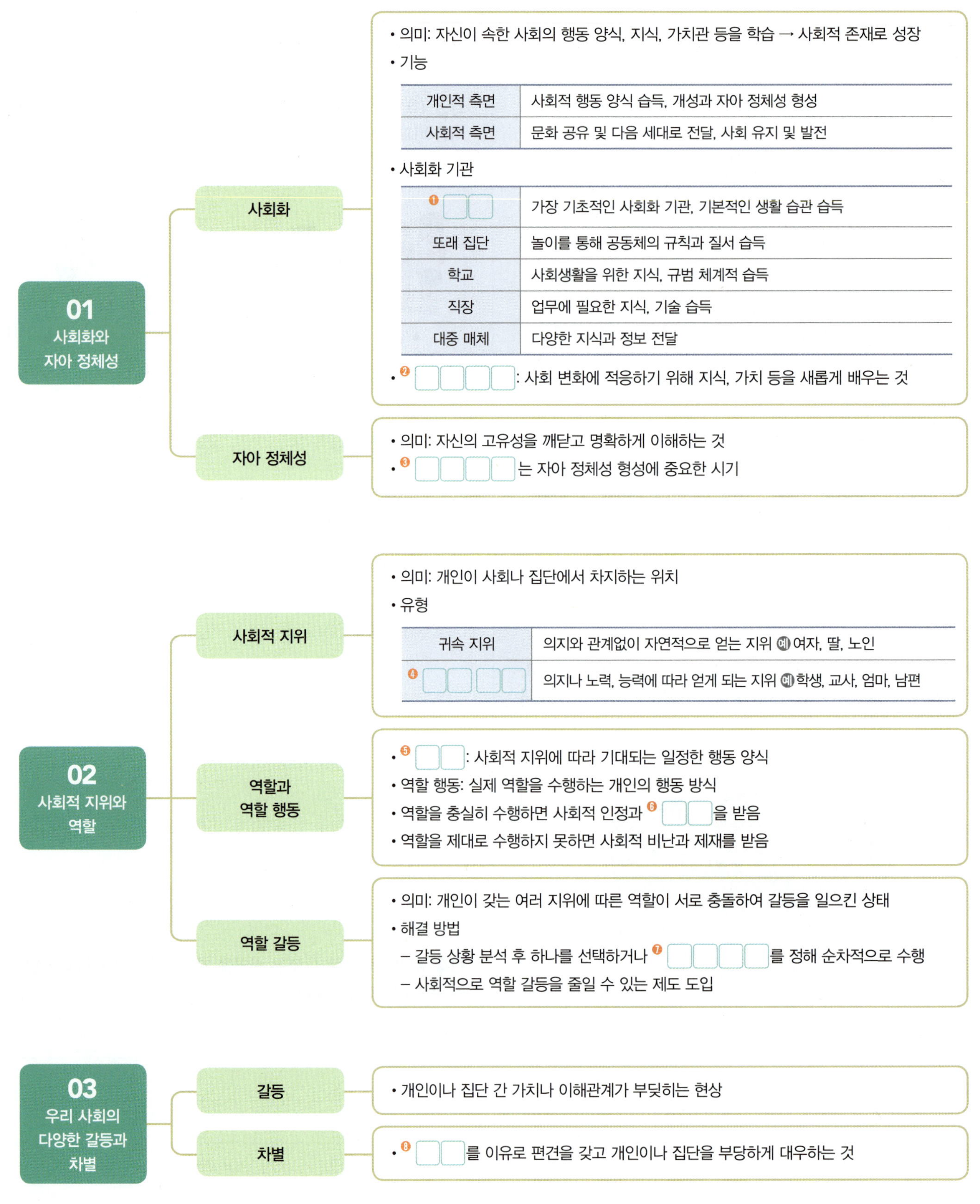

01 사회화와 자아 정체성

사회화

- 의미: 자신이 속한 사회의 행동 양식, 지식, 가치관 등을 학습 → 사회적 존재로 성장
- 기능

개인적 측면	사회적 행동 양식 습득, 개성과 자아 정체성 형성
사회적 측면	문화 공유 및 다음 세대로 전달, 사회 유지 및 발전

- 사회화 기관

❶ ☐☐	가장 기초적인 사회화 기관, 기본적인 생활 습관 습득
또래 집단	놀이를 통해 공동체의 규칙과 질서 습득
학교	사회생활을 위한 지식, 규범 체계적 습득
직장	업무에 필요한 지식, 기술 습득
대중 매체	다양한 지식과 정보 전달

- ❷ ☐☐☐☐: 사회 변화에 적응하기 위해 지식, 가치 등을 새롭게 배우는 것

자아 정체성

- 의미: 자신의 고유성을 깨닫고 명확하게 이해하는 것
- ❸ ☐☐☐☐☐는 자아 정체성 형성에 중요한 시기

02 사회적 지위와 역할

사회적 지위

- 의미: 개인이 사회나 집단에서 차지하는 위치
- 유형

귀속 지위	의지와 관계없이 자연적으로 얻는 지위 예 여자, 딸, 노인
❹ ☐☐☐☐	의지나 노력, 능력에 따라 얻게 되는 지위 예 학생, 교사, 엄마, 남편

역할과 역할 행동

- ❺ ☐☐: 사회적 지위에 따라 기대되는 일정한 행동 양식
- 역할 행동: 실제 역할을 수행하는 개인의 행동 방식
- 역할을 충실히 수행하면 사회적 인정과 ❻ ☐☐을 받음
- 역할을 제대로 수행하지 못하면 사회적 비난과 제재를 받음

역할 갈등

- 의미: 개인이 갖는 여러 지위에 따른 역할이 서로 충돌하여 갈등을 일으킨 상태
- 해결 방법
  - 갈등 상황 분석 후 하나를 선택하거나 ❼ ☐☐☐☐를 정해 순차적으로 수행
  - 사회적으로 역할 갈등을 줄일 수 있는 제도 도입

03 우리 사회의 다양한 갈등과 차별

갈등

- 개인이나 집단 간 가치나 이해관계가 부딪히는 현상

차별

- ❽ ☐☐를 이유로 편견을 갖고 개인이나 집단을 부당하게 대우하는 것

정답 ❶ 가정 ❷ 재사회화 ❸ 청소년기 ❹ 성취 지위 ❺ 역할 ❻ 보상 ❼ 우선순위 ❽ 차이

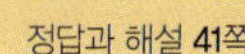

대단원 마무리 문제

▶ 252004-0357

01 다음 자료를 통해 알 수 있는 내용으로 가장 적절한 것은?

> 2008년 러시아의 어느 집에서 커다란 새장 속에서 새와 함께 갇혀 산 어린 아이가 발견되었다. 경찰이 아이를 꺼내려고 하자 아이는 새부리로 공격하듯 입으로 쪼며 날갯짓을 하듯 양팔을 퍼드덕대었고 새소리를 냈다. 7년 만에 처음 바깥세상에 나온 아이는 보호 시설로 보내졌지만 인간의 행동을 배우는 것을 매우 힘들어 하고 새장을 그리워했다.

① 사회화는 평생에 걸쳐 이루어지는 과정이다.
② 개인이 사회 변화에 적응하는 것이 중요하다.
③ 인간은 본능에 따라 행동하는 동물적 존재이다.
④ 긍정적인 자아 정체성을 형성하려는 노력이 필요하다.
⑤ 인간은 사회화를 통해 인간다운 인간으로 성장할 수 있다.

▶ 252004-0358

02 사회화에 해당하는 사례만을 〈보기〉에서 고른 것은?

> **보기**
> ㄱ. 꽃가루가 날려 눈이 간지럽다.
> ㄴ. 재채기가 나와서 코와 입을 가렸다.
> ㄷ. 화장실에 사람이 많아서 줄을 섰다.
> ㄹ. 모기에 물린 곳이 간지러워서 긁었다.

① ㄱ, ㄴ 　② ㄱ, ㄷ 　③ ㄴ, ㄷ
④ ㄴ, ㄹ 　⑤ ㄷ, ㄹ

▶ 252004-0359

03 ^{중요} 사회화에 대한 옳은 설명만을 〈보기〉에서 고른 것은?

> **보기**
> ㄱ. 유·아동기를 거쳐 청소년기에 완성된다.
> ㄴ. 자신이 속한 사회의 생활 양식을 학습하는 과정이다.
> ㄷ. 사회 구성원들이 똑같은 자아 정체성을 형성하는 데 영향을 끼친다.
> ㄹ. 생애 각 시기마다 주로 영향을 받는 사회화 기관이 다르게 나타난다.

① ㄱ, ㄴ 　② ㄱ, ㄷ 　③ ㄴ, ㄷ
④ ㄴ, ㄹ 　⑤ ㄷ, ㄹ

▶ 252004-0360

04 빈칸 (가)에 들어갈 내용으로 가장 적절한 것은?

① 차별과 갈등을 해소하는
② 사회를 유지하고 발전시키는
③ 개인의 역할 갈등을 해결하는
④ 자신만의 개성과 정체성을 형성하는
⑤ 개인이 자신이 속한 사회에 적응하는

▶ 252004-0361

05 다음 설명에 해당하는 사회화 기관은?

> • 기본적인 생활 습관, 언어, 예절 등을 익힘
> • 유·아동기에 기본 인성과 가치관을 형성하는 데 큰 영향을 끼침

① 가정 　　② 직장 　　③ 학교
④ 대중 매체 　⑤ 또래 집단

^{서술형}
▶ 252004-0362

06 다음 자료에 나타난 사회화 기관을 쓰고, 그 특징을 서술하시오.

> 친근감을 느끼는 비슷한 나이의 구성원으로 이루어진 집단

07 다음 자료에 나타난 사회학적 개념으로 가장 적절한 것은?

① 갈등　　② 차별　　③ 재사회화
④ 역할 갈등　　⑤ 자아 정체성

▶ 252004-0364

08 바람직한 자아 정체성 형성을 위한 노력으로 적절하지 <u>않은</u> 학생은?

① 갑: 닮고 싶은 사람의 행동을 그대로 따라하고 있어요.
② 을: 나 자신을 긍정적으로 바라보고 존중하려고 노력해요.
③ 병: 내가 원하는 미래의 모습을 끊임없이 탐색하고 있어요.
④ 정: 충분한 시간과 여유를 가지고 나의 능력, 관심 등에 대해 고민해 보려 해요.
⑤ 무: 요즘 자아 정체성에 혼란을 느껴서 주변 사람들에게 조언을 받고 있어요.

▶ 252004-0365

09 (가), (나)에 대한 설명으로 옳은 것은?

> (가) 자신의 의지와 관계없이 자연스럽게 가지는 지위
> (나) 개인의 의지나 노력에 따라 얻는 지위

① (가)는 성취 지위이다.
② (나)의 중요성이 감소하고 있다.
③ 전통 사회에서는 (가)만 존재하였다.
④ 아빠, 학생은 (가)에 해당하는 사례이다.
⑤ (가), (나)에 기대되는 일정한 행동 양식이 있다.

▶ 252004-0366

10 밑줄 친 ㉠에 해당하는 사례로 옳은 것은?

> 지위에는 자신의 의지와 관계없이 가지는 ㉠ 귀속 지위와, 개인의 의지나 노력에 따라 얻는 성취 지위가 있다.

① 국민을 대표하는 국회 의원
② 자녀를 정성껏 양육하는 부모
③ 세계적으로 인기 있는 K팝 가수
④ 노인 대학에서 정보화 교육을 받는 노인
⑤ 사회 시험을 위해 열심히 공부하는 학생

▶ 252004-0367

11 밑줄 친 ㉠과 ㉡의 의미를 획득 방법의 측면에서 비교하여 서술하시오.

> 한 개인이 속한 집단이나 사회적 관계에서 차지하는 위치를 사회적 지위라고 한다. 사회적 지위에는 ㉠ 귀속 지위와 ㉡ 성취 지위가 있다.

▶ 252004-0368

12 교사의 질문에 대한 학생의 답변으로 옳은 것은?

① 갑: 학교에 올 때 버스를 탈 것인지 걸어갈 것인지 고민했습니다.
② 을: 시험 대비를 위해 어떤 과목을 먼저 공부할 것인지 고민했습니다.
③ 병: 방과 후에 햄버거를 먹으러 갈지 떡볶이를 먹으러 갈지 고민입니다.
④ 정: 친구 생일 파티에 가야 할지, 방송부 활동에 참석해야 할지 고민입니다.
⑤ 무: 인문계 고등학교에 진학할지, 특성화 고등학교에 진학할지 고민 중입니다.

▶ 252004-0369

13 (가), (나)에 대한 설명으로 옳은 것은?

> (가) 개인이 가진 특징들이 다르게 나타나 서로를 구분할 수 있는 특성
> (나) 다르다는 이유로 다른 집단이나 사람들을 부당하게 대하는 것

① (가)는 차이, (나)는 갈등이다.
② (나)를 인정하는 태도를 갖추어야 한다.
③ (가)는 편견과 고정 관념 때문에 발생한다.
④ (가)는 인간의 존엄한 가치를 침해하는 것이다.
⑤ (나)는 개인과 사회가 함께 노력하여 적극 개선해야 할 문제이다.

▶ 252004-0370

14 중요 **차별의 사례에 해당하는 것만을 〈보기〉에서 고른 것은?**

> **보기**
> ㄱ. 지하철에 교통 약자석을 지정한다.
> ㄴ. 외국인 근로자에게만 임금을 제때 지급하지 않았다.
> ㄷ. 야간 근무자는 주간 근무자보다 많은 임금을 받는다.
> ㄹ. 같은 업무를 하는 비장애인이 장애인보다 많은 임금을 받는다.

① ㄱ, ㄴ   ② ㄱ, ㄷ   ③ ㄴ, ㄷ
④ ㄴ, ㄹ   ⑤ ㄷ, ㄹ

▶ 252004-0371

15 차별을 해결하기 위한 노력으로 적절하지 <u>않은</u> 것은?

① 다양성을 존중하는 태도를 갖는다.
② 차이를 인정하지 않는 법과 제도를 마련한다.
③ 관용적인 태도를 가지고 상대방을 배려한다.
④ 다른 사람이나 집단에 대한 편견과 고정 관념을 버린다.
⑤ 시민들은 차별 해결을 위한 제도 개선을 국가에 적극적으로 요구한다.

고난도 실력 향상 문제

▶ 252004-0372

01 밑줄 친 ㉠~㉤에 대한 설명으로 옳은 것은?

> 오늘 ㉠ 학교에서 심폐소생술 교육을 받았다. 체험 중심이라 재미도 있었지만, 생명을 구할 수도 있는 중요한 교육이라고 생각하니 더욱 의미가 있었다. 집에 오는 길에 ㉡ 친구와 마라탕을 사 먹고 ㉢ 가족들과 저녁 시간을 보냈다. 가족들과 함께 ㉣ TV를 보는데 제주도의 멋진 풍경과 맛집들이 소개되었다. ㉤ 언니가 우리 가족의 다음 여행지는 제주도로 정하자고 했고 모두가 좋아했다.

① ㉠ – 가장 기초적인 사회화 기관이다.
② ㉡ – 자연적으로 가지는 귀속 지위이다.
③ ㉢ – 사회화를 위해 만들어진 공식적 사회화 기관이다.
④ ㉣ – 현대 사회에서 큰 영향력을 행사하는 사회화 기관이다.
⑤ ㉤ – 현대 사회에서 중요성이 강조되는 사회적 지위에 해당한다.

▶ 252004-0373

02 다음과 같은 법을 시행하는 공통적인 목적으로 가장 적절한 것은?

> • 이 법은 모든 생활 영역에서 장애를 이유로 한 차별을 금지하고 장애를 이유로 차별받은 사람의 권익을 효과적으로 구제함으로써 … (후략) …
> • 이 법은 「대한민국 헌법」의 평등 이념에 따라 고용에서 남녀의 평등한 기회와 대우를 보장하고 모성 보호와 여성 고용을 촉진하여 남녀 고용 평등을 실현함과 아울러 … (후략) …

① 빠른 사회 변화에 효과적으로 적응하기 위해
② 객관적 기준에 근거한 차별을 인정하기 위해
③ 서로 다른 집단 간의 이해관계를 일치시키기 위해
④ 차이를 이유로 부당하게 대우하는 것을 막기 위해
⑤ 한 개인의 서로 다른 역할 간의 충돌을 줄이기 위해

문제 ▶ 우리 일상 언어 속 '먼지 차별'을 발견하고 차별을 해결하기 위한 대안을 제시하는 논술문을 작성해 봅시다.

A 활동 계획 세우기

1. 나와 주변 사람의 경험, 기사, TV 프로그램, 각종 플랫폼의 영상 등에서 '먼지 차별'의 사례를 수집한다.

> 먼지 차별이란?
>
> 먼지처럼 눈에 잘 띄지 않지만 곳곳에 깔린 아주 작은 먼지와 같은 차별을 말한다. 폭력과 같이 직접적인 것이 아니므로 당한 사람도 바로 대처하기가 어려우며, 겉으로는 마치 칭찬 같아 보이지만 그 안에 차별적인 요소를 포함하고 있는 경우도 많다. 그러나 이를 별 것 아니라고 생각하면 먼지처럼 쌓이고 쌓여 나와 다른 상대에 대한 편견과 차별이 되어 돌아오므로 우리도 일상생활에서 아무 생각 없이 먼지 차별에 해당하는 표현을 사용하지는 않는지 되돌아보고 개선하고자 노력해야 한다.

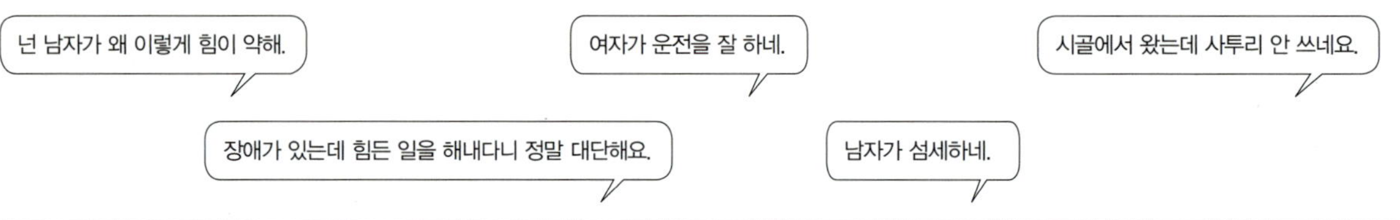

2. 활동지에서 질문하는 순서대로 탐색한 내용에 대해 정리한다.
3. 항목별로 생각해 본 내용을 글의 개요로 삼아, 논리 정연하게 하나의 논술문으로 완성한다.

B 활동하기

1. 탐색 활동: 내가 경험하거나 주변에서 쉽게 경험할 수 있는 '먼지 차별'의 사례를 찾아본다.
2. 정리 활동: 먼지 차별의 사례, 차별의 유형, 차별이라고 생각한 이유, 대안 제시 및 해결 방안 등을 활동지에 작성한다.

예시

먼지 차별 사례	차별의 유형	차별이라고 생각한 이유	대안적인 표현 또는 개선해야 할 부분
"장애가 있는데 대단하시네요."	장애로 인한 차별	장애인은 못할 것이라는 생각을 하고 있다.	"장애가 있는데."라는 표현을 삼간다.
여중생, 여대생, 여직원, 여자중학교	성차별	남중생, 남대생, 남직원, 남자중학교라는 말은 거의 쓰지 않고 있다.	"여"를 빼고 성별 구분이 필요한 경우 남녀 모두 남성, 여성임을 따로 표기한다.
"시골에서 왔는데 사투리 안 쓰네요?" "사투리 고쳤네?"	지역 차별	사투리를 이상하거나 고쳐야 할 대상으로 여기고 있다.	사투리든 표준어든 모두 지역에 따른 차이일 뿐이라는 것을 인식한다.
"다이어트 좀 해." "살 빼고 사람 됐어."	외모 차별	살이 찌면 이상하고, 살이 빠지고 날씬해야 보기 좋다는 생각을 하고 있다.	다른 사람의 외모를 함부로 평가하지 않는다.

3. 논술 활동: 항목별로 정리한 내용을 한 편의 글로 논리정연하게 서술한다.

> 먼지 차별의 사례를 제시하고 이를 통해 일상생활 속 차별의 문제점과 해결을 위한 방안에 대해 논술하시오.

평가하기

채점 기준	상	중	하
먼지 차별이 무엇인지 이해하고 적합한 사례를 제시하였는가?			
차별이라고 생각한 이유를 논리적으로 서술하고, 차별의 유형을 알맞게 분류하였는가?			
먼지 차별과 같은 일상 속 차별 문제를 해결하기 위한 적절한 대안을 제시하였는가?			

VIII

다양한 문화의 이해

01~02 문화의 의미와 특징 ~ 미디어와 문화

학습목표
• 일상생활에서 접하는 다양한 문화 사례를 통해 문화의 의미와 특징을 설명할 수 있다.
• 우리 주변의 다양한 미디어의 의미와 특징을 설명하고, 미디어를 통해 접하는 정보를 비판적으로 검토할 수 있다.

1 문화의 의미

(1) 의미

넓은 의미에서 문화를 이해하면 다양한 사람들의 일상을 편견없이 바라볼 수 있다.

① 좁은 의미의 문화: 세련되고 교양 있는 것, 예술이나 문학과 관련된 것
　예 문화인, 문화 상품권, 문화가 있는 날 등
② 넓은 의미의 문화: 한 사회의 구성원이 환경에 적응하며 만들어 낸 공통의 생활 양식 예 전통문화, 주거 문화, 한국 문화 등

(2) 문화인 것과 문화가 아닌 것

문화인 것		문화가 아닌 것
• 후천적으로 만들어 낸 산물 • 사회 구성원의 공통된 생활 양식	⇔	• 본능, 유전, 자연 현상 • 개인적 버릇이나 습관

한 사회의 구성원은 사회화 과정을 통해 자신이 속한 사회의 문화를 공유한다.

2 문화의 특징

(1) 문화의 보편성과 특수성 (자료 1)

① 보편성
　• 의미: 어느 사회에서나 공통적으로 나타나는 문화 현상이 있음
　• 이유: 인간의 기본적 욕구, 사고방식 등이 비슷하기 때문임
② 특수성 — 문화의 다양성이라고도 한다.
　• 의미: 사회에 따라 문화는 독특한 모습으로 서로 다르게 나타남
　• 이유: 문화는 사회가 처한 환경에 따라 각각 다르게 형성되기 때문임

(2) 문화의 속성 (자료 2)

공유성	문화는 한 사회 구성원들이 공통으로 가지는 생활 양식임 → 특정한 상황에서 상대방의 행동을 예측할 수 있음 예 한국에서는 시험을 앞둔 사람에게 찹쌀떡이나 엿을 준다.
학습성	문화는 타고난 것이 아니라 자신이 속한 사회에서 후천적으로 습득한 것임 → 어느 사회에서 자랐느냐에 따라 행동이 달라짐 예 우리나라 사람들은 젓가락으로 식사하는 법을 배운다.
축적성	문화는 언어나 문자 등을 통해 다음 세대로 전달되면서 새로운 요소가 추가됨 → 문화의 내용이 더욱 풍성하고 다양해짐 예 통화, 문자 기능 밖에 없던 휴대 전화에 다양한 기능이 추가되었다.
변동성	문화는 고정된 것이 아니라 끊임없이 변화함 → 시간의 흐름에 따라 사라지거나 새로운 것이 나타나기도 함 예 전통 한복의 불편함을 개선하고 편리성을 추구한 개량 한복을 입는다.
전체성	한 사회의 문화를 구성하는 여러 요소는 서로 밀접하게 연결되어 전체를 이룸 — 문화를 제대로 이해하려면 각 부분의 연관성을 살펴봐야 한다. → 문화의 한 부분이 변화하면 다른 부분에도 영향을 미침 예 정보 통신 기술의 발달로 교육, 업무 형태, 전자 상거래 등 사회 전반에 변화가 나타났다.

자료 탐구

자료 1 문화의 보편성과 특수성

▲ 스텝 기후의 이동식 가옥　　▲ 열대 기후의 고상 가옥

어느 사회에서나 집을 짓고 사는 것은 문화의 보편성을 보여 준다. 스텝 기후 지역에서는 유목 생활을 하므로 게르라는 이동식 가옥이 발달한 반면, 열대 기후 지역에서는 덥고 습한 지면으로부터 바닥을 띄워 짓는 고상 가옥이 발달하였다. 이는 각 사회가 처한 자연환경에 따라 구체적인 문화의 모습이 다르게 나타나는 것으로, 문화의 특수성을 보여 준다.

자료 2 자동차로 알아보는 문화의 속성

• 공유성: 노란색 승합차를 보면 어린이 보호 차량임을 알 수 있다.
• 학습성: 안전띠 착용 캠페인을 진행하여 많은 사람들이 안전한 교통 문화를 배웠다.
• 축적성: 바퀴 달린 탈것은 마차부터 엔진 장착 자동차까지 기술의 축적으로 발달하였다.
• 변동성: 환경에 대한 관심이 커지면서 전기차가 늘어나고 있다.
• 전체성: 자동차가 증가하면서 주차 시설 부족, 자동차 여행 증가, 도로 확충 등의 변화가 나타났다.

문화의 속성이란 문화만이 가지는 독특한 고유의 성질을 말하는 것으로 문화인 것과 문화가 아닌 것을 구분하는 기준을 말한다. 어떤 문화든 공유성, 학습성, 축적성, 변동성, 전체성과 같은 특징을 갖고 있다.

용어 정리

생활 양식 사회나 집단에 속한 사람들이 공통으로 갖는 생활에 대한 인식이나 생활하는 방식
보편성 모든 사물이나 현상에 두루 미치는 성질

3 미디어의 의미와 특징

(1) 의미: 정보 등을 전달하고 공유하는 수단 <예>신문, TV, 인터넷 등

(2) 종류

인쇄 매체, 음성 매체, 영상 매체와 같은 전통적인 대중 매체는 정보 생산자가 소비자에게 일방적으로 정보를 전달한다.

구분		특징
일방향 소통	인쇄 매체	책, 신문, 잡지 등 문자로 정보 전달
	음성 매체	라디오, 음반 등 소리로 정보 전달
	영상 매체	TV 방송, 영화 등 영상으로 정보 전달
쌍방향 소통	뉴 미디어 <자료 3>	• 인터넷, 스마트폰 등을 활용하여 정보의 생산자와 소비자 간의 쌍방향 소통이 가능 • 정보의 생산자와 소비자의 경계가 불분명 • 동영상 공유 플랫폼, 사회 관계망 서비스(SNS) 등 새로운 미디어의 영향력 확대

(3) 특징

오늘날 미디어는 단순 정보 전달 수단에 그치지 않고 사회적·문화적으로 많은 영향을 끼치며 중요성이 더욱 커지고 있다.

① 다양한 정보를 전달함

② 즐거움과 휴식을 제공함

③ 사회적 쟁점에 대한 관심을 유도하여 사회 문제 개선에 도움을 줌

4 미디어의 비판적 활용

(1) 미디어의 비판적 활용의 필요성

① 사람들의 사고방식과 행동을 <u>획일화할 수 있음</u>

미디어를 통해 다수의 사람들이 동일한 내용을 동시에 접하므로 사고방식이나 행동이 획일화되기 쉽다.

② 문화가 소비되는 과정에서 미디어의 상업화로 자극적이고 폭력적인 콘텐츠에 노출됨

③ 오락적 측면이 강조되어 사회 문제에 무관심해질 수 있음

④ 왜곡되거나 거짓된 정보 생산으로 사회적 혼란 심화

(2) 미디어를 비판적으로 활용하는 태도 <자료 4>

미디어가 제공하는 정보가 정확한 사실인지, 숨겨진 가정과 의도는 없는지 등을 분석한다.

① 미디어 리터러시: 미디어가 제공하는 정보를 <u>비판적으로 이해</u>하고 분석하여 평가하는 미디어 리터러시가 필요함

② 능동적 참여: 건전한 미디어 환경을 위해 적극적으로 문제점 지적, 개선하려는 노력이 필요함

집중 탐구 미디어의 부정적 측면

▲ 획일화

미디어에 노출된 최신 유행을 따라 하는 경향으로 사람들의 사고방식이나 행동이 획일화되고 개성이 상실된다.

▲ 상업화

미디어가 상업성을 띠면서 대중의 흥미를 끌기 위해 지나치게 자극적인 프로그램을 만들거나, 과도한 간접 광고를 하기도 한다.

▲ 가짜 뉴스

잘못 보도된 뉴스나 의도적으로 조작된 내용과 같은 허위 사실이 빠르고 광범위하게 퍼지고 있다.

자료 3 뉴 미디어

뉴 미디어가 등장하면서 대중의 삶이 크게 변화하였다. 사람들은 정보의 소비자이자 생산자로서 새로운 정보를 만들고 전달할 수 있게 되었다. 또한 언제든 원하는 때에 자신이 보고 싶은 콘텐츠를 즐기거나, 사회 관계망 서비스(SNS)에 자신의 일상을 공유하고 소통하면서 시간과 공간의 제약을 넘어서고 있다.

자료 4 가짜 뉴스와 미디어 리터러시

1. 뉴스 출처 고려하기
2. 관심을 끌기 위한 제목 외에도 본문을 꼼꼼히 확인하기
3. 작성자가 실제로 존재하는지, 믿을만한 사람인지 확인하기
4. 제시된 정보가 뉴스를 실제로 뒷받침하는 것인지 확인하기
5. 오래된 뉴스를 다시 사용하는 것은 아닌지 확인하기
6. 뉴스 내용이 풍자나 단순 농담은 아닌지 확인하기
7. 자기의 선입견이 판단에 영향을 미치지 않았는지 점검하기
8. 뉴스 내용을 해당 분야 관련자나 검증할 수 있는 누리집에서 확인하기

– 국제 도서관 협회 연맹

뉴스의 형태를 띠고 있지만 사실이 아닌 가짜 뉴스의 문제가 커지고 있다. 잘못된 보도나 의도적인 조작으로 만들어진 다양한 가짜 뉴스를 판별하기 위한 미디어 리터러시가 더욱 요구되고 있다.

용어 알기

뉴 미디어 전통 미디어에 컴퓨터와 통신 기술, 스마트 모바일 기기, 인터넷 등이 지닌 높은 상호 작용성이 더해져 만들어진 새로운 개념의 미디어

획일화 모두가 비슷하게 생각하고 행동하는 것

상업성 이윤을 얻는 것을 중시하는 특성

왜곡 사실과 다르게 해석하거나 잘못되게 하는 것

미디어 리터러시 미디어가 생산하는 문화와 정보를 비판적으로 이해하고 평가하여 활용하는 능력

01 빈칸에 들어갈 알맞은 말을 쓰시오.

(1) (　　　　　)은/는 사회의 구성원이 주어진 환경에 적응하는 과정에서 인간이 만들어 낸 산물이다.

(2) 문화가 세련되고 교양이 있다는 의미로 사용되거나 예술, 공연, 문학 등을 뜻하면 (　　　　　) 의미의 문화에 해당한다.

(3) 어느 사회에서나 공통으로 나타나는 생활 양식이 있는데, 이를 문화의 (　　　　　)(이)라고 한다.

(4) 문화는 고정된 것이 아니라 시간이 흐르면서 사라지고 수정되거나, 새로운 것이 나타나는 데 이를 문화의 (　　　　　)(이)라고 한다.

(5) 최근에는 인터넷과 스마트폰 등과 같은 (　　　　　)이/가 발달하여 정보를 만드는 사람과 소비하는 사람이 쌍방향으로 소통할 수 있다.

02 밑줄 친 '문화'가 좁은 의미로 사용된 사례만을 〈보기〉에서 있는 대로 고르시오.

> 보기
>
> ㄱ. 전통문화 　　　　ㄴ. 문화 시민
> ㄷ. 주거 문화 　　　　ㄹ. 문화 상품권
> ㅁ. 청소년 문화 　　　ㅂ. 문화가 있는 날

(　　　　　　　)

03 문화의 속성과 그 의미를 바르게 연결하시오.

(1) 공유성　　•　　•㉠ 문화는 끊임없이 변화함

(2) 학습성　　•　　•㉡ 문화는 후천적으로 습득하는 것임

(3) 축적성　　•　　•㉢ 문화의 요소들은 서로 밀접하게 연결됨

(4) 변동성　　•　　•㉣ 문화는 다음 세대로 전달되면서 풍부해짐

(5) 전체성　　•　　•㉤ 문화는 한 사회 구성원들이 공통으로 가지는 생활 양식임

04 빈칸에 들어갈 알맞은 말에 ○표 하시오.

(1) 미디어를 통해 많은 사람에게 같은 내용으로 전달되는 문화와 정보는 사람들의 사고방식과 행동을 (다양화/획일화) 할 수 있다.

(2) 미디어를 통해 경험하는 문화와 정보를 (비판적/수동적)으로 검토하는 자세가 필요하다.

실력 쌓기 문제

▶ 252004-0374

01 밑줄 친 ㉠에 해당하는 사례로 옳은 것은?

> 한 사회의 구성원이 공통으로 가지는 전반적인 생활 양식을 ㉠ 문화라고 한다.

① 졸리면 잠을 잔다.
② 긴장하면 손톱을 물어뜯는다.
③ 숟가락과 젓가락으로 식사를 한다.
④ 여름에는 폭염과 열대야가 이어진다.
⑤ 태어날 때부터 눈동자가 푸른색이다.

▶ 252004-0375

02 ^{중요} 문화에 대한 옳은 설명만을 〈보기〉에서 고른 것은?

> 보기
>
> ㄱ. 인간의 모든 행동은 문화에 해당한다.
> ㄴ. 인간으로서 본능적으로 하는 행동이다.
> ㄷ. 환경에 적응하는 과정에서 만들어 낸 것이다.
> ㄹ. 인간이 사는 곳이면 어디든 문화가 존재한다.

① ㄱ, ㄴ　　　② ㄱ, ㄷ　　　③ ㄴ, ㄷ
④ ㄴ, ㄹ　　　⑤ ㄷ, ㄹ

▶ 252004-0376

03 밑줄 친 '문화'의 공통점에 대한 설명으로 옳은 것은?

> • 문화생활　　• 문화계 소식　　• 문화가 있는 날

① 본능에 따른 행동을 포함한다.
② 개인의 특별한 습관을 반영한다.
③ 예술, 공연, 문학 등과 관련된 것이다.
④ 넓은 의미로 사용되어 세련되고 교양 있는 것을 뜻한다.
⑤ 좁은 의미로 사용되어 한 사회 구성원의 생활 양식을 말한다.

▶ 252004-0377

04 (가), (나)의 밑줄 친 '문화'에 대한 설명으로 옳은 것은?

> (가) 한국 문화, 전통문화
> (나) 문화 시민, 문화 상품권

① (가)는 세련되고 교양 있는 것을 의미한다.
② (가)는 예술, 공연, 문학 활동과 관련된다.
③ (나)의 사례로 청소년 문화를 들 수 있다.
④ (나)는 한 사회 구성원이 공유하는 생활 양식을 말한다.
⑤ (가)는 (나)보다 문화가 넓은 의미로 사용하고 있다.

▶ 252004-0378

05 밑줄 친 ㉠, ㉡에 해당하는 문화의 특징을 옳게 연결한 것은?

▲ 스텝 기후의 이동식 가옥 ▲ 열대 기후의 고상 가옥

> ㉠ 어느 사회에나 집을 짓고 사는 문화가 있다. 하지만 ㉡ 자연환경과 사회적 상황에 따라 집의 종류와 구조는 다르게 나타난다.

	㉠	㉡		㉠	㉡
①	보편성	특수성	②	보편성	공유성
③	특수성	보편성	④	특수성	공유성
⑤	공유성	보편성			

▶ 252004-0379

06 중요 밑줄 친 부분에 나타난 문화의 속성으로 가장 적절한 것은?

> 우리나라 사람들은 숟가락과 젓가락으로 식사를 한다. 어릴 때부터 부모가 젓가락을 사용하여 식사하는 모습을 보고 지속적으로 연습하여 젓가락 사용 방법을 익힌 것이다.

① 공유성 ② 학습성 ③ 축적성
④ 변동성 ⑤ 전체성

▶ 252004-0380

07 다음 자료에 나타난 문화의 속성에 대한 설명으로 가장 적절한 것은?

> 우리나라에서는 시험을 앞둔 수험생에게 합격을 기원하는 의미로 엿이나 찹쌀떡을 선물한다. 반면, 시험을 앞둔 수험생에게 미역국은 '미끄러진다'는 의미로 꺼려지는 음식이다.

① 문화는 시간의 흐름에 따라 끊임없이 변화한다.
② 한 사회의 구성원들은 그 사회의 문화를 공유한다.
③ 모든 문화에는 공통적으로 나타나는 보편적인 특징이 있다.
④ 문화는 언어와 문자 등을 통해 다음 세대로 전달되며 축적된다.
⑤ 문화를 구성하는 요소들은 서로 밀접하게 연결되어 전체를 이룬다.

▶ 252004-0381

08 빈칸 ㉠에 들어갈 내용으로 가장 적절한 것은?

① 문화는 시간의 흐름에 따라 끊임없이 변화합니다.
② 어느 사회에서나 공통적인 생활 양식이 나타납니다.
③ 문화는 서로 다른 환경에 따라 각각 다르게 형성됩니다.
④ 문화의 한 부분이 변하면 다른 부분도 연쇄적으로 영향을 받습니다.
⑤ 사회 구성원들은 특정 상황에서 상대방의 행동을 쉽게 예측할 수 있습니다.

▶ 252004-0382

09 문화의 축적성 사례로 가장 적절한 것은?

① 아름다움의 기준은 시대에 따라 달라진다.
② 과학 기술의 발달은 사회의 여러 부문에 영향을 미쳤다.
③ 서로 다른 나라에서 성장한 쌍둥이가 다른 언어를 사용한다.
④ 휴대 전화에 통화, 문자 기능 외에도 점차 다양한 기능이 추가되었다.
⑤ 과거와 다르게 오늘날에는 한복을 명절과 같이 특별한 날에만 입는다.

실력 쌓기 문제

▶ 252004-0383

10 미디어에 대한 설명으로 옳지 <u>않은</u> 것은?

① 시대에 따라 다양한 종류의 미디어가 생겨났다.
② 사람들에게 휴식과 오락을 제공하는 기능을 한다.
③ 지식, 정보 등을 전달하고 공유하는 수단을 말한다.
④ 오늘날 사회적·문화적으로 많은 영향을 미치고 있다.
⑤ 현대에는 정보 생산자와 소비자 간의 일방향적인 의사소통만을 가능하게 한다.

▶ 252004-0384

11 (가), (나)에 대한 설명으로 옳은 것은?

(가) 전통적 매체　　　　　(나) 뉴 미디어

① (가)는 (나)보다 정보 전달의 속도가 빠르다.
② 오늘날에는 (가)의 영향력이 더욱 커지고 있다.
③ (가)는 정보 생산자와 소비자의 경계가 불분명하다.
④ (나)는 정보 생산자와 소비자 간의 쌍방향 소통이 가능하다.
⑤ (나)는 전문 제작자가 생산한 내용만을 소비자에게 전달한다.

▶ 252004-0385

12 다음 자료에 공통으로 나타난 미디어의 부정적인 특징으로 가장 적절한 것은?

▲ 자극적인 프로그램

▲ 지나친 간접 광고

① 사람들의 사고방식이 획일화된다.
② 사회의 중요한 문제에 무관심해진다.
③ 검증되지 않은 허위 정보가 만들어진다.
④ 편향된 특정 정보만을 반복하여 접하게 된다.
⑤ 이윤을 추구하여 지나치게 상업성을 띠게 된다.

▶ 252004-0386

13 미디어의 긍정적인 측면에 대한 옳은 설명만을 〈보기〉에서 고른 것은?

> **보기**
>
> ㄱ. 이윤 추구를 위해 상업적 영상들이 대거 제작된다.
> ㄴ. 새로운 분야의 지식이나 다양한 정보를 전달한다.
> ㄷ. 객관적이고 믿을 수 있는 정확한 정보만을 전달한다.
> ㄹ. 사회적 쟁점에 대한 사람들의 관심을 불러일으키기도 한다.

① ㄱ, ㄴ　　　② ㄱ, ㄷ　　　③ ㄴ, ㄷ
④ ㄴ, ㄹ　　　⑤ ㄷ, ㄹ

▶ 252004-0387

14 다음은 사회 수행 평가를 위해 수집한 자료이다. 빈칸 ㉠에 들어갈 내용으로 가장 적절한 것은?

① 사람들을 현혹하는 거짓 정보
② 뉴 미디어로 인한 쌍방향 소통
③ 지나치게 상업성을 띠는 미디어
④ 미디어의 영향으로 획일화되는 사람들
⑤ 재미만 추구하며 사회 문제에 무관심한 사람들

▶ 252004-0388

15 교사의 질문에 대한 학생의 답변으로 적절하지 <u>않은</u> 것은?

① 갑: 미디어 리터러시를 기를 수 있게 노력합니다.
② 을: 정보에 숨겨진 가정과 의도를 파악해야 합니다.
③ 병: 잘못된 정보는 바로잡도록 적극적으로 요구해야 합니다.
④ 정: 유명 방송사나 신문사에서 제공하는 정보만을 신뢰하도록 합니다.
⑤ 무: 정보의 출처를 확인하고 사실임을 뒷받침하는 근거가 타당한지 살펴봐야 합니다.

서술형 문제

1 단계 핵심 키워드 파악하기

▶ 252004-0389

01 (1) 다음 글에 나타난 문화의 속성을 쓰고, (2) 그 의미를 서술하시오.

> 젊은 세대는 다양한 줄임말과 신조어를 사용한다. 기성 세대는 잘 이해하지 못해도, 젊은 세대끼리는 줄임말을 사용해도 서로 뜻이 잘 통한다.

답 완성하기

(1) ____

(2) 한 사회의 구성원은 그 사회의 문화를 (   )한다. 그래서 같은 사회에 살고 있는 사람들은 특정 상황에서 상대방의 행동을 쉽게 이해하고 (   )할 수 있다.

▶ 252004-0390

02 다음 자료를 통해 파악할 수 있는 뉴 미디어의 특징을 서술하시오.

답 완성하기

뉴 미디어는 정보 (   )와/과 (   )의 경계가 불분명하며, 정보 전달과 의사소통이 (   )(으)로 이루어진다는 특징이 있다.

2 단계 스스로 문장 완성하기

▶ 252004-0391

03 (1) (가), (나)를 설명할 수 있는 문화의 특징을 쓰고, (2) 그 의미를 비교하여 서술하시오.

> (가) 모든 나라에는 인사를 하는 문화가 있다.
> (나) 나라마다 인사를 하는 방식은 다르다.

(1) (가) – (   ), (나) – (   )

(2) ____

____

▶ 252004-0392

04 (1) (가)~(다) 중 문화가 아닌 것을 있는 대로 골라 기호를 쓰고, (2) 문화가 아니라고 생각한 이유를 각각 서술하시오.

> (가) 서연이는 긴장하면 다리를 떤다.
> (나) 어제 잠을 제대로 자지 못해서 하품이 났다.
> (다) 우리나라 사람들은 숟가락과 젓가락으로 식사를 한다.

(1) 문화가 아닌 것: ______________________

(2) ____

____

03 문화를 이해하는 바람직한 태도

학습 목표
• 여러 집단에서 나타나는 다양한 문화의 사례를 파악할 수 있다.
• 문화를 이해하는 바람직한 태도를 설명할 수 있다.

1 여러 집단의 다양한 문화 (자료 1)

각 집단의 구성원들은 지속적인 상호 작용을 통해 자신들만의 문화를 형성해 왔다.

(1) **다양한 문화가 나타나는 이유**: 문화는 주어진 환경에 적응하며 만든 생활 양식이므로 집단마다 다르게 나타남 → 서로 다른 언어, 종교, 민족 등 집단이 다양한 만큼 다양한 문화가 나타남

(2) **다문화 사회**
  ① 의미: 한 국가 안에 다양한 인종·민족의 문화가 공존하는 사회
  ② 원인: 교통·통신의 발달, 국가 간 인구 이동과 미디어를 통한 교류 활발

(3) **우리나라의 다문화적 상황**: 언어, 종교, 민족 등이 서로 다른 다양한 집단의 문화가 나타남 → 다른 문화를 이해하는 바람직한 태도 필요

2 문화를 이해하는 태도 (자료 2)

(1) **자문화 중심주의**

의미	자신이 속한 사회의 문화를 우수하다고 여기고 다른 문화를 열등하다고 무시하는 태도 예 중국의 중화사상, 무더운 오후에 낮잠을 자는 다른 나라의 문화를 게으르기 때문이라고 생각하는 것
장점	자기 문화의 자부심을 높이고 구성원들의 결속을 강화함
문제점	다른 집단과의 갈등을 초래할 수 있음

(2) **문화 사대주의**

자문화 중심주의와 문화 사대주의는 특정 문화를 우월하게 생각한다는 공통점이 있다.

의미	다른 사회의 문화를 우월하게 보고 자기 문화를 무시하고 낮게 평가하는 태도 예 영어를 사용하면 더 고급스럽게 여기는 것
장점	다른 문화의 장점을 받아들여 자기 문화를 발전시키는 계기가 될 수 있음
문제점	자기 문화에 대한 자부심과 주체성을 상실할 수 있음

(3) **문화 상대주의** (자료 3)

문화의 우열을 평가하지 않는 바람직한 문화 이해 태도로, 문화 교류가 활발한 오늘날에 더욱 요구되는 태도이다.

의미	한 사회의 문화를 그 사회의 자연환경과 사회적 상황이나 맥락을 고려하여 이해하고 존중하는 태도 예 티베트의 조장 풍습을 자연환경을 고려하여 이해하는 것
장점	다른 문화를 있는 그대로 이해하여 다양한 문화 공존의 기초가 됨
유의점	인간의 존엄성과 같은 인류의 보편적 가치를 해치는 문화까지 문화 상대주의 태도로 이해하는 것은 극단적인 문화 상대주의로 바람직하지 않음

집중 탐구 모든 문화를 무조건 존중해야 할까?

일부 이슬람권 국가에서 가족 혹은 공동체의 명예를 더럽혔다고 생각되는 구성원을 가족이나 마을 사람들이 살해하는 명예 살인이 이어지고 있다. 이처럼 인간의 존엄성과 같은 인류의 보편적 가치를 훼손하는 행위까지 문화 상대주의적 관점으로 이해하는 태도는 경계해야 한다.

자료 1 우리 주변의 다양한 문화 사례

▲ 직장 구내 식당의 다국적 메뉴   ▲ 다양한 언어의 간판

이주민이 늘어나면서 우리나라도 다문화 사회로 변화하고 있다. 이는 우리 사회의 문화를 더욱 풍부하게 하고 문화 발전의 원동력이 된다. 그러나 의사소통의 어려움, 가치관의 차이, 차별과 오해 등으로 갈등이 발생하기도 한다.

자료 2 바람직하지 못한 문화 이해 태도

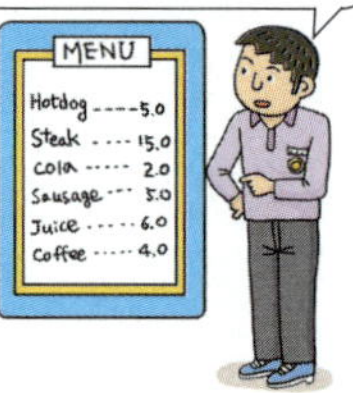

자기 문화를 우수하다고 여기고 다른 문화를 열등하다고 여기는 자문화 중심주의와 다른 문화를 우수하다고 여기고 자기 문화를 열등하게 여기는 문화 사대주의는 문화 간에 우열이 존재한다고 생각하는 공통점이 있다.

자료 3 문화 상대주의로 이해하는 조장

티베트는 고도가 높고 겨울이 길어 매장이 어렵고, 땔감으로 쓸 나무가 부족해 화장도 쉽지 않다. 이러한 이유로 티베트에서는 사람의 시신을 독수리가 먹게 하는 장례 풍습이 발달하게 되었다. 이처럼 다른 문화를 이해할 때에는 그 사회의 환경과 상황을 고려하여 이해하는 문화 상대주의 태도가 필요하다.

용어 정리

열등 보통의 수준이나 등급보다 낮음
사대주의 큰 세력을 가진 나라를 섬기는 태도
주체성 스스로 자유롭고 자주적인 상태

01 빈칸에 알맞은 말을 쓰시오.

(1) 한 국가 안에 다양한 인종·민족의 문화가 함께 공존하는 사회를 (　　　　)(이)라고 한다.

(2) (　　　　)은/는 다른 사회의 문화를 더 우월한 것으로 생각하고 자기 문화를 무시하는 태도를 말한다.

(3) 다른 문화를 이해할 때 그 사회의 자연환경과 사회적 맥락, 역사적 배경 등을 고려하여 이해하는 태도를 (　　　) (이)라고 한다.

02 빈칸에 들어갈 알맞은 말에 ○표 하시오.

(1) 자문화 중심주의는 집단 내 구성원의 결속을 (강화, 약화) 할 수 있다.

(2) 자기 문화를 우수하다고 여기고 다른 사회의 문화를 열등하다고 무시하는 태도를 (자문화 중심주의, 문화 상대주의)라고 한다.

(3) (문화 사대주의, 자문화 중심주의)는 자기 문화에 대한 자부심과 정체성을 상실할 수 있다.

03 다음 설명이 맞으면 ○표, 틀리면 ×표 하시오.

(1) 교통과 통신의 발달로 우리 주변에서 다양한 문화를 쉽게 접할 수 있게 되었다. (　　　)

(2) 자문화 중심주의는 다른 문화의 장점을 받아들여 자기 문화를 발전시키는 계기가 되기도 한다. (　　　)

(3) 문화 상대주의는 문화의 우열을 인정하는 문화 이해 태도이다. (　　　)

(4) 인간의 존엄성과 같은 인류의 보편적 가치를 해치는 문화까지 문화 상대주의 관점으로 이해하려는 극단적 문화 상대주의는 경계해야 한다. (　　　)

04 문화 이해 태도에 해당하는 사례를 옳게 연결하시오.

(1) 문화 사대주의　　•

(2) 자문화 중심주의　　•

• ㉠ 베트남의 낮잠 문화를 게으르기 때문이라고 생각하는 것

• ㉡ 한글보다 영어로 표기하면 더 고급스럽다고 생각하는 것

실력 쌓기 문제

▶ 252004-0393

01 다음 자료는 오늘날 우리 사회가 경험하는 모습이다. 이를 통해 알 수 있는 내용으로 가장 적절한 것은?

▲ 다양한 언어의 간판

▲ 지역의 다문화 축제

① 문화에는 우열이 존재하지 않는다.

② 우리나라의 문화가 다른 나라의 문화보다 우수하다.

③ 우리 주변에서 여러 집단의 다양한 문화가 나타나고 있다.

④ 우수한 문화를 적극적으로 받아들여 우리 문화를 발전시켜야 한다.

⑤ 다른 사회의 문화를 가치 있게 여기고 동경하는 태도는 바람직하지 않다.

▶ 252004-0394

02 다문화 사회에 대한 설명으로 옳지 <u>않은</u> 것은?

① 문화적 배경이 다양한 집단이 어우러져 살아간다.

② 문화가 획일화되어 우리 문화의 발전을 방해한다.

③ 우리나라 사회 전반에 다문화적 변화가 나타나고 있다.

④ 여러 문화의 상호 작용이 문화 발전의 원동력이 될 수 있다.

⑤ 생활 양식과 가치관의 차이 등으로 갈등이 발생하기도 한다.

▶ 252004-0395

03 자문화 중심주의에 대한 옳은 설명만을 〈보기〉에서 고른 것은?

> **보기**
>
> ㄱ. 자기 집단 구성원들의 결속을 강화할 수 있다.
> ㄴ. 자기 문화에 대한 자부심과 주체성을 잃어버리기 쉽다.
> ㄷ. 문화 간에 우열이 있다고 생각하고 문화를 평가하는 태도이다.
> ㄹ. 다른 문화를 우월하게 보고 자신의 문화를 열등하다고 여긴다.

① ㄱ, ㄴ　　　② ㄱ, ㄷ　　　③ ㄴ, ㄷ

④ ㄴ, ㄹ　　　⑤ ㄷ, ㄹ

▶ 252004-0396

04 현우의 문화 이해 태도에 대한 설명으로 옳은 것은?

> 현우는 열대 기후인 베트남을 여행하면서 사람들이 가장 무더운 오후에 낮잠을 자는 것을 알게 되었다. 현우는 우리나라 사람들에 비해 베트남 사람들이 게으르다고 생각했다.

① 다른 문화와 갈등을 일으킬 수 있다.
② 문화의 우열을 가릴 수 없다고 생각한다.
③ 문화의 주체성과 정체성을 잃어버리기 쉽다.
④ 다른 나라의 문화를 받아들이는 데 도움을 준다.
⑤ 베트남의 자연환경을 고려하여 문화를 이해하고 있다.

▶ 252004-0397

05 밑줄 친 부분에 나타난 문화 이해 태도로 옳은 것은?

> 최근 들어 음식점이나 카페에 가면 온통 영어로 쓰인 메뉴판을 쉽게 찾아볼 수 있다. <u>우리말로 표기한 것보다 영어로 표기해야 더 고급스럽고 멋있다고 여기는 우리 사회의 세태를 반영한 것이다.</u> 심지어 미숫가루를 MSGR이라고 표기한 카페가 화제가 되기도 하였다.

① 문화 사대주의　　　② 문화 상대주의
③ 문화 제국주의　　　④ 자문화 중심주의
⑤ 극단적 문화 상대주의

▶ 252004-0398

06 문화 사대주의에 대한 설명으로 옳은 것은?

① 다른 문화를 있는 그대로 이해하고 존중한다.
② 다른 문화의 장점을 받아들이는 데 도움을 준다.
③ 자신의 문화를 다른 문화보다 우월하다고 생각한다.
④ 다양한 문화가 공존하는 사회에서 필요한 태도이다.
⑤ 다른 사회의 문화를 무시하여 갈등이 발생할 수 있다.

▶ 252004-0399

07 다음 자료에 나타난 문화 이해 태도의 문제점으로 옳은 것은?

> **○○신문**
>
> 최근 아파트 이름을 살펴보면 외국어로 된 아파트가 대부분이다. 우리말만으로 아파트 이름을 지으면 아파트의 품격이 떨어져 보이고 외국어를 써야 고급스러운 명품 아파트라는 인식을 주기 때문이다.

① 다른 문화와 갈등을 일으킬 수 있다.
② 인류의 보편적인 가치를 훼손할 수 있다.
③ 문화의 고유성과 주체성을 상실할 수 있다.
④ 극단적인 문화 상대주의로 흘러갈 수 있다.
⑤ 국제 사회에서 스스로 고립되는 결과를 가져온다.

▶ 252004-0400

08 (가), (나)의 문화 이해 태도에 대한 설명으로 옳은 것은?

> (가) 자신만의 문화를 우수하다고 생각하고 다른 사회의 문화를 무시하는 태도
> (나) 다른 사회의 문화를 더 우월한 것으로 생각하여 자기 문화를 낮게 평가하고 무시하는 태도

① (가), (나) 모두 문화에 우열이 있다고 생각한다.
② (가)는 다문화 사회에서 더욱 요구되는 태도이다.
③ (가)는 다른 문화를 받아들이는 데 도움이 되기도 한다.
④ (가)는 극단적 문화 상대주의, (나)는 문화 사대주의이다.
⑤ (나)는 한 사회의 문화가 형성된 상황이나 맥락을 고려한다.

▶ 252004-0401

09 교사의 질문에 대한 학생의 답변으로 적절하지 <u>않은</u> 것은?

① 갑: 문화의 우열을 평가하지 않아야 합니다.
② 을: 극단적인 문화 상대주의는 경계해야 합니다.
③ 병: 문화의 다양성을 인정하는 태도를 가져야 합니다.
④ 정: 그 사회의 입장에서 문화를 이해하려는 태도가 필요합니다.
⑤ 무: 우리 문화가 가장 우수하다고 생각하며 자부심을 가져야 합니다.

[10-11] 다음 글을 읽고 물음에 답하시오.

> 이슬람교도는 돼지고기를 먹지 않는다. 이슬람교가 발달한 서남아시아 지역은 건조한 사막 기후 지역이므로 축축한 환경을 좋아하고 잡식성인 돼지를 사육하기에 적합하지 않다. 또한 돼지는 먼 거리를 이동하는 유목 생활에도 맞지 않는다. 이렇듯 이슬람교가 돼지고기를 금기하는 문화가 생겨난 것은 나름대로의 이유가 있으므로 이를 미개하거나 어리석다고 평가해서는 안 된다.

▶ 252004-0402

10 윗글에 나타난 문화 이해 태도로 옳은 것은?

① 문화 사대주의　　　　② 문화 상대주의
③ 문화 제국주의　　　　④ 자문화 중심주의
⑤ 극단적 문화 상대주의

▶ 252004-0403

11 윗글에 나타난 문화 이해 태도에 대한 옳은 설명만을 〈보기〉에서 고른 것은?

> **보기**
> ㄱ. 문화에 우열이 있다고 생각한다.
> ㄴ. 다른 문화를 존중하고 차이를 인정한다.
> ㄷ. 그 문화가 형성된 상황이나 맥락을 고려한다.
> ㄹ. 자기 문화의 입장에서 다른 문화를 이해한다.

① ㄱ, ㄴ　　　　② ㄱ, ㄷ　　　　③ ㄴ, ㄷ
④ ㄴ, ㄹ　　　　⑤ ㄷ, ㄹ

▶ 252004-0404

12 문화 상대주의적 태도의 사례로 가장 적절한 것은?

① 발전된 서양의 문화가 더 우월하다고 생각하여 동경한다.
② 간식으로 애벌레를 먹는 아마존 원주민을 열등하다고 생각한다.
③ 우리나라의 문화가 세계에서 가장 우수하다고 생각하고 자부심을 갖는다.
④ 인도의 암소 숭배 문화를 인도의 경제적·종교적 상황을 고려하여 이해한다.
⑤ 돼지고기를 금기시하는 이슬람교도에게 돼지고기를 먹어 볼 수 있는 경험을 시켜준다.

서술형 문제

① 단계　핵심 키워드 파악하기

▶ 252004-0405

01 다음과 같은 문화를 존중하기 어려운 이유를 서술하시오.

> 명예 살인은 일부 이슬람권 국가에서 이어져 온 관습으로, 가족의 명예를 더럽혔다고 생각되는 구성원을 가족이 살해하는 행위를 말한다. 부모가 정한 결혼을 거부한 여성이나 다른 종교로 개종한 사람은 명예 살인의 대상이 된다. 일부 국가에서는 명예 살인을 불법으로 규정하였음에도 여전히 나타나고 있다.

답 완성하기

인간의 생명과 존엄성 등 인류의 (　　　　)을/를 무시하는 문화까지 (　　　　)을/를 적용하여 이해하는 것은 (　　　　)에 해당하므로 바람직하지 않다.

② 단계　스스로 문장 완성하기

▶ 252004-0406

02 (1) 다음 자료에 나타난 을의 문화 이해 태도를 쓰고, (2) 을의 문화 이해 태도의 장점과 단점을 각각 한 가지씩 서술하시오.

(1) ___________________________

(2) ___________________________

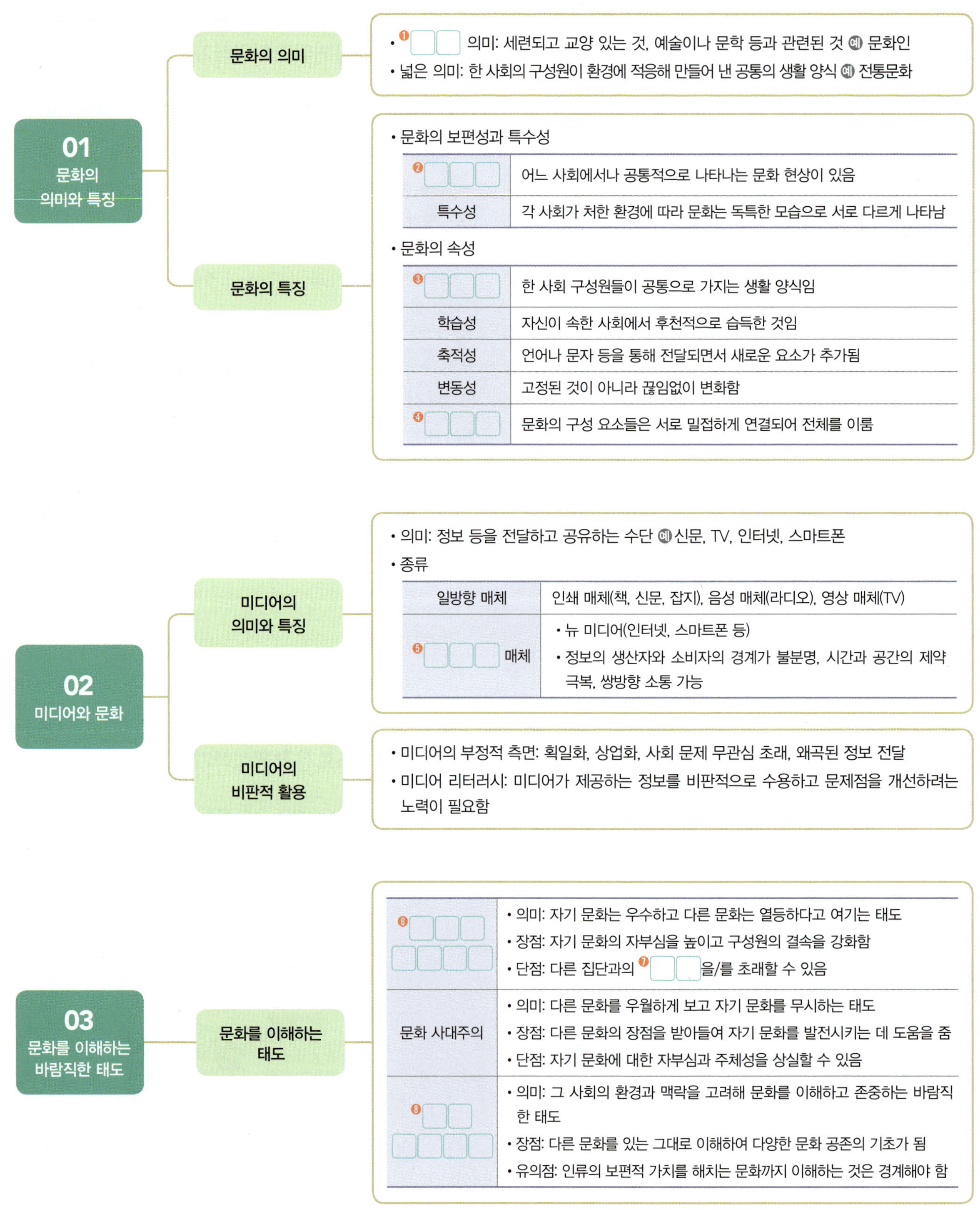

01 문화의 의미와 특징

문화의 의미
- **❶**[　　] 의미: 세련되고 교양 있는 것, 예술이나 문학 등과 관련된 것 예 문화인
- 넓은 의미: 한 사회의 구성원이 환경에 적응해 만들어 낸 공통의 생활 양식 예 전통문화

문화의 특징

• 문화의 보편성과 특수성

❷[　　]	어느 사회에서나 공통적으로 나타나는 문화 현상이 있음
특수성	각 사회가 처한 환경에 따라 문화는 독특한 모습으로 서로 다르게 나타남

• 문화의 속성

❸[　　]	한 사회 구성원들이 공통으로 가지는 생활 양식임
학습성	자신이 속한 사회에서 후천적으로 습득한 것임
축적성	언어나 문자 등을 통해 전달되면서 새로운 요소가 추가됨
변동성	고정된 것이 아니라 끊임없이 변화함
❹[　　]	문화의 구성 요소들은 서로 밀접하게 연결되어 전체를 이룸

02 미디어와 문화

미디어의 의미와 특징
- 의미: 정보 등을 전달하고 공유하는 수단 예 신문, TV, 인터넷, 스마트폰
- 종류

일방향 매체	인쇄 매체(책, 신문, 잡지), 음성 매체(라디오), 영상 매체(TV)
❺[　　] 매체	• 뉴 미디어(인터넷, 스마트폰 등) • 정보의 생산자와 소비자의 경계가 불분명, 시간과 공간의 제약 극복, 쌍방향 소통 가능

미디어의 비판적 활용
- 미디어의 부정적 측면: 획일화, 상업화, 사회 문제 무관심 초래, 왜곡된 정보 전달
- 미디어 리터러시: 미디어가 제공하는 정보를 비판적으로 수용하고 문제점을 개선하려는 노력이 필요함

03 문화를 이해하는 바람직한 태도

문화를 이해하는 태도

❻[　　]	• 의미: 자기 문화는 우수하고 다른 문화는 열등하다고 여기는 태도 • 장점: 자기 문화의 자부심을 높이고 구성원의 결속을 강화함 • 단점: 다른 집단과의 ❼[　　]을/를 초래할 수 있음
문화 사대주의	• 의미: 다른 문화를 우월하게 보고 자기 문화를 무시하는 태도 • 장점: 다른 문화의 장점을 받아들여 자기 문화를 발전시키는 데 도움을 줌 • 단점: 자기 문화에 대한 자부심과 주체성을 상실할 수 있음
❽[　　]	• 의미: 그 사회의 환경과 맥락을 고려해 문화를 이해하고 존중하는 바람직한 태도 • 장점: 다른 문화를 있는 그대로 이해하여 다양한 문화 공존의 기초가 됨 • 유의점: 인류의 보편적 가치를 해치는 문화까지 이해하는 것은 경계해야 함

정답 ❶ 좁은 ❷ 보편성 ❸ 공유성 ❹ 전체성 ❺ 쌍방향 ❻ 자문화 중심주의 ❼ 갈등 ❽ 문화 상대주의

대단원 마무리 문제

▶ 252004-0407

01 (가)~(라) 중 문화에 해당하는 사례를 고른 것은?

① (가), (나) 　② (가), (다) 　③ (나), (다)
④ (나), (라) 　⑤ (다), (라)

▶ 252004-0408

02 밑줄 친 '문화'가 좁은 의미로 사용된 사례로 옳은 것은?

① <u>문화</u> 시민으로서 공공질서를 잘 지켜야 한다.
② K팝의 인기로 한국 <u>문화</u>에 대한 관심이 크다.
③ 세계화가 진전되면서 다<u>문화</u> 사회로 진입하였다.
④ 청소년 <u>문화</u>는 빠르게 변화하는 유행에 민감하다.
⑤ 다양한 음식 <u>문화</u>를 경험하는 것은 즐거운 일이다.

▶ 252004-0409

03 (가), (나)에서 문화의 의미가 어떻게 다르게 사용되었는지 각각의 의미를 포함하여 서술하시오.

▶ 252004-0410

04 밑줄 친 ㉠의 이유로 가장 적절한 것은?

어느 지역에서나 식사를 할 때 지켜야 할 예절이 존재한다. 그러나 ㉠ 지켜야 할 식사 예절의 구체적인 내용은 다르다. 이처럼 문화는 보편성과 특수성을 가진다.

① 문화에 우열이 존재하기 때문에
② 문화가 끊임없이 변화하기 때문에
③ 개인적인 버릇이나 습관이 다르기 때문에
④ 인간의 기본적인 욕구나 사고방식이 비슷하기 때문에
⑤ 사회가 처한 환경에 따라 문화가 각기 다르게 형성되기 때문에

▶ 252004-0411

05 ^{주요} 다음 자료에 공통으로 나타난 문화의 속성으로 가장 적절한 것은?

한국 사람이라면 뜨거운 국물을 마시거나, 뜨거운 물에 몸을 담그면서 "시원하다."라고 말하는 것을 이해한다.

① 공유성 　② 학습성 　③ 축적성
④ 변동성 　⑤ 전체성

▶ 252004-0412

06 (가), (나)에 해당하는 문화의 속성을 바르게 연결한 것은?

(가) 문화를 구성하는 여러 요소는 서로 밀접하게 연결되어 있다.
(나) 문화는 시간이 흐르면서 사라지고 수정되거나, 새로운 것이 나타난다.

	(가)	(나)		(가)	(나)
①	공유성	변동성	②	공유성	축적성
③	전체성	공유성	④	전체성	변동성
⑤	전체성	축적성			

07 ▶ 252004-0413
뉴 미디어의 특징에 대한 옳은 설명만을 〈보기〉에서 고른 것은?

보기
ㄱ. 정보의 생산자와 소비자가 분명하게 구분된다.
ㄴ. 정보 생산자와 소비자의 쌍방향 소통이 이루어진다.
ㄷ. 시간과 공간의 제약 없이 원하는 문화와 정보를 누릴 수 있다.
ㄹ. 현대 사회에서 기존의 전통적인 매체에 비해 대중에게 미치는 영향력이 미미하다.

① ㄱ, ㄴ ② ㄱ, ㄷ ③ ㄴ, ㄷ
④ ㄴ, ㄹ ⑤ ㄷ, ㄹ

08 ▶ 252004-0414
다음 자료를 통해 파악할 수 있는 미디어의 문제점으로 가장 적절한 것은?

[단독] 인기 아이돌 A, 알고 보니…
"대체 어느 정도길래…" 충격
어떻게 이럴 수가… 경악
김○○ 의원 큰 소리 치더니 결국…

① 거짓된 정보를 사람들에게 일방적으로 전달한다.
② 개인의 취향을 무시하고 유용한 정보를 전달한다.
③ 오락적 측면을 강조하여 사회 문제에 무관심해진다.
④ 흥미를 끌기 위해 자극적인 문화와 정보를 생산한다.
⑤ 많은 사람에게 같은 내용을 전달하여 개성을 잃고 획일화된다.

09 서술형 ▶ 252004-0415
다음 자료를 보고 미디어가 전달하는 문화와 정보를 수용하는 바람직한 태도에 대해 서술하시오.

○○신문	○○신문
대형 상업 시설, ○○시 경제 활성화에 크게 기여	대형 상업 시설, 중소 상인들의 매출에 큰 타격 입혀

10 ▶ 252004-0416
우리 주변에서 다음과 같은 모습을 접할 수 있게 된 이유로 가장 적절한 것은?

▲ 외국인이 많이 거주하는 지역의 외국어 표기 간판

① 특정 문화를 더 우월하게 생각하기 때문에
② 우수한 문화를 적극적으로 수용하고 있기 때문에
③ 자신의 문화를 지키려는 노력을 소홀히 하고 있기 때문에
④ 문화의 차이 때문에 발생하는 갈등을 방치하고 하기 때문에
⑤ 다양한 집단이 공존하는 다문화 사회가 형성되었기 때문에

11 중요 ▶ 252004-0417
(가), (나)에 나타난 문화 이해 태도를 바르게 연결한 것은?

	(가)	(나)
①	문화 사대주의	문화 상대주의
②	문화 사대주의	자문화 중심주의
③	문화 상대주의	문화 사대주의
④	자문화 중심주의	문화 사대주의
⑤	자문화 중심주의	문화 상대주의

12 ▶ 252004-0418
자문화 중심주의에 대한 설명으로 옳은 것은?

① 문화가 형성된 상황과 맥락을 고려한다.
② 다른 사회의 문화와 갈등이 생길 수 있다.
③ 다른 문화를 있는 그대로 이해하고 존중한다.
④ 다른 문화의 장점을 받아들이는 데 도움이 된다.
⑤ 자기 문화의 자부심과 주체성을 상실할 수 있다.

서술형

13 빈칸 ㉠에 들어갈 알맞은 내용을 서술하시오.

▶ 252004-0419

〈문화 상대주의〉

• 의미: ㉠

• 장점: 다른 문화를 있는 그대로 이해하여 다양한 문화 공존의 기초가 됨

▶ 252004-0420

14 다른 문화를 이해하는 바람직한 태도로 가장 적절한 것은?

① 절대적인 기준을 갖고 문화를 평가한다.
② 더 우수한 문화를 가려내어 배우고 따른다.
③ 그 문화가 형성된 상황이나 맥락을 고려한다.
④ 우리 문화의 입장에서 다른 문화를 이해한다.
⑤ 문화 상대주의적 태도를 가지고 모든 문화를 존중한다.

▶ 252004-0421

15 빈칸 (가)에 들어갈 내용으로 가장 적절한 것은?

① 문화에는 우열이 존재하기 때문이야.
② 자기 문화의 우월성을 강조하기 때문이야.
③ 다른 문화와 갈등을 일으킬 수 있기 때문이야.
④ 인류의 보편적 가치를 무시하고 있기 때문이야.
⑤ 문화는 시간이 흐름에 따라 변화하기 때문이야.

01 다음 글에 대한 설명으로 옳은 것은?

▶ 252004-0422

도구 없이 맨손으로 음식을 먹는 식사 ㉠ 문화는 세계 곳곳에서 찾아볼 수 있으며, 세계 인구의 약 40%가 맨손 식사 문화를 가지고 있다. 일부 사람들은 맨손으로 식사하는 모습을 보며 ㉡ 문화인답지 않다고 생각한다. 하지만 이는 자연 환경과 관련이 깊다. 더운 날씨 때문에 뜨거운 음식을 먹는 문화가 발달하지 않았으며, 쌀의 품종이 찰기가 없어 손가락으로 뭉쳐서 먹여야 편하다. 또한 맨손 식사 문화에는 가치관이 담겨 있다. 인도에서는 오른손의 다섯 손가락에 각각 자연을 상징하는 의미가 있어 손으로 식사를 하는 것이 자연과 연결되는 행동이라고 생각한다.

① ㉠은 좁은 의미로 사용되었다.
② 글쓴이는 문화에 우열이 있다고 생각한다.
③ ㉡은 한 사회 구성원이 공유하는 생활 양식을 의미한다.
④ 글쓴이는 맨손 식사 문화를 문화 사대주의적 태도로 이해하고 있다.
⑤ 글쓴이는 그 사회의 환경을 고려하여 맨손 식사 문화를 이해하고 존중하고 있다.

▶ 252004-0423

02 문화 이해 태도 A~C에 대한 설명으로 옳은 것은? (단, A~C는 각각 자문화 중심주의, 문화 사대주의, 문화 상대주의 중 하나임.)

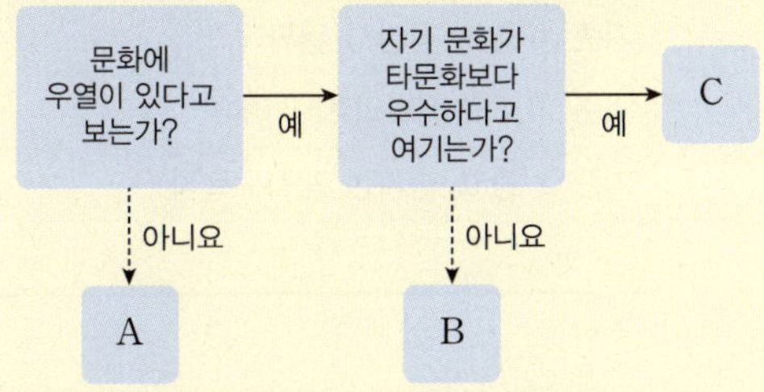

① A는 자기 문화를 발전시켜 나가는 데 장애가 된다.
② A는 세계화·다문화 시대에 더욱 요구되는 태도이다.
③ B는 다른 사회의 문화를 받아들이기 어렵다.
④ B는 자신이 속한 사회 구성원 간의 결속을 강화한다.
⑤ C는 자기 문화의 고유성과 주체성을 상실할 수 있다.

문제 가짜 뉴스를 판별할 수 있는 기준을 세우고 가짜 뉴스를 분석해 봅시다.

A 활동 계획 세우기

1. 인터넷과 스마트폰 검색을 통해 가짜 뉴스 판별 방법을 다양하게 조사한다.
2. 조사 내용을 토대로 가짜 뉴스를 판별할 수 있는 나만의 원칙을 세운다.
3. 2에서 세운 원칙에 따라 실제 가짜 뉴스의 사례를 분석하면서 가짜 뉴스를 분별할 수 있는 능력을 키운다.

B 활동하기

1. 가짜 뉴스 판별 전문 누리집이나 언론사 등에서 안내하는 가짜 뉴스 판별 방법을 조사한다.

   예시 국제 도서관 협회 연맹
   - 가짜 뉴스 판별 가이드

☑ 출처 고려하기	해당 뉴스가 올라온 누리집과 그 누리집의 목적을 확인한다.	☑ 날짜 확인하기	오래된 뉴스인지 또는 가공한 것은 아닌지 확인한다.
☑ 본문 읽어 보기	제목은 관심을 끌기 위해 자극적일 수 있는 만큼 전체 내용을 꼼꼼히 확인한다.	☑ 풍자 여부 확인하기	현실성과 개연성이 매우 부족한 뉴스라면 풍자성 글일 수 있음을 인지한다.
☑ 작성자 확인하기	작성자가 실존 인물인지, 어떤 이력을 가졌는지 등을 확인하고 믿을 만한지 판별한다.	☑ 선입견 점검하기	자신의 편견이 판단에 영향을 미치지 않았는지 판단한다.
☑ 근거 확인하기	관련 정보가 뉴스를 실제로 뒷받침하는지 확인한다.	☑ 전문가에게 문의하기	해당 분야 관련자나 사실을 검증할 수 있는 누리집 등에서 확인한다.

2. 가짜 뉴스를 판별해 낼 수 있는 나만의 원칙과 기준을 세운다.

   예시
   ① 출처, 작성자, 날짜 확인하기
   ② 정보의 사실 여부 확인하기
   ③ 광고성 콘텐츠인지, 특정 목적을 갖고 생산된 뉴스인지, 추측성 보도인지 확인하기
   …

3. 우리나라에서 실제로 문제가 되었던 가짜 뉴스를 검색한다.

   예시
   코로나19 확산 초기, 가짜 뉴스로 ○○아울렛 매출 60% 감소
   유명 스타들 가짜 뉴스로 피해 증가

4. 2에서 세운 판별 방법에 따라 3에서 조사한 뉴스를 분석한다.

5. 활동 내용을 정리하여 활동 보고서를 작성한다.

   예시

실제 뉴스 내용	
기준 ① 출처, 작성자, 날짜	
기준 ② 주요 정보의 사실 여부	
기준 ③ 광고, 숨겨진 의도와 목적	
⋮	

평가하기

채점 기준	상	중	하
미디어가 제공하는 정보를 비판적으로 검토할 수 있는 명확한 기준을 세웠는가?			
실제 가짜 뉴스를 찾고, 이를 분석해 보는 과정에서 미디어 리터러시를 키웠는가?			
가짜 뉴스를 검증하는 과정에 능동적으로 참여하였는가?			

IX 민주주의와 시민

01 정치와 민주주의

학습목표
· 공동체 생활에 필요한 정치의 역할을 탐색할 수 있다.
· 다양한 정치 사례를 통해 민주주의의 의미와 필요성을 설명할 수 있다.

1 정치의 의미와 역할

(1) 정치의 의미 (자료 1)

좁은 의미	정치권력을 획득하고 행사하는 국가와 관련된 활동 예 국회의 본회의, 정부의 국무회의, 국회 의원 선거 등
넓은 의미	사회 구성원 간의 대립과 갈등을 조정하고 해결해 가는 모든 활동 예 학급 회의, 학생 대의원 회의, 주민 회의 등

(2) 정치의 역할

> 정치는 경제적 부, 사회적 지위, 명예 등 희소한 사회 가치를 둘러싸고 이해 관계가 충돌할 때 이를 조정하는 역할을 한다.

① 다양한 이해관계를 조정하고 민주적 의사 결정을 통해 공동체 문제를 해결함
② 사회 구성원 간의 대립과 갈등을 해결하여 사회 질서 유지 및 사회 통합에 기여함
③ 공동체가 나아가야 할 방향을 제시하여 사회 발전의 계기를 마련함

집중 탐구 좁은 의미의 정치, 넓은 의미의 정치

▲ 국회 본회의

▲ 학급 회의

국회 본회의에서 국회 의원이 법을 제정하는 것은 정치권력을 행사하는 국가와 관련된 활동으로 좁은 의미의 정치에 해당한다. 한편, 학급 회의에서 학급 구성원 간의 대화와 토론을 통해 학급의 규칙을 정하는 활동은 넓은 의미의 정치에 해당한다. 이처럼 정치는 정치권력을 행사하는 활동뿐만 아니라 일상생활 속에서 발생하는 여러 가지 문제를 해결하기 위해 사회 구성원 간의 다양한 의견과 이해관계를 조정하는 모든 활동을 포함한다.

2 민주주의의 의미와 필요성

(1) 민주주의의 의미 (자료 2)

> 국가의 운영 조직 및 국가 의사 결정 과정이 소수 권력이 아닌 다수의 시민에 의해 이루어지는 것을 의미한다.

정치 형태로서의 민주주의	소수에 의한 지배가 아닌 다수의 시민이 스스로 국가를 다스리는 정치 형태
생활 양식으로서의 민주주의 (자료 3)	관용, 대화와 토론 및 타협, 비판적인 태도, 다수결의 원칙, 소수 의견 존중 등의 민주적 가치를 통해 생활 속 문제를 해결하는 태도 및 방식

> 오늘날에는 민주주의의 의미가 정치 형태를 넘어 생활 양식으로 확대되어 일상생활에서 발생하는 여러 가지 문제를 민주적으로 해결하는 것까지 포함한다.

(2) 민주주의의 필요성

① 민주적 의사 결정 과정에서 시민의 참여를 보장함
② 시민의 정책 결정 과정 참여를 보장하여 국민의 자유와 권리를 보호함
③ 민주적 원리를 통해 공동체 문제를 해결하여 민주 시민으로 성장하게 함

자료 1 정치의 의미

정치는 정치인들의 활동뿐만 아니라 일상생활 속에서 발생하는 사회 구성원 간의 갈등과 대립을 조정하여 해결해 가는 모든 활동을 의미한다. 정치는 사회의 부, 명예, 권력과 같은 희소한 가치를 둘러싸고 서로의 이해관계가 충돌할 때 합리적인 해결 방안을 제시하여 사회 구성원을 통합하는 역할을 한다.

자료 2 민주주의(Democracy)의 의미

민주주의(Democracy)는 고대 그리스어인 '데모크라티아(Democratia)'에서 기원한 것으로, 다수를 뜻하는 데모스(demos)와 지배를 뜻하는 크라토스(kratos)가 합쳐진 말로, '다수에 의한 통치'를 뜻한다.

어원을 통해 살펴본 민주주의는 소수의 특정한 집단의 지배가 아닌 다수의 시민에 의해 통치되는 정치 체제를 의미한다.

자료 3 다수결의 원칙과 소수 의견 존중

민주주의의 의사 결정 과정에서 합의에 이르는 가장 이상적인 방법은 모두가 같은 의사 결정을 하는 '만장일치'이다. 하지만 합의에 이르기까지 많은 시간과 비용이 든다는 한계가 있다. 이에 대부분의 현대 민주 국가에서는 만장일치의 대안으로 다수결의 원칙을 채택하여 의사 결정을 하고 있다.

다수결의 원칙은 다수의 의견이 옳다는 전제하에 효율적으로 의사를 결정하는 방식이다. 그러나 많은 사람의 의견이 항상 옳다고 할 수 없기 때문에 의사 결정 과정에서 충분한 대화와 토론을 거치고 소수의 의견도 존중해야 한다.

용어 정리

정치권력 국가가 정치적 기능을 수행하기 위해 행사하는 힘
정책 공공의 이익을 위해 정부나 공공 기관이 수행하는 활동 방향 및 계획
이해관계 서로 이익이나 손해에 영향을 미치는 관계
제정 제도나 법률을 만들어서 정하는 것
관용 자신과 다른 의견을 존중하고 이해하고자 하는 정신
타협 서로 양보하여 합의를 이루고자 하는 태도

개념 확인 문제

01 빈칸에 들어갈 알맞은 말을 쓰시오.

(1) 사회 구성원 간의 대립과 갈등을 조정하고 해결해 가는 활동을 (　　　　)(이)라고 한다.

(2) (　　　　)은/는 국민이 권력을 가지고 국가를 통치하는 정치 형태이다.

(3) 민주적 의사 결정 과정에서 (　　　　)(의) 원칙을 보완하기 위해 소수 의견을 존중해야 한다.

02 다음 설명이 맞으면 ○표, 틀리면 ×표 하시오.

(1) 학생 대의원 회의, 아파트 주민 회의는 좁은 의미의 정치에 해당한다. 　　　　　(　　　)

(2) 정치는 다양한 이해관계를 조정하여 사회 질서를 유지하는 역할을 한다. 　　　　　(　　　)

(3) 민주주의는 소수의 특정한 집단에 의한 효율적인 지배를 추구하는 정치 체제이다. 　　　　　(　　　)

(4) 배려와 관용, 대화와 타협은 생활 양식으로서의 민주주의에 해당한다. 　　　　　(　　　)

03 좁은 의미의 정치에 해당하는 것만을 〈보기〉에서 있는 대로 고르시오.

> **보기**
> ㄱ. 가족회의　　　　　ㄴ. 국무회의
> ㄷ. 대통령 선거　　　　ㄹ. 학생 회장 선거
> ㅁ. 학급 자치 회의　　　ㅂ. 교육 정책 집행

(　　　　　　　　　)

04 다음 설명에 해당하는 민주주의의 생활 양식을 〈보기〉에서 고르시오.

> **보기**
> ㄱ. 관용　　　　　ㄴ. 타협
> ㄷ. 배려　　　　　ㄹ. 토론

(1) 서로 양보하여 합의에 이르는 과정이다. 　　　　(　　　)

(2) 자신과 다른 의견을 존중하고 이해하려고 하는 정신이다. 　　　　(　　　)

실력 쌓기 문제

▶ 252004-0424

01 정치에 대한 옳은 설명만을 〈보기〉에서 고른 것은?

> **보기**
> ㄱ. 정치권력을 획득하고 행사하는 활동이다.
> ㄴ. 아파트 주민 회의는 좁은 의미의 정치에 해당한다.
> ㄷ. 사회 구성원 간의 대립과 갈등을 해결하는 과정이다.
> ㄹ. 대통령과 국회 의원 같은 정치인들만이 할 수 있는 활동이다.

① ㄱ, ㄴ　　　② ㄱ, ㄷ　　　③ ㄴ, ㄷ
④ ㄴ, ㄹ　　　⑤ ㄷ, ㄹ

▶ 252004-0425

02 (가), (나)에 대한 설명으로 옳지 <u>않은</u> 것은?

(가)　　　　　　　　　　(나)

▲ 국회 의원 선거　　　　　▲ 학급 회의

① (가)는 좁은 의미의 정치에 해당한다.

② (가)는 국가와 관련된 정치적 활동이다.

③ (나)는 정치권력을 획득하고 행사하는 활동이다.

④ (나)는 민주주의 원칙을 생활에 적용해 보는 활동이다.

⑤ (가), (나)는 모두 의사 결정 과정으로 정치에 해당한다.

▶ 252004-0426

03 좁은 의미의 정치에 해당하는 사례만을 〈보기〉에서 고른 것은?

> **보기**
> ㄱ. 대통령의 외교 활동
> ㄴ. 학교 회장 공약 발표
> ㄷ. 국회 의원의 선거 운동
> ㄹ. 주차 문제 해결을 위한 주민 회의

① ㄱ, ㄴ　　　② ㄱ, ㄷ　　　③ ㄴ, ㄷ
④ ㄴ, ㄹ　　　⑤ ㄷ, ㄹ

▶ 252004-0427

04 밑줄 친 ㉠, ㉡에 대한 설명으로 옳지 <u>않은</u> 것은?

> 민주주의는 ㉠ 정치 형태로서의 민주주의와 ㉡ 생활 양식으로서의 민주주의를 모두 포함한다.

① ㉠은 국가의 운영 방식을 나타낸 것이다.
② ㉠은 국가 정책을 국민의 의견을 반영하여 결정하는 방식이다.
③ ㉡은 민주주의가 추구하는 가치를 생활에서 실천하는 것이다.
④ ㉡은 의사를 결정할 때 충분한 대화와 토론 과정을 거치는 것이다.
⑤ 현대 민주주의는 ㉠을 강조하여 ㉡의 중요성은 점차 약해지고 있다.

▶ 252004-0428

05 정치의 역할에 대한 옳은 설명만을 〈보기〉에서 있는 대로 고른 것은?

> 보기
> ㄱ. 정치권력을 강화하여 효율성을 추구한다.
> ㄴ. 사회 질서를 유지하고 사회를 안정시킨다.
> ㄷ. 다양한 이해관계를 조정하여 사회를 통합한다.
> ㄹ. 공동체 문제를 해결하여 사회가 나아갈 방향을 제시한다.

① ㄱ, ㄴ   ② ㄷ, ㄹ   ③ ㄱ, ㄴ, ㄷ
④ ㄱ, ㄴ, ㄹ   ⑤ ㄴ, ㄷ, ㄹ

▶ 252004-0429

06 ^{주요} 다음 사례를 통해 알 수 있는 정치의 역할만을 〈보기〉에서 고른 것은?

> 이번 주 가족회의의 주제는 '휴대 전화를 올바르게 사용하는 방법'이다. 우리 가족은 서로 심도 있게 의견을 나눈 후 가족끼리 식사하는 시간에는 사용을 자제하고, 밤 10시 이후에는 사용하지 않기로 하였다.

> 보기
> ㄱ. 공동체 문제를 합리적으로 해결한다.
> ㄴ. 다양한 이해관계를 조정하여 합의를 이끈다.
> ㄷ. 공동체의 질서 유지를 위해 개인의 희생을 강요한다.
> ㄹ. 사회 구성원 간의 의견 차이를 확인시켜 갈등을 초래한다.

① ㄱ, ㄴ   ② ㄱ, ㄷ   ③ ㄴ, ㄷ
④ ㄴ, ㄹ   ⑤ ㄷ, ㄹ

▶ 252004-0430

07 교사의 질문에 옳게 답한 학생만을 〈보기〉에서 고른 것은?

> 보기
> 갑: 정치 형태로서의 민주주의입니다.
> 을: 민주주의가 추구하는 가치와 생활 태도입니다.
> 병: 일상에서 실천할 수 있는 민주적 생활 양식의 대표적 예입니다.
> 정: 현대 민주 국가로 오면서 그 의미의 중요성이 퇴색되고 있습니다.

① 갑, 을   ② 갑, 병   ③ 을, 병
④ 을, 정   ⑤ 병, 정

▶ 252004-0431

08 빈칸의 ㉠에 대한 설명으로 옳지 <u>않은</u> 것은?

> ___㉠___ 은/는 고대 그리스어로 다수를 뜻하는 데모스(demos)와 지배를 뜻하는 크라토스(kratos)가 합쳐진 것으로, 국가 운영 방식에 있어 민주적인 절차와 과정을 중시하는 체제이다.

① 정치 형태로서 민주주의이다.
② 국가 의사 결정 과정에 시민의 참여를 보장한다.
③ 정치 경험이 많은 특정 집단이 주도하는 것이다.
④ 국민이 자유롭게 의사 결정에 참여할 수 있도록 보장한다.
⑤ 국가의 주요 정책을 최종적으로 결정하는 권력이 국민에게 있다.

▶ 252004-0432

09 밑줄 친 ㉠에 해당하는 내용만을 〈보기〉에서 고른 것은?

　민주주의에서 만장일치로 의사를 결정하는 것이 가장 바람직하지만, 많은 시간과 노력이 필요하다. 이 때문에 다수의 의견에 따라 공동체 문제를 해결하는 것이 일반적이다. 하지만 많은 사람의 생각이 항상 옳다고 볼 수 없으므로 ㉠ 이에 대한 보완이 필요하다.

〈보기〉
ㄱ. 대화와 토론을 충분히 하도록 한다.
ㄴ. 내 생각이 항상 옳다는 태도를 가진다.
ㄷ. 소수의 의견도 존중하는 자세를 지닌다.
ㄹ. 나에게 손해가 된다면 끝까지 내 생각만 주장한다.

① ㄱ, ㄴ　　　② ㄱ, ㄷ　　　③ ㄴ, ㄷ
④ ㄴ, ㄹ　　　⑤ ㄷ, ㄹ

▶ 252004-0433

10 민주적 생활 양식에 대한 옳은 설명만을 〈보기〉에서 고른 것은?

〈보기〉
ㄱ. 대화와 토론을 통해 서로 배려하고 양보한다.
ㄴ. 공동체 의식을 가지고 문제 해결에 적극적으로 참여한다.
ㄷ. 자신의 권리를 위해 타인의 권리를 침해해도 된다고 생각한다.
ㄹ. 객관적인 사실이 뒷받침된다면 다른 사람과의 타협은 하지 않는다.

① ㄱ, ㄴ　　　② ㄱ, ㄷ　　　③ ㄴ, ㄷ
④ ㄴ, ㄹ　　　⑤ ㄷ, ㄹ

▶ 252004-0434

11 민주주의의 필요성에 대한 옳은 설명만을 〈보기〉에서 고른 것은?

〈보기〉
ㄱ. 국민의 자유와 권리를 보장할 수 있다.
ㄴ. 국민의 동의와 지지를 바탕으로 정책을 수립할 수 있다.
ㄷ. 사회적 갈등을 굳이 해결하지 않아도 사회 질서는 유지된다.
ㄹ. 정치 경험이 많은 소수 전문가에게 의사 결정을 맡겨 실수를 줄일 수 있다.

① ㄱ, ㄴ　　　② ㄱ, ㄷ　　　③ ㄴ, ㄷ
④ ㄴ, ㄹ　　　⑤ ㄷ, ㄹ

서술형 문제

❶ 단계 핵심 키워드 파악하기

▶ 252004-0435

01 (가), (나)에 나타난 정치의 의미를 구분하여 서술하시오.

(가)　　　　　　　　　　(나)

답 완성하기

(가)는 (　　　　) 의미의 정치로 (　　　　)을/를 획득하고 행사하는 (　　　　)와/과 관련된 활동이다. (나)는 (　　　　) 의미의 정치로 사회 구성원 간의 (　　　　)을/를 조정하고 해결해 나가는 모든 활동이다.

❷ 단계 스스로 문장 완성하기

▶ 252004-0436

02 (1) 다음 사례가 좁은 의미의 정치와 넓은 의미의 정치 중 어디에 해당하는지 쓰고, (2) 그 정치의 의미를 구체적으로 서술하시오.

　○○아파트는 최근 세대 내 층간 소음으로 인한 이웃 주민 간의 갈등 사례가 빈번해지자 이 문제를 해결하기 위한 주민 회의를 개최하였다. 이 자리에 모인 주민들은 층간 소음으로 인해 겪는 고통과 불편함을 서로 이해할 수 있게 되었다. 주민들은 층간 소음 문제를 해결하기 위해 소음을 유발하는 생활 습관을 개선하고, 소음을 차단할 수 있는 제품을 사용하기로 약속하였다. 무엇보다 이웃 간의 소통과 협력을 통해 층간 소음 문제를 해결하기 위해 노력해 나가기로 합의하였다.

(1)

(2)

02 민주주의의 발전 과정과 이념 및 원리

학습 목표 • 민주주의의 발전 과정을 분석하여 설명할 수 있다.
• 민주주의의 발전 과정에서 형성된 민주주의의 이념과 기본 원리를 설명할 수 있다.

1 민주주의의 발전 과정

(1) 고대 아테네의 민주주의 자료 1

① 발달 배경 ┌ 인구 및 영토가 작아서 한 곳에 모여 국가의 중요한 정책을 논의하여 결정하는
│ 직접 민주주의가 가능하였다.

• 인구가 적고 영토가 작은 도시 국가로 시민의 직접 정치 참여가 가능함
• 노예가 생산 활동을 담당하여 시민은 정치에 참여할 수 있는 여유를 확보함

② 특징

• 모든 시민이 정치에 참여하는 직접 민주주의를 실시함
• 국가의 주요 정책을 민회에서 시민들이 직접 토의하여 결정함
• 시민들은 추첨을 통하거나 돌아가면서 공직을 담당함

③ 한계점

• 시민을 자유민인 성인 남성만으로 제한함
• 여성과 노예, 외국인은 정치에 참여할 수 없었음

집중 탐구 **고대 아테네의 직접 민주주의**

▲ 아테네의 아크로폴리스

고대 아테네는 인구가 적고 영토가 작은 도시 국가로 아테네 시민들은 민회에 함께 모여 국가의 중요한 정책을 직접 결정할 수 있었다. 또한 노예들이 대부분의 노동을 담당하여 시민들은 정치에 관심을 쏟을 수 있는 시간과 여유를 가질 수 있었다. 이 때문에 고대 아테네에서는 국가의 중요한 정책을 시민들이 직접 토의하여 결정하는 직접 민주주의가 발전하게 되었다.

(2) 근대 민주주의 자료 2

① 발달 배경: 시민 계급이 주도한 시민 혁명을 통해 민주주의가 다시 등장함
② 특징: 시민의 대표가 의회에 모여 정치를 하는 간접 민주주의(대의제)를 실시함
┌ 상공업을 통해 부를 축적한 시민 계급은 인간이 자유롭고 평등하다는 계몽사상의 영향을 받아
│ 왕의 지배에 저항하는 시민 혁명을 주도하였다.
③ 한계점

• 재산이 있는 성인 남성에게만 참정권을 부여함
• 여성, 노동자, 농민, 빈민 등은 정치에 참여할 수 없었음

(3) 현대 민주주의 자료 3

① 발달 배경: 노동자 중심의 차티스트 운동, 여성 참정권 운동, 흑인 참정권 운동의 전개
② 특징 ┌ 정치 참여가 제한되었던 노동자, 여성 등도 선거권을 획득하면서 보통 선거 제도가 확립되었다.

• 간접 민주주의(대의제): 시민이 선출한 대표가 정치를 함
• 보통 선거 제도 확립: 대부분의 민주 국가에서 일정한 나이 이상의 모든 사회 구성원에게 제한 없이 선거권을 부여함

자료 탐구

자료 1 **도편 추방제**

고대 아테네에서는 독재 정치의 가능성이 있는 인물의 이름을 도자기 파편이나 조개껍질에 적어 6천 표 이상 나온 사람을 10년 동안 국외로 추방하는 도편 추방제를 실시하였다. 이를 통해 독재 정치를 막아 민주주의를 실현하고자 하였다.

자료 2 **시민 혁명**

고대 아테네 이후 사라졌던 민주주의는 영국의 명예혁명, 미국의 독립 혁명, 프랑스 혁명 등의 근대 시민 혁명을 통해 다시 등장하였다. 시민들이 왕과 귀족의 지배에 맞서 자유와 권리를 되찾기 위해 저항하였고, 그 과정에서 인간의 존엄성, 자유와 평등과 같은 민주주의 이념이 전파되었다.

자료 3 **영국의 선거권 확대 과정**

연도	선거권 획득 범위
1832년	신흥 산업 자본가
1867년	도시 소농민 및 노동자
1884년	농촌 · 광산의 노동자
1918년	21세 이상의 남성, 30세 이상의 여성
1928년	21세 이상의 남성과 여성

19～20세기 영국에서는 노동자, 여성, 농민을 중심으로 선거권 획득을 위한 참정권 확대 운동이 활발하게 일어났으며, 그 결과 20세기에 이르러 보통 선거 제도가 확립되었다.

용어 정리

민회 고대 아테네에서 모든 시민이 참여하여 국가의 중요한 일을 결정했던 최고 의결 기관
공직 국가 및 공공 기관의 일을 맡아보는 직책이나 직무
혁명 국가 조직, 사회 및 경제 제도 등을 근본적으로 바꾸는 일
차티스트 운동 19세기 영국의 노동자들이 선거권 획득을 위해 저항한 운동
참정권 정치에 참여할 수 있는 권리
보통 선거 제도 일정 나이에 도달한 국민은 누구나 선거에 참여할 수 있는 제도

2 민주주의의 이념 (자료 4)

(1) 인간의 존엄성

① 의미: 모든 인간은 인간이라는 이유만으로 존중받을 가치와 권리가 있음

② 특징: 민주주의의 근본이념으로 자유와 평등의 보장을 통해 실현됨

(2) 자유

① 의미: 외부의 간섭을 받지 않고 자신의 의견대로 표현하고 행동할 수 있는 것

② 특징: 국가나 타인의 부당한 간섭을 받지 않을 자유뿐만 아니라 국가에 인간다운 삶을 요구할 수 있는 자유도 강조함

└ 신체의 자유, 사상의 자유 등의 소극적 자유는 근대 시민 혁명을 통해 국왕으로부터 보장받게 되었다.

(3) 평등

└ 현대 국가에서는 정치과정에 참여하고 국가에 인간다운 삶을 요구하는 적극적 의미에서 자유의 범위가 확대되고 있다.

① 의미: 모든 사람이 성별, 신분, 종교, 신체적 조건 등에 따라 차별받지 않고 동등하게 대우받는 것

② 특징

형식적 평등	실질적 평등
• 모두에게 균등한 기회 부여 • 모두가 동등하게 대우받음	• 개인의 선천적 · 후천적 차이 고려 • 사회적 약자를 배려한 제도 실시

장애인 의무 고용제, 국민 기초 생활 보장 제도 등

3 민주주의의 기본 원리 (자료 5)

(1) 국민 주권의 원리 (자료 6)

① 의미: 국가의 의사를 결정하는 최고 권력인 주권이 국민에게 있다는 원리

② 내용: 국가 권력은 국민의 동의와 지지를 바탕으로 행사되어야 함

(2) 국민 자치의 원리

① 의미: 주권을 가진 국민이 스스로 국가를 다스린다는 원리

② 내용

국민이 국가 정책을 직접 결정하기 위해 필요한 토론과 결정에 많은 시간과 비용이 든다는 한계점이 있다.

직접 민주주의	국민이 직접 국가의 정책을 결정하는 제도
간접 민주주의	국민이 선출한 대표를 통해 국가를 다스리게 하는 제도

(3) 입헌주의의 원리

① 의미: 헌법에 따라 국가 기관을 구성하고 권력을 행사해야 한다는 원리

② 목적: 국민의 자유와 권리를 보장하고 국가 권력의 남용을 방지함

└ 입헌주의는 법의 지배를 받는다는 법치주의에 기반한 것으로, 헌법에 따라 국가 기관을 조직하고 권력을 행사한다.

(4) 권력 분립의 원리

① 의미: 국가 권력을 서로 독립된 기관이 나누어 맡아 견제와 균형을 이루어야 한다는 원리

② 목적: 국가 기관의 권력 남용과 횡포를 막아 국민의 자유와 권리를 보장함

집중 탐구 | 권력 분립의 원리

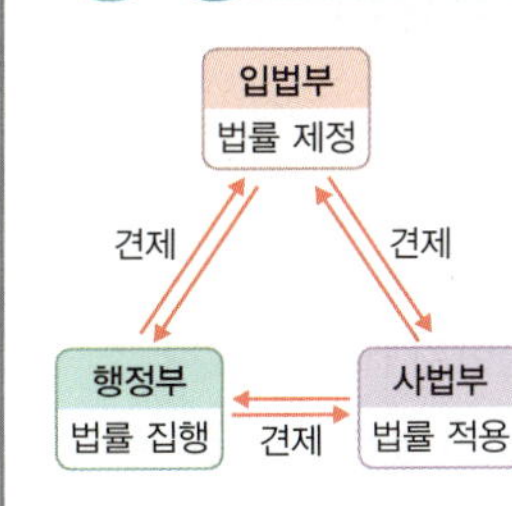

국가 권력이 특정 기관에 집중되면 권력이 남용되어 국민의 자유와 권리가 침해될 수 있다. 이에 민주주의 국가는 서로 독립된 기관이 권력을 서로 나누어 맡게 함으로써 견제와 균형을 이루도록 하고 있다. 대부분의 민주 국가에서는 법률 제정은 입법부, 법률 집행은 행정부, 법률 해석 및 적용은 사법부에 두고 있다.

자료 4 | 민주주의의 이념

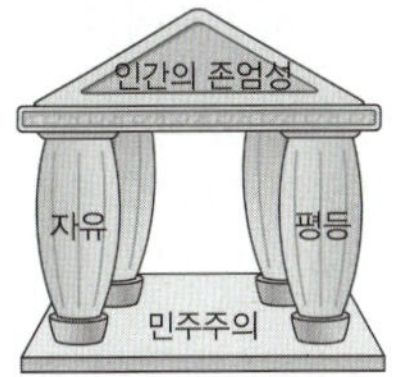

민주주의는 인간의 존엄성, 자유, 평등을 이념으로 한다. 인간의 존엄성이 실현되기 위해서는 자유와 평등이 보장되어야 하며, 서로 조화와 균형을 이루어야 한다.

자료 5 | 4 · 19 혁명과 6월 민주 항쟁

▲ 4 · 19 혁명　　▲ 6월 민주 항쟁

우리나라의 민주주의 이념과 원리는 4 · 19 혁명과 6월 민주 항쟁을 거쳐 정착되었다. 4 · 19 혁명(1960년)은 이승만 정부의 부정 선거를 반대하는 학생과 시민들이 주도하여 일어난 민주화 운동이다. 6월 민주 항쟁(1987년)은 대통령 직선제를 요구하는 시민들의 민주화 운동으로 실질적인 국민 주권의 행사를 가능하게 하였다. 4 · 19 혁명과 6월 민주 항쟁을 통해 독재 정치와 부정부패에 맞선 시민들의 노력으로 우리나라의 민주주의는 한층 성장하게 되었다.

자료 6 | 국민 주권의 원리

헌법 제1조 ① 대한민국은 민주 공화국이다.
② 대한민국의 주권은 국민에게 있고, 모든 권력은 국민으로부터 나온다.

우리나라의 헌법에서는 국민은 나라의 주인이며 국가의 의사를 결정하는 최고 권력을 가지고 있음을 명시하고 있다. 국가는 국민의 동의와 지지를 바탕으로 권력을 행사함으로써 국민의 자유와 권리를 보장해야 한다.

용어 정리

주권 국가의 의사를 결정하는 최고 권력

자치 자신에 관한 것을 스스로 책임지고 처리하는 것

헌법 국가 최고의 법으로, 국가 기관의 조직과 국민의 기본권을 명시함

분립 갈라서 따로 세우는 것

남용 권리나 권한을 원래의 범위나 목적을 벗어나 함부로 행사하는 것

견제 상대편이 지나치게 힘을 사용하지 못하도록 억누르는 것

개념 확인 문제

01 다음 설명이 맞으면 ○표, 틀리면 ×표 하시오.

(1) 고대 그리스 아테네에서는 시민들이 구성한 의회를 중심으로 한 대의 민주주의를 실시하였다. (　　)

(2) 근대에는 일정 나이 이상의 모든 시민에게 선거권을 부여하는 보통 선거가 확립되었다. (　　)

(3) 민주주의 실현을 위해 자유와 평등이 서로 조화를 이루어야 한다. (　　)

(4) 권력 분립은 국가 권력을 독립된 국가 기관이 나누어 맡도록 하는 민주주의의 기본 원리이다. (　　)

02 빈칸에 들어갈 알맞은 말에 ○표 하시오.

(1) 고대 그리스 아테네에서는 (직접, 간접) 민주주의를 실시하였다.

(2) (근대, 현대) 민주주의에서 보통 선거 제도가 확립되었다.

(3) 개인의 선천적·후천적 차이를 고려한 (형식적, 실질적) 평등은 사회적 약자를 배려한 것이다.

03 다음 내용에 해당하는 민주주의의 원리를 〈보기〉에서 고르시오.

> **보기**
> ㄱ. 국민 주권의 원리　　ㄴ. 국민 자치의 원리
> ㄷ. 입헌주의의 원리　　ㄹ. 권력 분립의 원리

(1) 국가의 최고 권력인 주권이 국민에게 있다. (　　)

(2) 헌법에 따라 국가 기관을 구성하고 국가를 운영해야 한다. (　　)

(3) 국가 기관 간의 상호 견제와 균형을 통해 권력의 남용을 방지한다. (　　)

(4) 주권을 가지고 있는 국민이 스스로 국가를 다스려야 한다. (　　)

04 다음 설명에 해당하는 개념을 쓰시오.

> 민주주의의 근본이념으로 모든 인간은 인간이라는 이유만으로 존중받을 가치와 권리가 있다.

실력 쌓기 문제

▶ 252004-0437

01 고대 아테네의 민주주의에 대한 옳은 설명만을 〈보기〉에서 고른 것은?

> **보기**
> ㄱ. 직접 민주주의를 시행하였다.
> ㄴ. 일정 나이가 된 사람들은 모두 정치에 참여할 수 있었다.
> ㄷ. 시민들은 민회를 통해 국가의 주요 정책을 토의하고 결정하였다.
> ㄹ. 영토가 크고 인구가 많아서 한곳에 모여 정치를 하기 어려웠다.

① ㄱ, ㄴ　　② ㄱ, ㄷ　　③ ㄴ, ㄷ
④ ㄴ, ㄹ　　⑤ ㄷ, ㄹ

▶ 252004-0438

02 다음 제도에 대한 옳은 설명만을 〈보기〉에서 고른 것은?

> 국가와 시민의 자유를 위협할 가능성이 있는 사람의 이름을 도자기 파편이나 조개껍질에 적어 10년 동안 국외로 추방하였다.

> **보기**
> ㄱ. 도편 추방제이다.
> ㄴ. 근대 민주주의를 통해 실시되었다.
> ㄷ. 독재 정치를 방지하기 위해 실시하였다.
> ㄹ. 시민 혁명을 통해 유럽에 크게 전파되었다.

① ㄱ, ㄴ　　② ㄱ, ㄷ　　③ ㄴ, ㄷ
④ ㄴ, ㄹ　　⑤ ㄷ, ㄹ

▶ 252004-0439

03 근대 민주주의에 대한 설명으로 옳은 것은?

① 민주주의가 처음 시작되었다.

② 모든 시민이 정치에 직접 참여하였다.

③ 왕의 권력에 저항한 시민 혁명이 바탕이 되었다.

④ 시민들은 윤번제를 통해 공직을 돌아가면서 맡았다.

⑤ 여성, 노동자, 빈민의 선거권 확대 운동의 영향을 받아 등장하였다.

▶ 252004-0440

04 다음 사건이 계기가 되어 나타난 민주주의에 대한 설명으로 옳지 <u>않은</u> 것은?

- 차티스트 운동
- 여성 참정권 운동
- 흑인 참정권 운동

① 대의 민주주의가 발달하였다.
② 보통 선거 제도가 확립되었다.
③ 모든 시민이 의회에 모여 정책을 직접 결정하였다.
④ 여성도 정치에 참여할 수 있는 권리를 가지게 되었다.
⑤ 일정 나이 이상의 모든 시민에게 선거권을 부여하였다.

▶ 252004-0441

05 그림은 시대별 민주주의의 발전 과정을 나타낸 것이다. (가)~(다)에 대한 설명으로 옳은 것은?

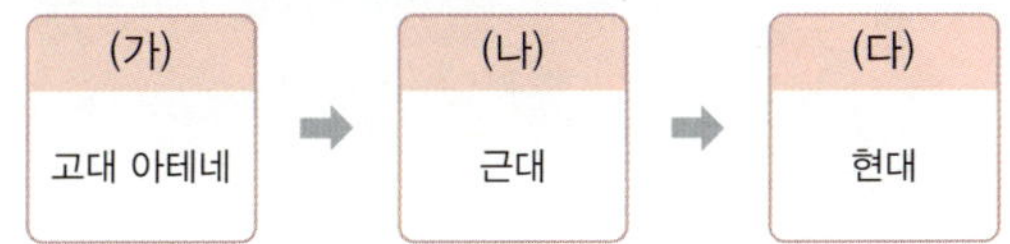

① (가)의 시민은 대의제를 통해 정치에 참여하였다.
② (나)에서 여성과 노동자도 참정권을 행사할 수 있었다.
③ (다)에서 국가의 정책을 결정하는 민회가 크게 성장하였다.
④ (가), (나)에서는 정치적 참여를 일부 제한하는 민주주의를 실시하였다.
⑤ (가), (나)와 달리 (다)에서는 나이와 상관없이 모두 정치에 참여할 수 있었다.

▶ 252004-0442

06 다음 설명에 해당하는 민주주의의 이념으로 옳은 것은?

인간은 인간이라는 이유만으로 성별, 인종, 종교, 사회적 지위 등에 상관없이 존중받을 가치와 권리가 있으며 이는 어떠한 경우라도 침해받을 수 없는 것이다.

① 자유
② 대화와 타협
③ 관용의 태도
④ 비판적 자세
⑤ 인간의 존엄성

▶ 252004-0443

07 민주주의의 이념에 대한 옳은 설명만을 〈보기〉에서 고른 것은?

보기

ㄱ. 인간의 존엄성을 근본이념으로 한다.
ㄴ. 자유와 평등이 보장되어야 민주주의가 실현될 수 있다.
ㄷ. 자유는 민주주의 이념을 실현함에 있어 평등보다 더 중요하다.
ㄹ. 평등은 외부의 부당한 간섭 없이 자기 뜻대로 행동하는 것이다.

① ㄱ, ㄴ
② ㄱ, ㄷ
③ ㄴ, ㄷ
④ ㄴ, ㄹ
⑤ ㄷ, ㄹ

▶ 252004-0444

08 빈칸 ㉠에 들어갈 개념에 대한 옳은 설명만을 〈보기〉에서 고른 것은?

____㉠____은/는 국가의 간섭 없이 자신의 의견을 표현하고 행동하는 것을 말한다. 이는 근대 시민 혁명을 거치면서 기본적인 권리로 인정받을 수 있었다.

보기

ㄱ. 인간 그 자체로서 존중받을 가치를 말한다.
ㄴ. 타인의 권리를 침해해서라도 먼저 보장받아야 한다.
ㄷ. 근대 시민 혁명을 통해 국왕으로부터 쟁취하고자 하였다.
ㄹ. 오늘날에는 국가에 인간다운 삶을 적극적으로 요구하는 의미로 확대되었다.

① ㄱ, ㄴ
② ㄱ, ㄷ
③ ㄴ, ㄷ
④ ㄴ, ㄹ
⑤ ㄷ, ㄹ

▶ 252004-0445

09 밑줄 친 '평등'에 대한 설명으로 옳지 <u>않은</u> 것은?

평등은 모든 사람이 성별, 인종, 재산, 종교, 사회적 지위 등에 따라 부당하게 차별받지 않는 것이다.

① 동등하게 대우받는 것이다.
② 모두에게 기회가 동등하게 부여되어야 한다.
③ 현대 사회에서는 실질적 평등을 보장하기 위한 노력이 강조되고 있다.
④ 형식적 평등을 이루기 위해서는 선천적·후천적 차이를 고려해야 한다.
⑤ 사회적 약자를 배려하는 것은 실질적인 평등을 실현하기 위한 것이다.

실력 쌓기 문제

▶ 252004-0446

10 다음 자료는 프랑스 인권 선언문의 일부이다. 이에 대한 설명으로 옳지 <u>않은</u> 것은?

> 제2조 … 억압에 대한 저항은 누구도 침해할 수 없는 권리이다. 국가의 목적은 이러한 권리를 보장하는 것이다.
> 제3조 모든 주권은 본질적으로 국민에게 있다.
> 제6조 모든 시민은 개인적으로, 또는 대표를 통해 법률 제정에 참여할 권리를 가진다.

① 국민 주권의 원리가 반영되어 있다.
② 대의 민주주의의 내용이 나타나 있다.
③ 최고 권력이 국민에게 있음을 나타내고 있다.
④ 모든 권력을 국왕에게 집중시키고자 하였음을 알 수 있다.
⑤ 국가의 부당한 권력에 맞서 국민의 자유와 권리를 보장하고자 하였음을 알 수 있다.

▶ 252004-0447

11 (가), (나)에 해당하는 민주주의의 원리를 바르게 연결한 것은?

> (가) 국민이 국가를 스스로 다스려야 한다.
> (나) 헌법에 따라 국가 기관을 구성하고 운영해야 한다.

	(가)	(나)
①	국민 자치의 원리	권력 분립의 원리
②	국민 자치의 원리	입헌주의의 원리
③	국민 주권의 원리	권력 분립의 원리
④	국민 주권의 원리	입헌주의의 원리
⑤	권력 분립의 원리	국민 주권의 원리

▶ 252004-0448

12 빈칸 ㉠에 공통적으로 들어갈 용어로 옳은 것은?

> ㉠ 은/는 국가의 최고 법으로 국민의 기본권 보장과 국가 운영의 기본 원리를 담고 있다. 따라서 민주 국가에서는 ㉠ 에 따라 국가를 운영해야 한다.

① 권력　　　　② 법률　　　　③ 조례
④ 주권　　　　⑤ 헌법

▶ 252004-0449

13 다음 내용과 관련 있는 민주 정치의 원리로 가장 적절한 것은?

> • 국가 기관 간의 견제를 통한 권력의 균형
> • 권력 남용을 방지하여 국민의 자유와 권리 보장

① 입헌주의의 원리　　　　② 법치주의의 원리
③ 국민 주권의 원리　　　　④ 국민 자치의 원리
⑤ 권력 분립의 원리

▶ 252004-0450

14 다음은 우리나라 헌법 조항에 대한 교사의 질문이다. 이에 대한 학생의 답변으로 옳지 <u>않은</u> 것은?

① 갑: 민주주의를 실현하기 위해 꼭 필요해요.
② 을: 국가의 주인은 국민이라는 내용을 담고 있어요.
③ 병: 국민이 국가의 정책을 결정하는 주체임을 나타내요.
④ 정: 국가 권력을 독립된 국가 기관이 나누어 맡도록 하는 원리예요.
⑤ 무: 국민의 동의와 지지를 바탕으로 정책을 결정해야 한다는 원리예요.

▶ 252004-0451

15 다음 사례에 나타난 민주주의의 기본 원리에 대한 설명으로 옳지 <u>않은</u> 것은?

> 오늘은 우리 지역의 구청장을 선출하는 날이다. 부모님께서는 아침 일찍 투표소로 향하셨다. 부모님 말씀처럼 우리 지역을 위해 봉사할 수 있는 일꾼이 꼭 뽑혔으면 좋겠다.

① 국민 주권의 실현을 목표로 한다.
② 대표를 선출함으로써 실현하고자 한다.
③ 국민이 국가의 최고 권력을 가지고 있다는 원리이다.
④ 국가 통치의 효율성을 높이기 위해 중앙 집권을 지향한다.
⑤ 대부분의 현대 민주 국가에서는 대의 민주주의를 채택하여 반영한다.

서술형 문제

1 단계 핵심 키워드 파악하기

▶ 252004-0452

01 다음 자료를 바탕으로 근대 민주주의의 특징을 고대 그리스 아테네의 민주주의와 비교하여 서술하시오.

> • 민주주의는 고대 그리스 아테네에서 시작되었다. 아테네는 인구가 적고 영토가 작은 도시 국가로 시민들은 추첨을 통하거나 돌아가면서 공직을 맡을 수 있었으며, 민회에 모여 국가의 주요 정책을 논의하고 결정하였다.
> • 근대 민주주의는 상공업으로 부를 축적한 시민 계급이 성장하면서 시작되었다. 계몽사상의 영향을 받은 시민 계급은 국왕과 귀족에게 빼앗긴 시민의 자유와 권리를 되찾고자 전제 정치에 맞서 투쟁하였다. 그 결과 자유와 평등의 이념이 확립되고 시민이 선출한 대표가 의회를 중심으로 정치를 담당하게 되었다.

답 완성하기

근대 민주주의는 시민이 국가의 정책을 직접 결정하는 고대 그리스 아테네의 (   )와/과 달리 시민이 선출한 대표가 의회를 중심으로 정치를 담당하는 (   )이/가 실시되었다.

▶ 252004-0453

02 다음 우리나라 헌법 조항에 나타난 민주주의의 기본 원리의 내용을 서술하시오.

> 제40조 입법권은 국회에 속한다.
> 제66조 ④ 행정권은 대통령을 수반으로 하는 정부에 속한다.
> 제101조 ① 사법권은 법관으로 구성된 법원에 속한다.

답 완성하기

헌법 조항에 나타난 민주주의의 기본 원리는 (   )이다. 이는 (   )을/를 서로 독립된 기관이 나누어 맡아 (   )와/과 (   )을/를 이루도록 하는 것이다.

2 단계 스스로 문장 완성하기

▶ 252004-0454

03 다음은 근대와 현대 민주주의의 발전 과정을 보여 준다. (1) 빈칸의 ㉠, ㉡에 해당하는 역사적 사건을 쓰고, (2) 두 시대에 나타난 민주주의의 차이점을 시민의 범위를 중심으로 서술하시오.

> • 고대 아테네 이후 사라졌던 민주주의는 근대에 이르러 영국 명예혁명, 미국의 독립 혁명, 프랑스 혁명 등과 같은 [㉠]을/를 통해 다시 등장하였다. 하지만 부를 축적한 도시의 상공업자들만이 정치에 참여할 수 있는 참정권을 얻을 수 있었다.
> • 근대 시민 혁명 이후에도 정치에 참여할 수 없었던 여성과 노동자 등은 참정권 확대 운동을 전개하였다. 노동자들이 주도한 [㉡] 운동, 여성 참정권 운동이 대표적이다. 이러한 참정권을 얻기 위한 노력을 통해 20세기 중반에는 대부분의 민주 국가에서 보통 선거 제도가 확립되었다.

(1) ㉠ – (   ), ㉡ – (   )

(2) ______________________________

▶ 252004-0455

04 (1) 그림에 나타난 민주주의의 기본 원리를 쓰고, (2) 그 의미와 목적을 서술하시오.

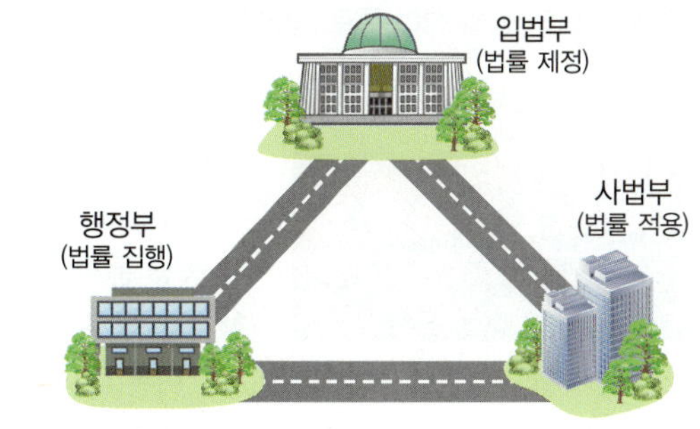

(1) ______________________________

(2) ______________________________

03 현대 민주주의의 특징과 발전을 위한 노력

(학습 목표) • 현대 민주주의의 특징과 과제를 설명할 수 있다.
• 우리나라 민주주의의 발전에 필요한 제도와 시민의 역할에 대해 토의할 수 있다.

1 현대 민주주의의 특징과 과제

(1) 현대 민주주의의 특징

① 간접 민주주의 (자료 1)

배경	• 영토와 인구 규모의 확대로 국민의 직접 정치 참여가 어려움 • 사회가 전문화되고 복잡해지면서 정치적 전문성이 요구됨
특징	• 선거를 통해 선출된 대표가 국가의 중요한 정책을 결정함 • 복잡한 현대 사회에서 국민 자치를 실현할 수 있는 현실적 대안임

② 한계점

- 정치적 무관심: 정치가 자신과 무관한 것이라 여겨 정치 현상에 관한 관심을 보이지 않음
- 대표성의 한계: 대표가 시민의 의사를 정확하게 반영하지 못하고 모든 계층, 지역, 세대별 의견을 고르게 대표하기 어려움

(2) 현대 민주주의의 과제

┌ 대부분의 현대 민주 국가는 대의제의 한계점을 보완하기 위해
  직접 민주제 제도를 일부 도입할 수 있다.

① 대의제의 한계점을 보완하고 시민의 적극적인 관심과 참여를 유도해야 함
② 다양한 사회 구성원의 의견을 반영할 수 있는 제도를 마련해야 함

2 우리나라 민주주의의 발전 과제

(1) 제도적 방안

① 직접 민주주의 요소 도입

┌ 직무 수행에 심각한 문제가 있을 때 국민이 직접 투표를 통해
  파면을 결정할 수 있다.

국민 투표 (자료 2)	국가의 중요한 사항을 국민이 직접 투표로 결정하는 제도
국민 발안	국민이 직접 법률안 등을 국회에 제안할 수 있는 제도
국민 소환	선거로 선출된 대표를 국민이 투표를 통해 파면할 수 있는 제도

② 공론장의 활성화 및 전자 민주주의의 확대 (자료 3)
└ 공론장에서의 충분한 대화와 토론을 통해 형성된 의견을 '공론'이라고 한다.

(집중 탐구) **시민의 정치 참여 통로, 공론장**

우리나라는 정책 결정 과정에서 시민들의 다양한 의견 수렴을 위해 공론장을 활성화하고 있다. 공론장이란 주요 현안과 공공 문제에 대한 합리적 해결 방안을 찾기 위해 시민들이 모여 토론하는 일련의 장소로, 공청회, 주민 설명회 등이 있다. 이는 대의제의 한계점을 제도적으로 보완하면서 시민들의 정치 참여를 유도하는 방안이다.

(2) 시민의 역할

① 시민들이 정치에 관심을 가지고 적극적으로 정치과정에 참여해야 함
② 정부의 정책 집행 과정을 감시하고 문제점에 대한 개선을 요구해야 함
③ 다양한 정치 참여를 통해 공동체를 위한 정책을 제안하도록 노력해야 함

(자료 1) 대의 민주주의(대의제)

대부분의 현대 민주 국가에서는 국민이 직접 정치에 참여하는 데 많은 시간과 비용이 들기 때문에 대의 민주주의를 채택하고 있다. 대의 민주주의는 국민이 선거를 통해 선출한 대표가 국민의 뜻을 반영하여 정치를 하는 제도이다.

(자료 2) 국민 투표 관련 헌법 조항

> 제72조 대통령은 필요하다고 인정할 때에는 외교 · 국방 · 통일 기타 국가 안위에 관한 중요 정책을 국민 투표에 붙일 수 있다.
> 제130조 ② 헌법 개정안은 국회가 의결한 후 30일 이내에 국민 투표에 붙여 … (후략) …

국민 투표는 국가의 중요한 사항에 관하여 국민이 직접 투표함으로써 의사를 결정하는 직접 민주주의의 한 형태이다. 우리나라는 헌법을 개정하거나 국가 안위를 위해 대통령이 필요하다고 판단할 때 국민 투표를 할 수 있으며, 이는 국민 투표법에 명시되어 있다.

(자료 3) 전자 민주주의

인터넷과 정보 통신 기술의 발달에 따라 시공간의 제약을 벗어나 다양한 정보 매체를 활용한 시민의 정치 참여가 확대되고 있다. 이처럼 정보 매체를 활용하여 국민이 정치에 영향력을 행사하고 권력을 통제하는 것을 전자 민주주의라고 한다.

(용어 정리)

대안 어떤 일을 대신하는 방안
발안 토의할 내용을 생각해 내는 것
소환 공직자의 임기가 끝나기 전에 국민의 투표로 파면하는 것
파면 직무나 직위를 그만두게 하는 것

01 다음 설명이 맞으면 ○표, 틀리면 ×표 하시오.

(1) 대부분의 현대 민주 국가에서는 직접 민주주의를 채택하고
　　있다.　　　　　　　　　　　　　　　　　（　　　）
(2) 시공간의 제약을 벗어나 정보 매체를 활용한 시민의 정치
　　참여가 확대되고 있다.　　　　　　　　　（　　　）
(3) 대의제의 한계점을 보완하기 위해서 간접 민주주의의 요소
　　를 도입하는 것이 필요하다.　　　　　　　（　　　）
(4) 국민이 직접 법률안 등을 국회에 제안할 수 있는 제도를
　　국민 소환이라고 한다.　　　　　　　　　（　　　）

02 빈칸에 들어갈 알맞은 말을 쓰시오.

(1) 국가의 중요한 사항을 국민이 직접 투표로 결정하는 제도
　　를 (　　　　　)(이)라고 한다.
(2) 민주주의가 발전하기 위해서는 시민의 관심과 적극적인
　　(　　　　　)이/가 필요하다.
(3) 인터넷과 정보 통신 기술의 발달로 정보 매체를 활용한 정
　　치 참여를 (　　　　　) 민주주의라고 한다.
(4) 현대 민주주의의 발전을 위해서는 대의제를 보완하는 제도
　　적 방안과 (　　　　　)의 관심과 참여가 필요하다.
(5) (　　　　　)은/는 주요 현안과 공공의 문제에 대한 합리
　　적인 해결 방안을 찾기 위해 시민들이 모여 토론하는 일련
　　의 장소이다.

03 빈칸에 들어갈 알맞은 말에 ○표 하시오.

(1) 현대 국가의 영토와 인구 규모가 과거에 비해 (확대, 축소)
　　되면서 모든 사람이 한곳에 모이기 어려워졌다.
(2) 국민 투표, 국민 발안, 국민 소환은 (직접, 간접) 민주주
　　의 요소에 해당한다.

04 빈칸 ㉠에 들어갈 알맞은 말을 쓰시오.

　　(　㉠　)(이)란 정치가 자신과 무관한 것이라 여겨 정치
현상에 관심을 보이지 않는 것이다. (　㉠　)이/가 심해지
면 대표자에 대한 시민의 비판과 감시가 소홀해져 민주주의
의 이념을 제대로 실현할 수 없게 된다.

실력 쌓기 문제

▶ 252004-0456

01 현대 민주주의의 특징으로 옳은 것은?

① 시민들의 정치 참여 기회는 과거보다 줄어들었다.
② 인터넷의 발달로 정치 참여의 시공간적 제약이 커졌다.
③ 여성과 노동자의 정치 참여가 제한된 민주주의의 형태이다.
④ 사회가 복잡해짐에 따라 전문성을 갖춘 정치인에 대한 요
　　구가 증대하였다.
⑤ 영토와 인구 규모가 축소되어 모든 시민이 한곳에 모여 정
　　치를 할 수 있게 되었다.

▶ 252004-0457

02 빈칸 ㉠에 들어갈 민주주의에 대한 옳은 설명만을 〈보기〉에서 고른 것은?

　　현대 민주 국가에서는 시민이 투표를 통해 선출한 사람이
정치를 담당하는 　㉠　 와/과 같은 정치 형태를 실시하
고 있다.

보기
ㄱ. 시민이 직접 정치에 참여하는 형태이다.
ㄴ. 의회를 구성하여 정책을 의논하여 결정한다.
ㄷ. 국민 자치의 원리를 온전히 실현하는 정치 형태이다.
ㄹ. 대표를 통해 국가 운영에 대한 국민의 의견을 반영한다.

① ㄱ, ㄴ　　　② ㄱ, ㄷ　　　③ ㄴ, ㄷ
④ ㄴ, ㄹ　　　⑤ ㄷ, ㄹ

▶ 252004-0458

03 교사의 질문에 옳게 답한 학생만을 고른 것은?

교사: 간접 민주주의의 특징을 말해 보세요.
갑: 대의 민주주의라고도 합니다.
을: 모든 시민이 의회에 모여 주요 의사 결정을 합니다.
병: 대표를 통해 국민의 의사를 대변하는 정치 형태입니다.
정: 시민이 주권을 직접 행사하는 이상적인 민주주의 제도입
　　니다.

① 갑, 을　　　② 갑, 병　　　③ 을, 병
④ 을, 정　　　⑤ 병, 정

▶ 252004-0459

04 다음 사례를 통해 나타날 수 있는 정치적 현상만을 〈보기〉에서 고른 것은?

> 국회 의원 선거 투표율은 예상과 달리 51.2%에 그쳤다. 이는 지난 선거에 비해 12% 정도 낮아진 수치이다. 특히, 젊은 유권자들의 투표율이 저조하였다.

보기

ㄱ. 정치적 무관심이 커질 수 있다.
ㄴ. 정치 이념에 대한 대립이 과열될 수 있다.
ㄷ. 정책에 대한 시민의 비판과 감시가 소홀해진다.
ㄹ. 국민의 정치적 요구가 정책에 정확히 반영된다.

① ㄱ, ㄴ   ② ㄱ, ㄷ   ③ ㄴ, ㄷ
④ ㄴ, ㄹ   ⑤ ㄷ, ㄹ

[05~06] 다음 대화를 보고 물음에 답하시오.

▶ 252004-0460

05 빈칸 (가)에 들어갈 내용으로 적절하지 <u>않은</u> 것은?

① 정치적 무관심이 커질 수도 있어.
② 다양한 의견을 고르게 대표하기가 어려워.
③ 생각과 반대되는 정책이 결정될 수도 있어.
④ 의사를 직접 표현할 수 있는 통로가 많지 않아.
⑤ 직접 정치 참여보다 시간과 비용이 더 많이 필요해.

▶ 252004-0461

06 (가)의 문제점을 해결하기 위한 시민의 바람직한 역할만을 〈보기〉에서 고른 것은?

보기

ㄱ. 정책에 대한 합리적인 판단 능력을 함양한다.
ㄴ. 주민 토론회, 공청회 등에 관심을 가지고 참여한다.
ㄷ. 효율적인 정치 운영을 위해 최대한 비판을 자제한다.
ㄹ. 정치권력이 올바르게 행사될 것이라는 무조건적인 믿음을 가진다.

① ㄱ, ㄴ   ② ㄱ, ㄷ   ③ ㄴ, ㄷ
④ ㄴ, ㄹ   ⑤ ㄷ, ㄹ

▶ 252004-0462

07 다음 제도의 공통된 목적으로 가장 적절한 것은?

> • 국민 투표   • 국민 발안

① 정치적 갈등 조정
② 전자 민주주의 활성화
③ 정치인의 전문성 강화
④ 시민의 정치 참여 확대
⑤ 직접 민주주의의 한계점 보완

▶ 252004-0463

08 다음 기사에 대한 옳은 설명만을 〈보기〉에서 고른 것은?

○○신문

○○시, 공론장 활성화 정책 발표

시민들의 의견을 반영한 정책을 수립하기 위해 ○○시는 다양한 ㉠공론장 활성화 정책을 발표하였다. 이는 시민과의 소통의 통로를 마련한다는 측면에서 시민들에게 환영받고 있다.

보기

ㄱ. ㉠의 예로 공청회, 주민 설명회 등이 있다.
ㄴ. 충분한 토론이 이루어지는 기회가 될 것이다.
ㄷ. 소수 집단의 의견만을 반영하는 것이 일반적이다.
ㄹ. 시민의 의견보다 전문가의 견해를 우선하는 것이 바람직하다.

① ㄱ, ㄴ   ② ㄱ, ㄷ   ③ ㄴ, ㄷ
④ ㄴ, ㄹ   ⑤ ㄷ, ㄹ

▶ 252004-0464

09 밑줄 친 부분을 보완하기 위한 방법으로 적절하지 <u>않은</u> 것은?

> 대부분의 민주 국가에서 실시하고 있는 대의제는 대표가 <u>정책 결정 과정에서 국민의 의사를 제대로 반영하지 못하거나 국민이 정치 참여에서 소외되는 문제점</u>이 발생하기도 한다.

① 국가의 중대 사안은 국민 투표로 결정한다.
② 자질이 없는 대표를 해임하는 제도를 실시한다.
③ 직접 민주주의의 요소를 점진적으로 줄여나간다.
④ 국민이 법률안을 의회에 제출하는 방안을 실시한다.
⑤ 다양한 정보 매체를 활용하여 정치 참여를 확대한다.

▶ 252004-0465

10 다음 사례를 통해 알 수 있는 내용으로 옳지 <u>않은</u> 것은?

> • 국회 의원 후보자의 선거 공약을 인터넷을 통해 확인하였다.
> • 인터넷 토론 공간에서 다른 사람과 정치적 의견을 나누었다.
> • 구청 온라인 게시판에 주차 공간 확대를 요청하는 글을 올렸다.

① 전자 민주주의가 실현된 사례이다.
② 정보화 사회를 기반으로 가능하게 되었다.
③ 인터넷 발달로 온라인상의 정치 참여가 활발해졌다.
④ 가상 공간에서 시민의 정치적 참여 기회가 축소될 것이다.
⑤ 온라인상의 공론장이 마련되어 정치적 의견 교류가 가능하게 되었다.

▶ 252004-0466

11 현대 민주주의의 발전을 위한 시민의 역할만을 〈보기〉에서 고른 것은?

> **보기**
> ㄱ. 정치 참여의 질을 높이기 위해 노력한다.
> ㄴ. 국가 권력을 감시하고 비판하는 태도를 가진다.
> ㄷ. 선거가 치러지는 시기에만 정치적 관심을 가진다.
> ㄹ. 직접 정치 참여를 위해 모두 정치가가 되려고 노력한다.

① ㄱ, ㄴ   ② ㄱ, ㄷ   ③ ㄴ, ㄷ
④ ㄴ, ㄹ   ⑤ ㄷ, ㄹ

▶ 252004-0467

12 다음 명언을 통해 전달하고자 하는 내용으로 가장 적절한 것은?

> • 투표권을 뺏는 유일한 방법은 스스로 투표하지 않는 것이다.
>   – 루스벨트
> • 악의 승리에 필요한 유일한 것은 선한 사람들이 아무것도 하지 않는 것이다.   – 에드먼드 버크

① 올바른 선거 방식에 대한 고민이 필요하다.
② 정치인들은 자기 계발을 위해 최선을 다해야 한다.
③ 시민은 정치에 관심을 가지고 적극 참여해야 한다.
④ 시민이 직접 정치에 참여하는 것만이 민주주의이다.
⑤ 시민과 정치인은 서로 존중하는 태도를 가져야 한다.

서술형 문제

1단계   핵심 키워드 파악하기

▶ 252004-0468

01 밑줄 친 ㉠과 같은 한계가 발생하게 된 배경을 두 가지 서술하시오.

> 현대 국가는 ㉠ 모든 시민이 직접 정치에 참여하는 것이 현실적으로 어렵다는 한계가 있다. 그 결과 대부분의 현대 민주 국가에서는 시민이 선거를 통해 대표자를 선출하고, 선출된 대표자들이 의회를 구성하여 주요 정책을 결정하는 정치 형태를 채택하고 있다.

답 완성하기

현대 국가는 (   )와/과 (   ) 규모의 (   )

(으)로 국민이 직접 정치에 참여하는 데 많은 (   )와/과

(   )이/가 들어가기 때문에 현실적으로 한계가 있다.

현대 사회가 (   )되어 정치적 지식을 가진 (   )

을/를 요구하게 되었다.

2단계   스스로 문장 완성하기

▶ 252004-0469

02 (1) 그림을 통해 현대 국가에서 발달하게 된 민주주의의 형태를 쓰고, (2) 발달하게 된 배경을 서술하시오.

(1) ___________________________

(2) ___________________________

____

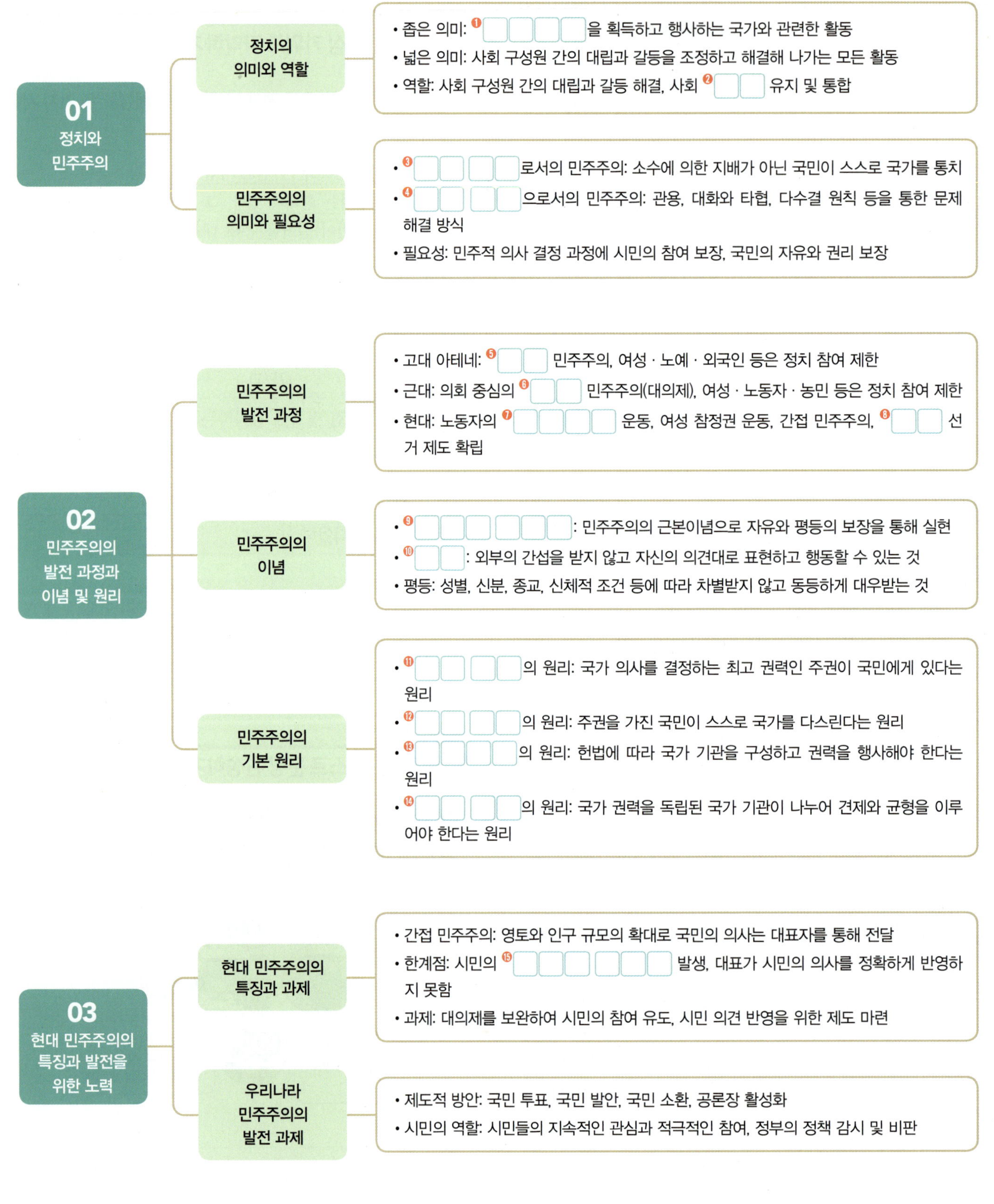

01 정치와 민주주의

정치의 의미와 역할
- 좁은 의미: ❶ [　　] 을 획득하고 행사하는 국가와 관련한 활동
- 넓은 의미: 사회 구성원 간의 대립과 갈등을 조정하고 해결해 나가는 모든 활동
- 역할: 사회 구성원 간의 대립과 갈등 해결, 사회 ❷ [　] 유지 및 통합

민주주의의 의미와 필요성
- ❸ [　　] 로서의 민주주의: 소수에 의한 지배가 아닌 국민이 스스로 국가를 통치
- ❹ [　　] 으로서의 민주주의: 관용, 대화와 타협, 다수결 원칙 등을 통한 문제 해결 방식
- 필요성: 민주적 의사 결정 과정에 시민의 참여 보장, 국민의 자유와 권리 보장

02 민주주의의 발전 과정과 이념 및 원리

민주주의의 발전 과정
- 고대 아테네: ❺ [　] 민주주의, 여성 · 노예 · 외국인 등은 정치 참여 제한
- 근대: 의회 중심의 ❻ [　] 민주주의(대의제), 여성 · 노동자 · 농민 등은 정치 참여 제한
- 현대: 노동자의 ❼ [　　] 운동, 여성 참정권 운동, 간접 민주주의, ❽ [　] 선거 제도 확립

민주주의의 이념
- ❾ [　　　] : 민주주의의 근본이념으로 자유와 평등의 보장을 통해 실현
- ❿ [　] : 외부의 간섭을 받지 않고 자신의 의견대로 표현하고 행동할 수 있는 것
- 평등: 성별, 신분, 종교, 신체적 조건 등에 따라 차별받지 않고 동등하게 대우받는 것

민주주의의 기본 원리
- ⓫ [　　] 의 원리: 국가 의사를 결정하는 최고 권력인 주권이 국민에게 있다는 원리
- ⓬ [　　] 의 원리: 주권을 가진 국민이 스스로 국가를 다스린다는 원리
- ⓭ [　　] 의 원리: 헌법에 따라 국가 기관을 구성하고 권력을 행사해야 한다는 원리
- ⓮ [　　] 의 원리: 국가 권력을 독립된 국가 기관이 나누어 견제와 균형을 이루어야 한다는 원리

03 현대 민주주의의 특징과 발전을 위한 노력

현대 민주주의의 특징과 과제
- 간접 민주주의: 영토와 인구 규모의 확대로 국민의 의사는 대표자를 통해 전달
- 한계점: 시민의 ⓯ [　　　] 발생, 대표가 시민의 의사를 정확하게 반영하지 못함
- 과제: 대의제를 보완하여 시민의 참여 유도, 시민 의견 반영을 위한 제도 마련

우리나라 민주주의의 발전 과제
- 제도적 방안: 국민 투표, 국민 발안, 국민 소환, 공론장 활성화
- 시민의 역할: 시민들의 지속적인 관심과 적극적인 참여, 정부의 정책 감시 및 비판

정답 ❶ 정치권력 ❷ 질서 ❸ 정치 형태 ❹ 생활 양식 ❺ 직접 ❻ 간접 ❼ 차티스트 ❽ 보통 ❾ 인간의 존엄성 ❿ 자유 ⓫ 국민 주권 ⓬ 국민 자치 ⓭ 입헌주의 ⓮ 권력 분립 ⓯ 정치적 무관심

대단원 마무리 문제

▶ 252004-0470

01 좁은 의미의 정치에 해당하는 사례만을 〈보기〉에서 고른 것은?

보기
ㄱ. 여름 휴가지를 어느 곳으로 할지 가족회의에서 의논하였다.
ㄴ. 시청은 청소년들의 유해 환경을 차단하기 위한 정책을 수립하였다.
ㄷ. 학교 대토론회를 통해 새로운 교복 디자인에 대한 의견을 취합하였다.
ㄹ. 국회는 학교 주변 과속 차량에 대한 처벌을 강화하는 법안을 의결하였다.

① ㄱ, ㄴ ② ㄱ, ㄷ ③ ㄴ, ㄷ
④ ㄴ, ㄹ ⑤ ㄷ, ㄹ

▶ 252004-0471

02 다음 사례에 나타난 정치의 역할로 가장 적절한 것은?

○○시는 온실가스를 줄이기 위해 가정 내 전기 사용량을 줄이면 탄소 포인트를 부여하는 제도를 꾸준히 시행하고 있다. 이는 기후 위기에 대응하는 생활 속 실천으로 매년 이 제도에 동참하는 지역 주민의 수가 증가하고 있다.

① 사회 구성원의 자유와 권리를 보장한다.
② 경제적 효율성을 추구하여 경제 성장을 이룬다.
③ 공동체 발전을 위해 나아가야 할 방향을 제시한다.
④ 다양한 이해관계를 조정하여 사회 통합을 달성한다.
⑤ 구성원 간의 갈등을 해결하여 사회 질서를 유지한다.

서술형
▶ 252004-0472

03 빈칸 ㉠에 들어갈 개념을 쓰고, 그 의미를 서술하시오.

정치란 [㉠]을/를 획득하고 행사하는 것으로 흔히 정치인들이 하는 선거 운동, 정책 집행 등의 활동을 떠올린다. 하지만 일상생활에서 발생하는 사회 구성원 간의 대립과 갈등을 조정하여 합의를 이루는 과정도 정치라고 할 수 있다.

▶ 252004-0473

04 민주주의의 발전 과정을 순서대로 나열한 것은?

(가) 노동자가 중심이 되어 차티스트 운동을 전개하였다.
(나) 시민들은 민회에 모여 국가의 중요 정책을 논의하고 결정하였다.
(다) 시민 혁명을 통해 국왕으로부터 시민들의 자유와 권리를 되찾았다.
(라) 일정 나이에 이른 시민들은 모두 선거에 참여할 수 있는 권리를 갖게 되었다.

① (가) – (나) – (다) – (라)
② (가) – (나) – (라) – (다)
③ (가) – (라) – (다) – (나)
④ (나) – (다) – (가) – (라)
⑤ (나) – (라) – (가) – (다)

서술형
▶ 252004-0474

05 빈칸 ㉠에 들어갈 내용을 두 가지 서술하시오.

▶ 252004-0475

06 근대 민주주의의 특징으로 옳은 것은?

① 민주주의가 처음 시작되었다.
② 모든 시민이 의회에 모여 직접 정치에 참여하였다.
③ 도편 추방제를 통해 독재 정치의 출현을 예방하였다.
④ 보통 선거 제도가 확립되어 민주주의가 크게 발전하였다.
⑤ 왕의 지배에 맞서 권리를 되찾고자 시민 혁명을 전개하였다.

▶ 252004-0476

07 민주주의의 이념에 대한 설명으로 옳지 <u>않은</u> 것은?

① 인간의 존엄성을 근본이념으로 한다.
② 모든 인간은 그 자체로 존중받아야 한다.
③ 개인의 자유만을 주장하면 타인의 권리가 침해될 수 있다.
④ 개인의 선천적·후천적 차이를 고려한 평등은 실질적 평등이다.
⑤ 인간의 존엄성을 실현하기 위해 자유와 평등 중 하나만 보장되어도 된다.

▶ 252004-0477

08 빈칸 (가)에 들어갈 내용만을 〈보기〉에서 고른 것은?

> 정부는 장애를 이유로 취업이 어려운 장애인의 고용을 촉진하기 위해 일정 규모 이상의 사업체에 장애인을 일정 비율 이상 고용하도록 법으로 정하고, 이를 이행하지 않을 경우 부담금을 부과하고 있다. 이는 정부가 ____(가)____ 위해서이다.

보기

ㄱ. 실질적인 평등을 실현하기
ㄴ. 사회적 약자에게 기회를 부여하기
ㄷ. 평등보다 개인의 자유를 보장하기
ㄹ. 부당한 간섭으로부터 개인을 보호하기

① ㄱ, ㄴ ② ㄱ, ㄷ ③ ㄴ, ㄷ
④ ㄴ, ㄹ ⑤ ㄷ, ㄹ

▶ 252004-0478

09 빈칸 ㉠에 들어갈 민주주의의 기본 원리로 옳은 것은?

> ____㉠____ 의 원리는 헌법에 따라 국가 기관을 구성하고 권력을 행사하는 것을 의미한다. 이를 통해 국가 권력의 남용을 방지하고 국민의 자유와 권리를 보장할 수 있다.

① 입헌주의 ② 권력 분립
③ 국민 주권 ④ 국민 자치
⑤ 국민 복지

▶ 252004-0479

10 (가), (나)에 나타난 민주주의의 기본 원리를 바르게 연결한 것은?

> (가) 선거는 국민이 국가의 주인으로서 권리를 행사하는 가장 기본적이고 중요한 참여 수단이다.
> (나) 지역의 주민들이 그 지역의 문제를 스스로 의논하여 결정하는 것이다.

	(가)	(나)
①	입헌주의 원리	권력 분립의 원리
②	국민 주권의 원리	국민 자치의 원리
③	국민 주권의 원리	입헌주의 원리
④	국민 자치의 원리	입헌주의 원리
⑤	권력 분립의 원리	국민 자치의 원리

서술형 ▶ 252004-0480

11 다음 우리나라 헌법 조항에 나타난 민주주의의 기본 원리를 쓰고, 그 내용을 서술하시오.

> 제1조 ① 대한민국은 민주 공화국이다.
> ② 대한민국의 주권은 국민에게 있고, 모든 권력은 국민으로부터 나온다.

▶ 252004-0481

12 다음과 같은 이유로 나타난 민주주의의 특징으로 옳은 내용만을 〈보기〉에서 고른 것은?

> • 국가의 영토와 인구 규모가 확대되었다.
> • 사회가 복잡해지고 전문화되었다.

보기

ㄱ. 선거를 통해 국민의 대표자를 선출한다.
ㄴ. 의회를 중심으로 국가의 중요 사항을 논의한다.
ㄷ. 국민이 모든 정치적 의사 결정 과정에 직접 참여한다.
ㄹ. 모든 국민이 직접 정책을 결정함으로써 완전한 국민 자치를 실현하게 되었다.

① ㄱ, ㄴ ② ㄱ, ㄷ ③ ㄴ, ㄷ
④ ㄴ, ㄹ ⑤ ㄷ, ㄹ

▶ 252004-0482

13 빈칸 ㉠에 들어갈 검색어로 가장 적절한 것은?

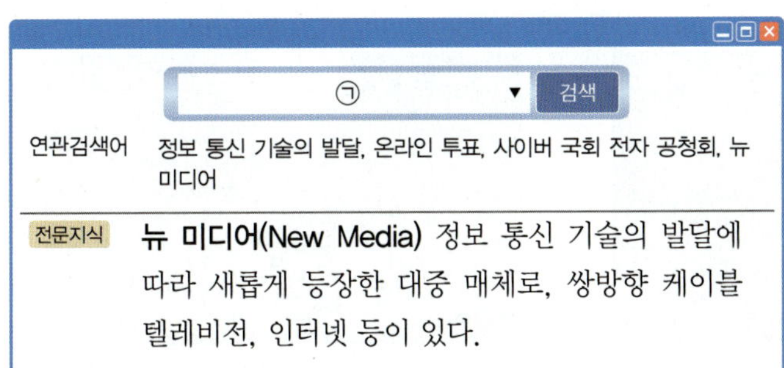

① 간접 민주주의
② 대의 민주주의
③ 대중 민주주의
④ 전자 민주주의
⑤ 직접 민주주의

▶ 252004-0483

14 다음 제도의 궁극적인 목적으로 가장 적절한 것은?

- 국민 투표   - 국민 발안   - 국민 소환

① 사회 통합 달성
② 공정한 선거 실시
③ 대립과 갈등의 조정
④ 시민의 정치 참여 확대
⑤ 개방적인 토론 문화 형성

▶ 252004-0484

15 다음 역사적 사건으로 비추어 볼 때 민주 시민으로서의 바람직한 역할만을 〈보기〉에서 고른 것은?

- 독재 정치에 저항한 4·19 혁명
- 대통령 직선제를 요구한 6월 민주 항쟁

보기
ㄱ. 정치권력에 대한 감시와 비판
ㄴ. 정치권력에 대한 무한한 신뢰
ㄷ. 공론장 등을 통한 정치적 참여
ㄹ. 국가 권력에 대한 중립적 태도

① ㄱ, ㄴ   ② ㄱ, ㄷ   ③ ㄴ, ㄷ
④ ㄴ, ㄹ   ⑤ ㄷ, ㄹ

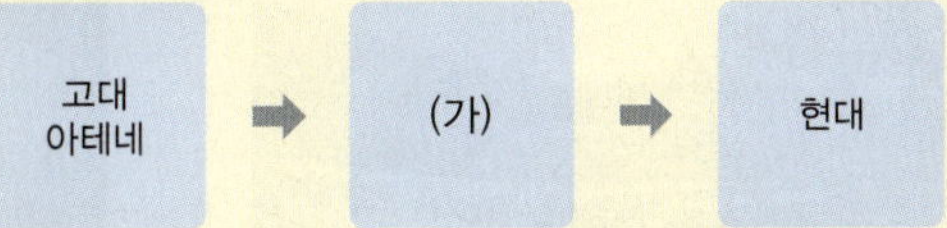

고난도 실력 향상 문제

▶ 252004-0485

01 그림은 민주주의의 발전 과정을 나타낸다. (가) 시대의 역사적 사실에 해당하는 것은?

고대 아테네 ➡ (가) ➡ 현대

① 시민 혁명을 통해 자유의 이념이 확대되었다.
② 윤번제를 통해 시민들은 돌아가며 공직을 맡았다.
③ 시민들은 민회에 참여하여 국가의 중요한 일을 토의하여 결정하였다.
④ 시민의 대표로 구성된 의회를 중심으로 직접 민주주의가 발달하였다.
⑤ 일정 나이가 되면 참정권을 얻을 수 있는 보통 선거 제도가 실시되었다.

▶ 252004-0486

02 (가), (나)에 대한 옳은 설명만을 〈보기〉에서 고른 것은?

(가) 차별하지 않고 모든 사람에게 균등한 기회를 부여하는 것이다.
(나) 균등한 기회를 부여하는 것뿐만 아니라 선천적·후천적 차이까지 고려하는 것이 필요하다.

보기
ㄱ. (가)는 실질적 평등, (나)는 형식적 평등이다.
ㄴ. (가)에 따라 모든 사람이 동등하게 대우받아야 한다.
ㄷ. (나)에 따르면 사회적 약자를 배려하는 것은 평등에 어긋난다.
ㄹ. (나)에 따라 국가는 국민 기초 생활 보장 제도를 실시해야 한다.

① ㄱ, ㄴ   ② ㄱ, ㄷ   ③ ㄴ, ㄷ
④ ㄴ, ㄹ   ⑤ ㄷ, ㄹ

문제 다음의 우리나라 민주화 운동 중에서 한 가지를 선택하여 보고서를 작성해 봅시다.

4·19 혁명(1960년)

5·18 민주화 운동(1980년)

6월 민주 항쟁(1987년)

A 활동 계획 세우기

1. 우리나라 민주주의 발전 과정에서 평소에 관심 있는 민주화 운동을 한 가지 선정한다.
2. 선정한 민주화 운동과 관련된 서적, 시청각 및 인터넷 자료 등을 참고하여 발생 배경, 과정, 결과 및 의의를 조사한다.
3. 조사한 역사적 사실뿐만 아니라 조사를 통해 느낀 점을 자신만의 창작물로 표현하여 보고서에 포함한다.

B 활동하기

1. 선정한 민주화 운동의 발생 배경, 과정, 결과 및 의의를 관련 서적, 시청각 및 인터넷 자료를 활용하여 조사한다.
2. 조사하는 과정에서 객관적인 사실을 뒷받침할 수 있는 사진, 도표 등 다양한 자료를 활용한다.
3. 조사한 내용을 토대로 보고서를 작성하되 새롭게 알게 된 점과 느낀 점을 자신만의 창작물(예 4컷 만화, 그림엽서, 표어, 역사적 장소 및 관련 영화 소개 등)로 표현하여 보고서에 포함하도록 한다.

예시 자료 조사 및 역사적 장소 소개

구분	5·18 민주화 운동
발생 배경	− 독재 정권의 지배 − 신군부 세력의 권력 장악
과정	〈tip〉 발생 과정을 사진, 연표, 도표 등을 활용하여 제시하면 전개 과정을 파악하기 쉬워 전달력이 높아짐
결과 및 의의	

5·18 민주화 운동의 역사 속으로 Go!

옛 전남도청 사진 제시

5·18 민주 광장 사진 제시

〈활용 tip〉
1. 장소를 선정한 이유 제시
2. 사진을 제시할 때 과거와 현재의 사진을 비교 설명
3. 과거에서 있었던 역사적 사실을 장소와 연관하여 기록

평가하기

채점 기준	상	중	하
선정한 민주화 운동의 발생 배경, 과정, 결과 및 의의를 모두 제시하였는가?			
민주화 운동과 관련된 사진, 도표 등의 다양한 자료를 활용하여 작성하였는가?			
역사적 사건을 토대로 역사적 상상력을 발휘하여 창작물이 만들어졌는가?			
우리나라 민주화 운동의 과정을 이해하고 비판적으로 평가할 수 있는가?			

X

정치과정과 시민 참여

01 선거와 선거 과정

학습 목표
• 선거의 기능과 기본 원칙을 설명할 수 있다.
• 선거 과정에서 유권자와 정당이 수행하는 활동을 조사할 수 있다.

1 선거의 기능과 기본 원칙

(1) 선거의 의미와 기능 [자료 1]

> 선거는 정치과정에 참여하는 가장 기본적이고 대표적인 방법이며, 대의제에서 가장 중요한 요소이기 때문에 '민주주의의 꽃'이라고 불린다.

① 의미: 국민을 대신하여 나라의 일을 담당할 대표자를 선출하는 과정

② 기능

대표자 선출	시민을 대신하여 국정을 담당할 대표자를 선출함 → 선거의 가장 기본적인 기능
대표자에게 정당성 부여	민주적 절차에 따라 시민의 지지와 동의를 얻어 선출된 대표자는 권위를 인정받아 정당한 권한을 가짐
정치권력 통제	대표자가 역할을 제대로 수행하지 못하면 다음 선거에서 그 책임을 물어 교체할 수 있음
정치 참여 기회 제공	시민들은 투표권 행사를 통해 정치적 의사를 표현하고 후보자의 정책과 공약을 평가하면서 정치에 참여함

(2) 민주 선거의 기본 원칙

① 보통 선거: 일정 나이 이상의 국민이라면 누구나 선거권을 가진다는 원칙

② 평등 선거: 모든 유권자는 동등한 가치의 투표권을 행사해야 한다는 원칙

③ 직접 선거: 유권자는 대리인을 거치지 않고 직접 투표해야 한다는 원칙

④ 비밀 선거: 유권자가 누구에게 투표했는지 다른 사람이 알지 못하도록 해야 한다는 원칙

2 선거 과정에서 유권자와 정당이 수행하는 활동

(1) 유권자의 활동 [자료 2]

> 유권자는 선거가 끝난 후에도 선출된 대표자가 공약을 얼마나 성실하게 이행하고 있는지 감시하고 평가해야 한다.

① 후보자 비교: 선거 공보 및 벽보, 정당 누리집, 후보자들의 정책 토론회 등을 통해 후보자의 공약과 자질을 비교하고 분석함

② 선거 운동 참여: 자신이 지지하는 정당이나 후보자의 선거 운동에 다양한 방법으로 참여할 수 있음

③ 선거 활동 감시 및 통제: 선거 기간에 정당과 후보자의 불법적인 선거 활동을 감시하고 통제함

④ 투표권 행사: 자신이 지향하는 가치와 신념을 잘 구현해 줄 수 있다고 생각하는 정당과 후보자에게 투표함

(2) 정당의 활동

> 정당에 가입할 수 있는 나이가 16세로 낮아지면서 청소년들도 정치에 참여할 수 있는 기회가 확대되었다. 한편, 정당은 여당과 야당으로 구분할 수 있다. 여당은 대통령을 배출하여 정권을 획득한 정당을 말하며 야당은 여당을 제외한 나머지 정당을 의미한다.

① 후보자 공천: 유권자의 지지를 얻기 위해 자질과 능력을 갖춘 후보자를 선거에 추천함

② 공약 개발: 자신들의 정치적 견해와 시민의 요구를 반영한 정책안을 만들어 공약을 개발함

③ 정치적 이념 홍보: 정책 설명회, 토론회, 공청회 등을 통해 국민에게 정당과 후보자의 정치적 이념이나 정책 내용을 알림

④ 선거 운동 지원: 후보자의 선거 운동을 지원하여 유권자들의 많은 지지를 얻어 자기 정당의 후보자가 당선될 수 있도록 노력함

자료 1 우리나라에서 실시되는 선거의 종류

구분	선출되는 대표자	주기
대통령 선거	대통령	5년
국회 의원 선거	국회 의원	
지방 선거	지방 자치 단체장 지방 의회 의원	4년
교육감 선거	교육감	

오늘날 대부분의 국가에서는 대의제를 채택하고 있다. 대의제란 선거를 통하여 시민의 대표를 선출하고, 선출된 대표자가 시민을 대신하여 국가를 운영해 나가는 제도를 말한다. 우리나라에서도 다양한 선거를 통해 대통령, 국회 의원 등과 같은 시민의 대표를 선출하여 나라를 운영하고 있다.

자료 2 유권자의 선거 운동

▲ 유권자의 다양한 선거 운동 참여 모습

「공직 선거법」에 따르면 선거권이 없는 사람 등을 제외하고 유권자는 모두 선거 운동을 할 수 있다. 법적으로 정해진 선거 운동 기간에는 친구나 지인을 직접 만나서 선거 운동을 하거나, 특정 후보자의 선거 운동에 자원 봉사자로 참여할 수 있다. 그리고 평상시에는 정당과 후보자를 지지하는 문자를 전송할 수 있고, 인터넷이나 사회 관계망 서비스(SNS)에 후보자와 관련된 정보를 게시할 수 있다. 그러나 후보자를 비방하거나 허위 사실을 게시 및 공유하는 일, 선거 운동에 참여한 대가를 요구하거나 기표소 안에서 투표지를 촬영하는 일은 금지되어 있다.

용어 정리

유권자 선거에 참여하여 대표자를 선출할 수 있는 권리를 가진 사람으로, 우리나라에서는 18세 이상이라면 누구나 유권자가 됨

공보 국가 기관에서 국민에게 각종 활동 사항에 대하여 널리 알리는 일

정당 정치적 의견을 같이하는 사람들이 정치권력을 획득하기 위해 만든 집단

공천 정당이 대통령 선거나 국회 의원 선거에 출마할 후보자를 공식적으로 추천하는 일

공약 선거에서 후보자가 유권자에게 제시하는 공적인 약속

01 빈칸에 들어갈 알맞은 말을 쓰시오.

(1) (　　　　　)은/는 국민을 대신하여 나라의 일을 담당할 대표자를 선출하는 과정을 말한다.

(2) 공정한 선거를 위해 우리나라 헌법에서는 보통·평등·직접·(　　　　　) 선거의 원칙을 규정하고 있다.

(3) 선거에 참여하여 대표자를 선출할 수 있는 권리를 가진 사람을 (　　　　　)(이)라고 한다.

02 빈칸에 들어갈 알맞은 말에 ○표 하시오.

(1) 선거는 (대의 민주주의, 직접 민주주의)에서 가장 중요한 요소이다.

(2) 우리나라에서 국민의 대표인 국회 의원을 선출하는 선거는 (4년, 5년)마다 실시된다.

(3) 대통령을 배출하여 정권을 획득한 정당을 (여당, 야당)(이)라고 한다.

03 빈칸에 들어갈 민주 선거의 원칙을 쓰시오.

(1) (　　　)	유권자가 대리인을 거치지 않고 직접 투표해야 한다는 원칙
(2) (　　　)	모든 유권자는 동등한 가치의 투표권을 행사해야 한다는 원칙
(3) (　　　)	일정 나이 이상의 국민이라면 누구나 선거권을 가진다는 원칙
(4) (　　　)	유권자가 누구에게 투표했는지 다른 사람이 알지 못하도록 해야 한다는 원칙

04 다음 설명이 맞으면 ○표, 틀리면 ×표 하시오.

(1) 선거의 가장 기본적인 기능은 대표자가 국민을 통제하는 것이다. (　　　)

(2) 우리나라에서는 18세 이상이면 누구나 선거에 참여할 권리를 가진다. (　　　)

(3) 선거 기간 중에 유권자는 기표소 안에서 투표지를 촬영할 수 있다. (　　　)

(4) 정당은 후보자를 선거에 공천하여 대표자로 당선시키기 위해 노력한다. (　　　)

실력 쌓기 문제

▶ 252004-0487

01 선거에 대한 옳은 설명만을 〈보기〉에서 고른 것은?

보기

ㄱ. 직접 민주주의를 실현하는 수단이다.
ㄴ. 국민의 대표를 추첨을 통해 뽑는 과정이다.
ㄷ. 대표자를 선출하고 통제하는 기능을 가진다.
ㄹ. 시민이 정치과정에 참여하는 가장 기본적인 방법이다.

① ㄱ, ㄴ　　　② ㄱ, ㄷ　　　③ ㄴ, ㄷ
④ ㄴ, ㄹ　　　⑤ ㄷ, ㄹ

[02~03] 다음 자료를 읽고 물음에 답하시오.

> **발표 주제: 선거의 의미와 기능**
>
> ○학년 ○반 ○번 ○○○
>
> 선거란 대의 민주주의에서 국민을 대신할 대표자를 선출하는 과정을 말합니다. 우리나라에서도 각종 선거를 통해 ⓐ 등과 같은 국민의 대표를 선출하고 있습니다. 오늘날 선거는 ⓑ 여러 가지 기능을 수행하고 있습니다.

▶ 252004-0488

02 빈칸 ㉠에 들어갈 내용만을 〈보기〉에서 고른 것은?

보기

ㄱ. 대통령　　　　　ㄴ. 국무총리
ㄷ. 국회 의원　　　　ㄹ. 교육부 장관

① ㄱ, ㄴ　　　② ㄱ, ㄷ　　　③ ㄴ, ㄷ
④ ㄴ, ㄹ　　　⑤ ㄷ, ㄹ

▶ 252004-0489

03 밑줄 친 ㉡에 해당하는 내용으로 옳지 <u>않은</u> 것은?

① 국민의 대표자를 선출한다.
② 대표에게 정당성을 부여한다.
③ 국민을 통제하는 수단이 된다.
④ 투표권 행사를 통해 주권을 행사한다.
⑤ 정치적인 의사를 표현할 기회를 제공한다.

▶ 252004-0490

04 밑줄 친 ⊙에 대한 옳은 설명만을 〈보기〉에서 고른 것은?

보기

ㄱ. 5년마다 실시된다.
ㄴ. 간접 선거의 원칙에 따라 이루어진다.
ㄷ. 18세 이상의 모든 국민이 참여할 수 있다.
ㄹ. 국회의 구성원을 선출하는 것을 목적으로 한다.

① ㄱ, ㄴ　　　　② ㄱ, ㄷ　　　　③ ㄴ, ㄷ
④ ㄴ, ㄹ　　　　⑤ ㄷ, ㄹ

▶ 252004-0491

05 다음 자료에 나타난 선거의 기능으로 가장 적절한 것은?

선거라는 민주적인 절차에 따라 시민의 지지와 동의를 얻어 선출된 대표는 권위를 인정받아 직무를 수행할 수 있다. 따라서 공정하지 못한 선거를 통해 뽑힌 사람은 국민의 대표자로서 인정받을 수 없다.

① 정치권력을 통제한다.
② 국민의 주권 의식을 높인다.
③ 대표에게 정당성을 부여한다.
④ 사회 구성원들의 의견을 수렴한다.
⑤ 시민이 투표를 통해 의사를 표현한다.

▶ 252004-0492

06 (가), (나)에 해당하는 민주 선거의 원칙을 바르게 연결한 것은?

(가) 유권자가 대리인을 거치지 않고 스스로 투표해야 한다는 원칙이다.
(나) 유권자가 누구에게 투표했는지 다른 사람이 알지 못하도록 해야 한다는 원칙이다.

	(가)	(나)		(가)	(나)
①	직접 선거	비밀 선거	②	직접 선거	보통 선거
③	평등 선거	비밀 선거	④	평등 선거	보통 선거
⑤	보통 선거	직접 선거			

▶ 252004-0493

07 밑줄 친 ⊙~⊙ 중 보통 선거의 원칙을 보장하기 위한 절차로 가장 적절한 것은?

바름이는 ⊙ 올해 18세가 되어 선거권을 가지게 되었다. 이에 대통령 선거에 참여하기 위해 투표소에 들어가 ⓒ 신분증을 제시하고 선거인 명부에 서명을 하였다. 그리고 ⓒ 다른 유권자와 똑같이 투표 용지 1장을 받아 ② 기표소 안으로 들어갔다. 자신이 지지하는 후보자에 기표한 후, ⑩ 투표 용지를 접어 투표함에 넣었다.

① ⊙　　② ⓒ　　③ ⓒ　　④ ②　　⑤ ⑩

▶ 252004-0494

08 유권자에 대한 설명으로 옳은 것은?

① 정치권력을 획득하기 위하여 선거에 참여한다.
② 우리나라에서는 18세 이상의 시민에 해당한다.
③ 수입을 얻을 목적으로 선거 운동에 참여할 수 있다.
④ 선거에서 어떤 직위를 얻기 위해 출마한 사람을 의미한다.
⑤ 입법부, 행정부, 사법부의 모든 구성원을 선출할 권한을 가진다.

▶ 252004-0495

09 빈칸 ⊙에 들어갈 내용만을 〈보기〉에서 고른 것은?

보기

ㄱ. 성별　　　　　　ㄴ. 공약
ㄷ. 경제력　　　　　ㄹ. 정치적 능력

① ㄱ, ㄴ　　　　② ㄱ, ㄷ　　　　③ ㄴ, ㄷ
④ ㄴ, ㄹ　　　　⑤ ㄷ, ㄹ

▶ 252004-0496

10 빈칸 ㉠에 들어갈 내용만을 〈보기〉에서 고른 것은?

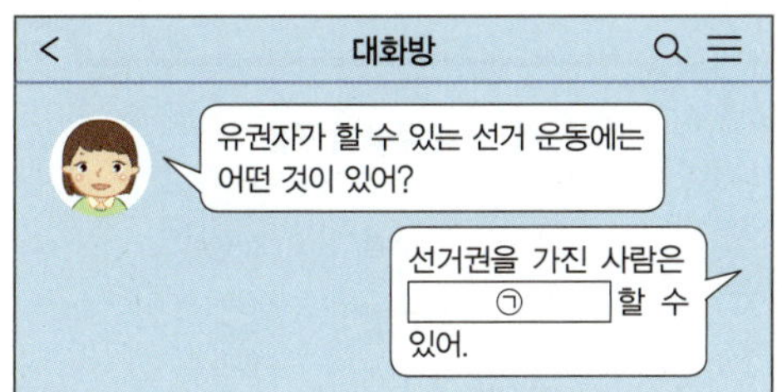

보기
ㄱ. 후보자를 응원하는 문자를 전송
ㄴ. 누리집에 선거와 관련된 정보를 게시
ㄷ. 상대 후보자에 대한 허위 사실을 공유
ㄹ. 기표소 안에서 투표 용지를 촬영하여 홍보

① ㄱ, ㄴ　　　　② ㄱ, ㄷ　　　　③ ㄴ, ㄷ
④ ㄴ, ㄹ　　　　⑤ ㄷ, ㄹ

▶ 252004-0497

11 선거 과정에서 정당이 수행하는 활동에 대한 설명으로 옳지 않은 것은?

① 자기 정당의 후보자가 당선될 수 있도록 노력한다.
② 선거를 공정하게 치르기 위해 공직 선거법을 개정한다.
③ 대통령, 국회 의원 선거 등의 각종 선거에 후보자를 공천한다.
④ 자신들의 정치적 견해와 시민의 요구를 바탕으로 공약을 개발한다.
⑤ 정책 설명회, 공청회 등을 통해 국민에게 정치적 이념이나 정책 내용을 알린다.

▶ 252004-0498

12 다음 자료에 나타난 정당의 활동으로 가장 적절한 것은?

① 공약 개발　　　　　② 후보자 공천
③ 선거 운동 지원　　　④ 시민의 투표 참여 유도
⑤ 유권자의 불법 활동 감시

서술형 문제

1 단계　핵심 키워드 파악하기

▶ 252004-0499

01 (1) 빈칸 ㉠에 공통으로 들어갈 정치 제도를 쓰고, (2) 그것의 기능을 두 가지 서술하시오.

> 　현대 대부분의 민주주의 국가에서는 대의제를 채택하고 있는데, 이때 시민을 대신하여 나라의 일을 담당할 대표자를 선출하는 과정을 ㉠ (이)라고 한다. 시민이 어떤 대표자를 선출하느냐에 따라서 국가의 정책과 사회의 발전 방향이 달라지므로 ㉠ 은/는 대의제에서 중요한 요소이다.

답 완성하기

(1) ㉠ – (　　　　　　　)

(2) (　　　　　)을/를 통해 선출된 대표자는 국민의 지지와 동의를 얻었기 때문에 권위를 인정받아 (　　　　　)을/를 얻게 된다. 대표자가 맡은 일을 제대로 수행하지 않을 때에는 시민들이 다음 선거에서 다른 대표로 (　　　　　)할 수 있기 때문에 정치권력을 (　　　　　)하는 기능도 가진다.

2 단계　스스로 문장 완성하기

▶ 252004-0500

02 (1) 빈칸 ㉠에 들어갈 개념을 쓰고, (2) 밑줄 친 (가)에 해당하는 내용을 세 가지 서술하시오.

(1) ㉠ – (　　　　　　　)

(2) ___________________________

____

____

02 정치 주체와 정치과정

(학습목표) • 정치 활동에 참여하는 다양한 정치 주체의 역할을 설명할 수 있다.
• 정치과정의 의미와 단계를 설명할 수 있다.

1 다양한 정치 주체

(1) 정치 주체의 의미와 종류 (자료 1)

① 의미: 정치 활동에 참여하여 정책의 결정과 집행 등에 영향력을 행사하는 개인이나 집단

┗ 정책은 법을 바탕으로 제도의 형태로 나타나며, 일상생활 전반에 걸쳐 영향을 준다.

② 종류: 시민(개인), 이익 집단, 시민 단체, 정당, 언론, 국가 기관 등

(2) 정치 주체의 역할

① 시민(개인)

• 의의: 가장 기본적이고 중요한 정치 참여 주체

• 역할: 선거, 국민 투표, 청원, 민원, 정당, 시민 단체, 이익 집단, 언론, 사회 관계망 서비스(SNS)등을 통해 의견 표현, 서명 운동, 집회 참여 등

② 이익 집단 (자료 2) ┏ 이익 집단은 자기 집단의 이익만을 지나치게 추구하는 과정에서 공익과 충돌하여 사회 혼란을 가져올 수도 있다.

의미	이해관계를 같이하는 사람들이 자신들의 특수한 이익을 실현하기 위해 만든 단체 ⑩ 노동조합, 변호사 협회 등
역할	• 자기 집단의 이익을 정치에 반영하기 위해 정부에 압력을 행사함 • 전문적인 지식을 바탕으로 정책을 평가하거나 대안을 제시하기도 함

③ 시민 단체 ┏ 시민 단체는 공동체의 발전을 위해 환경, 인권, 교육 등 사회의 다양한 분야에 걸쳐 활동한다.

의미	사회 문제를 해결하고 공익을 실현하기 위해 시민들이 자발적으로 만든 단체 ⑩ 환경 운동 연합, 녹색 소비자 연대 등
역할	• 시민들의 자발적인 정치 참여를 유도하고 여론을 형성함 • 국가의 정치 활동을 감시·비판하고, 사회 문제 해결을 위한 대안을 제시함

④ 정당 ┏ 정당은 선거에 후보자를 공천하여 대표자를 배출하는 역할을 하기도 한다.

의미	정치적 의견이 같은 사람들이 정권을 획득하기 위해 만든 단체
역할	• 시민의 다양한 의견과 요구를 수렴하여 여론을 형성함 • 여론을 국회나 정부에 전달하여 정책에 반영시키려고 노력함 • 정부의 정책을 평가하고 건설적인 대안을 제시함

⑤ 언론 (자료 3) ┏ 신문, 방송, 인터넷 등의 매체를 말한다.

의미	대중 매체를 통해 정치에 관한 전반적인 정보를 제공하는 정치 주체
역할	• 정책에 대한 비판과 해설을 제공하여 여론 형성을 주도함 • 국가 기관을 비롯한 다양한 정치 주체의 활동을 감시하고 비판함

⑥ 국가 기관

• 의미: 헌법에 따라 공식적으로 정책을 결정 또는 집행하는 정치 주체

• 역할

국회	시민의 의견을 반영하여 법률을 제정 및 개정하거나 폐지함
정부	법률을 기반으로 정책을 구체적으로 수립하고 집행함
법원	법률이나 정책과 관련한 분쟁을 재판을 통해 해결하여 정책의 결정과 집행에 영향을 미침

┗ 법원의 판결은 기존의 정책을 수정·또는 보완하거나 새로운 정책을 수립하는 데 영향을 미친다.

자료 1 정치 주체의 구분

비공식적 주체	여론 형성 → ← 정책 제시	공식적 주체
• 정당 • 언론 • 이익 집단 • 시민 단체		• 정부 • 국회 • 법원

정책 요구 ← 시민 → 정책 결정 및 집행

정치 주체는 공식적 주체와 비공식적 주체로 구분할 수 있다. 공식적 주체는 헌법에 따라 정책을 공식적으로 결정할 수 있는 국가 기관을 의미한다. 비공식적 주체는 정책 결정에 공식적인 권한을 가지고 있지 않지만 정치 과정에 영향력을 행사하는 정당, 언론, 이익 집단, 시민 단체 등을 말한다.

자료 2 이익 집단과 시민 단체의 비교

구분	이익 집단	시민 단체
목적	자기 집단의 이익 추구	공익 추구
관심 분야	자기 집단의 이익과 관련된 분야	사회의 모든 분야

이익 집단과 시민 단체는 그 목적과 관심 분야가 서로 다르지만, 정책 결정 과정에 영향력을 행사하는 비공식적인 참여 주체라는 공통점이 있다.

자료 3 언론의 역할

▲ 언론의 보도

언론은 여론을 형성하는 데 주도적인 역할을 한다. 따라서 시민들이 정책을 올바른 시각을 가지고 판단할 수 있도록 공정하고 객관적으로 보도하기 위해 노력해야 한다.

용어 정리

정책 공적인 문제를 해결하거나 공공의 목표를 달성하기 위하여 공공 기관이 수행하는 활동 방향이나 계획

청원 국민이 국가 기관에 대하여 일정한 사항을 문서로 진정하는 일

민원 주민이 행정 기관에 대하여 원하는 바를 요구하는 일

여론 정치적 쟁점이나 사회 문제에 대하여 다수의 시민이 가지는 의견

이해관계 서로의 이익과 손해가 걸려 있는 관계

2 정치과정의 의미와 단계

(1) 정치과정의 의미와 의의

시민은 정치과정을 통해 자신의 의견을 정책에 반영하고, 정책을 평가하면서 국가의 주인으로서 민주주의의 발전을 위해 참여할 수 있다.

① 의미: 시민들의 다양한 요구와 이익을 집약하여 정책으로 결정하고 집행하는 과정
② 의의: 정치과정을 통해 다양한 가치와 이익이 조정되면서 갈등이 해결되며 이를 통해 사회 통합과 발전을 이룰 수 있음

(2) 정치과정의 단계 자료 4

① 이익 표출: 개인이나 집단이 자신들의 다양한 의견과 요구 사항 등을 여러 방법으로 자유롭게 표현함

청원, 민원 등을 제기하거나 서명 운동 또는 집회에 참여하는 방법 등이 있다.

② 이익 집약: 정당이나 언론 등이 시민들의 다양한 이익을 모아 요약하고 대안을 제시함 자료 5
③ 정책 결정: 시민의 다양한 요구를 바탕으로 국회와 정부가 정책을 수립하고 결정함
④ 정책 집행: 정치과정을 통해 결정된 정책을 정부가 현실에 맞게 구체적으로 집행함
⑤ 정책 평가 및 환류: 시민의 평가를 통해 정책이 수정 또는 보완되기도 하고, 새로운 정책이 만들어지기도 함

소비 기한 표시제가 실시되기 전에는 식료품에 유통 기한을 표기하였다. 유통 기한이란 제품의 제조일로부터 소비자에게 유통 및 판매가 허용되는 기간을 말한다.

집중 탐구 '소비 기한 표시제'의 정치과정

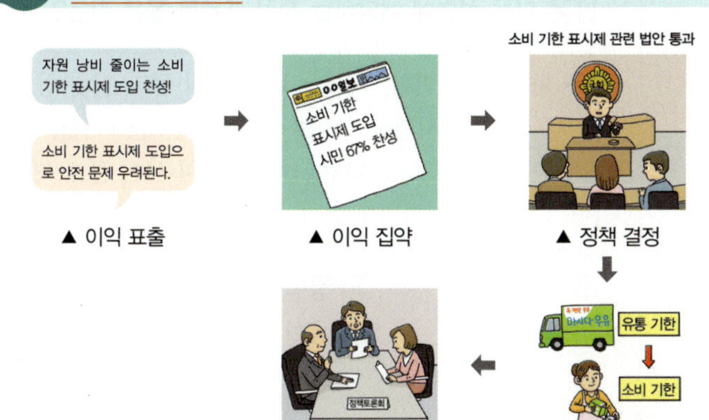

이익 표출	환경 보호 단체에서 자원 낭비를 최소화하기 위해 소비 기한 표시제를 도입하자고 주장하는 반면, 낙농업계 관련 협회에서는 유제품의 변질이 우려되므로 소비 기한 표시제를 시행하는 것에 반대하였다.
이익 집약	한 언론사가 시민을 대상으로 하는 설문 조사에서 유통 기한 표시제 대신 소비 기한 표시제를 도입해야 한다고 응답한 사람이 약 70%로 나타났다고 보도하였다.
정책 결정	식품에 '유통 기한' 대신 '소비 기한'을 표시하도록 하는 법률 개정안이 국회 본회의를 통과하였다.
정책 집행	정부는 식품 제조업체에 우유 등을 제외한 식료품에 '유통 기한'이 아닌 '소비 기한'을 표기하도록 하였다.
정책 평가	시민들이 기존 유통 기한과 소비 기한의 차이를 정확히 모르는 경우가 많아 혼란이 발생한다는 의견이 제기되었다. 이에 소비 기한에 대한 교육 및 홍보 활동 등을 통해 소비자 인식 개선을 위한 다양한 방안이 검토되었다.

자료 4 정치과정의 단계

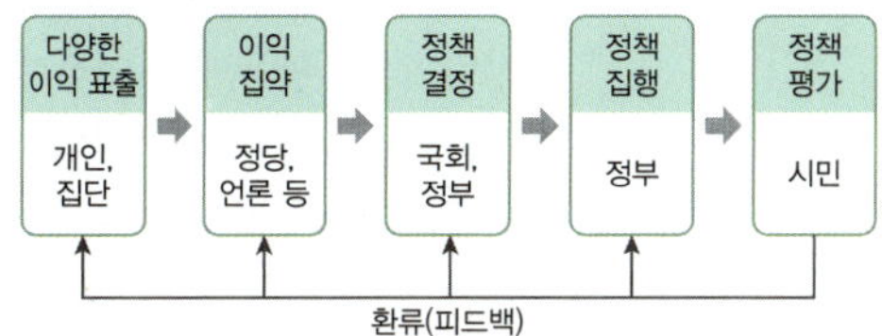

개인이나 집단이 다양한 이익을 표출하면 정당이나 언론 등이 그러한 이익을 집약한다. 이에 따라 국가 기관에서 정책을 결정하고 집행하면서 다양한 이해관계가 조정된다. 또한 정책이 집행되는 과정에서 시민의 평가를 받아 수정 또는 보완되는 환류를 거치기도 한다.

자료 5 '게임 셧다운제'와 관련된 이익 집약

게임 셧다운제는 오전 0시부터 6시까지 16세 미만 청소년들의 인터넷 게임 이용을 강제로 차단하는 제도로, 청소년의 수면권 보장을 위해 2011년에 도입되었다. 하지만 미디어 이용 환경의 변화에 따라 PC 게임만 규제하는 것은 형평성에 어긋나고, 청소년의 권리를 침해한다는 의견이 제기되었다. 이러한 요구를 반영하여 정당은 게임 셧다운제 폐지를 정책으로 제안하기도 하고, 언론은 게임 셧다운제와 관련한 다양한 요구를 집약하여 대안을 제시하기도 하였다. 이에 국회가 게임 셧다운제 관련 조항을 삭제하는 청소년 보호법 개정안을 의결하면서 게임 셧다운제는 2022년에 폐지되었다.

용어 정리

쟁점 어떤 상황이나 주제를 둘러싸고 여러 사람의 입장이나 주장이 나뉘어 대립하는 내용
집약 하나로 모아 수렴하는 것
사회 통합 사회를 구성하고 있는 사람들이나 집단들을 하나로 합치는 일
표출 겉으로 드러내어 나타내는 행위
환류 어떤 흐름이 진행되다가 다시 원상태로 되돌아 흐르는 현상
소비 기한 표시제 소비자가 식품을 섭취해도 건강과 안전에 문제가 없는 기한을 표시하는 제도
낙농업계 젖소를 사육하여 우유를 생산하고, 우유를 원료로 하여 치즈, 버터 등의 유제품을 제조하는 산업에 종사하는 사람들의 활동 분야

01 빈칸에 공통으로 들어갈 개념을 쓰시오.

> (　　　　)(이)란 정치 활동에 참여하여 정책의 결정과 집행 등에 영향력을 행사하는 개인이나 집단을 말한다. (　　　　)에는 시민, 이익 집단, 시민 단체, 정당, 언론, 국가 기관 등이 있다.

02 빈칸에 들어갈 알맞은 말에 ○표 하시오.

(1) 이익 집단과 시민 단체는 정책 결정 과정에서 영향력을 행사하는 (공식적, 비공식적)인 참여 주체라는 공통점이 있다.

(2) 시민 단체는 (사익, 공익)을 추구하며 공동체의 발전을 위해 활동한다.

(3) 정치과정의 단계에서 정책 집행을 담당하는 정치 주체는 (국회, 정부)이다.

03 국가 기관과 그 역할을 바르게 연결하시오.

(1) 국회 •　　　　• ㉠ 정책 수립 및 집행

(2) 정부 •　　　　• ㉡ 법률 제·개정 및 폐지

(3) 법원 •　　　　• ㉢ 법률 및 정책 관련 분쟁 해결

04 (가)~(마)에 나타난 정치과정의 단계를 순서대로 나열하시오.

> (가) 이익 집약　　　(나) 정책 결정
> (다) 정책 집행　　　(라) 다양한 이익 표출
> (마) 정책 평가 및 환류

05 다음 설명이 맞으면 ○표, 틀리면 ×표 하시오.

(1) 정치과정을 통해 다양한 가치와 이익이 조정되면서 사회 통합과 발전을 이룰 수 있다. (　　　)

(2) 정치과정에서 개인이나 집단이 자신들의 의견을 자유롭게 표현하는 것을 이익 집약이라고 한다. (　　　)

(3) 정치과정 중 정책 집행 단계에서 국회와 정부는 정책을 수립한다. (　　　)

실력 쌓기 문제

▶ 252004-0501

01 그림에 나타난 정치 주체에 대한 설명으로 옳은 것은?

① 선거에 후보자를 공천한다.

② 공식적으로 정책을 결정할 수 있다.

③ 정치과정 전반에 관해 객관적으로 보도한다.

④ 법률을 기반으로 정책을 구체적으로 집행한다.

⑤ 특수 이익 실현을 위해 정부에 압력을 행사한다.

▶ 252004-0502

02 다음 설명에 해당하는 정치 주체로 옳은 것은?

> • 환경 운동 연합, 녹색 소비자 연대 등과 같이 공익 실현을 하기 위해 시민들이 자발적으로 만든 단체이다.
> • 환경, 인권 등의 영역에서 활동하며 사회 문제 해결을 위한 대안을 제시하기도 한다.

① 국회　　　　② 정당　　　　③ 정부

④ 시민 단체　　⑤ 이익 집단

▶ 252004-0503

03 표는 이익 집단과 시민 단체를 비교한 것이다. 그 내용이 옳지 않은 것은?

	구분	이익 집단	시민 단체
①	목적	자기 집단의 특수 이익 추구	사회 전체의 이익 추구
②	구분	비공식적 주체	공식적 주체
③	관심 분야	자기 집단의 이익과 관련된 분야	환경, 인권 등 사회의 다양한 분야
④	사례	노동조합	환경 운동 연합
⑤	공통점	자발적으로 결성한 단체	

04 다음은 형성 평가 답안지이다. 빈칸 ㉠에 들어갈 정치 주체에 대한 설명으로 옳은 것은?

▶ 252004-0504

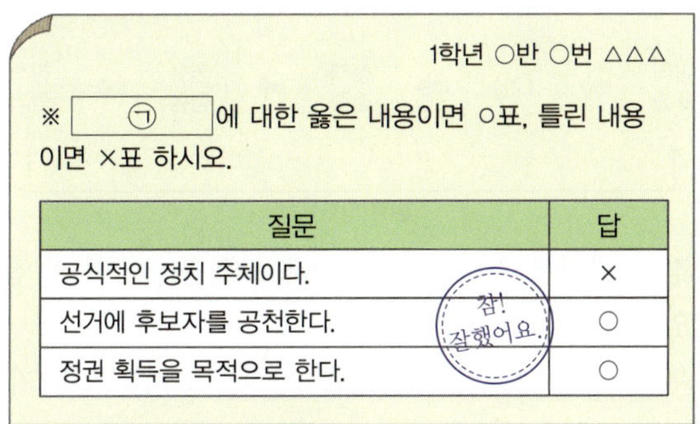

① 법률을 제정하거나 개정한다.
② 여론을 국가 기관에 전달한다.
③ 정책을 구체적으로 수립하고 집행한다.
④ 공정하고 객관적으로 보도할 책임이 있다.
⑤ 녹색 소비자 연대, 환경 운동 연합 등이 해당한다.

05 (가)~(다)에 들어갈 정치 주체를 바르게 연결한 것은?

▶ 252004-0505

	(가)	(나)	(다)
①	정당	이익 집단	정부
②	정당	시민 단체	이익 집단
③	정부	정당	시민 단체
④	정부	시민 단체	이익 집단
⑤	시민 단체	정당	정부

06 언론에 대한 옳은 설명만을 〈보기〉에서 있는 대로 고른 것은?

▶ 252004-0506

보기
ㄱ. 정책에 대한 비판과 해설을 제공한다.
ㄴ. 사회 문제에 대한 시민들의 공통된 의견이다.
ㄷ. 공정하고 객관적으로 보도하기 위해 노력해야 한다.
ㄹ. 국가 기관을 비롯한 다양한 정치 주체의 활동을 감시한다.

① ㄱ, ㄷ　　　② ㄴ, ㄷ　　　③ ㄴ, ㄹ
④ ㄱ, ㄴ, ㄹ　　　⑤ ㄱ, ㄷ, ㄹ

07 빈칸 ㉠에 들어갈 정치 주체만을 〈보기〉에서 고른 것은?

▶ 252004-0507

현대 사회에서는 다양한 정치 주체가 정치 활동에 참여하고 있다. 그중에서 ㉠ 은/는 헌법에 따라 공식적으로 정책을 결정할 권한을 가진다.

보기
ㄱ. 국회　　　ㄴ. 언론　　　ㄷ. 정부　　　ㄹ. 정당

① ㄱ, ㄴ　　　② ㄱ, ㄷ　　　③ ㄴ, ㄷ
④ ㄴ, ㄹ　　　⑤ ㄷ, ㄹ

08 그림에 나타난 정치 주체에 대한 설명으로 옳은 것은?

▶ 252004-0508

① 정책을 구체적으로 수립하고 집행한다.
② 이익 표출 단계에서 주도적인 역할을 한다.
③ 국민의 의견을 모아 법률을 만들거나 고친다.
④ 법률이나 정책과 관련된 분쟁을 재판을 통해 해결한다.
⑤ 공익을 실현하기 위해 시민들이 자발적으로 만든 단체이다.

09 밑줄 친 ㉠, ㉡의 공통점으로 가장 적절한 것은?

▶ 252004-0509

㉠ 국회는 국민의 다양한 요구를 반영하여 법률을 제·개정하거나 폐지하고, ㉡ 정부는 법률을 바탕으로 정책을 구체적으로 만들고 집행한다.

① 공식적인 정치 참여 주체이다.
② 모든 구성원을 국민이 직접 선출한다.
③ 법률이나 정책과 관련된 분쟁을 해결한다.
④ 정치과정 전반에 관해 객관적으로 보도할 책임이 있다.
⑤ 자기 집단의 특수한 이익을 실현하기 위해 압력을 행사한다.

실력 쌓기 문제

[10~11] 다음 물음에 답하시오.

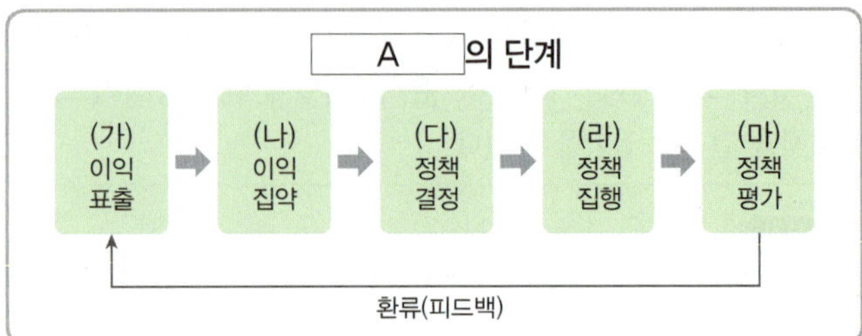

▶ 252004-0510

10 A에 대한 옳은 설명만을 〈보기〉에서 고른 것은?

보기
ㄱ. 정책을 결정하고 집행하는 과정을 말한다.
ㄴ. A를 통해 한번 결정된 정책은 수정되기 어렵다.
ㄷ. A의 기능이 잘 수행되면 사회가 통합·발전된다.
ㄹ. 오늘날에는 정당, 언론 등이 공식적 주체로서 활동한다.

① ㄱ, ㄴ　　　② ㄱ, ㄷ　　　③ ㄴ, ㄷ
④ ㄴ, ㄹ　　　⑤ ㄷ, ㄹ

▶ 252004-0511

11 (가)~(마) 단계에 대한 설명으로 옳지 않은 것은?

① (가)에서 개인과 집단이 다양한 의견과 요구 사항 등을 자유롭게 표현한다.
② (나)에서 정당이나 언론 등이 시민의 다양한 이익을 모아 요약한다.
③ (다)에서 시민의 요구를 바탕으로 법이나 제도가 만들어진다.
④ (라)에서 가장 핵심적인 역할을 하는 정치 주체는 법원이다.
⑤ (마)의 결과는 다시 정치과정에 반영된다.

▶ 252004-0512

12 다음 사례들이 공통적으로 나타내는 정치과정의 단계로 옳은 것은?

- 공익 추구를 목적으로 조직된 ○○ 단체는 아동 보육 수당 확대를 위한 서명 운동을 실시하였다.
- 학원 업계 종사자들의 특수 이익 실현을 위해 결성된 △△ 집단은 학원 영업 규제 완화를 요구하는 집회를 열었다.

① 이익 표출　　② 이익 집약　　③ 정책 결정
④ 정책 집행　　⑤ 정책 평가

▶ 252004-0513

13 그림은 정치과정의 단계를 나타낸다. (가)에 해당하는 사례로 가장 적절한 것은?

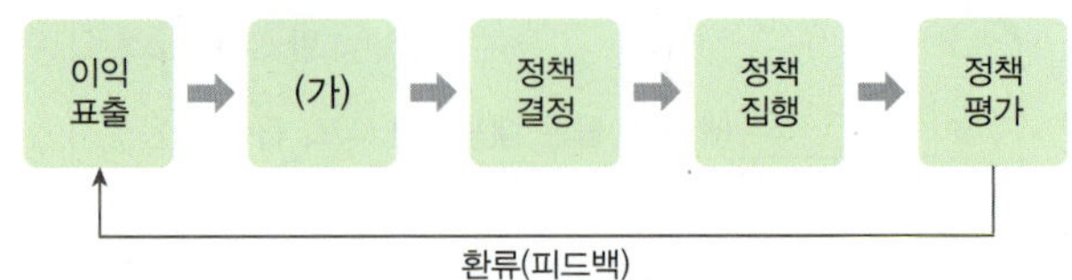

① 환경 단체에서 소비 기한 표시제 도입을 요구하며 집회를 열었다.
② 정부는 식품 제조업체에 '유통 기한'이 아닌 '소비 기한'을 표기하도록 하였다.
③ 언론사에서 시민들의 약 70%가 소비 기한 표시제 도입에 찬성한다고 보도하였다.
④ 시민들은 소비 기한 표시제 도입에 따라 발생한 문제를 해결하기 위한 개선 방안을 논의하였다.
⑤ 식품에 '유통 기한' 대신 '소비 기한'을 표시하도록 하는 법률 개정안이 국회 본회의를 통과하였다.

▶ 252004-0514

14 정치과정 단계 중 정책 결정에 해당하는 사례만을 〈보기〉에서 고른 것은?

보기
ㄱ. 정당별로 청년 실업 해결을 위한 공약을 발표하였다.
ㄴ. 국회에서 '교육 환경 보호에 관한 법률' 개정안이 통과되었다.
ㄷ. 정부는 저소득층의 복지를 위한 제도를 수립하였다고 발표하였다.
ㄹ. 시민 단체는 기후 위기에 대한 대책 마련을 촉구하는 서명 운동을 펼쳤다.

① ㄱ, ㄴ　　　② ㄱ, ㄷ　　　③ ㄴ, ㄷ
④ ㄴ, ㄹ　　　⑤ ㄷ, ㄹ

▶ 252004-0515

15 빈칸 ㉠에 공통적으로 들어갈 정치 주체로 옳은 것은?

〈학습 주제〉 정치과정의 단계: 정책 결정과 집행
- 정책 결정: 국회가 시민의 요구를 바탕으로 관련 법률을 제정하고 ㉠ 와/과 함께 정책을 결정함
- 정책 집행: ㉠ 은/는 정책을 현실 상황에 맞게 구체적으로 집행함

① 법원　　　② 정당　　　③ 정부
④ 이익 집단　　⑤ 시민 단체

서술형 문제

① 단계 핵심 키워드 파악하기

▶ 252004-0516

01 (1) 빈칸 ㉠에 들어갈 정치 주체를 쓰고, (2) 그 역할을 긍정적 측면과 부정적 측면에서 서술하시오.

답 완성하기

(1) ㉠ – (   )

(2) (   )은/는 (   )을/를 바탕으로 국가 기관이 (   )을/를 결정하고 집행하는 데 도움을 준다는 긍정적인 측면이 있다. 하지만 (   )만을 지나치게 추구하는 과정에서 (   )와/과 충돌하여 (   )을/를 유발한다는 부정적인 측면이 있다.

▶ 252004-0517

02 (1) 빈칸 ㉠, ㉡에 들어갈 국가 기관을 쓰고, (2) 각각의 국가 기관이 정치 주체로서 수행하는 역할을 서술하시오.

답 완성하기

(1) ㉠ – (   ), ㉡ – (   )

(2) (   )은/는 정책의 바탕이 되는 (   )을/를 제·개정하거나 폐지한다. 정부는 법률을 기반으로 (   )을/를 수립하고 집행한다. (   )은/는 법률이나 정책과 관련된 분쟁을 (   )을/를 통해 해결한다.

② 단계 스스로 문장 완성하기

▶ 252004-0518

03 (1) 빈칸 ㉠에 들어갈 정치 주체를 쓰고, (2) 그것이 정치과정에서 수행하는 역할을 세 가지 서술하시오.

백과사전 ▼	㉠ ▼	↵ 검색

☑ 의미   공익을 실현하기 위해 시민들이 자발적으로 만든 단체

⊟ 사례   환경 운동 연합, 녹색 연합, 녹색 소비자 연대, 참여 연대 등

(1) ㉠ – (   )

(2) ____________________

____

____

▶ 252004-0519

04 그림에 나타난 정치과정의 각 단계에서 정치 주체들이 어떤 역할을 하며, 정책이 어떻게 결정되고 집행되는지 300자 내외로 서술하시오.

____

____

____

____

____

03 지방 자치와 시민 참여

학습 목표
• 민주주의의 발전을 위한 지방 자치의 의미와 중요성을 설명할 수 있다.
• 지역 사회의 문제를 해결하기 위한 시민 참여 활동을 계획할 수 있다.

1 우리나라의 지방 자치 제도

(1) 지방 자치의 의미와 중요성 (자료 1)

① 의미: 일정한 지역에 사는 주민들이 지방 자치 단체를 구성하여 그 지역의 일을 자율적으로 처리하는 제도

> 지역에서 일어나는 일을 중앙 정부 중심으로 처리하면 그 지역의 여건이나 지역 주민의 다양한 요구를 반영하기 어렵다.

② 중요성: 지역 실정에 맞는 정치 실시, 중앙 정부와 지방 정부 간 권력 분립의 실현, 주민의 정치 참여 기회 확대, 민주주의 실천 등

> 국가 권력이 중앙 정부에 집중되는 것을 막아 권력 분립의 원리를 실현할 수 있다.

(2) 우리나라의 지방 자치 단체

① 종류: 광역 자치 단체, 기초 자치 단체

② 구성 (자료 2)

구분	지방 의회(의결 기관)	지방 자치 단체장(집행 기관)
역할	• 지역 실정에 맞는 조례를 제정·개정하거나 폐지함 • 지방 자치 단체가 사용할 예산을 심의·확정함 • 집행 기관이 일을 잘하고 있는지를 견제하고 감시함	• 지방 의회가 만든 조례를 실행하는 데 필요한 규칙을 만듦 • 지역의 재산을 관리하고 예산을 편성·집행함 • 지역을 위한 각종 행정 사무를 처리함

2 지역 사회의 문제 해결

(1) 지방 자치와 주민 참여

① 지역 사회의 문제 해결 과정: 지역 문제와 관련한 이익 표출 → 이익 집약 → 지역 정책의 결정과 집행 → 지역 정책 평가

> 지역 사회의 문제를 해결하는 과정은 일반적인 정치과정과 비슷하다.

② 주민 참여의 중요성: 주민들이 지역 문제 해결을 위해 자발적으로 참여할 때 지방 자치가 성공적으로 실현될 수 있음

(2) 주민의 다양한 참여 방법

지방 선거	주민을 대표하여 지역의 일을 담당할 지방 자치 단체장과 지방 의회 의원을 선출하는 과정
주민 투표 제도	지역 사회의 중요한 사항이나 정책에 관하여 주민이 직접 투표로 의사를 표시하는 제도
주민 소환 제도	지역 대표가 직무를 잘 수행하지 못할 때 주민이 투표로 지역 대표의 해임 여부를 결정하는 제도
주민 조례 발안 제도	지방 의회에 조례를 제정하거나 개정 또는 폐지할 것을 제안할 수 있는 제도
주민 청원 제도	지역 행정에 관한 요구 사항을 지방 자치 단체에 문서로 직접 제출할 수 있는 제도
주민 참여 예산 제도	주민이 지방 자치 단체의 예산 편성 과정에 참여하여 예산의 우선순위 등을 결정하는 제도
주민 감사 청구 제도	지방 자치 단체의 업무가 법에 위반되거나 공익을 침해한다고 인정되는 경우 감사를 요청할 수 있는 제도
기타	민원 제기, 공청회 및 주민 설명회 참가 등

> 주민 소환제의 대상은 지방 의회 의원(비례 대표 지방 의회 의원은 제외), 지방 자치 단체장, 교육감이 된다.

> 예산 편성 과정에 주민의 참여를 확대함으로써 예산에 대한 투명성과 민주성, 공정성을 높이기 위한 제도이다.

자료 탐구

자료 1 지방 자치 제도를 나타내는 표현

민주주의의 학교	주민이 지방 자치를 통해 민주주의를 직접 체험하고 배울 수 있음
풀뿌리 민주주의	주민의 자발적인 참여로 민주주의의 기초를 다지고 발전시킬 수 있음

'민주주의의 학교', '풀뿌리 민주주의'로 불리는 지방 자치는 민주주의가 발전하는 데 중요한 밑거름이 된다.

자료 2 지방 자치 단체의 구성

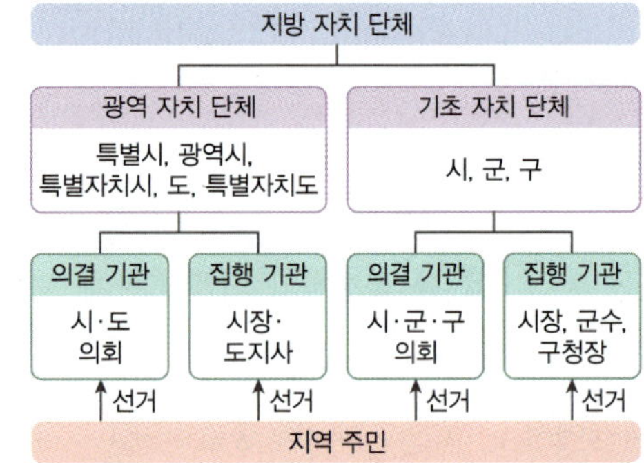

우리나라의 지방 자치 단체는 광역 자치 단체와 기초 자치 단체로 구분하며, 각 지방 자치 단체는 의결 기관인 지방 의회와 집행 기관인 지방 자치 단체장으로 구성된다.

용어 정리

지방 정부 지방 자치에서 중앙 정부에 상대하여 지방 자치 단체를 이르는 말

조례 법령의 범위 내에서 지방 의회의 의결로 제정되어 해당 지역의 일에 적용되는 법

심의 어떤 안건을 자세히 조사하고 논의하여 결정하는 것

규칙 법령과 조례의 범위 내에서 지방 자치 단체장의 권한에 속하는 구체적인 사무에 관하여 제정한 법

해임 어떤 지위나 맡은 임무를 그만두게 하는 것

예산 국가 또는 지방 자치 단체의 수입과 지출 계획

공청회 국가 기관이 문제 해결을 위해 마련한 정책이나 대안을 공개적으로 설명하고, 그와 관련된 사람들의 다양한 의견을 듣는 공개 회의

개념 확인 문제

01 빈칸에 들어갈 알맞은 말에 ○표 하시오.

(1) 지방 자치 제도란 주민이 (중앙 정부, 지방 정부)를 구성하여 그 지역의 일을 처리하는 제도이다.

(2) 우리나라의 (광역 자치 단체, 기초 자치 단체)에는 시, 군, 구가 해당한다.

(3) 의결 기관인 (지방 의회, 지방 자치 단체장)은/는 집행 기관을 견제하고 감시한다.

02 지방 자치 단체와 그 역할을 바르게 연결하시오.

(1) 지방 의회 •
                     • ㉠ 규칙 제정

                         • ㉡ 조례 제정

(2) 지방 자치 단체장 •
                  • ㉢ 예산 집행

                         • ㉣ 예산 심의

03 다음 설명이 맞으면 ○표, 틀리면 ×표 하시오.

(1) 지방 자치 제도는 정치권력이 중앙 정부에 집중되는 것을 방지하여 권력 분립을 실현한다. (   )

(2) 지방 자치 단체장은 지방 의회에서 투표를 통해 선출된다. (   )

(3) 주민들이 지역 문제 해결을 위해 자발적으로 참여할 때 지방 자치가 성공적으로 실현될 수 있다. (   )

04 다음 설명에 해당하는 제도를 〈보기〉에서 고르시오.

> **보기**
> ㄱ. 지방 선거   ㄴ. 주민 소환제
> ㄷ. 주민 청원제   ㄹ. 주민 참여 예산제

(1) 주민을 대신하여 지역의 일을 담당할 대표자를 선출하는 과정이다. (   )

(2) 직무를 잘 수행하지 못한 지역 대표의 해임 여부를 투표로 결정할 수 있다. (   )

(3) 지역 행정에 관한 요구 사항을 지방 자치 단체에 문서로 직접 제출할 수 있다. (   )

(4) 주민이 지방 자치 단체의 예산 편성 과정에 참여하여 예산의 우선순위 등을 결정할 수 있다. (   )

실력 쌓기 문제

▶ 252004-0520

01 다음과 같은 제도에 대한 옳은 설명만을 〈보기〉에서 고른 것은?

> 지역 주민이 지방 자치 단체를 구성하여 그 지역의 일을 자율적으로 처리하는 제도이다.

> **보기**
> ㄱ. 지방 자치 단체장은 지방 의회에서 선출된다.
> ㄴ. '풀뿌리 민주주의', '민주주의의 학교'라고도 한다.
> ㄷ. 민주주의를 직접 체험하고 배울 수 있는 기회를 제공한다.
> ㄹ. 중앙 정부가 적극적으로 개입해야 제대로 시행될 수 있다.

① ㄱ, ㄴ   ② ㄱ, ㄷ   ③ ㄴ, ㄷ
④ ㄴ, ㄹ   ⑤ ㄷ, ㄹ

▶ 252004-0521

02 지방 자치 제도의 의의에 대한 설명으로 옳지 <u>않은</u> 것은?

① 민주주의가 발전하는 데 밑거름이 된다.
② 지역 실정에 맞는 정치를 실시할 수 있다.
③ 중앙 정부의 권력을 강화하는 데 기여한다.
④ 시민이 정치에 참여할 수 있는 기회를 확대한다.
⑤ 주민이 원하는 방향의 지역 정책을 추진할 수 있다.

▶ 252004-0522

03 검색창에 입력된 주소에 거주하는 유권자가 선출할 수 있는 지방 자치 단체장만을 〈보기〉에서 고른 것은?

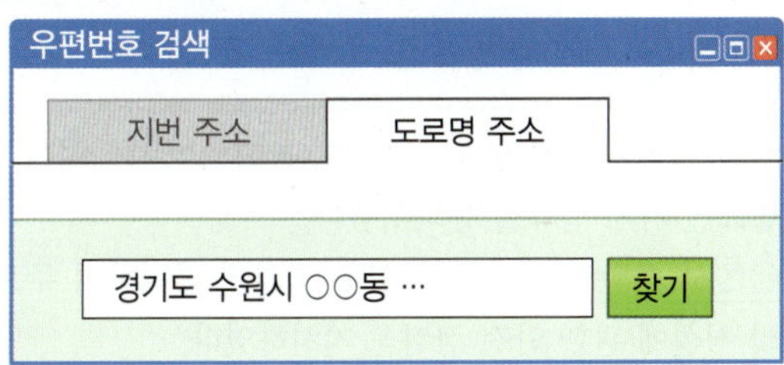

> **보기**
> ㄱ. 수원시장   ㄴ. 경기도지사
> ㄷ. 수원시 의회 의원   ㄹ. 경기도 의회 의원

① ㄱ, ㄴ   ② ㄱ, ㄷ   ③ ㄴ, ㄷ
④ ㄴ, ㄹ   ⑤ ㄷ, ㄹ

▶ 252004-0523

04 밑줄 친 ㉠에 대한 설명으로 옳은 것은?

지방 자치란 지역 주민들이 지방 자치 단체를 구성하여 그 지역의 일을 스스로 처리하는 제도이다. 우리나라의 지방 자치 단체는 광역 자치 단체와 기초 자치 단체로 구분되며, 각 단체는 다시 ㉠ 의결 기관과 집행 기관으로 나뉜다.

① 예산을 집행한다.
② 지역의 재산을 관리한다.
③ 지방의 각종 사무를 처리한다.
④ 지방 자치 단체장에 해당한다.
⑤ 지역에 필요한 조례를 제정한다.

▶ 252004-0524

05 지방 자치 단체장에 대한 옳은 설명만을 〈보기〉에서 고른 것은?

보기
ㄱ. 집행 기관에 해당한다.
ㄴ. 지방 선거를 통해 선출된다.
ㄷ. 지방 의회의 구성원을 임명한다.
ㄹ. 지역의 예산안을 심의하고 확정한다.

① ㄱ, ㄴ   ② ㄱ, ㄷ   ③ ㄴ, ㄷ
④ ㄴ, ㄹ   ⑤ ㄷ, ㄹ

▶ 252004-0525

06 밑줄 친 ㉠, ㉡에 대한 설명으로 옳은 것은?

• ㉠ ○○시 의회 의원인 A는 시의회 본회의에 출석하여 지역에 필요한 자치 법규를 통과시켰다.
• ㉡ ○○시 시장인 B는 주간 업무 회의에 참석하여 주요 건물 및 시설에 관한 안전 점검을 지시하였다.

① ㉠은 예산을 심의·확정한다.
② ㉡은 조례를 제정 또는 개정한다.
③ ㉡ 구성원의 임기는 ㉠과 달리 4년이다.
④ ㉠은 ㉡이 결정한 정책을 실행한다.
⑤ ㉠은 집행 기관, ㉡은 의결 기관이다.

▶ 252004-0526

07 그림에 대한 옳은 설명만을 〈보기〉에서 고른 것은?

보기
ㄱ. '100원 택시' 제도는 지역 문제를 해결하기 위한 정책이다.
ㄴ. 우리나라 시민이라면 누구나 '100원 택시'를 이용할 수 있다.
ㄷ. ○○군 의회는 '100원 택시' 운영에 필요한 자치 법규를 제정하는 일을 담당한다.
ㄹ. ○○군수는 '100원 택시' 사업을 시행하기 위한 예산을 심의하고 확정할 권한이 있다.

① ㄱ, ㄴ   ② ㄱ, ㄷ   ③ ㄴ, ㄷ
④ ㄴ, ㄹ   ⑤ ㄷ, ㄹ

▶ 252004-0527

08 지방 자치 단체가 주민들의 의견을 수렴하는 방법으로 적절하지 <u>않은</u> 것은?

① 주민 조례 발안 공모전을 실시한다.
② 현장을 직접 방문하는 민원 상담 센터를 운영한다.
③ 시민이 정책을 직접 집행할 수 있는 통로를 마련한다.
④ 지역 사업을 자세하게 안내하는 주민 설명회를 개최한다.
⑤ 시공간의 제약을 줄이기 위해 공청회를 온라인으로 실시한다.

▶ 252004-0528

09 밑줄 친 ㉠에 해당하는 시민 참여 제도로 옳은 것은?

○○구에는 18세 미만 인구의 비율이 높은 반면에 아이를 위한 시설이 매우 부족하였다. 이러한 문제 의식을 가지고 있던 ㉠ 주민들은 ○○구의 아동 돌봄 지원을 위한 자치 법규를 직접 만들고 서명을 받아 지방 자치 단체에 접수하였다.

① 주민 소환 제도   ② 주민 투표 제도
③ 주민 참여 예산 제도   ④ 주민 감사 청구 제도
⑤ 주민 조례 발안 제도

▶ 252004-0529

10 밑줄 친 ㉠에 대한 옳은 설명만을 〈보기〉에서 고른 것은?

> **○○신문**
>
> ### ㉠ 지방 선거, 오늘 일제히 실시
>
> 제○대 지방 자치 단체장과 지방 의회 의원을 선출하기 위한 선거가 오늘 전국 1만 4천 여 투표소에서 실시된다. 오전 6시부터 오후 6시까지 자신의 주소지 관할 지정 투표소에서만 투표할 수 있다. … 후략 …

보기

ㄱ. 5년을 주기로 전국 단위에서 이루어진다.
ㄴ. 주민을 대신할 지역 대표를 선출하는 과정이다.
ㄷ. 찬성 또는 반대로 표시하는 방식으로 실시된다.
ㄹ. 시민이 지방 자치에 참여하는 가장 기본적인 방법이다.

① ㄱ, ㄴ ② ㄱ, ㄷ ③ ㄴ, ㄷ
④ ㄴ, ㄹ ⑤ ㄷ, ㄹ

▶ 252004-0530

11 주민 참여 예산 제도에 대한 설명으로 옳은 것은?

① 지방 자치 단체장의 업무를 감사하는 것을 목적으로 한다.
② 지역의 일을 담당할 주민의 대표를 선출하기 위한 제도이다.
③ 지역의 예산을 직접 집행할 권한을 주민에게 부여하기 위한 방법이다.
④ 지방 의회에 조례를 제·개정 또는 폐지해 줄 것을 청구할 수 있는 제도이다.
⑤ 지방 자치 단체의 수입과 지출을 계획하는 과정에 참여할 수 있는 방법이다.

▶ 252004-0531

12 (가), (나)에 해당하는 지역 주민의 정치 참여 방법을 바르게 연결한 것은?

(가) 직무를 제대로 수행하지 못한 지역 대표의 해임 여부를 결정한다.
(나) 지역 행정에 관한 요구 사항을 지방 자치 단체에 문서로 직접 제출할 수 있다.

	(가)	(나)
①	주민 청원 제도	주민 감사 청구 제도
②	주민 투표 제도	주민 청원 제도
③	주민 투표 제도	주민 감사 청구 제도
④	주민 소환 제도	주민 청원 제도
⑤	주민 소환 제도	주민 감사 청구 제도

서술형 문제

① 단계 핵심 키워드 파악하기

▶ 252004-0532

01 (1) 빈칸 ㉠, ㉡에 들어갈 지방 자치 단체를 쓰고, (2) 각각의 역할을 두 가지 서술하시오.

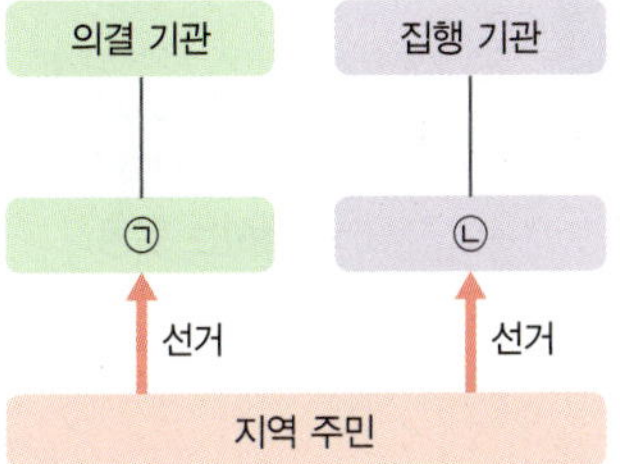

답 완성하기

(1) ㉠ – (   ), ㉡ – (   )

(2) (   )은/는 지역에 필요한 자치 법규인 (   )을/를 제정하고, (   )을/를 심의하고 확정한다.

(   )은/는 지역 정책을 실행하는 데 필요한 (   )을/를 제정하고, 예산을 편성하고 (   )한다.

② 단계 스스로 문장 완성하기

▶ 252004-0533

02 (1) 빈칸 ㉠에 들어갈 정치 제도를 쓰고, (2) 빈칸 ㉡에 들어갈 내용을 서술하시오.

> **〈주민의 다양한 정치 참여 제도〉**
>
> • ⎡ ㉠ ⎤ : 지방 자치 단체의 예산 편성 과정에 참여하여 예산의 우선순위 등을 결정하는 제도
> • 주민 청원 제도: ⎡ ㉡ ⎤

(1) ㉠ – (   )

(2) ____________________

____

____

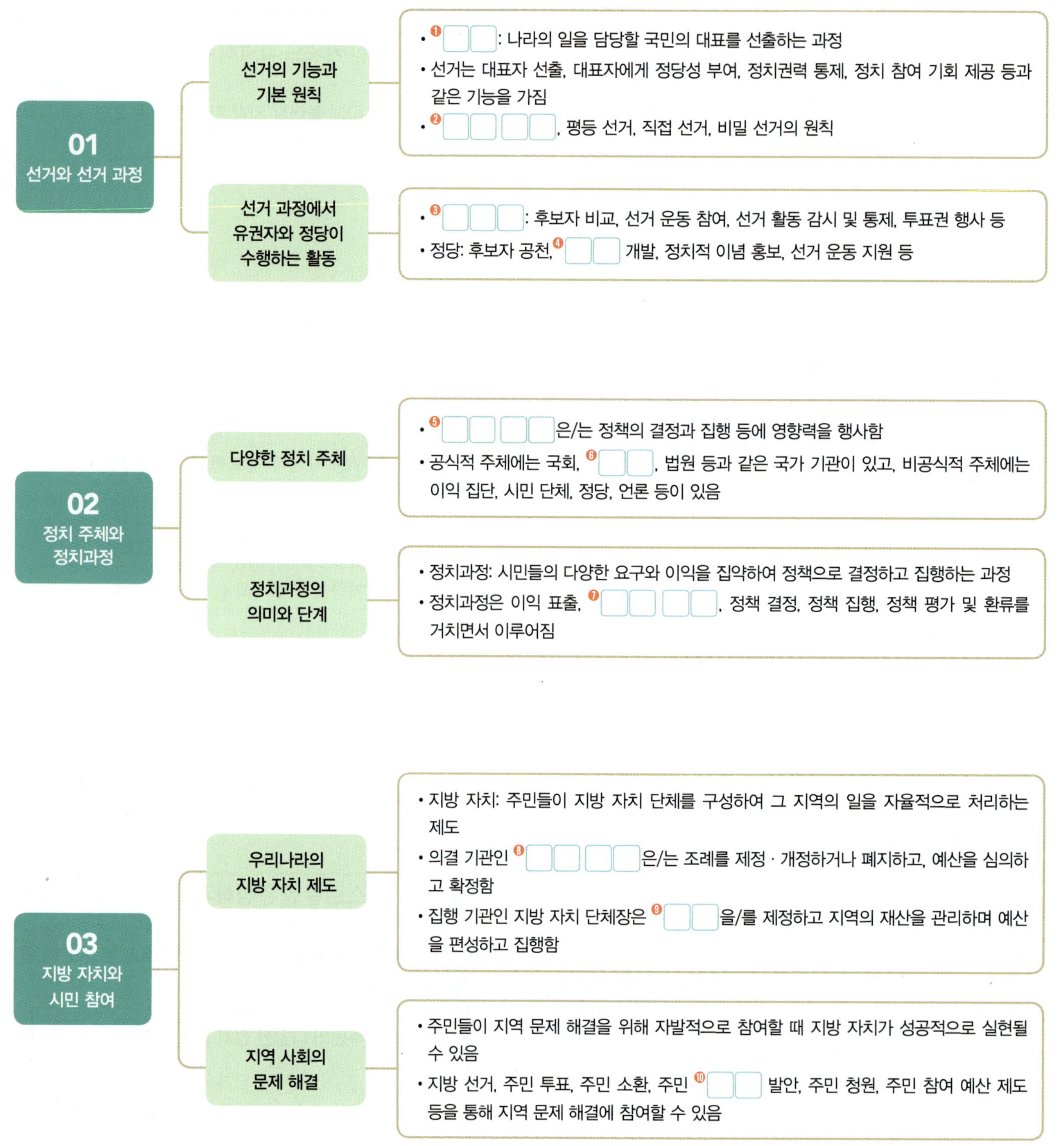

01 선거와 선거 과정

선거의 기능과 기본 원칙
- ❶ ▢▢ : 나라의 일을 담당할 국민의 대표를 선출하는 과정
- 선거는 대표자 선출, 대표자에게 정당성 부여, 정치권력 통제, 정치 참여 기회 제공 등과 같은 기능을 가짐
- ❷ ▢▢▢▢, 평등 선거, 직접 선거, 비밀 선거의 원칙

선거 과정에서 유권자와 정당이 수행하는 활동
- ❸ ▢▢▢ : 후보자 비교, 선거 운동 참여, 선거 활동 감시 및 통제, 투표권 행사 등
- 정당: 후보자 공천, ❹ ▢▢ 개발, 정치적 이념 홍보, 선거 운동 지원 등

02 정치 주체와 정치과정

다양한 정치 주체
- ❺ ▢▢▢▢ 은/는 정책의 결정과 집행 등에 영향력을 행사함
- 공식적 주체에는 국회, ❻ ▢▢, 법원 등과 같은 국가 기관이 있고, 비공식적 주체에는 이익 집단, 시민 단체, 정당, 언론 등이 있음

정치과정의 의미와 단계
- 정치과정: 시민들의 다양한 요구와 이익을 집약하여 정책으로 결정하고 집행하는 과정
- 정치과정은 이익 표출, ❼ ▢▢▢▢, 정책 결정, 정책 집행, 정책 평가 및 환류를 거치면서 이루어짐

03 지방 자치와 시민 참여

우리나라의 지방 자치 제도
- 지방 자치: 주민들이 지방 자치 단체를 구성하여 그 지역의 일을 자율적으로 처리하는 제도
- 의결 기관인 ❽ ▢▢▢▢ 은/는 조례를 제정·개정하거나 폐지하고, 예산을 심의하고 확정함
- 집행 기관인 지방 자치 단체장은 ❾ ▢▢ 을/를 제정하고 지역의 재산을 관리하며 예산을 편성하고 집행함

지역 사회의 문제 해결
- 주민들이 지역 문제 해결을 위해 자발적으로 참여할 때 지방 자치가 성공적으로 실현될 수 있음
- 지방 선거, 주민 투표, 주민 소환, 주민 ❿ ▢▢ 발안, 주민 청원, 주민 참여 예산 제도 등을 통해 지역 문제 해결에 참여할 수 있음

정답 ❶ 선거 ❷ 보통 선거 ❸ 유권자 ❹ 공약 ❺ 정치 주체 ❻ 정부 ❼ 이익 집약 ❽ 지방 의회 ❾ 규칙 ❿ 조례

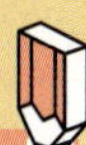

대단원 마무리 문제

▶ 252004-0534

01 그림에 나타난 제도에 대한 옳은 설명만을 〈보기〉에서 고른 것은?

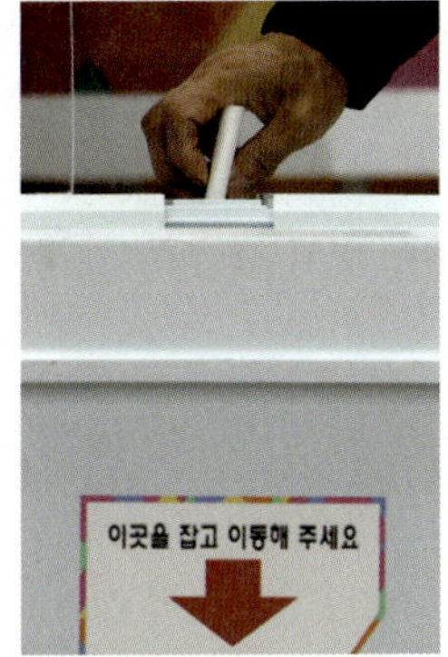

> **보기**
> ㄱ. 제한, 차등, 대리, 공개 선거의 원칙에 따라 운영된다.
> ㄴ. 시민이 정치에 참여하는 가장 기본적이고 대표적인 방법이다.
> ㄷ. 대한민국에 거주하는 국민이라면 연령에 상관없이 모두 참여할 수 있다.
> ㄹ. 역할을 제대로 수행하지 못하는 대표자를 통제하고 교체하는 기능을 한다.

① ㄱ, ㄴ ② ㄱ, ㄷ ③ ㄴ, ㄷ
④ ㄴ, ㄹ ⑤ ㄷ, ㄹ

▶ 252004-0535

02 (가), (나)에 해당하는 선거의 기능을 바르게 연결한 것은?

> (가) 대표는 공식적인 절차에 따라 시민의 지지와 동의를 얻었기 때문에 권위를 인정받아 업무를 추진할 수 있다.
> (나) 대표가 맡은 일을 제대로 수행하지 않을 때에는 다음 선거에서 그 책임을 물어 다른 대표로 교체할 수 있다.

	(가)	(나)
①	대표자 선출	대표자에 정당성 부여
②	대표자 선출	정치 참여 기회 제공
③	정치 참여 기회 제공	정치권력 통제
④	대표자에 정당성 부여	정치 참여 기회 제공
⑤	대표자에 정당성 부여	정치권력 통제

▶ 252004-0536

03 다음 A국이 위반하고 있는 민주 선거의 원칙만을 〈보기〉에서 고른 것은?

> A국은 선거에서 특정 지역에 사는 유권자에게만 1표의 투표권을 부여하고, 나머지 지역에 사는 유권자에게는 2표의 투표권을 부여하였다. 그리고 여러 이유로 투표소에 오지 못하는 유권자를 대신하여 가족이 투표를 할 수 있도록 하였다.

> **보기**
> ㄱ. 보통 선거 ㄴ. 평등 선거
> ㄷ. 직접 선거 ㄹ. 비밀 선거

① ㄱ, ㄴ ② ㄱ, ㄷ ③ ㄴ, ㄷ
④ ㄴ, ㄹ ⑤ ㄷ, ㄹ

서술형

▶ 252004-0537

04 빈칸 ㉠에 들어갈 민주 선거의 원칙을 쓰고, 그 의미를 서술하시오.

▶ 252004-0538

05 다음과 같은 학습 목표에 따라 옳게 발표한 학생은?

> 〈학습 목표〉 선거 과정에서 유권자와 정당이 수행하는 활동을 설명할 수 있다.

① 갑: 선거권을 가진 사람은 후보자의 경제력을 우선순위로 두어 평가해요.
② 을: 중학생도 자신이 지지하는 후보자를 위해 선거 운동에 참여할 수 있어요.
③ 병: 여당과 야당은 후보자의 정치적 이념이나 공약 등을 시민들에게 홍보해요.
④ 정: 정당은 선거에서 승리하기 위해 경쟁 후보자를 비방하는 내용을 제공해도 돼요.
⑤ 무: 유권자는 사회 관계망 서비스(SNS)에 후보자를 표시한 투표 용지를 게시할 수 있어요.

[06~07] 다음 물음에 답하시오.

> 교사: 오늘날에는 다양한 정치 주체가 정치 활동에 참여하고 있습니다. 공식적 주체와 비공식적 주체에는 각각 어떤 것이 있을까요?
> 학생 1: 공식적인 주체에는 국회, 정부 등의 국가 기관이 있고, 비공식적인 주체에는 이익 집단, 시민 단체, ㉠ 정당, 언론 등이 있어요.
> 교사: 맞아요, 그렇다면 공식적인 주체와 비공식적인 주체를 구분하기 위한 질문을 만들어 볼까요?
> 학생 2: [　　　　㉡　　　　]라는 질문을 통해 구분할 수 있어요.
> 교사: 참 잘했어요.

▶ 252004-0539

06 밑줄 친 ㉠에 대한 설명으로 옳은 것은?

① 정치권력을 획득하는 것을 목적으로 한다.
② 국민의 의견을 모아 법률을 만들거나 고친다.
③ 민주적인 절차를 통해 국민이 선출한 대표로 구성된다.
④ 대중 매체를 통해 정치에 관한 전반적인 정보를 보도한다.
⑤ 녹색 소비자 연대, 환경 운동 연합 등을 예로 들 수 있다.

▶ 252004-0540

07 빈칸 ㉡에 들어갈 내용으로 가장 적절한 것은?

① 사익보다 공익을 우선시하는가?
② 정치과정에 영향력을 행사하는가?
③ 각종 선거에 후보자를 공천할 수 있는가?
④ 공식적으로 정책을 결정할 권한을 가지는가?
⑤ 여론을 형성하는 데 주도적인 역할을 하는가?

서술형
▶ 252004-0541

08 표는 이익 집단과 시민 단체를 비교한 것이다. (가)에 들어갈 내용을 세 가지 서술하시오.

구분	이익 집단	시민 단체
차이점	• 자기 집단의 이익을 추구하는 것을 목적으로 한다. • 자기 집단의 이익과 관련된 분야에서 활동한다.	• 사회 전체의 이익을 추구하는 것을 목적으로 한다. • 공동체의 발전을 위해 사회의 다양한 분야에서 활동한다.
공통점	(가)	

▶ 252004-0542

09 정치과정에 대한 설명으로 옳지 <u>않은</u> 것은?

① 다양한 가치와 이익을 조정한다.
② 정책을 결정하고 집행하는 과정을 말한다.
③ 오늘날에는 정당, 언론 등이 공식적 주체로서 활동한다.
④ 시민의 평가를 통해 정책이 수정·보완되는 절차를 포함한다.
⑤ 이익 표출 및 집약, 정책 결정과 집행 등의 단계를 거치면서 이루어진다.

▶ 252004-0543

10 (가)~(마)에 나타난 정치과정의 단계를 순서대로 나열한 것은?

> (가) ○○ 신문에서 많은 시민들이 소비 기한 표시제 도입에 찬성한다고 보도하였다.
> (나) 환경 단체에서는 자원 낭비를 최소화하고자 소비 기한 표시제 도입을 주장하였다.
> (다) 정부는 소비 기한 표시제를 현실에 맞는 다양한 방법을 통해 구체적으로 실행하였다.
> (라) 시민들은 소비 기한 표시제 도입 이후 발생한 문제들을 해결하기 위한 개선 방안을 논의하였다.
> (마) 식품에 '유통 기한' 대신 '소비 기한'을 표시하도록 하는 법 개정안이 국회 본회의를 통과하였다.

① (가) – (나) – (다) – (마) – (라)
② (가) – (다) – (나) – (라) – (마)
③ (나) – (가) – (마) – (다) – (라)
④ (나) – (다) – (라) – (가) – (마)
⑤ (다) – (나) – (마) – (라) – (가)

▶ 252004-0544

11 그림은 정치과정의 단계를 나타낸다. (가)에서 핵심적인 역할을 하는 정치 주체로 옳은 것은?

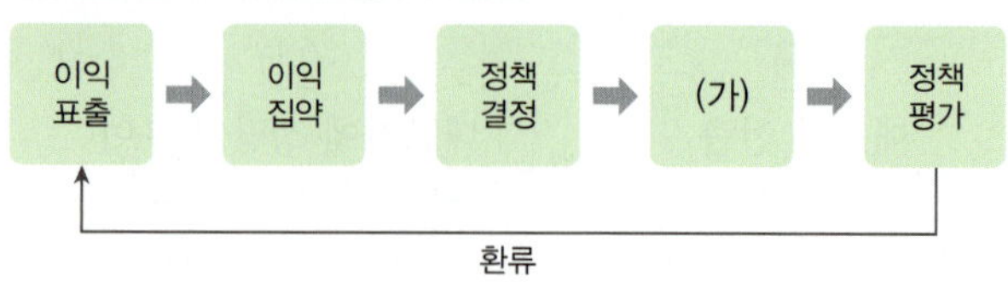

① 국회
② 정부
③ 정당
④ 시민 단체
⑤ 이익 집단

▶ 252004-0545

12 빈칸 ㉠에 들어갈 제도에 대한 설명으로 옳지 <u>않은</u> 것은?

> 주민이 지역 사회의 문제를 해결하기 위해 자발적으로 참여하면서 민주주의를 배우고 실천한다는 점에서 [㉠]을/를 '풀뿌리 민주주의', '민주주의의 학교'라도 불린다.

① 지역마다 처한 상황에 맞는 정책을 추진한다.
② 지방 의회와 지방 자치 단체장을 구성하여 운영한다.
③ 지방 정부의 권한이 중앙 정부로 이동하는 데 기여한다.
④ 지역뿐만 아니라 국가 전체의 민주주의가 발전하는 데 밑거름이 된다.
⑤ 지방 선거를 통해 선출된 지역 대표에 의해 지역의 일이 처리되는 제도이다.

▶ 252004-0546

13 밑줄 친 ㉠~㉢에 대한 옳은 설명만을 〈보기〉에서 고른 것은?

> 우리나라의 지방 자치 단체는 ㉠ <u>광역 자치 단체</u>와 ㉡ <u>기초 자치 단체</u>로 구분된다. 그리고 각 단체는 ㉢ <u>지방 의회</u>와 ㉣ <u>지방 자치 단체장</u>으로 나뉜다.

보기
ㄱ. ㉠에는 시, 군, 구가 있다.
ㄴ. ㉡에는 특별시, 광역시 등이 해당한다.
ㄷ. ㉢은 주민이 선출한 의원으로 구성된다.
ㄹ. ㉣은 지역을 위한 각종 행정 사무를 처리한다.

① ㄱ, ㄴ   ② ㄱ, ㄷ   ③ ㄴ, ㄷ
④ ㄴ, ㄹ   ⑤ ㄷ, ㄹ

▶ 252004-0547

14 빈칸 ㉠에 들어갈 정치 참여 제도로 옳은 것은?

> ○○ 지역에서는 구치소*를 건설하기 위한 공사가 주민의 반대로 중단되었다. 이에 지방 자치 단체에서는 [㉠]를 실시하였고, 그 결과 해당 장소에 구치소를 건설하는 것에 대한 찬성이 높게 나와 공사가 다시 시작되었다.
>
> *구치소 범죄를 저질렀다고 의심되는 사람을 형사 재판의 판결이 내려질 때까지 수용하는 시설

① 주민 소환 제도   ② 주민 청원 제도
③ 주민 투표 제도   ④ 주민 감사 청구 제도
⑤ 주민 조례 발안 제도

고난도 실력 향상 문제

▶ 252004-0548

01 그림은 정치 주체 (가)~(다)를 구분한 것이다. 이에 대한 설명으로 옳은 것은? (단, (가)~(다)는 각각 정당, 시민 단체, 이익 집단 중 하나임.)

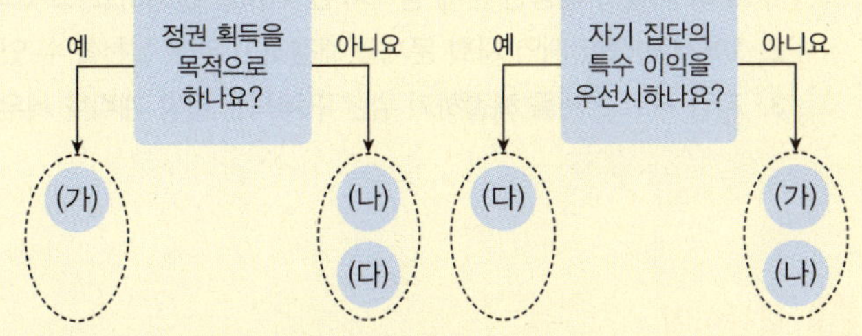

① (가)는 정책을 수립하고 집행한다.
② (나)는 공직 선거에 후보자를 공천한다.
③ (다)에는 노동조합, 변호사 협회 등이 해당한다.
④ (가)는 (나)와 달리 다양한 이익을 자유롭게 표출한다.
⑤ (나)는 (다)와 달리 시민들이 자발적으로 만든 단체이다.

▶ 252004-0549

02 밑줄 친 ㉠~㉣에 대한 옳은 설명만을 〈보기〉에서 고른 것은?

> 교사: ○○ 정책을 도입하기 위해서 시민이 정치에 참여할 수 있는 방법에는 어떤 것이 있을까요?
> 학생 1: ㉠ <u>국회 의원 선거</u>에서 ○○ 정책을 공약으로 내세운 ㉡ <u>후보자에게 투표</u>할 수 있어요.
> 학생 2: ○○ 정책 마련을 위해 ㉢ <u>시민 단체에 가입</u>하여 활동할 수 있어요.
> 학생 3: ○○ 정책과 관련된 법 개정을 요구하는 ㉣ <u>집회나 서명 운동에 참가</u>할 수 있어요.

보기
ㄱ. ㉠을 통해 지방 의회의 의원이 선출된다.
ㄴ. ㉢은 공동체의 발전을 위해 활동할 수 있는 기회를 부여한다.
ㄷ. ㉡은 ㉣과 달리 시민이 수시로 참여할 수 있는 방법이다.
ㄹ. ㉢과 ㉣은 모두 대의 민주주의의 한계를 보완하는 기능을 가진다.

① ㄱ, ㄴ   ② ㄱ, ㄷ   ③ ㄴ, ㄷ
④ ㄴ, ㄹ   ⑤ ㄷ, ㄹ

문제 ▶ 지역 사회의 문제를 정치 참여 제도를 통해 해결하기 위한 방안을 계획해 봅시다.

A 활동 계획 세우기

1. 우리 지역의 다양한 문제 중에서 한 가지만 선정하고, 그것의 발생 원인과 현황 등을 찾아본다.

2. 1에서 선정한 지역 사회 문제를 해결하기 위해 실천할 수 있는 방안을 '정치 참여 방법'을 중심으로 결정한다.

3. 지역 사회 문제를 해결하기 위한 구체적인 활동 계획을 세우고 모둠 구성원이 할 일을 분담하여 직접 실천한다.

B 활동하기

1. 우리 지역 사회에서 발생한 다양한 문제 중 하나를 찾아 아래 양식에 따라 그 발생 원인과 현황 등을 분석한다.

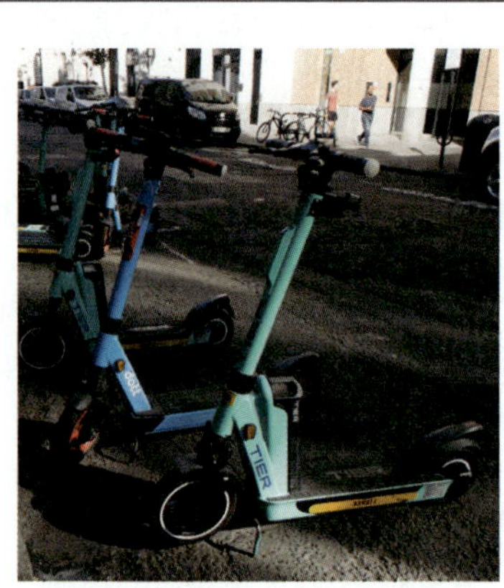

지역 사회의 문제	예 전동 킥보드 무단 주차 문제
발생 원인	예 시민 의식 결여, 전동 킥보드 무단 주차 단속 미약 등
현황	예 무단으로 주차된 전동 킥보드가 보행자의 안전을 위협하고 있다.

2. 모둠별로 지역 사회 문제를 해결하기 위한 실천 방안을 바탕으로 구체적인 활동 계획서를 작성한다.

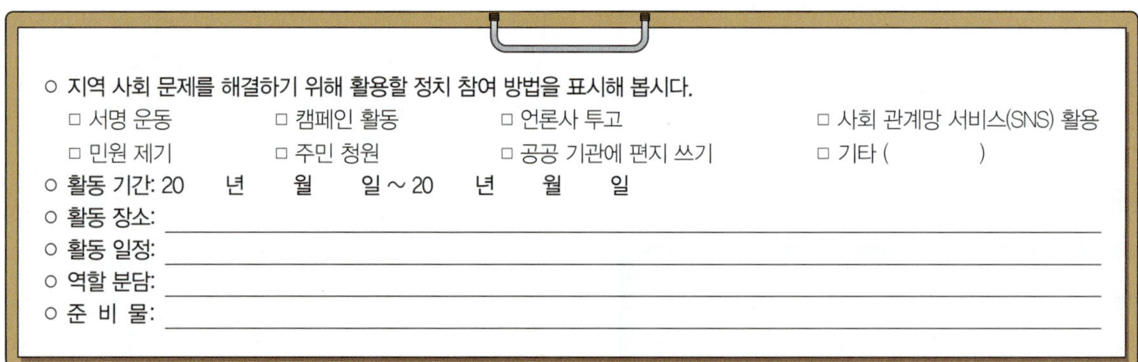

3. 활동 계획서의 내용을 바탕으로 지역 사회의 문제를 해결하기 위한 방안을 모둠원들과 함께 실천하고 느낀 점을 말해 본다.

평가하기

채점 기준	상	중	하
지역 사회 문제의 발생 원인과 현황 등을 객관적인 자료를 바탕으로 제시하였는가?			
청소년이 지역 사회에 참여할 수 있는 실천 방안을 체계적으로 계획하였는가?			
지역 문제 해결을 위한 활동 계획서에 나타난 자신의 담당 역할을 제대로 수행하였는가?			

XI 일상생활과 법

01~02 법의 의미와 목적 ~ 생활 속의 다양한 법

(학습 목표)
• 법의 의미와 특징에 대한 이해를 바탕으로 법의 목적을 설명할 수 있다.
• 일상생활을 규율하는 다양한 법을 탐색하고 분류할 수 있다.

1 법의 의미와 목적

(1) 법의 의미와 특징

└ 아이가 태어나면 법에 따라 출생 신고를 하고, 법으로 정한 일정한 나이가 되면 학교에서 기본적인 교육을 받는다. 이처럼 우리의 일상생활은 다양한 법과 밀접한 관련을 맺고 있다.

① 사회 규범으로서의 법
• 사회 규범의 의미: 사람들이 사회생활을 하면서 따라야 할 행동의 기준
• 사회 규범의 종류 (자료 1)

구분	의미
관습	한 사회에서 오랫동안 지켜져 내려온 행동 양식이나 풍습 예 돌잔치, 장례식 등
종교 규범	특정 종교에서 지키도록 정해 놓은 교리나 계율 예 십계명, 불경 등
도덕	양심 등에 비추어 인간이 마땅히 지켜야 할 바람직한 행동의 기준 예 효도, 어른 공경 등
법	사회 구성원의 합의에 따라 국가가 제정한 사회 규범 예 식품 위생법, 동물 보호법 등

② 법의 특징 (자료 2)
• 강제성: 다른 사회 규범과 달리 법을 위반할 경우 국가로부터 공식적인 제재를 받음
• 명확성: 사회 구성원이 지켜야 할 규범을 구체적이며 명확하게 규정하고 있음

(2) 법의 역할과 목적

┌ 법은 사람들에게 행동이나 판단의 공정하고 객관적인 기준을 제공하기 때문에 분쟁을 예방하거나 해결한다.

① 법의 역할: 분쟁의 예방과 해결, 개인의 권리 보호, 공공복리 추구 등
• 분쟁의 예방 및 해결: 공정하고 객관적인 판단 기준을 제시하여 사회에서 발생하는 분쟁을 예방하거나 해결함
• 개인의 권리 보호: 개인이 어떤 권리를 갖는지 명시하고, 권리를 침해하는 행위를 제재함으로써 개인의 권리를 보호함
② 법의 목적: 사회에 존재하는 다양한 법은 저마다 다른 내용을 담고 있지만 공통적으로 정의 실현을 궁극적인 목적으로 함

└ 정의란 '같은 것은 같게, 다른 것은 다르게' 대우하는 것으로, 개인의 능력과 노력 등에 따라 정당한 보상과 대우를 받게 하거나 다른 사람의 권리를 침해하거나 사회를 어지럽힌 사람에게 제재를 가하는 일 등이 정의를 실현하는 사례에 해당한다.

(집중 탐구) 정의의 여신상

정의란 모든 사람에게 각자가 받아야 할 정당한 몫을 주는 것으로, 법이 추구하는 궁극적인 목적이다. 정의를 나타내는 대표적인 상징물로는 정의의 여신상이 있다. 정의의 여신상은 눈을 가리거나 감고 있으며, 한 손에는 양팔 저울을, 다른 한 손에는 양날 검을 들고 있다. 두 눈을 가리거나 감는 것은 법에 따라 공정하게 판단을 내리겠다는 의미이다. 양팔 저울은 모든 사람에게 공평하게 판결하겠다는 것이며, 양날 검은 법을 엄격하게 집행하겠다는 뜻이다.

(자료 1) 도덕과 법

구분	도덕	법
규율 대상	행위의 동기	행위의 결과
특성	자율성	강제성
위반할 경우	양심의 가책, 사회적 비난	국가에 의한 제재
목적	선의 실현	정의의 실현

인간 내면의 양심이나 동기를 중시하는 도덕과 달리 법은 겉으로 드러나는 행위와 그 결과를 중시한다는 특징이 있다.

(자료 2) 착한 사마리아인 법

'착한 사마리아인 법'이란 자신에게 특별한 위험이나 피해가 발생하는 것도 아닌데 어려움에 처한 사람을 구하지 않는 행위를 처벌하는 법을 말한다. 이 법의 명칭은 강도를 당해 길에 쓰러졌던 유대인을 사마리아인만이 구해 주었다는 이야기에서 유래되었다. 착한 사마리아인 법에 찬성하는 사람은 이 법을 통해 시민의 생명과 안전을 보장할 수 있다고 주장한다. 하지만 반대하는 사람은 도덕을 법으로 강제하는 것은 개인의 자유를 침해한다고 주장한다.

(용어 정리)

풍습 옛날부터 그 사회에 전해 오는 생활 전반에 걸친 습관
교리 종교적인 원리나 이치를 말하는 것으로 각 종교에서 진리라고 규정한 내용
계율 불자가 지켜야 할 규범 또는 모든 종교에서 정해 놓은 행동의 규칙이나 법칙이 되는 본보기
제재 법이나 규정을 어겼을 때 국가가 처벌이나 금지 등을 행하는 일
공공복리 사회 구성원 전체에 공통되는 이익이나 복지

② 생활 속의 다양한 법

(1) 공법과 사법

① 공법 (자료 3)

의미	국가와 개인 또는 국가 기관 간의 공적인 생활 관계를 규율하는 법
종류	• 헌법: 국민의 권리와 의무, 국가의 통치 구조와 운영 원리 등을 규정한 최고법 └ 헌법은 국가 운영의 바탕이 되는 가장 기본적인 법이다. • 형법: 범죄의 종류와 그에 따른 형벌의 내용과 정도를 규정한 법

② 사법

의미	개인과 개인 사이의 사적인 생활 관계를 규율하는 법
종류	• 민법: 개인의 재산 관계 및 가족 관계에 관한 권리와 의무 등을 규정한 법 └ 민법의 내용은 크게 재산권과 계약, 손해 배상 등의 재산 관계와 혼인과 친족, 상속 등 가족 관계에 관한 것으로 구분된다. • 상법: 기업의 설립과 활동 등 기업에 관한 사항과 상거래와 관련된 경제생활 관계를 규정한 법

(2) 사회법

└ 사회법은 사적인 생활 영역에 국가가 개입하기 때문에 사법과 공법의 중간적인 성격을 가지고 있으며, 현대 복지 국가에서 그 중요성이 더욱 커지고 있다.

① 의미: 개인 간의 생활 영역에 국가가 개입하는 법

② 등장 배경 (자료 4)

근대 사회	개인의 자유로운 경제 활동을 최대한 보장하기 위해 국가의 간섭이나 개입은 최소화하였음
↓	
자본주의 발달	빈부 격차, 노동 문제, 환경 오염 등이 나타나 기본적인 생활조차 유지하기 어려운 사람이 생겨남
↓	
사회법의 등장	여러 가지 사회 문제를 국가가 적극적으로 해결해야 한다는 요구가 제기되어 사회법이 등장함

③ 목적: 사회 · 경제적 약자 보호, 모든 국민의 인간다운 생활 보장

④ 사회법의 내용 (자료 5)

• 노동법

의미	노동자의 권리와 근로 조건을 규정하고, 노사 간의 이해관계를 조정하기 위한 법
종류	근로 기준법, 최저 임금법, 노동조합 및 노동관계 조정법, 남녀 고용 평등과 일 · 가정 양립 지원에 관한 법률(남녀 고용 평등법) 등

• 경제법

의미	기업의 공정하고 자유로운 경쟁을 보장하고 소비자의 권익을 보호하기 위한 법
종류	소비자 기본법, 독점 규제 및 공정 거래에 관한 법률(공정 거래법), 전자 상거래 등에서의 소비자 보호에 관한 법률(전자 상거래법) 등

• 사회 보장법

의미	빈곤, 질병, 장애, 고령 등으로 어려움을 겪고 있는 사람들을 돕고 모든 국민의 인간다운 생활을 보장하기 위한 법
종류	국민 기초 생활 보장법, 국민 연금법, 국민 건강 보험법, 장애인 복지법 등

자료 3 헌법

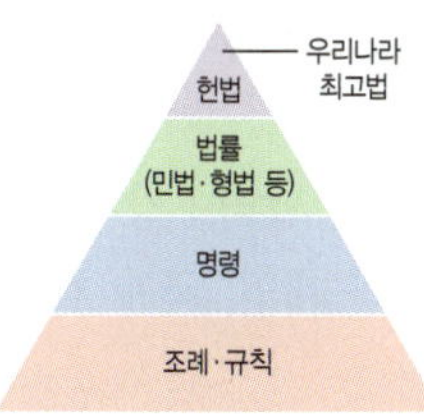

▲ 우리나라 법의 체계

헌법은 우리 사회가 추구하는 공동의 가치를 담고 있는 최상위 법이다. 따라서 우리나라의 모든 법은 최고법인 헌법의 가치와 내용에 어긋나서는 안 된다.

자료 4 사회법의 등장 배경

▲ 산업화 시기의 아동 노동

산업 혁명 당시 아동 노동자들은 하루에 16~17 시간의 노동을 하며 다치거나 목숨을 잃기도 하였다. 이러한 문제점을 인식한 사람들은 노동 시간을 법으로 규제해야 한다고 요구하기 시작하였다. 이에 영국 의회에서는 1833년에 아동 노동자의 권리를 보호하기 위한 공장법을 만들었다. 이후 다른 나라에서도 사회 · 경제적 약자의 인간다운 생활을 보호하기 위한 사회법이 등장하게 되었다.

자료 5 사회법의 종류

근로 기준법	근로 조건의 기준을 정하여 노동자의 기본적 생활을 보장하고 향상시키기 위해 만든 법
최저 임금법	근로자를 보호하기 위해 임금의 최저 수준을 규정한 법률
소비자 기본법	소비자의 권익을 보호하기 위한 국가 기관의 구성과 활동을 규정한 법
공정 거래법	기업의 시장 독점과 횡포를 방지하고, 부당 공동 행위 및 불공정 거래를 규제하기 위한 법
국민 기초 생활 보장법	생활이 어려운 사람에게 필요한 급여를 제공하여 이들의 최저 생활을 보장하고 자활을 돕기 위한 법
국민 연금법	노령, 장애 등으로 소득이 없을 때 기본적인 생활이 가능하도록 연금을 지급하기 위한 법

용어 정리

형벌 국가가 범죄자에게 제재를 가하는 것으로 사형, 징역, 자격 상실, 벌금 등이 있음

사회 · 경제적 약자 아동, 여성, 저소득층, 장애인, 노동자, 소비자 등 사회 또는 경제적으로 소외되거나 열악한 위치에 있는 사람들

이해관계 서로의 이익과 손해가 걸려 있는 관계

개념 확인 문제

01 빈칸에 들어갈 알맞은 말에 ○표 하시오.

(1) (도덕, 법)은 행위의 결과보다는 인간 내면의 양심이나 동기를 규율한다.
(2) 법은 다른 사회 규범과는 달리 (강제성, 자율성)이 있다.
(3) (공법, 사법)은 국가와 개인, 국가 기관 간의 생활 관계를 규율한다.

02 다음 설명이 맞으면 ○표, 틀리면 ×표 하시오.

(1) 우리의 일상생활은 법과 밀접하게 관련되어 있다. (   )
(2) 관습은 법에 비하여 사람들이 지켜야 할 내용을 구체적이며 명확하게 규정하고 있다. (   )
(3) 법의 궁극적인 목적은 선을 실현하는 것이다. (   )

03 빈칸에 공통적으로 들어갈 알맞은 말을 쓰시오.

> 사회에 존재하는 다양한 법은 (   )의 실현을 목적으로 한다. (   )(이)란 모든 사람에게 각자가 받아야 할 정당한 몫을 주는 것이다.

04 다음 설명에 해당하는 법을 〈보기〉에서 고르시오.

> **보기**
> ㄱ. 민법   ㄴ. 헌법   ㄷ. 형법

(1) 범죄의 종류와 그에 따른 형벌의 내용과 정도를 규정한 법이다. (   )
(2) 개인의 재산 관계 및 가족 관계에 관한 권리와 의무 등을 규정한 법이다. (   )
(3) 국민의 권리와 의무, 국가의 통치 구조와 운영 원리 등을 규정한 최고법이다. (   )

05 사회법의 내용과 그 사례를 바르게 연결하시오.

(1) 경제법 •   • ㉠ 국민 연금법
(2) 노동법 •   • ㉡ 소비자 기본법
(3) 사회 보장법 •   • ㉢ 남녀 고용 평등법

실력 쌓기 문제

▶ 252004-0550

01 사회 규범에 대한 옳은 설명만을 〈보기〉에서 고른 것은?

> **보기**
> ㄱ. 사회 질서를 유지하는 기능이 있다.
> ㄴ. 사람들이 지켜야 할 행동의 기준이다.
> ㄷ. 국민의 대표가 합의를 통해서 만든다.
> ㄹ. 인간의 양심과 행동의 동기를 규율한다.

① ㄱ, ㄴ   ② ㄱ, ㄷ   ③ ㄴ, ㄷ
④ ㄴ, ㄹ   ⑤ ㄷ, ㄹ

▶ 252004-0551

02 (가), (나)에 해당하는 사회 규범으로 옳은 것은?

> (가) 부모에게 공경하고 효도해야 한다.
> (나) 장례식장에는 검은 옷을 입어야 한다.

	(가)	(나)
①	법	관습
②	관습	법
③	관습	도덕
④	도덕	법
⑤	도덕	관습

▶ 252004-0552

03 도덕과 법의 특징을 비교한 내용으로 옳지 <u>않은</u> 것은?

	구분	도덕	법
①	목적	선의 실현	정의의 실현
②	규율 대상	행위의 결과	행위의 동기
③	특성	자율성	강제성
④	위반할 경우	양심의 가책, 사회적 비난	국가에 의한 제재
⑤	사례	효, 정직 등	형법, 민법 등

[04~05] 다음 물음에 답하시오.

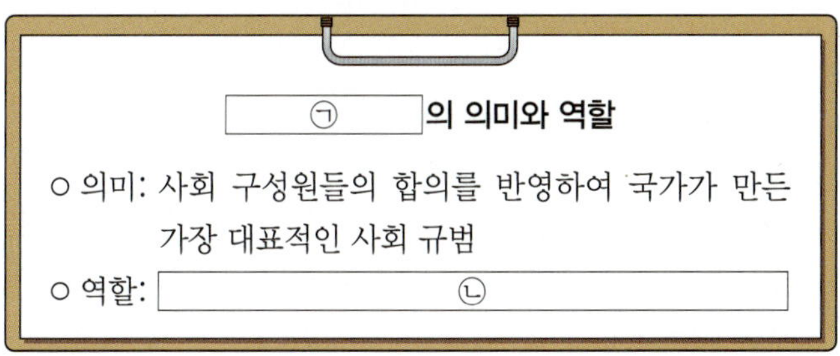

▶ 252004-0553

04 빈칸 ㉠에 들어갈 사회 규범에 대한 설명으로 옳은 것은?

① 자율성을 가진다.

② 선의 실현을 목적으로 한다.

③ 위반할 경우 국가의 처벌을 받는다.

④ 행동의 결과보다 동기를 중요시한다.

⑤ 사회 구성원이 널리 인정하는 풍습이다.

▶ 252004-0554

05 빈칸 ㉡에 들어갈 내용으로 적절하지 <u>않은</u> 것은?

① 범죄 행위 처벌　　　② 국가 권력 강화

③ 사회 질서 유지　　　④ 침해된 권리 구제

⑤ 분쟁 예방 및 해결

▶ 252004-0555

06 다음 갑과 을에 대한 설명으로 옳은 것은?

① 갑은 착한 사마리아인 법 도입에 찬성할 것이다.

② 갑은 도덕적인 행위를 법으로 강제할 수 없다고 주장한다.

③ 을은 도덕의 준수 여부는 개인의 자율에 맡겨야 한다는 입장이다.

④ 을은 착한 사마리아인 법이 정의보다는 선을 실현해야 한다고 생각한다.

⑤ 갑은 법과 도덕의 관련성을, 을은 법과 도덕의 명확한 구분을 강조한다.

▶ 252004-0556

07 그림은 사회 수업 장면이다. 교사의 질문에 옳게 답한 학생만을 고른 것은?

① 갑, 을　　　② 갑, 병　　　③ 을, 병

④ 을, 정　　　⑤ 병, 정

▶ 252004-0557

08 그림은 생활 관계에 따라 법을 구분한 것이다. (가)에 대한 옳은 설명만을 〈보기〉에서 고른 것은?

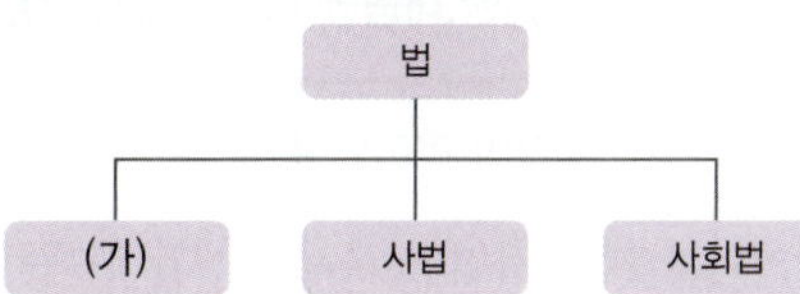

　　보기

ㄱ. 헌법, 형법 등이 속한다.

ㄴ. 혼인과 친족, 상속 등과 같은 가족 관계를 다룬다.

ㄷ. 국가나 공공 단체 등이 공권력을 행사하는 것과 관련된다.

ㄹ. 근대 이후 자본주의의 문제점을 해결하기 위해 등장하였다.

① ㄱ, ㄴ　　　② ㄱ, ㄷ　　　③ ㄴ, ㄷ

④ ㄴ, ㄹ　　　⑤ ㄷ, ㄹ

실력 쌓기 문제

▶ 252004-0558

09 다음은 학생이 필기한 내용의 일부이다. 빈칸 ㉠에 들어갈 법에 대한 설명으로 옳은 것은?

> **㉠**
>
> • 공법에 속한 대표적인 법
> • 사례
>
> **제329조(절도)** 타인의 재물을 절취한 자는 6년 이하의 징역 또는 1천만 원 이하의 벌금에 처한다.

① 우리나라의 최상위 법이다.
② 개인의 가족 관계를 다룬다.
③ 국민의 권리와 의무를 담고 있다.
④ 범죄 종류와 처벌의 기준을 정한다.
⑤ 기업의 설립과 활동 등을 규정한다.

▶ 252004-0559

10 사법의 적용을 받는 생활 영역의 사례로 가장 적절한 것은?

① 소득에 대한 세금을 납부하였다.
② 소매치기를 당하여 경찰에 신고하였다.
③ 건물을 구매하기 위해 계약서를 작성하였다.
④ 하자가 있는 구매 상품을 환불받지 못하였다.
⑤ 음주 운전을 하여 현행범으로 경찰에 체포되었다.

▶ 252004-0560

11 빈칸 ㉠에 들어갈 적절한 내용을 〈보기〉에서 고른 것은?

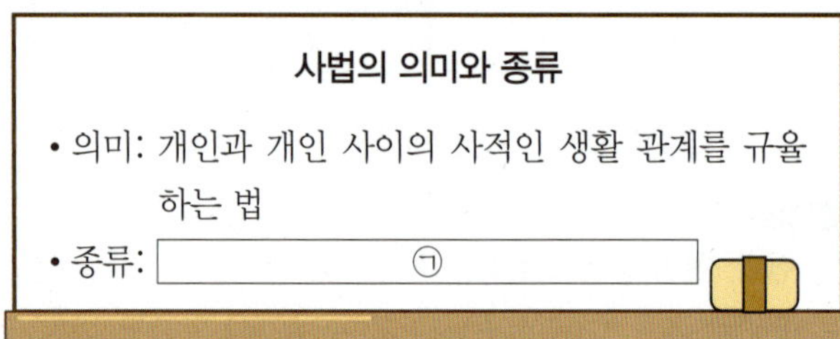

〈보기〉
ㄱ. 민법   ㄴ. 상법
ㄷ. 헌법   ㄹ. 형법

① ㄱ, ㄴ   ② ㄱ, ㄷ   ③ ㄴ, ㄷ
④ ㄴ, ㄹ   ⑤ ㄷ, ㄹ

▶ 252004-0561

12 사회법에 대한 설명으로 옳은 것은?

① 민법, 상법 등이 속한다.
② 사법과 공법의 중간적 성격을 가진다.
③ 개인과 국가 간의 공적 생활 관계를 규율한다.
④ 범죄 행위를 처벌함으로써 국민의 침해된 권리를 구제한다.
⑤ 재산권과 계약, 손해 배상 등과 관련된 개인의 권리와 의무를 다룬다.

▶ 252004-0562

13 (가), (나)에 해당하는 법을 바르게 연결한 것은?

> (가) 기업의 자유로운 경쟁을 보장하고 소비자의 권익을 보호한다.
> (나) 빈곤, 질병, 장애, 고령 등으로 어려움을 겪는 사람들을 돕는다.

	(가)	(나)
①	노동법	경제법
②	노동법	사회 보장법
③	경제법	노동법
④	경제법	사회 보장법
⑤	사회 보장법	경제법

▶ 252004-0563

14 빈칸 ㉠에 들어갈 법으로 옳은 것은?

> 노동법은 노동자의 권리와 근로 조건을 규정하고, 노사 간의 이해관계를 조정하기 위한 법으로 ㉠ 등이 속한다.

① 최저 임금법   ② 공정 거래법
③ 국민 연금법   ④ 장애인 복지법
⑤ 소비자 기본법

서술형 문제

1 단계 핵심 키워드 파악하기

▶ 252004-0564

01 (1) 빈칸 ㉠, ㉡에 들어갈 사회 규범을 각각 쓰고, (2) 그 차이점을 두 가지 서술하시오.

㉠
인간이 마땅히 지켜야 할 바람직한 행동의 기준이다.

㉡
사회 구성원의 합의에 따라 국가가 제정한 사회 규범이다.

답 완성하기

(1) ㉠ – (　　　　　　　), ㉡ – (　　　　　　)

(2) (　　　　)은/는 인간 내면의 양심이나 행동의 (　　　　) 을/를 규율하지만, (　　　　)은/는 겉으로 드러나는 행동의 (　　　　)을/를 규율한다. (　　　　)을/를 위반한 경우 양심의 가책이나 사회적 비난을 받지만, (　　　　)을/를 어겼을 경우 국가에 의해 (　　　　)을/를 받는다.

▶ 252004-0565

02 (1) 빈칸 ㉠에 들어갈 개념을 쓰고, (2) 그 의미를 구체적으로 서술하시오.

학습 주제: 법의 역할과 목적

1. 법의 역할
   – 분쟁의 예방 및 해결
   – 개인의 권리 보호
   – 공공복리 추구
2. 법의 목적: ㉠ 의 실현

답 완성하기

(1) ㉠ – (　　　　　　)

(2) (　　　　)은/는 모든 사람에게 각자가 받아야 할 (　　　　)을/를 주는 것을 말한다. 즉, 개인의 (　　　　)에 따라 정당한 (　　　　)을/를 받게 하거나 다른 사람의 권리를 침해하거나 사회를 어지럽힌 사람에게는 (　　　　)을/를 가하는 것을 말한다.

2 단계 스스로 문장 완성하기

▶ 252004-0566

03 (1) 자료가 나타내는 법의 종류를 쓰고, (2) 그것의 의미와 특징을 서술하시오.

제1조 ① 대한민국은 민주공화국이다.
　　　② 대한민국의 주권은 국민에게 있고, 모든 권력은 국민으로부터 나온다.
제2조 ① 대한민국의 국민이 되는 요건은 법률로 정한다.
　　　② 국가는 법률이 정하는 바에 의하여 재외국민을 보호할 의무를 진다.

(1) ________________________

(2) ________________________

____

____

▶ 252004-0567

04 다음과 같은 배경에서 등장한 법을 쓰고, 그 법이 추구하는 목적과 그 내용을 300자 내외로 서술하시오.

근대 사회에서는 개인의 자유를 최대한 보장하기 위해 국가의 간섭을 최소화하였다. 그러나 산업이 발달하면서 빈부 격차, 노사 문제 등의 각종 사회 문제가 나타나면서 최소한의 인간다운 생활조차도 누리지 못하는 사람들이 생겨났다. 이에 국가가 개입하여 여러 사회 문제를 해결하고 사회적 약자를 보호해야 할 필요가 생겼다.

____

____

____

____

03 재판의 의미와 공정한 재판

학습목표
• 재판의 의미를 이해하고, 민사 재판과 형사 재판을 구분할 수 있다.
• 공정한 재판이 이루어지기 위해 필요한 요건에 대해 설명할 수 있다.

1 재판의 의미와 종류

(1) 재판의 의미와 기능 (자료 1)

① 의미: 법원이 분쟁 사건에 관하여 법적인 판단을 내리는 과정
② 기능: 분쟁의 예방과 해결, 사회 질서 유지, 개인의 권리 보호, 정의 실현 등
③ 종류: 민사 재판, 형사 재판, 가사 재판, 행정 재판 등
└ 가사 재판은 가족이나 친족 간의 다툼을 해결하는 재판이고, 행정 재판은 행정 기관이 국민의 권리를 침해하였을 때 이를 해결하는 재판을 말한다.

(2) 민사 재판과 형사 재판 (자료 2)

① 민사 재판의 의미와 절차
• 의미: 개인과 개인 사이의 권리와 의무에 관한 분쟁을 해결하는 재판
• 참여자: 원고, 피고, 소송대리인(변호사), 판사, 증인 등
└ 민사 재판은 돈을 빌리고 빌려주는 과정에서 일어난 다툼, 손해에 대한 배상과 같이 개인 사이에서 일어난 분쟁을 해결한다.
• 절차

원고의 소장 제출	분쟁에서 피해를 입었다고 생각하는 사람이 원고가 되어 법원에 소장을 제출함
피고의 답변서 제출	법원은 피고에게 소장 복사본을 전달하고, 그에 대한 답변서를 받음
원고와 피고의 변론	법정에서 원고와 피고는 증거를 제출하며 각자의 주장을 입증하는 변론을 함
판사의 판결	판사는 원고와 피고가 제출한 증거와 주장을 바탕으로 판결을 내림

② 형사 재판의 의미와 절차
• 의미: 범죄가 발생했을 때 범죄 여부를 판단하고 형벌의 종류와 정도를 정하는 재판
└ 형사 재판은 폭행, 절도 등의 범죄 사건을 해결하는 재판이다.
• 참여자: 검사, 피고인, 변호인, 판사, 증인 등
• 절차

고소 또는 고발 등	고소 또는 고발에 의해 범죄 사건에 대한 수사가 이루어짐
검사의 기소	검사가 범죄 혐의가 있어 조사를 받는 피의자를 대상으로 공소를 제기함
검사의 신문, 변호인의 변론	검사는 법정에서 피고인의 범죄 사실을 밝히고, 피고인은 변호인의 도움을 받아 변론함
판사의 판결	판사는 검사와 피고인의 주장을 듣고, 피고인의 유무죄 여부, 형벌의 종류와 형량을 결정함

피의자가 기소되어 형사 재판을 받게 되면 피고인 신분이 된다.

자료 1 분쟁 해결을 위한 재판의 대안

재판은 절차가 복잡하고 최종 판결까지 시간이 오래 걸려 분쟁 당사자의 심리적 고통이 수반될 수 있다. 또한 변호사를 선임하는 경우 경제적인 부담이 될 수 있다. 따라서 재판 대신 분쟁을 해결하는 가장 바람직한 방법은 당사자끼리 대화를 통해 합의하는 것이다. 만약 합의가 잘 이루어지지 않는다면 제3자가 양쪽의 의견을 듣고 합의를 이끌어내는 조정이나 중재를 이용할 수 있다.

자료 2 민사 재판정과 형사 재판정

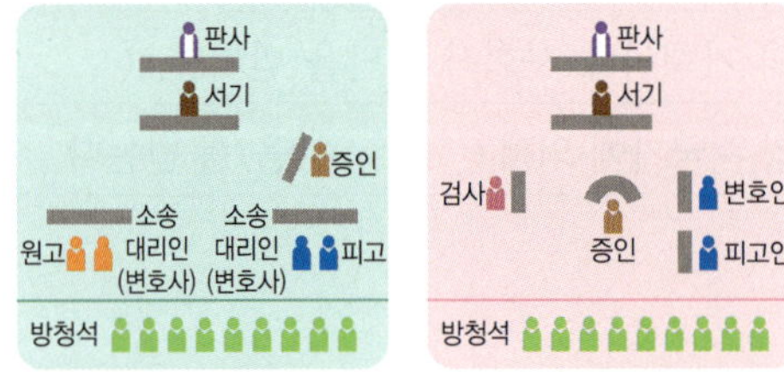

▲ 민사 재판정　　　▲ 형사 재판정

민사 재판정에는 소송을 제기한 원고, 소송을 제기당한 피고, 판결을 내리는 판사가 참여한다. 이외에도 원고와 피고의 편에서 법률적인 도움을 주는 변호사, 사건에 대해 자신이 경험한 사실을 진술하는 증인도 참여할 수 있다. 형사 재판정에는 공소를 제기한 검사, 기소되어 재판을 받는 피고인, 판결을 내리는 판사가 참여한다. 이외에도 피고인의 편에서 법률적인 도움을 주는 변호인, 사건에 대해 자신이 경험한 사실을 진술하는 증인도 참여할 수 있다.

소장 원고가 소송을 제기하기 위하여 법원에 제출하는 서류
변론 소송 당사자나 변호인 등이 재판 진행 과정에서 자신의 주장을 말하는 것
고소 범죄 피해자가 범죄 사실을 직접 신고하는 것
고발 제3자가 범죄 사실을 신고하는 것
신문 법원이나 기타 국가 기관이 어떤 사건에 관하여 증인, 당사자, 피고인 등에게 말로 물어 조사하는 일

2 공정한 재판을 위한 제도

(1) 사법권의 독립 (자료 3)

① 의미: 재판이 국가 기관이나 여론 등의 영향을 받지 않고 공정하게 이루어지도록 하는 것

② 실현 방법

- 법원의 독립: 법원의 조직과 운영이 다른 국가 기관의 간섭이나 영향을 받지 않도록 헌법으로 보장함
- 법관의 신분 보장: 법관이 헌법과 법률, 양심에 따라 심판할 수 있도록 법관의 임기를 정하여 신분을 보장함

(2) 공개 재판주의와 증거 재판주의

공개 재판주의 (자료 4)	재판의 심리와 판결을 소송 당사자뿐만 아니라 일반 시민에게도 공개해야 한다는 원칙
증거 재판주의	재판은 구체적이고 명확하며 적법하게 수집된 증거를 바탕으로 진행되어야 한다는 원칙

> 공개 재판주의는 재판 당사자의 인권이 침해되거나 불공정한 판결이 이루어지는 것을 방지하기 위한 것이다. 이를 통해 법을 공정하게 적용하여 잘못된 판결을 방지함으로써 국민의 권리를 보호하고자 한다.

(3) 심급 제도 (자료 5)

① 의미: 한 사건에 대해 급을 달리하는 법원에서 여러 번 재판을 받을 수 있게 한 제도 → 3심제를 원칙으로 함

② 목적: 법관의 잘못된 판결로 발생할 수 있는 국민의 피해 최소화 → 공정한 재판을 통한 국민의 기본권 보장

> 우리나라에서는 민사 재판, 형사 재판 등은 3심제로 실시되지만, 특허 재판은 2심제, 선거 재판은 단심제 또는 2심제로 실시된다.

③ 상소

- 의미: 재판 당사자가 하급 법원의 판결에 불만이 있을 경우 상급 법원에 재판을 다시 청구하는 것

> 판결에 불만이 있는 당사자라면 원고, 피고, 검사, 피고인 누구나 상소할 수 있다.

- 항소와 상고

항소	1심 법원의 판결에 불복하여 2심 재판을 청구하는 것
상고	2심 법원의 판결에 불복하여 3심 재판을 청구하는 것

▲ 국민 참여 재판정의 모습

국민 참여 재판이란 일반 국민이 형사 재판에서 배심원으로 참여할 수 있게 하는 제도를 말한다. 이 제도는 국민의 사법 참여를 확대하고 재판의 공정성과 투명성을 높이는 데 기여하고 있다. 배심원단은 재판에 참여하여 토의를 통해 피고인의 유무죄 및 형벌의 정도를 판단하여 판사에게 의견을 전달한다. 판사가 배심원의 판단을 의무적으로 반영해야 하는 것은 아니지만 그 의견을 참고하여 판결을 내린다. 국민 참여 재판은 살인, 강도 등 죄가 무거운 형사 사건을 대상으로 이루어지며, 피고인이 원할 경우에만 시행된다. 또한 만 20세 이상의 국민이라면 누구나 무작위 추첨을 통해 배심원이 될 수 있다.

자료 3 사법권의 독립을 규정한 헌법 조항

> 제101조 ① 사법권은 법관으로 구성된 법원에 속한다.
> ③ 법관의 자격은 법률로 정한다.
> 제103조 법관은 헌법과 법률에 의하여 그 양심에 따라 독립하여 심판한다.

우리나라 헌법에는 사법권의 독립을 보장하는 내용이 규정되어 있으며, 재판이 여론이나 다른 국가 기관의 영향을 받지 않고 공정하게 이루어지도록 하고 있다.

자료 4 공개 재판주의

▲ 재판을 방청하는 시민들

우리나라에서는 국가 안전과 관련된 사건이나 재판받는 사람의 인권을 보호해야 하는 경우를 제외하고는 모든 재판이 공개로 이루어지고 있다. 이에 따라 재판 당사자가 아닌 사람들이라면 누구나 재판 과정을 방청할 수 있다.

자료 5 심급 제도

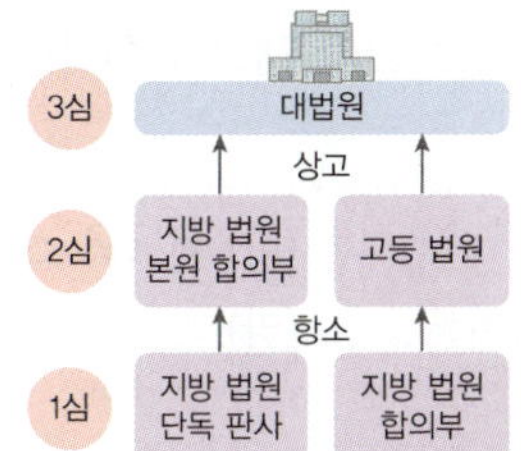

민사나 형사 사건 중 1명이 처리하는 단독 사건은 '지방 법원 단독 판사 → 지방 법원 본원 합의부 → 대법원'의 순서로 심급 제도가 이루어진다. 한편, 판사 3명이 처리하는 합의 사건은 '지방 법원 합의부 → 고등 법원 → 대법원'의 순서로 심급 제도가 이루어진다. 민사 재판에서 소송 금액이 5억 원을 초과하는 사건과 형사 재판에서 사형·무기 또는 1년 이상의 형에 해당하는 사건의 경우 1심을 합의부에서 담당하고 그 이하면 단독부에서 맡도록 하고 있다.

법관 법원에 소속되어 소송 사건을 심리하고, 분쟁을 법률적으로 해결하고 조정하는 권한을 가진 사람

심리 재판의 기초가 되는 사실 관계 및 법률관계를 명확히 하기 위해 법원이 증거나 방법 등을 심사하는 행위

증거 법원이 재판의 기초가 될 사실을 인정하기 위하여 필요로 하는 것

불복 재판의 결과를 받아들이지 않는 것

개념 확인 문제

01 다음 설명이 맞으면 ○표, 틀리면 ×표 하시오.

(1) 재판은 분쟁 당사자의 경제적 부담 없이 다툼을 해결한다.
( )

(2) 분쟁의 내용이나 성격에 따라 재판은 민사 재판과 형사 재판으로 구분할 수 있다. ( )

(3) 원고, 피고 등의 개인 정보를 보호하기 위해서 재판은 비공개로 진행하는 것을 원칙으로 한다. ( )

02 빈칸에 들어갈 알맞은 말에 ○표 하시오.

(1) 재판은 (입법부, 사법부)가 분쟁 사건에 대하여 법적인 판단을 내리는 과정이다.

(2) (민사 재판, 형사 재판)은 개인과 개인 사이의 분쟁을 해결하는 재판이다.

(3) 형사 재판은 (검사, 판사)가 피의자를 대상으로 공소를 제기함으로써 시작된다.

03 (가)~(라)에 나타난 민사 재판의 절차를 순서대로 나열하시오.

> (가) 판사의 판결　　　(나) 원고의 소장 제출
> (다) 원고와 피고의 변론　　　(라) 피고의 답변서 제출

04 빈칸에 들어갈 알맞은 말을 쓰시오.

(1) ( )은/는 피해를 입었다고 주장하면서 민사 재판을 청구한 사람이다.

(2) 우리나라는 헌법에 ( )의 독립을 보장하여 재판이 공정하게 이루어지도록 하고 있다.

(3) ( )(이)란 법원이 구체적인 증거를 바탕으로 판결해야 한다는 원칙이다.

05 다음 내용에 해당하는 사법 제도를 쓰시오.

> • 의미: 한 사건에 대해 급을 달리하는 법원에서 여러 번 재판을 받을 수 있게 한 제도로 3심제를 원칙으로 한다.
> • 방법: 재판 당사자가 하급 법원의 판결에 불복할 경우 상소를 통해 상급 법원에 다시 재판을 청구한다.

실력 쌓기 문제

▶ 252004-0568

01 재판에 대한 옳은 설명만을 〈보기〉에서 고른 것은?

> **보기**
> ㄱ. 민사 재판과 형사 재판이 대표적이다.
> ㄴ. 분쟁을 비용 부담 없이 신속하게 해결할 수 있다.
> ㄷ. 시민의 권리를 보호하며 사회 질서를 유지하는 기능을 가진다.
> ㄹ. 입법부가 일정한 절차를 거쳐 법적인 판단을 내리는 과정이다.

① ㄱ, ㄴ　　　② ㄱ, ㄷ　　　③ ㄴ, ㄷ
④ ㄴ, ㄹ　　　⑤ ㄷ, ㄹ

▶ 252004-0569

02 빈칸 (가)에 들어갈 내용으로 적절하지 <u>않은</u> 것은?

> 학생: 선생님, 분쟁을 반드시 재판으로만 해결해야 하나요?
> 교사: 그렇지는 않습니다. 재판은 분쟁을 해결하기까지 (가) 는 한계가 있기 때문에 합의를 통해 분쟁 당사자 간에 자율적으로 문제를 해결하는 것이 가장 바람직합니다.

① 절차가 복잡하다
② 비용이 많이 든다
③ 오랜 기간이 필요하다
④ 전문가의 도움을 얻기 어렵다
⑤ 당사자의 심리적 고통이 수반된다

▶ 252004-0570

03 빈칸 ㉠에 들어갈 재판으로 옳은 것은?

> A는 현재 소유하고 있는 땅이나 건물이 없는데 자신의 이름으로 재산세를 내라는 고지서를 구청으로부터 받았다. A는 구청을 상대로 ㉠ 을 청구하였다.

① 가사 재판　　② 민사 재판　　③ 선거 재판
④ 행정 재판　　⑤ 형사 재판

▶ 252004-0571

04 민사 재판에 대한 옳은 설명만을 〈보기〉에서 고른 것은?

보기
ㄱ. 원고의 소송 제기로 재판이 시작된다.
ㄴ. 개인 사이에서 발생한 분쟁을 해결한다.
ㄷ. 판사는 범죄의 유무와 형량 등을 결정한다.
ㄹ. 피고가 원할 경우 국민 참여 재판으로 진행된다.

① ㄱ, ㄴ　　　　② ㄱ, ㄷ　　　　③ ㄴ, ㄷ
④ ㄴ, ㄹ　　　　⑤ ㄷ, ㄹ

[05~06] 그림을 보고 물음에 답하시오.

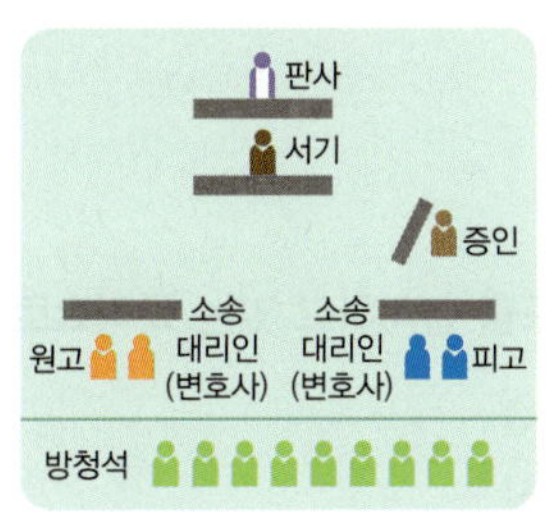

▶ 252004-0572

05 위의 재판에서 소송을 제기한 사람으로 옳은 것은?

① 원고　　　　② 피고　　　　③ 증인
④ 판사　　　　⑤ 변호사

▶ 252004-0573

06 위의 재판에서 다룰 수 있는 사건만을 〈보기〉에서 고른 것은?

보기
ㄱ. 금품 절도 사건
ㄴ. 폭행 치사 사건
ㄷ. 손해 배상 청구 사건
ㄹ. 전세금 반환 분쟁 사건

① ㄱ, ㄴ　　　　② ㄱ, ㄷ　　　　③ ㄴ, ㄷ
④ ㄴ, ㄹ　　　　⑤ ㄷ, ㄹ

▶ 252004-0574

07 밑줄 친 재판에 대한 설명으로 옳은 것은?

A는 거리에서 어깨를 부딪쳤다는 이유로 지나가는 행인인 B를 때려 크게 다치게 하였다. B는 자신이 폭행당한 사실을 경찰에 신고하였고, 이후 A는 법원에서 재판을 받게 되었다.

① A는 재판에서 피고인 신분이 된다.
② A의 신분 보장을 위하여 비공개로 진행된다.
③ B가 법원에 소장을 제출함으로써 시작되었다.
④ B가 원한다면 재판에 배심원으로 참여할 수 있다.
⑤ A와 B 사이에 발생한 다툼을 해결하기 위한 민사 재판이다.

▶ 252004-0575

08 다음은 인터넷 검색 결과이다. 검색창 ⊙에 들어갈 개념으로 가장 적절한 것은?

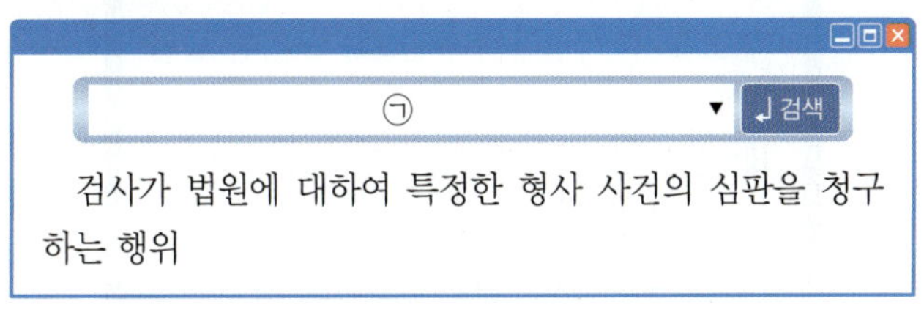

① 고소　　　　② 기소　　　　③ 변론
④ 신문　　　　⑤ 판결

▶ 252004-0576

09 다음은 역할극을 준비하기 위한 계획서의 일부이다. (가)~(마)의 내용 중 옳지 않은 것은?

- 학습 목표: 모의재판을 통해 형사 재판의 절차를 직접 체험할 수 있다.
- 장면 구성
  (가) #1: 범죄 피해자가 원고가 되어 소장을 제출한다.
  (나) #2: 사건에 대한 수사가 이루어진다.
  (다) #3: 검사가 피의자를 대상으로 공소를 제기한다.
  (라) #4: 검사의 신문과 변호인의 변론이 이루어진다.
  (마) #5: 범죄 유무와 형벌 정도에 대한 판결을 내린다.

① (가)　　　　② (나)　　　　③ (다)
④ (라)　　　　⑤ (마)

실력 **쌓기 문제**

▶ 252004-0577

10 우리나라의 사법(司法) 제도에 대한 설명으로 옳지 <u>않은</u> 것은?

① 공정하고 신중한 재판을 위하여 심급 제도를 두고 있다.
② 판사는 국민의 여론을 적극적으로 반영하여 재판해야 한다.
③ 한 사건에 대하여 기본적으로 3번까지 재판을 받을 수 있다.
④ 원칙적으로 재판의 과정과 결과는 일반인이 방청할 수 있도록 공개한다.
⑤ 재판은 구체적이고 명확하며 적법하게 수집된 증거를 바탕으로 진행되어야 한다.

▶ 252004-0578

11 빈칸 ㉠에 들어갈 개념에 대한 설명으로 옳은 것은?

① 신속한 재판을 위한 제도적 장치이다.
② 재판의 단점을 보완하기 위한 방안이다.
③ 법관의 특권을 보장하는 것을 내용으로 한다.
④ 법관의 전문성을 향상하는 것을 목적으로 한다.
⑤ 법원의 독립과 법관의 신분 보장으로 실현된다.

▶ 252004-0579

12 다음 설명에 해당하는 사법 제도로 옳은 것은?

> 재판의 기초가 될 사실을 인정하기 위해서는 반드시 그것을 증명할 수 있는 근거에 의해야 한다는 원칙이다. 이때 그 증빙 자료는 구체적이고 명확하며 적법하게 수집되어야 한다.

① 3심제
② 심급 제도
③ 사법권의 독립
④ 공개 재판주의
⑤ 증거 재판주의

[13~14] 그림은 민사·형사 재판에 적용되는 우리나라의 사법 제도를 나타낸다. 물음에 답하시오.

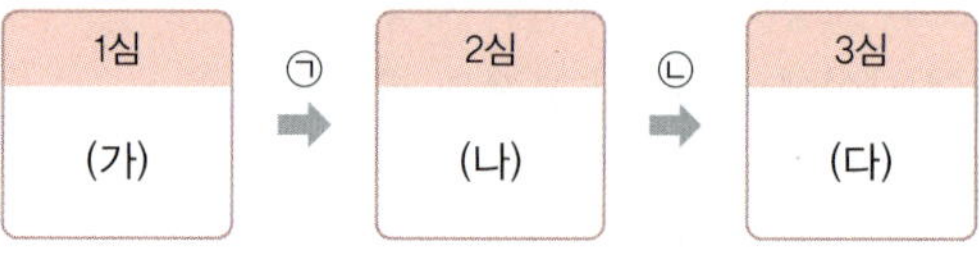

▶ 252004-0580

13 위의 사법 제도에 대한 설명으로 옳지 <u>않은</u> 것은?

① (가)는 지방 법원이다.
② (나)는 (가)의 상급 법원이다.
③ (다)는 우리나라의 최고 법원이다.
④ ㉠은 상고, ㉡은 항소이다.
⑤ ㉠, ㉡과 같이 상급 법원에 다시 재판을 청구하는 것을 상소라고 한다.

▶ 252004-0581

14 위의 사법 제도를 실시하고 있는 목적으로 가장 적절한 것은?

① 신속한 분쟁 해결
② 법관의 지위 향상
③ 공정한 재판의 실현
④ 사법권의 독립 보장
⑤ 국가 권력의 남용 방지

▶ 252004-0582

15 국민 참여 재판에 대한 설명으로 옳지 <u>않은</u> 것은?

① 피고인이 원하지 않으면 시행될 수 없다.
② 법관은 배심원의 평결을 의무적으로 반영해야 한다.
③ 살인, 강도 등의 형사 사건을 다루는 재판에서 실시된다.
④ 배심원은 만 20세 이상의 국민 중에서 무작위로 뽑힌 사람들이다.
⑤ 사법 제도에 대한 국민의 관심과 신뢰를 높이기 위해 도입되었다.

서술형 문제

① 단계 핵심 키워드 파악하기

▶ 252004-0583

01 (1) 빈칸 ㉠에 들어갈 개념을 쓰고, (2) 그 의미와 기능을 서술하시오.

우리가 살아가는 사회에는 다양한 분쟁이나 범죄가 발생한다. 이러한 사건으로 인해 피해를 입었을 경우 [㉠]을/를 통해 문제를 해결할 수 있다.

▲ (㉠)이 실시되는 모습

답 완성하기

(1) ㉠ – (   )

(2) (   )은/는 (   )이/가 구체적인 사건에 대해

(   )을/를 적용하여 공적인 판단을 내리는 과정이다.

(   )은/는 사람들 사이에 발생한 (   )을/를 해

결하고, 범죄자에게 (   )을/를 부과함으로써

(   )을/를 유지하는 기능을 한다.

▶ 252004-0584

02 (1) 그림이 나타내는 사법 제도를 쓰고, (2) 그 제도의 의미와 목적을 서술하시오.

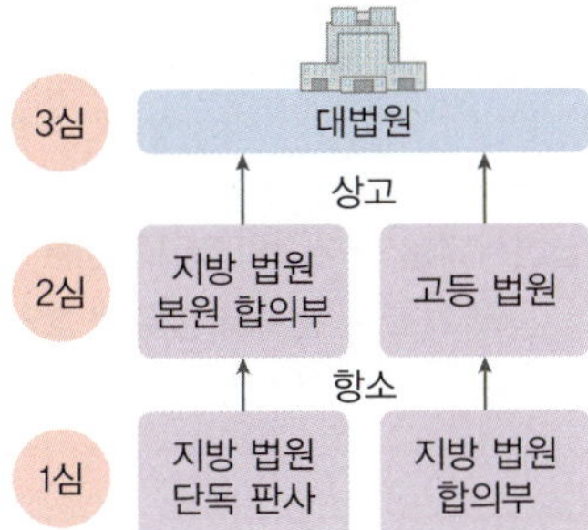

답 완성하기

(1) ________________________________

(2) (   )(이)란 한 사건에 대해 급이 다른 (   )에

서 여러 번 (   )을/를 받을 수 있게 한 제도이다. 이는

법관의 (   )(으)로 발생할 수 있는 국민의 피해를 최소

화하고 (   )을/를 통해 국민의 (   )을/를 보장

하기 위해 실시된다.

② 단계 스스로 문장 완성하기

▶ 252004-0585

03 (1) 밑줄 친 ㉠에 해당하는 재판을 쓰고, (2) 이 재판에서 원고와 피고를 각각 찾아 쓰고, 그 이유를 서술하시오.

갑은 을에게 2천만 원을 빌려 주었으나 을은 약속한 날이 지났음에도 돈을 갚지 않았다. 이에 갑은 을을 상대로 자신에게 돈을 갚으라는 내용의 소송을 법원에 제기하여 ㉠ 재판이 열렸다. 법원에서 병은 갑이 을에게 돈을 빌려 준 것을 증언하였고, 정은 을의 편에서 변론을 하였다.

(1) ㉠ – (   )

(2) ________________________________

____

____

____

▶ 252004-0586

04 빈칸 ㉠에 들어갈 재판의 원칙을 쓰고, 그 원칙을 실시하는 이유를 300자 내외로 서술하시오.

____

____

____

____

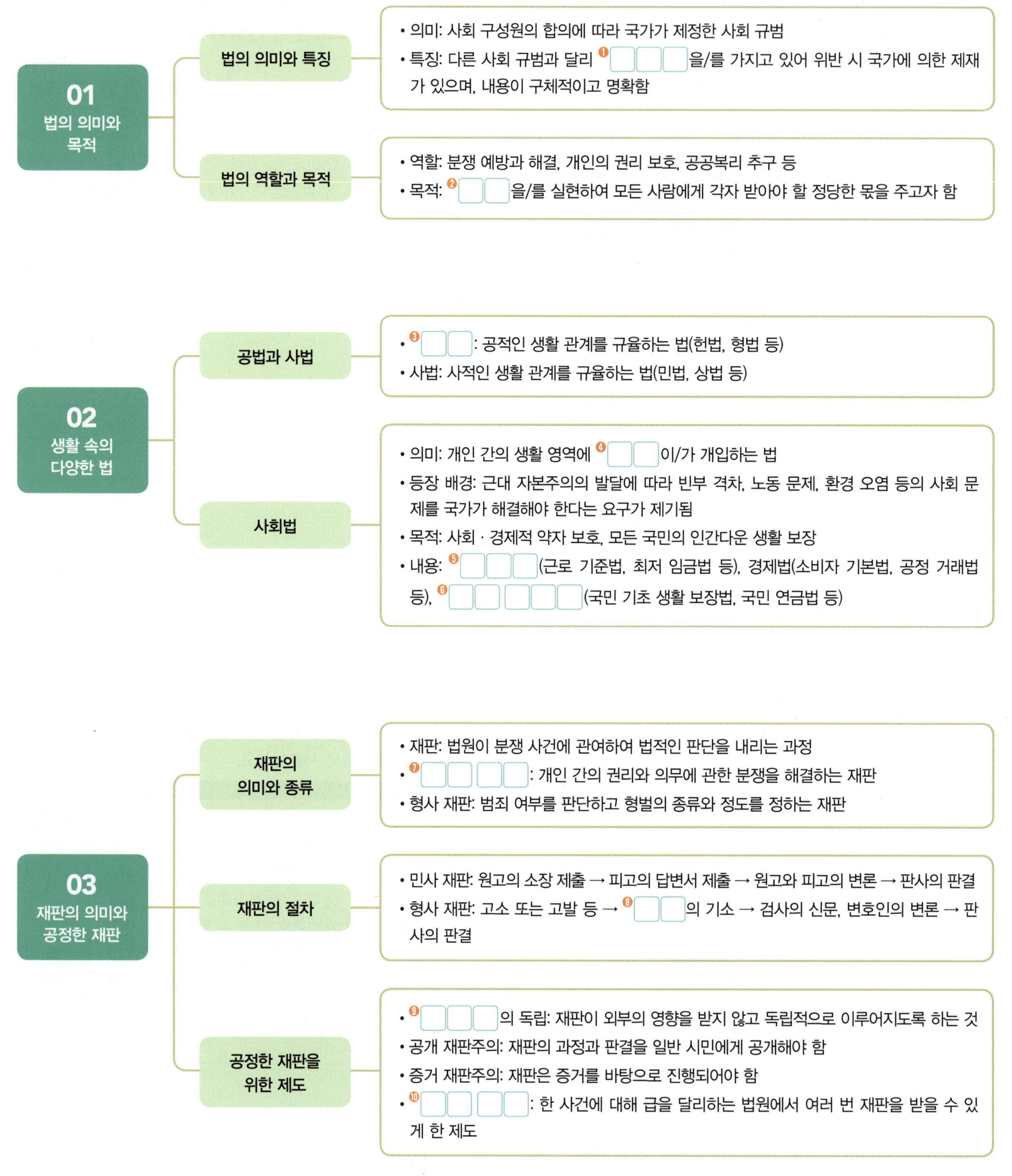

정답 ❶ 강제성 ❷ 정의 ❸ 공법 ❹ 국가 ❺ 노동법 ❻ 사회 보장법 ❼ 민사 재판 ❽ 검사 ❾ 사법권 ❿ 심급 제도

대단원 마무리 문제

01 다음 규범들의 공통점으로 옳은 것은?

▶ 252004-0587

> • 관습　　　　• 도덕　　　　• 법

① 국가가 제정하여 강제성을 가진다.
② 내면적 양심과 행위의 동기를 규율한다.
③ 한 사회에서 오랫동안 지켜져 내려온 풍습이다.
④ 양심에 따라 자율적으로 지키도록 하는 규범이다.
⑤ 사람들이 사회생활에서 지켜야 할 행동의 기준이다.

02 다음 내용에 해당하는 사회 규범의 사례로 가장 적절한 것은?

▶ 252004-0588

> 인간이 마땅히 지켜야 할 도리로, 양심에 따라 자율적으로 지키도록 하는 사회 규범이다.

① 우상을 숭배해서는 안 된다.
② 어려움에 처한 사람을 도와야 한다.
③ 설날이나 추석에는 성묘를 해야 한다.
④ 아이가 태어난 집 앞에는 금줄을 걸어야 한다.
⑤ 사람을 상해한 자는 징역 또는 벌금에 처한다.

03 다음 내용과 관련 있는 사회 규범에 대한 옳은 설명만을 〈보기〉에서 고른 것은?

▶ 252004-0589

> • 출생의 신고는 출생 후 1개월 이내에 하여야 한다.
> • 사람을 살해한 자는 사형, 무기 징역 또는 5년 이상의 징역에 처한다.

> **보기**
> ㄱ. 내면의 양심과 행위의 동기를 중시한다.
> ㄴ. 위반할 경우 국가에 의해 일정한 제재를 받는다.
> ㄷ. 다른 사회 규범에 비해 내용이 구체적이고 명확하다.
> ㄹ. 인간이 지켜야 할 도리로서 선을 실현하는 것을 목적으로 한다.

① ㄱ, ㄴ　　　② ㄱ, ㄷ　　　③ ㄴ, ㄷ
④ ㄴ, ㄹ　　　⑤ ㄷ, ㄹ

04 그림에 나타난 법의 기능으로 가장 적절한 것은?

▶ 252004-0590

① 분쟁을 해결한다.
② 범죄자를 처벌한다.
③ 개인의 자유를 보장한다.
④ 비도덕적인 행위를 제재한다.
⑤ 사회적 약자의 권리를 보호한다.

05 (가)~(다)에 대한 옳은 설명만을 〈보기〉에서 고른 것은?

▶ 252004-0591

> (가) 형법　　　　(나) 헌법　　　　(다) 민법

> **보기**
> ㄱ. (가)는 범죄의 종류와 형량을 규정한다.
> ㄴ. (가), (나)는 공법, (다)는 사법에 속한다.
> ㄷ. (나)는 (가)와 (다)보다 지위가 낮은 법이다.
> ㄹ. (가)~(다)의 준수 여부는 개인의 자율에 따른다.

① ㄱ, ㄴ　　　② ㄱ, ㄷ　　　③ ㄴ, ㄷ
④ ㄴ, ㄹ　　　⑤ ㄷ, ㄹ

서술형

06 빈칸 ㉠에 들어갈 내용을 서술하시오.

▶ 252004-0592

> 법은 규율하는 생활 영역에 따라 공법, 사법, 사회법으로 구분할 수 있다. 공법은 국가와 개인 간 또는 국가 기관 상호 간의 공적인 관계를 다루는 법으로, 대표적으로 헌법과 형법을 들 수 있다. 사법은 ［　　　　㉠　　　　］ 사회법은 공법과 사법의 중간적인 성격을 띠는 법으로, 노동법, 경제법, 사회 보장법으로 구분된다.

▶ 252004-0593

07 다음은 법을 학습하기 위한 카드이다. 이에 대한 설명으로 옳은 것은?

> (가)
> 개인과 개인 사이의 생활 관계를 규율하는 법이다.

> (나)
> 개인과 국가 또는 국가 기관 간의 일을 규율하는 법이다.

① (가)는 공법이다.
② (나)에는 민법, 상법 등이 속한다.
③ (가)는 (나)와 달리 개인의 권리를 보호한다.
④ (나)는 (가)와 달리 행위의 결과를 규율한다.
⑤ (가)와 (나)의 중간적인 성격을 가진 것이 사회법이다.

▶ 252004-0594

08 빈칸 ㉠에 들어갈 내용만을 〈보기〉에서 고른 것은?

> 산업화가 진행되는 과정에서 빈부 격차, 노동 문제, 환경 오염 등 여러 가지 사회 문제가 심각해졌다. 이에 국가가 사적 영역에 적극적으로 개입하여 ______㉠______ 하기 위해 사회법이 등장하였다.

〈보기〉
ㄱ. 사회·경제적 약자를 보호
ㄴ. 모든 국민의 인간다운 생활을 보장
ㄷ. 개인의 자유로운 경제 활동을 강조
ㄹ. 사회 질서를 어지럽힌 범법자를 처벌

① ㄱ, ㄴ ② ㄱ, ㄷ ③ ㄴ, ㄷ
④ ㄴ, ㄹ ⑤ ㄷ, ㄹ

▶ 252004-0595

09 재판에 대한 설명으로 옳지 <u>않은</u> 것은?

① 사회 질서를 유지하는 기능을 한다.
② 민사 재판과 형사 재판이 대표적이다.
③ 조정이나 중재에 비해 분쟁을 신속하게 해결한다.
④ 법원이 법을 적용하여 옳고 그름을 밝히는 과정이다.
⑤ 공개 재판주의와 증거 재판주의에 따라 진행되어야 한다.

▶ 252004-0596

10 (가)~(라)에 나타난 민사 재판의 절차를 순서대로 나열한 것은?

> (가) 판사가 판결을 내린다.
> (나) 원고가 법원에 소장을 제출한다.
> (다) 원고와 피고는 각각 변론을 한다.
> (라) 법원은 피고에게 답변서를 받는다.

① (가) - (나) - (다) - (라)
② (나) - (다) - (가) - (라)
③ (나) - (라) - (다) - (가)
④ (다) - (가) - (라) - (나)
⑤ (다) - (라) - (나) - (가)

▶ 252004-0597

11 다음 자료에 대한 옳은 설명만을 〈보기〉에서 고른 것은?

구분	소송 제기자	소송 상대방
민사 재판	A	B
형사 재판	C	D

〈보기〉
ㄱ. A가 B를 상대로 고소하는 것으로 민사 재판이 시작된다.
ㄴ. A와 B는 재판에 이기기 위해 변호사의 도움을 받을 수 있다.
ㄷ. C는 D의 범죄 행위로 인하여 피해를 입은 형사 재판의 당사자이다.
ㄹ. D가 C에 의해 기소되어 형사 재판을 받게 되면 피고인의 신분이 된다.

① ㄱ, ㄴ ② ㄱ, ㄷ ③ ㄴ, ㄷ
④ ㄴ, ㄹ ⑤ ㄷ, ㄹ

▶ 252004-0598

서술형

12 (가), (나)가 나타내는 재판의 종류를 쓰고, 그 차이점을 '사건의 내용'을 중심으로 서술하시오.

(가)

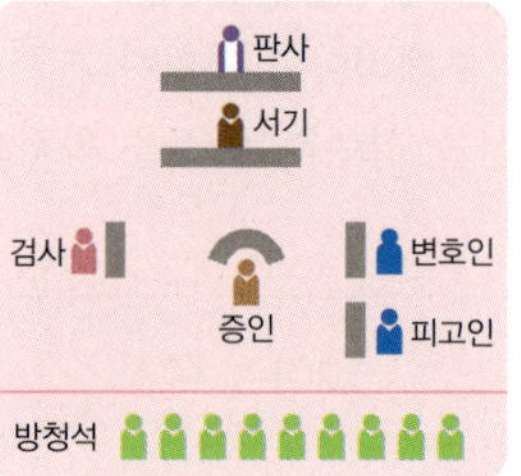

(나)

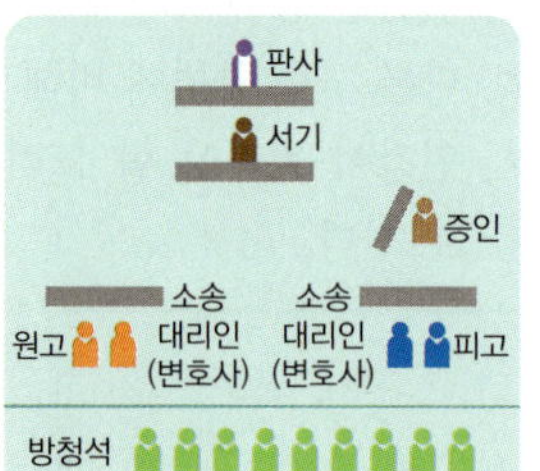

▶ 252004-0599

13 다음 학습 목표에 따른 활동 계획을 옳게 말한 학생만을 고른 것은?

> 〈학습 목표〉 공정한 재판이 이루어지기 위한 요건을 분석할 수 있다.

① 갑, 을 　② 갑, 병 　③ 을, 병
④ 을, 정 　⑤ 병, 정

▶ 252004-0600

14 다음과 같은 사법 제도에 대한 설명으로 옳지 <u>않은</u> 것은?

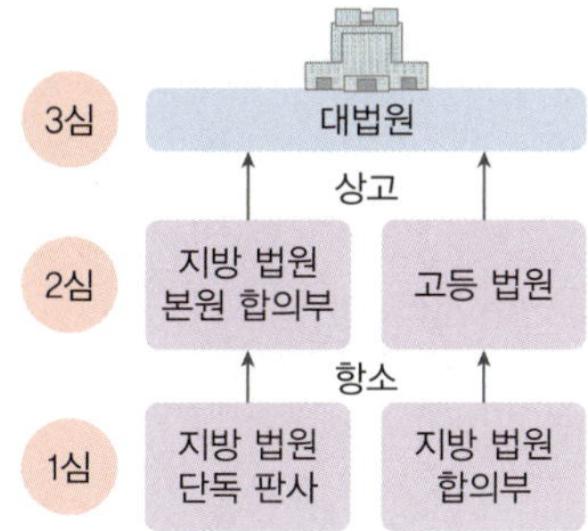

① 공정하고 신중한 재판을 할 수 있다.
② 국민의 자유와 권리를 보장할 수 있다.
③ 재판에 여론을 적극적으로 반영할 수 있다.
④ 억울한 사람에게 다시 재판받을 수 있는 기회를 제공한다.
⑤ 법원의 잘못된 판결을 바로잡을 수 있는 기회를 마련해 준다.

고난도 실력 향상 문제

▶ 252004-0601

01 다음 재판의 절차에 대한 설명으로 옳은 것은?

(가)	갑은 사기 혐의로 수사를 받았다.
(나)	갑은 을에 의해 기소되어 ㉠ 재판을 받았다.
(다)	병은 갑에게 사기죄로 징역 6개월을 선고하였다.

① ㉠은 민사 재판이다.
② 갑은 (나) 단계부터 피고인이 된다.
③ 을은 (다) 단계에서 갑의 입장을 변론한다.
④ 병이 판결에 불복할 경우 상급 법원에 상소할 수 있다.
⑤ (가), (나)와 달리 (다) 단계에서 공개 재판주의가 적용된다.

▶ 252004-0602

02 빈칸 ㉠에 들어갈 개념에 대한 옳은 설명만을 〈보기〉에서 고른 것은?

보기

ㄱ. 배심원은 법적 전문가들로 구성된다.
ㄴ. 민사 재판과 형사 재판에서 실시된다.
ㄷ. 피고인이 원하지 않을 경우 시행되지 않는다.
ㄹ. 재판의 공정성과 투명성을 높이는 데 기여한다.

① ㄱ, ㄴ 　② ㄱ, ㄷ 　③ ㄴ, ㄷ
④ ㄴ, ㄹ 　⑤ ㄷ, ㄹ

문제 ▶ 전래 동화 속 분쟁 또는 사건을 찾아 그것을 해결하기 위한 모의재판을 진행해 봅시다.

A 활동 계획 세우기

1. 우리 모둠이 해결할 전래 동화 속 분쟁 또는 사건을 찾고, 그것을 해결하기 위한 재판의 종류를 선정한다.
2. 1에서 선정한 재판의 절차를 참고하여 모의재판을 실시하기 위한 시나리오를 작성한다.
3. 시나리오에 따라 배역을 정하여 모의재판을 실시하고, 모의재판을 하면서 느낀 점이나 새롭게 알게 된 내용을 발표한다.

B 활동하기

1. 우리 모둠이 선택한 전래 동화에 나타난 분쟁이나 사건을 찾고, 그것을 해결하기 위한 재판의 종류를 쓴다.

전래 동화	예 선녀와 나무꾼
동화 속 분쟁(사건)	예 나무꾼이 선녀의 옷을 숨겨 선녀가 하늘로 올라가지 못하게 한 사건
선정한 재판과 그 이유	○ 우리 모둠이 선정한 재판: 예 형사 재판 ○ 이유: 예 나무꾼이 선녀의 날개옷을 숨긴 것은 재물 손괴죄, 선녀가 하늘로 올라가지 못하게 한 것은 감금죄에 해당한다. 이에 따라 나무꾼이 저지른 범죄 유무 및 그 처벌 정도를 결정하기 위한 형사 재판이 실시되어야 한다.

2. 전래 동화 속 법적 문제를 해결하기 위한 시나리오를 작성하고 배역 및 역할에 맞게 모의재판을 진행한다.

예시

제목: 나무꾼은 무슨 죄를 저질렀나?

등장 인물: 검사(○○○), 판사(□□□), 피고인(나무꾼 – △△△), 변호인(◇◇◇), 증인(▽▽▽)
[법정 경위] (자리에서 일어나 방청석을 둘러보며) 재판이 곧 시작됩니다. 법정 내 모든 분들은 휴대 전화를 꺼 주시고, 재판 중에는 정숙해 주시기 바랍니다. (판사가 입장한다.) 모두 자리에서 일어서 주십시오. (판사가 입장하여 법대에 선 후에 방청석을 향하여 고개를 살짝 숙여 인사한 후에 자리에 앉는다.) 모두 앉아 주십시오.
[재판장] 지금부터 △△ 고합 △△호 감금죄 사건에 대한 공판을 시작하겠습니다. 피고인은 출석하셨습니까? … 후략 …

3. 모의재판을 직접 실시하거나 다른 모둠의 재판 과정을 방청하면서 새롭게 알게 된 점이나 생각 등을 말해 본다.

평가하기

채점 기준	상	중	하
전래 동화 속에 나타난 법적 문제를 주요 쟁점을 중심으로 분석하였는가?			
시나리오를 민사 재판 또는 형사 재판의 절차에 따라 완성도 높게 작성하였는가?			
시나리오 작성 및 모의재판 과정에서 자신이 담당한 역할을 제대로 수행하였는가?			

XII
인권과 기본권

01 인권 보장과 기본권

(학습 목표)
• 인권의 의미와 인권 침해의 사례를 조사할 수 있다.
• 헌법이 보장하는 기본권의 종류를 설명할 수 있다.

1 인권과 기본권 (자료 1)

(1) 인권의 의미와 특징

① 의미: 인간이 인간답게 살아가기 위해 마땅히 누려야 할 기본적인 권리

② 특징 ┌ 국가나 다른 사람에 의해 함부로 침해될 수 없는 권리를 '불가침의 권리'라고 한다.

• 보편적 권리: 성별, 인종, 종교, 재산, 사회적 지위 등에 관계없이 누구나 동등하게 누려야 하는 권리
• 천부 인권: 태어나면서부터 하늘로부터 부여받은 권리
• 자연권: 국가의 법으로 보장되기 전부터 자연적으로 주어진 권리

(2) 인권의 발전 과정

① 고대의 노예나 중세의 농노들은 인간으로서 존중받지 못하고 부당한 대우와 차별을 받았음

② 절대 군주의 억압에 맞서 일어난 근대 시민 혁명을 통해 인권이 제도적으로 보장되기 시작하였음

③ 국제 연합(UN)은 인간이 보편적으로 누려야 할 인권의 기준을 제시한 세계 인권 선언을 채택하여 발표하였음 (자료 2)

(3) 인권 침해와 인권 감수성 (자료 3)

① 인권 침해 ┌ 인간의 존엄성을 훼손하거나 인종 차별, 개인 정보를 유출하는 행위 등은 인권 침해에 해당한다.

의미	개인이나 집단 또는 국가 기관 등에 의해 인권을 제대로 보장받지 못하거나 방해받는 것
원인	사회 구성원의 편견과 고정 관념, 사회의 관습, 국가의 잘못된 법률과 제도 등

② 인권 감수성 ┌ 인권 감수성은 인권이 침해된 상황에서 관련 당사자에게 어떠한 도움을 줄 수 있을지 생각하고 이를 실천하는 자세를 갖게 한다.

• 의미: 어떤 상황이나 문제를 인권과 관련하여 인식하고 민감하게 받아들여 인권의 소중함을 인식하는 태도
• 필요성: 일상생활 속에서 인권이 보장되고 있는지 살피고 인권이 침해되지 않도록 관심을 가지는 자세가 필요함

(집중 탐구) 인권 감수성이 가져온 변화

뉴욕의 디자이너 사라 헨드렌은 기존의 장애인을 상징하는 픽토그램이 수동적이고 의존적이라고 보고, 이에 휠체어를 앞으로 기울여 나아가는 능동적인 모습으로 형상화한 픽토그램을 디자인하였다. 사라 헨드렌은 새롭게 도안된 픽토그램을 뉴욕 시내에 부착된 기존 장애인 표지판 위에 붙이기 시작하였다. 이러한 사라 헨드렌의 노력은 뉴욕 시민들의 장애인에 대한 인식을 변화시켜 많은 지지를 이끌어내었다. 새로운 픽토그램은 뉴욕시의 공식적인 디자인으로 인정받게 되었고, 전 세계로 널리 퍼지게 되었다.

(자료 탐구)

(자료 1) 인권과 기본권

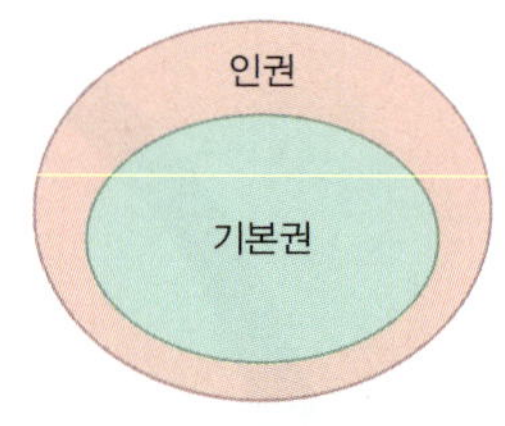

인권이 국가가 보장하기 전부터 인간에게 부여된 자연적 권리라면, 기본권은 국가가 국민의 권리를 보장할 수 있도록 헌법에 명시하여 규정한 권리이다.

(자료 2) 세계 인권 선언(1948)

세계 인권 선언은 제2차 세계 대전 이후 인권 침해 상황을 반성하고, 인권을 보호하자는 의지를 담아 국제 연합(UN)에서 채택한 합의문이다. 세계 인권 선언은 모든 인간이 보편적으로 누려야 할 인권의 기준을 제시하였으며, 그 이념과 내용이 오늘날 세계 여러 나라의 헌법에 반영되었다.

(자료 3) 유니버설 디자인

▲ 저상 버스　　　▲ 지하철 손잡이

유니버설 디자인은 누구나 편리하게 사용하도록 제품을 만들거나 사용 환경을 조성한 디자인이다. 장애인의 버스 승하차를 돕는 저상 버스와 개인의 키에 맞게 이용하도록 설계된 지하철 손잡이가 있으며, 왼손잡이의 접근성을 높이기 위한 보조 장치, 시각 장애인을 위한 점자 표시가 있는 제품, 이동의 제약이 있는 장애인을 위한 경사로 등이 있다. 이처럼 유니버설 디자인은 일상생활 속에서 사용되는 제품이나 시설이 나이, 성별, 장애 등에 의해 인권이 침해되지 않도록 관심을 갖는 인권 감수성에서 시작되었다고 볼 수 있다.

(용어 정리)

보편적 모든 것에 두루 미치거나 통하는 것
침해 침범하여 해를 끼치는 것
관습 한 사회에서 오랫동안 전해 내려와 사회 성원들이 널리 인정하는 질서나 풍습

2 기본권의 종류 (자료 4)

(1) 인권 보장과 헌법의 역할

민주 국가를 운영하는 모든 법과 제도의 기초가 되는 국가 최고의 법이다.

① 대부분의 민주 국가는 헌법에 인권 보장과 관련된 국민의 권리와 국가의 역할을 규정함

② 헌법에 명시함으로써 국가의 부당한 침해로부터 국민의 자유와 권리를 적극적으로 보장함

(2) 기본권의 의미와 종류

① 의미: 인권 중 헌법에 규정하여 보장하는 기본적인 권리

② 종류

인간의 존엄과 가치 및 행복 추구권	• 인간이라는 이유만으로 존중받으며 행복을 추구할 수 있는 권리 • 헌법에 보장된 기본권의 토대로 모든 기본권이 추구하는 궁극적인 가치이며 포괄적인 권리
자유권	국가의 간섭을 받지 않고 개인이 자유로운 생활을 할 권리 예 신체의 자유, 표현의 자유, 사생활의 자유 등
평등권	성별, 종교, 인종 등에 의해 불합리한 차별을 받지 않고 동등하게 대우받을 권리
참정권 (자료 5)	국가의 의사 결정에 참여할 수 있는 권리 예 선거권, 공무 담임권, 국민 투표권 등
사회권	인간다운 생활의 보장을 국가에 요구할 수 있는 권리 예 교육을 받을 권리, 근로의 권리, 사회 보장을 받을 권리, 건강하고 쾌적한 환경에서 생활할 권리 등
청구권 (자료 6)	기본권 침해 시 국가에 일정한 행위와 구제를 요구할 수 있는 권리 예 청원권, 재판 청구권, 국가 배상 청구권 등

집중 탐구 · 헌법 조항에 보장된 기본권

모든 기본권이 추구하는 궁극적인 가치이며 토대가 되는 권리이다. 특히 행복 추구권은 물질적 풍요뿐만 아니라 정신적 만족을 추구할 수 있는 포괄적 권리를 의미한다.

인간의 존엄과 가치 및 행복 추구권	제10조 모든 국민은 인간으로서의 존엄과 가치를 가지며, 행복을 추구할 권리를 가진다.
자유권	제17조 모든 국민은 사생활의 비밀과 자유를 침해받지 아니한다.
평등권	제11조 ① 모든 국민은 법 앞에 평등하다. 누구든지 성별·종교 또는 사회적 신분에 의하여 … 모든 영역에 있어서 차별을 받지 아니한다.
참정권	제24조 모든 국민은 법률이 정하는 바에 의하여 선거권을 가진다.
사회권	제34조 ① 모든 국민은 인간다운 생활을 할 권리를 가진다.
청구권	제26조 ① 모든 국민은 법률이 정하는 바에 의하여 국가 기관에 문서로 청원할 권리를 가진다.

자료 4 · 헌법에 보장된 기본권

> 제12조 ① … 누구든지 법률에 의하지 아니하고는 체포·구속·압수·수색 또는 심문을 받지 아니하며, 법률과 적법한 절차에 의하지 아니하고는 처벌·보안 처분 또는 강제 노역을 받지 아니한다.

신체의 자유는 법률에 의하지 않고는 신체적 구속을 받지 않음을 헌법에 의해 보장된 권리이다. 경찰이나 검찰이 피의자를 구속하기 전에 변호인 선임권·진술 거부권 등이 있음을 반드시 알려야 하는 '미란다의 원칙'도 이에 해당한다.

자료 5 · 참정권

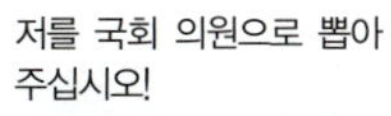

헌법에 보장된 참정권에는 선거권, 공무 담임권이 있다. 선거권은 대통령, 국회 의원, 지방 자치 단체장 등 국가 기관의 구성원을 국민이 선출하는 권리이며, 공무 담임권은 국민이 직접 공직에 취임할 수 있는 권리로 선거에 후보로 등록할 수 있는 권리와 공무원에 임명될 수 있는 권리이다.

자료 6 · 청구권

> 제27조 ① 모든 국민은 헌법과 법률이 정한 법관에 의하여 법률에 의한 재판을 받을 권리를 가진다.

청구권에는 재판 청구권, 청원권, 국가 배상 청구권 등이 있다. 재판 청구권은 모든 국민이 헌법과 법률이 정한 법관에 의해 공정하게 재판을 받을 권리이다. 청원권은 국민이 국가 기관에 자신의 의견이나 요구 사항을 문서로 제출할 수 있는 권리이며, 국가 배상 청구권은 공무원의 직무상 불법 행위로 손해를 입은 국민이 국가나 공공 단체에 정당한 배상을 청구할 수 있는 권리이다.

용어 정리

규정 규칙으로 정하여 놓은 것
명시 분명하게 드러내 보임
청구 상대편에게 일정한 행위를 요구하는 일
청원 국민이 법률에 정한 절차에 따라 국가 기관에 청하고 원하는 것

개념 확인 문제

01 빈칸에 들어갈 알맞은 말을 넣으시오.

(1) 인간이라면 누구나 마땅히 누려할 권리를 (   )(이)라고 한다.

(2) 인간이 태어나면서부터 하늘로부터 부여받은 권리를 (   )(이)라고 한다.

(3) 국가 기관이나 타인에 의해 개인의 인권이 존중받지 못하고 침해되는 것을 (   )(이)라고 한다.

(4) (   )은/는 나와 다른 사람의 권리를 소중하게 인식하고 인권 침해에 민감하게 반응하는 것이다.

(5) (   )은/는 자신의 기본권 침해 시 국가에 대해 일정한 행위를 요구할 수 있는 권리이다.

02 다음 설명이 맞으면 ○표, 틀리면 ×표 하시오.

(1) 인간의 존엄과 가치 및 행복 추구권은 모든 기본권이 추구하는 궁극적인 가치이다. (   )

(2) 사회권에는 공직자를 선출할 수 있는 선거권과 공직을 맡을 수 있는 공무 담임권이 있다. (   )

(3) 언론·출판에 자신의 생각을 자유롭게 표현할 권리는 평등권에 해당한다. (   )

03 다음 설명에 해당하는 기본권을 〈보기〉에서 고르시오.

> **보기**
> ㄱ. 사회권   ㄴ. 자유권
> ㄷ. 평등권   ㄹ. 참정권

(1) 국가 권력의 간섭을 받지 않을 권리 (   )

(2) 국가의 의사 결정에 참여할 수 있는 권리 (   )

(3) 인간다운 생활의 보장을 국가에 요구할 수 있는 권리 (   )

(4) 차별받지 않고 동등하게 대우받을 권리 (   )

04 빈칸 ㉠에 들어갈 개념을 쓰시오.

> ㉠ 은/는 헌법에서 보장하는 권리로 인간의 존엄과 가치 및 행복 추구권을 기초로 하여 평등권, 자유권, 참정권, 청구권, 사회권 등이 있다.

(   )

실력 쌓기 문제

▶ 252004-0603

01 인권에 대한 옳은 설명만을 〈보기〉에서 고른 것은?

> **보기**
> ㄱ. 일정 나이 이상의 국민에게 보장되는 권리이다.
> ㄴ. 모든 사람이 동등하게 누릴 수 있는 보편적 권리이다.
> ㄷ. 국가가 성립되고 난 후에야 법으로 보장되는 권리이다.
> ㄹ. 하늘로부터 부여받은 권리라는 뜻에서 천부 인권이라고도 한다.

① ㄱ, ㄴ   ② ㄱ, ㄷ   ③ ㄴ, ㄷ
④ ㄴ, ㄹ   ⑤ ㄷ, ㄹ

▶ 252004-0604

02 다음은 세계 인권 선언의 일부이다. 이에 대한 옳은 설명만을 〈보기〉에서 고른 것은?

> 제1조 모든 사람은 태어날 때부터 자유롭고 존엄하며 평등하다. 모든 사람은 이성과 양심을 가지고 있으므로 서로에게 형제애의 정신으로 대해야 한다.

> **보기**
> ㄱ. 근대 절대 왕정 시대에 채택된 문서이다.
> ㄴ. 여러 나라의 헌법 내용을 반영하여 완성하였다.
> ㄷ. 국제 연합에서 인권을 보장하기 위해 발표하였다.
> ㄹ. 모든 사람이 보편적으로 누려야 할 인권의 기준을 제시하였다.

① ㄱ, ㄴ   ② ㄱ, ㄷ   ③ ㄴ, ㄷ
④ ㄴ, ㄹ   ⑤ ㄷ, ㄹ

▶ 252004-0605

03 기본권에 관한 설명으로 옳지 <u>않은</u> 것은?

① 인간으로서 모두가 보장받아야 하는 권리이다.

② 개인의 사회적 지위에 따라 보장되는 범위가 다르다.

③ 자유권, 평등권, 참정권, 사회권 등이 이에 해당한다.

④ 인간으로서의 존엄과 가치 및 행복 추구권을 포함한다.

⑤ 국가의 부당한 간섭으로부터 국민의 자유와 권리를 보장하기 위한 것이다.

▶ 252004-0606

04 다음 글에 대한 옳은 설명만을 〈보기〉에서 있는 대로 고른 것은?

> 대부분의 현대 민주 국가에서는 모든 법과 제도의 기초가 되는 ㉠ 헌법에 국민의 기본적인 인권을 규정하고 있다.

보기
ㄱ. 헌법에 규정되어 보장하는 권리를 기본권이라고 한다.
ㄴ. ㉠은 국가 최고의 법으로 국민의 권리를 보장하고 있다.
ㄷ. ㉠은 국가 권력에 의해 국민의 권리가 침해되지 않도록 여러 제도를 규정하고 있다.
ㄹ. 헌법에 의해 인권이 보장되므로 국가는 임의로 권력을 행사할 수 있다.

① ㄱ, ㄴ ② ㄱ, ㄷ ③ ㄱ, ㄴ, ㄷ
④ ㄱ, ㄷ, ㄹ ⑤ ㄴ, ㄷ, ㄹ

▶ 252004-0607

05 빈칸 ㉠에 들어갈 용어로 옳은 것은?

> ㉠
>
> • 의미: 개인이나 집단 또는 국가 기관 등에 의해 인권을 제대로 보장받지 못하거나 방해받는 것
> • 원인: 사회 구성원의 편견, 국가의 불합리한 제도

① 관습 ② 선입견
③ 인권 침해 ④ 고정 관념
⑤ 인권 감수성

▶ 252004-0608

06 다음 사례를 통해 알 수 있는 내용으로 옳지 <u>않은</u> 것은?

> ○○학교는 중간고사 이후 개인의 성적과 석차를 교실 게시판에 공개하였다. 학교 측은 신속한 성적 처리를 위해 관행적으로 해 왔던 방법을 사용하였으며, 지금까지 별다른 문제가 없었다는 것을 강조하였다. 그러나 성적이 공개되기를 원하지 않는 학생들은 학교의 일방적인 방침에 피해를 받았다고 억울함을 호소하였다.

① 인권이 침해된 사례이다.
② 고정 관념에서 비롯되었다.
③ 마땅히 누려야 할 권리를 보장받지 못하였다.
④ 학생들의 의식 개선만 이루어지면 모두 해결될 것이다.
⑤ 학교는 구성원의 인권 감수성을 높이기 위한 방안을 모색해야 한다.

▶ 252004-0609

07 빈칸 ㉠에 들어갈 개념으로 옳은 것은?

① 인권 ② 기본권 ③ 천부 인권
④ 인권 감수성 ⑤ 인간의 존엄성

▶ 252004-0610

08 다음 헌법 내용에 대한 설명으로 옳지 <u>않은</u> 것은?

> **제10조** 모든 국민은 인간으로서의 존엄과 가치를 가지며, 행복을 추구할 권리를 가진다. 국가는 개인이 가지는 불가침의 기본적 인권을 확인하고 이를 보장할 의무를 진다.

① 모든 기본권 보장의 토대가 된다.
② 모든 기본권이 궁극적으로 추구하는 가치이다.
③ 개인의 인권을 보호할 의무가 국가에 있음을 규정하고 있다.
④ 국가가 필요한 경우 국민의 자유와 권리를 침해할 수 있다는 근거이다.
⑤ 국가의 부당한 간섭으로부터 국민의 자유와 권리를 보호하기 위한 내용이다.

▶ 252004-0611

09 다음 설명에 해당하는 기본권의 특징으로 옳은 것은?

> 모든 국민이 모든 생활 영역에서 부당한 차별을 받지 않고 동등하게 대우받을 권리이다.

① 모든 기본권이 추구하는 궁극적인 가치이다.
② 국가의 의사 결정에 참여할 수 있는 권리이다.
③ 국가 권력의 간섭을 받지 않을 권리도 이에 해당한다.
④ 인간다운 생활의 보장을 국가에 요구할 수 있는 권리이다.
⑤ 성별, 종교, 인종, 사회적 신분의 차이에 의해 차등적 대우를 받지 않을 권리이다.

실력 쌓기 문제

▶ 252004-0612

10 그림에 나타난 기본권에 대한 옳은 설명만을 〈보기〉에서 고른 것은?

> **보기**
> ㄱ. 부당한 차별을 받지 않고 동등하게 대우받을 권리이다.
> ㄴ. 국가 권력의 간섭을 받지 않고 자유롭게 생활할 권리이다.
> ㄷ. 국가에 최소한의 인간다운 생활의 보장을 요구할 수 있는 권리이다.
> ㄹ. 법률에 의하지 않고서는 신체적 구속을 받지 않는다는 기본권에 해당한다.

① ㄱ, ㄴ　　② ㄱ, ㄷ　　③ ㄴ, ㄷ
④ ㄴ, ㄹ　　⑤ ㄷ, ㄹ

▶ 252004-0613

11 (가), (나)에 해당하는 기본권을 바르게 연결한 것은?

> (가) 국가의 의사 결정에 참여할 수 있는 권리로 선거권, 공무 담임권 등이 있다.
> (나) 헌법에 보장된 기본권이 침해되었을 때 국가에 일정한 행위와 구제를 요청할 수 있는 권리이다.

	(가)	(나)		(가)	(나)
①	평등권	자유권	②	자유권	평등권
③	참정권	청구권	④	청구권	참정권
⑤	참정권	평등권			

▶ 252004-0614

12 다음 설명에 해당하는 권리만을 〈보기〉에서 고른 것은?

> 국가에 일정한 행위를 요구하거나 기본권이 침해당했을 때 구제를 요청할 수 있는 권리이다.

> **보기**
> ㄱ. 청원권　　　　　ㄴ. 재판 청구권
> ㄷ. 국민 투표권　　　ㄹ. 공무 담임권

① ㄱ, ㄴ　　② ㄱ, ㄷ　　③ ㄴ, ㄷ
④ ㄴ, ㄹ　　⑤ ㄷ, ㄹ

▶ 252004-0615

13 빈칸 (가)에 들어갈 답변으로 옳은 것은?

① 자기 뜻대로 직업을 선택할 수 있어요.
② 공직을 맡을 수 있는 권리를 갖고 있어요.
③ 공무원 시험에서 나이 제한을 폐지했어요.
④ 권리가 침해되었을 때 국가에 일정한 요구를 할 수 있어요.
⑤ 공무원의 불법으로 손해를 입은 국민이 배상을 청구할 수 있어요.

▶ 252004-0616

14 다음 내용에 해당하는 기본권으로 옳은 것은?

> • 교육받을 권리
> • 사회 보장을 받을 권리
> • 건강하고 쾌적한 환경에서 생활할 권리

① 자유권　　② 평등권　　③ 참정권
④ 청구권　　⑤ 사회권

서술형 문제

---

① 단계 핵심 키워드 파악하기

▶ 252004-0617

01 밑줄 친 ㉠, ㉡을 통해 알 수 있는 인권의 특징을 두 가지 서술하시오.

> - 인간은 ㉠ 인간이라는 이유만으로 누구나 존중받으며 행복하게 살 권리가 있다. 그러나 노예는 오랜 시간 동안 권리를 누리지 못했다. 특히 중세부터 근대에 이르기까지 노예를 상품으로 거래한 노예 무역이 유럽에서 주로 행해져 왔다.
> - 근대의 프랑스 혁명은 절대 군주에 저항하여 인권을 되찾고자 했던 대표적인 시민 혁명이다. 프랑스 혁명의 정신을 반영한 인권 선언은 국민의회가 국민으로서 누려야 할 권리에 대해 선포한 선언문이다. 인권 선언에는 ㉡ '인간은 태어나면서부터 자유로우며 평등한 권리를 가진다.'라는 이념을 담고 있다.

답 완성하기

인권은 성별, 인종, 종교, 사회적 지위 등에 관계없이 누구나 (　　　　)하게 누려야 하는 (　　　　) 권리이다. 또한 인권은 태어나면서 (　　　　)(으)로부터 부여받았다는 의미로 (　　　　)(이)라고도 한다.

▶ 252004-0618

02 다음 사례에서 행사된 기본권의 의미를 그에 해당하는 예를 포함하여 서술하시오.

> ○○아파트 주민들은 아파트가 도심에서 떨어진 외진 곳에 위치하고 있어 이곳을 지나는 차량들이 제한 속도와 신호를 위반하는 사례가 많아 항상 불안하다. 이에 주민들은 관련 기관에 과속 단속 카메라를 설치해 줄 것을 요구하는 문서를 여러 차례 민원으로 제출하였고, 그 결과 아파트 앞에 과속 단속 카메라가 설치되었다.

답 완성하기

(　　　　) 침해 시 국가에 대해 일정한 행위나 (　　　　)을/를 요청할 수 있는 청구권으로 (　　　　), (　　　　) 청구권, 국가 (　　　　) 청구권 등이 있다.

---

② 단계 스스로 문장 완성하기

▶ 252004-0619

03 다음은 참정권과 관련된 사례이다. (1) 밑줄 친 ㉠과 ㉡에 해당하는 기본권의 명칭을 각각 쓰고, (2) 그 의미를 서술하시오.

> - 올해로 선거 연령에 해당되어 이번 총선 ㉠ 투표에 참여할 수 있게 되었다. 투표하는 날에는 부모님만 투표소에 가셨는데 이제 나도 국민의 한 사람으로서 주권을 행사할 수 있게 되었다.
> - 이번 지방 선거에 아버지께서 후보자로 등록을 하게 되었다. 아버지께서는 ㉡ 지방 자치 단체의 구성원이 되어 우리 지역을 위해 일하는 모습을 오랫동안 꿈꿔 오셨다.

(1) ㉠ – (　　　　　　), ㉡ – (　　　　　　)

(2) ＿＿＿＿＿＿＿＿＿＿＿＿＿＿＿＿＿＿

＿＿＿＿＿＿＿＿＿＿＿＿＿＿＿＿＿＿＿＿

＿＿＿＿＿＿＿＿＿＿＿＿＿＿＿＿＿＿＿＿

▶ 252004-0620

04 (1) 빈칸 ㉠에 들어갈 용어를 쓰고, (2) ㉠의 의미를 서술하시오.

> 저상 버스는 바닥이 낮고 출입구에 계단이 없어 장애인이 손쉽게 타고 내릴 수 있도록 설계되었다. 이는 장애로 인한 인권 침해가 일어나는 상황이 있는지 민감하게 받아들이고 인식하는 　㉠　에서 비롯된 것이다.

(1) ㉠ – (　　　　　　)

(2) ＿＿＿＿＿＿＿＿＿＿＿＿＿＿＿＿＿＿

＿＿＿＿＿＿＿＿＿＿＿＿＿＿＿＿＿＿＿＿

＿＿＿＿＿＿＿＿＿＿＿＿＿＿＿＿＿＿＿＿

02~03 기본권 제한과 침해 시 구제 방법 ~ 근로자의 권리와 노동권 보장

학습 목표
• 기본권 제한의 요건 및 한계와 기본권 침해 시 구제 방법을 설명할 수 있다.
• 헌법에 보장된 근로자의 권리를 설명할 수 있다.
• 근로자의 권리 침해 사례와 권리 구제 방법을 조사할 수 있다.

1 기본권의 제한

(1) 기본권 제한의 필요성
① 지나친 기본권 행사로 타인의 기본권 침해를 방지함
② 사회 질서 혼란 및 공공의 이익 침해를 방지하기 위함

(2) 기본권 제한의 요건과 한계 [자료 1]
① 요건: 국가 안전 보장, 질서유지, 공공복리를 위해 필요한 경우
└ 사회 구성원 전체와 관련된 이익이나 복지
② 한계
└ 「군사 기지 및 군사 시설 보호법」, 「도로 교통법」, 「국토의 계획 및 이용에 관한 법률」에 근거 하여 국민의 기본권을 제한한다.
  • 국회에서 제정한 법률로써만 기본권을 제한할 수 있음
  • 국민의 자유와 권리의 본질적인 내용은 침해할 수 없음

집중 탐구 기본권 제한의 요건

▲ 군사 보호 시설 구역 내 개인 통행 제한

▲ 과속 및 음주 운전 단속

▲ 개발 제한 구역 내 토지 이용 제한

국가 안전 보장, 질서 유지, 공공복리를 위해 필요한 경우에 한하여 국가는 국민의 기본권을 제한할 수 있다. 국가는 군사 보호 시설 구역에서 개인의 통행이나 사진 촬영 등을 제한하여 국가의 안전을 보장하며, 교통질서 유지를 위해 과속 및 음주 운전을 단속하거나, 공공복리를 위해 개발 제한 구역에서의 개인 토지 이용을 제한할 수 있다. 그러나 기본권을 제한하는 경우라도 국회에서 제정한 법률에 의해서만 제한할 수 있으며, 자유와 권리의 본질적인 내용은 침해할 수 없다.

---

2 기본권 침해 시 구제 기관

└ 헌법 소원은 다른 구제 절차를 통해 침해된 기본권을 구제받지 못했을 경우, 마지막 수단으로 사용할 수 있다.

법원 [자료 2]	• 가장 기본적이고 보편적인 수단인 재판을 통해 구제함 • 법원에 소장을 제출하여 재판을 신청함 예 민사 재판, 형사 재판, 행정 재판 등
헌법 재판소	• 국가 권력에 의해 침해당한 기본권을 헌법 소원 심판을 통해 구제함 • 국민이 헌법 소원을 제기하여 구제를 요청함
국가 인권 위원회 [자료 3]	• 독립된 기구로서 인권 침해 우려가 있는 법이나 제도의 문제점을 조사하여 개선을 권고함 • 침해 내용을 진정을 넣어 구제를 요청함
국민 권익 위원회	• 행정 기관의 위법하고 부당한 처분으로부터 국민의 기본권을 보호함 • 기본권 침해 시 고충 민원을 신청하여 구제를 요청함
한국 소비자원	물건을 구입한 소비자가 입은 피해를 구제함
언론 중재 위원회	잘못된 언론 보도로 인한 인권 침해를 구제함

└ 국민 권익 위원회의 '고충 민원 처리'는 행정 기관의 부당한 처분으로 국민의 권리를 침해하는 사항에 관해 민원을 조사하고 처리하는 것을 의미한다.

자료 탐구

자료 1 기본권 제한의 근거

> 제37조 ② 국민의 모든 자유와 권리는 국가 안전 보장·질서 유지 또는 공공복리를 위하여 필요한 경우에 한하여 법률로써 제한할 수 있으며, 제한하는 경우에도 자유와 권리의 본질적인 내용을 침해할 수 없다.

헌법에서 보장하는 기본권은 국가 안전 보장, 질서 유지, 공공복리를 위해 필요한 경우 국회에서 제정한 법률로써 제한할 수 있다. 개인의 자유와 권리의 본질적인 내용을 침해할 정도로 기본권을 제한한다면 국민의 자유와 권리를 보장할 수 없으므로 기본권 제한의 요건과 한계를 명확히 한 것이다. 이는 국가 권력이 함부로 국민의 기본권을 침해할 수 없도록 하여 국민의 자유와 권리를 보장하기 위해서이다.

자료 2 재판의 종류

종류	내용
민사 재판	다른 사람에 의해 권리가 침해되었을 때 분쟁을 해결함
형사 재판	범죄 행위로 권리가 침해되었을 때 기본권을 침해한 사람을 처벌함
행정 재판	행정 기관이 국민의 권리를 침해하였을 때 권리를 구제받을 수 있음

자료 3 국가 인권 위원회

국가 인권 위원회는 인권 침해의 우려가 있는 법이나 제도의 문제점을 조사하여 개선을 권고하는 기관으로 법원이나 헌법 재판소와 같은 강제력을 가지고 있지 않다. 따라서 인권 개선이 필요한 기관은 국가 인권 위원회의 권고를 받아들이는 의지가 무엇보다 필요하다.

용어 정리

소장 소송을 제기하기 위해 법원에 제출하는 서류
진정 국가 기관에 사정을 진술하고 어떤 조치를 희망하는 것
권익 권리와 그에 따른 이익
민원 행정 기관에 원하는 바를 요구하는 것

3 헌법에 보장된 근로자의 권리 [자료 4]

(1) 근로자: 사용자에게 노동을 제공하고 임금을 받는 사람

(2) 근로자의 권리

① 우리나라 헌법에서는 근로의 권리를 기본권으로 규정하여 보장함

② 근로 기준법을 통해 근로자의 권리와 근로 조건을 향상시킴 [자료 5]

(3) 노동 3권 — 경제적 약자인 근로자가 사용자와 대등한 위치에서 근로 조건을 협의하고 결정할 수 있도록 헌법에서 보장

— 근로 시간, 휴식 시간, 임금, 휴가 등 근로자가 노동력을 제공하는 조건

단결권	근로 조건 향상을 위해 노동조합의 결성 및 가입 보장
단체 교섭권	노동조합을 통해 사용자와 근로 조건에 관하여 협상·협의
단체 행동권	사용자와의 협의가 원만하게 이루어지지 않았을 경우 일정한 절차를 거쳐 쟁의 행위 가능 예 파업, 태업 등

집중 탐구 노동 3권

▲ 단결권

▲ 단체 교섭권

▲ 단체 행동권

근로자는 사용자보다 경제적 약자로 노동권 보장을 위해 단결권, 단체 교섭권, 단체 행동권을 노동 3권으로 보장하고 있다. 근로 조건 개선을 위해 노동조합을 결성할 수 있는 단결권, 사용자와 근로 조건을 협상할 수 있는 단체 교섭권, 단체 교섭이 원만하게 이루어지지 않았을 때 파업 등의 쟁의 행위를 할 수 있는 단체 행동권을 가진다.

4 노동권의 침해 시 구제 방법 [자료 6]

(1) 노동권 침해 유형

① 부당 해고: 정당한 이유 없이 근로자를 해고하거나 해고 30일 전에 해고 계획을 서면으로 알리지 않는 행위

② 부당 노동 행위: 사용자가 근로자의 노동 3권을 침해하는 행위

- 노동조합에 가입하지 않는 것을 전제로 고용 계약을 맺는 행위
- 노동조합에 가입했다는 이유로 불이익을 주는 행위
- 노동조합의 정당한 단체 교섭 제안을 거부하는 행위

③ 근로 계약서 서면으로 미작성, 임금 체불 등

(2) 노동권 침해 시 구제 방법 — 근로자와 사용자 간의 분쟁을 조정하고, 부당 해고 및 부당 노동 행위를 제한하는 행정 기관

부당 해고	노동 위원회 구제 신청, 법원에 소송 제기 등
부당 노동 행위	노동 위원회 또는 법원에 권리 구제 신청 등
임금 체불	고용 노동부에 진정 제기, 법원에 민사 재판 청구 등

(3) 근로자의 권리 침해 문제에 대응하는 자세

① 국가(사회)적: 노동 관련 제도 개선 및 관련 법률 정비가 필요함

② 개인적: 노동 문제를 사회 문제로 인식하고 해결을 위한 노력이 필요함

[자료 4] 헌법에 보장된 근로자의 권리

> 제32조 ① 모든 국민은 근로의 권리를 가진다. 국가는 사회적·경제적 방법으로 근로자의 고용의 증진과 적정 임금의 보장에 노력하여야 하며, 법률이 정하는 바에 의하여 최저 임금제를 시행하여야 한다.
>
> 제33조 ① 근로자는 근로 조건의 향상을 위하여 자주적인 단결권·단체 교섭권 및 단체 행동권을 가진다.

우리나라 헌법은 근로자의 최소한의 인간다운 생활을 보장하기 위해 근로 조건의 기준과 근로자의 권리 행사를 위한 노동 3권을 법률로 정하고 있다. 특히, 근로 기준법에서는 근로 조건의 최저 기준을 제시하여 근로자의 권리를 보장하고 있다.

[자료 5] 근로 조건

임금	최저 임금 이상의 금액을 원칙적으로 본인에게 직접 현금으로 지급해야 한다.
근로 시간	원칙적으로 휴식 시간을 제외하고 1일 8시간 1주 40시간을 초과할 수 없다.
휴식 시간	원칙적으로 근로 시간이 4시간이면 30분 이상, 8시간이면 1시간 이상의 휴식 시간을 가져야 한다.

[자료 6] 청소년 근로자 보호

- 성인과 동일하게 최저 임금을 적용받을 수 있어요.
- 부모님의 동의서와 가족 관계 증명서가 필요해요.
- 하루 7시간, 일주일에 35시간 이내로 일을 할 수 있어요.
- 위험한 일이나 유해 업종의 일을 할 수 없어요.

청소년 근로자도 근로 기준법, 최저 임금법 등을 통해 성인 근로자와 동일한 권리를 보장받는다. 국가는 성인에 비해 사회·경제적 약자이기 때문에 청소년 근로자를 보호하기 위한 특별한 권리를 법률로 보호하고 있다.

용어 정리

노동조합 근로 조건의 개선과 근로자의 지위 향상을 위해 근로자가 조직한 단체

교섭 어떤 일을 이루기 위해 서로 의논하고 절충하는 것

쟁의 행위 특정 목적을 이루기 위해 노동조합 또는 사용자가 파업 등 근로자와 사용자 사이에 일어나는 분쟁으로 파업, 태업 등이 있다.

파업 생산 활동이나 업무 수행을 일시적으로 중단하는 집단 행동

개념 확인 문제

01 빈칸에 들어갈 알맞은 말을 쓰시오.

(1) 우리나라 헌법은 국가 안전 보장, 질서 유지, (　　　　) 을/를 위해 필요한 경우 기본권을 제한할 수 있다.

(2) 기본권 침해 시 (　　　　)에 헌법 소원 심판을 제기하여 구제를 요청할 수 있다.

(3) (　　　　)은/는 근로자의 단결권, 단체 교섭권, 단체 행동권을 말한다.

(4) (　　　　)은/는 근로자가 노동조합을 통해 사용자와 근로 조건을 협의할 수 있는 권리이다.

(5) 사용자가 정당한 이유 없이 근로자를 해고하는 행위를 (　　　　)(이)라고 한다.

02 빈칸에 들어갈 알맞은 말에 ○표 하시오.

(1) 국민의 기본권은 국회가 정한 (헌법, 법률)에 의해서만 제한할 수 있다.

(2) 과속 차량 및 음주 운전을 단속하여 개인의 자유를 제한하는 것은 (국가 안보, 질서 유지)를 위해서이다.

(3) 우리나라는 근로자의 최소한의 생활을 보장하기 위해 임금의 (최저, 최고) 수준을 보장하도록 근로 기준법에 명시하고 있다.

(4) 근로 계약서 미작성으로 발생한 노동권 침해는 (법원, 고용 노동부)에 진정서를 제출하여 구제받을 수 있다.

03 밑줄 친 부분을 바르게 고쳐 쓰시오.

(1) 법원은 보편적인 수단인 진정을 통해 침해된 권리를 구제한다.

(2) 단체 행동권은 근로 조건 향상을 위해 노동조합의 결성 및 가입이 보장되는 노동자의 권리이다.

(3) 사용자가 노동 3권을 침해하는 것을 부당 해고라고 한다.

04 다음 내용과 관련 있는 국가 기관을 〈보기〉에서 고르시오.

보기
ㄱ. 법원　　　　　　ㄴ. 고용 노동부
ㄷ. 노동 위원회　　　ㄹ. 국민 권익 위원회

(1) 임금 체불로 인한 노동권 침해 시 진정서를 제출한다.
(　　　)

(2) 행정 기관의 부당한 처분에 의해 침해된 기본권을 구제한다.
(　　　)

실력 쌓기 문제

▶ 252004-0621

01 밑줄 친 ㉠에 대한 옳은 설명만을 〈보기〉에서 고른 것은?

국민의 기본권은 헌법을 통해 보장되어 함부로 침해할 수 없지만, 우리나라 헌법에서는 ㉠ 필요한 경우에 한하여 국민의 기본권을 제한할 수 있도록 규정하고 있다.

보기
ㄱ. 국가의 안전 보장을 위해 제한할 수 있다.
ㄴ. 국가의 효율적인 통치를 목적으로 제한하고 있다.
ㄷ. 국회가 정한 법률에 의해서만 제한하도록 하고 있다.
ㄹ. 부득이한 경우 자유와 권리의 본질적인 내용도 침해할 수 있다.

① ㄱ, ㄴ　　　② ㄱ, ㄷ　　　③ ㄴ, ㄷ
④ ㄴ, ㄹ　　　⑤ ㄷ, ㄹ

▶ 252004-0622

02 다음 사례에서 기본권을 제한한 목적으로 가장 적절한 것은?

개발 제한 구역에서는 도시의 무질서한 확산을 방지하고 자연환경을 보존하기 위해 건물을 짓거나 토지를 이용하는 토지 소유자의 권리를 일부 제한한다.

① 공공복리 증진　　　　② 사회 질서 유지
③ 국가 안전 보장　　　　④ 개인의 재산권 보장
⑤ 국가 권력의 남용 방지

▶ 252004-0623

03 (중요) 그림에서 제한된 기본권의 종류와 제한한 목적을 바르게 연결한 것은?

	종류	제한 목적
①	자유권	국가 안보
②	평등권	공공복리
③	자유권	질서 유지
④	평등권	질서 유지
⑤	사회권	공공복리

▶ 252004-0624

04 빈칸 ㉠에 해당하는 인권 구제 기관에 대한 설명으로 옳은 것은?

> 기본권이 침해되었을 때 ┃ ㉠ ┃ 은/는 가장 보편적인 수단이라고 할 수 있는 재판을 통해 침해된 권리를 구제한다.

① 잘못된 언론 보도를 바로 잡는다.
② 민원을 접수하여 고충을 해결한다.
③ 기본권을 보장할 수 있는 법률을 제정한다.
④ 권리를 침해한 사람을 법률에 의해 처벌한다.
⑤ 인권 침해 행위를 조사하여 시정을 권고한다.

▶ 252004-0625

05 (주요) 다음에 해당하는 국가 기관에 대한 옳은 설명만을 〈보기〉에서 고른 것은?

> • 침해된 인권을 구제하는 독립된 국가 기관
> • 인권 침해 우려가 있는 제도의 개선 권고

보기
> ㄱ. 재판을 통해 침해된 권리를 구제한다.
> ㄴ. 진정을 내면 인권 침해 행위를 조사한다.
> ㄷ. 인권 침해나 차별 행위를 조사하여 구제한다.
> ㄹ. 인권 침해가 발생하면 법에 따라 해당자를 처벌한다.

① ㄱ, ㄴ   ② ㄱ, ㄷ   ③ ㄴ, ㄷ
④ ㄴ, ㄹ   ⑤ ㄷ, ㄹ

▶ 252004-0626

06 인권 침해 시 구제 방법으로 적절하지 <u>않은</u> 것은?

① 물건을 구입한 소비자가 입은 피해는 한국 소비자원에 구제를 요청한다.
② 타인에 의해 권리를 침해당한 사람이 법원에 소송을 제기하여 재판을 받는다.
③ 시청의 잘못된 처분으로 인해 권리를 침해당한 자영업자는 행정 소송을 제기한다.
④ 국가 권력에 의해 기본권을 침해당한 국민이 국가 인권 위원회에 헌법 소원을 제기한다.
⑤ 행정 기관의 부당한 처분으로 피해를 입은 시민은 국민 권익 위원회에 구제를 요청한다.

▶ 252004-0627

07 다음 글에 대한 조언으로 가장 적절한 것은?

> 얼마 전 길을 걷다가 한 방송 프로그램을 촬영하는 카메라에 제 얼굴이 찍히는 일이 있었습니다. 저는 방송 관계자에게 제 얼굴이 방송에 나오지 않게 해달라고 요청했고, 제 얼굴이 나오지 않게 하겠다는 약속을 받았습니다. 그런데 약속과 달리 해당 프로그램에 제 얼굴이 나오는 겁니다. 저는 어떻게 해야 할까요?

① 법원에 헌법 소원을 청구하세요.
② 헌법 재판소에 행정 심판을 제기하세요.
③ 언론 중재 위원회에 피해를 접수하세요.
④ 국민 권익 위원회에 재판을 신청하세요.
⑤ 국가 인권 위원회에 민사 재판을 제기하세요.

▶ 252004-0628

08 빈칸 ㉠에 해당하는 인권 구제 기관으로 가장 적절한 것은?

① 법원   ② 헌법 재판소
③ 한국 소비자원   ④ 언론 중재 위원회
⑤ 국가 인권 위원회

▶ 252004-0629

09 근로자에 대한 옳은 설명만을 〈보기〉에서 고른 것은?

보기
> ㄱ. 근로에 대한 대가로 임금을 지급한다.
> ㄴ. 한식당을 운영하는 자영업자도 해당된다.
> ㄷ. 사용자에 비해 경제적 약자의 위치에 있다.
> ㄹ. 근로 기준법에서 근로의 권리를 보장받고 있다.

① ㄱ, ㄴ   ② ㄱ, ㄷ   ③ ㄴ, ㄷ
④ ㄴ, ㄹ   ⑤ ㄷ, ㄹ

실력 쌓기 문제

▶ 252004-0630

10 근로자의 권리에 대한 내용으로 옳지 <u>않은</u> 것은?

① 헌법에서 노동 3권을 보장받는다.
② 사용자에게 최저 임금 이상을 요구할 수 있다.
③ 근로권 침해 시 일정한 절차를 거쳐 구제받을 수 있다.
④ 청소년 근로자는 성인과 달리 근로권을 보장받을 수 없다.
⑤ 근로 기준법에 따라 임금, 노동 시간, 휴식 시간 등을 보장받는다.

▶ 252004-0631

11 (가), (나)에 해당하는 권리를 바르게 연결한 것은?

> (가) 근로자는 근로 조건 향상을 위해 노동조합을 결성하고 가입하여 활동할 수 있다.
> (나) 근로자는 사용자와의 협의가 원만하게 이루어지지 않았을 경우 일정한 절차를 거쳐 쟁의 행위를 할 수 있다.

	(가)	(나)
①	단결권	단체 교섭권
②	단결권	단체 행동권
③	단체 교섭권	단결권
④	단체 행동권	단결권
⑤	단체 행동권	단체 교섭권

▶ 252004-0632

12 노동권 침해 사례에 해당하는 내용만을 〈보기〉에서 고른 것은?

> **보기**
> ㄱ. 채용 절차를 간소화하기 위해 근로 계약서 작성은 생략하였다.
> ㄴ. 파업 등의 쟁의 행위를 하지 않는다는 조건으로 직원을 채용하였다.
> ㄷ. 임금은 매달 일정한 날짜에 본인에게 직접 최저 임금 이상으로 주었다.
> ㄹ. 재정의 어려움으로 근로자를 해고하기 위해 30일 전에 서면으로 알려주었다.

① ㄱ, ㄴ   ② ㄱ, ㄷ   ③ ㄴ, ㄷ
④ ㄴ, ㄹ   ⑤ ㄷ, ㄹ

▶ 252004-0633

13 다음 사례에 대한 설명으로 옳지 <u>않은</u> 것은?

> △△노조는 올해 임금 인상과 노동 환경 개선을 위해 회사에 여러 차례 노사 협상을 요구하였으나 회사는 여러 가지 이유를 들면서 교섭에 응하지 않고 있다.

① 부당 노동 행위에 해당한다.
② 근로자의 단결권을 침해한 사례이다.
③ 법원에 소송을 제기하여 구제받을 수 있다.
④ 노동 위원회를 통해 침해된 노동권을 구제받을 수 있다.
⑤ 근로자가 사용자보다 불리한 위치에 있기 때문에 발생되기도 한다.

▶ 252004-0634

14 빈칸 ㉠에 해당하는 기관만을 〈보기〉에서 고른 것은?

> 갑은 ○○회사의 10년 근속 직원으로 모범 사원상까지 받았다. 그런데 최근 인사과로부터 갑이 노동조합에 가입되어 있다는 이유로 이번 승진 대상자에서 제외되었다는 통보를 받았다. 이번 승진이 기정사실이라고 철석같이 믿었던 갑은 ㉠ 을/를 통해 침해된 근로권을 보장받고자 한다.

> **보기**
> ㄱ. 법원   ㄴ. 행정 안전부
> ㄷ. 노동 위원회   ㄹ. 한국 소비자원

① ㄱ, ㄴ   ② ㄱ, ㄷ   ③ ㄴ, ㄷ
④ ㄴ, ㄹ   ⑤ ㄷ, ㄹ

▶ 252004-0635

15 근로자의 권리 보장을 위해 필요한 자세로 적절하지 <u>않은</u> 것은?

① 사용자는 근로자의 노동 3권을 보장하도록 노력한다.
② 근로자는 근로 기준법에 보장된 근로 조건에 관심을 가진다.
③ 노동권이 침해된 경우에는 관련 국가 기관에 도움을 요청한다.
④ 근로자와 사용자가 서로 존중하면서 원만한 노사관계를 형성한다.
⑤ 근로자는 사용자와의 협력을 위해 노동조합 가입을 자제하도록 한다.

서술형 문제

① 단계 핵심 키워드 파악하기

▶ 252004-0636

01 밑줄 친 ㉠의 내용을 구체적으로 서술하시오.

> 우리나라 헌법에서는 집회·결사의 자유를 국민의 기본권으로 보장하고 있다. 그러나 최근 정부는 대규모 집회로 인해 교통 혼잡이 발생하여 시민들이 불편을 겪자 전면적으로 도심에서의 집회를 금지하였다. 이는 우리나라 헌법에서 국가는 필요한 경우 ㉠ 기본권을 제한할 수 있지만, 국민의 기본권을 제한하더라도 한계가 있음을 명확히 인식하고 이를 지키기 위한 노력을 해야 한다는 것에 위배된다.

답 완성하기

우리나라 헌법에서는 (   ), 질서 유지, (   )을/를 위하여 필요한 경우에 국민의 (   )을/를 제한할 수 있도록 하고 있다. 그러나 제한하는 경우에도 국민의 (   )와/과 (   )의 (   )인 내용을 침해할 수 없다고 규정하고 있다.

▶ 252004-0637

02 인터넷상의 답변을 참고하여 (1) 빈칸 ㉠에 들어갈 제도를 쓰고, (2) 그 의미를 서술하시오.

> **Q** 궁금해요
>
> [㉠]은/는 어떤 제도인가요?
> └ 근로 기준법에서 그 내용이 명시되어 있어요.
> └ 2025년 기준으로 10,030원이에요.
> └ 청소년도 성인과 동일하게 같은 금액을 보장받아요.
> └ 사용자는 이를 준수하여 월급을 지급해야 한답니다.

답 완성하기

(1) ㉠ – (   )

(2) (   )은/는 근로자의 (   )의 (   ) 수준을 보장하도록 근로 기준법에 정하여 근로자를 보호하는 제도이다.

② 단계 스스로 문장 완성하기

▶ 252004-0638

03 (1) 빈칸 ㉠에 들어갈 국가 기관을 쓰고, (2) 그 역할과 특징을 서술하시오.

> 청각 장애를 겪고 있는 A양은 실용음악과 입학을 희망하여 학업과 함께 실기를 준비해 왔다. 그런데 A양이 입학하고자 하는 대학교에서는 청각 장애인이 수업을 들을 수 있는 시설이 마련되어 있지 않다는 이유로 시험 응시 자체를 제한하였다. 이에 A양은 자신의 권리가 침해되었다며 독립 기구인 [㉠]에 진정을 제기하였다.

(1) ㉠ – (   )

(2) ____________________

▶ 252004-0639

04 (1) 그림에서 침해된 노동권의 명칭을 쓰고, (2) 그 의미를 서술하시오.

(1) ____________________

(2) ____________________

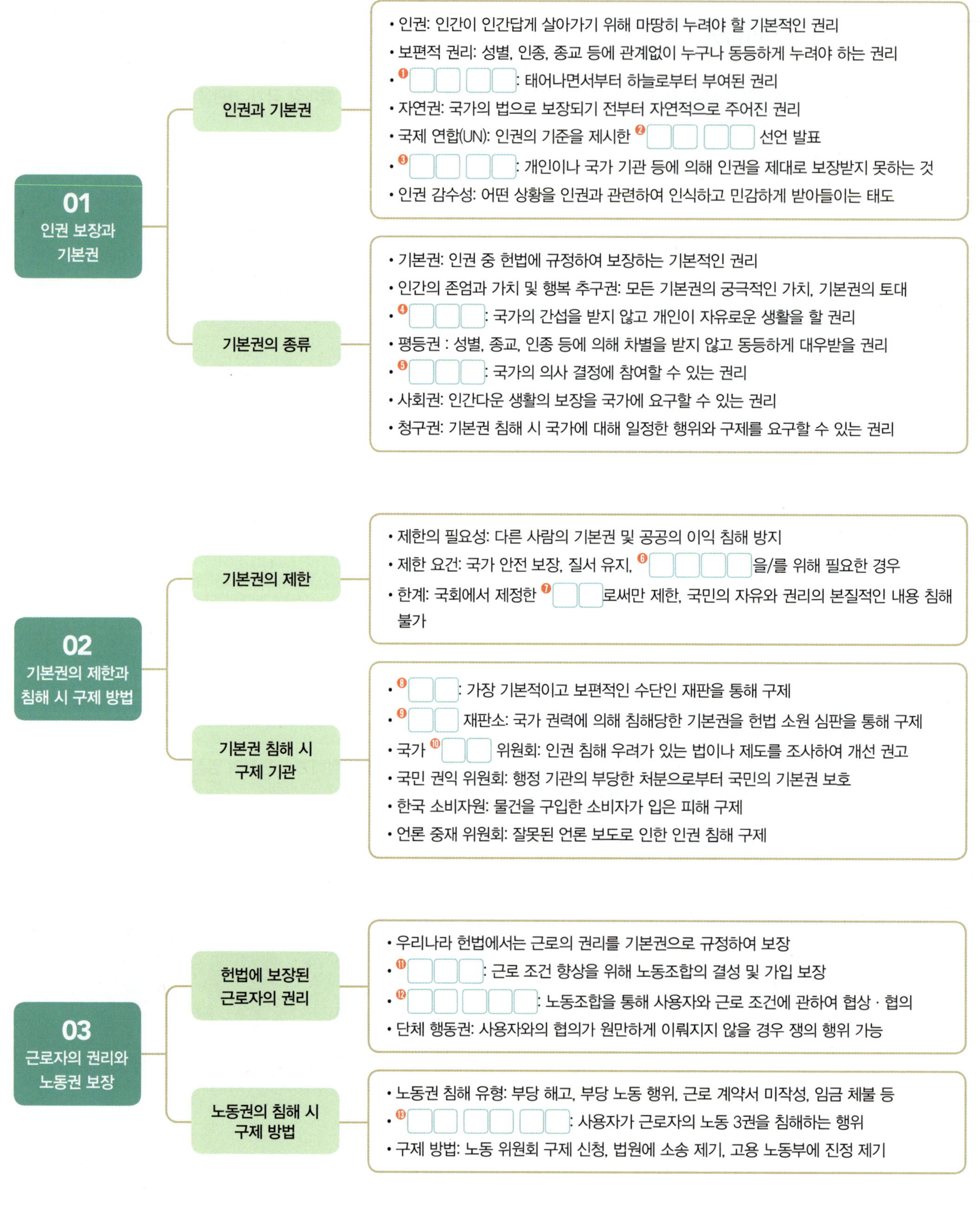

01 인권 보장과 기본권

인권과 기본권

- 인권: 인간이 인간답게 살아가기 위해 마땅히 누려야 할 기본적인 권리
- 보편적 권리: 성별, 인종, 종교 등에 관계없이 누구나 동등하게 누려야 하는 권리
- ❶ ⬜⬜⬜⬜: 태어나면서부터 하늘로부터 부여된 권리
- 자연권: 국가의 법으로 보장되기 전부터 자연적으로 주어진 권리
- 국제 연합(UN): 인권의 기준을 제시한 ❷ ⬜⬜⬜⬜ 선언 발표
- ❸ ⬜⬜⬜⬜: 개인이나 국가 기관 등에 의해 인권을 제대로 보장받지 못하는 것
- 인권 감수성: 어떤 상황을 인권과 관련하여 인식하고 민감하게 받아들이는 태도

기본권의 종류

- 기본권: 인권 중 헌법에 규정하여 보장하는 기본적인 권리
- 인간의 존엄과 가치 및 행복 추구권: 모든 기본권의 궁극적인 가치, 기본권의 토대
- ❹ ⬜⬜⬜: 국가의 간섭을 받지 않고 개인이 자유로운 생활을 할 권리
- 평등권 : 성별, 종교, 인종 등에 의해 차별을 받지 않고 동등하게 대우받을 권리
- ❺ ⬜⬜⬜: 국가의 의사 결정에 참여할 수 있는 권리
- 사회권: 인간다운 생활의 보장을 국가에 요구할 수 있는 권리
- 청구권: 기본권 침해 시 국가에 대해 일정한 행위와 구제를 요구할 수 있는 권리

02 기본권의 제한과 침해 시 구제 방법

기본권의 제한

- 제한의 필요성: 다른 사람의 기본권 및 공공의 이익 침해 방지
- 제한 요건: 국가 안전 보장, 질서 유지, ❻ ⬜⬜⬜⬜⬜을/를 위해 필요한 경우
- 한계: 국회에서 제정한 ❼ ⬜⬜로써만 제한, 국민의 자유와 권리의 본질적인 내용 침해 불가

기본권 침해 시 구제 기관

- ❽ ⬜⬜: 가장 기본적이고 보편적인 수단인 재판을 통해 구제
- ❾ ⬜⬜ 재판소: 국가 권력에 의해 침해당한 기본권을 헌법 소원 심판을 통해 구제
- 국가 ❿ ⬜⬜ 위원회: 인권 침해 우려가 있는 법이나 제도를 조사하여 개선 권고
- 국민 권익 위원회: 행정 기관의 부당한 처분으로부터 국민의 기본권 보호
- 한국 소비자원: 물건을 구입한 소비자가 입은 피해 구제
- 언론 중재 위원회: 잘못된 언론 보도로 인한 인권 침해 구제

03 근로자의 권리와 노동권 보장

헌법에 보장된 근로자의 권리

- 우리나라 헌법에서는 근로의 권리를 기본권으로 규정하여 보장
- ⑪ ⬜⬜⬜: 근로 조건 향상을 위해 노동조합의 결성 및 가입 보장
- ⑫ ⬜⬜⬜⬜: 노동조합을 통해 사용자와 근로 조건에 관하여 협상·협의
- 단체 행동권: 사용자와의 협의가 원만하게 이뤄지지 않을 경우 쟁의 행위 가능

노동권의 침해 시 구제 방법

- 노동권 침해 유형: 부당 해고, 부당 노동 행위, 근로 계약서 미작성, 임금 체불 등
- ⑬ ⬜⬜⬜⬜⬜⬜: 사용자가 근로자의 노동 3권을 침해하는 행위
- 구제 방법: 노동 위원회 구제 신청, 법원에 소송 제기, 고용 노동부에 진정 제기

정답 ❶ 천부 인권 ❷ 세계 인권 ❸ 인권 침해 ❹ 자유권 ❺ 참정권 ❻ 공공복리 ❼ 법률 ❽ 법원 ❾ 헌법 ❿ 인권 ⑪ 단결권 ⑫ 단체 교섭권 ⑬ 부당 노동 행위

대단원 마무리 문제

▶ 252004-0640

01 다음에 해당하는 개념에 대한 옳은 설명만을 〈보기〉에서 고른 것은?

- 인간답게 살기 위해 누려야 할 권리
- 인간이라는 이유로 누구나 가지는 권리

┌ 보기 ┐
ㄱ. 누구나 존중받으며 행복하게 살 권리이다.
ㄴ. 국가 권력에 의해 침해될 수 없는 권리이다.
ㄷ. 국가가 부여해야만 보장받을 수 있는 권리이다.
ㄹ. 재산 및 사회적 신분에 따라 차등 있게 부여되는 권리이다.

① ㄱ, ㄴ　　　　② ㄱ, ㄷ　　　　③ ㄴ, ㄷ
④ ㄴ, ㄹ　　　　⑤ ㄷ, ㄹ

▶ 252004-0641

02 다음 설명에 해당하는 사례로 가장 적절한 것은?

개인이나 집단 또는 국가 기관 등에 의해 인권을 제대로 보장받지 못하거나 침해당하는 것을 말한다.

① 미성년자라는 이유로 주류를 살 수 없었다.
② 대학 입시의 성적에 따라 합격자를 선발하였다.
③ 판매 실적에 따라 직원들의 성과급에 차등을 두었다.
④ 탑승 가능한 키에 해당되지 않아 놀이기구를 이용할 수 없었다.
⑤ 투표소에 장애인의 이동에 필요한 승강기가 없어 투표할 수 없었다.

▶ 252004-0642

03 다음 설명에 해당하는 권리만을 〈보기〉에서 고른 것은?

국가의 의사 결정에 참여할 수 있는 권리로 국민 주권의 원리를 실현하는 수단이다.

┌ 보기 ┐
ㄱ. 선거권　　　　　　ㄴ. 청원권
ㄷ. 공무 담임권　　　　ㄹ. 국가 배상 청구권

① ㄱ, ㄴ　　　　② ㄱ, ㄷ　　　　③ ㄴ, ㄷ
④ ㄴ, ㄹ　　　　⑤ ㄷ, ㄹ

서술형

▶ 252004-0643

04 빈칸 ㉠에 들어갈 용어를 쓰고, 밑줄 친 ㉡이 기본권으로서 지니는 성격을 서술하시오.

국가는 법과 제도를 마련하여 사회 구성원의 인권을 실질적으로 보장하기 위해 노력하고 있다. 이에 대부분의 민주주의 국가에서는 모든 법과 제도의 기초가 되는 ㉠ 에 국민의 기본적 인권을 규정하고 있다. 특히, ㉡ 인간의 존엄과 가치 및 행복 추구권을 보장하여 인간다운 삶을 누릴 수 있도록 하고 있다.

▶ 252004-0644

05 다음 사례에서 행사된 기본권으로 옳은 것은?

○○초등학교 앞 횡단보도에는 신호등이 없어 어린이들이 등하교를 할 때마다 사고의 위험성이 매우 높다. 이에 ○○초등학교 학부모회에서는 관할 구청에 민원을 제기하여 신호등을 조속히 설치해 줄 것을 요구하였다.

① 평등권　　　　② 자유권　　　　③ 사회권
④ 참정권　　　　⑤ 청구권

중요

▶ 252004-0645

06 다음 헌법 조항이 보장하고 있는 기본권에 대한 설명으로 옳은 것은?

제31조 ① 모든 국민은 능력에 따라 균등하게 교육을 받을 권리를 가진다.
제32조 ① 모든 국민은 근로의 권리를 가진다.
제34조 ① 모든 국민은 인간다운 생활을 할 권리를 가진다.

① 모든 국민이 부당한 차별을 받지 않을 권리이다.
② 국민이 국가의 간섭에서 자유롭게 생활할 권리이다.
③ 국가의 의사 결정 과정에 참여할 수 있는 권리이다.
④ 인간다운 생활의 보장을 국가에 요구할 수 있는 권리이다.
⑤ 다른 기본권이 침해되었을 때 구제를 요청할 수 있는 권리이다.

▶ 252004-0646

07 그림에 나타난 사례에서 보장된 기본권을 바르게 연결한 것은?

(가)

(나)

	(가)	(나)		(가)	(나)
①	평등권	자유권	②	청구권	사회권
③	참정권	청구권	④	청구권	참정권
⑤	참정권	평등권			

▶ 252004-0647

08 우리나라 헌법 조항의 일부이다. 빈칸 ㉠에 들어갈 용어를 쓰고, 밑줄 친 (가)에 해당하는 경우를 세 가지 서술하시오.

제37조 ② 국민의 모든 자유와 권리는 … (중략) … (가) 필요한 경우에 한하여 ㉠ (으)로써 제한할 수 있으며, 제한하는 경우에도 자유와 권리의 본질적인 내용을 침해할 수 없다.

▶ 252004-0648

09 다음 설명에 해당하는 기관으로 옳은 것은?

행정 기관의 잘못된 처분으로 권리가 침해된 국민이 고충 민원을 제기하면 조사하여 잘못된 부분을 고치도록 조치한다.

① 법원
② 헌법 재판소
③ 한국 소비자원
④ 국민 권익 위원회
⑤ 언론 중재 위원회

▶ 252004-0649

10 다음 사례에서 침해된 기본권을 구제하는 방법으로 옳은 것만을 〈보기〉에서 고른 것은?

B군은 나이팅게일과 같은 간호사를 꿈꾸며 관련 고등학교 진학을 희망하고 있다. 그런데 지원하고자 하는 ○○간호 고등학교에서는 올해 입학 지원 자격을 여학생으로 한정하였다.

보기
ㄱ. 법원에 형사 소송을 청구한다.
ㄴ. 국가 인권 위원회에 진정을 제기한다.
ㄷ. 헌법 재판소에 헌법 소원 심판을 청구한다.
ㄹ. 국민 권익 위원회에 형사 재판을 신청하여 구제를 요청한다.

① ㄱ, ㄴ
② ㄱ, ㄷ
③ ㄴ, ㄷ
④ ㄴ, ㄹ
⑤ ㄷ, ㄹ

▶ 252004-0650

11 밑줄 친 ㉠~㉤ 중 옳지 않은 것은?

㉠ 근로자는 사용자에게 노동을 제공하고 임금을 받는 사람이다. 우리나라 헌법은 근로자가 최소한의 생활을 할 수 있도록 ㉡ 최고 임금제를 시행하고, ㉢ 근로 조건의 기준을 법률로 정하고 있다. 우리나라 헌법은 근로자가 사용자와 대등한 위치에서 근로 조건을 협의할 ㉣ 노동 3권을 보장하고 있다. 근로자는 ㉤ 단결권, 단체 교섭권, 단체 행동권을 가진다.

① ㉠
② ㉡
③ ㉢
④ ㉣
⑤ ㉤

▶ 252004-0651

12 노동권 침해에 해당하는 사례만을 〈보기〉에서 고른 것은?

보기
ㄱ. 실적이 좋아 최저 임금보다 높은 월급을 받았다.
ㄴ. 회사 사정을 이유로 월급을 4개월째 받지 못했다.
ㄷ. 휴일 출근을 희망하여 그에 따른 수당을 지급받았다.
ㄹ. 계약서 작성 시 서면으로 작성하지 않도록 강요받았다.

① ㄱ, ㄴ
② ㄱ, ㄷ
③ ㄴ, ㄷ
④ ㄴ, ㄹ
⑤ ㄷ, ㄹ

▶ 252004-0652

13 그림에서 행사된 노동권에 대한 설명으로 옳지 <u>않은</u> 것은?

① 단체 행동권에 해당한다.
② 근로자의 쟁의 행위에 해당한다.
③ 노동 3권에서 보장하고 있는 권리이다.
④ 경제적 약자인 근로자를 보호하기 위한 권리이다.
⑤ 노동조합을 통해 근로자가 사용자와 협의할 수 있는 권리이다.

▶ 252004-0653

14 다음 사례에 공통적으로 나타난 노동권 침해 행위로 옳은 것은?

> • 노동조합에 가입해 활동했다는 이유로 근로자의 임금을 줄이고, 노동조합의 탈퇴를 강요하였다.
> • 근로자들은 처우 개선을 위한 협상을 회사 측에 요구하였으나 사용자는 이를 거부하고 계속 협상을 요구할 시 노동조합을 해체하겠다고 하였다.

① 부당 해고　　　　② 임금 체불
③ 부당 노동 행위　　④ 초과 근무 강요
⑤ 근로 계약서 미작성

▶ 252004-0654

15 다음 사례에서 침해된 노동권을 구제받을 수 있는 방법으로 가장 적절한 것은?

> 갑은 학교 근처 편의점에서 아르바이트를 하고 있다. 그런데 일을 시작한지 3개월 동안 편의점 사정이 어렵다는 이유로 월급을 받지 못하고 있다. 사업주는 몇 달만 기다려 달라는 말만 할뿐 약속을 지킬 의지가 보이지 않는다.

① 고용 노동부에 진정을 제기한다.
② 행정 소송을 통해 권리를 구제받는다.
③ 헌법 재판소에 헌법 소원을 청구한다.
④ 국가 인권 위원회에 진정서를 제출한다.
⑤ 국민 권익 위원회에 고충 민원을 제기한다.

고난도 실력 향상 문제

▶ 252004-0655

01 다음은 세계 인권 선언의 일부분이다. 이에 대한 옳은 설명만을 〈보기〉에서 고른 것은?

> 제1조 ⊙ 모든 사람은 태어날 때부터 자유롭고 존엄하며 평등하다. 모든 사람은 이성과 양심을 가지고 있으므로 서로에게 형제애의 정신으로 대해야 한다.
> 제2조 ⓒ 모든 사람은 인종, 피부색, 성별, 언어, 종교 등 어떤 이유로도 차별받지 않으며 이 선언에 나와 있는 모든 권리와 자유를 누릴 자격이 있다.

> **보기**
> ㄱ. ⊙은 국가 성립 이후 인권이 보장되었음을 나타낸다.
> ㄴ. ⓒ은 헌법에 보장된 기본권 중 평등권의 내용을 설명하고 있다.
> ㄷ. ⊙, ⓒ을 통해 인권은 모든 사람이 동등하게 누리는 보편적 권리임을 알 수 있다.
> ㄹ. 인권은 그에 관한 정신을 담은 문서가 만들어진 후에야 비로소 누릴 수 있는 것임을 강조한다.

① ㄱ, ㄴ　　　② ㄱ, ㄷ　　　③ ㄴ, ㄷ
④ ㄴ, ㄹ　　　⑤ ㄷ, ㄹ

▶ 252004-0656

02 다음 헌법 조항에 대한 옳은 설명만을 〈보기〉에서 고른 것은?

> 제12조 ① … 누구든지 법률에 의하지 아니하고는 체포·구속·압수·수색 또는 심문을 받지 아니하며, 법률과 적법한 절차에 의하지 아니하고는 처벌·보안 처분 또는 강제 노역을 받지 아니한다.

> **보기**
> ㄱ. 사회권과 관련된 조항이다.
> ㄴ. 신체의 자유를 보장하고 있다.
> ㄷ. 국가의 간섭으로부터 자유로울 권리에 해당한다.
> ㄹ. 국가에 대하여 일정한 행위를 요구할 수 있는 권리이다.

① ㄱ, ㄴ　　　② ㄱ, ㄷ　　　③ ㄴ, ㄷ
④ ㄴ, ㄹ　　　⑤ ㄷ, ㄹ

문제 ▶ 우리 주변의 인권 침해 사례를 조사하고, 인권을 보호하는 시민 단체의 홍보물을 만들어 봅시다.

A 활동 계획 세우기

1. 우리 주변에 인권이 침해된 사례를 인터넷, 뉴스, 도서, 신문 등 다양한 매체를 이용하여 조사한다.
2. 인권 침해 사례의 내용, 유형, 발생 원인, 해결 방안 등을 중심으로 조사하여 기록한다.
3. 조사한 인권 침해 문제 해결을 목적으로 수립된 시민 단체를 구상하여 홍보물을 만든다.
4. 구상한 시민 단체의 홍보물은 명칭, 상징 로고, 성립 배경, 활동 내용 등을 넣어 만든다.

B 활동하기

1. 인권 침해 사례의 내용, 유형, 발생 원인, 해결 방안 등을 기록하여 활동지를 작성한다.

예시

인권 침해의 내용	• 지하철 이용에 있어 계단이 많아 장애인의 통행에 제약이 많았다. • 장애인 주차 구역에 일반인의 차량이 주차되어 있거나 차량으로 막는 경우가 있었다. • 장애인 화장실이 마련되어 있지 않은 건물이 많았다. • 장애인용 접근로와 보도블럭이 설치되지 않은 곳이 많았다.
인권 침해의 유형	• 장애인이 자유롭게 이동할 수 있는 자유권과 평등권이 침해되었다.
인권 침해의 발생 원인	• 장애인을 위한 제도 및 법의 수준이 미흡하다. • 사회 구성원의 장애인에 대한 배려 의식이 부족하다.
인권 침해의 해결 방안	• 장애인을 위한 편의 시설을 확대하는 제도적 보완이 필요하다. • 장애인의 인권을 생각하고 인권 침해 요인이 없는지 살피는 데 필요한 인권 감수성을 높인다.

2. 작성한 활동지를 토대로 인권 침해 사례를 해결하는 시민 단체를 구상하여 홍보물을 만든다.

예시

〈앞면〉	〈속지〉	〈속지〉
'같이'의 가치 상징 로고	1. 성립 배경 2. 성립 목적 3. 활동 내용 〈작성 tip〉 인권 침해 사례와 관련된 사진을 찍어 활용하세요.	

평가하기

채점 기준	상	중	하
일상생활에서 나타나는 인권 침해 사례를 적절하게 제시하였는가?			
인권 침해의 내용 및 유형, 발생 원인, 해결 방안을 정확하게 분석하여 활동지를 작성하였는가?			
시민 단체가 인권 침해 문제를 해결할 수 있는 실천 가능성이 있는가?			
시민 단체의 성격과 활동 내용을 구체적으로 기록하고 홍보물을 창의적으로 제작하였는가?			

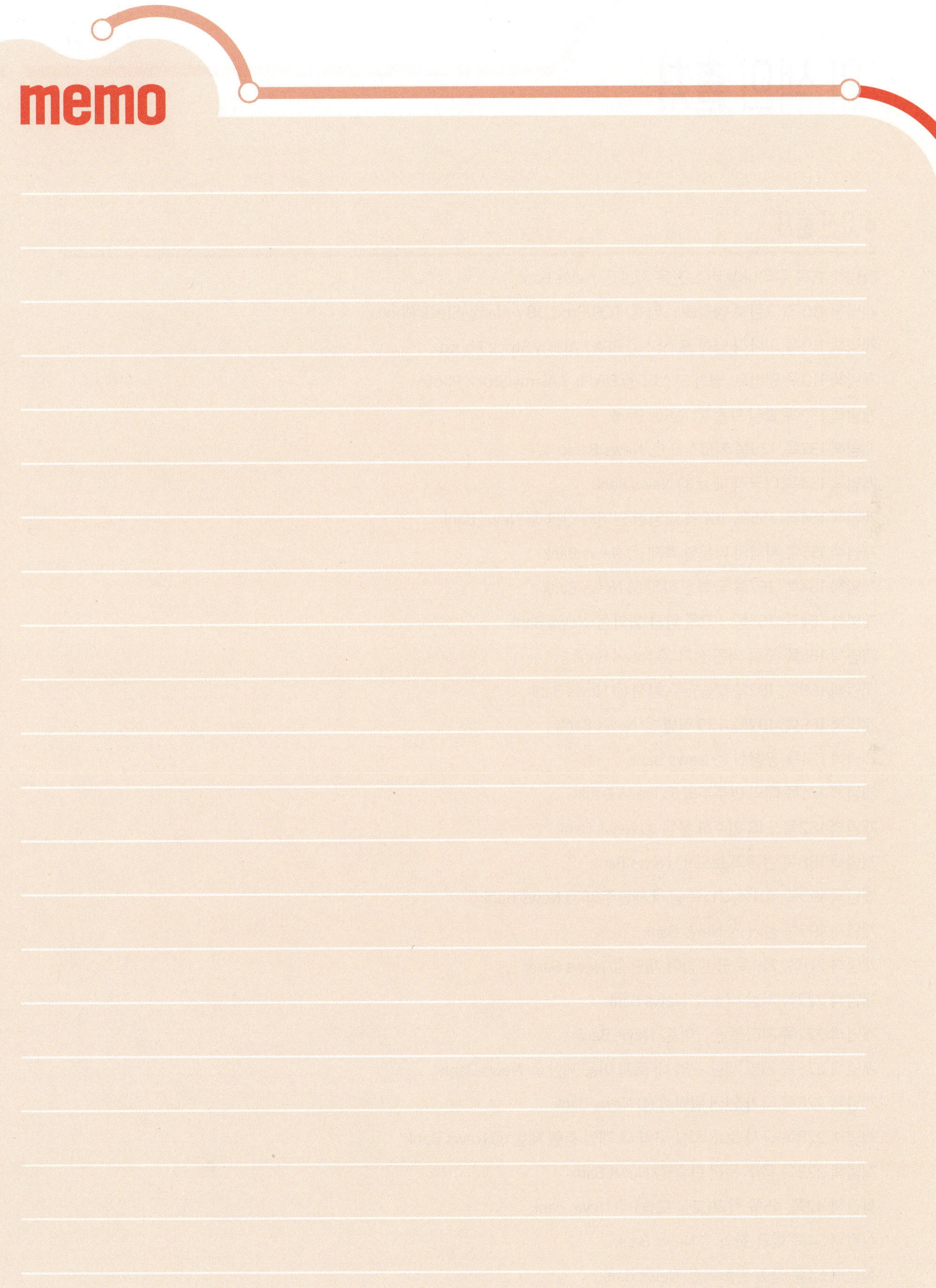
memo

이 책의 출처

● 사진 출처

개념책 15쪽 우리나라 버스 전용 차로 ⓒ News Bank

개념책 110쪽 그린북 영화 포스터 ⓒ TCD/Prod.DB / Alamy Stock Photo

개념책 110쪽 미나리 영화 포스터 ⓒ BFA / Alamy Stock Photo

개념책 110쪽 엔칸토 영화 포스터 ⓒ FlixPix / Alamy Stock Photo

개념책 132쪽 교실 모습 ⓒ News Bank

개념책 132쪽, 135쪽 키오스크 ⓒ News Bank

개념책 154쪽 다국적 메뉴 ⓒ News Bank

개념책 154쪽, 155쪽, 160쪽 다양한 언어의 간판 ⓒ News Bank

개념책 155쪽 지역의 다문화 축제 ⓒ News Bank

개념책 164쪽, 167쪽 국회 본회의 ⓒ News Bank

개념책 164쪽, 165쪽, 167쪽 학급 회의 ⓒ News Bank

개념책 165쪽 국회 의원 선거 ⓒ News Bank

개념책 169쪽, 182쪽 6월 민주 항쟁 ⓒ News Bank

개념책 169쪽, 182쪽 4·19 혁명 ⓒ News Bank

개념책 174쪽 공청회 ⓒ News Bank

개념책 174쪽 대의 민주주의 ⓒ News Bank

개념책 182쪽 5·18 민주화 운동 ⓒ News Bank

개념책 188쪽 언론의 보도 ⓒ News Bank

개념책 193쪽, 211쪽, 215쪽 공개 재판주의 ⓒ News Bank

개념책 199쪽 선거 ⓒ News Bank

개념책 211쪽, 219쪽 국민 참여 재판 ⓒ News Bank

개념책 222쪽 저상 버스 ⓒ News Bank

개념책 222쪽 지하철 손잡이 ⓒ News Bank

개념책 228쪽 개발 제한 구역 내 토지 이용 제한 ⓒ News Bank

개념책 228쪽 국가 인권 위원회 ⓒ News Bank

개념책 228쪽 군사 보호 시설 구역 내 개인 통행 제한 ⓒ News Bank

개념책 228쪽 음주 운전 단속 ⓒ News Bank

실전책 42쪽, 45쪽 학교(교실 모습) ⓒ News Bank

실전책 54쪽 학급 회의 ⓒ News Bank

실전책 54쪽 국회 본회의 ⓒ News Bank

실전책 55쪽 4·19 혁명 ⓒ News Bank

중학 영어듣기능력평가
완벽대비

전국 시·도교육청 주관
영어듣기능력평가
실전 대비서
중1~중3

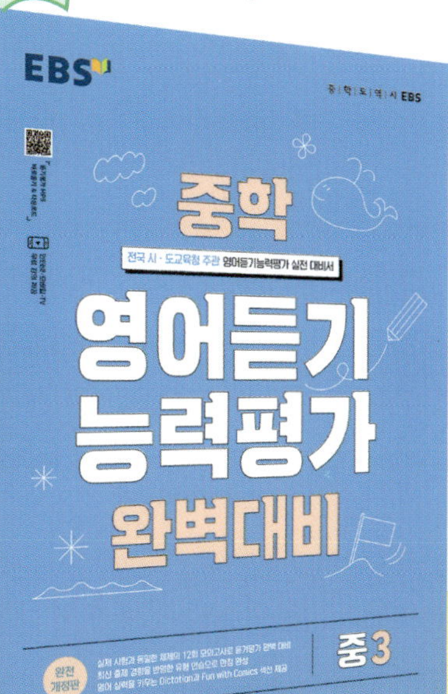

전국 시·도교육청 영어듣기능력평가 시행 방송사 EBS가 만든
중학 영어듣기능력평가 완벽대비

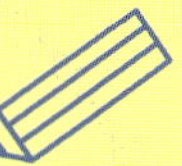

실제 시험과 동일한 체제로 모의고사 12회 구성 →	실전 시험 형식 완벽 적응
최신 출제 경향을 반영한 유형 연습 구성 →	영어듣기능력평가 만점 완성 가능
Dictation과 Fun with Comics 구성 →	기본 영어 실력 증진

중학 뉴런

개념책

2022 개정 교육과정 적용

중학

누런

한 권으로 끝내는 자기주도 학습
공부 세포를 깨우는 새로운 배움의 시작

누적 판매
300만
베스트셀러

사회 ①

실전책

중학

뉴런

사회 ①

실전책

‘**뉴런 개념책**’으로 학교 진도에 따라 공부를 마쳤나요?

그렇다면 이제 ‘**뉴런 실전책**’으로 실력을 다질 차례입니다.

‘뉴런 실전책’으로 공부하는 마무리 3단계

 **쪽지 시험**

단원별로 정리된 중요 개념에 대한 체크 문항을 빠르게 풀어보면서 핵심 개념을 다시 한번 확인하고, 중요한 개념은 꼭 암기 하세요.

 **대단원 종합 문제**

쪽지 시험을 통해 공부한 중요 개념을 바탕으로 대단원 종합 문제를 풀어 보면서 단원별 핵심 문제를 완벽히 대비해 보세요.

 **대단원 서술형 문제**

학교 시험에서 비중이 높아지고 있는 서술형 문제는 연습이 필수!
개념책에서 연습한 서술형 문제를 토대로 대단원 서술형 문제를 풀어보면서 다시 한번 확실히 다지세요.

★ **문제가 어렵게 느껴지거나 자신 없는 부분이 있다면?**
‘뉴런 개념책’으로 돌아가 해당 부분은 다시 공부하기로 해요.

★ **혼자 공부할 때 잘 모르는 부분이 있다면?**
뉴런 강의가 있으니 걱정 마세요, EBS 중학사이트에는
언제든지 만날 수 있는 강의가 준비되어 있습니다.

> ▶ EBS 중학 홈페이지: mid.ebs.co.kr

실전책 **차례**　Contents

쪽지 시험

01 우리가 살아가는 모자이크 세계

1 빈칸에 들어갈 알맞은 말을 쓰시오.

1 위도와 경도로 나타내는 위치를 [   ] 위치라고 한다.

2 주변 지역과의 정치·문화·경제적 관계에 따라 달라지는 위치를 [   ] 위치라고 한다.

3 [   ] 이/가 높은 산지 지역은 대체로 인간이 거주하기에 불리하다.

4 적도 주변의 저위도 지역에서는 연중 기온이 높고 강수량이 많은 [   ] 기후가 나타난다.

5 중위도 지역에는 사계절의 변화가 뚜렷하고 대체로 온화한 [   ] 기후가 나타난다.

6 저위도에 위치하며 해발 고도가 높은 안데스산맥에서는 [   ] 기후가 나타난다.

7 농업이 발달한 지역은 농촌의 인문 경관이 나타나며, 제조업과 서비스업이 발달한 지역은 [   ] 의 인문 경관이 나타난다.

8 유럽과 아메리카, 오세아니아는 크리스트교 문화가 나타나며, 북부 아프리카와 서남아시아는 [   ] 문화가 나타난다.

2 다음 설명이 맞으면 ○표, 틀리면 ×표 하시오.

1 위도는 적도를 기준으로 설정되며, 지역별 기후가 달라지는 원인이 된다. (   )

2 절대적 위치에는 수리적 위치와 지리적 위치가 있다. (   )

3 하천 주변의 평야 지역은 인간 거주에 불리하여 대체로 인구가 희박하다. (   )

4 적도에서 극지방으로 갈수록 한대, 냉대, 온대, 열대 기후가 차례로 나타난다. (   )

5 비슷한 위도 지역에서 해발 고도가 높아질수록 평균 기온 또한 높아진다. (   )

6 세계 각 지역의 특성을 이해하고, 지역의 다양성과 고유성을 존중하는 자세가 바람직하다. (   )

3 괄호 안의 내용 중 알맞은 말에 ○표 하시오.

1 본초 자오선을 기준으로 설정되며, 지역별 시간대를 결정하는 기준이 되는 것은 (위도, 경도)이다.

2 우리나라는 (남위, 북위) 33°~43°에 위치하여 사계절이 뚜렷하게 나타나며, 남반구와 계절이 정반대이다.

3 (건조, 열대) 기후 지역은 연 증발량이 연 강수량보다 많아 식생이 빈약하다.

4 (극지방, 저위도 지역)은 겨울이 길고 몹시 추우며 여름이 짧은 한대 기후가 나타난다.

5 안데스산맥에는 고대 잉카 문명의 유적지가 있으며, 전통적으로 주민들은 (순록, 알파카)을/를 사육하며 살아간다.

6 산업이나 종교, 언어 등의 (인문환경, 자연환경)에 따라 세계 여러 지역은 다양한 특성이 나타난다.

02 네트워크로 연결된 세계

4 빈칸에 들어갈 알맞은 말을 쓰시오.

1 각 지역이 다른 곳과 구별되는 특성을 [   ] (이)라고 한다.

2 자동차, 비행기 등의 교통수단 등장 및 전 세계 각 지역을 연결하는 교통망이 형성되면서 사람, 물자 등이 이동할 수 있는 공간 범위가 [   ] 되었다.

3 초고속 인터넷을 이용한 정보 통신 기술의 발달로 사람과 물자 이동의 시공간적 제약이 [   ] 되었다.

4 교통과 통신의 발달로 여러 지역 간 사람, 물자, 정보, 자본 등이 서로 교류하는 것을 [   ] 상호 작용이라고 한다.

5 초고속 정보 통신망과 해저 케이블 구축으로 공간적 상호 작용이 확대되고 통신 [   ] 이/가 형성되었다.

6 기업이 하나의 상품을 생산, 유통하는 과정에서 많은 국가의 원료와 부품, 노동력 등이 서로 연결되며 [   ] 활동의 공간적 상호 작용이 나타난다.

7 국경을 초월하여 활발하게 나타나는 공간적 상호 작용으로 지역 간 상호 연계성과 상호 의존성이 [   ] 되었다.

5 다음 설명이 맞으면 ○표, 틀리면 ×표 하시오.

1 교통과 통신의 발달로 공간적 상호 작용에 있어 국경에 의한 제약이 커지고 있다. (　　)

2 네트워크를 통한 연결은 국지적 수준에서 전 지구적 수준에 이르기까지 다양한 공간 스케일에서 발생한다. (　　)

3 교통 네트워크의 형성으로 개인의 여가 및 경제활동 범위가 축소되었다. (　　)

4 통신 수단의 발달로 다양한 정보 공유 및 획득에 대한 접근성이 높아졌다. (　　)

5 지역 간 네트워크의 형성으로 다른 지역과의 교류 없이 일상생활이 가능해졌다. (　　)

6 괄호 안의 내용 중 알맞은 말에 ○표 하시오.

1 교통의 발달로 두 지역 간 이동 시간이 짧아지고, 교류에 있어 공간적 제약이 (커졌다, 작아졌다).

2 여러 지역 간 사람, 물자, 정보, 자본 등이 서로 교류하는 것을 (공간적, 시간적) 상호 작용이라 한다.

3 통신 네트워크의 형성으로 전자 상거래의 이용자 수가 (감소, 증가)하였다.

03 서로 영향을 주고받는 역동적인 세계

7 빈칸에 들어갈 알맞은 말을 쓰시오.

1 세계 전체가 경제, 문화 등 모든 영역에서 하나의 지역처럼 통합되는 현상을 　　　　　(이)라고 한다.

2 문화의 세계화로 전 세계의 문화가 비슷해지는 문화 　　　　　현상이 나타나기도 한다.

3 지역의 고유한 전통과 특성을 살려 지역 경쟁력을 강화하고 세계화에 능동적으로 대처하고자 하는 전략을 　　　　　전략이라고 한다.

4 인도의 다르질링 차, 프랑스의 카망베르 치즈 등은 지리적 　　　　　의 대표적인 사례이다.

5 뉴욕의 'I ❤ NY', 암스테르담의 'I amsterdam' 등은 지역 　　　　　의 대표적 사례이다.

6 지역 축제 등을 통해 해당 장소 또는 지역을 상품으로 인식하고 선호할 수 있도록 지역 가치를 높이는 홍보 전략을 장소 　　　　　(이)라고 한다.

7 기업이 각 지역의 고유한 문화, 생활 양식, 기호 등의 특성을 반영한 제품을 개발하여 판매하는 전략을 　　　　　전략이라고 한다.

8 다음 설명이 맞으면 ○표, 틀리면 ×표 하시오.

1 교통과 통신의 발달로 국경의 제약이 완화되고 세계화가 촉진되었다. (　　)

2 세계 전체가 하나의 지역처럼 통합되는 현상은 문화 분야에만 한정해서 나타난다. (　　)

3 세계화로 두 지역의 문화가 결합하여 새로운 문화가 생겨나기도 한다. (　　)

4 지역화 전략에는 지역 브랜드화, 지리적 표시제, 장소 마케팅 등이 있다. (　　)

5 특정 지역에서 성공적인 정책으로 긍정적 변화를 이끈 사례들이 세계 다른 여러 지역에 영향을 미치기도 한다. (　　)

9 괄호 안의 내용 중 알맞은 말에 ○표 하시오.

1 한 지역에서 국경을 초월하여 음식, 스포츠, 음악, 영화 등의 다양한 문화를 경험할 수 있는 현상을 (경제, 문화)의 세계화라고 한다.

2 각 지역이 고유성을 살려 세계적 차원에서 고유한 가치를 지니게 되는 현상을 (세계화, 지역화)라고 한다.

3 지역을 상징적으로 표현하는 브랜드를 개발하여 지역 고유의 이미지를 형성하는 것을 (지역 브랜드화, 지리적 표시제)라고 한다.

4 지리적 특성이 반영된 우수한 특산물을 생산·판매하고 이를 상품에 표시할 수 있도록 하는 제도를 (지역 브랜드화, 지리적 표시제)라고 한다.

대단원 종합 문제

▶ 252004-0657

01 위치의 종류와 특성에 대한 설명으로 옳지 <u>않은</u> 것은?

① 위도와 경도로 나타내는 위치는 수리적 위치이다.
② 상대적 위치에는 수리적 위치와 지리적 위치가 있다.
③ 대륙, 해양 등으로 설명하는 위치는 지리적 위치이다.
④ 위치는 자연환경, 주변 지역과의 관계 등을 결정한다.
⑤ 주변 국가와의 관계에 따라 결정되는 위치는 관계적 위치이다.

▶ 252004-0658

02 위도와 경도에 대한 설명으로 옳은 것만을 〈보기〉에서 고른 것은?

> **보기**
> ㄱ. 위도는 가로선, 경도는 세로선으로 표현된다.
> ㄴ. 위도는 0°~180°, 경도는 0°~90°까지로 설정한다.
> ㄷ. 위도에 따라 기후, 경도에 따라 시간대가 달라진다.
> ㄹ. 위도의 기준은 본초 자오선, 경도의 기준은 적도이다.

① ㄱ, ㄴ 　② ㄱ, ㄷ 　③ ㄴ, ㄷ
④ ㄴ, ㄹ 　⑤ ㄷ, ㄹ

▶ 252004-0659

03 지도에 표시된 싱가포르의 지리적 위치와 지역성에 대한 설명으로 옳은 것만을 〈보기〉에서 고른 것은?

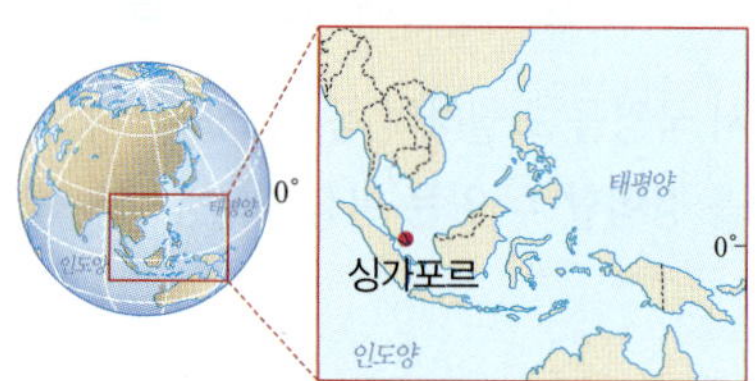

> **보기**
> ㄱ. 적도 주변에 위치하여 열대 기후가 나타난다.
> ㄴ. 남반구에 위치하여 우리나라와 계절이 정반대이다.
> ㄷ. 태평양과 인도양을 연결하는 해상 교통의 요지이다.
> ㄹ. 우리나라의 동쪽에 위치하여 우리나라보다 빠른 시간대를 사용한다.

① ㄱ, ㄴ 　② ㄱ, ㄷ 　③ ㄴ, ㄷ
④ ㄴ, ㄹ 　⑤ ㄷ, ㄹ

▶ 252004-0660

04 지도는 세계의 기후 분포를 나타낸 것이다. A~C에 해당하는 기후으로 옳은 것은?

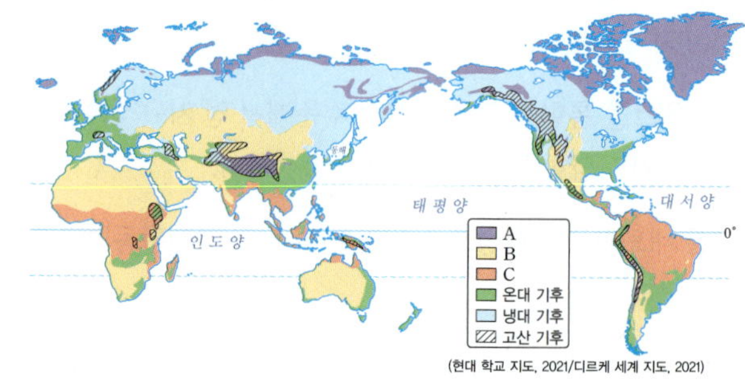

	A	B	C			A	B	C
①	건조	열대	한대		②	건조	한대	열대
③	열대	건조	한대		④	한대	건조	열대
⑤	한대	열대	건조					

▶ 252004-0661

05 다음 글의 (가), (나)에 해당하는 지역을 지도의 A~C에서 고른 것은?

> (가) 아시아 내륙에 위치한 지역이다. 강수량이 적어 목축업을 주로 하며, 주변에서는 넓은 초원 지대와 풀을 뜯어 먹는 가축을 볼 수 있다.
> (나) 유럽 남부 해안에 위치한 지역이다. 여름이 덥고 건조하여 가옥 내부의 온도를 낮추기 위해 가옥의 벽을 하얗게 칠한다. 포도가 주로 생산되며, 와인이 유명하다.

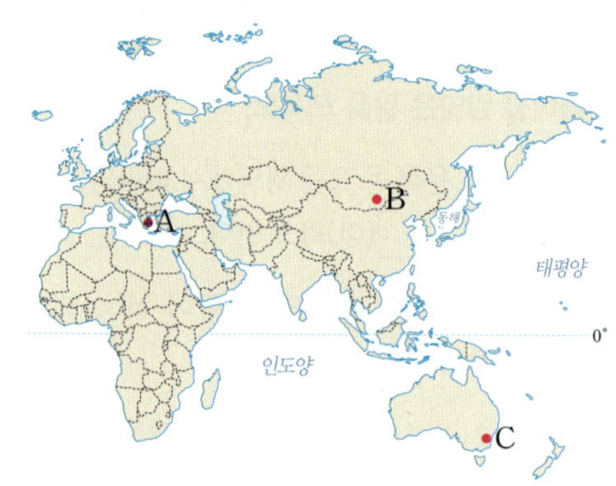

	(가)	(나)			(가)	(나)
①	A	B		②	A	C
③	B	A		④	B	C
⑤	C	A				

▶ 252004-0662

06 지도에 표시된 기후 지역에서 볼 수 있는 기후 경관으로 옳은 것은?

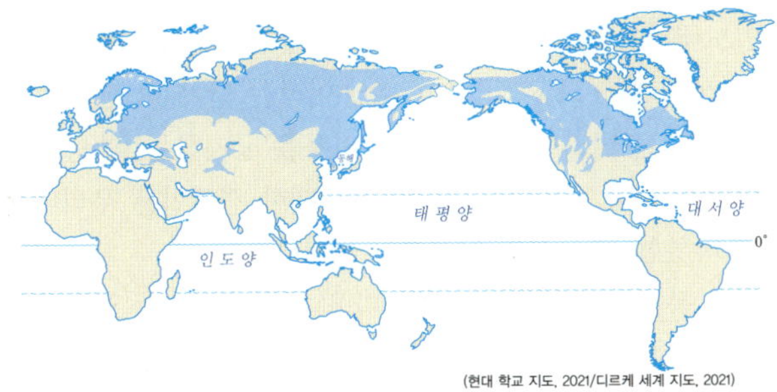

(현대 학교 지도, 2021/디르케 세계 지도, 2021)

① 침엽수로 우거진 숲과 통나무집
② 열대림 사이에 위치한 고상 가옥
③ 풀이 짧은 초원과 이동식 가옥인 게르
④ 주민들이 함께 모여 벼를 수확하는 모습
⑤ 모래 사막 주변에 위치한 지붕이 평평한 가옥

▶ 252004-0663

07 다음은 학생과 교사가 어떤 국가에 대해 스무고개를 하는 내용의 일부이다. ㉠에 해당하는 국가를 지도의 A~E에서 고른 것은?

학생	교사
한 고개: 섬나라입니까? ·············	예
두 고개: 열대 기후가 나타납니까? ·············	아니요
세 고개: 우리나라와 계절이 정반대입니까? ·············	예
네 고개: 영국보다 표준시가 빠릅니까? ·············	예
다섯 고개: 이 국가는 ㉠ 입니까? ·············	예

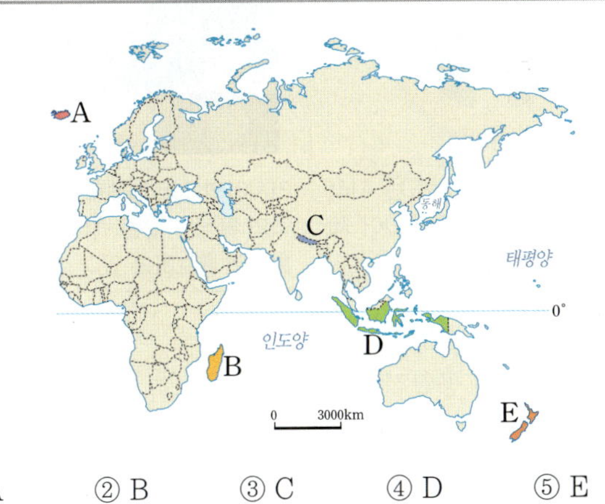

① A   ② B   ③ C   ④ D   ⑤ E

▶ 252004-0664

08 다음 글에서 설명하는 지역으로 옳은 것은?

> 해발 고도가 높아 연중 우리나라의 봄과 같은 기온이 나타나 고산 도시가 발달하였다. 주민들은 알파카와 라마를 사육하여 고기와 젖을 얻고, 감자와 옥수수를 재배하며 살아간다. 또한 판초와 같은 옷을 즐겨 입으며, 챙이 넓은 모자를 쓰고 다닌다.

① 미국 대평원   ② 안데스 산지
③ 알프스 산지   ④ 노르웨이 해안가
⑤ 메콩강 하류의 평야

▶ 252004-0665

09 그림과 같은 변화가 세계에 미친 영향으로 옳은 것은?

① 국가 경계의 의미와 역할이 커졌다.
② 경제 활동의 시간적 제약이 강화되었다.
③ 세계 여러 문화의 전파 속도가 느려졌다.
④ 비대면을 통한 사람과의 접촉이 감소하였다.
⑤ 전자 상거래를 통한 물건 구매가 증가하였다.

▶ 252004-0666

10 교사의 질문에 적절한 대답을 한 학생만을 〈보기〉에서 모두 고른 것은?

보기

> 갑: 한대 기후의 분포 지역을 알아봅니다.
> 을: 세계의 해저 인터넷 연결망 지도를 살펴봅니다.
> 병: 우리 주변 먹거리의 원산지를 찾아 정리해 봅니다.

① 갑   ② 을   ③ 갑, 병
④ 을, 병   ⑤ 갑, 을, 병

대단원 종합 문제

▶ 252004-0667

11 경제의 세계화에 대한 설명으로 옳은 것만을 〈보기〉에서 고른 것은?

ㄱ. 국가 간 경쟁을 완화하는 역할을 하였다.
ㄴ. 상품, 서비스 등의 교류가 활발해져 나타난 현상이다.
ㄷ. 초국적 기업의 등장으로 경제의 세계화가 둔화되었다.
ㄹ. 소비자들이 다양한 상품을 쉽게 구입할 수 있게 되었다.

① ㄱ, ㄴ　　　　② ㄱ, ㄷ　　　　③ ㄴ, ㄷ
④ ㄴ, ㄹ　　　　⑤ ㄷ, ㄹ

▶ 252004-0668

12 다음 글을 통해 알 수 있는 내용으로 가장 적절한 것은?

> 우리나라의 한복, 중국의 치파오, 베트남의 아오자이 등 지역마다 전통 의상은 다른 형태로 발달하였다. 그러나 오늘날에는 우리나라, 중국, 베트남 사람들의 옷차림이 모두 비슷해졌다. 특히 미국에서 시작된 청바지는 전 세계로 전파되어 세계 각지 사람들이 즐겨 입는 일상복이 되었다.

① 국가 간 빈부 격차가 심화되고 있다.
② 전 세계의 생활 모습이 비슷해지고 있다.
③ 세계화는 지역 특성에 따라 다르게 나타난다.
④ 초국적 기업의 공간적 분업이 활발해지고 있다.
⑤ 각 지역마다 지역 축제를 활성화하고자 노력한다.

▶ 252004-0669

13 다음 글의 ㉠에 들어갈 내용으로 가장 적절한 것은?

> 제목: [㉠]
> 애니메이션 영화 ○○에서는 같은 장면임에도 불구하고 각 지역의 특성을 반영하여 등장하는 아나운서를 다른 동물로 표현하였다. 예를 들어 캐나다는 물소, 오스트레일리아는 코알라, 중국은 판다 등 각 국가에서 선호하는 동물을 아나운서로 표현하였는데, 이는 해당 지역의 문화를 고려한 것이다.

① 문화의 세계화에 따른 부작용
② 지역을 비슷하게 만드는 세계화
③ 지역 변화가 세계에 미치는 영향
④ 지역마다 다르게 나타나는 세계화
⑤ 경제의 세계화가 미친 긍정적 영향

▶ 252004-0670

14 다음 두 글의 공통적인 주제에 대해 옳게 설명한 학생만을 〈보기〉에서 고른 것은?

> • 인도네시아 발리에 살던 주민들은 바다에 떠다니는 플라스틱 쓰레기를 보고 '굿바이 비닐'이라는 단체를 만들었다. 이 단체는 발리에서 비닐봉지 사용을 금지하는 데 중요한 역할을 하였으며, 비닐봉지 사용 제한 캠페인은 우리나라를 비롯한 세계 여러 지역으로 퍼져나갔다.
> • 영국 북서부의 가스탕이라는 마을에 살던 주민들은 저개발국 농민들의 어려움에 공감하며 세계 최초로 공정 무역 마을이 되기로 만장일치로 결정하였다. 이후 우리나라에서도 공동체 차원의 공정 무역 운동이 이루어지고 있으며 세계 여러 마을과 도시로 전파되어 전 세계적인 운동이 되었다.

갑: 문화의 획일화 현상이 전 세계에 나타나고 있어.
을: 지역의 변화가 세계 여러 지역에 긍정적 영향을 주고 있어.
병: 지역 차원에서 자율적으로 세계 문제를 해결하고자 하였어.
정: 초국적 기업들은 현지화 전략으로 세계화의 효과를 높이고 있어.

① 갑, 을　　　　② 갑, 병　　　　③ 을, 병
④ 을, 정　　　　⑤ 병, 정

▶ 252004-0671

15 다음 자료의 ㉠에 들어갈 내용으로 가장 적절한 것은?

주제: [㉠]의 사례

프랑스의 카망베르 치즈는 지리적 표시제 상품으로 등록되어 세계적으로 인정받고 있다.

러시아의 상트페테르부르크는 지역의 특성을 살린 백야 축제를 기획하여 홍보하고 있다.

① 세계화 시대의 지역화 전략
② 초국적 기업의 공간적 분업
③ 초국적 기업의 현지화 전략
④ 세계화에 따른 문화의 획일화
⑤ 서로 존중하는 세계시민으로서의 태도

▶ 252004-0672

01 지도에 표시된 지역에서 두 사진과 같이 고대 문명과 고산 도시가 발달하게 된 공통적인 배경을 이 지역의 위치 및 자연환경과 연결지어 서술하시오.

▶ 252004-0673

02 다음 글의 (1) ㉠, ㉡에 해당하는 전략의 명칭을 쓰고, (2) 이에 해당하는 사례를 각각 한 가지씩 서술하시오.

> 세계화로 지역 간 경쟁이 치열해지면서 각 지역은 지리적 표시제, 지역 브랜드, 장소 마케팅 등의 [㉠]을/를 통해 다른 곳과 차별화된 경쟁력을 확보하기 위해 노력하고 있다. 또한 초국적 기업들은 각 지역의 고유한 문화와 관습, 기호, 생활 양식, 자연환경 등의 특성을 반영한 [㉡]을/를 활용하여 세계화의 효과를 높이기도 한다.

(1) ㉠ – (　　　　　), ㉡ – (　　　　　)

(2) ______________________________

▶ 252004-0674

03 다음 두 글을 읽고 지역 변화가 세계에 어떤 영향을 미쳤는지 쓰고, 이를 바탕으로 세계의 여러 문제를 해결하기 위한 세계시민으로서의 태도에 대해 서술하시오.

> • 브라질의 쿠리치바는 인구가 급증하면서 교통 체증, 환경 오염 등의 문제가 나타났다. 이러한 문제를 해결하기 위해 체계적인 교통 시스템을 도입하고 친환경 도시로 거듭났다. 이러한 쿠리치바의 교통 시스템은 우리나라 시내버스 체계의 모델이 되었으며 콜롬비아, 에콰도르 등 세계 여러 국가에도 도입되었다.
>
> • 2000년 영국의 가스탕에서는 저개발국 농민들의 어려움에 공감한 지역 주민들이 만장일치로 세계 최초 공정 무역 마을이 될 것을 결정하였다. 그리고 공정 무역 제품 사용을 약속하는 선언과 함께 세계 최초의 공정 무역 마을로 인증받았다. 우리나라에서도 공동체 차원에서 공정 무역 운동이 이루어지고 있으며, 현재 13곳의 공정 무역 도시가 인증되었다.

쪽지 시험

01 아시아의 여러 국가와 자연환경

1 빈칸에 들어갈 알맞은 말을 쓰시오.

1 아시아는 [   ]산맥을 경계로 유럽과 구분된다.

2 [   ]은/는 일본의 수도이며, 대기업의 본사가 많고 금융 업이 발달한 세계 도시이다.

3 [   ]은/는 동남아시아에 위치한 도시 국가로 태평양과 인도양을 연결하는 해상 교통의 요충지에 위치한다.

4 에베레스트산이 위치하며 세계에서 평균 해발 고도가 가장 높은 산맥은 [   ]산맥이다.

5 일본, 필리핀, 인도네시아 등은 [   ]조산대에 속하여 화산 지형이 발달하였다.

6 동아시아와 동남 및 남부 아시아는 [   ]의 영향으로 여름철에 고온 다습하여 벼농사에 유리하다.

7 동남아시아는 적도 가까이에 위치하여 일 년 내내 기온이 높은 [   ]기후가 널리 나타난다.

8 중앙 및 서남아시아는 대부분 [   ]기후가 나타나 사막과 초원이 발달하였다.

2 다음 설명이 맞으면 ○표, 틀리면 ×표 하시오.

1 아시아는 남쪽으로 인도양, 동쪽으로 태평양과 접하고 있다. ( )

2 서남아시아에 속한 국가로는 카자흐스탄, 우즈베키스탄 등이 있다. ( )

3 히말라야산맥 이남의 인도, 방글라데시, 스리랑카 등은 남부 아시아에 속한다. ( )

4 사우디아라비아에 위치한 도시인 메카는 이슬람교의 성지로 유명하다. ( )

5 창장강, 메콩강, 갠지스강 하류에는 비옥한 평야가 넓게 발달하였다. ( )

6 동남 및 남부 아시아는 전통적으로 가옥의 바닥을 띄워 짓는 고상 가옥이 발달하였다. ( )

3 괄호 안의 내용 중 알맞은 말에 ○표 하시오.

1 유교와 불교, 젓가락 문화가 나타나며 대한민국과 중국, 일본 등이 속한 지역은 (동아시아, 중앙아시아)이다.

2 (인도, 사우디아라비아)는 남부 아시아에 위치하며, 수도는 뉴델리이다.

3 타이의 수도는 (방콕, 뉴델리)이며, 불교 사원과 왕궁 등의 볼거리가 많다.

4 우즈베키스탄의 (두바이, 사마르칸트)는 과거 동서 문명을 연결하는 실크로드의 교역 중심지였다.

5 아라비아반도에는 (고비, 룹알할리) 사막이 넓게 발달하였다.

6 몽골 지역의 주민들은 전통적으로 (게르, 고상 가옥)에 거주하며 유목 생활을 한다.

02 아시아의 종교와 문화 다양성

4 빈칸에 들어갈 알맞은 말을 쓰시오.

1 남부 아시아에서 기원하였으며 인도에서 가장 많은 주민들이 믿는 민족 종교는 [   ]이다.

2 불상과 불탑이 있는 종교 사원과 길거리에서 탁발하는 승려를 볼 수 종교는 [   ]이다.

3 알라를 유일신으로 섬기며 경전인 쿠란의 가르침을 중시하는 종교는 [   ]이다.

4 힌두교를 믿는 주민들은 [   ]을/를 신성시하여 그 고기를 먹지 않는다.

5 크리스트교는 [   ]을/를 구원자로 믿으며 이웃 사랑을 중시한다.

6 이스라엘-팔레스타인 지역은 유대교를 믿는 이스라엘 민족과 [   ]을/를 믿는 팔레스타인 민족 간 갈등이 발생하고 있다.

5 다음 설명이 맞으면 ○표, 틀리면 ×표 하시오.

1 이슬람교를 믿는 주민들은 갠지스강에서 목욕을 하며 자신의 죄를 씻는다. ( )

2 크리스트교는 고행을 통한 수련을 중시하며 여러 신을 믿는 다신교이다. ( )

3 이슬람교를 믿는 주민들은 신앙 고백, 성지 순례, 라마단 금식 등의 의무를 지킨다. ( )

4 말레이시아는 여러 종교의 법정 공휴일을 지정하여 종교 간 공존을 위해 노력한다. ( )

6 괄호 안의 내용 중 알맞은 말에 ○표 하시오.

1 에스파냐 식민 지배의 영향으로 (베트남, 필리핀)은 주민의 대다수가 크리스트교를 믿는다.

2 이슬람교를 믿는 주민들은 (소, 돼지)를 금기시하여 그 고기를 먹지 않는다.

3 (카슈미르, 민다나오섬)은/는 힌두교를 주로 믿는 인도와 이슬람교를 주로 믿는 파키스탄 간 갈등 지역이다.

4 미얀마의 라카인주는 (불교, 힌두교)를 주로 믿는 미얀마의 정부가 이슬람교를 주로 믿는 로힝야족을 탄압하며 갈등이 발생하고 있다.

03 아시아의 인구 특징과 성장 잠재력

7 빈칸에 들어갈 알맞은 말을 쓰시오.

1 세계 인구 순위 상위 10개국에는 [ ], 중국, 인도네시아, 파키스탄, 방글라데시 등이 포함된다.

2 대한민국과 일본은 결혼과 자녀에 대한 가치관 변화, 자녀 양육 부담 증가 등으로 합계 출산율이 낮은 [ ] 현상이 나타난다.

8 다음 설명이 맞으면 ○표, 틀리면 ×표 하시오.

1 벼농사에 유리한 동아시아, 동남아시아, 남부 아시아의 평야 지역은 인구 밀도가 높다. ( )

2 방글라데시는 아랍 에미리트보다 인구 유입이 활발하게 나타난다. ( )

3 필리핀은 일본보다 저출산 및 고령화 현상이 뚜렷하게 나타난다. ( )

9 괄호 안의 내용 중 알맞은 말에 ○표 하시오.

1 동남아시아, 남부 아시아 등은 소득 수준이 낮고 고용 기회가 적어 인구 (유입, 유출)이 뚜렷하다.

2 시리아, 아프가니스탄 등의 분쟁 지역에서는 (경제적, 정치적) 요인에 의한 인구 유출이 활발하게 나타난다.

3 사우디아라비아, 카타르 등은 젊은 남성 노동자의 유입이 활발하여 청장년층 인구의 (남초, 여초) 현상이 나타난다.

04 아시아의 산업 특징과 변화

10 빈칸에 들어갈 알맞은 말을 쓰시오.

1 사우디아라비아와 카타르 등은 [ ]와 천연가스 등의 에너지 자원이 풍부하다.

2 2010년대 '세계의 공장'이라 불릴 정도로 제조업이 발달한 국가는 [ ]이다.

3 우리나라는 K-Pop과 영화, 드라마 등의 [ ] 콘텐츠를 활용하여 문화 상품 수출 및 관광객 유치를 위해 노력하고 있다.

11 다음 설명이 맞으면 ○표, 틀리면 ×표 하시오.

1 베트남, 인도네시아의 산업 구조는 농업 중심에서 제조업 중심으로 변화하고 있다. ( )

2 사우디아라비아는 석유 수출의 무역 의존도를 높이고자 노력하고 있다. ( )

12 괄호 안의 내용 중 알맞은 말에 ○표 하시오.

1 (일본, 베트남)은 천연자원은 부족하지만 풍부한 자본과 뛰어난 기술을 바탕으로 첨단 산업이 성장하였다.

2 서남아시아의 아랍 에미리트는 (석유, 석탄) 고갈에 대비하여 관광 산업 및 금융업 등의 육성을 위해 노력하고 있다.

3 영어를 사용하는 사람과 우수한 과학 인재가 많고 이를 바탕으로 벵갈루루, 뉴델리 등에 첨단 산업이 발달한 국가는 (인도, 중국)이다.

대단원 종합 문제

▶ 252004-0675

01 아시아의 여러 지역에 대한 설명으로 옳은 것은?

① 동남아시아는 주로 건조 기후가 나타난다.

② 서남아시아는 유교와 불교, 젓가락 문화가 나타난다.

③ 동아시아의 주요 도시로는 자카르타, 하노이 등이 있다.

④ 중앙아시아에는 국가 이름에 '스탄'을 사용한 국가가 많다.

⑤ 남부 아시아의 주요 국가로는 인도네시아, 베트남 등이 있다.

▶ 252004-0676

02 다음 글의 (가), (나)에 해당하는 국가를 지도의 A~D에서 고른 것은?

> (가) 테헤란이 수도이며, 이라크, 아프가니스탄, 파키스탄과 국경을 이룬다. 이슬람교를 믿는 주민들이 가장 많으며, 세계 문화유산에 등재된 이스파한 자메 모스크가 유명하다.
>
> (나) 마닐라가 수도이며, 7천여 개의 섬으로 이루어진 국가이다. 크리스트교를 믿는 주민들이 가장 많으며, 마닐라 성당과 세계 문화유산에 등재된 산 아구스틴 성당이 유명하다.

	(가)	(나)
①	A	B
②	A	C
③	B	C
④	B	D
⑤	C	D

▶ 252004-0677

03 다음 자료의 ㉠에 해당하는 도시로 옳은 것은?

> ㉠ 은/는 1990년 제11회 아시안 게임의 개최지이며, 아시안 게임의 상징물로 만리장성을 표현했다. 또한 2008년에는 하계 올림픽, 2022년에는 동계 올림픽이 개최되었다.
>
> ㉠ 은/는 중국의 수도이자 정치 중심지이며, 자금성과 천안문 등으로 유명하다.

① 도쿄   ② 뉴델리   ③ 베이징

④ 상하이   ⑤ 항저우

▶ 252004-0678

04 지도에 표시된 A~C 하천의 이름으로 옳은 것은?

	A	B	C
①	메콩강	창장강	갠지스강
②	메콩강	갠지스강	창장강
③	창장강	메콩강	갠지스강
④	갠지스강	메콩강	창장강
⑤	갠지스강	창장강	메콩강

▶ 252004-0679

05 그래프는 세 지역의 월평균 기온과 월 강수량을 나타낸 것이다. (가)~(다)에 해당하는 지역을 지도의 A~C에서 고른 것은?

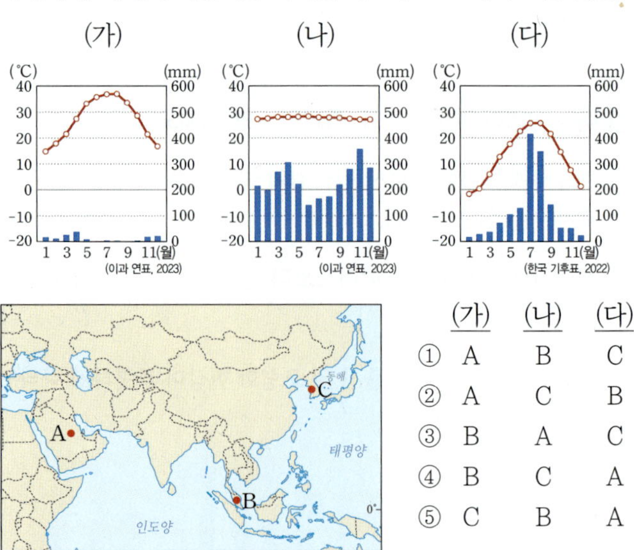

	(가)	(나)	(다)
①	A	B	C
②	A	C	B
③	B	A	C
④	B	C	A
⑤	C	B	A

▶ 252004-0680

06 사진은 두 종교의 사원 모습을 나타낸 것이다. (가), (나) 종교에 대한 설명으로 옳은 것만을 〈보기〉에서 고른 것은?

(가)

(나)

보기

ㄱ. (가)는 알라를 유일신으로 섬긴다.

ㄴ. (나)는 많은 신을 섬기는 다신교이다.

ㄷ. (가)의 신자들은 갠지스강에서 몸을 씻으며 영혼을 정화한다.

ㄹ. (나)의 신자들은 소를 신성시하여 소고기를 먹지 않는다.

① ㄱ, ㄴ   ② ㄱ, ㄷ   ③ ㄴ, ㄷ

④ ㄴ, ㄹ   ⑤ ㄷ, ㄹ

▶ 252004-0681

07 그래프는 세 국가의 종교별 신자 비율을 나타낸 것이다. (가)~(다)에 해당하는 국가를 지도의 A~C에서 고른 것은?

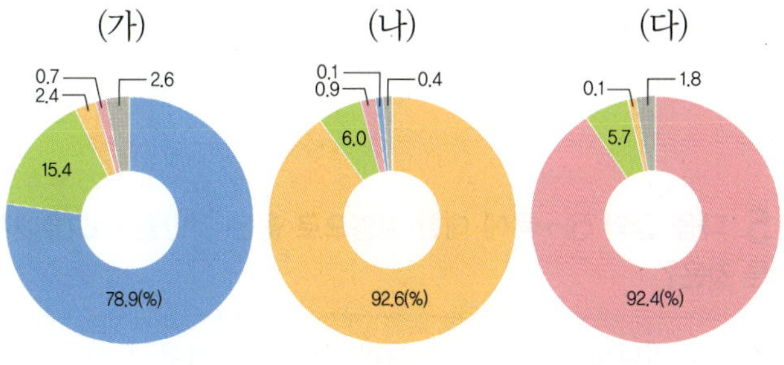

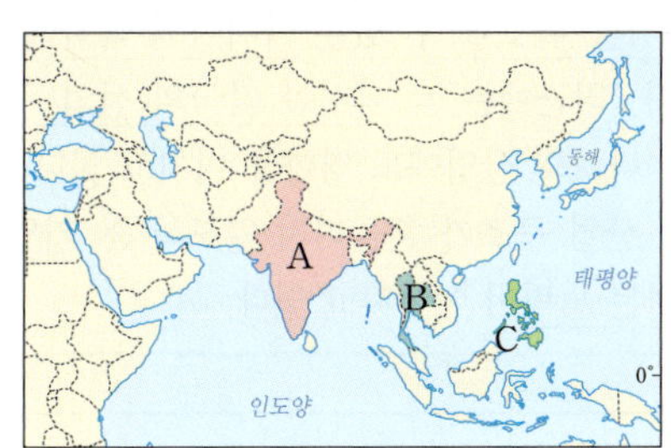

	(가)	(나)	(다)
①	A	B	C
②	A	C	B
③	B	A	C
④	B	C	A
⑤	C	A	B

▶ 252004-0682

08 다음 글의 밑줄 친 ㉠~㉤ 중 옳지 않은 것은?

이슬람교를 신봉하는 알리는 오늘 ㉠ 둥근 돔과 첨탑이 있는 모스크에서 예배를 드렸다. 그리고 ㉡ 하루에 다섯 번 정해진 시간에 메카를 향해 기도하는 것도 잊지 않았다. 얼마 전에 찾아온 ㉢ 라마단 기간에는 해가 떠 있는 동안 금식을 하였다. 금식을 하며 ㉣ 평생 꼭 한 번은 메카 순례를 떠날 것을 다짐하였다. 금식이 끝난 이후에는 ㉤ 대부분의 이슬람교 신자들이 즐겨 먹는 돼지고기를 가족과 함께 먹으며 행복한 시간을 보냈다.

① ㉠   ② ㉡   ③ ㉢   ④ ㉣   ⑤ ㉤

▶ 252004-0683

09 (가), (나)에 해당하는 지역을 지도의 A~D에서 고른 것은?

(가) 불교와 힌두교 간 종교 갈등

(나) 유대교와 이슬람교 간 종교 갈등

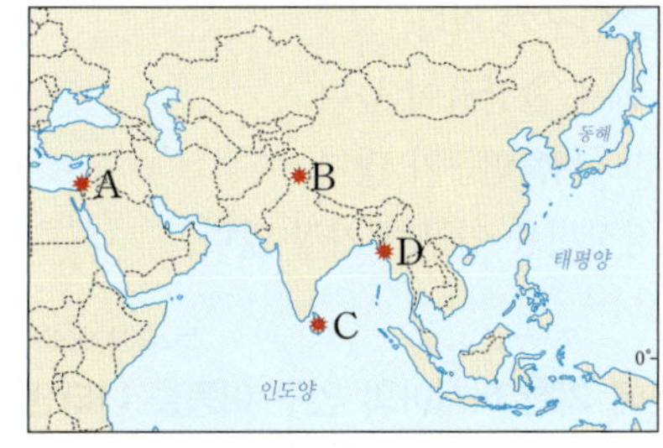

	(가)	(나)
①	A	B
②	A	C
③	B	A
④	C	A
⑤	C	B

▶ 252004-0684

10 다음 두 글을 통해 학습할 수 있는 주제로 가장 적절한 것은?

• 싱가포르는 다양한 종교와 민족이 분포하는 도시 국가로, 불교, 힌두교, 이슬람교, 크리스트교 등 여러 종교 기념일을 각각 법정 공휴일로 지정하고 있다.

• 말레이시아의 믈라카는 동서양을 연결하는 해상 교통의 요지로, 이슬람교 모스크, 불교 사찰, 크리스트교 성당과 교회, 힌두교 사원 등을 모두 볼 수 있다.

① 아시아의 주요 종교 분포

② 다양한 종교가 공존하는 지역

③ 이슬람교 신자들의 생활 양식

④ 종교 갈등으로 인한 분쟁 지역

⑤ 크리스트교와 관련된 종교 경관

대단원 종합 문제

▶ 252004-0685

11 다음 중 인구가 많은 국가에서 적은 국가를 순서대로 옳게 배열한 것은?

① 중국 > 인도네시아 > 사우디아라비아
② 중국 > 사우디아라비아 > 인도네시아
③ 인도네시아 > 중국 > 사우디아라비아
④ 인도네시아 > 사우디아라비아 > 중국
⑤ 사우디아라비아 > 인도네시아 > 중국

▶ 252004-0686

12 그래프는 아시아 어느 국가의 총인구와 인구 구조 변화를 나타낸 것이다. 이에 대한 설명으로 옳은 것은?

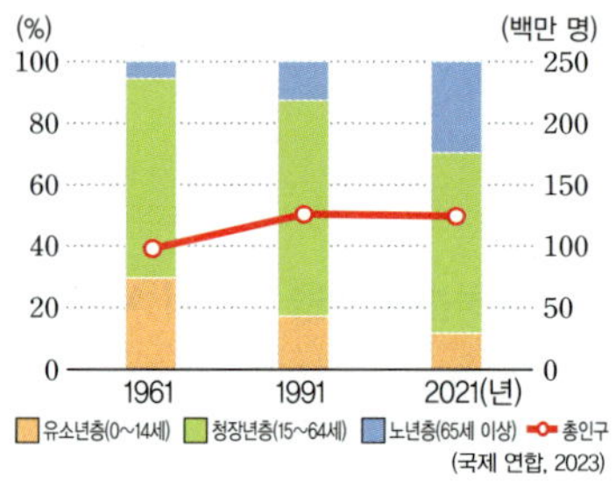

① 1961년은 노년층 인구가 유소년층 인구보다 많다.
② 1961년보다 1991년의 총인구가 적다.
③ 1961년보다 2021년의 합계 출산율이 높다.
④ 1991년보다 2021년의 노년층 인구가 많다.
⑤ 세 시기 중 2021년의 청장년층 인구가 가장 많다.

▶ 252004-0687

13 지도는 두 가지 요인에 의한 아시아의 인구 이동을 나타낸 것이다. A, B 인구 이동에 대한 설명으로 옳은 것만을 〈보기〉에서 고른 것은?

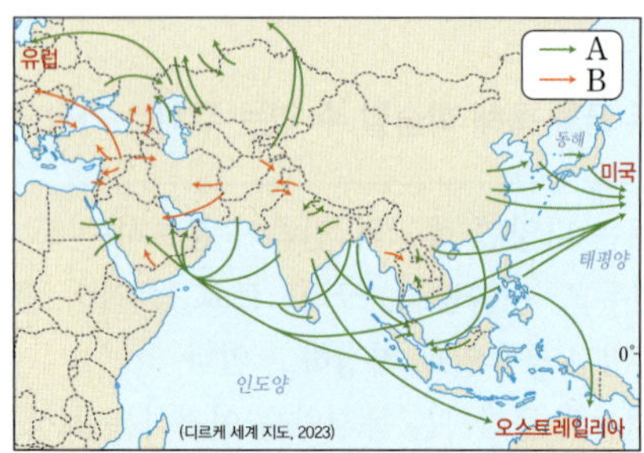

〈보기〉
ㄱ. A는 일자리를 찾아 떠나는 경제적 요인에 의한 이동이다.
ㄴ. A는 주로 국경을 접하고 있는 곳으로 이동한다.
ㄷ. B는 분쟁 등을 피해 떠나는 정치적 요인에 의한 이동이다.
ㄹ. B는 주로 선진국에서 개발 도상국으로 이동한다.

① ㄱ, ㄴ   ② ㄱ, ㄷ   ③ ㄴ, ㄷ
④ ㄴ, ㄹ   ⑤ ㄷ, ㄹ

▶ 252004-0688

14 지도의 A~D 국가의 산업 특징에 대한 설명으로 옳은 것만을 〈보기〉에서 고른 것은?

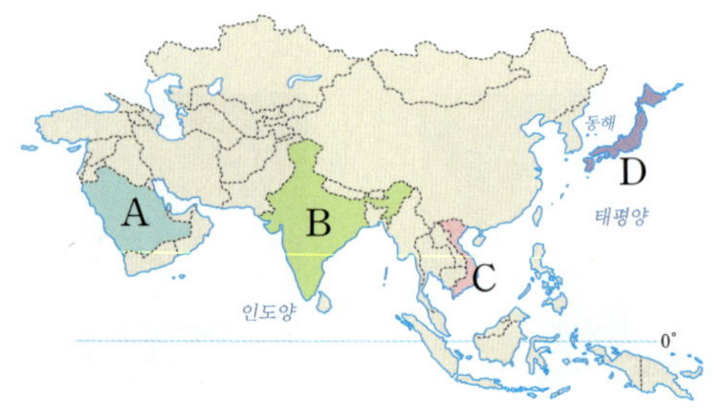

〈보기〉
ㄱ. A는 석유 고갈에 대비하여 서비스업과 첨단 산업 육성을 위해 노력하고 있다.
ㄴ. B는 우수한 과학 인재가 많아 정보 통신 기술(IT) 산업이 발달하고 있다.
ㄷ. C는 풍부한 자본과 뛰어난 기술을 바탕으로 첨단 산업이 발달하였다.
ㄹ. D는 풍부한 지하자원을 바탕으로 중화학 공업이 발달하였다.

① ㄱ, ㄴ   ② ㄱ, ㄷ   ③ ㄴ, ㄷ
④ ㄴ, ㄹ   ⑤ ㄷ, ㄹ

▶ 252004-0689

15 다음 글의 ㉠~㉣에 대한 설명으로 옳은 것만을 〈보기〉에서 고른 것은?

㉠ 우리나라는 아시아의 여러 국가들과 자유 무역 협정(FTA)을 맺고 있으며, 우리 기업들은 ㉡ 인건비가 저렴하거나 넓은 시장을 확보할 수 있는 아시아의 국가에 공장을 세우기도 한다. 최근에는 ㉢ 아시아 각국의 산업 구조가 변화하면서 우리나라의 산업에도 영향을 미치고 있다. 이에 따라 우리나라의 산업 구조가 흔들리지 않도록 ㉣ 기업의 경쟁력을 강화하려는 노력이 이어지고 있다.

〈보기〉
ㄱ. ㉠ - 아시아 국가와의 경제적 협력이 약화되고 있다.
ㄴ. ㉡ - 동남아시아 또는 남부 아시아에 주로 위치한다.
ㄷ. ㉢ - 제조업 중심에서 농업 중심 구조로 변화한다.
ㄹ. ㉣ - 연구 시설 확충 및 기술 혁신 등이 이에 해당한다.

① ㄱ, ㄴ   ② ㄱ, ㄷ   ③ ㄴ, ㄷ
④ ㄴ, ㄹ   ⑤ ㄷ, ㄹ

대단원 서술형 문제

▶ 252004-0690

01 (1) 지도의 A, B에 해당하는 국가의 명칭을 쓰고, (2) 각 국가에서 나타나는 전통 가옥의 특징을 기후 특성을 반영하여 서술하시오.

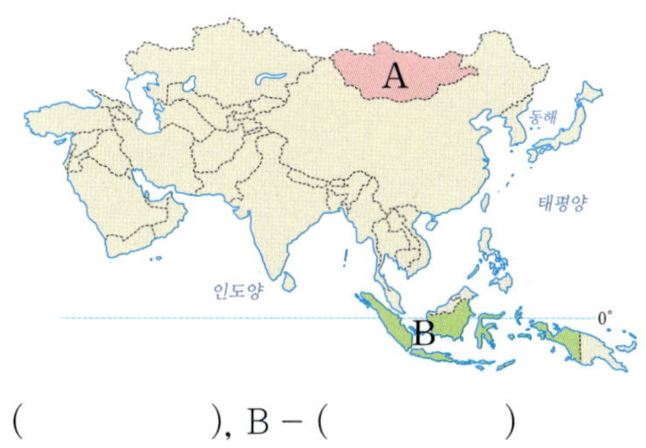

(1) A – (　　　　　　　　), B – (　　　　　　　　)

(2) ____

____

____

▶ 252004-0691

02 (1) 지도에 표시된 지역의 명칭을 쓰고, (2) 이 지역에서 나타나는 종교 갈등 양상을 관련된 종교의 명칭과 해당 국가를 포함하여 서술하시오.

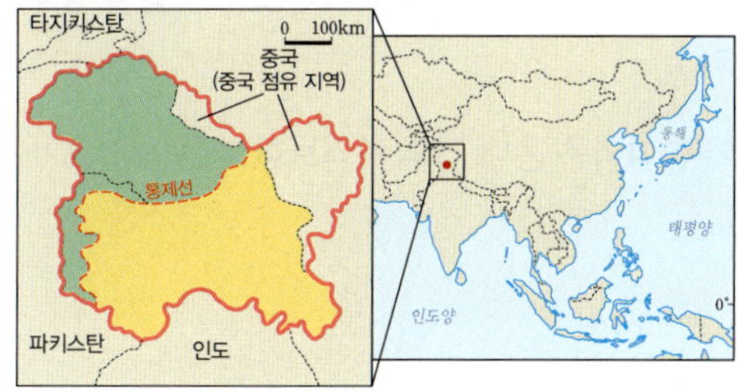

(1) ____

(2) ____

____

____

▶ 252004-0692

03 그래프는 2022년 아시아 세 국가의 인구 구조를 나타낸 것이다. (가)~(다)에 해당하는 국가를 쓰고, 세 국가의 인구 특징을 각각 서술하시오. (단, (가)~(다)는 사우디아라비아, 인도, 일본 중 하나임.)

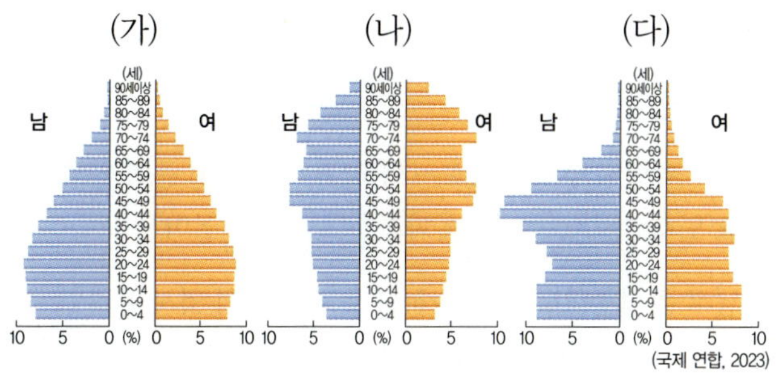

____

____

____

____

____

____

____

____

____

쪽지 시험

01 유럽의 여러 국가와 자연환경

1 빈칸에 들어갈 알맞은 말을 쓰시오.

1 유럽은 [   ] 대륙의 서쪽에 위치한다.

2 유럽은 삼면이 바다로 둘러싸여 있는데, 서쪽에는 대서양, 북쪽에는 북극해, 남쪽에는 [   ] 이/가 있다.

3 서부 유럽의 주요 국가로는 영국, 프랑스, 독일 등이 있으며, 주요 도시로는 수도인 런던, 파리, [   ] 등이 있다.

4 남부 유럽은 기후가 온화하고 로마 제국의 역사 유적이 많은 [   ], 그리스 등을 중심으로 관광업이 발달하였다.

5 동부 유럽에는 세계에서 면적이 가장 넓은 국가인 [   ] 이/가 있다.

6 유럽에는 평원이 넓게 나타나는데, 서쪽에서부터 프랑스 평원, 북독일 평원, [   ] 평원이 차례로 나타난다.

7 유럽의 북부 지역 해안에는 빙하의 침식으로 형성된 [   ] 해안이 발달하였다.

8 서안 해양성 기후 지역에서는 곡물 농업과 가축 사육을 함께 하는 [   ] 이/가 이루어진다.

9 북부 유럽의 고위도 지역에서는 하루 종일 해가 지지 않아 밤에도 어두워지지 않는 [   ] 현상이 나타난다.

2 다음 설명이 맞으면 ○표, 틀리면 ×표 하시오.

1 유럽은 방위 및 지리적·문화적 특징을 고려하여 서부 유럽, 북부 유럽, 남부 유럽, 동부 유럽으로 구분할 수 있다. (   )

2 동부 유럽의 국가들은 북부 유럽의 국가들보다 대체로 사회 복지 제도가 잘 갖춰져 있다. (   )

3 동부 유럽은 농업이 발달하였으나 최근 제조업이 빠르게 성장하고 있다. (   )

4 유럽의 남부에는 알프스산맥과 같은 높고 험준한 산지가 있다. (   )

5 서부 유럽 지역을 흐르는 강은 연중 수위 변화가 적어 예로부터 수운(하천) 교통로로 이용되고 있다. (   )

6 서안 해양성 기후는 비슷한 위도의 대륙 동안보다 기온의 연교차가 크다. (   )

7 지중해성 기후 지역에서는 겨울철에 주로 포도를 재배한다. (   )

8 오로라를 관찰할 수 있는 지역은 대부분 온대 기후가 나타난다. (   )

3 괄호 안의 내용 중 알맞은 말에 ○표 하시오.

1 유럽은 (알프스, 우랄)산맥을 기준으로 아시아와 경계를 이룬다.

2 아테네는 (이탈리아, 그리스)의 수도로, 파르테논 신전 등 고대 그리스·로마 시대 유적이 많다.

3 유럽의 북부 지역에는 해발 고도가 비교적 (낮은, 높은) 산지가 발달하였다.

4 남부 유럽의 대표적인 산맥으로 (알프스, 스칸디나비아)산맥이 있다.

5 (프랑스, 아이슬란드)에는 화산 지형과 빙하 지형이 잘 발달해 있다.

6 라인강은 알프스 산지에서 시작하여 (북해, 지중해)로 흘러간다.

7 서부 유럽의 대부분 지역에서는 (서안 해양성, 지중해성) 기후가 나타난다.

8 지중해성 기후 지역은 여름철이 (덥고, 서늘하고) 비가 거의 오지 않는다.

9 서안 해양성 기후는 지중해성 기후보다 여름철 강수량이 (많다, 적다).

10 냉대 기후 지역은 온대 기후 지역보다 기온의 연교차가 (크다, 작다).

02 유럽 도시의 다양성과 지속가능한 도시를 위한 노력

4 빈칸에 들어갈 알맞은 말을 쓰시오.

1 독일의 프랑크푸르트는 영국의 [   ] 와/과 함께 금융 기관이 많아 세계의 중심 도시 역할을 한다.

2 [   ] (이)란, 이산화 탄소를 배출한 만큼 다시 흡수해, 실질적인 이산화 탄소 배출량을 '0'으로 만드는 것을 의미한다.

3 덴마크의 수도 코펜하겐은 '바람의 도시'로 불리며, 친환경 교통로인 [   ] 전용 고속 도로를 운영하고 있다.

4 독일의 '환경 수도'인 [   ] 에서는 도심 내 자동차 운행을 금지하고 트램과 자전거를 이용하면서 친환경 정책을 추진하고 있다.

5 배출권 거래제란, [   ] 배출량을 평가하여 여분 또는 부족분의 배출권에 대한 거래를 허용하는 제도이다.

6 에스파냐의 [   ] 은/는 과거 철강 산업 중심의 산업 도시였지만 제조업이 쇠퇴한 후 구겐하임 미술관을 유치하고 도시 재생 사업을 통해 예술과 문화의 도시로 탈바꿈하였다.

5 다음 설명이 맞으면 ○표, 틀리면 ×표 하시오.

1 유럽은 산업화, 도시화로 인해 발생한 도시 환경 문제를 해결하고자 지속가능한 도시를 만들기 위해 노력하고 있다.

(   )

2 스위스의 인터라켄은 알프스 산지의 아름다운 경관을 바탕으로 관광 산업이 발달하였다. (   )

3 스웨덴의 말뫼는 대부분의 에너지를 풍력, 조력, 태양광 등 재생에너지를 이용하는 친환경 도시이다. (   )

6 괄호 안의 내용 중 알맞은 말에 ○표 하시오.

1 오스트리아의 수도인 (빈, 바르샤바)은/는 음악 등 다양한 예술을 바탕으로 성장한 도시이다.

2 (프랑스, 에스파냐)의 소피아 앙티폴리스에는 첨단 산업 클러스터가 형성되어 있다.

3 프랑스의 (지중해, 대서양) 연안에는 아름다운 휴양 도시인 니스가 있다.

4 탄소 국경 조정 제도는 유럽 연합 내로 수입되는 제품 가운데 자국 제품보다 탄소 배출이 (많은, 적은) 제품에 대해 비용을 부과하는 조치이다.

---

03 유럽의 통합과 분리

7 빈칸에 들어갈 알맞은 말을 쓰시오.

1 [   ] 은/는 두 차례의 세계 대전 이후 정치적·경제적 위기를 극복하고 전쟁 재발을 방지하기 위해 유럽 석탄 철강 공동체(ECSC, 1952년) → 유럽 공동체(EC, 1967년) → [   ] (EU, 1993년)으로 확대 발전하였다.

2 [   ] 조약은 유럽 각국이 국경 검문·검색 폐지, 여권 검사 면제 등을 통해 국가 간 통행에 제한이 없도록 한다는 내용을 담고 있다.

3 [   ] (이)란, 영국의 유럽 연합 탈퇴를 뜻하는 용어로, 영국을 뜻하는 '브리튼(Britain)'과 탈퇴를 뜻하는 '엑시트(exit)'를 합친 말이다.

4 에스파냐의 지중해 연안에 위치한 [   ] 지역은 독자적인 언어와 민족 정체성을 유지하고 있으며, 에스파냐의 타 지역에 비해 경제적 수준이 높아 에스파냐로부터 분리·독립을 요구하고 있다.

8 다음 설명이 맞으면 ○표, 틀리면 ×표 하시오.

1 유럽 연합의 최초 회원국은 총 28개국이다. (   )

2 유럽 연합의 모든 회원국은 유로화를 공동 화폐로 사용하고 있다. (   )

3 영국은 잉글랜드, 웨일스, 스코틀랜드, 북아일랜드로 이루어져 있는데, 이 중 웨일스가 분리·독립을 요구하고 있다. (   )

4 유럽 연합 회원국은 국가 간 상품, 서비스, 노동력의 이동이 자유롭다. (   )

9 괄호 안의 내용 중 알맞은 말에 ○표 하시오.

1 유럽 연합의 본부는 (파리, 브뤼셀)에 있다.

2 벨기에의 플랑드르 지역은 대부분의 주민이 (네덜란드, 프랑스)어를 공용어로 사용한다.

3 이탈리아의 파다니아 지역은 (제조업, 상업적 농업)이 발달하여 남부 지역보다 주민들의 소득 수준이 높다.

대단원 종합 문제

▶ 252004-0693

01 유럽의 위치와 지역 구분에 대한 설명으로 옳은 것은?

① 동쪽에는 아프리카 대륙이 있다.
② 그리스, 이탈리아는 동부 유럽에 속한다.
③ 아이슬란드와 영국은 서부 유럽으로 분류된다.
④ 에스파냐는 남부 유럽, 프랑스는 서부 유럽에 속한다.
⑤ 서부 유럽과 북부 유럽의 경계는 스칸디나비아산맥이다.

▶ 252004-0694

02 다음은 유럽의 두 도시에서 볼 수 있는 유명한 건축물이다. (가), (나)에 대한 설명으로 옳은 것만을 〈보기〉에서 고른 것은?

(가)

▲ 콜로세움(로마)

(나)

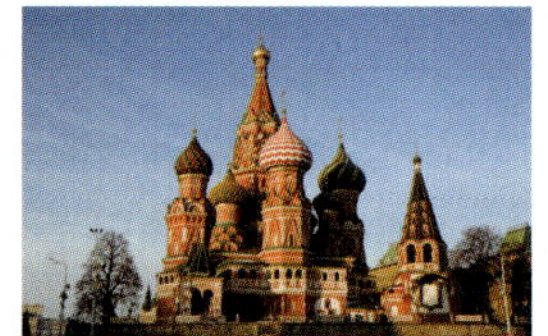

▲ 성 바실리 대성당(모스크바)

보기

ㄱ. (가)는 (나)보다 건축된 시기가 이르다.
ㄴ. (가)가 위치한 국가는 (나)가 위치한 국가보다 국토 면적이 넓다.
ㄷ. (나)가 위치한 도시는 (가)가 위치한 도시보다 기온의 연교차가 크다.
ㄹ. (가)는 동부 유럽, (나)는 남부 유럽의 도시에서 볼 수 있다.

① ㄱ, ㄴ 　② ㄱ, ㄷ 　③ ㄴ, ㄷ
④ ㄴ, ㄹ 　⑤ ㄷ, ㄹ

▶ 252004-0695

03 유럽의 지형에 대한 설명으로 옳은 것은?

① 중부의 평원에는 곳곳에 화산 지형이 나타난다.
② 피오르 해안은 지중해 연안에 잘 발달되어 있다.
③ 해발 고도가 높은 산지는 대체로 남부 유럽에 있다.
④ 남부의 산지는 북부의 산지보다 형성 시기가 이르다.
⑤ 지중해로 흘러가는 강은 북해로 흘러가는 강보다 운하로 이용하기에 유리하다.

▶ 252004-0696

04 다음은 교통로로 이용되고 있는 강의 모습이다. 이러한 경관을 볼 수 있는 가장 적절한 지역을 지도의 A~E에서 고른 것은?

▲ 센강

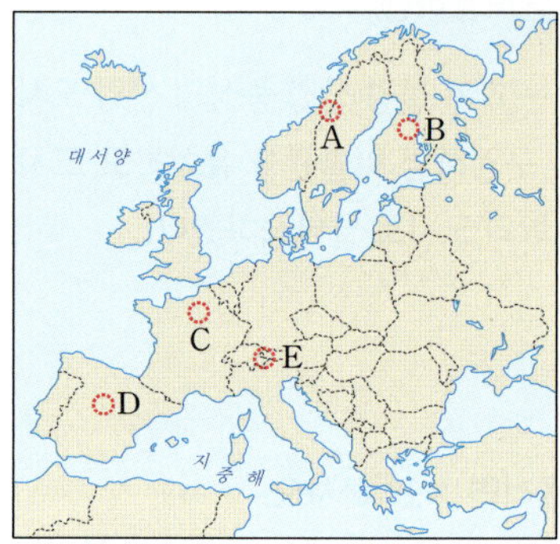

① A
② B
③ C
④ D
⑤ E

▶ 252004-0697

05 다음 자료의 밑줄 친 '이 국가'로 옳은 것은?

이 국가는 대서양에 접하고 있으며, 지하에서 용암이 분출하여 형성된 다양한 화산 지형이 발달해 있다. 또한, 여름철에는 백야 현상을, 겨울철에는 오로라를 관찰할 수 있다. 이러한 이유로 일 년 내내 수많은 여행객이 찾는다.

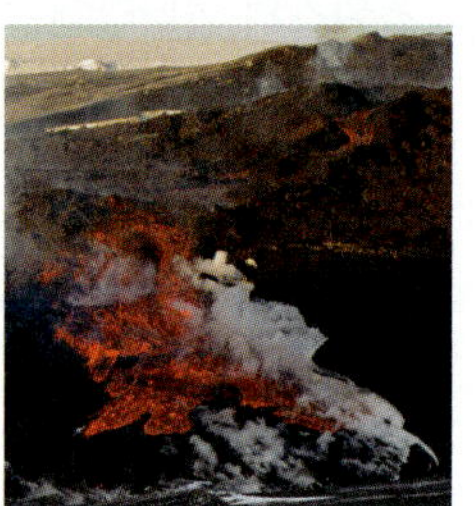

▲ 화산 분출 모습

① 독일 　② 영국 　③ 프랑스
④ 노르웨이 　⑤ 아이슬란드

▶ 252004-0698

06 다음과 같은 기후 특성이 나타나는 유럽의 지역에 대한 설명으로 옳은 것만을 〈보기〉에서 고른 것은?

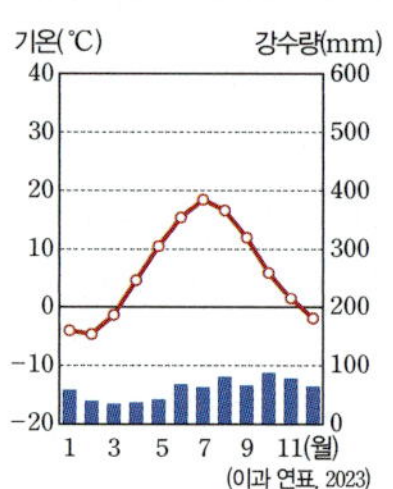

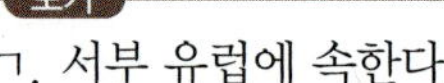

(이과 연표, 2023)

보기

ㄱ. 서부 유럽에 속한다.
ㄴ. 냉대 기후에 해당한다.
ㄷ. 수목 농업이 이루어진다.
ㄹ. 침엽수림이 넓게 나타난다.

① ㄱ, ㄴ 　② ㄱ, ㄷ 　③ ㄴ, ㄷ
④ ㄴ, ㄹ 　⑤ ㄷ, ㄹ

▶ 252004-0699

07 빈칸 ㉠~㉢에 들어갈 내용으로 옳은 것은?

유럽은 대서양, 지중해 등의 바다로 둘러싸여 있어 겨울이 온화한 　㉠　 기후가 넓게 나타난다. 북대서양 해류는 위도가 낮은 지역의 바닷물을 유럽 대륙의 서쪽으로 운반하며, 북대서양의 습한 공기는 　㉡　 을 따라 유럽으로 이동한다. 이와 같은 영향으로 　㉢　 와/과 같은 국가에서는 연중 강수량이 고르고 비슷한 위도의 대륙 동안에 비해 기온의 연교차가 작다.

	㉠	㉡	㉢
①	냉대	편서풍	독일
②	냉대	계절풍	프랑스
③	온대	편서풍	영국
④	온대	편서풍	그리스
⑤	온대	계절풍	포르투갈

▶ 252004-0700

08 ^{중요} A, B 지역의 기후 그래프를 〈보기〉에서 고른 것은?

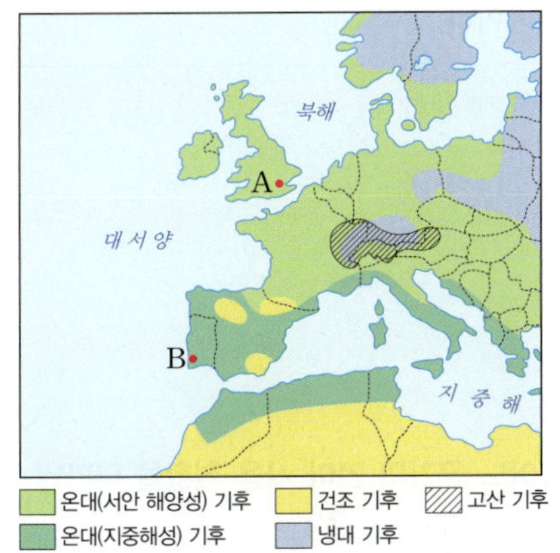

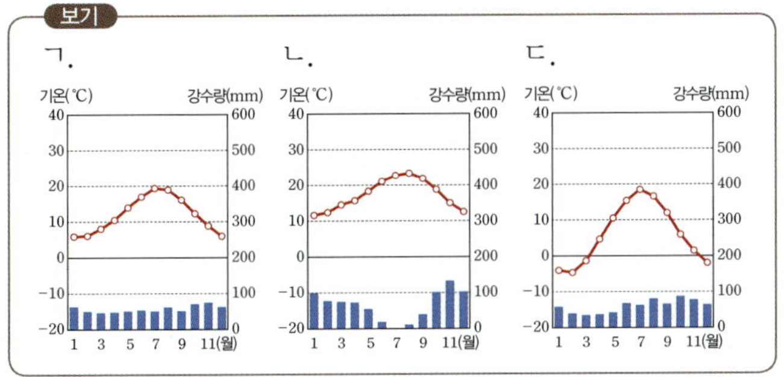

	A	B			A	B
①	ㄱ	ㄴ		②	ㄴ	ㄱ
③	ㄱ	ㄷ		④	ㄴ	ㄷ
⑤	ㄷ	ㄱ				

▶ 252004-0701

09 표는 주로 나타나는 기후 유형별로 국가를 구분한 것이다. ㉠~㉢ 기후로 옳은 것은?

㉠ 기후	핀란드, 러시아, 스웨덴
㉡ 기후	그리스, 이탈리아, 포르투갈
㉢ 기후	영국, 독일, 네덜란드

	㉠	㉡	㉢
①	냉대	지중해성	서안 해양성
②	냉대	서안 해양성	지중해성
③	지중해성	냉대	서안 해양성
④	서안 해양성	냉대	지중해성
⑤	서안 해양성	지중해성	냉대

▶ 252004-0702

10 ^{중요} 다음은 유럽의 두 지역에서 볼 수 있는 경관이다. (가), (나) 지역에 대한 설명으로 옳은 것은?

(가) (나)

▲ 타워 브릿지(영국)　　▲ 올리브 재배(에스파냐)

① (가)는 대서양보다 지중해와 가까운 지역이다.
② (가)에서는 코르크나무가 자라는 모습을 쉽게 볼 수 있다.
③ (나)는 여름철이 서늘하여 목축업 발달에 유리하다.
④ (나)는 겨울에 기후가 온난 습윤하여 곡물 농업이 이루어진다.
⑤ (나)의 대도시 주변에는 화훼 농업과 낙농업이 활발하게 이루어진다.

▶ 252004-0703

11 유럽의 다양한 도시에 대한 설명으로 옳지 않은 것은?

① 영국의 맨체스터는 세계적인 제조업 중심 도시로 성장하고 있다.
② 오스트리아의 빈에서는 유명한 음악가들의 흔적을 찾아볼 수 있다.
③ 영국의 런던에는 세계적인 기업과 금융 회사가 모여 있는 시티 오브 런던이 있다.
④ 스위스의 인터라켄에서는 알프스 산지의 아름다운 빙하 지형을 감상할 수 있다.
⑤ 스웨덴의 스톡홀름에는 첨단 산업이 집중되어 있는 시스타 사이언스 시티가 조성되어 있다.

대단원 종합 문제

▶ 252004-0704

12 지도에 표시된 A~E 도시와 관련된 연관 검색어로 적절하지 <u>않은</u> 것은?

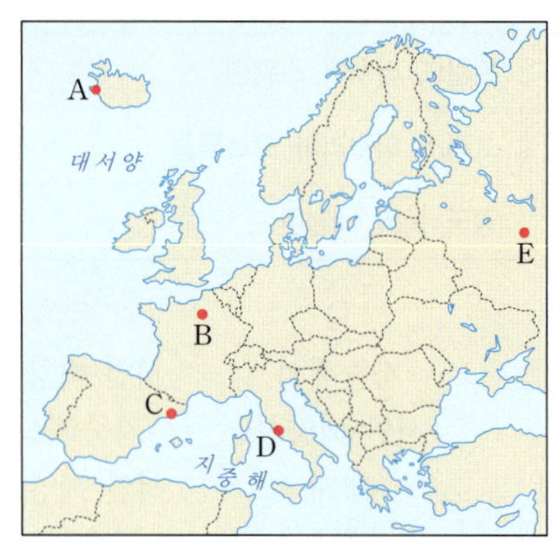

지역	연관 검색어
① A	#화산 #피오르 #백야 #오로라
② B	#친환경 올림픽 #에펠탑 #센강
③ C	#가우디 #축구 #카탈루냐
④ D	#파르테논 #아크로폴리스 #아고라
⑤ E	#붉은 광장 #크렘린 궁전 #성 바실리 대성당

▶ 252004-0705

13 다음 글의 (가), (나)에 해당하는 국가로 옳은 것은?

> (가) 북유럽의 풍부한 바람을 활용하여 생산한 전기 비중이 전체 에너지의 약 40% 정도를 차지한다. 특히, 수도인 코펜하겐은 '바람의 도시'라고 불린다.
>
> (나) 지열 발전이 전력 생산의 큰 비율을 차지한다. 수도인 레이캬비크는 도시 건물의 약 95%가 지열을 사용하기 때문에 난방용 석유를 잘 쓰지 않아 굴뚝이 없는 집이 많다.

	(가)	(나)		(가)	(나)
①	덴마크	이탈리아	②	덴마크	아이슬란드
③	네덜란드	노르웨이	④	네덜란드	아이슬란드
⑤	노르웨이	아이슬란드			

▶ 252004-0706

14 다음 글의 ㉠에 들어갈 국가로 옳은 것은?

> 파다니아는 [㉠]의 북부 지역을 일컫는 말이다. 이 지역은 제조업이 발달하여 농업 중심의 남부 지역보다 경제 수준이 높다. 이러한 이유로 파다니아는 1990년대부터 [㉠](으)로부터 분리·독립을 요구하고 있다.

① 영국 ② 벨기에 ③ 프랑스
④ 에스파냐 ⑤ 이탈리아

▶ 252004-0707

15 지도는 유럽의 국가 간 경제적 격차를 나타낸 것이다. 이에 대한 설명으로 옳은 것만을 〈보기〉에서 고른 것은?

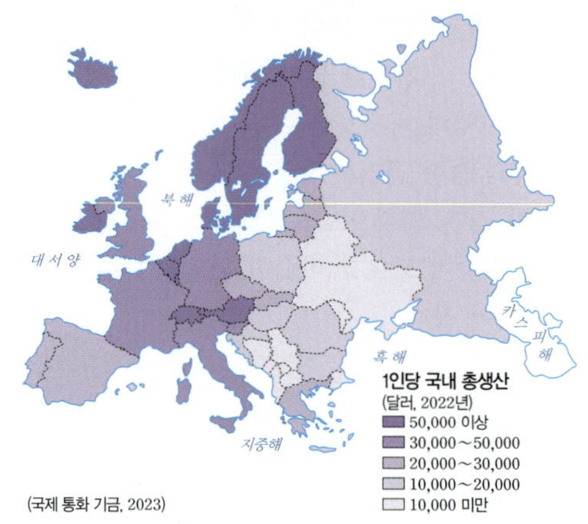

> ㄱ. 북부 유럽은 동부 유럽보다 1인당 국내 총생산이 많다.
> ㄴ. 남부 유럽에서 1인당 국내 총생산이 가장 많은 국가는 에스파냐이다.
> ㄷ. 유럽 연합에서 탈퇴한 국가의 1인당 국내 총생산은 5만 달러 미만이다.
> ㄹ. 1인당 국내 총생산 5만 달러 이상인 국가는 모두 유럽 연합 회원국이다.

① ㄱ, ㄴ   ② ㄱ, ㄷ   ③ ㄴ, ㄷ
④ ㄴ, ㄹ   ⑤ ㄷ, ㄹ

▶ 252004-0708

16 지도는 어느 국가의 언어 사용 현황을 나타낸 것이다. 이에 대한 설명으로 옳지 <u>않은</u> 것은?

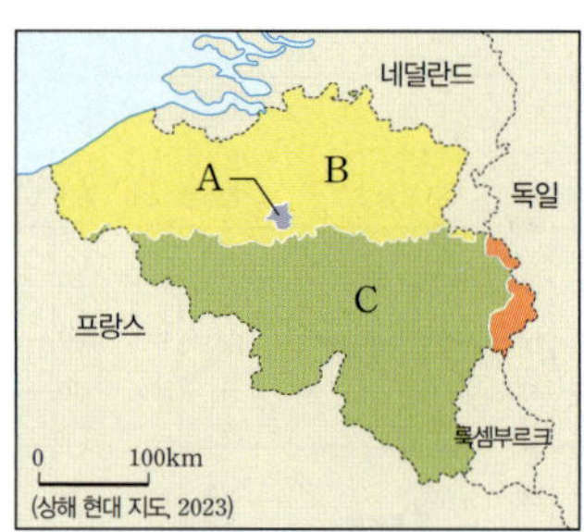

① A에는 유럽 연합의 본부가 있다.
② B의 주민들은 대부분 네덜란드어를 사용한다.
③ B는 이 국가로부터 분리·독립을 요구하고 있다.
④ C는 B보다 주민들의 소득 수준이 높은 편이다.
⑤ A~C 모두 서안 해양성 기후가 나타난다.

01 (1) A~C 산맥의 명칭을 쓰고, (2) 지도를 토대로 유럽의 지형 특징을 산지, 평원, 하천을 언급하여 서술하시오.

▶ 252004-0709

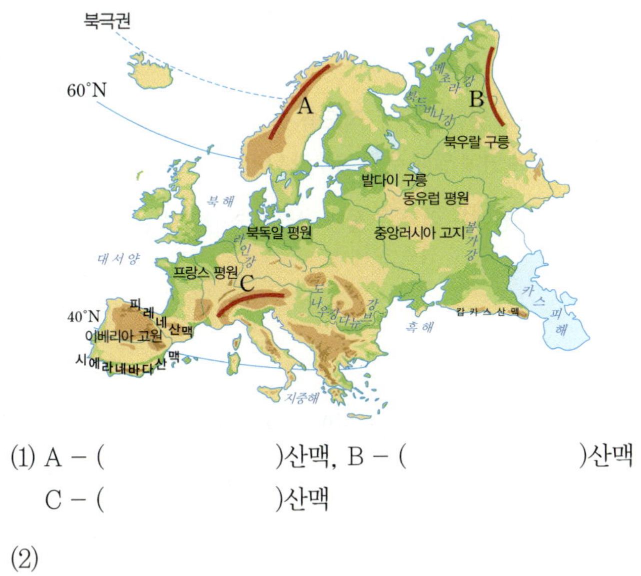

(1) A – (　　　　　　)산맥, B – (　　　　　　)산맥

　　C – (　　　　　　)산맥

(2) ________________________

____

____

02 (1) (가)의 ㉠ 지형의 명칭과 (가)와 (나) 지형을 모두 볼 수 있는 유럽의 대표적인 국가의 명칭을 쓰고, (2) ㉠ 지형의 형성 과정을 서술하시오.

▶ 252004-0710

(가)   (나)

(1) ㉠ 지형 – (　　　　　), 국가 – (　　　　　)

(2) ________________________

____

____

03 다음은 유럽 연합의 가입국과 가입 후보국을 나타낸 것이다. (1) ㉠에 해당하는 대표적인 세 국가의 명칭을 각각 쓰고, (2) ㉡의 이유와 (3) 영국 내 분리·독립을 요구하는 지역의 명칭과 그 이유를 서술하시오.

▶ 252004-0711

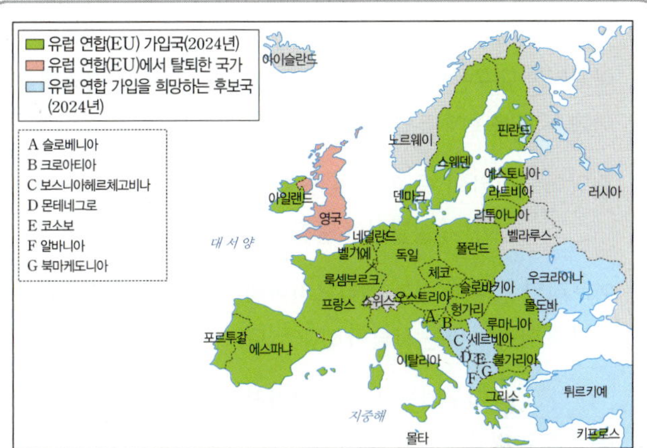

　유럽은 두 차례의 세계 대전 이후 어려워진 정치적·경제적 위기를 극복하고 대규모 전쟁의 재발을 방지하기 위해 유럽 연합을 결성하였다. ㉠ 출범 당시 12개국이던 가입국은 2019년까지 28개국으로 늘어났으나, 2020년 1월 ㉡ 영국의 탈퇴로 2024년 기준 총 27개국의 가입국으로 이루어져 있다. 비회원국 중 우크라이나, 튀르키예 등은 가입을 희망하고 있다. 한편, 스위스는 비가입국이지만 주변의 가입국들과의 사이에서 국경 통과가 자유롭다.

(1) ________________________

(2) ________________________

____

(3) ________________________

____

01 아프리카의 여러 국가와 자연환경

1 빈칸에 들어갈 알맞은 말을 쓰시오.

1 아프리카는 [   ]을/를 기준으로 북반구와 남반구에 걸쳐 있다.

2 아프리카 대륙은 서쪽에 [   ]이/가 있으며, 지중해를 사이에 두고 북쪽에 유럽이 마주하고 있다.

3 중앙아프리카의 콩고 민주 공화국에는 고릴라가 서식하는 [   ]이/가 발달하여 울창한 숲을 이룬다.

4 아프리카 동부에 있는 에티오피아의 [   ] 고원에는 기후가 온화하여 많은 사람이 살고 있다.

5 [   ] 지구대는 지각이 갈라지고 있으며, 거대한 골짜기를 이루고 있다.

6 아프리카의 [   ]은/는 세계에서 가장 긴 강이다.

7 아프리카의 남부의 주요 사막으로 나미브 사막과 [   ] 사막이 있다.

8 사바나 기후 지역에서는 차를 타고 야생 동물을 직접 관찰할 수 있는 [   ] 관광이 발달하였다.

9 사막 지역의 주민들은 지하에서 샘이 솟는 [   ]나 하천 주변에서 농사를 짓는다.

10 나일강의 유역에는 고대 [   ] 문명의 유적이 많아 관광 자원으로 활용된다.

11 남부 아프리카에는 낮은 산지가 분포하는데, 남아프리카 공화국의 해안을 따라 뻗어 있는 [   ] 산맥이 대표적이다.

2 다음 설명이 맞으면 ○표, 틀리면 ×표 하시오.

1 아프리카는 동쪽으로 홍해를 경계로 아시아와 구분된다. (   )

2 북부 아프리카의 주요 국가로는 이집트, 모로코 등이 있으며, 주요 도시로는 카이로, 카사블랑카 등이 있다. (   )

3 동부 아프리카에는 열대 초원 지대가 넓게 펼쳐져 있어 야생 동물의 천국을 이룬다. (   )

4 아프리카 북부에는 높은 산지와 넓은 사막이 펼쳐져 있다. (   )

5 북부 아프리카의 사하라 사막은 세계에서 가장 넓은 사막이다. (   )

6 아프리카의 열대 기후는 적도를 중심으로 사바나 기후가 나타나며, 그 주변에 열대 우림 기후가 나타난다. (   )

7 사막의 주변에는 키가 큰 풀이 자라는 초원이 발달해 있다. (   )

3 괄호 안의 내용 중 알맞은 말에 ○표 하시오.

1 북부 아프리카 주민의 대부분은 (이슬람교, 크리스트교)를 믿는다.

2 서부 아프리카의 (나이지리아, 탄자니아)에서는 석유가 많이 생산된다.

3 서부 아프리카의 (에티오피아, 코트디부아르)에서는 카카오가 많이 생산된다.

4 동부 아프리카에는 (고원, 평야)이/가 발달해 있다.

5 동부 아프리카의 주요 국가로 (에티오피아, 말리)가 있다.

6 남부 아프리카에는 일찍부터 (유럽인, 아시아인)이 진출하여 크리스트교를 전파하였다.

7 남부 아프리카의 대표적인 도시로 (아디스아바바, 케이프타운)이/가 있다.

8 사하라 사막은 (아틀라스, 드라켄즈버그)산맥의 남쪽에 있다.

9 아프리카에서 가장 높은 산은 (케냐산, 킬리만자로산)이다.

10 아프리카의 큰 강들은 대부분 (열대, 건조) 기후 지역에서 시작하여 바다로 흘러간다.

11 열대 우림 기후 지역에는 주로 (개방, 폐쇄)적인 가옥 구조가 나타난다.

12 열대 기후 지역에서는 천연고무, 카카오, 커피 등을 (플랜테이션, 이동식 화전 농업) 방식으로 재배한다.

13 건조 기후는 연 강수량이 연 증발량보다 (많다, 적다).

02 아프리카의 다양한 문화와 지역 잠재력

4 빈칸에 들어갈 알맞은 말을 쓰시오.

1 브라질의 정열적인 [   ] 춤은 아프리카 춤과 리듬의 영향을 받았다.

2 아프리카는 지하자원이 풍부한데, [   ]은/는 기니만 연안과 북부 아프리카에서 많이 생산된다.

3 작물 중 시장에 내다 팔기 위해 재배하는 농작물을 [   ] 작물이라고 한다.

4 [   ]은/는 아프리카에서 석탄을 가장 많이 수출하는 국가이다.

5 [   ]은/는 영화 산업이 발달하였으며, 놀리우드(Nollywood)에서는 세계에서 두 번째로 많은 영화가 제작된다.

6 나이로비가 수도인 [   ]에서는 최근 첨단 산업이 빠르게 성장하고 있다.

7 [   ](이)란, 한 국가의 인구를 연령순으로 일렬로 세웠을 때, 한가운데에 있는 사람의 나이를 의미한다.

5 다음 설명이 맞으면 ○표, 틀리면 ×표 하시오.

1 아프리카에서 크리스트교는 주로 사하라 이남에 분포한다. (   )

2 아프리카는 세계에서 30세 이하 인구 비율이 가장 높은 대륙이다. (   )

3 잠비아, 콩고 민주 공화국은 구리 생산량이 많다. (   )

4 아프리카에서 다이아몬드를 가장 많이 생산하는 국가는 보츠와나이다. (   )

5 아프리카는 인구가 빠르게 증가하고 있기 때문에 1인당 국민 총소득은 감소하고 있다. (   )

6 괄호 안의 내용 중 알맞은 말에 ○표 하시오.

1 아프리카의 건조 기후 지역에서는 하천 주변에서 주로 (밀, 카사바)을/를 재배한다.

2 바오바브나무로 유명한 마다가스카르에서는 동남아시아 문화의 영향으로 (벼, 밀)농사가 활발하게 이루어진다.

3 아프리카 전통 음식 중 푸푸는 (대추야자, 카사바)를 원재료로 이용한 음식이다.

4 아프리카 전통 음식 중 우갈리는 (옥수수, 쌀)을/를 원재료로 이용한 음식이다.

5 아프리카는 세계에서 (중위 연령, 합계 출산율)이 가장 높은 대륙이다.

6 (커피, 카카오)는 아프리카 동부 고원 지대에서 많이 생산된다.

7 (커피, 카카오)는 아프리카의 기니만 연안에서 많이 생산된다.

03 지속가능한 발전을 위한 노력과 협력

7 빈칸에 들어갈 알맞은 말을 쓰시오.

1 아프리카는 아프리카의 통합, 공동의 이익, 평화와 안정 등을 추구하기 위해 2003년에 [   ]을/를 설립하였다.

2 아프리카는 아프리카 내 관세나 무역 규제 철폐, 아프리카 국가들의 불공정 무역을 개선하기 위해 [   ]을/를 구축하였다.

3 [   ](이)란, 선진국의 정부나 공공 기관이 개발 도상국에 자금을 지원해 주는 제도이다.

4 [   ](이)란, 소비자가 생산자에게 정당한 가격을 지급하는 무역 방식이다.

8 다음 설명이 맞으면 ○표, 틀리면 ×표 하시오.

1 국제 연합(UN)은 세계의 환경 문제에 대응하기 위해 지속가능한 발전 목표(SDGs) 17개를 제시하고 있다. (   )

2 아프리카의 지역 의료 지원을 위해 협력하는 대표적인 비정부 기구는 국경 없는 의사회이다. (   )

3 녹색 장벽(Great Green Wall) 프로젝트는 아프리카의 열대 우림 파괴를 방지하기 위해 추진되는 사업이다. (   )

9 괄호 안의 내용 중 알맞은 말에 ○표 하시오.

1 아프리카에서 수력 발전은 (나일강, 라인강), 콩고강, 잠베지강 등 큰 강의 유역에 위치한 국가에서 주로 이루어진다.

2 빈곤 퇴치를 목적으로 활동하는 대표적인 비정부 기구로 (옥스팜, 그린피스)이/가 있다.

3 지구 환경 보호를 목적으로 활동하는 대표적인 비정부 기구로 (옥스팜, 그린피스)이/가 있다.

대단원 종합 문제

▶ 252004-0712

01 다음 중 아프리카의 지역 구분에 따른 주요 국가를 바르게 연결한 것은?

	지역 구분	주요 국가
①	북부	나이지리아, 코트디부아르
②	서부	모로코, 알제리
③	중앙	나미비아, 보츠와나
④	동부	탄자니아, 소말리아
⑤	남부	가봉, 콩고 민주 공화국

▶ 252004-0713

02 지도의 A~E 국가에 대한 설명으로 옳은 것은?

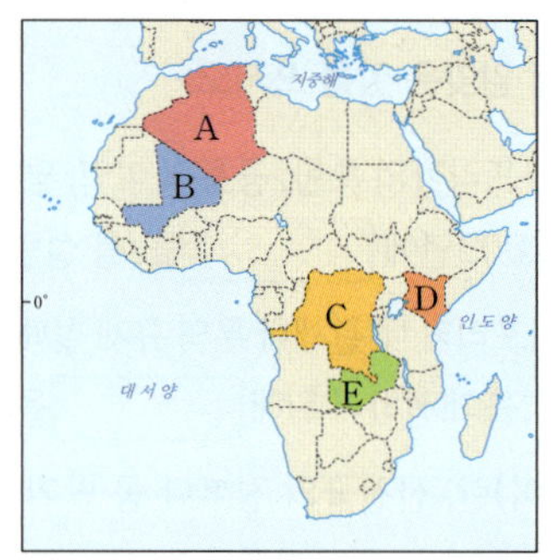

① B의 주민들은 대체로 개방적인 가옥에서 생활한다.
② D에서는 벼농사가 활발하게 이루어진다.
③ A는 C보다 국토 내 건조 기후 지역이 차지하는 비율이 높다.
④ B는 E보다 구리 생산량이 많다.
⑤ D는 A보다 국가 내 이슬람교 신자 비율이 높다.

03 사진은 두 국가에서 보이는 산맥의 모습이다. 이에 대한 설명으로 옳은 것은?

▶ 252004-0714

(가)	(나)

▲ ㉠ 모로코에서 보이는 산맥	▲ ㉡ 남아프리카 공화국에서 보이는 산맥

① (가)는 (나)보다 인도양과 거리가 가깝다.
② (가)는 (나)보다 풍화와 침식을 받은 기간이 길다.
③ (나)는 (가)보다 사하라 사막과 거리가 가깝다.
④ ㉠은 ㉡보다 석탄 생산량이 많다.
⑤ ㉠과 ㉡은 모두 해안에서 온대 기후가 나타난다.

▶ 252004-0715

04 다음은 어느 국가에서 볼 수 있는 주민들의 전통 의식과 산지 경관이다. 이 국가로 옳은 것은?

▲ 마사이족의 전통 의식	▲ 킬리만자로산

① 케냐　　　② 니제르　　　③ 세네갈
④ 카메룬　　　⑤ 나미비아

▶ 252004-0716

05 (가), (나) 방식으로 경작하는 작물들을 바르게 연결한 것은?

> (가) 원주민의 노동력과 선진국의 기술 및 자본이 결합하여 작물을 상업적으로 재배한다.
> (나) 삼림을 불태워 작물을 재배하고 토지가 황폐해지면 다른 지역으로 이동하는 전통적인 농업 방식이다.

	(가)	(나)
①	옥수수, 커피	카카오, 카사바
②	카카오, 커피	옥수수, 카사바
③	옥수수, 카사바	카카오, 커피
④	옥수수, 카카오	커피, 카사바
⑤	카카오, 카사바	옥수수, 커피

▶ 252004-0717

06 다음에 해당하는 국가로 옳은 것은?

> • 인도양에 접해 있다.
> • 수명이 수천 년 된 바오바브나무가 자란다.
> • 벼농사가 활발하며, 쌀을 주식으로 하는 주민들이 많다.

① 케냐　　　② 모잠비크　　　③ 소말리아
④ 탄자니아　　　⑤ 마다가스카르

07 ▶ 252004-0718

07 다음은 어느 지역에서 재배하는 작물과 열매의 모습이다. 이에 대한 설명으로 옳은 것만을 〈보기〉에서 고른 것은?

보기

ㄱ. 건조 기후 지역에서 주로 재배된다.
ㄴ. 오아시스 주변에서 흔히 볼 수 있다.
ㄷ. 주로 이동식 화전 농업 방식으로 생산된다.
ㄹ. 이 지역은 연 강수량이 연 증발량보다 많다.

① ㄱ, ㄴ ② ㄱ, ㄷ ③ ㄴ, ㄷ
④ ㄴ, ㄹ ⑤ ㄷ, ㄹ

중요
08 ▶ 252004-0719

다음은 아프리카에 있는 두 지역의 기후 그래프를 나타낸 것이다. (가), (나) 지역에 대한 설명으로 옳은 것은?

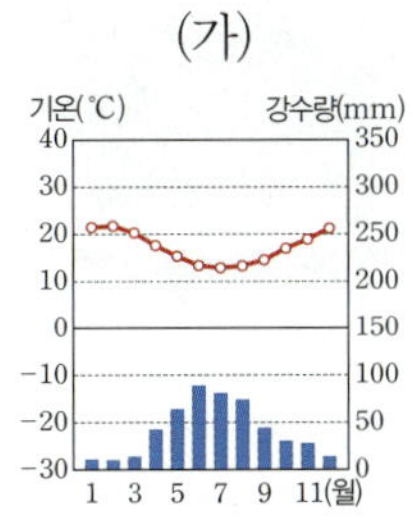
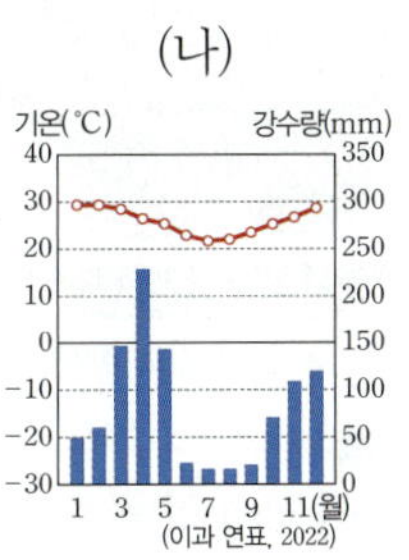

① (가)는 건조 기후, (나)는 온대 기후가 나타난다.
② (가)와 (나) 모두 건기와 우기가 뚜렷한 편이다.
③ (가)는 북반구에, (나)는 남반구에 위치한다.
④ (가)는 (나)보다 연평균 기온이 높다.
⑤ (나)는 (가)보다 기온이 가장 낮은 달의 강수량이 많다.

중요
09 ▶ 252004-0720

다음은 체험 관광을 하는 모습을 나타낸 것이다. (가), (나)를 체험하기에 가장 적절한 국가를 지도의 A~D에서 고른 것은?

(가)   (나)
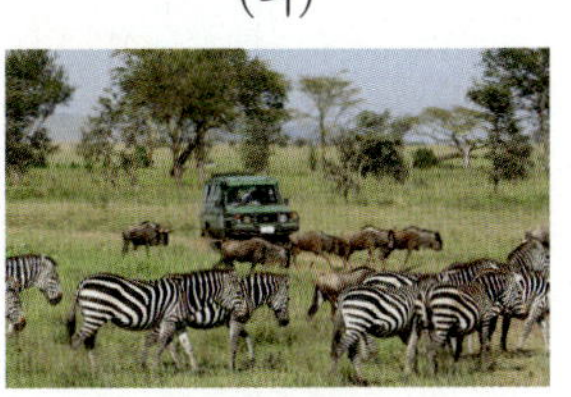
▲ 낙타 체험 관광   ▲ 사파리 관광

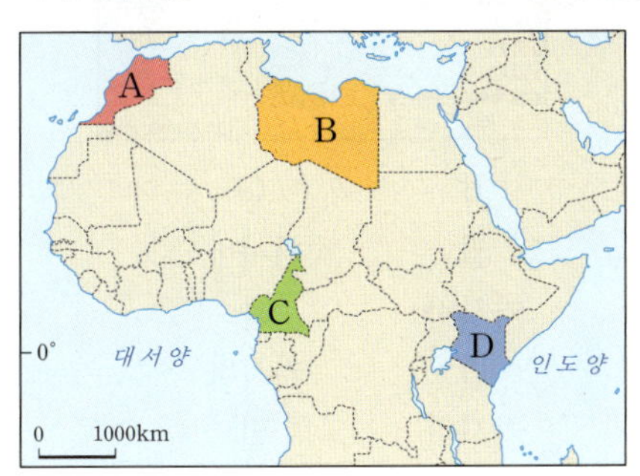

	(가)	(나)		(가)	(나)
①	A	B	②	A	D
③	C	A	④	C	B
⑤	D	C			

중요
10 ▶ 252004-0721

다음은 아프리카 일부 지역의 종교 분포를 나타낸 것이다. A~C 종교에 대한 설명으로 옳은 것은?

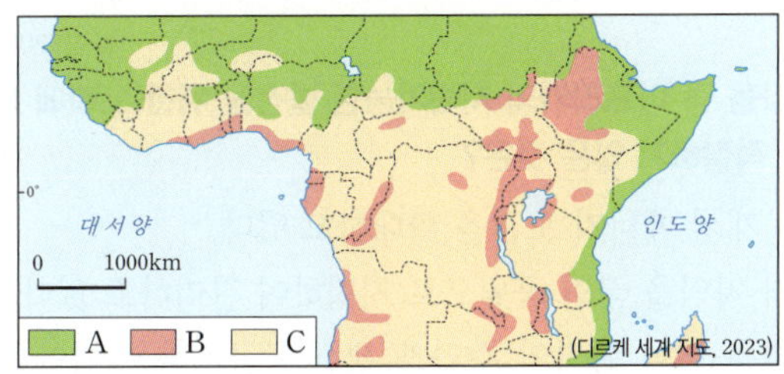

① A는 유럽인의 진출과 함께 전파되었다.
② B를 믿는 주민들은 모스크에 모여서 예배한다.
③ C는 서남아시아로부터 전파되었다.
④ A~C 중 아프리카에서 가장 오래된 종교는 A이다.
⑤ 남아프리카 공화국은 A보다 B를 믿는 주민이 많다.

대단원 종합 문제

▶ 252004-0722

11 지도는 아프리카 지역별 주요 주식의 재료를 나타낸 것이다. A∼C 작물로 옳은 것은?

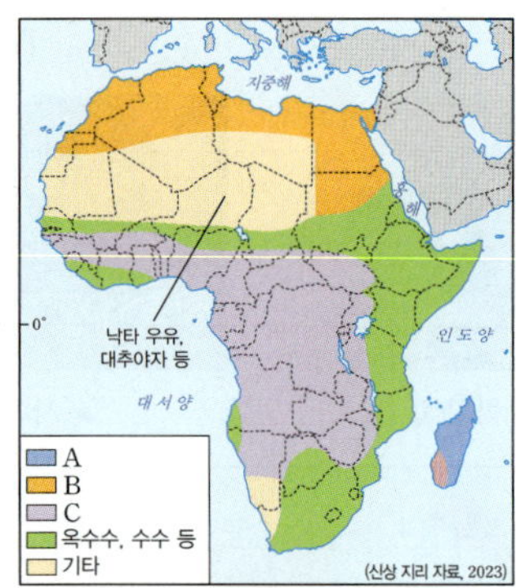

	A	B	C
①	밀	쌀	카사바
②	밀	카사바	쌀
③	쌀	밀	카사바
④	쌀	카사바	밀
⑤	카사바	밀	쌀

▶ 252004-0723

12 다음은 지속가능한 발전을 위한 아프리카 어느 국가의 노력을 나타낸 것이다. ㉠ 국가로 옳은 것은?

> 아프리카 최대 석유 생산국인 ┃ ㉠ ┃ 은/는 자원 중심의 산업 구조에서 탈피하고 산업 다각화를 위해 노력하고 있다. 2021년 기준 ┃ ㉠ ┃ 의 정보 통신 기술 산업은 국내 총생산의 약 17%를 차지할 만큼 국가 경제에 중요한 산업이다. 또한 놀리우드(Nollywood)라 불리는 ┃ ㉠ ┃ 의 영화 산업은 지역에 많은 일자리를 창출하고 있다.

① 리비아
② 보츠와나
③ 에티오피아
④ 나이지리아
⑤ 남아프리카 공화국

▶ 252004-0724

13 다음 중 아프리카의 지속가능한 발전을 위한 노력에 대한 내용으로 적절하지 <u>않은</u> 것은?

① 신·재생 에너지 보급을 확대하고 있다.
② 여러 지역을 국립 공원으로 지정하여 관리하고 있다.
③ 일회용 비닐 봉지의 수입과 생산을 금지하는 법안을 마련하였다.
④ 매장량이 풍부한 화석 연료를 개발하여 에너지 수입 의존도를 낮추고 있다.
⑤ 선진화된 농업 기술을 도입하여 식량 자급률을 높이기 위해 노력하고 있다.

▶ 252004-0725

14 ^{중요} 그래프는 아프리카 내 두 재생 에너지 발전량의 국가별 비중을 나타낸 것이다. 이에 대한 설명으로 옳은 것만을 〈보기〉에서 고른 것은? (단, (가), (나)는 각각 수력, 풍력 중 하나임.)

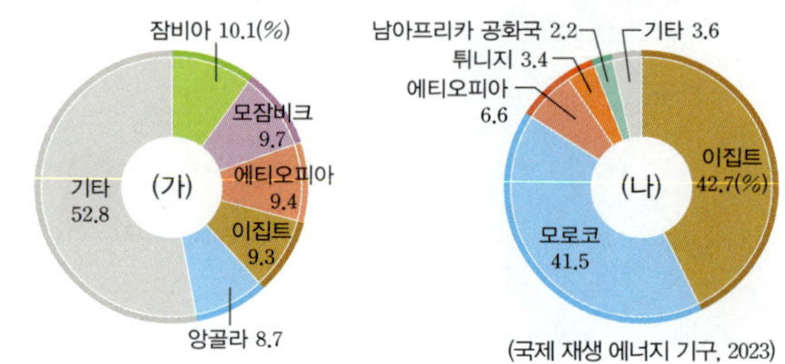

> **보기**
> ㄱ. (나)는 물의 낙차를 이용하여 에너지를 얻는다.
> ㄴ. 사막에서는 (나)보다 (가)를 생산하기에 유리하다.
> ㄷ. 모로코의 대서양 연안에는 (가)보다 (나) 발전소가 많다.
> ㄹ. 에티오피아와 이집트는 모두 나일강으로부터 (가) 에너지를 얻는다.

① ㄱ, ㄴ
② ㄱ, ㄷ
③ ㄴ, ㄷ
④ ㄴ, ㄹ
⑤ ㄷ, ㄹ

▶ 252004-0726

15 ^{중요} 다음은 일반 커피와 공정 무역 커피의 이익 배분 구조를 나타낸 것이다. 공정 무역의 긍정적인 면을 〈보기〉에서 고른 것은?

▲ 일반 커피 한잔

▲ 공정 무역 커피 한잔

> **보기**
> ㄱ. 유통 과정이 복잡해지는 단점이 있다.
> ㄴ. 생산자에게 정당한 대가를 지급할 수 있다.
> ㄷ. 부의 편중이나 노동력 착취를 개선할 수 있다.
> ㄹ. 커피의 대량 생산을 통해 커피 가격을 낮출 수 있다.

① ㄱ, ㄴ
② ㄱ, ㄷ
③ ㄴ, ㄷ
④ ㄴ, ㄹ
⑤ ㄷ, ㄹ

대단원 서술형 문제

▶ 252004-0727

01 다음은 아프리카의 기후 분포를 나타낸 것이다. (1) A~C 기후 유형의 명칭을 각각 쓰고, (2) ㉠ 지역에 A 기후와 C 기후가 동시에 나타나는 이유를 지형 특성과 관련하여 서술하시오.

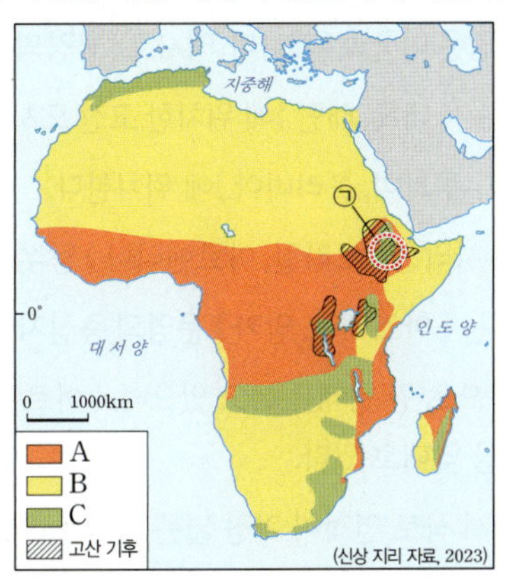

(1) A – (　　　　　　　), B – (　　　　　　　)

　　 C – (　　　　　　　)

(2) _______________________________

____

____

▶ 252004-0728

02 다음 글에서 설명하는 (1) 여행의 명칭을 쓰고, (2) 아프리카의 지속가능한 발전을 위해 여행자가 어떻게 행동해야 하는지 사례를 들어 서술하시오.

> 이 여행은 현지인과 교류하고 그 사회에 도움을 주며, 현지의 환경과 문화를 존중하는 여행을 말한다. 아프리카에서의 이 여행은 아프리카 주민의 수익을 증가시키고, 늘어난 수익은 지역의 생활 기반 시설을 개선하며 아이들을 교육하는 데 쓰일 수 있으므로 아프리카의 지속가능한 발전을 이루는 대안이 될 수 있다.

(1) _______________________________

(2) _______________________________

____

____

____

▶ 252004-0729

03 다음은 아프리카 내 (가), (나) 재생 에너지 발전량의 국가별 비중을 나타낸 것이다. 이를 보고 물음에 답하시오. (단, (가), (나)는 각각 수력, 태양광 · 태양열 중 하나임.)

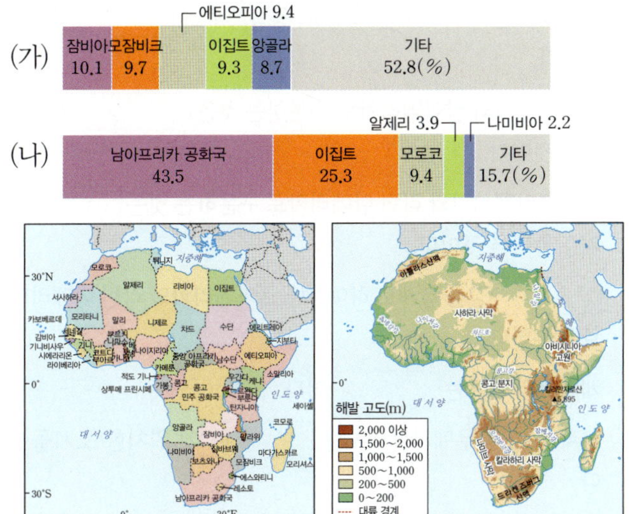

▲ 아프리카의 국가　　　　▲ 아프리카의 지형

(1) (가), (나) 에너지 자원의 명칭을 각각 쓰시오.

　　 (가) – (　　　　　　　), (나) – (　　　　　　　)

(2) 〈아프리카의 국가〉와 〈아프리카의 지형〉 지도를 참고하여 상위 5개 국가에서 (가), (나)의 발전량이 많은 이유를 자연환경 특성을 고려하여 서술하시오.

____

____

____

____

____

쪽지 시험

01 아메리카의 여러 국가와 자연환경

1 빈칸에 들어갈 알맞은 말을 쓰시오.

1 아메리카는 서쪽으로는 태평양, 동쪽으로는 [   ]와/과 접한다.

2 북아메리카와 남아메리카로 구분하는 것은 [   ] 기준에 따른 것이다.

3 앵글로아메리카와 라틴 아메리카로 구분하는 것은 [   ] 기준에 따른 것이다.

4 [   ]강을 경계로 하여 앵글로아메리카와 라틴 아메리카로 구분한다.

5 캐나다의 수도는 [   ]이다.

6 상파울루, 리우데자네이루는 [   ]에 위치한 도시들이다.

7 아타카마 사막은 페루와 [   ]의 해안에 걸쳐 위치한다.

8 [   ]은/는 에콰도르의 수도이자 고산 도시이다.

9 라틴 아메리카에서 태평양과 접한 남부 해안에 피오르가 발달한 국가는 [   ]이다.

2 다음 설명이 맞으면 ○표, 틀리면 ×표 하시오.

1 북아메리카와 남아메리카의 경계가 되는 것은 파나마 지협이다. (   )

2 로스앤젤레스와 샌프란시스코는 미국의 대서양 연안에 위치한다. (   )

3 아르헨티나의 수도는 부에노스아이레스이다. (   )

4 브라질의 수도는 멕시코의 수도보다 해발 고도가 높다. (   )

5 콜롬비아는 라틴 아메리카에 위치한다. (   )

6 국토의 일부가 안데스산맥에 위치한 국가는 에콰도르, 페루 등이다. (   )

7 아마존강은 북아메리카에 위치한다. (   )

8 캐나다에는 피오르, 빙하호와 같은 빙하 지형이 널리 나타난다. (   )

9 냉대 기후는 북아메리카보다 남아메리카에서 넓게 나타난다. (   )

10 브라질은 열대 기후보다 건조 기후가 넓게 나타난다. (   )

3 괄호 안의 내용 중 알맞은 말에 ○표 하시오.

1 캐나다는 (앵글로아메리카, 라틴 아메리카)에 위치한다.

2 미국의 주요 도시로는 (로스앤젤레스, 토론토)가 있다.

3 리오그란데강은 미국과 (캐나다, 멕시코) 국경의 일부를 이룬다.

4 멕시코시티는 (내륙, 해안)에 위치한 고산 도시이다.

5 라파스는 (우루과이, 볼리비아)에 위치한다.

6 파타고니아 사막은 (브라질, 아르헨티나) 남부에 위치한다.

7 멕시코시티는 (아스테카, 잉카) 문명의 중심지였던 도시이다.

8 칠레는 남북으로 긴 형태를 하고 있으며, (아르헨티나, 브라질)와/과 국경을 맞대고 있다.

9 아메리카에서 국토 면적이 가장 넓은 국가는 (캐나다, 브라질)이다.

10 애팔래치아산맥은 로키산맥보다 평균 해발 고도가 (높다, 낮다).

11 아마존강은 (로키, 안데스)산맥에서 발원하여 대서양으로 흐른다.

12 (미국, 브라질)과 같이 냉대 기후가 나타나는 국가에서는 울창한 침엽수림을 볼 수 있다.

13 북극해 주변은 (열대, 한대) 기후가 나타나 인간이 거주하기에 불리하다.

14 (라파스, 상파울루)는 일 년 내내 우리나라의 봄과 같은 기후가 나타난다.

02 다양한 민족(인종)으로 구성된 아메리카

4 빈칸에 들어갈 알맞은 말을 쓰시오.

1 캐나다 [   ]주는 국가 내 다른 지역과 비교할 때 프랑스어 사용자 비율이 높다.

2 라틴 아메리카 출신의 이주자로 주로 미국에 거주하고 있는 민족(인종)을 [   ](이)라고 한다.

3 캐나다는 [   ]와 프랑스어를 공용어로 사용한다.

4 아프리카계는 사탕수수, 커피 등을 생산하는 [   ] 노동력 공급을 위해 아메리카로 강제 이주되었다.

5 브라질은 주민 대부분이 [   ]어를 사용한다.

6 국토의 일부가 [   ]산맥에 위치한 페루와 볼리비아는 민족(인종) 구성에서 원주민이 차지하는 비율이 높다.

7 열대 기후가 나타나는 국가인 자메이카는 민족(인종) 구성에서 　　　　이/가 차지하는 비율이 매우 높다.

8 둘 이상의 문화가 섞여 나타나는 문화 　　　　을/를 보여 주는 사례로 탱고, 재즈 등이 있다.

5 다음 설명이 맞으면 ○표, 틀리면 ×표 하시오.

1 미국은 민족(인종) 구성에서 유럽계 다음으로 아시아계가 차지하는 비율이 높다. (　　)

2 멕시코는 에스파냐의 식민 지배를 받아 주민 대부분이 에스파냐어를 사용한다. (　　)

3 히스패닉은 유럽계의 식민 지배 과정에서 강제 이주되었다. (　　)

4 우루과이는 민족(인종) 구성에서 원주민보다 유럽계가 차지하는 비율이 높다. (　　)

5 아프리카계는 브라질보다 아르헨티나로 많이 이주해 왔다. (　　)

6 멕시코에 있는 과달루페 성당의 성모상에는 원주민의 피부색이 반영되어 있다. (　　)

7 재즈는 미국에 강제 이주된 아프리카계에 의해 탄생하였다. (　　)

6 괄호 안의 내용 중 알맞은 말에 ○표 하시오.

1 미국 (남동부, 북서부) 지역은 플랜테이션의 발달로 아프리카계가 많이 이주하였다.

2 캐나다의 퀘벡주는 국가 내 (프랑스어, 에스파냐어) 사용자 비율이 높은 지역에 해당한다.

3 히스패닉은 주로 (캐나다, 미국)에 거주한다.

4 페루는 아르헨티나보다 국가 내 민족(인종) 구성에서 (원주민, 유럽계)이/가 차지하는 비율이 높다.

5 (칠레, 브라질)은/는 주민 대부분이 에스파냐어를 사용한다.

6 삼바는 (브라질/멕시코)의 음악으로 문화 혼종성을 보여 주는 사례이다.

03 초국적 기업의 발달과 지역 변화

7 빈칸에 들어갈 알맞은 말을 쓰시오.

1 본사 외에 여러 국가에 다양한 기능을 수행하는 조직을 두고, 긴밀하게 연결된 네트워크를 통해 생산과 판매 활동이 이루어지는 기업을 　　　　기업이라고 한다.

2 기업의 각 조직들이 서로 다른 지역에 입지하여 각각의 기능을 수행하는 것을 　　　　분업이라고 한다.

3 기업의 여러 조직 중 경영과 관리 기능을 수행하는 　　　　은/는 주로 선진국에 입지한다.

4 생산 공장은 저임금 노동력의 확보가 중요한 경우 선진국보다 　　　　에 입지하는 것이 유리하다.

5 지역에 기반을 둔 산업이 다른 지역으로 이전하면서 지역 경제와 산업 활동이 크게 위축되는 현상을 　　　　공동화라고 한다.

8 다음 설명이 맞으면 ○표, 틀리면 ×표 하시오.

1 초국적 기업은 대부분 둘 이상의 국가에 본사를 둔다. (　　)

2 기술 및 디자인 개발을 담당하는 연구소는 주로 저임금 노동력 확보에 유리한 지역에 입지한다. (　　)

3 생산 공장이 주로 개발 도상국에 입지하는 것은 고급 기술 인력을 확보하기 위함이다. (　　)

4 초국적 기업의 생산 공장이 진출한 지역은 일자리가 증가한다. (　　)

5 산업 공동화가 나타나면 지역 경제가 활성화된다. (　　)

9 괄호 안의 내용 중 알맞은 말에 ○표 하시오.

1 초국적 기업은 경제의 세계화로 점차 그 진출 범위와 숫자가 (확대, 축소)되고 있다.

2 초국적 기업의 본사는 풍부한 자본과 정보 획득에 유리한 (선진국, 개발 도상국)에 주로 입지한다.

3 기업의 다양한 조직이 세계 여러 지역에 진출하고 상호 작용하면서 초국적 기업의 (글로벌, 지역적) 생산체제가 구축된다.

4 (생산 공장, 연구소)의 주된 기능은 기술과 디자인 개발이다.

5 초국적 기업이 기존 지역에서 다른 지역으로 시설을 이전하게 되면 기존 지역의 경제는 (침체, 활성화)된다.

대단원 종합 문제

01 다음 글에서 설명하는 국가로 옳은 것은?
► 252004-0730

> 북극해 연안에 위치하며 국토 면적은 세계 2위로 러시아 다음으로 넓다.

① 미국　② 멕시코　③ 캐나다
④ 과테말라　⑤ 코스타리카

02 다음 글의 설명에 해당하는 국가로 옳은 것은?
► 252004-0731

> • 북아메리카 및 앵글로아메리카에 속한다.
> • 미시시피강의 유로 대부분이 지난다.

① 미국　② 멕시코　③ 파나마
④ 볼리비아　⑤ 파라과이

03 지도의 A, B 국가에 대한 설명으로 옳은 것은?
► 252004-0732

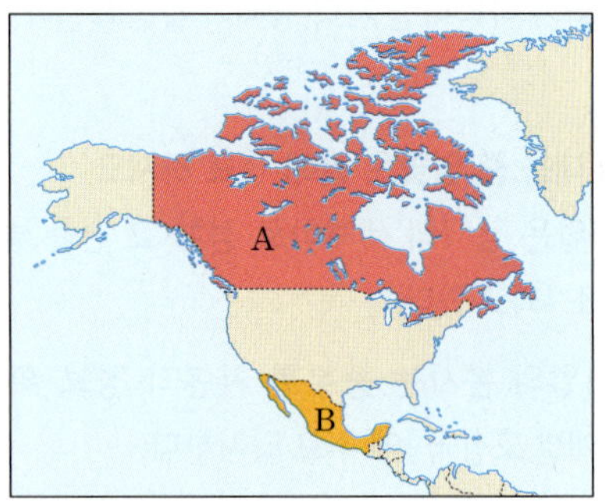

① A의 수도는 워싱턴 D.C.이다.
② A는 국토 대부분이 열대 기후 지역이다.
③ B에는 피오르가 널리 나타난다.
④ B에는 순록을 유목하는 이누이트가 거주한다.
⑤ B는 A보다 국가 내 에스파냐어 사용자 비율이 높다.

04 지도의 A~E 도시에 대한 설명으로 옳은 것은? (단, A~E는 각각 뉴욕, 로스앤젤레스, 멕시코시티, 밴쿠버, 오타와 중 하나임.)
► 252004-0733

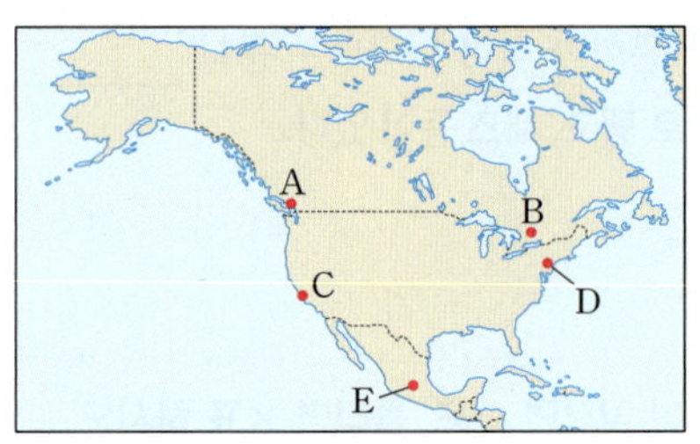

① B는 해당 국가의 수도이다.
② C는 고산 도시이다.
③ E는 건조 기후가 나타난다.
④ A는 D보다 세계 경제에 미치는 영향력이 크다.
⑤ E는 A보다 도시 내 영어 사용자 비율이 높다.

05 다음 도시들의 공통점으로 옳은 것만을 〈보기〉에서 고른것은?
► 252004-0734

> 보고타, 라파스, 키토

〔보기〕
ㄱ. 해안에 위치한다.
ㄴ. 해당 국가의 수도이다.
ㄷ. 앵글로아메리카에 위치한다.
ㄹ. 일 년 내내 온화한 기후가 나타난다.

① ㄱ, ㄴ　② ㄱ, ㄷ　③ ㄴ, ㄷ　④ ㄴ, ㄹ　⑤ ㄷ, ㄹ

06 지도의 A~C에 대한 설명으로 옳은 것만을 〈보기〉에서 고른 것은?
► 252004-0735

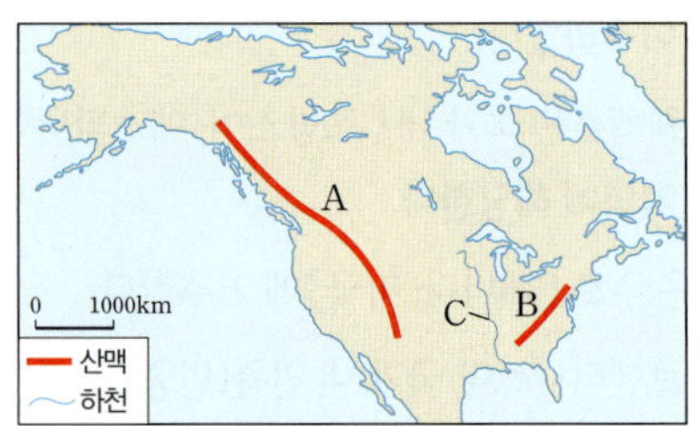

〔보기〕
ㄱ. A에는 잉카 문명의 유적지가 분포한다.
ㄴ. B는 환태평양 조산대에 속한다.
ㄷ. C는 대체로 북에서 남으로 흐른다.
ㄹ. A는 B보다 평균 해발 고도가 높다.

① ㄱ, ㄴ　② ㄱ, ㄷ　③ ㄴ, ㄷ　④ ㄴ, ㄹ　⑤ ㄷ, ㄹ

► 252004-0736

07 다음 글에서 설명하는 국가로 옳은 것은?

> 파타고니아 사막이 있으며, 기업적 목축업이 행해지는 온대 초원도 있다. 우루과이, 칠레 등과 국경을 맞대고 있다.

① 페루   ② 브라질   ③ 볼리비아
④ 콜롬비아   ⑤ 아르헨티나

► 252004-0737

08 자료의 ㉠에 해당하는 국가를 지도의 A~E에서 고른 것은?

> 아마존강은 안데스산맥에서 발원하여 울창한 밀림 지대를 관통한다. 이 하천의 유로 대부분은 적도가 지나는 국가인 ㉠ 에 위치한다.

① A   ② B   ③ C   ④ D   ⑤ E

► 252004-0738

09 지도는 세 기후의 분포를 나타낸 것이다. (가)~(다) 기후에 대한 설명으로 옳은 것은? (단, (가)~(다)는 각각 건조, 열대, 온대 기후 중 하나임.)

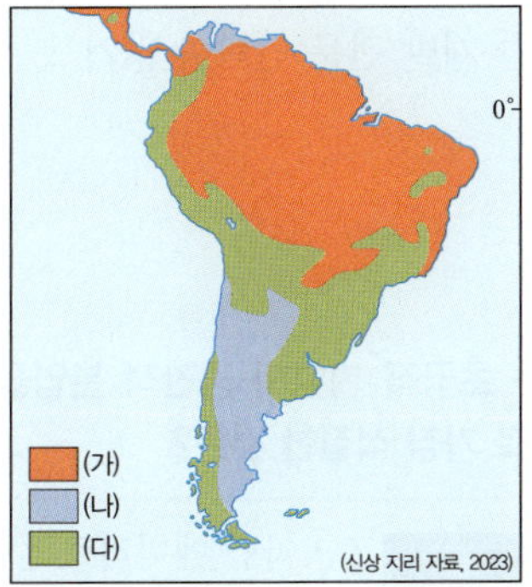

> **보기**
> ㄱ. (나)가 나타나는 지역은 나무가 자라기 어렵다.
> ㄴ. (다)는 주로 고위도 지역에서 나타난다.
> ㄷ. (가)는 (나)보다 적도 부근에서 넓게 나타난다.
> ㄹ. (가)는 (다)보다 계절의 변화가 뚜렷하다.

① ㄱ, ㄴ   ② ㄱ, ㄷ   ③ ㄴ, ㄷ   ④ ㄴ, ㄹ   ⑤ ㄷ, ㄹ

► 252004-0739

10 다음 글에서 설명하는 민족(인종)의 분포 비율이 상대적으로 높은 지역을 지도의 A~E에서 고른 것은?

> 라틴 아메리카 출신의 이주자로 에스파냐어를 모국어로 사용하는 민족(인종)이다. 출신 지역으로부터 가까운 거리에 있는 지역에 다수 거주하고 있다.

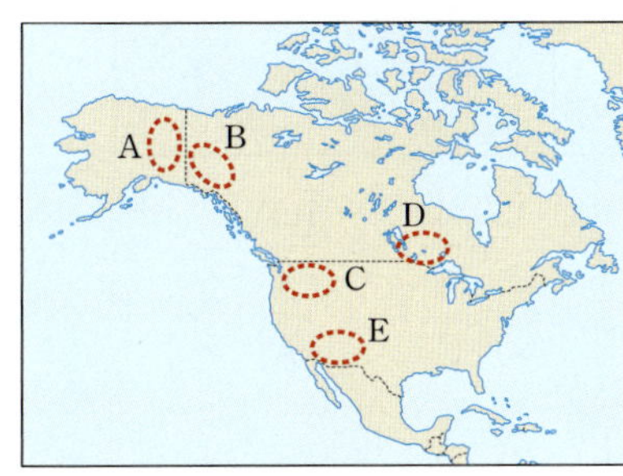

① A
② B
③ C
④ D
⑤ E

► 252004-0740

11 다음 (가), (나) 민족(인종)으로 옳은 것은?

> (가) 16세기 이후 플랜테이션 노동력 공급의 목적으로 강제 이주되었다.
> (나) 고산 지대에서 아스테카 문명, 잉카 문명을 일으켰다.

	(가)	(나)
①	유럽계	원주민
②	유럽계	아프리카계
③	원주민	유럽계
④	아프리카계	원주민
⑤	아프리카계	아시아계

► 252004-0741

12 다음 글의 ㉠ 지역이 위치한 아메리카 국가에 대한 설명으로 옳은 것은?

> ㉠ 은/는 영국계가 다수를 이루는 국가에서 프랑스 문화와 전통을 유지하고 있으며, 프랑스어 사용자 비율이 국가 내 다른 지역보다 높다.

① 안데스산맥에 걸쳐있다.
② 아타카마 사막이 위치한다.
③ 미국과 국경을 맞대고 있다.
④ 포르투갈의 식민 지배를 받았다.
⑤ 음악의 한 장르인 재즈가 탄생하였다.

대단원 종합 문제

▶ 252004-0742

13 지도의 (가), (나)를 식민 지배했던 국가를 A~C에서 고른 것은?

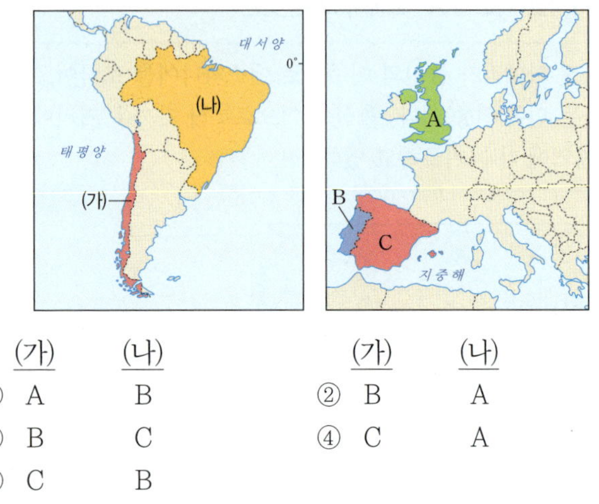

	(가)	(나)		(가)	(나)
①	A	B	②	B	A
③	B	C	④	C	A
⑤	C	B			

▶ 252004-0743

14 그래프는 두 국가의 민족(인종) 구성을 나타낸 것이다. (가), (나) 국가로 옳은 것은?

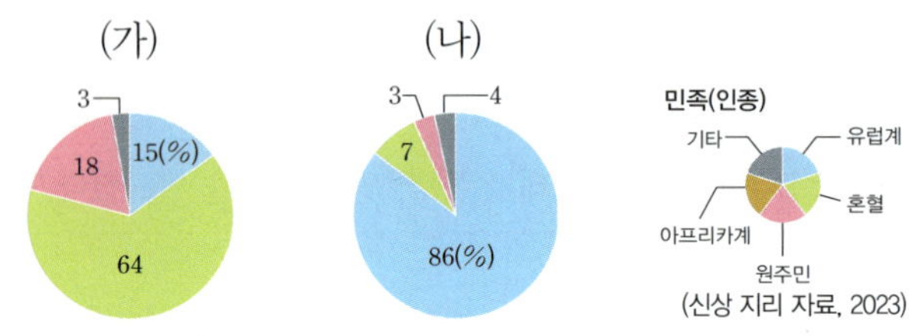

	(가)	(나)
①	페루	브라질
②	페루	아르헨티나
③	멕시코	페루
④	멕시코	브라질
⑤	멕시코	아르헨티나

▶ 252004-0744

15 다음 글의 (가), (나)에 해당하는 음악으로 옳은 것은?

> (가) 남부 유럽에서 온 이주자들의 춤곡과 라틴 아메리카의 토착 음악이 결합하여 형성되었다.
> (나) 아프리카계가 고향의 춤과 악기로 향수를 달래던 것에서 유래하여 카니발 축제로 발전하였다.

	(가)	(나)		(가)	(나)
①	삼바	재즈	②	재즈	삼바
③	재즈	탱고	④	탱고	삼바
⑤	탱고	재즈			

▶ 252004-0745

16 지도를 통해 탐구할 수 있는 주제로 가장 적절한 것은?

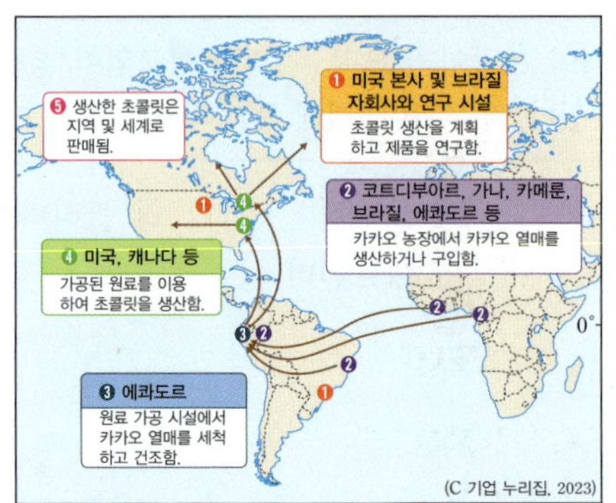

▲ 미국의 C 기업이 아메리카에서 초콜릿을 생산하는 과정

① 문화 혼종성　　② 산업 공동화
③ 지역화 전략　　④ 지속가능한 개발
⑤ 기업의 글로벌 생산체제

▶ 252004-0746

17 빈칸 ㉠에 들어갈 내용으로 가장 적절한 것은?

> 미국에 본사를 둔 어느 운동화 제조 기업은 새로운 생산 공장을 동남아시아에 세웠다. 그 이유는 동남아시아가 ㉠ 때문이다.

① 원료 산지와 가깝기
② 고급 정보 획득에 유리하기
③ 제품의 운송비가 적게 들기
④ 저임금 노동력을 확보하기에 유리하기
⑤ 디자인 및 기술 개발 전문 인력이 많기

▶ 252004-0747

18 다음 자료는 초국적 기업의 공간적 분업을 나타낸 것이다. ㉠에 들어갈 국가로 가장 적절한 것은?

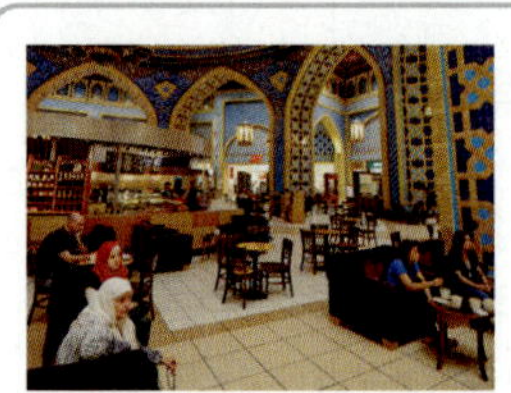

- 아랍 에미리트 ○○ 커피 전문점
- 본사: 미국
- 원두 생산 공장: ㉠

① 영국　　② 일본　　③ 브라질
④ 캐나다　　⑤ 뉴질랜드

대단원 서술형 문제

▶ 252004-0748

01 다음 글에서 (1) ㉠에 들어갈 국가 이름을 쓰고, (2) ㉡의 구체적인 이유를 서술하시오.

> 텔레페리코는 [㉠]의 수도인 라파스와 엘 알토를 연결하는 케이블카이다. ㉡ 지형적인 이유로 인해 이 두 도시를 오가는 대중교통 수단으로 널리 이용되고 있다.

(1) ㉠ – (　　　　　　　)

(2) ______________________

____

____

▶ 252004-0749

02 다음 글에서 (1) ㉠, ㉡에 들어갈 민족(인종)을 쓰고, (2) ㉢의 이유를 서술하시오.

> 라틴 아메리카는 민족(인종) 구성면에서 국가별로 다양한 차이를 보인다. [㉠]은/는 대서양 연안의 온화한 기후가 나타나는 국가에서 높은 비율을 보이며, 원주민은 유럽계가 이주해 오기 전보다 거주 비율이 크게 감소하였다. 저렴한 노동력 확보의 목적으로 강제 이주된 [㉡]은/는 플랜테이션이 발달한 국가에서 높은 비율을 보인다. ㉢ 라틴 아메리카 전체적으로는 혼혈의 비율이 다른 민족(인종)보다 월등히 높다.

(1) ㉠ – (　　　　　　), ㉡ – (　　　　　　　)

(2) ______________________

____

____

▶ 252004-0750

03 (가), (나) 글을 참고하여 밑줄 친 부분에 담긴 기업의 전략을 모두 서술하시오.

> (가) A사의 스마트폰은 미국 본사와 현지 법인 간에 수평적이며 상호 의존적인 관계에 따라 생산과 판매 전략이 이루어진다. 세계 각국에서는 미국과 다른 마케팅 전략이 적용되어 현지 이동 통신사와의 제휴로 제품이 할인되어 판매된다. 또한 신제품 출시일이나 제공되는 액세서리 등의 종류도 다르며, 판매되는 국가의 선호를 반영한 제품을 팔기도 한다. 이처럼 초국적 기업은 본사 중심의 일방적인 의사 결정에 따라 운영되기보다는 현지 법인의 자율적인 의사를 반영하고 있다.
>
> (나) 초국적 기업의 생산 공장은 노동비의 비중이 큰 경우 대체로 저임금 노동력을 충분히 확보할 수 있는 곳에 입지한다. 그러나 인구가 많고 제품 구매력이 우수한 국가라든지, 무역 장벽을 극복하기 위해 자국 시장 보호 의지가 강한 국가에 생산 공장을 진출시키기도 한다. 이러한 경우는 개발 도상국이 아닌 선진국에 생산 공장을 입지시키더라도 이윤을 높일 수 있다는 판단이 작용한다.

____

____

____

____

____

____

____

____

쪽지 시험

01 오세아니아의 지리적 특성과 자원 수출

1 빈칸에 들어갈 알맞은 말을 쓰시오.

1 오세아니아는 [   ]과 남태평양 사이에 위치한 대륙이다.

2 [   ]는 오세아니아에서 면적이 가장 넓은 국가이다.

3 오세아니아에서 크게 북섬과 남섬으로 이루어진 국가는 [   ]이다.

4 인도네시아와 국경을 접하고 있는 오세아니아 국가는 [   ]이다.

5 뉴질랜드의 수도는 [   ]이다.

6 오스트레일리아에서 인구가 가장 많으며, 오페라 하우스로 유명한 도시는 [   ]이다.

7 세계에서 일출 시각이 가장 이른 국가는 오세아니아에 위치한 두 국가로, 사모아와 [   ]이다.

8 오스트레일리아의 동부에 있는 [   ] 산맥은 해발 고도가 낮고 완만하다.

9 뉴질랜드의 북섬은 주로 마그마의 작용으로 형성된 [   ] 지형이 발달해 있다.

10 뉴질랜드는 대부분의 지역에서 계절의 변화가 뚜렷한 [   ] 기후가 나타난다.

11 오스트레일리아는 아시아 국가들과의 무역액이 많으며, 최대 수출 상대국은 [   ]이다.

2 다음 설명이 맞으면 ○표, 틀리면 ×표 하시오.

1 오세아니아는 대서양과 남태평양 사이에 위치한다. (   )

2 파푸아뉴기니는 오스트레일리아의 남쪽에 위치한다. (   )

3 캔버라와 멜버른은 모두 오스트레일리아에 위치한 도시이다. (   )

4 뉴질랜드에서 인구가 가장 많은 도시는 북섬에 위치한 오클랜드이다. (   )

5 대찬정 분지에서 목축업이 활발히 이루어지고 있는 국가는 파푸아뉴기니이다. (   )

6 세계 최대 규모의 산호초 지대인 대보초는 오스트레일리아 북동부 해안에 위치한다. (   )

7 오스트레일리아는 열대 기후보다 건조 기후가 넓게 나타난다. (   )

8 오스트레일리아의 서부에서는 철광석, 동부에서는 석탄의 생산량이 상대적으로 많다. (   )

9 오스트레일리아와 뉴질랜드는 모두 역내 포괄적 경제 동반자 협정(RCEP)에 가입되어 있다. (   )

3 괄호 안의 내용 중 알맞은 말에 ○표 하시오.

1 바누아투는 파푸아뉴기니보다 국토 면적이 (넓다, 좁다).

2 파푸아뉴기니의 수도는 (크라이스트처치, 포트모르즈비)이다.

3 오스트레일리아는 (북서부, 남동부)에 시드니, 캔버라와 같은 주요 도시가 분포한다.

4 뉴질랜드 남섬의 남서부 해안은 (빙하, 하천)의 침식으로 형성된 골짜기에 바닷물이 들어와 좁고 긴 만이 발달하였다.

5 오스트레일리아에는 (그레이트샌디, 파타고니아) 사막이 있다.

6 뉴질랜드는 (양고기, 돼지고기)와 같은 육류의 수출액 비율이 높다.

7 오스트레일리아는 철광석의 주요 (수입국, 수출국)이다.

02 태평양 지역의 환경 문제와 해결 방안

4 빈칸에 들어갈 알맞은 말을 쓰시오.

1 세계에서 가장 넓은 해양으로 지구의 모든 육지 면적을 더한 것보다 넓은 것은 [   ]이다.

2 태평양 지역에서 일어나고 있는 대표적인 환경 문제로는 해양 [   ] 문제와 해수면 상승 등이 있다.

3 해양에 유입된 각종 쓰레기는 [   ]와/과 바람을 타고 국제적으로 먼 거리까지 이동한다.

4 지름 또는 길이가 5mm 이하인 미세 [   ]은/는 어패류를 거쳐 사람의 체내로 들어와 건강을 위협한다.

5 북태평양에는 '태평양 거대 [   ] 지대'로 불리는 곳이 있다.

6 해수면 상승의 원인이 되는 기후변화에 대처하기 위해 2015년 세계 195개국이 참여하여 [   ] 협정을 체결하였다.

7 바닷물의 온도가 상승함에 따라 산호초가 하얗게 변하면서 죽게 되는 [   ] 현상이 나타나고 있다.

5 다음 설명이 맞으면 ○표, 틀리면 ×표 하시오.

1 플라스틱 제품과 어업 폐기물 등으로 구성된 해양 쓰레기 섬은 북극해에 형성되어 있다. ( )

2 해양 쓰레기 문제는 태평양 지역 주민들의 어업, 양식업, 관광 산업에 피해를 주고 있다. ( )

3 해양 쓰레기는 장시간 이동할수록 점차 잘게 분해되므로 자연 상태에서 환경 정화가 이루어진다. ( )

4 남태평양의 섬들은 대부분 해발 고도가 낮아 해수면 상승에 취약하다. ( )

5 저탄소 에너지 정책은 지구의 기후변화를 가속화시키고 있다. ( )

6 괄호 안의 내용 중 알맞은 말에 ○표 하시오.

1 태평양 지역은 대서양 지역보다 해수면 상승으로 침수되고 있는 섬나라가 (많다, 적다).

2 태평양은 인도양보다 면적이 (넓다, 좁다).

3 해양 쓰레기 섬은 지금과 같은 인간의 생산 및 소비 활동 추세가 지속된다면 그 면적이 점차 (축소될, 확대될) 것이다.

4 (미세, 정밀) 플라스틱은 지름이나 길이가 5mm 이하인 플라스틱을 의미한다.

5 재생 가능성이 (낮은, 높은) 제품의 소비는 해양 쓰레기 문제에 대처하는 적절한 방안 중 하나이다.

6 산호초의 백화 현상은 주로 (고위도, 저위도)의 태평양 지역에서 나타난다.

7 (저탄소, 고탄소) 제품의 소비는 기후변화에 따른 해수면 상승을 억제하는 데 도움이 된다.

03 극지방의 지리적 중요성과 지역 개발

7 빈칸에 들어갈 알맞은 말을 쓰시오.

1 북극은 유라시아 대륙, 북아메리카 외에도 덴마크 자치령인 [ ]에 둘러싸여 있다.

2 남극은 거대한 [ ]이/가 덮여 있는 대륙으로, 남극해로 둘러싸여 있다.

3 기후변화로 북극해의 해빙 면적은 [ ]되고 있다.

4 북극의 연구와 조사를 위해 우리나라에서 설치한 것은 [ ] 과학 기지이다.

5 [ ] 항로의 개발은 기존 항로보다 물류비를 크게 절감시키지만, 북극의 생태계 파괴와 환경 오염 문제에 대한 우려의 목소리도 나오고 있다.

8 다음 설명이 맞으면 ○표, 틀리면 ×표 하시오.

1 북극은 대륙들로 둘러싸인 바다이고, 남극은 빙하로 구성된 대륙이다. ( )

2 극지방은 대부분 한대 기후가 나타난다. ( )

3 극지방은 탐사 결과 화석 에너지의 매장량이 거의 없는 것으로 나타났다. ( )

4 북극 항로는 기후변화로 인해 북극해의 해빙 면적이 확대된 것과 관련이 깊다. ( )

5 북극해의 영유권 갈등 당사국에는 러시아가 포함된다. ( )

6 남극에서는 과학 조사의 자유가 보장되며, 각국의 영유권 주장이 금지되고 있다. ( )

7 이윤 추구를 중시하는 기업은 대체로 극지방을 개발하자는 입장이다. ( )

8 남극에는 장영실 과학 기지가 위치한다. ( )

9 괄호 안의 내용 중 알맞은 말에 ○표 하시오.

1 북극은 유라시아 대륙, (남아메리카, 북아메리카), 그린란드에 둘러싸여 있다.

2 남극에는 (다산, 세종) 과학 기지가 위치한다.

3 (노르웨이, 에스파냐)는 북극해 연안에 위치하며, 북극해 영유권 갈등 당사국이다.

4 1959년에 체결된 (북극, 남극) 조약은 해당 지역에 대한 과학 조사의 자유를 보장하고 있다.

5 북극 항로는 (아시아, 아프리카)와 유럽 간 기존 항로의 대안으로 연구되고 있다.

6 극지방은 생물 다양성이 (우수, 미흡)하여 환경 보전의 필요성이 높다.

대단원 종합 문제

▶ 252004-0751

01 다음에 제시된 국가들이 모두 속한 대륙으로 옳은 것은?

> 통가, 피지, 나우루, 솔로몬 제도, 파푸아뉴기니

① 유럽　　　　② 아시아　　　　③ 아메리카
④ 아프리카　　⑤ 오세아니아

▶ 252004-0752

02 지도의 A 지역에 대한 설명으로 옳은 것만을 〈보기〉에서 고른 것은?

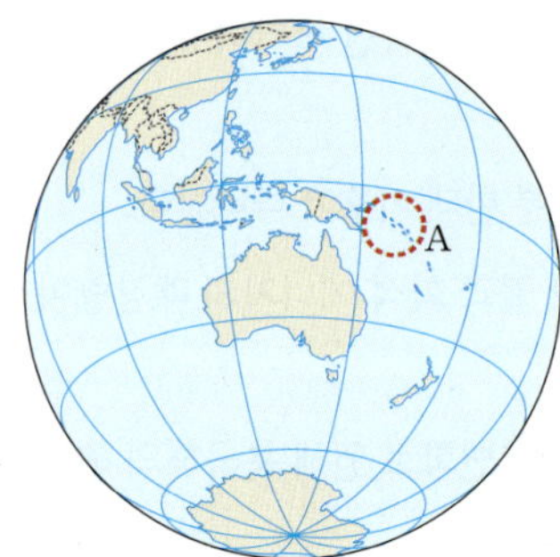

보기

ㄱ. 오세아니아에 속한다.
ㄴ. 빙하 지형이 발달하였다.
ㄷ. 환태평양 조산대에 속한다.
ㄹ. 대부분 건조 기후가 나타난다.

① ㄱ, ㄴ　　　② ㄱ, ㄷ　　　③ ㄴ, ㄷ
④ ㄴ, ㄹ　　　⑤ ㄷ, ㄹ

▶ 252004-0753

03 (가) 국가와 비교한 (나) 국가의 상대적 특징으로 옳은 것만을 〈보기〉에서 고른 것은?

> (가) 수도는 웰링턴이고, 크게 북섬과 남섬으로 이루어져 있다.
> (나) 수도는 캔버라이고, 캥거루, 코알라의 서식지가 있다.

보기

ㄱ. 국토 면적이 넓다.
ㄴ. 철광석 생산량이 많다.
ㄷ. 수출액 내 유제품의 비율이 높다.
ㄹ. 국토 내 온대 기후 지역의 비율이 높다.

① ㄱ, ㄴ　　　② ㄱ, ㄷ　　　③ ㄴ, ㄷ
④ ㄴ, ㄹ　　　⑤ ㄷ, ㄹ

▶ 252004-0754

04 다음 글의 ㉠, ㉡ 국가로 옳은 것은?

> ㉠ 는 ㉡ 와 국경을 맞대고 있으며, 세계에서 두 번째로 큰 섬에 같이 위치한다. 그리고 ㉠ 는 아시아, ㉡ 는 오세아니아에 속한다.

	㉠	㉡
①	인도네시아	바누아투
②	인도네시아	파푸아뉴기니
③	말레이시아	바누아투
④	말레이시아	파푸아뉴기니
⑤	파푸아뉴기니	인도네시아

▶ 252004-0755

05 지도의 A∼E 지역에 대한 설명으로 옳은 것은? (단, A∼E는 각각 다윈, 오클랜드, 웰링턴, 캔버라, 퍼스 중 하나임.)

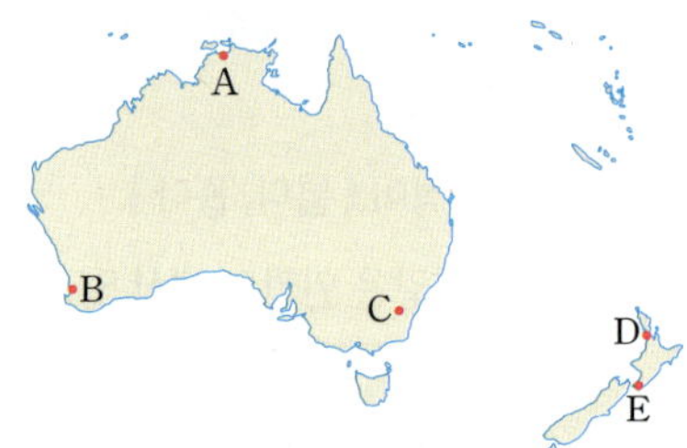

① A는 건조 기후가 나타난다.
② B는 환태평양 조산대에 위치한다.
③ C는 대찬정 분지에 위치한다.
④ D는 A보다 연평균 기온이 높다.
⑤ E는 D보다 정치 중심지로서의 영향력이 크다.

▶ 252004-0756

06 다음 글의 (가), (나) 도시로 옳은 것은?

> (가) 뉴질랜드 북섬에 위치하며 옛 수도이기도 하다. 국가 내 인구 1위 도시이다.
> (나) 오스트레일리아의 남동부에 위치한다. 국가 내 인구 1위 도시이다.

	(가)	(나)
①	시드니	오클랜드
②	시드니	포트모르즈비
③	오클랜드	시드니
④	오클랜드	포트모르즈비
⑤	포트모르즈비	시드니

▶ 252004-0757

07 지도의 A 지역에서 체험할 수 있는 대표적인 관광 자원으로 옳은 것은?

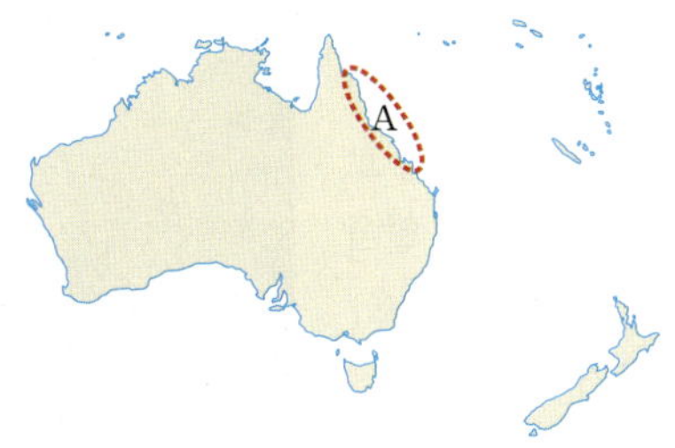

① 해빙　　　　② 산호초　　　　③ 피오르
④ 활화산　　　⑤ 모래 사막

▶ 252004-0758

08 다음은 오세아니아 어느 도시의 기후 그래프이다. 이 도시에서 나타나는 기후로 옳은 것은?

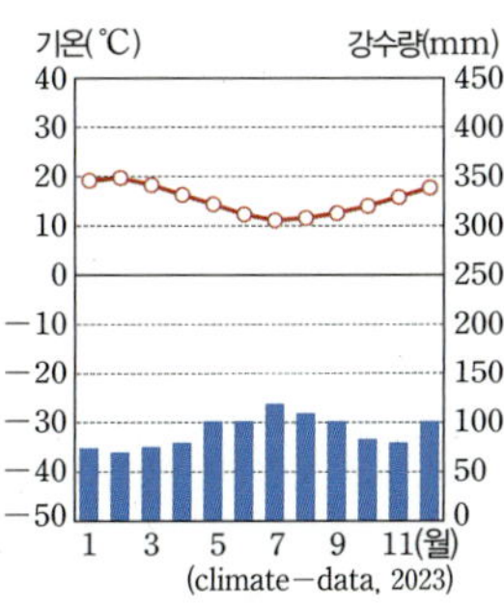

① 건조 기후　　　② 냉대 기후　　　③ 열대 기후
④ 온대 기후　　　⑤ 한대 기후

▶ 252004-0759

09 다음 자료에 해당하는 지역을 지도의 A~E에서 고른 것은?

온대 기후가 나타나며, 기계화된 영농 방식으로 곡물 농업이 이루어지고 있다. 특히 국가의 주요 수출품인 밀의 재배가 활발하다.

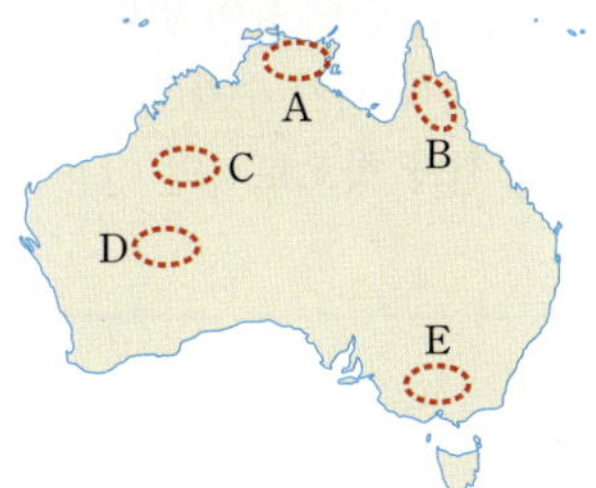

① A
② B
③ C
④ D
⑤ E

▶ 252004-0760

10 그래프는 오스트레일리아의 국가별 수출액 비율을 나타낸 것이다. (가)~(라) 국가에 대한 설명으로 옳은 것은? (단, (가)~(라)는 각각 미국, 영국, 일본, 중국 중 하나임.)

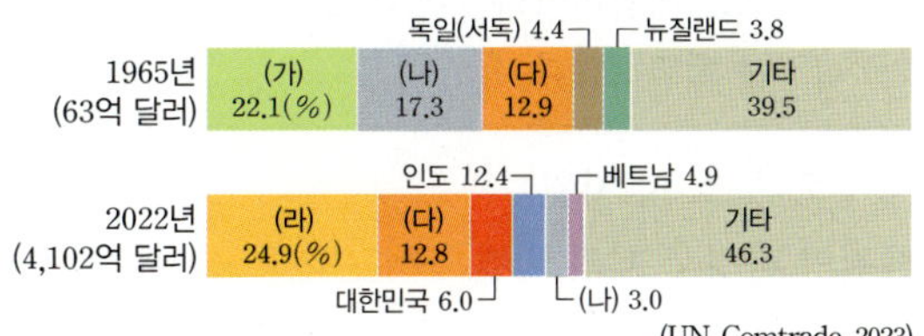

① (가)는 아시아에 위치한다.
② (나)의 수도는 영국의 런던보다 표준시가 이르다.
③ (다)는 (가)보다 산업화를 겪은 시기가 이르다.
④ (라)는 (다)보다 총인구가 많다.
⑤ (가)와 (나)는 모두 섬나라이다.

▶ 252004-0761

11 그래프는 뉴질랜드의 상품별 수출액 비율을 나타낸 것이다. (가)에 해당하는 품목으로 옳은 것은?

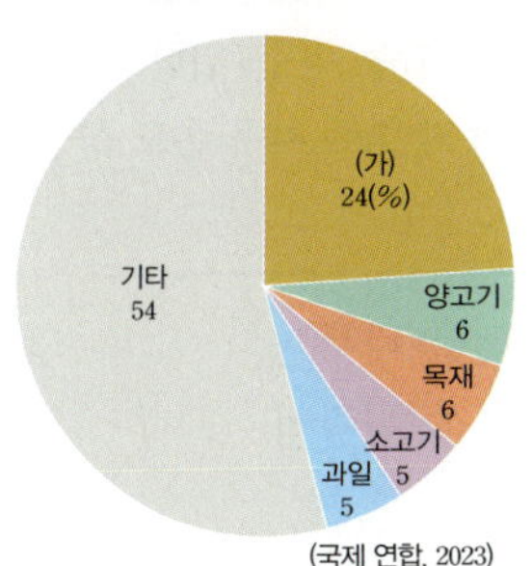

① 기계류　　　　② 철광석　　　　③ 천연가스
④ 석유 제품　　　⑤ 우유 및 가공품

▶ 252004-0762

12 지도는 오스트레일리아 내 두 자원의 분포를 나타낸 것이다. (가), (나) 자원으로 옳은 것은?

	(가)	(나)		(가)	(나)
①	석탄	석유	②	석탄	철광석
③	석유	석탄	④	철광석	석유
⑤	철광석	석탄			

대단원 **종합 문제**

▶ 252004-0763

13 다음 글의 밑줄 친 (가) 협정이 체결된 목적으로 가장 적절한 것은?

> 2020년 오스트레일리아와 뉴질랜드는 아시아 13개국과 함께 (가) 협정을 체결하였다.

① 국제 난민 구호 및 지원
② 국제적인 환경 문제의 해결
③ 자유 무역 확대와 무역량 증대
④ 에너지 자원의 가격과 생산량 조절
⑤ 개발 도상국을 대상으로 한 재정적 지원

▶ 252004-0764

14 다음은 환경 문제의 발생 과정을 나타낸 것이다. ㉠에 해당하는 자원의 사례로 옳은 것은?

> 전력 생산과 산업 활동 등을 위한 ㉠ ○○ 연료의 과다한 소비 → 온실가스의 배출로 지구 온도 상승 → 빙하가 녹으면서 해수면 상승

① 물　　　　② 나무　　　　③ 석탄
④ 석회석　　⑤ 철광석

▶ 252004-0765

15 그림을 통해 파악할 수 있는 태평양 지역의 주요 환경 문제로 옳은 것은?

① 사막화　　　　　② 산성비
③ 오존층 파괴　　　④ 중금속 오염
⑤ 해수면 상승

▶ 252004-0766

16 다음 자료의 ㉠에 들어갈 내용으로 가장 적절한 것은?

> 태평양에 쓰레기로 이루어진 거대한 섬이 형성되었다. 이렇게 해양에 쓰레기가 한곳에 모이는 이유와 해당 장소를 알아보기 위해서는 ㉠ 을/를 살펴볼 필요가 있다.

① 연안국별 어획량
② 해류와 바람의 이동 경로
③ 지점별 해수 온도의 차이
④ 희귀 해양 생물의 서식지 분포
⑤ 산호초 백화 현상이 발생하는 지역

▶ 252004-0767

17 지도는 두 극지방의 위치를 나타낸 것이다. (가), (나) 극지방에 대한 설명으로 옳은 것만을 〈보기〉에서 고른 것은?

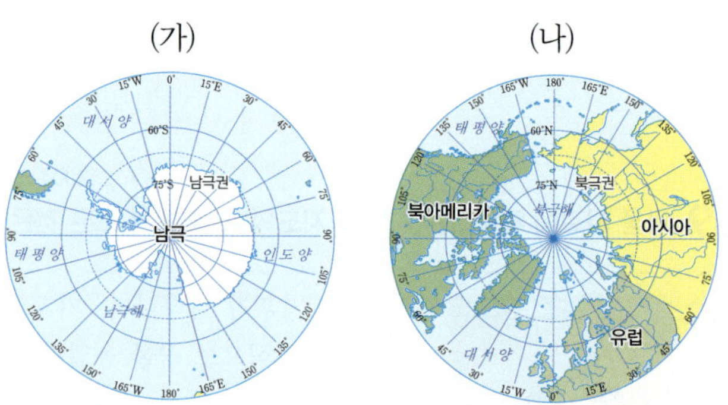

보기

> ㄱ. (가)에서는 순록 유목이 이루어지고 있다.
> ㄴ. (나)의 영유권 분쟁 당사국으로는 영국, 인도 등이 있다.
> ㄷ. (가)는 (나)보다 우리나라가 건설한 과학 기지 수가 많다.
> ㄹ. (나)는 (가)보다 아시아 ~ 유럽 간 선박 항로로서의 이용 가치가 높다.

① ㄱ, ㄴ　　　② ㄱ, ㄷ　　　③ ㄴ, ㄷ
④ ㄴ, ㄹ　　　⑤ ㄷ, ㄹ

▶ 252004-0768

01 다음 글의 (1) ㉠, ㉡에 들어갈 재생 에너지를 쓰고, (2) ㉢의 이유를 뉴질랜드 지각 특성과 관련지어 서술하시오.

> 뉴질랜드는 전체 발전량의 상당 부분을 [㉠]와/과 [㉡]을/를 통해 얻고 있다. 이와 같이 뉴질랜드에서 [㉠] 발전량이 많은 이유는 빙하 지형이 발달하여 큰 낙차와 폭포를 이용하기에 유리하고, [㉡] 발전량이 많은 이유는 ㉢지각 속 열 에너지가 풍부하기 때문이다.

(1) ㉠ – (   ), ㉡ – (   )

(2) _______________________________________

____

____

▶ 252004-0769

02 다음 글의 (1) ㉠에 들어갈 내용을 쓰고, (2) ㉡의 의미를 서술하시오.

> 2015년 체결된 [㉠] 협정은 교토 의정서(1997년)를 대신하는 기후변화 협약이다. 교토 의정서는 미국, 일본 등 38개 선진국이 참여하였지만, [㉠] 협정은 ㉡온실가스 감축의 의무를 기존의 38개국에서 195개 국가로 확대하였다.

(1) ㉠ – (   )

(2) _______________________________________

____

____

▶ 252004-0770

03 기사에 나타난 (1) 환경 문제를 요약하고, (2) 이 환경 문제 개선을 위한 개인적 차원의 실천 방안을 서술하시오.

○○ 신문	칼 럼	2022. ○○. ○○.

2019년 2월 러시아 노바야젬랴에서는 북극곰 52마리가 먹이를 찾아 마을 쓰레기장에 침입하는 사건이 벌어졌다. 같은 해 12월 러시아 추코트카 한 마을에서도 북극곰 60마리가 쓰레기장을 뒤지고 있는 광경이 포착됐다. 그들은 가을 해빙이 다시 얼 때까지 그곳에 남아 있었다. 연구를 이끈 캐나다와 미국 과학자들은 이미 취약한 북극곰 개체군에 '쓰레기'가 새로운 위협으로 급부상하고 있다고 경고했다. 연구 공동저자이자 국제북극곰협회 보존 책임자인 제프 요크 박사는 "곰들은 플라스틱 섭취 및 쓰레기 매립지 환경에서 노출될 가능성이 있는 질병과 독소로 인한 모든 부정적인 영향을 알지 못한다"라고 우려했다. 게다가 북극곰이 인간과 접촉하게 되면 치명적인 갈등은 불가피하다. 사람들은 지역사회를 보호하기 위해 북극곰을 죽일 수 있으며, 반대로 마을 주민이 북극곰에게 목숨을 잃을 수도 있다. 연구팀은 지구 기온이 계속 상승하고 북극에 사는 인구가 늘어남에 따라 앞으로 이러한 위험이 더욱 증가할 것으로 전망했다.

쪽지 시험

01 사회화와 자아 정체성

1 빈칸에 들어갈 알맞은 말을 쓰시오.

1 인간이 한 사회의 구성원으로서 사회생활에 필요한 것을 학습하면서 사회적 존재로 성장해 나가는 과정을 [   ](이)라고 한다.

2 개인이 속한 집단이 바뀌거나 사회가 변화하는 경우 이에 적응하기 위해 새로운 지식과 생활 양식을 습득하는 [   ]이/가 필요하다.

3 인간은 가장 기초적인 사회화 기관인 [   ]에서 언어, 예절, 기본적인 생활 습관을 배운다.

4 아동기에는 주로 [   ]에서 놀이를 통해 규칙이나 공동체 의식을 배운다.

5 청소년기에는 [   ]에서 사회생활에 필요한 지식과 규범 등을 체계적으로 배운다.

6 현대 사회에서는 [   ]을/를 통해 생활에 필요한 다양한 정보와 지식을 제공받는다.

7 자아를 찾으려는 개인의 노력과 가정, 또래 집단, 학교, 미디어 등의 상호 작용 속에서 [   ]이/가 형성된다.

2 사회화에 해당하는 사례만을 〈보기〉에서 있는 대로 골라 기호를 쓰시오.

> **보기**
> ㄱ. 졸리면 하품이 나온다.
> ㄴ. 어른들께는 높임말을 쓴다.
> ㄷ. 배가 고프면 꼬르륵 소리가 난다.
> ㄹ. 하품을 할 때 손으로 입을 가린다.

3 다음 설명이 맞으면 ○표, 틀리면 ×표 하시오.

1 어떤 환경 속에서 사회화되었느냐와 상관없이 사회화의 결과는 동일하게 나타난다. (   )

2 기본적인 사회화는 성인기에 집중적으로 이루어진다. (   )

3 가정은 사회화를 목적으로 하는 공식적이고 체계적인 사회화 기관이다. (   )

4 자아 정체성은 개인적인 특성뿐만 아니라 문화적 환경, 다른 사람들과의 관계 등 다양한 사회적 요인의 영향을 받는다. (   )

4 빈칸에 들어갈 알맞은 말에 ○표 하시오.

1 인간은 태어나면서부터 죽을 때까지 다른 사람과 관계를 맺으면서 살아가는데, 이러한 의미에서 인간을 (사회적 존재, 생물학적 존재)라고 한다.

2 (가정, 또래 집단)은 가장 기초적인 사회화 기관으로 예절, 언어, 기본적인 생활 습관 등을 가르친다.

3 정보 사회로 변화하면서 새로운 디지털 매체의 사용법을 배우는 등 (사회화, 재사회화)의 중요성이 커지고 있다.

4 자아 정체성이 형성되는 데 중요한 시기는 (유아기, 청소년기)이다.

02 사회적 지위와 역할

5 빈칸에 들어갈 알맞은 말을 쓰시오.

1 [   ](이)란 개인이 자신이 속한 사회에서 차지하는 위치를 말한다.

2 [   ]은/는 남자, 딸, 노인 등과 같이 개인의 의지와 관계없이 태어나면서부터 자연적으로 갖는 지위이다.

3 [   ]은/는 어머니, 대학생, 선생님과 같이 개인의 노력에 따라 얻게 되는 지위이다.

4 사회적 지위에 따라 기대되는 행동 양식을 [   ](이)라고 한다.

5 역할이 같더라도 개인이 실제로 역할을 수행하는 방식인 [   ]은/는 개인마다 다를 수 있다.

6 한 개인이 가진 여러 지위에 따른 역할들이 동시에 요구되면서 역할 간에 충돌이 발생하는 것을 [   ](이)라고 한다.

7 역할 갈등이 발생했을 때 갈등의 원인을 분석한 후 여러 가지 역할 중에서 자신에게 중요한 것이 무엇인지 [   ]을/를 정하여 수행할 수 있다.

6 다음 설명이 맞으면 ○표, 틀리면 ×표 하시오.

1 한 개인은 하나의 사회적 지위만을 갖는다.　　(　)

2 성취 지위란 개인의 노력을 통해 후천적으로 얻게 되는 지위를 말한다.　　(　)

3 학생, 청소년, 아빠는 귀속 지위에 해당한다.　　(　)

4 신분 제도가 있던 전통 사회에서는 귀속 지위가 중요했다.　　(　)

5 개인이 실제로 역할을 수행하는 방식인 역할 행동은 개인마다 다를 수 있다.　　(　)

6 다양한 사회적 관계가 형성되는 현대 사회에서는 역할 갈등이 감소하고 있다.　　(　)

7 사회 구성원 다수가 공통으로 겪는 역할 갈등은 사회적 차원에서 법과 제도를 개선하기 위해 노력해야 한다.　　(　)

7 빈칸에 들어갈 알맞은 말에 ○표 하시오.

1 한 개인이 사회적 관계 속에서 차지하는 위치를 사회적 (지위, 역할)(이)라고 한다.

2 남편, 연예인 등과 같이 개인의 의지나 노력에 따라 후천적으로 얻는 지위를 (귀속 지위, 성취 지위)라고 한다.

3 현대 사회로 오면서 (귀속 지위, 성취 지위)의 중요성이 커지고 있다.

4 학생이라는 지위를 가진 사람에게는 공부를 열심히 하고 교칙을 준수하는 (역할, 역할 행동)이 기대된다.

5 역할을 성실하게 수행하는 사람에게는 (보상, 제재)이/가 따른다.

8 성취 지위에 해당하는 사례만을 〈보기〉에서 있는 대로 골라 기호를 쓰시오.

보기		
ㄱ. 딸	ㄴ. 장남	ㄷ. 엄마
ㄹ. 노인	ㅁ. 의사	ㅂ. 남자
ㅅ. 청소년	ㅇ. 중학생	ㅈ. 선생님

03　우리 사회의 다양한 갈등과 차별

9 빈칸에 들어갈 알맞은 말을 쓰시오.

1 나와 다른 가치와 신념, 이해관계를 가진 사람들과 함께 살아가고 있기 때문에 서로의 신념이나 이해관계가 충돌하는 ☐☐☐이/가 발생한다.

2 나이, 외모, 학력 등 개인이 가진 특징이 다르게 나타나 서로를 구분할 수 있는 특성을 ☐☐☐(이)라고 한다.

3 차이를 이유로 특정 사람이나 집단을 부당하게 대우하는 것을 ☐☐☐(이)라고 하며, 이는 적극적으로 개선해야 할 문제이다.

4 차별을 개선하려면 나와 다른 사람이나 집단에 대해 ☐☐☐을/를 인정하고 다양성을 존중하는 태도를 지녀야 한다.

10 다음 설명이 맞으면 ○표, 틀리면 ×표 하시오.

1 다양한 사람들이 살아가는 사회에서는 갈등이 발생할 수밖에 없다.　　(　)

2 갈등은 자연스러운 현상이므로 갈등 해결을 위해 노력할 필요가 없다.　　(　)

3 갈등이 원만하게 해결되면 사회가 더욱 통합되고 발전할 수 있다.　　(　)

4 차별은 다른 사람의 인권을 침해하고 사회 통합을 어렵게 한다.　　(　)

5 차이가 발생하는 것을 막기 위해 사회적으로 법과 제도를 정비해야 한다.　　(　)

11 빈칸에 들어갈 알맞은 말에 ○표 하시오.

1 (차이, 차별)은/는 서로 같지 않고 다른 것으로 자연스러운 현상이다.

2 (차이, 차별)은 인간의 존엄성을 훼손하고 인권을 침해할 수 있으므로 적극적으로 개선해야 한다.

3 다른 사람이나 집단에 대한 편견과 고정 관념을 버리고 (차이, 차별)을/를 인정해야 한다.

대단원 종합 문제

▶ 252004-0771

01 밑줄 친 ㉠과 관련이 있는 행동이 아닌 것은?

> 자신이 속한 사회의 언어, 행동 양식, 지식과 가치관 등을 배워 나가는 과정을 ㉠ 사회화라고 한다.

① 급식실에서 차례대로 줄을 섰다.
② 교무실에 들어가기 전에 노크를 했다.
③ 사회 선생님께 허리를 숙여 인사했다.
④ 점심 식사 후 졸음이 와서 하품을 했다.
⑤ 방과 후에 친구들과 운동장에서 축구를 했다.

▶ 252004-0772

02 빈칸 (가)에 들어갈 내용으로 가장 적절한 것은?

> 한국에서 태어난 일란성 쌍둥이 형제 중 한 명이 미국으로 입양되었다. 20년 후 다시 만난 형제는 생김새는 같았지만 언어, 식사 예절 등이 달랐다. 이와 같이 일란성 쌍둥이의 생활 모습이 다른 까닭은 ____(가)____

① 자아 정체성의 혼란을 경험하기 때문이다.
② 혼자서도 인간답게 성장할 수 있기 때문이다.
③ 현대 사회의 변화 속도가 매우 빠르기 때문이다.
④ 각기 다른 사회에서 사회화를 경험했기 때문이다.
⑤ 사회화가 평생에 걸쳐 이루어지는 과정이기 때문이다.

▶ 252004-0773

03 빈칸 (가)에 들어갈 내용으로 가장 적절한 것은?

① 모든 인간은 생물학적 존재로 태어나.
② 과거보다 기초적인 사회화가 중요해졌어.
③ 사회 변화에 적응하기 위해 재사회화가 중요해.
④ 사회화 과정을 통해 자아 정체성이 형성되니까.
⑤ 사회화의 내용과 방식은 사회마다 다르게 나타나니까.

▶ 252004-0774

04 (가)~(마)에 대한 설명으로 옳은 것은?

(가) 가정   (나) 직장   (다) 학교

(라) 대중 매체   (마) 또래 집단

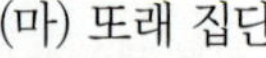

① (가) – 사회 생활에 필요한 지식, 기술, 규범 등을 체계적으로 배운다.
② (나) – 놀이를 통해 공동체 생활에 필요한 규칙과 질서를 배운다.
③ (다) – 기본적인 생활 습관, 언어, 예절 등을 익히는 기초적인 사회화 기관이다.
④ (라) – 생활에 필요한 다양한 지식과 정보를 제공한다.
⑤ (마) – 급변하는 사회에 적응하기 위한 재사회화를 담당한다.

▶ 252004-0775

05 (가), (나)에 들어갈 사회화 기관을 바르게 연결한 것은?

구분	유아기	아동기
주요 사회화 기관	(가)	(나)
사회화 내용	언어, 생활 습관 습득	공동체 의식, 규칙 습득

	(가)	(나)
①	가정	학교
②	가정	또래 집단
③	학교	가정
④	학교	또래 집단
⑤	또래 집단	가정

▶ 252004-0776

06 자아 정체성에 대한 옳은 설명만을 〈보기〉에서 고른 것은?

ㄱ. 한번 형성되면 변화하지 않는다.
ㄴ. 타인이나 사회 환경의 영향을 받지 않는다.
ㄷ. 자신이 누구인지를 명확하게 이해하는 상태이다.
ㄹ. 청소년기는 자아 정체성이 형성되는 중요한 시기이다.

① ㄱ, ㄴ　　② ㄱ, ㄷ　　③ ㄴ, ㄷ
④ ㄴ, ㄹ　　⑤ ㄷ, ㄹ

▶ 252004-0777

07 다음과 같은 고민을 하고 있는 친구에게 할 수 있는 조언으로 적절하지 <u>않은</u> 것은?

① 자기 자신을 존중하고 긍정적으로 바라보려고 노력해야 해.
② 그러면 반에서 인기 있는 친구의 모습을 그대로 따라 해 봐.
③ 그럴 땐 믿을만한 주변 사람들의 조언을 들어보는 것도 도움이 될 거야.
④ 너에게 무엇이 중요하고, 어떤 미래의 모습을 원하는지 충분히 고민해 봐.
⑤ 조급해 하지 말자. 우리 나이 때에는 원래 자아 정체성의 변화가 크기 때문에 명확하게 알기 어렵대.

▶ 252004-0778

08 사회적 지위와 역할에 대한 설명으로 옳은 것은?

① 사회적 지위는 개인의 의지와 관계없이 주어진다.
② 현대 사회로 오면서 역할 갈등이 감소하고 있다.
③ 자신의 역할을 잘 수행하면 칭찬과 보상을 받는다.
④ 같은 역할을 수행하는 개인의 역할 행동은 동일하다.
⑤ 개인이 사회적 관계 속에서 차지하고 있는 위치를 역할이라고 한다.

▶ 252004-0779

09 밑줄 친 ㉠~㉤ 중 사회적 지위의 유형이 다른 하나는?

☆☆중학교 ㉠ 학생인 상혁이는 ㉡ 학급 회장으로서 학급을 잘 이끌고 있다. ㉢ 밴드부원으로서 노래 연습도 열심히 한다. 부모님께서는 다재다능하고 성실한 ㉣ 아들을 매우 자랑스러워하신다. 사실 상혁이의 꿈은 ㉤ 프로게이머인데, 부모님께서 반대하실 것 같아서 아직 말씀드리지 못했다.

① ㉠　　② ㉡　　③ ㉢　　④ ㉣　　⑤ ㉤

▶ 252004-0780

10 다음 사회적 지위의 공통점으로 옳은 것은?

• 학생　　　• 어머니　　　• 변호사

① 출생에 의해 타고난 지위이다.
② 전통 사회에서부터 강조되었다.
③ 개인의 노력에 따라 얻는 지위이다.
④ 현대 사회에서 중요성이 감소되고 있다.
⑤ 자신의 의지와 관계없이 가지는 지위이다.

▶ 252004-0781

11 밑줄 친 ㉠~㉢에 대한 옳은 설명만을 〈보기〉에서 고른 것은?

선재는 ㉠ 고등학교에 다니고 있는 수영 선수이다. ㉡ 수영부의 부장으로 책임감 있게 운동부를 이끌고 있으며, 주목받는 차세대 ㉢ 수영 선수로서 훈련을 게을리 하지 않고 있다.

보기

ㄱ. ㉠은 주로 재사회화를 담당하는 사회화 기관이다.
ㄴ. ㉡은 귀속 지위에 해당한다.
ㄷ. ㉢은 수영 선수라는 지위에 따른 선재의 역할 행동이다.
ㄹ. ㉢과 같이 기대되는 역할을 충실히 수행하면 사회적 인정과 보상을 받을 수 있다.

① ㄱ, ㄴ　　② ㄱ, ㄷ　　③ ㄴ, ㄷ
④ ㄴ, ㄹ　　⑤ ㄷ, ㄹ

대단원 종합 문제

▶ 252004-0782

12 밑줄 친 ㉠을 통해 알 수 있는 내용으로 가장 적절한 것은?

> **표창장**
>
> ○○중학교
> 교사 나성실
>
> 귀하는 ㉠ 교사로서 자신의 맡은 바 책임을 다하여 교육 발전에 기여한 공이 크므로 이에 표창합니다.
> 2020○년 ○월 ○일
> △△시 교육감

① 현대 사회에서는 성취 지위가 중요하다.
② 현대 사회에서 한 개인은 다양한 사회적 지위를 가진다.
③ 성인기에는 직장에서 업무에 필요한 지식과 행동 양식을 습득한다.
④ 지위에 따른 역할을 잘 수행하면 사회적 인정과 보상을 받을 수 있다.
⑤ 지위에 따른 서로 다른 역할이 충돌하면 우선순위를 정해 수행해야 한다.

▶ 252004-0783

13 그림에 나타난 상황을 설명할 수 있는 개념으로 옳은 것은?

① 사회화
② 역할 갈등
③ 역할 행동
④ 사회적 제재
⑤ 자아 정체성의 혼란

▶ 252004-0784

14 역할 갈등을 해결하기 위한 방안으로 옳지 <u>않은</u> 것은?

① 더 많은 사회적 지위를 가지려고 노력한다.
② 우선순위를 정하여 순서대로 역할을 수행한다.
③ 역할 갈등 상황을 명확하게 분석하여 대처한다.
④ 더 중요한 역할이 무엇인지 기준을 정하여 하나의 역할을 선택한다.
⑤ 사회 구성원 다수가 겪는 역할 갈등을 해결하기 위한 제도를 마련한다.

▶ 252004-0785

15 그림에 나타난 상황에 대한 설명으로 옳은 것은?

① 인간의 존엄한 가치를 침해하고 있다.
② 고정 관념이나 편견에 의해 발생한다.
③ 차이를 이유로 부당하게 대우하는 상황이다.
④ 다른 사람의 이익을 우선하여 나타나는 현상이다.
⑤ 서로의 가치관이나 이해관계 등이 달라서 나타난다.

▶ 252004-0786

16 다음 사례에 대한 설명으로 옳은 것은?

> 사업주는 공장 사정이 어렵다며 외국인 근로자인 A씨에게는 몇 달째 임금을 주지 않았지만, 다른 한국인 직원들에게는 임금을 제때 정확하게 지급하였다.

① 누구나 보장받아야 할 인권을 침해하였다.
② 공동체 전체의 가치나 이익을 고려한 결정이다.
③ 이익과 가치의 차이에 따라 발생하는 현상이다.
④ 사회적 지위의 차이에 따른 자연스러운 현상이다.
⑤ 개인의 역할 행동이 모두 다르기 때문에 발생한다.

▶ 252004-0787

17 우리 사회의 차별을 해결하기 위한 방안만을 〈보기〉에서 고른 것은?

> **보기**
> ㄱ. 공동체 이익보다 자신의 이익을 우선시한다.
> ㄴ. 사회적 약자를 위한 법과 복지 제도를 마련한다.
> ㄷ. 사회 구성원 간에 차이가 발생하지 않게 막는다.
> ㄹ. 나와 다른 사람이나 집단에 대해 차이를 인정한다.

① ㄱ, ㄴ
② ㄱ, ㄷ
③ ㄴ, ㄷ
④ ㄴ, ㄹ
⑤ ㄷ, ㄹ

▶ 252004-0788

01 (1) 빈칸 ㉠에 들어갈 개념을 쓰고, (2) ㉠의 사례를 두 가지 서술하시오.

> 인간의 사회화는 평생에 걸쳐 이루어진다. 특히 개인이 속한 집단이 바뀌거나 사회가 변화하는 경우 새로운 환경에 적응하기 위해 새로운 지식, 기술, 생활 양식 등을 배워야 하는데, 이를 ㉠ (이)라고 한다.

(1) ㉠ – (   )

(2)

▶ 252004-0789

02 (1) 다음 자료에 나타난 A씨의 사회적 지위 두 가지를 찾아 쓰고, (2) 이와 같은 갈등 상황이 발생하게 되는 원인을 서술하시오.

> 유명 테니스 선수인 A씨는 우승 후보로 손꼽히는 대회 출전을 앞두고 있었다. 그런데 아내의 출산 예정일이 대회 일정과 겹치자 어떻게 해야 할지 고민하였다. A씨는 결국 남편으로서 아내의 출산에 함께하는 것이 더 중요하다고 판단하여 대회 출전을 포기하였다.

(1)

(2)

▶ 252004-0790

03 다음 글을 통해 파악할 수 있는 인간의 특징을 소년이 사회에 적응하지 못한 이유와 관련지어 서술하시오.

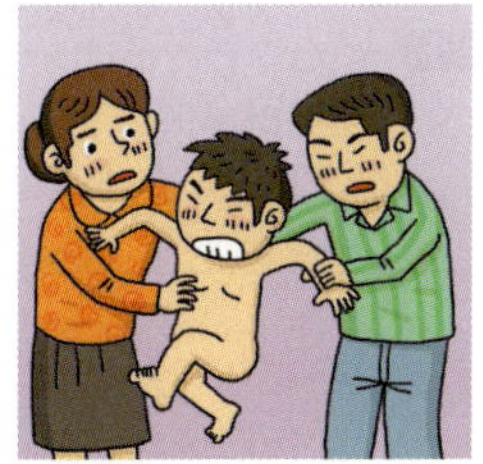

> 사람들과 떨어져 숲속에서 동물과 함께 자라난 소년이 발견되었다. 10살 무렵의 소년은 네 발로 걷고 동물과 비슷한 소리를 냈다. 이후 사람들에 의해 다양한 교육을 받았지만 제대로 배우지 못하고 인간 사회에 적응하지 못하는 모습을 보였다.

▶ 252004-0791

04 (가)~(다) 시기의 대표적인 사회화 기관을 쓰고, 그 특징을 각각 서술하시오.

(가) 유아기 (나) 청소년기 (다) 성인기

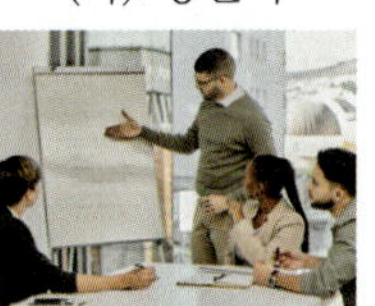

쪽지 시험

01 문화의 의미와 특징

1 문화에 해당하는 사례만을 〈보기〉에서 있는 대로 고르시오.

> **보기**
> ㄱ. 오케스트라 공연　　ㄴ. 말을 더듬는 습관
> ㄷ. 김장을 하는 풍습　　ㄹ. 재채기를 하는 모습

(　　　　　　)

2 빈칸에 들어갈 알맞은 말을 쓰시오.

1 '전통문화', '청소년 문화'에서의 문화는 [　　　] 의미의 문화에 해당한다.

2 같은 사회에 살고 있는 사람들이 특정 상황에서 상대방의 행동을 쉽게 이해하고 예측할 수 있는 것은 문화의 [　　　] 때문이다.

3 문화를 구성하는 여러 요소들은 서로 밀접하게 연결되어 있는데, 이를 문화의 [　　　](이)라고 한다.

3 빈칸에 들어갈 문화의 특징을 각각 쓰시오.

> 어느 사회에서나 공통적인 생활 양식이 나타나는데, 이를 문화의 (　　　　)(이)라고 한다. 한편 구체적인 문화의 모습은 사회에 따라 서로 다른 모습으로 나타나는데, 이를 문화의 (　　　)(이)라고 한다.

4 다음 사례에 해당하는 문화의 속성을 쓰시오.

1 젊은 세대끼리는 줄임말을 사용해도 서로 뜻이 잘 통한다.

(　　　)

2 우리나라 사람들은 어릴 때부터 젓가락 사용법을 익힌다.

(　　　)

3 과거에는 한복을 평상복으로 입었으나, 오늘날에는 특별한 날에만 입는다.

(　　　)

4 1인 가구가 증가하면서 소포장 음식이 증가하고, 가전 제품이 소형화되는 등 생활 전반에 영향을 끼쳤다.

(　　　)

5 다음 설명이 맞으면 ○표, 틀리면 ×표 하시오.

1 개인적인 버릇이나 본능적인 행동은 문화라고 할 수 없다.

(　　　)

2 문화가 세련되고 교양 있는 것, 예술과 문학 등의 의미로 사용되면, 이는 넓은 의미의 문화에 해당한다.

(　　　)

3 문화의 보편성이 나타나는 이유는 인간의 기본적인 욕구와 특성이 비슷하기 때문이다.

(　　　)

4 문화는 후천적으로 습득하는 것이다.

(　　　)

5 문화의 학습성 때문에 어느 사회에서 자랐느냐에 따라 인간의 행동과 사고방식이 달라질 수 있다.

(　　　)

6 문화의 공유성 때문에 문화의 한 부분이 변화하면 다른 부분에도 연쇄적으로 영향을 미친다.

(　　　)

6 빈칸에 들어갈 알맞은 말에 ○표 하시오.

1 (좁은, 넓은) 의미의 문화는 한 사회 구성원이 주어진 환경에 적응하면서 만들어 낸 공통의 생활 양식을 뜻한다.

2 문화는 시간의 흐름에 따라 사라지거나 새로운 것이 나타나거나 수정되기도 하는데, 이를 문화의 (축적성, 변동성)이라고 한다.

3 문화의 (보편성, 특수성)이 나타나는 이유는 인간이 각기 다른 환경에 적응하면서 나름의 생활 양식을 만들어 왔기 때문이다.

02 미디어와 문화

7 빈칸에 들어갈 알맞은 말을 쓰시오.

1 어떤 정보를 한쪽에서 다른 쪽으로 전달하고 공유하는 수단을 [　　　](이)라고 한다.

2 정보 통신 기술의 발달로 인터넷, 스마트폰, 사회 관계망 서비스(SNS)와 같은 쌍방향 소통이 가능한 [　　　]이/가 널리 활용되고 있다.

3 미디어를 통해 많은 사람들에게 전달되는 문화와 정보는 사람들의 사고방식과 행동을 [　　　] 할 수 있다.

4 문화를 생산하는 사람들이 이윤을 추구하는 과정에서 지나치게 [　　　]을/를 띠어 자극적인 내용을 노출하기도 한다.

8 뉴 미디어에 해당하는 사례만을 〈보기〉에서 있는 대로 고르시오.

> **보기**
> ㄱ. 책　　　　ㄴ. 신문　　　　ㄷ. 인터넷
> ㄹ. 라디오　　ㅁ. 텔레비전　　ㅂ. 스마트폰

(　　　　　　　)

9 다음 설명이 맞으면 ○표, 틀리면 ×표 하시오.

1 미디어는 사람들에게 즐거움과 휴식을 제공한다.　(　　)

2 뉴 미디어는 정보 제공자와 수용자 간의 일방향적인 소통이 이루어진다.　(　　)

3 뉴 미디어를 통해 사람들은 적극적으로 문화와 정보를 생산할 수 있게 되었다.　(　　)

4 미디어가 제공하는 문화와 정보는 모두 신뢰할 수 있다.　(　　)

5 미디어를 주체적으로 활용하기 위한 미디어 리터러시가 필요하다.　(　　)

10 빈칸에 들어갈 알맞은 말에 ○표 하시오.

1 뉴 미디어의 발달은 정보의 생산자와 소비자 사이에 (일방향, 쌍방향) 소통을 가능하게 하였다.

2 미디어를 통해 경험하는 문화와 정보를 (수동적, 비판적)으로 검토하여 수용하는 자세가 필요하다.

03　문화를 이해하는 바람직한 태도

11 빈칸에 들어갈 알맞은 말을 쓰시오.

1 우리나라는 국내 거주 외국인이 늘어나면서 [　　　] 사회로 변화해 가고 있다.

2 [　　　]적 태도는 자기 문화에 대한 자부심을 높이고 구성원들의 결속을 강화하는 데 도움을 준다.

3 [　　　]적 태도는 다른 문화의 장점을 받아들여 자기 문화를 발전시키는 데 도움을 주기도 한다.

4 다른 사회의 문화를 있는 그대로 이해하려면 문화가 형성된 상황이나 맥락을 고려하는 [　　　]적 태도가 필요하다.

---

12 다음 설명이 맞으면 ○표, 틀리면 ×표 하시오.

1 다문화 사회란 다양한 인종·민족의 문화가 함께 공존하는 사회를 말한다.　(　　)

2 우리나라에서는 다양한 집단의 문화를 주변에서 만나기 어려워졌다.　(　　)

3 문화 사대주의와 자문화 중심주의는 문화 간에 우열이 없다고 생각하는 태도이다.　(　　)

4 문화 사대주의는 자기 문화를 우수하다고 생각하고 다른 사회의 문화를 무시하는 태도이다.　(　　)

5 인류의 보편적 가치를 무시하는 문화도 문화 상대주의로 이해하는 것이 바람직하다.　(　　)

6 다른 문화를 이해해야 할 때 내가 속한 사회의 문화를 기준으로 평가하는 것이 바람직하다.　(　　)

13 다음 사례에 해당하는 문화 이해 태도를 〈보기〉에서 고르시오.

> **보기**
> ㄱ. 문화 사대주의　　ㄴ. 문화 상대주의　　ㄷ. 자문화 중심주의

1 우리나라의 전통 음악에 비해 서양의 클래식 음악이 더 고급스럽다고 생각한다.　(　　)

2 열대 지역에서 가장 무더운 오후에 낮잠을 자는 문화를 보고 게으르다고 생각한다.　(　　)

3 새가 시신을 쪼아 먹게 하는 티베트의 장례 풍습이 형성된 배경을 그 지역의 기후와 지형을 고려하여 이해한다.　(　　)

14 빈칸에 들어갈 알맞은 말에 ○표 하시오.

1 (문화 상대주의, 문화 사대주의)는 다른 문화를 올바르게 이해할 수 있게 해 줄 뿐 아니라, 현대 사회에서 다양한 문화가 공존하기 위한 기초가 된다.

2 (자문화 중심주의, 문화 상대주의)는 문화의 다양성을 인정하지 않고, 문화 간의 우열이 존재한다고 생각한다.

대단원 종합 문제

▶ 252004-0792

01 빈칸 ㉠에 들어갈 수 있는 내용으로 적절하지 <u>않은</u> 것은?

> 인간이 사는 곳이면 어디든 문화가 존재한다. 그러나 인간의 모든 행위가 문화인 것은 아니다. ⃞㉠⃞ 은 문화라고 할 수 없다.

① 자연 현상
② 본능적인 행동
③ 유전적인 특징
④ 학습된 생활 양식
⑤ 개인의 습관이나 버릇

▶ 252004-0793

02 밑줄 친 ㉠~㉤ 중 '문화'가 넓은 의미로 사용된 것은?

> 오늘은 오랜만에 뮤지컬을 관람하며 ㉠ <u>문화생활</u>을 했다. 매달 마지막 주 수요일에 적용되는 ㉡ <u>문화가 있는 날</u> 혜택을 통해 저렴하게 예매한데다가, 예전에 선물로 받은 ㉢ <u>문화 상품권</u>까지 사용할 수 있었다. 뮤지컬은 근대 시대의 ㉣ <u>유럽 문화</u>에 대해서 알 수 있는 유익한 내용이었다. 공연장에서 퇴장할 때 사람이 매우 많아서 혼잡했지만 관람객들이 ㉤ <u>문화 시민</u>답게 질서를 지켜 퇴장하여 안전하게 나올 수 있었다.

① ㉠   ② ㉡   ③ ㉢   ④ ㉣   ⑤ ㉤

▶ 252004-0794

03 문화에 대한 설명으로 옳지 <u>않은</u> 것은?

① 학습을 통해 후천적으로 습득한다.
② 인간의 모든 행동이 문화에 속하는 것은 아니다.
③ 한 사회 구성원이 함께 공유하는 생활 양식이다.
④ 주어진 환경을 극복하고 적응하면서 만든 산물이다.
⑤ 사회마다 환경이 다르기 때문에 공통적인 요소가 나타나지 않는다.

▶ 252004-0795

04 다음 자료를 통해 파악할 수 있는 내용으로 가장 적절한 것은?

> 여러 나라에 새해를 특별하게 맞이하는 문화가 존재한다. 포도가 주요 농산물인 멕시코에서는 포도 12알을 새해 시작과 함께 12번 울리는 종소리에 맞추어 먹으며 한 해의 행운을 기원한다. 그리스는 집에 들어가기 전에 풍요와 복을 상징하는 석류를 밟아서 그 기운이 널리 퍼지기를 기원한다.

① 문화는 끊임없이 변화하는 것이다.
② 문화에는 보편성과 특수성이 나타난다.
③ 문화는 다음 세대로 전달되면서 더욱 풍부해진다.
④ 새해를 특별하게 맞이하는 것은 인간의 본능이다.
⑤ 문화를 구성하는 여러 부분들은 서로 연결되어 있다.

▶ 252004-0796

05 밑줄 친 ㉠의 이유로 가장 적절한 것은?

> 대부분의 사회에서 남녀가 혼례를 치르는 의식이 존재하지만, ㉠ <u>구체적인 결혼 문화의 양상은 사회마다 다르다.</u>

① 문화에 우열이 존재하기 때문에
② 사회가 처한 환경이 각기 다르기 때문에
③ 문화는 다음 세대로 전달되면서 축적되기 때문에
④ 다른 나라의 문화를 접하는 일이 많아졌기 때문에
⑤ 인간의 기본적인 욕구와 사고방식이 다르기 때문에

▶ 252004-0797

06 문화의 전체성과 관련 있는 설명만을 〈보기〉에서 고른 것은?

> **보기**
> ㄱ. 사회 구성원의 행동을 예측할 수 있게 도와준다.
> ㄴ. 문화의 한 부분이 변화하면 다른 부분에도 영향을 미친다.
> ㄷ. 다음 세대로 전승되며 문화가 더욱 풍부하고 다양해진다.
> ㄹ. 문화를 제대로 이해하려면 문화 요소들의 연관성을 살펴봐야 한다.

① ㄱ, ㄴ   ② ㄱ, ㄷ   ③ ㄴ, ㄷ
④ ㄴ, ㄹ   ⑤ ㄷ, ㄹ

▶ 252004-0798

07 다음 글에 나타난 문화의 속성과 관련된 사례로 가장 적절한 것은?

> 우리는 자신이 속한 사회의 문화를 후천적으로 습득하기 때문에 어느 사회에서 자랐느냐에 따라 행동과 사고방식이 달라질 수 있다.

① 생일에는 미역국을 먹는다.
② 가정에서 식사 예절을 배운다.
③ 수험생에게 찹쌀떡이나 엿을 선물한다.
④ 인터넷의 발달은 사회 전반에 큰 영향을 끼쳤다.
⑤ 과거와 다르게 오늘날에는 한복을 특별한 날에만 입는다.

▶ 252004-0799

08 다음 사례에 나타난 문화의 속성으로 옳은 것은?

> 코로나19라는 전염병의 확산은 우리 삶의 많은 부분에 영향을 미쳤다. 온라인으로 수업을 하고 재택근무가 확대되었다. 또한 온라인 쇼핑이 더욱 확대되고, 비대면 문화가 일상화되었다.

① 공유성　　② 학습성　　③ 축적성
④ 변동성　　⑤ 전체성

▶ 252004-0800

09 미디어에 대한 옳은 설명만을 〈보기〉에서 고른 것은?

> **보기**
> ㄱ. 새로운 지식이나 정보를 전달한다.
> ㄴ. 사람들에게 즐거움과 휴식을 제공한다.
> ㄷ. 오늘날에는 뉴 미디어만 이용하고 있다.
> ㄹ. 단순 정보 전달의 수단으로 영향력이 미미하다.

① ㄱ, ㄴ　　② ㄱ, ㄷ　　③ ㄴ, ㄷ
④ ㄴ, ㄹ　　⑤ ㄷ, ㄹ

▶ 252004-0801

10 (가), (나)에 대한 설명으로 옳은 것은?

(가) 텔레비전　　　　　(나) 스마트폰

① (가)는 뉴 미디어에 해당한다.
② (나)는 전통적 매체에 해당한다.
③ (가)는 쌍방향적인 의사소통이 이루어진다.
④ 현대 사회에서는 (나)보다 (가)의 영향력이 더 크다.
⑤ (나)는 정보의 생산자와 소비자의 경계가 불분명하다.

▶ 252004-0802

11 미디어를 비판적으로 활용한 사례로 적절하지 <u>않은</u> 것은?

① 내가 가장 좋아하는 미디어의 정보만 수용한다.
② 같은 내용을 다루는 다른 기사를 검색해서 비교한다.
③ 미디어 속에 숨겨진 가정과 의도를 비판적으로 평가한다.
④ 건전한 미디어 환경을 조성하기 위해 문제점에 관심을 갖는다.
⑤ 진짜 정보를 전달하기 위한 것인지 광고를 위한 것인지 확인한다.

▶ 252004-0803

12 빈칸 ⊙에 들어갈 문화 이해 태도로 옳은 것은?

> 과거 중국인들은 자신들이 세계의 중심이며 자기 문화가 가장 우수하다고 여겼는데, 이러한 중화사상은 　⊙　에 해당하는 사례이다.

① 문화 사대주의　　　　② 문화 상대주의
③ 문화 제국주의　　　　④ 자문화 중심주의
⑤ 극단적 문화 상대주의

대단원 종합 문제

[13~14] 다음 자료를 보고 물음에 답하시오.

▶ 252004-0804

13 갑, 을의 문화 이해 태도를 바르게 연결한 것은?

	갑	을
①	문화 사대주의	문화 상대주의
②	문화 사대주의	자문화 중심주의
③	문화 상대주의	문화 사대주의
④	자문화 중심주의	문화 사대주의
⑤	자문화 중심주의	문화 상대주의

▶ 252004-0805

14 갑과 을의 문화 이해 태도에 대한 설명으로 옳은 것은?

① 갑과 을의 태도는 문화 간에 우열이 없다고 본다.
② 갑의 태도는 자기 문화의 정체성을 상실할 수 있다.
③ 갑의 태도는 자기 문화에 대한 자부심을 높일 수 있다.
④ 을의 태도는 사회 구성원 간의 결속을 강화한다.
⑤ 을의 태도는 다른 문화를 받아들이는 데 소극적이다.

▶ 252004-0806

15 문화 이해 태도에 대한 설명으로 옳은 것은?

① 문화 상대주의는 문화 간에 우열이 있다고 본다.
② 문화 사대주의는 자기 문화의 우월성을 강조한다.
③ 문화 상대주의 태도로 어떠한 문화든 존중해야 한다.
④ 문화 상대주의를 통해 다른 문화를 제대로 이해할 수 있다.
⑤ 자문화 중심주의는 다른 문화를 받아들이는 데 도움이 된다.

▶ 252004-0807

16 다음 글에 나타난 문화 이해 태도에 대한 설명으로 옳은 것은?

> 인도의 갠지스강의 한편에서는 죽은 사람을 화장하고, 다른 편에서는 몸을 담그고 목욕을 한다. 힌두교를 믿는 인도인들에게 갠지스강은 어머니와 같이 성스러운 강이고, 이곳에서의 목욕은 죄를 씻어내는 행위이다. … (중략) … 이러한 인도인들의 사고를 알게 되면 갠지스강에서 이루어지는 모든 행동을 이해하기 쉬워진다.

① 문화에 우열이 존재한다고 본다.
② 자기 문화의 주체성을 상실할 수 있다.
③ 문화가 형성된 상황을 고려하여 이해한다.
④ 자기 문화 기준으로 다른 문화를 평가한다.
⑤ 다른 사회의 문화를 더 우수하다고 생각한다.

▶ 252004-0808

17 다음 자료에 나타난 문화 이해 태도에 대한 설명으로 가장 적절한 것은?

> 과거 중국에는 여자아이 발을 헝겊으로 동여매서 자라지 못하게 하는 '전족'이라는 풍습이 있었는데, 전족을 하면 발이 기형적으로 변해 제대로 걷지 못하였다. 하지만 이는 중국 고유의 전통문화이므로 그 가치를 인정해 주어야 한다.

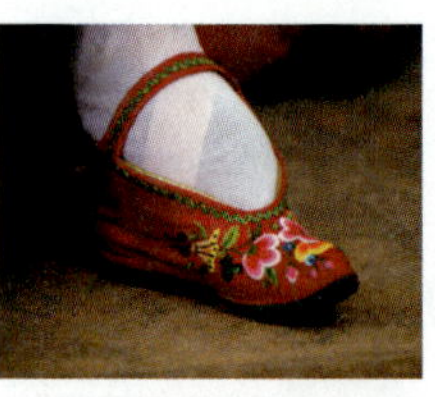

① 문화의 보편성과 특수성을 무시하고 있다.
② 절대적인 기준으로 문화의 우열을 평가한다.
③ 문화가 형성된 상황과 맥락을 고려하지 않는다.
④ 자기 문화의 입장에서 다른 문화를 이해하고 있다.
⑤ 인류의 보편적 가치를 훼손하는 문화 이해 태도이다.

대단원 서술형 문제

▶ 252004-0809

01 (1) 다음 글에 나타난 문화의 속성을 쓰고, (2) 이에 해당하는 사례를 한 가지 서술하시오.

> 문화는 사람들의 경험이 오랜 세월 언어와 문자를 통해 다음 세대로 전달되고 쌓여서 만들어진 것이다. 이를 통해 인간의 문화는 앞선 세대의 시행착오를 극복하며, 그 내용이 더 풍부하고 다양해진다.

(1) ____

(2) ____

____

____

▶ 252004-0810

02 (1) (가), (나)에 나타난 문화 이해 태도를 각각 쓰고, (2) 이 태도들의 공통점을 서술하시오.

> (가) A씨는 우리나라의 전통 음악은 촌스러운 데 비해 서양의 클래식 음악은 매우 고급스럽고 세련되었다고 생각한다.
>
> (나) B씨는 인도 사람들이 손으로 식사를 하는 것을 보고 우리나라처럼 도구를 사용하지 않는 것이 매우 비위생적이고 야만스럽다고 생각했다.

(1) (가) – (   ), (나) – (   )

(2) ____

____

____

____

▶ 252004-0811

03 다음 글에 나타난 문화 이해 태도의 명칭과 의미, 이와 같은 태도의 유의점에 대해 300자 이내로 서술하시오.

> 티베트에서는 사람의 시신을 독수리가 먹게 하는 조장의 풍습이 있다. 티베트 지역은 해발고도가 높고 겨울이 길어 시신을 땅에 매장하기 어렵다. 또한 시신을 땅에 묻는다 해도 매우 건조한 지역이라 시신이 오랫동안 썩지 않고 남아 있을 것이다. 한편, 땔감으로 쓸 나무가 부족해 시신을 화장하기도 어렵다. 이와 같은 자연환경의 영향으로 티베트에서 조장이 발달한 것이다.

____

____

____

____

____

____

____

쪽지 시험

01 정치와 민주주의

1 빈칸에 들어갈 알맞은 말을 쓰시오.

1 [   ]은/는 사회 구성원 간의 대립과 갈등을 조정하여 공동체의 문제를 해결하는 모든 활동이다.

2 [   ]은/는 국가의 의사를 최종적으로 결정하는 최고의 권력이다.

3 좁은 의미의 정치는 [   ]을/를 획득하고 유지하며 행사하는 활동이다.

4 가족회의, 학급 회의, 주민 토론회 등은 [   ] 의미의 정치의 예이다.

5 [   ]은/는 다수의 시민에 의해 국가가 통치되는 정치 형태이다.

6 [   ](으)로서의 민주주의는 관용, 양보와 타협, 비판적 태도 등을 실생활에서 실천하는 것이다.

7 민주적인 의사 결정 과정에서 다수결의 원칙과 함께 [   ]의 의견도 존중되어야 한다.

8 민주주의의 실현을 통해 공동의 문제를 해결할 수 있으며 [   ]의 자유와 권리가 보장될 수 있다.

2 다음 설명이 맞으면 ○표, 틀리면 ×표 하시오.

1 정치인들이 국가의 중요한 일을 결정하는 것만을 정치라고 한다. (   )

2 국회 의원의 정책 결정이나 대통령의 외교 활동 등은 좁은 의미의 정치에 해당한다. (   )

3 정치는 공동체 문제를 해결하는 과정에서 사회의 발전 방향을 제시하기도 한다. (   )

4 민주주의는 소수의 집단에 의해 국가의 의사 결정이 이루어지는 정치이다. (   )

5 관용은 자신과 다른 의견을 존중하고 이해하고자 하는 정신이다. (   )

6 다수결의 원칙에 따라 의사를 결정하더라도 소수의 의견을 존중해야 한다. (   )

3 빈칸에 들어갈 알맞은 말에 ○표 하시오.

1 (주권, 정치권력)은 국가가 정치적 기능을 수행하기 위해 행사하는 힘을 말한다.

2 학급 회의에서 체험 학습 장소를 정하기 위한 토의 활동은 (좁은, 넓은) 의미의 정치에 해당하는 사례이다.

3 국민이 국가 정책의 최종 의사 결정권을 가지고 있는 것은 (정치 형태, 생활 양식)(으)로서의 민주주의이다.

4 다수의 시민이 스스로 국가를 다스리는 정치 형태는 (독재 정치, 민주주의)이다.

5 서로 양보하여 합의를 이루고자 하는 태도는 (관용, 타협)(으)로 대표적인 민주주의의 생활 양식이다.

02 민주주의의 발전 과정과 이념 및 원리

4 빈칸에 들어갈 알맞은 말을 쓰시오.

1 고대 아테네는 인구와 영토의 규모가 작아 한곳에 모여 국가의 정책을 결정하는 [   ]이/가 가능하였다.

2 고대 아테네 시민들은 [   ]에 모여 국가의 주요 정책을 토의하고 결정하였다.

3 고대 아테네 이후 사라졌던 민주주의는 근대 [   ]을/를 통해 다시 등장하였다.

4 근대 민주주의는 시민의 대표가 의회에 모여 정치를 하는 [   ]이/가 시행되었다.

5 현대 민주주의는 노동자가 주도한 [   ], 여성 참정권 운동 등을 통해 발전하였다.

6 20세기에 이르러 일정한 나이 이상의 모든 시민에게 선거권을 부여하는 [   ]이/가 확립되었다.

7 민주주의의 이념에는 인간의 존엄성, [   ], 평등이 있다.

8 [   ]은/는 모든 사람이 차별받지 않고 동등한 대우를 받는 것이다.

9 [   ]은/는 주권을 가진 국민이 스스로 국가를 다스려야 한다는 민주주의의 기본 원리이다.

10 헌법에 따라 국가 기관을 구성하고 권력을 행사하여야 한다는 민주주의의 기본 원리는 [   ](이)다.

5 다음 설명이 맞으면 ○표, 틀리면 ×표 하시오.

1 고대 아테네의 민주주의는 여성, 노예, 외국인을 시민에서 제외하였다.　(　)

2 근대에는 시민이 선출한 대표가 시민의 의사를 대변하는 대의 민주주의를 실시하였다.　(　)

3 현대에 이르러서야 성별, 신분, 재산 등과 관계없이 일정 나이에 이른 시민은 정치에 참여할 수 있게 되었다.　(　)

4 민주주의의 실현을 위해 자유가 평등보다 우선시 되어야 한다.　(　)

5 국민 기초 생활 보장 제도는 형식적 평등을 실현하기 위한 제도이다.　(　)

6 국민 주권의 원리에 따라 국가의 최고 권력은 대통령에게 있다.　(　)

7 권력 분립의 원리는 국가 기관의 상호 견제와 균형을 통해 권력 남용을 방지한다.　(　)

6 빈칸에 들어갈 알맞은 말에 ○표 하시오.

1 고대 아테네의 민주주의는 시민이 국가의 정책을 결정하는 (직접, 간접) 민주주의를 실시하였다.

2 근대 민주주의는 (시민, 산업) 혁명을 통해 국왕의 권력에 맞서 자유를 획득하고자 하였다.

3 (근대, 현대) 이후에도 재산이 많은 남성만 선거권을 가졌으며 여성과 노동자는 선거권을 갖지 못했다.

4 현대 민주주의는 일정한 나이 이상의 모든 시민에게 선거권을 부여하는 (보통, 직접) 선거 제도를 확립하였다.

5 국민이 인간다운 삶을 국가에 요구할 수 있는 권리는 (소극적, 적극적) 자유에 해당한다.

6 (형식적, 실질적) 평등은 개인의 선천적·후천적 차이를 고려하여 사회적 약자를 배려하는 것이다.

7 (국민 주권, 국민 자치)은/는 국민이 스스로 국가를 다스려야 한다는 민주주의의 기본 원리이다.

8 (권력 분립, 권력 집중)의 원리는 국가 권력을 서로 독립된 국가 기관이 나누어 맡아 견제와 균형을 이루어야 한다는 민주주의의 기본 원리이다.

03 현대 민주주의의 특징과 발전을 위한 노력

7 빈칸에 들어갈 알맞은 말을 쓰시오.

1 ________(이)란 시민이 정치 참여에 부정적이고 정치 현상에 관심을 보이지 않는 것이다.

2 ________은/는 선거를 통해 선출된 대표가 정책을 결정하는 정치 형태이다.

3 ________은/는 선거로 선출된 대표의 직무 수행에 심각한 문제가 있을 때 국민이 직접 투표로 파면을 결정할 수 있는 제도이다.

4 ________ 민주주의는 정보 통신 기술의 발달로 다양한 정보 매체를 활용하여 정치에 참여하는 것이다.

5 ________(이)란 주요 현안과 공공의 문제에 대해 합리적인 해결 방안을 찾기 위해 시민들이 모여 토론하는 일련의 장소이다.

6 민주주의의 발전을 위해 시민은 공동체의 문제에 관심을 가지고 ________하는 자세를 가져야 한다.

8 다음 설명이 맞으면 ○표, 틀리면 ×표 하시오.

1 현대 국가는 인구와 영토의 규모가 축소되어 시민들의 직접 정치 참여가 가능하다.　(　)

2 대부분의 현대 민주 국가에서는 국민이 선출한 대표가 국민의 의사를 대변하고 있다.　(　)

3 대의제는 대표가 시민의 의견을 정확하게 반영할 수 있다는 장점이 있다.　(　)

4 공론장의 대표적인 예로는 공청회, 주민 토론회 등이 있다.　(　)

5 정보 통신 기술의 발달로 시공간의 제약에서 벗어나 시민의 정치 참여 기회가 증가하였다.　(　)

6 온라인 투표, 사이버 국회, 전자 공청회 등은 정치의 일상화를 가능하게 하였다.　(　)

7 국민이 직접 법률안을 국회에 제안할 수 있는 제도를 국민 소환이라고 한다.　(　)

대단원 종합 문제

▶ 252004-0812

01 (가), (나)에 나타난 정치의 의미에 대한 설명으로 옳은 것은?

(가)

▲ 국회 본회의

(나)

▲ 학급 회의

① (가)는 정치 활동으로 보기 어렵다.
② (나)는 정치권력의 획득과 관련 있는 활동이다.
③ 가족회의는 (가)와 같은 정치의 의미에 해당한다.
④ (가)는 (나)보다 정치의 의미에 있어 넓은 범위에 있다.
⑤ (가), (나)는 모두 구성원 간의 이해관계를 조정하는 활동이다.

▶ 252004-0813

02 다음 중 정치의 의미가 다른 것은?

① 아파트 주민 토론회에 안건을 제출하였다.
② 학생회장 후보에 출마하여 선거 운동을 하였다.
③ 새 학기를 맞아 학급 급훈을 논의하여 결정하였다.
④ 대통령은 아시아 정상 회담 참석을 위해 출국하였다.
⑤ 대학교와 학생회는 등록금 협상을 위한 협의회를 열었다.

▶ 252004-0814

03 다음 사례에 나타난 정치의 역할로 가장 적절한 것은?

> ○○노동조합은 회사와 임금 인상과 근로 조건 개선을 두고 6개월의 길고 긴 협상을 마치고 극적인 타협을 이루어 냈다. 긴 시간 동안 ○○노동조합과 회사는 서로 간의 의견 차이를 좁히기 위해 협의회를 여러 차례 가진 것으로 알려졌다.

① 법을 적용하여 사회적 갈등을 해소한다.
② 사회 구성원들 간의 이해관계를 조정한다.
③ 국민의 권리와 정치권력의 조화를 이룬다.
④ 정치권력을 행사하여 사회 질서를 유지한다.
⑤ 정책 결정 과정에서 시민의 요구를 수렴한다.

▶ 252004-0815

04 정치 형태로서의 민주주의에 대한 옳은 설명만을 〈보기〉에서 고른 것은?

> 보기
> ㄱ. 소수가 아닌 다수의 시민이 나라를 통치하는 것이다.
> ㄴ. 국가 운영을 민주주의 기본 원리에 기반하여 하는 것이다.
> ㄷ. 일상생활에서 발생하는 여러 문제를 민주적으로 해결하려는 것이다.
> ㄹ. 서로 다른 가치관이나 사고방식이 있을 수 있음을 인정하는 것이다.

① ㄱ, ㄴ　　　② ㄱ, ㄷ　　　③ ㄴ, ㄷ
④ ㄴ, ㄹ　　　⑤ ㄷ, ㄹ

▶ 252004-0816

05 밑줄 친 ㉠에 해당하는 내용으로 적절하지 <u>않은</u> 것은?

> 다수의 시민이 스스로 나라를 다스리는 정치 형태를 민주주의라고 한다. 이러한 민주주의는 오늘날에는 정치 영역뿐만 아니라 일상생활까지 확대되어 ㉠ 민주적 생활 양식으로 정착되었다.

① 관용의 자세　　　　② 양보와 배려
③ 대화와 토론　　　　④ 비판적 태도
⑤ 소수 의견 배제

▶ 252004-0817

06 민주적인 의사 결정 과정이 필요한 이유만을 〈보기〉에서 있는 대로 고른 것은?

> 보기
> ㄱ. 정책 결정 과정에서 국민의 자유와 권리가 보장되기 때문이다.
> ㄴ. 사회 구성원의 동의와 지지를 통해 사회 통합을 이룰 수 있기 때문이다.
> ㄷ. 의사 결정이 민주적이면 집행되는 과정까지 관심을 가지지 않아도 되기 때문이다.
> ㄹ. 대화와 토론으로 공동체 문제를 해결하여 민주 시민으로 성장하는 기회가 되기 때문이다.

① ㄱ, ㄴ　　　② ㄷ, ㄹ　　　③ ㄱ, ㄴ, ㄷ
④ ㄱ, ㄴ, ㄹ　　　⑤ ㄴ, ㄷ, ㄹ

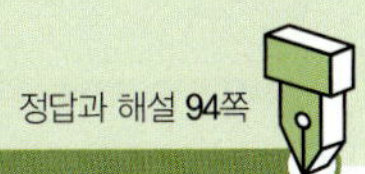

▶ 252004-0818

07 다음 자료에 나타난 고대 아테네 민주주의의 특징으로 옳은 것은?

> 소수가 아닌 다수로부터 권력이 나오기 때문에 우리의 정치 체제는 민주 정치입니다. … (중략) … 우리 아테네인들은 비판과 토론의 과정을 거쳐 스스로 정책을 결정합니다.
> – 페리클레스의 연설 中에서 –

① 여성도 정치에 참여하였다.
② 직접 민주 정치를 실시하였다.
③ 공직자는 투표를 통해 선출하였다.
④ 소수 지배자에 의한 통치가 이루어졌다.
⑤ 20세 이상의 모든 시민에게 선거권이 부여되었다.

▶ 252004-0819

08 다음은 근대 민주주의에 대한 설명이다. 밑줄 친 ㉠~㉤ 중 옳은 것은?

> 고대 아테네 이후 암흑기로 사라졌던 민주주의는 영국과 프랑스에서 일어난 ㉠ 시민 혁명을 통해 다시 등장하였다. 시민이 선출한 ㉡ 대표가 정치를 하는 직접 민주주의가 시행되었다. 특히, 자유와 평등의 이념이 확대되었고, ㉢ 민회를 통한 민주주의는 활기를 띠었다. 이러한 사회적 분위기 속에서 ㉣ 여성, 노동자, 농민까지 참정권을 얻게 되었다. 마침내 근대 민주주의를 통해 ㉤ 보통 선거 제도가 확립된 것이다.

① ㉠　　② ㉡　　③ ㉢　　④ ㉣　　⑤ ㉤

▶ 252004-0820

09 (가), (나)에 대한 옳은 설명만을 〈보기〉에서 있는 대로 고른 것은?

> (가) 차티스트 운동
> (나) 여성 참정권 운동

보기

> ㄱ. (가)는 상공업자가 주도하였다.
> ㄴ. (나)는 정치 참여 제한에 저항한 운동이다.
> ㄷ. (가), (나) 모두 선거권을 확대하기 위한 운동이다.
> ㄹ. (가), (나) 모두 정치에 있어 동등한 권리를 얻기 위한 운동이다.

① ㄱ, ㄴ　　② ㄷ, ㄹ　　③ ㄱ, ㄴ, ㄷ
④ ㄱ, ㄴ, ㄹ　　⑤ ㄴ, ㄷ, ㄹ

▶ 252004-0821

10 다음 자료에 대한 설명으로 옳지 <u>않은</u> 것은?

> 제1조　인간은 태어나면서부터 ㉠ 자유로우며 ㉡ 평등한 권리를 가진다.
> 제2조　자유, 재산, 안전 그리고 억압에 대한 저항은 누구도 침해할 수 없는 권리이다.
> 제3조　㉢ 모든 주권은 본질적으로 국민에게 있다.

① 인권의 중요성을 나타내고 있다.
② ㉠은 헌법에 명시하여 보호하고 있다.
③ ㉡은 차별받지 않고 동등하게 대우받는 것이다.
④ ㉢은 국민 자치의 원리를 설명하는 조항에 해당한다.
⑤ ㉠, ㉡은 민주주의의 근본이념을 실현하기 위한 전제 조건이다.

▶ 252004-0822

11 빈칸 ㉠에 들어갈 내용으로 적절하지 <u>않은</u> 것은?

① 독재 정권에 맞서 저항하였기
② 민주주의를 위한 시민의 노력이 있었기
③ 민주주의의 이념과 원리를 실현하고자 했기
④ 우리나라 민주주의의 발전에 밑거름이 되었기
⑤ 시민의 정치적 무관심으로 인해 일어난 사건이기

▶ 252004-0823

12 다음 내용에 공통으로 해당하는 민주주의의 기본 원리로 옳은 것은?

> • 국가 권력은 국민의 동의와 지지가 있어야 한다.
> • 국가의 의사를 결정하는 최고 권력은 국민에게 있다.

① 권력 분립　　② 국민 주권　　③ 국민 자치
④ 법치주의　　⑤ 입헌주의

대단원 **종합 문제**

▶ 252004-0824

13 그림은 민주주의의 기본 원리를 나타낸다. 이에 대한 옳은 설명만을 〈보기〉에서 고른 것은?

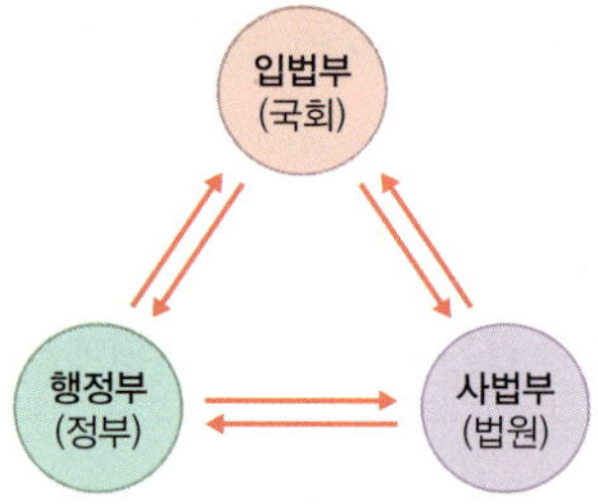

> **보기**
>
> ㄱ. 국민은 스스로 나라를 다스려야 한다.
> ㄴ. 국가 권력은 서로 나누어져 있어야 한다.
> ㄷ. 국가 기관은 서로 견제를 통해 권력의 균형을 이루어야 한다.
> ㄹ. 국민은 나라의 주인으로 국가 의사를 최종적으로 결정해야 한다.

① ㄱ, ㄴ ② ㄱ, ㄷ ③ ㄴ, ㄷ
④ ㄴ, ㄹ ⑤ ㄷ, ㄹ

▶ 252004-0825

14 현대 민주주의의 특징에 대한 설명으로 옳지 **않은** 것은?

① 시민의 직접 정치 참여가 어려워 대의제를 기본으로 한다.
② 정보 통신 기술의 발달로 전자 민주주의가 확대되고 있다.
③ 시공간적 제약을 극복하여 시민의 정치 참여가 증가하고 있다.
④ 공청회나 주민 설명회 등의 공론장을 활성화하는 노력이 활발해지고 있다.
⑤ 시민의 의사를 정확하게 반영하기 위해 간접 민주주의 요소를 도입하고 있다.

▶ 252004-0826

15 대의 민주주의의 특징에 해당하는 내용만을 〈보기〉에서 고른 것은?

> **보기**
>
> ㄱ. 현대 민주 국가에서 국민 자치를 실현하는 현실적 대안이다.
> ㄴ. 대표자의 결정이 국민의 의사를 온전히 반영하여 이루어진다.
> ㄷ. 정책에 대해 전문성을 가진 대표를 통한 정책 결정이 가능하다.
> ㄹ. 모든 직업, 지역, 계층, 세대별 의견을 고르게 대표하기 수월하다.

① ㄱ, ㄴ ② ㄱ, ㄷ ③ ㄴ, ㄷ
④ ㄴ, ㄹ ⑤ ㄷ, ㄹ

▶ 252004-0827

16 다음 제도를 통해 실현하고자 하는 목적으로 가장 적절한 것은?

> • 선출된 대표가 직무 수행에 문제가 있을 때 국민의 투표를 통해 해임할 수 있다.
> • 국가의 중요 사항에 관하여 국민이 직접 투표하여 의사를 표시할 수 있다.

① 사회적 약자를 보호한다.
② 사익과 공익의 조화를 추구한다.
③ 법과 제도를 통해 사회 질서를 확립한다.
④ 시민의 의견을 반영하여 정치를 운영한다.
⑤ 정치권력을 통해 시민을 효율적으로 통치한다.

▶ 252004-0828

17 다음은 온라인 공론장 개최를 안내하는 홍보물이다. 밑줄 친 ㉠에 대한 설명으로 옳지 **않은** 것은?

> 함께 해요! ㉠ 온라인 공론장
>
> ◎ 토의 주제 : ○○시 주차 문제 해결 방안
> ◎ 방송 일시 : 20○○년 ○월 ○일
> ◎ 참여 방법 : 우측 하단 QR코드 접속
> 여러분의 관심과 참여를 기다립니다.

① 전자 민주주의의 사례이다.
② 대의제의 한계점을 보완할 수 있다.
③ 정보 매체를 활용한 정치 참여 방법이다.
④ 토론을 통해 사회적 합의를 이끄는 통로이다.
⑤ 시공간의 제약으로 시민의 정치 참여 기회가 감소하고 있다.

▶ 252004-0829

18 민주주의의 발전을 위한 시민의 역할로 가장 적절한 것은?

① 선거 기간에만 정치에 관심을 가진다.
② 공적 의사 결정 과정에 적극적으로 참여한다.
③ 정치에 관심을 가질 시간을 절약하여 개인 발전에 힘쓴다.
④ 정치 참여를 통해 자신의 이익만이 반영될 수 있도록 노력한다.
⑤ 선거를 통해 합법적으로 선출된 정치인을 믿고 적극적인 지원만 해 주면 된다.

대단원 서술형 문제

▶ 252004-0830

01 (1) 다음 대화에서 갑과 을이 중요하게 생각하는 민주주의 이념을 쓰고, (2) 두 이념의 의미를 서술하시오.

(1) 갑 – (　　　　　), 을 – (　　　　　)

(2) _______________________________________

____

____

▶ 252004-0831

02 (1) 밑줄 친 ㉠에 해당하는 민주주의의 기본 원리를 쓰고, (2) 그 의미를 서술하시오.

제69조 대통령은 취임에 즈음하여 다음의 선서를 한다. "나는 ㉠ 헌법을 준수하고 국가를 보위하며 … (중략) … 대통령으로서의 직책을 성실히 수행할 것을 국민 앞에 엄숙히 선서합니다."

대통령의 권한 행사는 헌법에 입각하여 이루어져야 하며, 이는 국민의 자유 및 권리 보장을 위한 것이다.

(1) ㉠ – (　　　　　)

(2) _______________________________________

____

____

▶ 252004-0832

03 다음 자료에 나타난 현대 민주주의의 문제점을 쓰고, 이를 해결하기 위한 국가의 제도적 방안과 시민의 역할을 구분하여 300자 이내로 서술하시오.

중앙선거관리위원회가 실시한 '제1차 유권자 의식 조사'에 따르면 22대 국회 의원 선거에 관심이 있다고 응답한 18~29세와 30대에 해당하는 젊은 유권자의 수치는 각각 56.8%, 77.9%인 것으로 나타났다. 이는 모든 연령대 중 가장 낮은 수치로, '선거에 관심이 있다.'라고 응답한 비율이 지난 총선 때보다 각각 7.5%포인트, 5.4%포인트 감소하였다.

[국회 의원 선거 관심도(%)]

연령별	제22대 국선	제21대 국선	증감률(%p)
18~29세	56.8	64.3	−7.5
30대	77.9	83.3	−5.4

출처: 중앙선거관리위원회 '제1차 유권자 의식 조사'

이번 총선에서 '투표하지 않겠다'라고 응답한 젊은 세대의 유권자는 그 이유로 '정치에 관심이 없어서', '투표해도 바뀌는 것이 없어서', '마음에 드는 후보자나 정당이 없어서', '공약을 지키지 않을 것이라는 생각 때문에', '선거일에 다른 계획이 있어서'라고 말했다.

____

____

____

____

____

____

쪽지 시험

01 선거와 선거 과정

1 빈칸에 들어갈 알맞은 말에 ○표 하시오.

1 선거는 (직접 민주주의, 대의 민주주의)에서 국민을 대신하여 나라의 일을 담당할 대표를 선출하는 과정이다.

2 선거의 가장 기본적인 기능은 (대표자를 선출, 정치권력을 통제)하는 것이다.

3 우리나라의 대통령 선거는 (4년, 5년)을 주기로 이루어진다.

4 (보통 선거, 평등 선거)는 일정 나이 이상의 국민이라면 누구나 선거권을 가진다는 원칙이다.

5 (직접 선거, 비밀 선거)는 투표권을 가진 사람이 대리인을 거치지 않고 투표해야 한다는 원칙이다.

6 우리나라에서는 (18세, 19세) 이상이라면 누구나 선거권을 가진다.

2 빈칸에 들어갈 알맞은 말을 쓰시오.

1 정치를 담당할 대표자를 선출하는 절차인 [   ]은/는 대의제에서 가장 중요한 요소이다.

2 국민의 대표 기관인 국회를 구성하는 의원을 선출하는 국회 의원 선거는 [   ]년마다 실시된다.

3 [   ]은/는 모든 유권자가 동등한 가치의 투표권을 행사해야 한다는 원칙이다.

4 [   ]은/는 유권자가 누구에게 투표했는지 다른 사람이 알지 못하도록 해야 한다는 원칙이다.

5 [   ](이)란 선거에 참여하여 대표자를 선출할 수 있는 권리를 가진 사람을 말한다.

6 정치적 의견을 같이하는 사람들로 구성된 [   ]은/는 선거에서 중요한 역할을 한다.

7 정당은 선거 과정에서 후보자가 유권자에게 제시하는 공적인 약속인 [   ]을/를 개발한다.

3 다음 설명이 맞으면 ○표, 틀리면 ×표 하시오.

1 선거를 통해 선출된 대표자는 시민의 지지와 동의를 얻어 정당성을 얻게 된다. (   )

2 우리나라에서 교육감을 선출하는 선거는 5년에 한 번씩 치른다. (   )

3 우리나라에서는 선거권을 가진 사람이 대리인을 거치지 않고 직접 투표를 해야 한다. (   )

4 최근에 선거를 할 수 있는 나이가 낮아지면서 중학생도 선거권을 가지게 되었다. (   )

5 유권자는 인터넷이나 사회 관계망 서비스(SNS)에 자신이 지지하는 후보자와 관련된 정보를 게시할 수 있다. (   )

6 정당은 선거 과정에서 정치권력을 획득하기 위해 노력한다. (   )

7 우리나라에서는 16세 이상이면 누구나 정당에 가입할 수 있다. (   )

02 정치 주체와 정치과정

4 빈칸에 들어갈 알맞은 말을 쓰시오.

1 정치에 참여하여 정책의 결정과 집행 등에 영향력을 행사하는 개인이나 집단을 [   ](이)라고 한다.

2 언론은 정치적 쟁점이나 사회 문제에 대한 다수의 시민이 가진 의견인 [   ]을/를 형성하는 데 주도적인 역할을 한다.

3 [   ]은/는 법률이나 정책과 관련한 분쟁을 재판을 통해 해결하여 정치과정에 영향을 미친다.

4 정치과정은 시민들의 다양한 요구와 이익을 집약하여 [   ](으)로 결정하고 집행하는 과정을 말한다.

5 정치과정의 [   ] 단계에서 개인이나 집단이 다양한 의견과 요구를 자유롭게 표현한다.

5 빈칸에 들어갈 알맞은 말에 ○표 하시오.

1 이해관계를 같이하는 사람들로 구성된 (이익 집단, 시민 단체)은/는 자기 집단의 이익을 추구하기 위해 활동한다.

2 시민 단체는 (사익, 공익)을 실현하기 위해 시민들이 자발적으로 만든 단체이다.

3 (국회, 정부)는 시민의 의견을 반영하여 법률을 제정 및 개정하거나 폐지한다.

4 정당, 언론 등은 시민의 다양한 의견을 요약하고 대안을 제시하는 데, 이를 (이익 표출, 이익 집약)이라고 한다.

5 정치과정의 (정책 결정, 정책 집행) 단계에서 정부는 현실에 맞게 정책을 구체적으로 실행한다.

6 다음 설명이 맞으면 ○표, 틀리면 ×표 하시오.

1 이익 집단이 지나치게 자기 집단의 이익만을 추구할 경우 사회 혼란을 가져올 수 있다. ( )

2 시민 단체는 여론을 국가 기관에 전달하고, 선거에 후보자를 공천하여 대표자를 배출한다. ( )

3 언론은 신문, 방송, 인터넷 등의 매체를 통해 정치에 관한 전반적인 정보를 제공하는 정치 주체이다. ( )

4 정당은 헌법에 따라 공식적으로 정치과정에 참여하는 정치 주체이다. ( )

5 현대 민주주의 국가에서는 정치과정을 통해 사회 구성원들의 다양한 가치와 요구가 조정되고 갈등이 해결된다. ( )

03 지방 자치와 시민 참여

7 빈칸에 들어갈 알맞은 말을 쓰시오.

1 [ ](이)란 일정한 지역에 사는 주민들이 지방 자치 단체를 구성하여 그 지역의 일을 자율적으로 처리하는 제도이다.

2 지방 자치 단체는 특별시, 광역시, 도, 특별자치도, 특별자치시에 해당하는 [ ]와/과 시, 군, 구에 해당하는 [ ](으)로 구분된다.

3 각 지방 자치 단체는 의결 기관인 [ ]와/과 집행 기관인 지방 자치 단체장으로 구성된다.

4 지방 자치 단체장은 지방 의회의 의결 사항을 실행하며, 법령과 조례의 범위 안에서 [ ]을/를 제정한다.

5 주민은 [ ]을/를 통해 직무를 잘 수행하지 못한 지역의 대표를 해임시킬 수 있다.

8 빈칸에 들어갈 알맞은 말에 ○표 하시오.

1 지방 의회는 지역 실정에 맞는 (규칙, 조례)을/를 제정 또는 개정하거나 폐지한다.

2 (의결 기관, 집행 기관)인 지방 자치 단체장은 지역의 각종 행정 사무를 처리한다.

3 지방 의회 의원과 지방 자치 단체장은 모두 임기가 (4년, 5년)이다.

4 (지방 선거, 주민 소환)은/는 지역 주민이 지방 정치에 참여하는 가장 기본적인 방법이다.

5 (주민 투표제, 주민 청원제)는 지역 행정에 관한 요구 사항을 지방 자치 단체에 문서로 직접 제출할 수 있는 제도이다.

9 다음 설명이 맞으면 ○표, 틀리면 ×표 하시오.

1 주민이 지방 자치를 통해 민주주의를 직접 체험하고 배울 수 있기 때문에 지방 자치 제도를 '민주주의의 학교'라고도 한다. ( )

2 지방 자치는 해당 지역뿐만 아니라 국가 전체의 민주주의가 발전하는 데 밑거름이 된다. ( )

3 지방 의회는 지역 정책에 필요한 예산을 편성하고 집행한다. ( )

4 지방 자치 단체장은 지역의 각종 사무를 처리하고 재산을 관리한다. ( )

5 주민은 지방 자치 단체의 구성원으로서 지역 정책을 결정하고 집행할 수 있는 공식적인 권한을 가진다. ( )

6 주민은 지방 자치 단체의 예산 편성 과정에 참여하여 예산의 우선순위 등을 결정할 수 있다. ( )

대단원 종합 문제

▶ 252004-0833

01 선거에 대한 설명으로 옳지 <u>않은</u> 것은?

① '민주주의의 꽃'이라고 부른다.
② 국민의 대표자를 선출하는 절차이다.
③ 주권자로서 시민의 의사를 표현하는 과정이다.
④ 대표자가 국민을 통제하는 수단으로 활용된다.
⑤ 대의제를 실현하기 위해 가장 중요한 요소이다.

▶ 252004-0834

02 표는 우리나라에서 시행되는 선거를 구분한 것이다. 이에 대한 옳은 설명만을 〈보기〉에서 고른 것은? (단, A~C는 각각 대통령 선거, 국회 의원 선거, 지방 선거 중 하나임.)

구분	A	B	C
4년마다 실시되나요?	예	예	아니요
지역 대표를 선출하나요?	아니요	예	아니요

> **보기**
>
> ㄱ. A는 대통령 선거에 해당한다.
> ㄴ. B를 통해 지방 자치 단체가 구성된다.
> ㄷ. C의 의해 선출된 대표자는 임기가 5년이다.
> ㄹ. A, B는 C와 달리 평등 선거의 원칙에 따른다.

① ㄱ, ㄴ 　② ㄱ, ㄷ 　③ ㄴ, ㄷ
④ ㄴ, ㄹ 　⑤ ㄷ, ㄹ

▶ 252004-0835

03 빈칸 ㉠에 들어갈 내용으로 가장 적절한 것은?

> 국회 의원 선거에서 특정 후보자를 표시한 투표 용지를 인터넷으로 방송한 A 씨가 경찰에 붙잡혔다. 선거 관리 위원회에서는 민주 선거의 원칙 중에서 　㉠　의 원칙을 보장하기 위해 투표소 내 촬영을 금지하고 있다.

① 보통 선거 　② 평등 선거 　③ 직접 선거
④ 비밀 선거 　⑤ 대리 선거

▶ 252004-0836

04 A, B에 해당하는 민주 선거의 원칙을 바르게 연결한 것은?

> • 갑국은 의회 의원 선거에서 대학교를 졸업한 유권자에게는 2표, 그렇지 않은 유권자에게는 1표를 부여하였다. 이는 유권자가 가진 표의 가치에 차이가 발생한 것이므로 A에 어긋난다.
> • 을국은 대통령 선거에서 일정 금액 이상의 세금을 납부한 사람들에게만 투표에 참여하게 하였다. 이는 일정 금액 이상의 세금을 낼 능력이 없는 국민의 선거권을 제한한 것이므로 B에 어긋난다.

	A	B
①	보통 선거	평등 선거
②	보통 선거	직접 선거
③	평등 선거	보통 선거
④	평등 선거	직접 선거
⑤	직접 선거	보통 선거

▶ 252004-0837

05 A에 해당하는 정치 주체에 대한 옳은 설명만을 〈보기〉에서 고른 것은?

> 〈 A의 의미와 종류 〉
> • 의미: 이해관계를 같이하는 사람들이 특수한 이익을 실현하기 위해 만든 단체
> • 종류: 노동조합, 변호사 협회 등

> **보기**
>
> ㄱ. 전문성을 바탕으로 정책을 평가할 수 있다.
> ㄴ. 시민의 의견을 반영하여 법률을 제 · 개정할 수 있다.
> ㄷ. 활동 과정에서 공익과 충돌하여 사회 혼란을 유발할 수 있다.
> ㄹ. 유권자의 지지를 얻기 위해 선거에 후보자를 공천할 수 있다.

① ㄱ, ㄴ 　② ㄱ, ㄷ 　③ ㄴ, ㄷ
④ ㄴ, ㄹ 　⑤ ㄷ, ㄹ

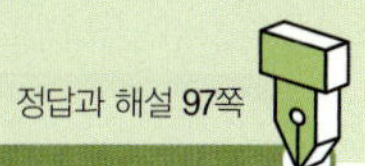

06 빈칸 (가)에 들어갈 내용으로 적절하지 <u>않은</u> 것은?

▶ 252004-0838

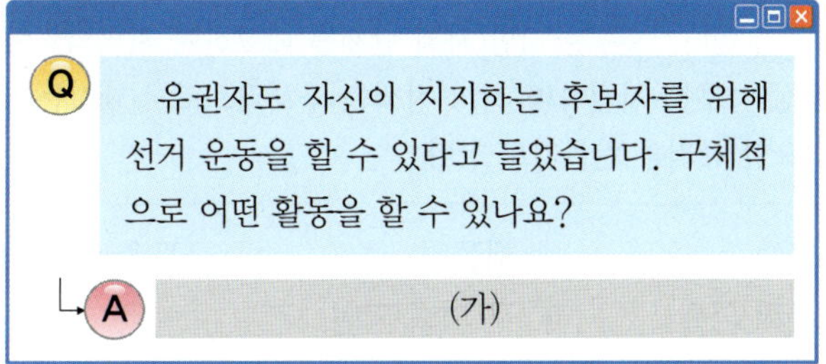

① 선거 운동을 통해 수입을 얻을 수 있어요.
② 전화를 통해 선거 관련 정보를 전달할 수 있어요.
③ 친구를 만나서 후보자의 지지를 부탁할 수 있어요.
④ 누리집에 정당과 후보자에 관한 내용을 탑재할 수 있어요.
⑤ 사회 관계망 서비스(SNS)에 후보자를 응원하는 내용을 올릴 수 있어요.

▶ 252004-0839

07 다음은 수업 시간에 교사가 제시한 낱말 퀴즈이다. 이 퀴즈의 정답으로 옳은 것은?

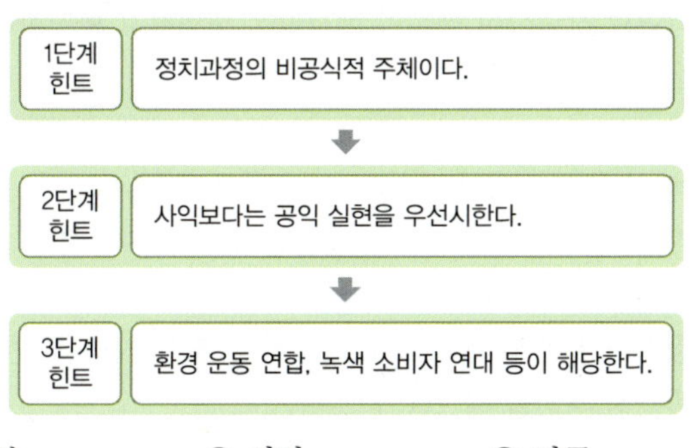

① 정부   ② 정당   ③ 언론
④ 이익 집단   ⑤ 시민 단체

▶ 252004-0840

08 다음 내용에 해당하는 정치 주체에 대한 옳은 설명만을 〈보기〉에서 고른 것은?

정치적 견해를 같이하는 사람들이 정치권력의 획득을 목표로 만든 집단이다.

보기
ㄱ. 토론회, 공청회 등을 통해 정책 내용을 알린다.
ㄴ. 선거를 통해 대표자를 배출하기 위해 노력한다.
ㄷ. 공정하고 객관적인 보도로 여론 형성을 주도한다.
ㄹ. 시민의 의견을 수렴하여 정책을 수립하고 집행한다.

① ㄱ, ㄴ   ② ㄱ, ㄷ   ③ ㄴ, ㄷ
④ ㄴ, ㄹ   ⑤ ㄷ, ㄹ

▶ 252004-0841

09 밑줄 친 ㉠에 대한 설명으로 옳은 것은?

㉠ 보건 복지부는 발달 장애인 지원을 강화하고, 장애인의 건강을 실질적으로 보장하기 위한 '장애인 건강보건관리 종합 계획'을 수립할 예정이라고 밝혔다.

① 정책을 결정하고 집행한다.
② 비공식적인 정치 주체이다.
③ 법률과 관련된 분쟁을 해결한다.
④ 자기 집단의 특수 이익을 실현한다.
⑤ 모든 구성원이 선거를 통해 선출된다.

▶ 252004-0842

10 그림은 정치과정의 단계를 나타낸다. (가)에 해당하는 사례만을 〈보기〉에서 고른 것은?

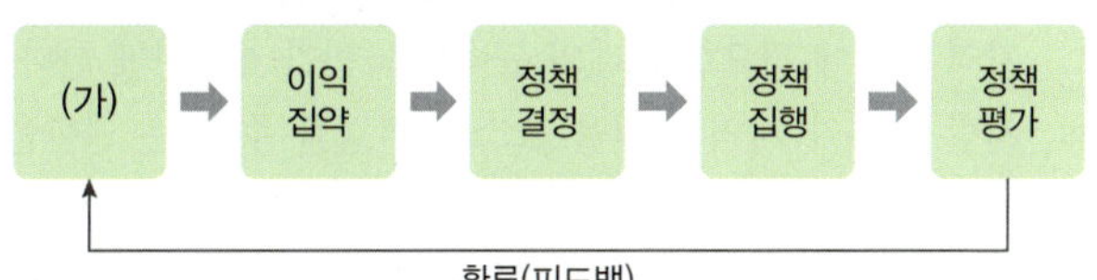

보기
ㄱ. 시민 단체가 철도 민영화 반대를 위한 집회를 열었다.
ㄴ. 국회에서 도·농 간 지역 불균형 해소를 위한 법률이 제정되었다.
ㄷ. 노동조합에서 탄력적 근로 시간제의 도입을 요구하며 서명 운동을 벌였다.
ㄹ. 정부는 고령자의 경제 활동을 지원하기 위해 노인 일자리 사업을 실시하였다.

① ㄱ, ㄴ   ② ㄱ, ㄷ   ③ ㄴ, ㄷ
④ ㄴ, ㄹ   ⑤ ㄷ, ㄹ

▶ 252004-0843

11 다음 자료가 나타내는 정치과정의 단계로 가장 적절한 것은?

정당은 게임 셧다운제 폐지를 정책으로 제안하고, 언론은 게임 셧다운제와 관련한 다양한 요구를 반영하여 대안을 제시하면서 시민들의 다양한 의견을 수렴한다.

① 이익 표출   ② 이익 집약   ③ 정책 결정
④ 정책 집행   ⑤ 정책 평가

대단원 종합 문제

▶ 252004-0844

12 우리나라의 지방 자치 단체에 대한 설명으로 옳은 것은?

① 5년마다 실시되는 선거를 통해 구성된다.
② 광역 자치 단체에는 시, 군, 구 등이 있다.
③ 지방 자치 단체장은 의결 기관에 해당한다.
④ 집행 기관은 자치 법규인 조례를 제정한다.
⑤ 지방 의회는 지역의 예산을 심의하고 확정한다.

▶ 252004-0845

13 지방 자치 제도를 성공적으로 실현하기 위한 조건만을 〈보기〉에서 고른 것은?

> **보기**
> ㄱ. 지방 자치 단체장이 지방 의회 의원을 지명한다.
> ㄴ. 지역 정책에 필요한 조례와 규칙을 국회가 제정하게 한다.
> ㄷ. 지방 정부가 지역의 일을 스스로 결정할 수 있는 권한을 가진다.
> ㄹ. 주민이 지역 사회의 문제에 관심을 가지고 적극적으로 참여한다.

① ㄱ, ㄴ   ② ㄱ, ㄷ   ③ ㄴ, ㄷ
④ ㄴ, ㄹ   ⑤ ㄷ, ㄹ

▶ 252004-0846

14 (중요) 그림은 지방 자치 단체의 구성을 나타낸다. ㉠, ㉡에 대한 설명으로 옳은 것은?

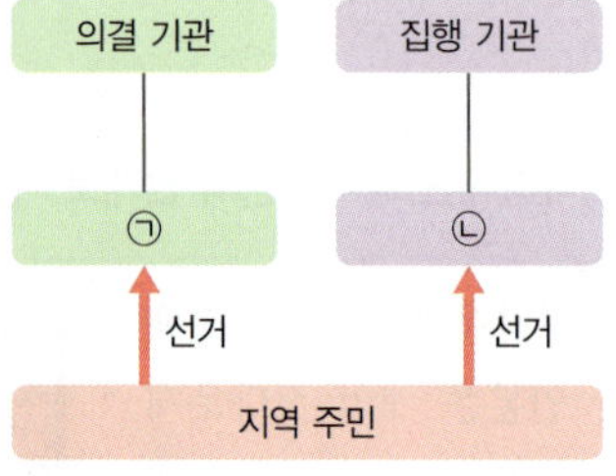

① ㉠은 조례를 제정한다.
② ㉠은 지방 자치 단체장이다.
③ ㉡의 임기는 5년이다.
④ ㉠은 ㉡에 예산안을 제출한다.
⑤ ㉡은 ㉠의 구성원을 임명한다.

▶ 252004-0847

15 빈칸 ㉠에 들어갈 내용으로 옳은 것은?

> [㉠]은/는 지방 자치 단체를 대표하여 지역의 각종 행정 사무를 처리하며 지역 정책을 구체적으로 실행하는 데 필요한 규칙을 만들기도 한다.

① 군수   ② 대통령   ③ 국무총리
④ 국회 의원   ⑤ 구 의회 의원

▶ 252004-0848

16 밑줄 친 ㉠에 해당하는 내용만을 〈보기〉에서 고른 것은?

> 지방 자치 제도가 잘 운영되기 위해서는 지역 주민의 적극적인 참여가 필요하다. 주민들은 ㉠ 다양한 방법을 통해 지역 사회의 문제를 해결할 수 있다.

> **보기**
> ㄱ. 지역의 살림살이 계획인 예산안을 심의하고 확정할 권한을 가질 수 있다.
> ㄴ. 지역의 일을 담당할 지방 의회 의원과 지방 자치 단체장을 선출할 수 있다.
> ㄷ. 지역 정책의 바탕이 되는 법률을 만들어 지방 자치 단체에 제출할 수 있다.
> ㄹ. 공청회나 주민 설명회에 참석하여 지역 사회의 문제와 관련된 의견을 제시할 수 있다.

① ㄱ, ㄴ   ② ㄱ, ㄷ   ③ ㄴ, ㄷ
④ ㄴ, ㄹ   ⑤ ㄷ, ㄹ

▶ 252004-0849

17 (중요) 빈칸 ㉠에 들어갈 정치 참여 제도로 가장 적절한 것은?

> ○○군은 내년에 실시할 사업을 선정하기 위해 [㉠]를 실시하기로 하였다. 지역 정책에 필요한 수입과 지출을 계획하는 데 주민이 직접 참여함으로써 자금 관리와 운영에 투명성과 공정성을 높일 수 있게 되었다.

① 주민 소환 제도   ② 주민 청원 제도
③ 주민 감사 청구 제도   ④ 주민 조례 발안 제도
⑤ 주민 참여 예산 제도

▶ 252004-0850

01 (1) 빈칸 ㉠에 들어갈 정치 제도를 쓰고, (2) 그것이 공정하게 실시되기 위해 필요한 기본 원칙 네 가지와 그 의미를 각각 서술하시오.

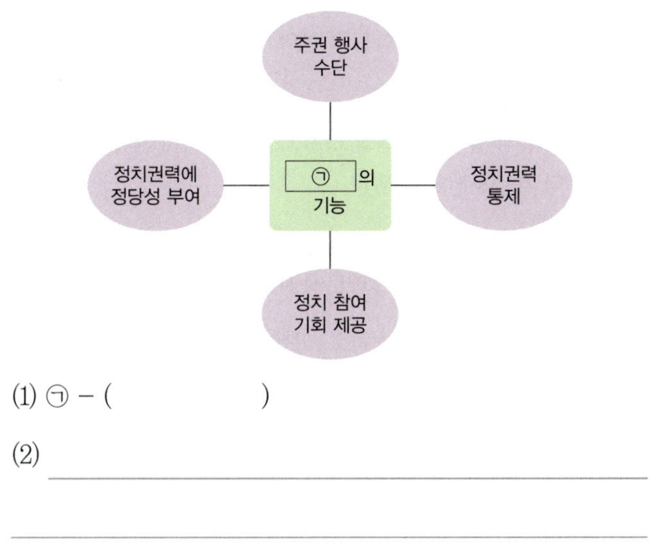

(1) ㉠ – (   )

(2) ___________________________________

____

____

▶ 252004-0851

02 (1) 빈칸 ㉠에 들어갈 내용을 쓰고, (2) 빈칸 ㉡에 들어갈 내용을 세 가지 서술하시오.

> ㉠
> • 의미: 지역 주민들이 지방 자치 단체를 구성하여 그 지역의 일을 자율적으로 처리하는 제도
> • 의의: ㉡

(1) ㉠ – (   )

(2) ___________________________________

____

____

▶ 252004-0852

03 다음은 교사가 사회 수업 시간에 게시한 내용이다. (가), (나)에 들어갈 내용을 300자 이내로 서술하시오.

> **수행 과제 안내** + …
>
> **[학습 목표]**
> 정치과정에 참여한 다양한 주체가 수행하는 활동을 발표할 수 있다.
>
> **[정치과정의 단계]**
>
> 다양한 이익 표출 → 이익 집약 → 정책 결정 → 정책 집행 → 정책 평가
> 개인, 집단 / 정당, 언론 등 / 국회, 정부 / 정부 / 시민
> 환류(피드백)
>
> 위 자료는 정책이 결정되고 집행되는 과정을 나타냅니다. 이를 참고하여 정치과정에서 수행하는 정치 주체의 역할을 조사해 봅시다.
>
> **1번 모둠 과제** + …
> 정당의 의미와 역할
> (가)
>
> **2번 모둠 과제** + …
> 언론의 의미와 역할
> (나)

____

____

____

____

____

____

____

____

쪽지 시험

01 법의 의미와 목적

1 빈칸에 들어갈 알맞은 말을 쓰시오.

1 사람들이 사회생활을 하면서 따라야 할 행동의 기준인 ⬚에는 관습, 도덕, 법 등이 있다.

2 ⬚은/는 인간이 마땅히 따라야 할 도리이고, 법은 국가가 제정한 규범이다.

3 ⬚은/는 자신에게 특별한 위험이나 피해가 발생하는 것도 아닌데 어려움에 처한 사람을 구하지 않은 행위를 처벌하는 법을 말한다.

4 다른 사회 규범과 달리 법을 위반할 경우에는 국가에 의해 일정한 ⬚을/를 받는다.

5 법은 사회 구성원이 지켜야 할 행위나 판단 기준을 제시함으로써 ⬚을/를 예방하고 해결하는 기능을 한다.

6 모든 사람에게 각자가 받아야 할 정당한 몫을 주는 것을 ⬚(이)라고 한다.

2 빈칸에 들어갈 알맞은 말에 ○표 하시오.

1 사회 규범 중 (관습, 도덕)은 한 사회에서 오랫동안 지켜져 내려온 행동 양식이나 풍습을 말한다.

2 부모에게 불효하거나 어른에게 불경하게 대하는 것처럼 (법, 도덕)에 어긋나는 행동을 할 경우 양심의 가책을 느끼거나 사회적 비난을 받는다.

3 (법, 도덕)은 다른 사회 규범과 달리 사회 구성원이 지켜야 할 내용을 구체적이며 명확하게 규정하고 있다.

4 도덕은 행위의 (동기, 결과)를 중시한다면, 법은 행위의 (동기, 결과)를 중시한다.

5 도덕은 (자율성, 강제성)을 가진다는 특징이 있고, 법은 (자율성, 강제성)을 가진다는 특징이 있다.

6 사회에 존재하는 다양한 법은 저마다 다른 내용을 담고 있지만, (선, 정의)을/를 실현한다는 공통점이 있다.

3 다음 설명이 맞으면 ○표, 틀리면 ×표 하시오.

1 우리는 사회생활에서 수많은 법과 밀접한 관련을 맺으며 살아간다. ( )

2 사람들이 사회에서 조화롭게 살아가기 위해서는 사회 규범이 필요하다. ( )

3 도덕은 법과 달리 강제성을 가지고 있어 지키지 않을 경우 국가로부터 처벌을 받을 수 있다. ( )

4 인간 내면의 양심이나 동기를 중시하는 법과 달리 도덕은 겉으로 드러나는 행위와 그 결과도 중시한다. ( )

5 법은 개인의 권리를 규정하고, 이를 침해하는 행위를 제재함으로써 개인의 권리를 보호한다. ( )

6 정의란 '같은 것은 다르게, 다른 것은 같게' 대우하는 것을 말한다. ( )

02 생활 속의 다양한 법

4 빈칸에 들어갈 알맞은 말에 ○표 하시오.

1 (공법, 사법)에 해당하는 대표적인 법으로 헌법, 형법 등이 있다.

2 국민의 권리와 의무, 국가의 통치 구조와 운영 원리 등을 정한 최상위법을 (헌법, 형법)이라고 한다.

3 (헌법, 형법)은 범죄에 해당하는 행위와 그 행위에 어떤 처벌을 부과할 것인지를 정해 놓은 법이다.

4 (공법, 사법)은 개인과 개인 사이의 생활 관계를 규율한다.

5 사법 중 (민법, 상법)은 개인의 재산 관계 및 가족 관계에 관한 권리와 의무를 규정한다.

6 근대 사회에는 개인의 자유를 중시하고, 국가의 간섭이나 개입을 (최소화, 최대화)하였다.

7 사적인 생활 영역인 개인 간의 법률 관계에 국가가 개입하여 등장한 법이 (공법, 사회법)이다.

8 (노동조합 및 노동관계 조정법, 독점 규제 및 공정 거래에 관한 법률)은 노동법에 해당한다.

9 (노동법, 경제법)은 기업의 자유로운 경쟁을 보장하고, 소비자의 권익을 보호하기 위한 법이다.

5 다음 설명이 맞으면 ○표, 틀리면 ×표 하시오.

1 법은 규율하는 생활 영역에 따라 공법, 사법, 사회법으로 구분할 수 있다. (   )

2 헌법은 국가의 바탕이 되는 가장 근본적인 법이다. (   )

3 사법은 세금 납부, 선거 참여 등과 같이 공적인 생활 관계를 규정하는 법이다. (   )

4 민법은 혼인, 친족, 상속, 재산권과 계약 등을 다룬다. (   )

5 현대 복지 국가에서 사회법의 중요성은 더욱 작아지고 있다. (   )

6 사회법은 크게 노동법, 경제법, 사회 보장법으로 구분할 수 있다. (   )

6 빈칸에 들어갈 알맞은 말을 쓰시오.

1 우리나라의 모든 법은 최상위법인 [   ]에 어긋나지 않아야 한다.

2 공법 중 [   ]은/는 범죄의 종류와 처벌의 기준을 규정하는 법이다.

3 [   ]은/는 개인과 개인 사이의 사적인 생활 관계를 규율하는 법으로, 대표적으로 민법, 상법 등이 있다.

4 [   ]은/는 개인 간의 생활 영역에 국가가 개입하여 등장하였기 때문에 사법과 공법의 중간적인 성격을 가진다.

5 [   ]은/는 빈곤, 실업, 장애 등으로 어려움을 겪고 있는 사람들을 돕기 위한 법으로 국민 연금법, 국민 기초 생활 보장법 등이 있다.

03 **재판의 의미와 공정한 재판**

7 다음 설명이 맞으면 ○표, 틀리면 ×표 하시오.

1 재판은 분쟁을 해결하고 범죄자를 처벌함으로써 사회 질서를 유지하는 기능을 한다. (   )

2 합의보다는 재판을 통해 분쟁을 해결하는 것이 신속하고 경제적 부담이 적다. (   )

3 재판은 사건의 내용이나 성격에 따라 크게 민사 재판과 형사 재판으로 구분할 수 있다. (   )

4 민사 재판을 통해 범죄 유무를 가리고 범죄자에게 형벌을 부과할 수 있다. (   )

5 형사 재판은 검사가 피의자를 대상으로 공소를 제기하면서 시작된다. (   )

6 공정한 재판을 위해서는 판사가 국민의 대표 기관인 국회의 의견을 반영하여 판결해야 한다. (   )

8 빈칸에 들어갈 알맞은 말을 쓰시오.

1 [   ]은/는 개인과 개인 사이에서 발생한 분쟁을 해결하기 위한 재판이다.

2 민사 소송을 제기한 사람을 [   ], 소송을 당한 사람을 피고라고 한다.

3 형사 재판이 열리면 피의자는 [   ]의 신분이 된다.

4 [   ](이)란 재판 당사자 이외에 일반 시민에게도 재판의 과정과 결과를 공개해야 한다는 원칙을 말한다.

5 [   ](이)란 한 사건에 대해 급이 다른 법원에서 여러 번 재판을 받을 수 있게 하는 제도를 말한다.

6 최종심은 우리나라 최고 법원인 [   ]에서 담당한다.

9 빈칸에 들어갈 알맞은 말에 ○표 하시오.

1 (민사 재판, 형사 재판)에서는 소송을 제기한 원고와 소송을 당한 피고가 참석한다.

2 형사 재판은 (검사, 범죄 피해자)가 법원에 소송을 제기하면서 시작된다.

3 지방 법원에서 1심을 담당하며, 이에 불복하여 2심을 청구하면 (고등 법원, 대법원)에서 재판을 담당한다.

4 (공개 재판주의, 증거 재판주의)에 따라 재판은 구체적이고 명확하며 적법하게 수집된 증거를 바탕으로 진행되어야 한다.

5 우리나라는 일반적으로 하나의 사건에 대해 (2번, 3번)까지 재판을 받을 수 있도록 하고 있다.

6 심급 제도는 (검사, 법관)의 잘못된 판결로 발생할 수 있는 국민의 피해를 최소화하고 공정한 재판이 이루어지도록 한다.

7 상소에는 1심 법원의 판결에 불복하여 2심 재판을 청구하는 (항소, 상고)와 2심 법원의 판결에 불복하여 3심 재판을 청구하는 (항소, 상고)가 있다.

대단원 종합 문제

▶ 252004-0853

01 빈칸 ㉠에 들어갈 내용으로 가장 적절한 것은?

> 제목: [㉠]
>
> 법을 법관, 검사 등과 같은 법률 전문가들만의 영역이라고 생각하기 쉽다. 하지만 법은 … 중략 …
>
> **사례**
> – 초·중등 교육법에 따라 학교에서 수업을 받는 것
> – 도로 교통법에 따라 횡단보도를 안전하게 건너는 것
> – 학교 급식법에 따라 위생적이고 맛있는 점심을 먹는 것

① 일상생활과 법
② 사회 규범의 종류
③ 법과 도덕의 차이점
④ 사회 규범의 등장 배경
⑤ 학교에서 필요한 사회 규범

▶ 252004-0854

02 빈칸 ㉠, ㉡에 들어갈 사회 규범을 옳게 연결한 것은?

> 우리는 [㉠]에 따라 아기가 태어난 날로부터 한 해가 되는 날에 돌잔치를 하고, [㉡]에 따라 지하철에서 어른에게 자리를 양보해야 한다고 생각한다.

	㉠	㉡		㉠	㉡
①	법	도덕	②	법	관습
③	도덕	관습	④	관습	도덕
⑤	관습	법			

▶ 252004-0855

중요

03 빈칸 ㉠~㉤에 들어갈 내용을 바르게 연결한 것은?

구분	법	도덕
규율 대상	행위의 [㉠]	행위의 [㉡]
특성	[㉢]	[㉣]
위반 시	[㉤]	양심의 가책, 사회적 비난

① ㉠ – 동기
② ㉡ – 결과
③ ㉢ – 자율성
④ ㉣ – 강제성
⑤ ㉤ – 국가의 제재

▶ 252004-0856

04 빈칸 ㉠에 들어갈 법의 기능으로 가장 적절한 것은?

> 제가 오늘 발표할 주제는 법의 다양한 역할 중 [㉠] 기능입니다. 세입자의 안정적인 주거 생활을 보장하는 「주택 임대차 보호법」과 장애인의 생활 안전에 기여하는 「장애인 복지법」 등은 모두 법이 [㉠] 기능을 수행한다는 것을 보여 줍니다.

① 범죄자를 처벌하는
② 특정 집단의 권익을 보장하는
③ 장애인을 차별하는 행위를 제재하는
④ 사회·경제적 약자의 권리를 보호하는
⑤ 개인과 국가 기관 간의 분쟁을 해결하는

▶ 252004-0857

05 빈칸 ㉠을 실현하는 사례로 적절하지 <u>않은</u> 것은?

> [㉠](이)란 '같은 것은 같게, 다른 것은 다르게' 대우하는 것으로, 모든 사회 구성원에게 각자가 받아야 할 정당한 몫을 주는 것을 말한다.

① 일정 연령 이상의 모든 시민에게 선거권을 부여한다.
② 자녀는 성별에 관계없이 부모의 유산을 똑같이 상속받는다.
③ 범죄자에게 죄의 크기에 상관없이 같은 종류의 형량을 부여한다.
④ 우수한 실적을 기록한 판매 직원에게 더 많은 성과급을 지급한다.
⑤ 공무원 시험에서 시각 장애를 가진 수험생에게 시험 시간을 더 많이 할애한다.

▶ 252004-0858

06 공법의 적용을 받는 생활 영역만을 〈보기〉에서 고른 것은?

> **보기**
> ㄱ. 부동산을 매매하기 위한 계약을 한다.
> ㄴ. 폭행 혐의를 받아 형사 재판을 받는다.
> ㄷ. 18세 이상의 국민이라면 누구나 유권자가 된다.
> ㄹ. 경제적으로 생활이 어려운 사람들은 도움이 필요하다.

① ㄱ, ㄴ
② ㄱ, ㄷ
③ ㄴ, ㄷ
④ ㄴ, ㄹ
⑤ ㄷ, ㄹ

07 빈칸 (가)에 들어갈 법에 대한 옳은 설명만을 〈보기〉에서 고른 것은?

▶ 252004-0859

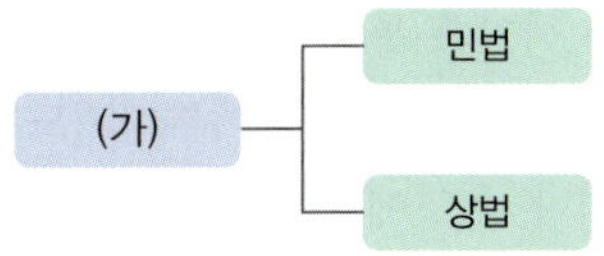

〈보기〉

ㄱ. 개인 간의 사적인 생활 관계를 규율하는 법이다.
ㄴ. 가족 및 재산 관계, 기업 간의 경제 생활 등을 규정한다.
ㄷ. 범죄자를 처벌함으로써 사회 질서를 유지하는 기능을 가진다.
ㄹ. 국가가 개입하여 사회적·경제적 불평등 문제를 해결하기 위해 등장하였다.

① ㄱ, ㄴ   ② ㄱ, ㄷ   ③ ㄴ, ㄷ
④ ㄴ, ㄹ   ⑤ ㄷ, ㄹ

08 (가), (나)에 해당하는 법으로 옳은 것은?

▶ 252004-0860

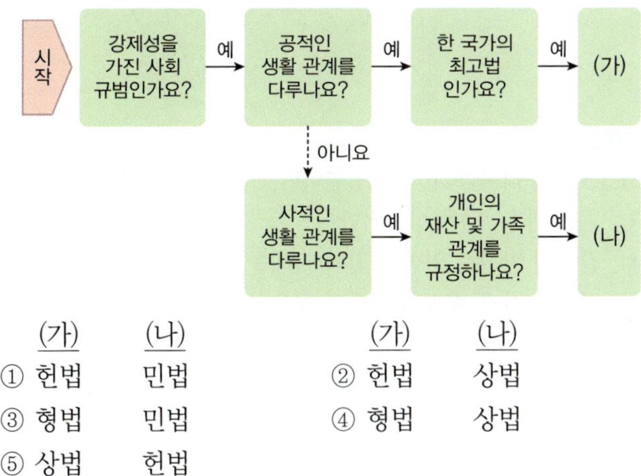

	(가)	(나)			(가)	(나)
①	헌법	민법		②	헌법	상법
③	형법	민법		④	형법	상법
⑤	상법	헌법				

09 (가)~(다)에 대한 설명으로 옳은 것은?

▶ 252004-0861

(가) 사법   (나) 공법   (다) 사회법

① (가)에는 헌법, 형법 등이 있다.
② (나)는 사적인 생활 관계를 규율한다.
③ (나)는 (다)와 달리 사회적 약자를 보호한다.
④ (다)는 (가)에 비해 개인의 자유를 최대한 보장한다.
⑤ (다)는 (가)와 (나)의 중간적인 성격을 가진다.

10 다음과 같은 법들의 공통점으로 적절하지 <u>않은</u> 것은?

▶ 252004-0862

• 근로 기준법   • 전자 상거래법   • 장애인 복지법

① 공법과 사법의 중간적 성격을 가진다.
② 현대 복지 국가에서 그 중요성이 강조되고 있다.
③ 사회적·경제적으로 불리한 위치에 놓인 사람들을 보호한다.
④ 모든 국민의 인간다운 생활을 보장하는 것을 목적으로 한다.
⑤ 개인의 생활 영역에 국가의 개입을 최소화하기 위해 등장하였다.

11 다음 퀴즈의 답에 해당하는 규범으로 가장 적절한 것은?

▶ 252004-0863

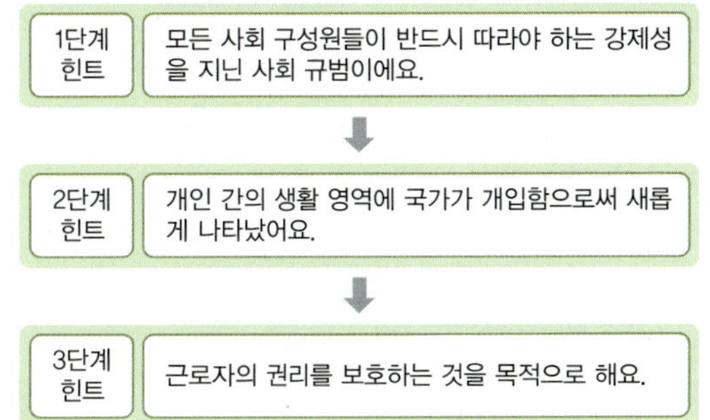

① 최저 임금법   ② 공정 거래법
③ 소비자 기본법   ④ 국민 건강 보험법
⑤ 국민 기초 생활 보장법

12 빈칸 ㉠에 들어갈 내용으로 옳은 것만을 〈보기〉에서 고른 것은?

▶ 252004-0864

재판은 분쟁을 해결하는 대표적인 방법이지만, ㉠ 따라서 이러한 재판의 단점을 보완하기 위해 협상, 조정, 중재 등과 같은 대안적인 방안을 사용하기도 한다.

〈보기〉

ㄱ. 절차가 복잡하다.
ㄴ. 공정성과 객관성이 낮다.
ㄷ. 시간과 비용이 많이 든다.
ㄹ. 전문적인 판단을 얻기 어렵다.

① ㄱ, ㄴ   ② ㄱ, ㄷ   ③ ㄴ, ㄷ
④ ㄴ, ㄹ   ⑤ ㄷ, ㄹ

 대단원 종합 문제

▶ 252004-0865

13 밑줄 친 '재판'에 대한 설명으로 옳지 <u>않은</u> 것은?

> 갑은 평소 알고 지내던 을이 한 달만 쓰고 준다며 3천만 원을 빌려 달라고 하여 돈을 빌려 주었다. 그러나 을이 돈이 있으면서도 1년이 넘도록 갚지 않자 갑은 을을 상대로 돈을 갚을 것을 요구하는 재판을 지방 법원에 제기하였다.

① 갑이 원고, 을이 피고가 된다.
② 원칙적으로 3심제로 진행된다.
③ 개인 간의 분쟁을 해결하는 민사 재판이다.
④ 을의 범죄 행위가 인정되면 처벌을 받는다.
⑤ 갑이나 을이 판결에 불복한다면 상급 법원에 상소할 수 있다.

▶ 252004-0866

14 (가)~(마)에 나타난 형사 재판의 절차를 순서대로 나열한 것은?

> (가) 검사의 기소　　　　(나) 판사의 판결
> (다) 사건에 대한 수사　　(라) 범죄 피해자의 고소
> (마) 검사의 신문, 변호인의 변론

① (가) – (다) – (라) – (마) – (나)
② (다) – (가) – (마) – (나) – (라)
③ (다) – (라) – (가) – (나) – (마)
④ (라) – (가) – (나) – (다) – (마)
⑤ (라) – (다) – (가) – (마) – (나)

▶ 252004-0867

15 (가), (나) 재판에 대한 옳은 설명만을 〈보기〉에서 고른 것은?

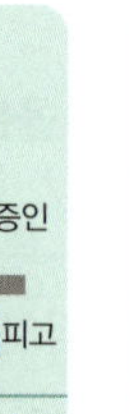
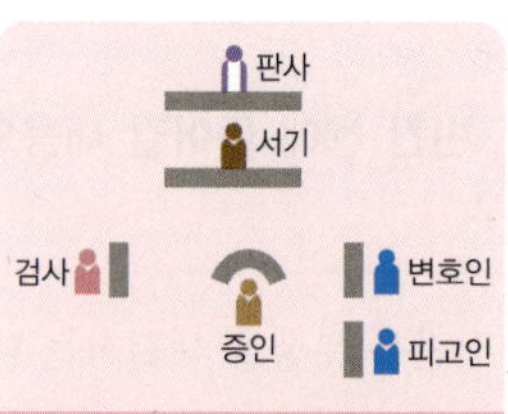

> **보기**
> ㄱ. (가)는 형사 재판, (나)는 민사 재판이다.
> ㄴ. (가)는 (나)와 달리 국민 참여 재판이 실시된다.
> ㄷ. (가)와 (나)는 모두 공개 재판주의에 따라 진행된다.
> ㄹ. (가)는 원고의 소장 제출, (나)는 검사의 공소 제기로 시작된다.

① ㄱ, ㄴ　　　② ㄱ, ㄷ　　　③ ㄴ, ㄷ
④ ㄴ, ㄹ　　　⑤ ㄷ, ㄹ

▶ 252004-0868

16 사법권의 독립에 대한 설명으로 옳지 <u>않은</u> 것은?

① 법관의 임기를 법률로 정해 신분을 보장한다.
② 국민이 법관을 선거를 통해 직접 선출하게 한다.
③ 법에 의해서만 엄격한 판결이 이루어지도록 한다.
④ 법원의 조직이나 운영에 대하여 외부의 간섭이나 영향을 받지 않게 한다.
⑤ 공정한 재판을 통해 국민의 자유와 권리를 보장하는 것을 목적으로 한다.

▶ 252004-0869

17 그림은 우리나라의 심급 제도를 나타낸다. 이에 대한 옳은 설명만을 〈보기〉에서 고른 것은?

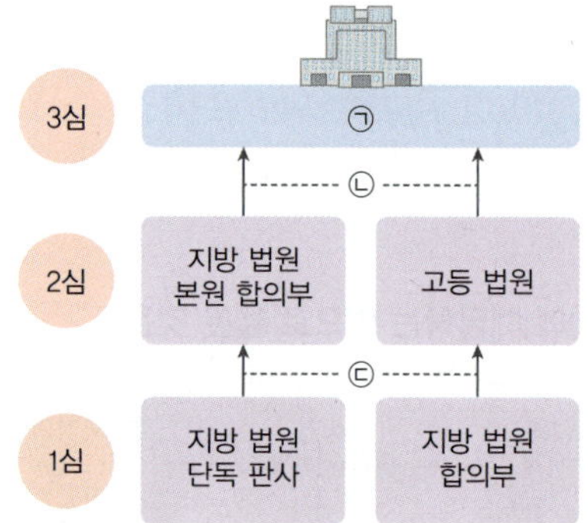

> **보기**
> ㄱ. ㉠은 우리나라의 최고 법원이다.
> ㄴ. ㉡은 항소, ㉢은 상고이다.
> ㄷ. 잘못된 판결로 인한 국민의 피해를 줄여준다.
> ㄹ. 신속한 사건 해결로 재판의 효율성을 증진한다.

① ㄱ, ㄴ　　　② ㄱ, ㄷ　　　③ ㄴ, ㄷ
④ ㄴ, ㄹ　　　⑤ ㄷ, ㄹ

▶ 252004-0870

18 국민 참여 재판에 대한 설명으로 옳은 것은?

① 소송을 제기한 사람이 원할 경우에만 시행된다.
② 판사는 배심원의 판단을 반드시 반영하여 판결해야 한다.
③ 배심원은 피고인의 유무죄 여부 및 형벌 정도를 평결할 수 있다.
④ 일반 국민이 민사 재판에서 배심원으로 참여할 수 있는 제도이다.
⑤ 법률 관련 직종에서 근무한 국민이라면 누구나 배심원이 될 수 있다.

▶ 252004-0871

01 (1) 빈칸 ㉠에 공통적으로 들어갈 법을 쓰고, (2) 그것의 도입에 찬성 또는 반대 입장을 밝히고 그 근거를 서술하시오.

> 택시 기사가 운전을 하던 중에 심장마비로 쓰러졌는데도 그 택시에 타고 있던 승객들이 구급 신고를 하지 않고 자리를 떠난 사실이 알려져 논란이 일었다. 이에 우리나라에서도 ㉠ 을/를 도입하자는 주장이 제기되었다. ㉠ (이)란 자신에게 특별한 위험이나 피해가 발생하는 것도 아닌데 어려움에 처한 사람을 구하지 않는 행위를 처벌하는 법을 말한다.

(1) ㉠ – (　　　　　　　)

(2) ___________________

____

____

▶ 252004-0872

02 (1) 빈칸 ㉠에 들어갈 법을 쓰고, (2) 그 등장 배경을 서술하시오.

학습 주제: 법의 분류	
구분	**종류**
공법	헌법, 형법 등
사법	민법, 상법 등
㉠	노동법, 경제법, 사회 보장법 등

(1) ㉠ – (　　　　　　　)

(2) ___________________

____

▶ 252004-0873

03 빈칸 ㉠에 들어갈 사법 제도를 쓰고, 그것의 활용 방안 및 목적 등을 제시된 사례를 바탕으로 300자 이내로 서술하시오.

> [학습 목표] 사법 제도의 사례를 스토리보드로 구성할 수 있다.
>
> ㉠ 을/를 통해 억울함을 풀어요.

편의점에 발생한 화재를 수사하던 중에 폐쇄회로 TV(CCTV)에서 갑의 흡연 모습이 확인되었다.

이에 1심 법원(지방 법원 단독부)에서는 갑이 실수로 화재를 냈다고 판단하여 벌금 500만 원을 선고하였다.

갑은 흡연한 것이 아니라 아이스크림을 먹은 것이었다면서 1심 판결에 불복하여 항소하였다.

다시 분석한 결과 갑의 주장이 맞았으며, 항소심 재판부(지방 법원 합의부)는 1심 판결을 뒤집고 갑에게 무죄를 선고하였다.

____

____

____

____

____

____

____

____

쪽지 시험

01 인권 보장과 기본권

1 빈칸에 들어갈 알맞은 말을 쓰시오.

1 [   ]은/는 인간이라면 누구나 누려야 할 기본적인 권리이다.

2 [   ]에 규정하여 보장하는 권리를 기본권이라고 한다.

3 근대 [   ]을/를 통해 절대 군주의 억압에 맞서 인권이 제도적으로 보장되게 되었다.

4 국제 연합은 인권의 기준을 제시한 [   ]을/를 채택하여 발표하였다.

5 인권을 제대로 보장받지 못하는 [   ]은/는 사회 구성원의 편견이나 국가의 잘못된 법률에 의해 발생한다.

6 [   ]은/는 인권 중 헌법에 규정하여 보장하는 권리이다.

7 기본권인 [   ]에는 청원권, 재판 청구권, 국가 배상 청구권 등이 있다.

2 다음 설명이 맞으면 ○표, 틀리면 ×표 하시오.

1 인권은 국가가 성립되고 법이 정비된 후에 보장될 수 있었다. (   )

2 자유권, 평등권, 참정권, 청구권, 사회권은 헌법에서 보장하고 있는 기본권이다. (   )

3 대부분의 민주 국가는 헌법에 국민의 권리와 국가의 역할을 명시하고 있다. (   )

4 선거에 참여하여 국민의 대표인 공직자를 선출할 수 있는 권리를 공무 담임권이라고 한다. (   )

5 인간으로서의 존엄과 가치 및 행복 추구권은 모든 기본권의 궁극적인 가치이다. (   )

6 인간이면 누구나 성별, 인종, 나이, 장애의 유무 등에 상관없이 존중받고 인간답게 살 자유를 가지고 있다. (   )

7 시민 혁명의 결과 시민의 자유와 평등이 제도적으로 보장되기 시작하였다. (   )

8 오늘날 대부분의 국가에서는 한 나라의 최고 법인 법률에 기본적 인권을 규정하고 있다. (   )

3 빈칸에 들어갈 알맞은 말에 ○표 하시오.

1 인권은 성별, 인종, 종교 등에 관계없이 모든 사람이 동등하게 누리는 (보편적, 제한적) 권리이다.

2 인권은 국가의 법으로 보장되기 전부터 자연적으로 주어진 (실정권, 자연권)이다.

3 (국제 연맹, 국제 연합)은 보편적인 인권의 기준을 제시하기 위해 세계 인권 선언을 발표하였다.

4 사생활의 침해를 받지 않을 권리는 (자유권, 평등권)에 해당한다.

5 기본권 침해 시 국가에 대해 일정한 행위를 요구할 수 있는 권리는 (참정권, 청구권)이다.

6 최소한의 인간다운 생활을 보장하기 위한 사회 보장 제도는 (사회권, 청구권)을 보장하기 위해서이다.

02 기본권 제한과 침해 시 구제 방법

4 빈칸에 들어갈 알맞은 말을 쓰시오.

1 우리나라는 헌법에 보장된 [   ]을/를 제한하여 타인의 권리 침해를 방지하고 사회 질서를 유지한다.

2 우리나라 헌법에 따라 국가 안전 보장, [   ], 공공복리를 위해 필요한 경우 기본권을 제한할 수 있다.

3 기본권이 침해된 국민은 최후의 구제 수단으로 [   ]에 헌법 소원 심판을 제기할 수 있다.

4 법원은 보편적인 구제 수단인 [   ]을/를 통해 침해된 권리를 구제한다.

5 국가 인권 위원회는 [   ] 우려가 있는 법이나 제도의 문제점을 조사하여 개선을 권고한다.

6 행정 기관의 부당한 처분으로 기본권이 침해당했을 때 [   ]에 고충 민원을 제기할 수 있다.

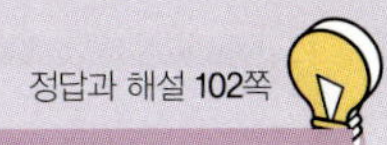

5 다음 설명이 맞으면 ○표, 틀리면 ×표 하시오.

1 헌법에서 보장하는 기본권은 국가 안전 보장을 위해 필요한 경우에 한하여 제한할 수 있다. (　　　)

2 국가 인권 위원회는 어느 국가 기관에도 소속되지 않은 독립된 기구이다. (　　　)

3 헌법 재판소는 인권 침해 여부를 조사하여 개선을 권고하는 국가 기관이다. (　　　)

4 국가는 공공의 이익을 위해 국민의 기본권을 제한할 수 있다. (　　　)

5 국민 권익 위원회는 재판을 통해 국민의 침해된 권리를 구제한다. (　　　)

6 잘못된 언론 보도로 인해 인권이 침해되었을 때 언론 중재 위원회에 구제를 요청할 수 있다. (　　　)

6 괄호 안의 내용 중 알맞은 말에 ○표 하시오.

1 헌법은 국회가 제정한 (법률, 조례)에 의해서 국민의 기본권을 제한할 수 있도록 규정하고 있다.

2 기본권은 국가 안전 보장, 질서 유지, (개인의 이익, 공공복리)을/를 위해 필요한 경우 제한할 수 있다.

3 (국가 인권 위원회, 국민 권익 위원회)는 행정 기관의 위법으로 발생한 국민의 고충을 해결하기 위한 기관이다.

4 인권이 침해되었을 때 국가 인권 위원회에 (소송, 진정)을 제기하여 구제받을 수 있다.

5 국민은 기본권 침해 시 (대법원, 헌법 재판소)에 헌법 소원을 신청할 수 있다.

03 근로자의 권리와 노동권 보장

7 빈칸에 들어갈 알맞은 말을 쓰시오.

1 [　　　]은/는 사용자에게 노동을 제공하고 임금을 받는 사람을 일컫는다.

2 우리나라 헌법은 근로자가 최소한의 인간다운 생활을 할 수 있도록 [　　　] 임금 이상의 금액을 받도록 명시하고 있다.

3 노동 3권은 근로자의 단결권, [　　　], 단체 행동권을 보장하고 있다.

4 [　　　]은/는 근로 조건의 개선과 근로자의 지위 향상을 목적으로 근로자가 결성한 단체이다.

5 [　　　]은/는 사용자와의 협의가 원만하게 이루어지지 않았을 경우 일정한 절차를 거쳐 쟁의를 할 수 있는 권리이다.

6 헌법에 보장된 근로자의 노동 3권을 침해하는 것을 [　　　] 행위라고 한다.

7 부당 해고로 피해를 본 근로자는 [　　　]와/과 법원을 통해 구제받을 수 있다.

8 임금을 제때 받지 못했을 때에는 [　　　]에 진정서를 제출하여 구제를 요청할 수 있다.

8 다음 설명이 맞으면 ○표, 틀리면 ×표 하시오.

1 우리나라 헌법은 근로자의 권리와 이익 향상을 위해 근로의 권리를 기본권으로 보장하고 있다. (　　　)

2 법으로 정한 근로 시간을 초과하여 업무 수행을 강요하는 것은 노동권을 침해한 것이다. (　　　)

3 근로 계약서를 작성하지 않는 것은 노동권 침해의 사례에 해당하지 않는다. (　　　)

4 근로 기준법에 따라 근로 계약서는 구두로 작성해야 한다. (　　　)

5 우리나라는 근로 기준법을 통해 청소년 근로자의 노동권을 보호하고 있다. (　　　)

6 근로자는 단결권, 단체 교섭권, 단체 행동권 등의 노동 3권을 보장받는다. (　　　)

7 근로자가 노동조합을 결성할 수 있는 권리를 단체 교섭권이라고 한다. (　　　)

8 부당 노동 행위로 노동권이 침해되었을 때에는 노동 위원회에 구제를 신청할 수 있다. (　　　)

9 원만한 노사 관계를 유지하기 위해 근로자는 노동조합을 가입하지 않는 것이 바람직하다. (　　　)

대단원 종합 문제

▶ 252004-0874

01 빈칸 ㉠에 들어갈 개념에 대한 설명으로 옳은 것은?

> 인간이라면 성별, 인종, 연령, 장애의 유무 등에 관계없이 누구나 자유롭고 평등한 권리를 가지고 인간답게 살 권리인 ┌─ ㉠ ─┐ 을/를 가지고 있다.

① 과거 노예와 농노도 누릴 수 있었다.
② 한 국가의 국민으로서만 가질 수 있다.
③ 세계 인권 선언 발표 이후 보장받게 되었다.
④ 천부 인권으로 인간이 당연히 가지는 권리이다.
⑤ 헌법을 통해 보장되어야 가질 수 있는 권리이다.

▶ 252004-0875

02 인권에 대한 옳은 설명만을 〈보기〉에서 고른 것은?

> **보기**
> ㄱ. 고대부터 모든 사람이 누릴 수 있었다.
> ㄴ. 시민 계급은 절대 군주로부터 보장받고자 하였다.
> ㄷ. 국제 연합은 보편적인 기준을 제시하여 발표하였다.
> ㄹ. 근대에 채택된 세계 인권 선언을 통해 여러 나라에 전파되었다.

① ㄱ, ㄴ   ② ㄱ, ㄷ   ③ ㄴ, ㄷ
④ ㄴ, ㄹ   ⑤ ㄷ, ㄹ

▶ 252004-0876

03 다음 사례에 대한 설명으로 옳지 <u>않은</u> 것은?

> 사고로 장애를 입은 ○○씨는 새로운 직장을 알아보고 있다. 그러나 매번 면접에서 장애를 가졌다는 이유로 퇴짜를 맞았다. 채용 공고에는 장애인 우대라고 쓰여 있지만 실상은 형식적인 공고였다. 심지어 장애인이 어떻게 이 일을 할 수 있겠냐고 묻는 면접관도 있었다고 밝혔다.

① 인권 침해의 사례이다.
② 불합리한 법률이 발생 원인이다.
③ 사회 구성원의 편견에 의해 발생하였다.
④ 국가는 제도적인 해결 방안을 모색해야 한다.
⑤ 사회 구성원의 인권 감수성을 높일 필요가 있다.

▶ 252004-0877

04 인권이 침해된 사례에 해당하지 <u>않은</u> 것은?

① 피부색이 다르다는 이유로 따돌림을 당했다.
② 학교에 장애인을 위한 화장실을 마련하지 않았다.
③ 업무와 관련된 자격증이 없다는 이유로 회사 면접에서 떨어졌다.
④ 자신의 사진이 동의 없이 다른 사람이 볼 수 있는 공간에 올려져 있었다.
⑤ 업무 수행에 지장이 없는 데도 장애인이라는 이유만으로 공무원 시험에 응시할 수 없다는 통보를 받았다.

▶ 252004-0878

05 다음 헌법 조항이 보장하고 있는 기본권에 대한 설명으로 옳은 것은?

> 제12조 ① 모든 국민은 신체의 자유를 가진다.
> 제14조 모든 국민은 거주·이전의 자유를 가진다.
> 제17조 모든 국민은 사생활의 비밀과 자유를 침해받지 아니한다.

① 국가 권력의 간섭을 받지 않을 권리이다.
② 모든 국민이 동등하게 대우받을 권리이다.
③ 모든 기본권이 추구하는 궁극적인 가치이다.
④ 개인의 침해된 기본권을 구제할 수 있는 권리이다.
⑤ 국민이 인간다운 생활을 요구할 수 있는 권리이다.

▶ 252004-0879

06 다음 사례에서 공통적으로 보장하고 있는 기본권으로 옳은 것은?

> • 우리나라는 경제 활동의 능력이 없는 노년층에게 노령 연금을 지급하여 노인의 생활 안정과 삶의 질을 높이기 위해 노력하고 있다.
> • 국가는 국민의 일조권을 보장하기 위해 건축법에서 건물의 높이와 건물 간의 일정 거리 제한을 규정하고 있다.

① 평등권   ② 자유권   ③ 참정권
④ 청구권   ⑤ 사회권

07 ▶ 252004-0880
다음은 학생의 수행 평가지 답안이다. 밑줄 친 ㉠~㉤ 중 옳지 <u>않은</u> 것은?

> ⊙ 기본권 제한의 내용과 범위에 대해 서술하시오.
>
> 우리나라 헌법은 국민의 기본권을 보장하고 있지만 ㉠ 국가 안전 보장, ㉡ 질서 유지, ㉢ 공공복리를 위해 필요한 경우에 한하여 기본권을 ㉣ 국회에서 제정한 법률로써 제한하고 있다. 특히 ㉤ 자유와 권리의 본질적인 내용이더라도 필요에 의해 침해할 수 있다.

① ㉠ ② ㉡ ③ ㉢ ④ ㉣ ⑤ ㉤

08 ▶ 252004-0881
빈칸 (가)에 들어갈 내용으로 가장 적절한 것은?

① 국가 안전 보장을 위해
② 사회 통합 유지를 위해
③ 국가의 경제 발전을 위해
④ 공공의 이익을 추구하기 위해
⑤ 개인의 자유를 최대로 보장하기 위해

09 ▶ 252004-0882
다음 사례에서 A씨의 침해된 권리를 구제할 수 있는 방법으로 가장 적절한 것은?

> 최근 A씨는 장애인용 휠체어를 탔다는 이유로 식당에서 출입을 거부당했다. 당시 식당 주인은 손님이 많은 점심 시간이라 공간이 비좁아 휠체어를 타고서는 들어올 수 없다고 출입을 막아선 것이다. A씨는 식당의 공간이 충분했음에도 불구하고 출입 자체를 거부당해 억울함을 호소하였다.

① 법원에 형사 재판을 신청한다.
② 헌법 재판소에 민원을 제기한다.
③ 언론 중재 위원회에 중재를 요청한다.
④ 국민 권익 위원회에 재판을 신청한다.
⑤ 국가 인권 위원회에 진정서를 제출한다.

[10~11] 다음 글을 읽고 물음에 답하시오.

> 최근 A씨는 집 주변의 재개발 공사로 인해 발생하는 소음과 먼지 때문에 고통을 받고 있다. 몇 개월 동안 지속되는 공사로 인해 정신적 고통이 계속되고 있으며 요즘처럼 무더운 날씨에는 창문까지 열지 못해 고통이 극심하다. A씨는 자신의 기본권인 [㉠]이 침해된 것으로 보고 ㉡ 법원에 구제를 신청하려고 한다.

10 ▶ 252004-0883
빈칸 ㉠에 들어갈 기본권에 대한 설명으로 옳은 것은?

① 국가의 간섭을 받지 않을 권리이다.
② 부당하게 차별받지 않을 권리이다.
③ 국가의 의사 결정에 참여할 권리이다.
④ 공직을 맡을 수 있는 권리가 해당한다.
⑤ 근로의 권리, 교육을 받을 권리가 대표적 예이다.

11 ▶ 252004-0884
밑줄 친 ㉡에 대한 설명으로 옳은 것은?

① 사법권을 행사하여 인권을 구제한다.
② 민원을 통해 국민의 고충을 처리한다.
③ 진정을 처리하여 침해된 권리를 구제한다.
④ 헌법 소원 심판을 통해 국민의 기본권을 보장한다.
⑤ 인권을 침해하는 제도를 조사하여 개선을 권고한다.

12 ▶ 252004-0885
질문에 대한 답변을 옳게 작성한 사람은?

> **Q** 궁금해요
>
> 국민 권익 위원회에 대해 알고 싶어요.
> ↳ 갑: 헌법 소원 심판을 통해 기본권을 보호해요.
> ↳ 을: 법을 적용하여 재판을 하는 국가 기관이에요.
> ↳ 병: 인권을 침해할 소지가 있는 법률을 개정해요.
> ↳ 정: 물건을 구입한 소비자가 입은 피해를 구제해요.
> ↳ 무: 행정 기관의 위법으로부터 국민의 권리를 보호해요.

① 갑 ② 을 ③ 병 ④ 정 ⑤ 무

대단원 종합 문제

▶ 252004-0886

13 다음 내용에 해당하는 제도에 대한 옳은 설명만을 〈보기〉에서 고른 것은?

> 근로자가 받는 임금의 최저 수준을 정하여 근로자의 권리와 최소한의 생활 수준을 보장한다.

보기
ㄱ. 사용자를 보호하기 위한 제도이다.
ㄴ. 법에 명시하여 제도적으로 보장하고 있다.
ㄷ. 근로 조건에 해당하는 최저 임금 제도이다.
ㄹ. 청소년은 최저 임금의 2/3 정도까지 받을 수 있다.

① ㄱ, ㄴ   ② ㄱ, ㄷ   ③ ㄴ, ㄷ
④ ㄴ, ㄹ   ⑤ ㄷ, ㄹ

▶ 252004-0887

14 (가), (나)에 대한 설명으로 옳지 <u>않은</u> 것은?

> (가) 근로자가 사용자와의 협의가 원만하게 이루어지지 않았을 때 쟁의 행위를 할 수 있는 권리
> (나) 근로 조건의 유지 및 개선을 위하여 노동조합과 같은 단체를 만들어 활동할 수 있는 권리

① (가)의 쟁의 행위로는 파업 등이 있다.
② (나)를 통해 근로 조건 개선을 추구한다.
③ (가)는 단체 교섭권, (나)는 단결권이다.
④ (가), (나)는 노동 3권에 속하는 권리이다.
⑤ (가), (나)는 노동자와 사용자와의 관계의 균형을 이루기 위해 필요하다.

▶ 252004-0888

15 밑줄 친 ㉠에 해당하는 사례로 가장 적절한 것은?

> 사용자가 근로자에게 보장되는 노동 3권을 침해하거나 그 행사를 방해하는 것을 ㉠ 부당 노동 행위라고 한다.

① 임금을 제때 주지 않고 있다.
② 육아 휴직을 이유로 해고하였다.
③ 노동조합 결성을 감시하고 방해하였다.
④ 근로 계약서를 서면으로 작성하지 않았다.
⑤ 사전 동의 없이 휴일에 근무할 것을 강요하였다.

▶ 252004-0889

16 다음 사례에 나타난 노동권 침해의 유형만을 〈보기〉에서 고른 것은?

> A는 회사가 비정규 근로자에 대한 차별 행위가 심해지자 노동조합에 가입하고 활동에 적극적으로 가담하였다. 이에 회사는 노동조합에 가입되어 있는 직원에게만 성과급을 지급하지 않고 노동조합 대표는 일방적으로 해고를 통보하였다. 또한 회사는 성과급 미지급에 반발하는 노동조합원에게 승진 대상에서 제외하는 불이익을 주었다.

보기
ㄱ. 부당 해고   ㄴ. 임금 체불
ㄷ. 부당 노동 행위   ㄹ. 근로 계약서 미작성

① ㄱ, ㄴ   ② ㄱ, ㄷ   ③ ㄴ, ㄷ
④ ㄴ, ㄹ   ⑤ ㄷ, ㄹ

▶ 252004-0890

17 그림에 나타난 노동권 침해에 대한 대응 방법으로 가장 적절한 것은?

① 노동 위원회에 구제를 신청한다.
② 헌법 재판소에 민사 소송을 청구한다.
③ 육아를 위해 퇴직 결정을 받아들인다.
④ 휴직이 받아들여질 때까지 출근하지 않는다.
⑤ 국민 권익 위원회를 통해 행정 재판을 신청한다.

▶ 252004-0891

18 노동권 보장을 위한 적절한 방안만을 〈보기〉에서 고른 것은?

보기
ㄱ. 회사의 승낙을 얻어 노동조합에 가입한다.
ㄴ. 노동권을 보호하기 위한 관련법을 정비한다.
ㄷ. 근로자의 권리를 정확하게 이해하도록 한다.
ㄹ. 노동권 침해는 개인의 문제로 국가가 개입해서는 안 된다.

① ㄱ, ㄴ   ② ㄱ, ㄷ   ③ ㄴ, ㄷ
④ ㄴ, ㄹ   ⑤ ㄷ, ㄹ

▶ 252004-0892

01 (1) 빈칸 ㉠에 들어갈 기본권을 쓰고, (2) 빈칸 ㉡에 들어갈 구제 방법을 서술하시오.

군 복무 중인 갑은 최근 군부대 내의 종교 행사에 참석하라는 상사의 명령을 받게 되었다. 상사의 명령을 거부할 수 없었던 갑은 자신의 의지와 관계없이 종교 행사에 참석할 수밖에 없었다. 이후 갑은 상사의 강요로 인해 헌법에서 보장하고 있는 자신의 [㉠]을 침해받았다고 생각하여 여러 기관에 구제를 신청하였다. 하지만 모든 구제 절차를 거쳤는데도 불구하고 침해된 기본권을 되찾지 못하였다. 이 경우 갑은 최후의 수단으로 [㉡]

(1) ㉠ – (   )

(2)

▶ 252004-0893

02 다음은 노동권 침해 구제 기관의 누리집이다. (1) 해당 노동권 구제 기관의 명칭을 쓰고, (2) 그 역할을 두 가지 서술하시오.

기관 소개 구제 신청

노동권이 침해되었다면 도움을 요청하세요.
근로자 여러분과 함께 하겠습니다.

노동권 침해 사례
◎ 노동조합 미가입을 전제로 고용 계약을 맺는 행위
◎ 노동조합에 가입했다는 이유로 불이익을 주는 행위
◎ 노동조합의 정당한 단체 교섭 제안을 거부하는 행위

(1)

(2)

▶ 252004-0894

03 다음 사례에서 침해된 노동권을 구제받기 위한 방법을 두 가지 서술하고, 근로자의 권리 침해 문제를 해결하기 위한 방안을 국가적 측면과 개인적 측면으로 구분하여 300자 이내로 서술하시오.

• ○○시 아파트에 근무하던 경비원 16명 중 8명은 이달 중순 갑작스러운 해고 통보를 받았다. 해당 아파트가 경비원 관리 방식을 바꾸면서 경비원 절반을 해고하기로 결정한 것이다. 관리비를 줄이기 위해 경비원을 줄이겠다는 의견에 대한 주민 동의안을 돌렸고, 주민들 대부분이 동의를 마쳤다. 경비원 근로 환경과 노동권에 대한 개선이 필요하다는 사회적 논의 수준은 아직 부족하다. 여전히 우리 사회에서 경비원들은 갑작스러운 해고 등 고용 불안을 겪고 있다.

• 최근 □□동 아파트의 경비원 32명이 약 1년간 임금 체불에 시달렸다. 입주자 대표 회의가 관리 사무소에 관리비를 주지 않기 시작하면서 경비원들의 월급이 밀리기 시작했다. 결국 경비원들의 노력 끝에 밀린 임금의 일부를 받아냈지만 아직 전체 월급을 받지 못한 상태이다. 경비원들은 이번 임금 체불이 해결되더라도 여전히 이 같은 문제가 반복될 수도 있다는 불안감에 시달리고 있다.

memo

memo

memo

memo

memo

EBS play+

'잠들기 전에'

지식은 루틴이 된다

'식사할 때'

하루 10분
나를 위한 콘텐츠

EBS play+

Knowledge Becomes Routine

'출·퇴근길에'

'커피 한잔할 때'

'산책할 때'

EBS play+
EBS 구독이 후원입니다.
www.ebs.co.kr/package/support

중학 뉴런

중학

뉴런

사회 ①

정답과 해설

I. 세계화 시대, 지리의 힘

01 우리가 살아가는 모자이크 세계

개념 확인 문제 개념책 10쪽

01 (1) 지리적　(2) 상대적(관계적)
02 (1) ○　(2) ×　(3) ○　(4) ○
03 ㄴ, ㄷ
04 (1) ㄱ　(2) ㄹ　(3) ㄴ　(4) ㄷ

실력 쌓기 문제 개념책 10~12쪽

01 ①	**02** ③	**03** ⑤	**04** ⑤	**05** ②
06 ②	**07** ③	**08** ①	**09** ④	**10** ⑤
11 ④	**12** ③	**13** ②		

01

위치에 따라 지역의 특성이 달라지기 때문에 지역의 특성을 파악하려면 그 지역이 어디에 위치해 있는지 알아야 한다. 위치는 다양한 방법으로 표현할 수 있으며, 경도와 위도로 나타내는 위치는 수리적 위치이다.

오답 피하기

ㄷ. 절대적 위치는 어떤 지역의 변하지 않는 고정적인 위치이며, 상대적 위치는 시대나 상황에 따라 달라지는 위치이다.
ㄹ. 대륙, 해양 등의 분포를 이용하여 설명하는 위치는 지리적 위치이다. 상대적 위치는 시대나 상황에 따라 달라지는 위치이다.

02

적도 부근에서 극지방으로 갈수록 기온이 대체로 낮아지며, 저위도에서 고위도로 가면서 열대 기후, 건조 기후, 온대 기후, 냉대 기후, 한대 기후가 나타난다. 이는 지구가 둥글어서 위도에 따라 일사량의 차이가 나기(㉠) 때문이다. 위도가 낮은 적도 부근은 일사량이 많고, 위도가 높은 극지방으로 갈수록 일사량이 줄어든다.

03

위도는 적도로부터 남북으로 얼마나 떨어져 있는지를 나타내는 좌표로 가로선으로 표현되며, 경도는 본초 자오선으로부터 동서로 얼마나 떨어져 있는지를 나타내는 좌표로 세로선으로 표현된다.

오답 피하기

① 경도의 기준은 본초 자오선이며, 적도는 위도의 기준이다.
② 지구는 하루에 한 바퀴씩 자전하기 때문에 경도에 따라 시간대가 달라진다.
③ 지구가 둥글기 때문에 위도에 따라 일사량의 차이가 나며 이에 따라 기후대가 달라진다.
④ 위도는 북위 0°~90°, 남위 0°~90°까지 설정하며, 경도는 동경 0°~180°, 서경 0°~180°까지 설정한다.

04

우리나라는 북위 33°~43°, 동경 124°~132°에 위치한다. 중위도 지역으로 사계절이 뚜렷하게 구분된다. 또한 아시아 대륙의 동쪽에 위치하고, 태평양과 접해 있어 대륙과 해양으로 나아가기에 유리하다.

오답 피하기

① 우리나라는 북반구에 위치하여 1월에는 겨울, 7월에는 여름이 나타난다.
② 우리나라는 태평양과 접해 있으며, 인도양과는 접하고 있지 않다.
③ 우리나라는 북위 33°~43°의 중위도 지역에 위치하여 사계절이 뚜렷하게 구분된다.
④ 우리나라는 아시아 대륙의 동쪽에 위치한다.

05

인도 벵갈루루에서 하던 일을 저녁에 미국 샌프란시스코로 메일로 보내면, 샌프란시스코는 그때가 오전이므로 메일을 받아 업무를 연속해서 처리할 수 있다. 이렇게 두 국가에서 업무를 연속적으로 처리할 수 있는 이유는 두 지역 간 약 12시간 30분의 시차가 나기 때문이다.

06

세계의 기후는 적도에서 고위도로 갈수록 열대 기후, 온대 기후, 냉대 기후, 한대 기후 순으로 나타난다. A는 대체로 고위도 지역이며, 유라시아 대륙과 아메리카 대륙의 북쪽에 넓게 분포하는 냉대 기후이다. B는 대체로 중위도 지역에 넓게 분포하는 온대 기후이고, C는 적도 부근 저위도 지역에 넓게 분포하는 열대 기후이다.

07

지도에 표시된 ㉠ 지역은 남아메리카의 안데스산맥에 위치한 고산 기후 지역이다. 안데스산맥의 고산 기후 지역은 연중 우리나라의 봄과 같이 온화한 기후가 나타나며, 고산 도시가 발달하였다. 또한 기온의 일교차가 커서 주민들은 여러 벌의 옷을 겹쳐 입거나 판초와 같은 옷을 즐겨 입는다. 이 지역에서 이러한 특징이 나타나는 이유는 저위도 지역의 해발 고도가 높은 곳에 위치하기 때문이다.

오답 피하기

① 지도에 표시된 지역은 적도 부근의 저위도에 위치한다.
② 안데스산맥의 고산 기후 지역은 남아메리카에 위치한다.
④ 바다와 가까워 항구 발달에 유리한 지역은 해안 지역이다.
⑤ 지도에 표시된 지역은 일 년 내내 우리나라의 봄과 같은 날씨가 나타나 사계절의 변화가 뚜렷하지 않다.

08

극지방에 가까운 지역으로 가장 따뜻한 달에도 평균 기온이 10℃ 미만이며, 겨울이 길고 추운 지역은 한대 기후 지역이다. 한대 기후 지역은 고위도에 위치하여 오로라를 관측할 수 있으며, 개썰매와 얼음 낚시 등의 관광 상품이 발달한 곳도 있다. 한대 기후에 해당하는 지역은 북극해 주변과 그린란드 등이며, *표시된 지도의 A이다.

오답 피하기
② B는 고위도 지역의 유라시아 대륙과 북부 아메리카 대륙에 주로 분포하는 냉대 기후이다.
③ C는 중위도 지역에 주로 분포하는 온대 기후이다.
④ D는 북부 아프리카와 서남아시아, 오스트레일리아 등에 넓게 분포하는 건조 기후이다.
⑤ E는 적도 부근의 저위도 지역에 주로 분포하는 열대 기후이다.

09

알프스산맥의 중부에 위치하며 국토의 약 70%가 산지로 이루어져 있는 국가는 스위스이다. 스위스는 산지 지역에 위치한 국가로 아름다운 산지, 겨울 스포츠, 전통 음식인 퐁뒤가 유명하다.

10

종교는 인간 활동의 결과로 만들어진 대표적인 인문환경 중 하나이다. 종교는 지역별로 오랫동안 주민들의 일상생활과 밀접한 관련을 맺으며 독특한 인문환경을 형성한다. 지도의 A는 유럽, 아메리카, 오세아니아에 주로 분포하는 크리스트교이다. B는 북부 아프리카와 서남아시아에 주로 분포하는 이슬람교이며, C는 동남아시아의 인도차이나반도와 동아시아에 주로 분포하는 불교이다.

11

그리스는 고대 그리스 문화가 발달하였으며 수도 아테네를 중심으로 고대 유적이 많다. 또한 남부 유럽에 위치하여 지중해성 기후가 나타나는 지역으로 여름철 날씨가 맑아 관광 산업이 발달하였다. 미국의 뉴욕은 금융 및 보험업 등이 발달한 세계 도시이며, 고층 건물이 밀집해 있다.

오답 피하기
ㄱ. 이라크는 서남아시아에 위치한 국가로 건조 기후가 나타나 강수량이 적으며 벼농사에 불리하다.
ㄷ. 베트남은 대체로 열대 기후와 온대 기후가 나타난다. 사막의 모래바람을 피해 길고 헐렁한 옷을 주로 입는 지역은 건조 기후 지역이다.

12

저위도에 위치하여 일 년 내내 고온 다습한 열대 우림 기후가 나타나며, 태평양과 인도양을 연결하는 해상 교통의 요지로 일찍부터 중계 무역이 발달한 지역은 싱가포르이다. 싱가포르는 세계적인 금융 중심지로 성장하였으며, 지역이 개발되기 시작할 때 주변 국가에서 많은 노동자들이 이주하여 다양한 민족, 언어, 종교를 가진 사람들이 어우러져 살고 있다. 지도에서 싱가포르에 해당하는 지역은 C이다.

오답 피하기
① A는 냉대 기후가 나타나는 러시아의 모스크바이다.
② B는 건조 기후가 나타나는 사우디아라비아의 리야드이다.
④ D는 한대 기후가 나타나는 미국 알래스카주(州)의 우트키아빅(배로)이다.
⑤ E는 고산 기후가 나타나는 볼리비아의 라파스이다.

13

지도의 A는 영국, B는 이집트, C는 인도네시아, D는 아르헨티나이다. 영국(A)은 경도의 기준이 되는 본초 자오선이 지난다. 인도네시아(C)는 적도 주변의 열대 기후가 나타나며, 아르헨티나(D)는 중위도의 온대 기후가 나타난다. 따라서 인도네시아(C)는 아르헨티나(D)보다 연평균 기온이 높다.

오답 피하기
ㄴ. 이집트(B)는 건조 기후가 나타나며, 인도네시아(C)는 열대 기후가 나타난다. 따라서 이집트(B)는 인도네시아(C)보다 연 강수량이 적다.
ㄹ. 아르헨티나(D)는 영국(A)보다 산업화가 시작된 시기가 늦다.

서술형 문제

01

답 완성하기　싱가포르는 북위 1°, (동경) 104°에 위치하며, 적도 부근에 위치하여 (열대) 기후가 나타난다. 또한 태평양과 (인도양)을/를 연결하는 교통의 요지에 위치하여 중계 무역이 발달하였다.

02

답 완성하기　지도에 표시된 지역은 겨울이 길고 몹시 추우며 여름이 짧은 (한대) 기후가 나타난다. 이 지역은 추운 날씨로 농사를 짓기 어려워, 주민들은 (순록)을/를 키우며 (유목) 생활을 한다.

03

예시 답안　우리나라는 북위 33°~43°, 동경 124°~132°에 위치하여 사계절이 뚜렷한 냉온대 기후가 나타나며, 영국보다 시간대가 빠르다. 또한 유라시아 대륙의 동쪽에 위치하고 태평양과 접해 있어 대륙과 해양으로 나아가기에 유리하다.

평가 기준	
상	우리나라의 수리적 위치와 지리적 위치를 모두 정확히 쓰고, 이에 따른 지역 특성을 모두 옳게 서술한 경우
중	우리나라의 수리적 위치와 지리적 위치를 모두 정확히 쓰고, 이에 따른 지역 특성을 한 가지만 옳게 서술한 경우
하	우리나라의 수리적 위치와 지리적 위치만 정확히 쓴 경우

04

예시 답안　열대 기후이다. 열대 기후 지역은 일 년 내내 기온이 높고 비가 많이 내려 지면의 열기와 습기, 해충 등을 막기 위해 가옥의 바닥을 지면에서 띄워 짓는다.

평가 기준	
상	기후의 명칭과 가옥의 바닥이 지면에서 띄워 지은 이유를 기후 특징에 맞게 모두 옳게 서술한 경우
중	가옥의 바닥이 지면에서 띄워 지은 이유만 옳게 서술한 경우
하	기후의 명칭만 옳게 쓴 경우

02 네트워크로 연결된 세계
~03 서로 영향을 주고받는 역동적인 세계

개념 확인 문제
개념책 16쪽

01 (1) 확대　(2) 통신　(3) 공간적
02 (1) ○　(2) ○　(3) ×　(4) ○　(5) ○
03 (1) ㄴ　(2) ㄷ　(3) ㄱ

실력 쌓기 문제
개념책 16~18쪽

01 ③	**02** ②	**03** ⑤	**04** ②	**05** ③
06 ③	**07** ③	**08** ②	**09** ⑤	**10** ④
11 ⑤	**12** ②	**13** ④		

01

여러 장소나 지역 간에 사람, 물자, 정보 등이 이동할 때 공간적 상호 작용이 일어나며, 교통과 통신이 발달하면서 사람, 물자, 정보의 이동 시 시공간적 제약이 약화되고 장소 간 이동에 필요한 시간이 줄어들어 공간적 상호 작용이 활발하게 나타난다. 즉 지역 간 사람과 물자 이동량이 증가하고, 다양한 정보 획득에 대한 접근성이 높아진다. 또한 경제 및 여가 활동의 시간 거리가 단축되고 활동 범위가 확대된다.

02

세계 해저 인터넷 연결망 자료를 통해 세계 각 지역이 해저 케이블로 연결되어 있어 인터넷을 통해 정보가 자유롭게 오고 갈 수 있음을 알 수 있다. 이를 통해 학습할 수 있는 주제로 가장 적절한 것은 '세계 여러 지역 간 공간적 상호 작용'이다.

03

네트워크 형성에 따라 여러 장소나 지역 간 사람, 물자, 정보가 이동하는 공간적 상호 작용이 나타난다. 기업은 네트워크를 통해 여러 국가에서 상품을 생산 및 판매하며, 소비자는 다양한 국가에서 생산된 상품을 구매할 수 있다. 또한 항공 네트워크를 통해 세계가 연결되어 있으며, 사회 관계망 서비스(SNS)를 통해 다양한 문화가 서로 교류한다. 각 정부가 자국의 실정에 맞는 복지 제도를 만드는 것은 네트워크 형성에 따른 공간적 상호 작용의 모습으로 보기 어렵다.

04

세계의 공간적 상호 작용의 사례로 세계 항공 노선이 네트워크를 형성하여 사람과 물자가 교류하는 것, 초국적 기업의 제품이 여러 국가나 지역에서 생산되고 세계 여러 나라로 유통되는 것 등을 들 수 있다.

오답 피하기
ㄴ. 지진은 주로 판의 경계 부근에서 발생하는데, 세계 지진 발생 지점의 분포는 세계의 공간적 상호 작용 사례로 보기 어렵다.
ㄹ. 중국과 몽골의 내륙 지역에서 발생한 황사는 편서풍을 타고 서쪽에서 동쪽으로 이동한다. 이러한 황사의 이동 경로는 세계의 공간적 상호 작용 사례로 보기 어렵다.

05

주어진 자료를 보면 자동차의 유리는 프랑스, 에어백은 이탈리아, 타이어는 대한민국, 운전대와 반도체는 미국 등 많은 국가의 부품이 모여 자동차가 생산됨을 알 수 있다. 이를 통해 경제 분야에서 지역 간 상호 연계성이 높게 나타남을 알 수 있다.

06

카카오는 열대 기후 지역에서 주로 재배되며, 세계적인 카카오 생산국인 (가)에는 열대 기후가 나타나는 국가들이 포함될 수 있다. 반면 카카오를 가공하여 생산된 초콜릿은 주로 선진국에서 소비된다. 따라서 (나)에는 경제 발달 수준이 높은 국가들이 들어갈 수 있다. 카카오의 생산 과정에서 넓은 면적의 열대림이 파괴되고 있으며, 초콜릿 소비로 열대림 파괴가 심화될 수 있음을 알 수 있다.

오답 피하기
ㄱ. (가)에는 열대 기후가 나타나는 코트디부아르, 가나 등이 포함된다.
ㄹ. 카카오의 주요 생산국은 아프리카에 위치한 국가이며, 카카오의 주요 소비국은 유럽이나 앵글로아메리카 등에 위치한 선진국이다. 따라서 카카오의 주요 생산국과 주요 소비국은 대체로 일치하지 않는다.

07

그래프를 통해 우리나라의 연도별 해외 직접 구매액과 구매 건수가 지속적으로 증가하고 있음을 알 수 있다. 이러한 추세가 나타난 원인은 정보 통신 기술이 발달하여 제품 구매의 시공간적 제약이 작아졌으며, 국제 운송 수단의 발달로 구매한 제품을 배송 받기 용이해졌기 때문이다.

08

교통·통신의 발달로 국가 간 상호 의존성이 높아지고 국제 사회가 국경을 초월하여 하나의 지구촌으로 통합되는 과정을 세계화라고 한다. 세계화로 개인의 활동 범위는 넓어지고, 국가 간 경제 교류는 증가하였다.

① 산업화는 생산 활동이 기계화되고 분업화되면서 전체 산업에서 공업이 차지하는 비율이 높아지는 현상을 말한다.
③ 지역화는 각 지역이 고유성을 살려 세계적 차원에서 고유한 가치를 지니게 되는 현상을 말한다.
④ 현지화는 외부의 기업이나 사람이 특정 지역의 고유한 문화, 생활양식, 기호 등에 맞게 제품을 생산하거나 살아가는 것을 의미한다.
⑤ 문화의 획일화는 특정 지역의 문화가 세계적으로 보편화되고 각 지역의 전통문화가 사라져 전 세계의 문화가 비슷해지고 문화적 다양성이 실현되지 못하게 되는 현상을 말한다.

09

문화의 세계화로 한 지역에서도 국경을 초월한 다양한 문화를 경험할 수 있게 되었다. 세계 각국의 다양한 음식, 스포츠, 음악, 영화 등을 일상에서 쉽게 즐길 수 있게 되었고, 문화 간 접촉으로 새로운 문화가 만들어지기도 하면서 우리의 삶도 더욱 풍요로워졌다. 그러나 세계 문화가 보편화되면서 각 지역의 전통문화가 소멸되고 전 세계의 문화가 비슷해지는 문제가 발생하기도 한다.

ㄱ. 세계화로 문화의 획일화 현상이 나타날 우려가 있다.
ㄴ. 문화의 세계화로 문화 전파 속도는 더욱 빨라지고 있다.

10

세계화(⊙)로 국경에 따른 제약이 작아졌다. 이로 인해 상품, 서비스, 자본 등의 교류가 활발해지고 전 세계가 하나의 시장을 형성하는 경제의 세계화(ⓒ)가 나타났다. 또한 세계 각국의 다양한 음식, 스포츠, 영화 등을 일상에서 즐길 수 있는 문화의 세계화(ⓒ)도 함께 나타났다. 이에 따른 부작용(ⓔ)의 예로 문화의 획일화 등을 들 수 있으며, 소비자가 다양한 상품을 쉽게 구입할 수 있게 된 것은 세계화의 긍정적 영향으로 볼 수 있다. 해당 지역의 고유성을 살리고 세계적 차원에서 고유한 가치를 지니도록 하는 전략(ⓜ)은 지역화 전략이다.

11

특정 지역의 지리적 특성을 반영한 상품이 그 지역에서 생산, 제조, 가공한 것임을 증명하고 표시하는 제도인 (가)는 지리적 표시제이다. 지리적 표시제의 사례로는 이탈리아의 부팔라 캄파냐 모차렐라 치즈, 인도의 다르질링 차 등이 있다. 지역의 상품과 서비스에 그 지역의 이미지를 결합하여 지역 그 자체를 하나의 브랜드로 인식되도록 만드는 (나)는 지역 브랜드화이다. 지역 브랜드화의 사례로는 네덜란드 암스테르담의 'I amsterdam', 미국 뉴욕의 'I♥NY' 등이 있다.

장소 마케팅은 지역 축제 등을 통해 해당 장소나 지역을 상품으로 인식하고 사람들이 선호할 수 있도록 지역 가치를 높이는 홍보 전략을 말한다.

12

제시된 사진은 초국적 기업의 현지화 전략으로 각 국가의 고유한 문화, 기호, 생활양식의 특성을 반영하여 만든 햄버거를 보여준다. 소시지 버거는 소시지로 유명한 독일, 케밥 버거는 케밥으로 유명한 튀르키예, 쌀밥 버거는 벼농사가 활발한 필리핀에 맞게 만든 햄버거이다. 따라서 (가)는 독일, (나)는 튀르키예, (다)는 필리핀이다.

13

이탈리아의 오르비에토에서 시작된 슬로시티 운동이 우리나라를 비롯한 전 세계로 전파된 것과 브라질 쿠리치바의 친환경적인 교통 정책이 우리나라와 여러 국가에 전파된 것이 사례로 제시되었다. 이는 모두 지역 문제를 해결하기 위해 노력한 지역의 변화가 세계에 영향을 미친 사례에 해당한다.

서술형 문제

개념책 19쪽

01

  항공 노선의 증가로 다른 지역으로 이동할 때 공간적 제약이 (감소)하였고, 지역 간 이동 시 접근성이 (증가)하였다. 이러한 교통 발달로 지역 간 상호 작용이 (증가)하였다.

02

  (1) ⊙ - (지역화)

(2) 지역의 경쟁력을 높이기 위한 지역화 전략으로 장소 마케팅, (지역 브랜드화), (지리적 표시제) 등이 있다.

03

  경제활동 및 정보 획득의 접근성이 높아지고 시공간적 제약이 감소하였다. 이를 통해 지역 간 상호 작용이 증가하였다.

평가 기준	
상	교통 네트워크와 통신 네트워크가 지역 간 상호 작용에 미친 영향 두 가지를 모두 옳게 서술한 경우
하	교통 네트워크와 통신 네트워크가 지역 간 상호 작용에 미친 영향을 한 가지만 모두 옳게 서술한 경우

04

예시 답안 (1) ㉠ - (세계화)
(2) 지역의 고유 문화가 사라지고 문화의 획일화 현상이 나타날 수 있다.

평가 기준	
상	세계화라는 용어를 정확히 쓰고, 문화의 세계화에 따른 부정적 영향을 옳게 서술한 경우
중	문화의 세계화에 따른 부정적 영향만을 옳게 서술한 경우
하	세계화의 용어만 옳게 쓴 경우

대단원 마무리 문제

개념책 21~23쪽

01 ②	02 ②	03 해설 참조	04 ③
05 ①	06 ④	07 ③	08 ④	09 ②
10 해설 참조	11 ③	12 ②	13 ④

01

위치에 따라 지역의 특성이 달라지기 때문에 지역의 특성을 파악하려면 그 지역이 어디에 위치해 있는지 알아야 한다. 위치는 다양한 방법으로 표현할 수 있으며, 경도와 위도로 나타내는 위치는 수리적 위치이다. 수리적 위치와 지리적 위치는 모두 절대적 위치에 속한다.

오답 피하기
① 위도에 따라 기후대가 달라진다. 시간대를 달라지게 하는 것은 경도이다.
③ 대륙, 해양 등으로 설명하는 위치는 지리적 위치이다.
④ 상대적 위치는 시대나 상황에 따라 달라지는 위치이다. 어떤 지역의 변하지 않는 고정적인 위치는 절대적 위치이다.
⑤ 주변 국가와의 관계로 설명하며 상황에 따라 변하는 위치는 상대적 위치이다.

02

고위도(A)에서 적도 주변(B)으로 갈수록 같은 면적당 받는 일사량이 많아진다. 따라서 고위도에서 저위도로 갈수록 냉대 기후, 온대 기후, 열대 기후가 차례로 나타난다.

03

예시 답안 A는 북반구, B는 남반구에 위치하여 두 지역 간 계절이 정반대이기 때문이다.

평가 기준	
상	A와 B의 위치를 명확히 쓰고, 계절이 반대임을 옳게 서술한 경우
하	A와 B의 위치만 명확히 쓴 경우

04

지도의 A는 북극해 주변에서 주로 나타나는 한대 기후이며, B는 고위도의 유라시아 대륙과 북부 아메리카에 넓게 분포하는 냉대 기후이다. C는 중위도 지역에서 주로 나타나는 온대 기후, D는 북부 아프리카와 서남아시아, 오세아니아 등지에 넓게 분포하는 건조 기후이다. E는 적도 부근의 저위도 지역에서 주로 나타나는 열대 기후이다. 온대 기후(C)는 사계절이 뚜렷하고 기온이 대체로 온화하다.

오답 피하기
① 연 강수량보다 연 증발량이 많은 기후는 건조 기후(D)이다.
② 일 년 내내 기온이 높고 연 강수량이 많은 기후는 열대 기후(E)이다.
④ 가장 따뜻한 달의 평균 기온이 10℃ 미만인 기후는 한대 기후(A)이다.
⑤ 겨울이 길고 침엽수림이 넓게 분포하는 기후는 냉대 기후(B)이다.

05

사진의 (가)는 순록을 키우며 이동 생활을 하는 한대 기후 지역이며, (나)는 오아시스를 중심으로 마을이 만들어지는 건조 기후 지역이다. 지도의 A는 한대 기후, B는 건조 기후, C는 열대 기후가 나타나는 지역이다. 따라서 (가)는 A, (나)는 B이다.

06

아프리카 북동부에 위치하여 건조 기후가 주로 나타나며, 고대 문명의 발상지로 피라미드와 스핑크스 등 많은 고대 유적지가 있는 (가)는 이집트이다. 이집트는 나일강이 국토를 가로지르며, 주민 대부분이 이슬람교를 신봉한다.
유럽의 서부에 위치하여 온대 기후가 주로 나타나며, 수도가 런던인 (나)는 영국이다. 영국은 주민 대부분이 크리스트교를 신봉하며, 근대 산업 혁명의 발상지로 제조업과 서비스업이 발달하였다.

07

지도를 보면 1935년에 비해 2018년 세계의 항공 노선이 크게 증가하였음을 알 수 있다. 이러한 교통의 발달 및 교통 네트워크의 형성으로 시공간의 압축이 나타났으며 지역 간 교류는 증가하였다.

오답 피하기
① 교통의 발달로 개인의 여가 활동 범위가 확대되었다.
② 교통의 발달로 경제활동의 공간적 제약이 완화되었다.
④ 교통 네트워크의 형성으로 국지적 수준에서 전 지구적 수준에 이르기까지 다양한 공간 스케일에서 공간적 상호 작용이 나타난다.
⑤ 교통의 발달로 다른 지역의 정보 획득에 대한 접근성이 높아졌다.

08

영국에 본사가 있는 기업에서 디자인한 티셔츠가 인도, 방글라데시, 튀르키예 등에서 생산되고 전 세계로 수출되는 사례를 통해 지역 간 네트워크와 공간적 상호 작용에 대해 학습할 수 있다.

09

세계가 국경을 넘어 하나로 통합되고 지역 간 상호 의존성이 커지는 세계화로 인해 초국적 기업의 영향력이 커졌으며 상품이나 자본의 교류가 활발해졌다.

오답 피하기

ㄴ. 세계화로 국경의 의미와 제약은 약화되었다.
ㄹ. 세계화로 전염병의 전파 및 유행 속도가 빨라졌다.

10

예시 답안 지역의 전통문화가 사라지고 문화의 획일화 현상이 나타날 우려가 있다.

평가 기준	
상	문화의 획일화에 따른 전통문화 쇠퇴에 대해 옳게 서술한 경우
하	전통문화 쇠퇴만 서술한 경우

11

각 지역이 지역의 고유성을 살리고 성장 잠재력을 길러 세계적 차원에서 고유한 가치를 지니게 되는 현상을 지역화라고 한다.

오답 피하기

① 산업화는 생산 활동이 기계화되고 분업화되면서 전체 산업에서 공업이 차지하는 비율이 높아지는 현상을 말한다.
② 세계화는 세계가 국경을 넘어 하나로 통합되고 지역 간 상호 의존성이 커지게 되는 현상을 말한다.
④ 현지화는 외부의 기업이나 사람이 특정 지역의 고유한 문화, 생활양식, 기호에 맞게 제품을 생산하거나 살아가는 것을 의미한다.
⑤ 문화의 획일화는 특정 지역의 문화가 세계적으로 보편화되고 각 지역의 전통문화가 사라져 전 세계의 문화가 비슷해지고 문화적 다양성이 실현되지 못하게 되는 현상을 말한다.

12

지도에 표시된 프랑스의 카망베르 드 노르망디 치즈, 에스파냐의 아세이테 델 바호 아라곤 올리브유, 인도의 다르질링 차, 미국의 아이다호 감자, 콜롬비아의 콜롬비아 커피는 모두 지리적 특성이 반영된 우수한 특산물을 생산·판매하고 이를 상품으로 표시할 수 있도록 하는 지리적 표시제(㉠)의 사례이다.

13

유럽의 크리스트교 문화와 아프리카 전통문화가 결합해 만들어진 리우 카니발이 개최되는 ㉠은 브라질이다. 세계 최대 규모의 맥주 축제인 옥토버페스트가 개최되는 ㉡은 독일이다.

01

세계에서 가장 높은 에베레스트산이 위치하며 높은 산지에 사는 야크가 화폐에 표현되어 있는 (가)는 네팔이다. 고대 잉카 문명의 유적지가 있으며 해발 고도가 높아 열대 고산 기후가 나타나는 (나)는 페루이다. 지도의 A는 이집트, B는 네팔, C는 페루이다. 따라서 (가)는 B, (나)는 C이다.

오답 피하기

①, ②, ③, ⑤ 자료에서 설명하는 (가)의 네팔(B), (나)의 페루(C)는 모두 산지가 발달한 국가이며, 이집트(A)는 사막 기후 지역에 위치한다.

02

세계 경제가 하나의 단일 시장이 되는 경제의 세계화(㉡)로 초국적 기업의 제품 생산 과정에서 공간적 분업이 활발해졌으며, 지역성이 지역의 수준을 넘어 세계적 가치를 지니게 되는 지역화(㉣) 전략으로는 지역 브랜드화, 장소 마케팅, 지리적 표시제 등이 있다.

오답 피하기

ㄱ. 교통과 통신의 발달(㉠)로 경제활동의 시공간적 제약이 작아졌다.
ㄷ. 전 세계의 다양한 문화가 서로 활발하게 교류(㉢)하는 것은 문화의 세계화라 한다.

Ⅱ. 아시아

01 아시아의 여러 국가와 자연환경

개념 확인 문제

개념책 30쪽

01 ㄴ, ㄷ, ㅂ
02 (1) ㄱ (2) ㄹ (3) ㄴ
03 (1) 히말라야산맥 (2) 화산 (3) 벼(쌀)
04 (1) × (2) ○ (3) ×

실력 쌓기 문제

개념책 30~32쪽

01 ③	**02** ①	**03** ③	**04** ③	**05** ②
06 ①	**07** ⑤	**08** ②	**09** ③	**10** ①
11 ⑤	**12** ①	**13** ②		

01

아시아는 유라시아 대륙에 속하며 우랄산맥을 경계로 우랄산맥의 동쪽에 위치한다. 아시아는 남쪽으로 인도양, 동쪽으로 태평양과 접하고 있다.

오답 피하기

ㄱ. 아시아는 유럽의 동쪽에 위치한다.
ㄹ. 아시아의 북쪽에는 북극해가 위치한다.

02

지도의 A는 서남아시아, B는 중앙아시아, C는 남부 아시아, D는 동아시아, E는 동남아시아이다. 서남아시아에는 사우디아라비아, 이란, 이라크, 카타르, 아랍 에미리트 등 이슬람교를 믿는 국가들이 많다.

오답 피하기

② 중앙아시아(B)는 주로 건조 기후가 나타난다.
③ 젓가락을 사용하는 문화가 발달한 지역은 동아시아(D)이다.
④ 국가명이 '스탄'으로 끝나는 국가가 많은 지역은 중앙아시아(B)이다. 중앙아시아에는 카자흐스탄, 우즈베키스탄, 키르기스스탄, 투르크메니스탄, 타지키스탄 등이 위치한다.
⑤ 동남아시아(E)에는 타이, 베트남, 미얀마, 필리핀, 인도네시아 등이 있다. 인도와 네팔은 남부 아시아(C)에 위치한다.

03

아시아의 인도차이나반도 동쪽에 위치하며 수도가 하노이인 국가는 베트남이다. 베트남에는 석회암으로 이루어진 섬과 석회 동굴이 아름다운 할롱 베이, 미케 해변으로 유명한 다낭 등 주요 관광지가 있다.

오답 피하기

① 일본은 네 개의 큰 섬으로 이루어진 섬나라이며, 수도는 도쿄이다.
② 미얀마는 인도차이나반도 서쪽에 위치한 국가이며, 수도는 네피도이다.

④ 필리핀은 동남아시아에 위치한 섬나라이며, 수도는 마닐라이다.
⑤ 인도네시아는 동남아시아에 위치한 섬나라이며, 가장 인구 규모가 큰 도시는 자카르타이다.

04

지도에서 서남아시아에 위치하며 이라크, 아프가니스탄, 파키스탄 등과 국경을 접하고 있는 A는 이란이다. 동아시아에 위치하며 북쪽으로 러시아, 남쪽으로 중국과 국경을 접하고 있는 내륙국인 B는 몽골이다. 동아시아에 위치하며 네 개의 큰 섬으로 이루어진 C는 일본이다.

05

지도의 A는 아랍 에미리트의 두바이, B는 인도의 뉴델리, C는 타이의 방콕이다. 지도에 표시된 세 도시 중 석유 수출을 통해 얻은 이익으로 사막 지역을 개발하여 관광 산업과 금융 산업이 발달한 도시(㉠)는 아랍 에미리트의 두바이(A)이다. 타이의 수도이며, 화려한 불교 사원과 왕궁 등의 볼거리가 풍부한 도시(㉡)는 타이의 방콕(C)이다.

06

세계적 영향력을 지닌 금융 도시이며, 기업과 상점이 밀집하여 유동 인구가 많은 신주쿠 지역이 유명한 도시는 도쿄이다. 도쿄는 네 개의 큰 섬으로 이루어진 일본의 수도이다.

오답 피하기

② 뉴델리는 인도의 수도이다.
③ 리야드는 사우디아라비아의 수도이다.
④ 마닐라는 필리핀의 수도이다.
⑤ 베이징은 중국의 수도이다.

07

지도의 A는 사우디아라비아, B는 이란, C는 몽골, D는 타이, E는 필리핀이다. 사우디아라비아(A)와 이란(B)은 서남아시아에 속하고, 몽골(C)은 동아시아에 속한다. 타이(D)와 필리핀(E)은 동남아시아에 속한다.

오답 피하기

① A는 사우디아라비아이다.
② 이란(B)의 수도는 테헤란이다. 리야드가 수도인 국가는 사우디아라비아이다.
③ 몽골(C)에는 고비 사막이 있다. 룹알할리 사막은 서남아시아의 아라비아반도에 위치한다.
④ 타이(D)는 국토 대부분이 열대 기후에 속한다.

08

아시아에는 산지, 평야, 사막 등 지역에 따라 다양한 지형이 나타난다. 특히 일본, 필리핀, 인도네시아의 일부는 환태평양 조산대에 위치하여 화산 지형이 발달하였다. 또한 메콩강과 창장강, 갠지스강 하류에는 평야가 넓게 펼쳐져 있어 벼농사가 활발히 이루어진다.

ㄴ. 고비 사막은 몽골과 그 주변에 위치한다. 인도차이나반도에서는 대체로 열대 기후가 나타난다.

ㄹ. 아라비아반도에는 룹알할리 사막이 발달하였다. 시짱(티베트)고원은 중국 서부에 위치한다.

09

세계에서 가장 높은 에베레스트산을 비롯하여 해발 고도 8,000m 이상의 산들이 모여 있는 ㉠은 히말라야산맥이다. 히말라야산맥은 두 개의 판이 충돌하여 형성되었으며, 중국과 인도의 경계를 이룬다.

10

하류에서 벼농사가 주로 이루어지며, 중국에서 발원하여 베트남으로 흘러가는 하천은 메콩강이다.

② 황허강은 중국을 흐르는 하천이며, 고대 문명의 발상지가 위치한다.

③ 갠지스강은 인도와 방글라데시를 거쳐 인도반도의 동쪽으로 흘러가는 하천이다.

④ 인더스강은 인도반도의 서쪽으로 흘러가는 하천으로, 고대 문명의 발상지가 위치한다.

⑤ 티그리스·유프라테스강은 서남아시아의 주요 하천으로, 고대 문명의 발상지가 위치한다.

11

지도의 A는 건조 기후가 나타나는 사우디아라비아의 리야드, B는 냉대 기후가 나타나는 러시아의 이르쿠츠크이다. C는 온대 기후가 나타나는 우리나라의 서울이며, D는 열대 기후가 나타나는 말레이시아의 쿠알라룸푸르이다. 열대 기후가 나타나는 말레이시아의 쿠알라룸푸르(D)는 일 년 내내 무더운 날씨가 나타나 네 지역 중 기온의 연교차가 가장 작다.

① 건조 기후가 나타나는 사우디아라비아의 리야드(A)는 연 강수량이 연 증발량보다 적다.

② 우리나라의 서울(C)은 여름에 고온 다습한 기후가 나타난다.

③ 냉대 기후가 나타나는 러시아의 이르쿠츠크(B)는 온대 기후가 나타나는 우리나라의 서울(C)보다 겨울 평균 기온이 낮다.

④ 우리나라의 서울(C)은 말레이시아의 쿠알라룸푸르(D)보다 1월 강수량이 적다.

12

지도의 A는 건조 기후가 나타나는 몽골의 울란바토르, B는 온대 기후가 나타나는 중국의 상하이, C는 열대 기후가 나타나는 타이의 푸껫이다. 기후 그래프에서 (가)는 세 지역 중 연 강수량이 가장 적으므로 건조 기후가 나타나는 몽골의 울란바토르(A)이다. (다)는 세 지역 중 일 년 내내 기온이 높으며 연 강수량이 많으므로 열대 기후가 나타나는 타이의 푸껫(C)이다. 나머지 (나)는 온대 기후가 나타나는 중국의 상하이(B)이다.

13

(가)는 지붕이 가파른 고상 가옥이 나타나는 열대 기후 지역이며, (나)는 가옥의 해체와 설치가 용이한 이동식 가옥인 게르가 나타나는 건조 기후 지역이다. 열대 기후 지역에는 열대림이 분포하며, 건조 기후 지역보다 연 강수량이 많다.

ㄴ. 건조 기후 지역은 연 강수량이 적어 벼농사 짓기에 불리하다.

ㄹ. 건조 기후 지역은 열대 기후 지역보다 1월 평균 기온이 낮다.

서술형 문제

01

답 완성하기 A 국가는 (타이)이며, 수도는 (방콕)이다. 이 국가는 적도 주변에 위치하여 대체로 (열대) 기후가 나타난다.

02

답 완성하기 A 산맥은 (히말라야산맥)(으)로 세계에서 가장 높은 산맥이다. B 하천은 (갠지스강)(으)로 하류에 넓은 평야가 발달하여 (벼)농사가 주로 행해진다.

03

예시 답안 A는 서남아시아이며, 사우디아라비아, 이라크 등이 이에 속한다. 서남아시아는 주로 건조 기후가 나타나 사막이 넓게 분포하며, 주민들은 주로 이슬람교를 믿는다.

평가 기준	
상	서남아시아의 명칭과 이에 속한 국가 두 개국을 모두 정확히 쓰고, 이 지역의 기후와 종교 특징을 모두 옳게 서술한 경우
중	서남아시아의 명칭과 이에 속한 국가 두 개국만을 모두 정확히 쓴 경우
하	서남아시아의 명칭만 정확히 쓴 경우

04

예시 답안 지도의 A는 건조 기후, B는 열대 기후이다. 건조 기후는 연 증발량이 연 강수량보다 많아 사막이 넓게 나타난다. 열대 기후는 일 년 내내 기온이 높으며 연 강수량이 많다.

평가 기준	
상	두 기후의 명칭과 기후 특징을 모두 옳게 서술한 경우
중	두 기후의 특징만 옳게 서술한 경우
하	두 기후의 명칭만 옳게 쓴 경우

02 아시아의 종교와 문화 다양성

01

아시아에는 국경과 민족을 초월하여 세계 여러 지역에 널리 퍼져 있는 보편 종교인 이슬람교, 불교, 크리스트교가 분포하며, 일부 민족을 중심으로 신봉하는 민족 종교인 힌두교, 유대교 등도 분포한다.

오답 피하기

ㄱ. 불교와 힌두교는 모두 남부 아시아에서 기원하였다.

ㄴ. 이슬람교와 크리스트교는 모두 서남아시아에서 기원하였다.

02

주민들이 갠지스강에서 목욕을 하는 의식을 통해 죄를 씻고 영혼을 정화하는 것은 힌두교와 관련된 종교 경관이다.

03

아시아에서 힌두교 다음으로 종교 신자 수가 많은 (가)는 이슬람교이며, 그리고 네 번째로 종교 신자 수가 많은 (나)는 크리스트교이다. 이슬람교는 알라를 유일신으로 섬기고 쿠란의 가르침을 중시하는 종교이다.

오답 피하기

① 예수를 구원자로 믿는 종교는 크리스트교이다.

③ 쿠란의 가르침을 중시하는 종교는 이슬람교이다.

④ 깨달음을 중시하고 자비와 평등을 실천하는 종교는 불교이다.

⑤ 이슬람교와 크리스트교는 모두 하나의 신을 섬기는 유일신교이다.

04

(가)는 사원에서 둥근 돔과 뾰족한 탑, 아라베스크 문양을 볼 수 있는 이슬람교이며, (나)는 사원에서 십자가와 종탑을 볼 수 있는 크리스트교이다.

05

이란에서 개최되며 라마단이 끝난 후 진행되는 이드 알피트르는 이슬람교(㉠)의 축제이다. 스리랑카에서 개최되며 부처의 치아 사리를 모시는 행사가 진행되는 페라헤라는 불교(㉡)의 축제이다. 이슬람교 사원에서는 둥근 돔과 첨탑을 볼 수 있다.

오답 피하기

① 명상과 수행을 통한 깨달음을 중시하는 종교는 불교(㉡)이다.

③ 신자들이 강가에서 목욕을 하며 자신의 죄를 씻는 종교는 힌두교이다.

④ 신자들이 신앙 고백, 기도, 성지 순례 등의 의무를 따르는 종교는 이슬람교이다.

⑤ 이슬람교(㉠)는 서남아시아, 불교(㉡)는 남부 아시아에서 기원하였다.

06

서남아시아, 중앙아시아, 동남아시아의 섬 국가들에 주로 분포하는 A는 이슬람교, 남부아시아의 인도반도에 주로 분포하는 B는 힌두교이다. 동남아시아의 인도차이나반도에 주로 분포하는 C는 불교, 필리핀에 주로 분포하는 D는 크리스트교이다. 이슬람교(A) 주민들은 하루에 다섯 번 메카를 향해 기도하며, 힌두교(B) 주민들은 소를 신성시하여 소고기를 먹지 않는다.

오답 피하기

ㄷ. 십자가를 세운 교회나 성당에 모여 기도하는 종교는 크리스트교(D)이다.

ㄹ. 돼지를 금기시하여 돼지고기를 먹지 않는 종교는 이슬람교(A)이다.

07

국가 내에서 불교를 믿는 주민 비율이 가장 높은 (가)는 타이이며, 국가 내에서 이슬람교를 믿는 주민 비율이 가장 높은 (나)는 인도네시아이다.

08

세계에서 힌두교 신자 수가 가장 많은 ㉠ 국가는 인도이다. 인도의 스리미낙시 사원은 힌두교 사원으로 다양한 신들의 모습을 표현한 조각상과 그림을 볼 수 있다.

오답 피하기

② 필리핀은 국가 내에서 크리스트교 신자 수가 가장 많다.

③ 캄보디아는 국가 내에서 불교 신자 수가 가장 많다.

④ 인도네시아는 세계에서 이슬람교 신자 수가 가장 많은 국가이다.

⑤ 사우디아라비아는 국가 내에서 이슬람교 신자 수가 가장 많다.

09

대부분의 사람들이 불교를 믿는 미얀마에서 정부가 이슬람교를 믿는 로힝야족을 탄압하여 갈등이 발생하는 지역은 미얀마의 라카인주(D)이다.

오답 피하기

① A는 이슬람교와 유대교 간의 갈등이 나타나는 이스라엘–팔레스타인 지역이다.

② B는 이슬람교와 힌두교 간의 갈등이 나타나는 카슈미르 지역이다.

③ C는 힌두교와 불교 간의 갈등이 나타나는 스리랑카이다.

⑤ E는 크리스트교와 이슬람교 간 갈등이 나타나는 필리핀의 민다나오섬이다.

10

팔레스타인 주민이 주로 믿는 ㉠은 이슬람교이며, 유대인이 주로 믿는 ㉡은 유대교이다. 이스라엘-팔레스타인은 이슬람교(㉠)를 믿는 아랍인과 유대교(㉡)를 믿는 유대인 간의 갈등 및 분쟁이 나타나는 지역이다.

11

주민들이 주로 이슬람교를 믿는 파키스탄과 주로 힌두교를 믿는 인도 간에 영토를 둘러싼 종교 분쟁이 나타나는 ㉠은 카슈미르이다.

오답 피하기
① 라카인주는 불교를 주로 믿는 미얀마 정부가 이슬람교를 주로 믿는 로힝야족을 탄압하여 갈등이 발생하는 지역이다.
② 스리랑카는 불교를 주로 믿는 신할리즈족과 힌두교를 주로 믿는 타밀족 간 갈등이 발생하는 지역이다.
④ 필리핀 내에 크리스트교를 주로 믿는 주민들과 이슬람교를 믿는 주민들이 주로 거주하여 갈등이 발생하는 지역은 필리핀의 민다나오섬이다.
⑤ 팔레스타인은 이슬람교를 믿는 팔레스타인 주민들과 유대교를 믿는 이스라엘 주민들 간 갈등이 발생하는 지역이다.

12

말레이시아는 종교의 자유를 헌법에 명시하고 있으며, 한 도시 내에 이슬람 모스크, 불교 사원, 크리스트교 성당과 교회, 힌두교 사원이 공존한다. 이를 통해 다양한 종교의 공존을 위한 노력이 이어지고 있으며, 문화 상대주의의 관점에서 종교 정책을 시행하고 있음을 알 수 있다.

오답 피하기
ㄱ. 말레이시아는 여러 종교가 공존하고 있다.
ㄷ. 이슬람교와 크리스트교는 모두 하나의 신만을 섬기는 유일신교이다.

13

다양한 종교를 믿고 있으며 불교, 크리스트교, 이슬람교, 힌두교 등 다양한 종교의 기념일을 법정 공휴일로 지정한 ㉠은 싱가포르이다.

서술형 문제

개념책 39쪽

01

답 완성하기　(1) A - (이슬람교), B - (힌두교)
(2) A를 믿는 주민들은 (돼지)을/를 불결하게 여겨 그 고기를 먹지 않으며, B를 믿는 주민들은 (소)을/를 신성시하여 그 고기를 먹지 않는다.

02

답 완성하기　지도에 표시된 지역에서는 (유대교)를 믿는 이스라엘 민족과 (이슬람교)를 믿는 (팔레스타인) 민족 간의 갈등과 분쟁이 나타나고 있다.

03

예시 답안　(1) (가) - 이슬람교, (나) - 불교
(2) 이슬람교 사원에서는 둥근 돔과 뾰족한 탑, 아라베스크 문양 등이 나타나고, 불교 사원에서는 불상을 모신 불당과 불탑이 나타난다.

평가 기준	
상	두 종교의 명칭과 종교 사원의 특징을 모두 옳게 서술한 경우
중	두 종교 사원의 특징만을 모두 옳게 서술한 경우
하	두 종교의 명칭만을 정확히 쓴 경우

04

예시 답안　말레이시아에 종교 관련 공휴일이 많은 이유는 다양한 종교를 가진 사람들이 함께 살아가고 있기 때문이다. 다양한 종교에 따른 갈등을 해소하고 서로 평화롭게 공존하기 위해 각 종교별 법정 공휴일을 지정하였다.

평가 기준	
상	다양한 종교가 공존하려는 노력을 옳게 서술한 경우
하	종교의 다양성만을 서술한 경우

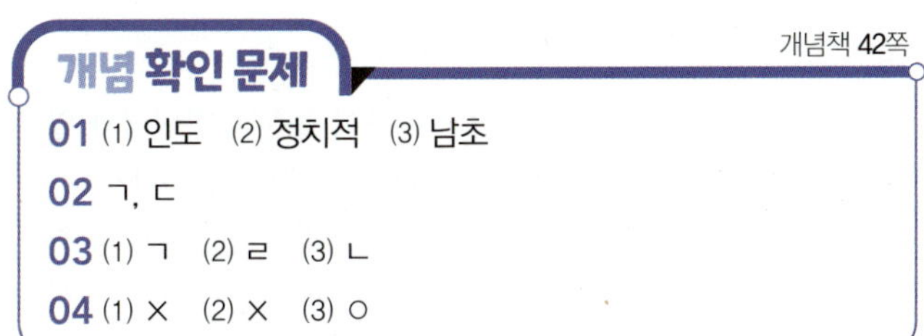

03 아시아의 인구 특징과 성장 잠재력
~04 아시아의 산업 특징과 변화

개념 확인 문제
개념책 42쪽

01 (1) 인도　(2) 정치적　(3) 남초
02 ㄱ, ㄷ
03 (1) ㄱ　(2) ㄹ　(3) ㄴ
04 (1) ×　(2) ×　(3) ○

실력 쌓기 문제
개념책 42~44쪽

01 ②	02 ④	03 ②	04 ①	05 ②
06 ④	07 ④	08 ④	09 ④	10 ①
11 ③	12 ①	13 ④		

01

아시아는 세계에서 인구가 가장 많은 대륙으로 전 세계 인구의 약 60%가 거주하고 있다. 특히 인도를 포함한 남부 아시아에 약 20억 명이 살고 있으며, 이 지역은 출생률이 높아 총인구가 증가하는 추세이다.

ㄴ. 건조 기후가 나타나는 중앙아시아는 동아시아보다 총인구가 적다. 대한민국과 중국을 포함한 동아시아에는 약 17억 명이 살고 있다.

ㄹ. 소득 수준이 낮고 고용 기회가 적은 남부 아시아와 동남아시아에서 대규모 개발 사업이 활발해 일자리가 많은 서남아시아로 많은 인구가 이주하고 있다.

02

그래프에서 면적이 가장 넓고 세계 인구의 약 60%를 차지하는 A는 아시아이다. 면적이 두 번째로 넓고 인구 또한 두 번째로 많은 B는 아프리카이며, 나머지 C는 유럽이다.

03

세계에서 인구가 10억 명이 넘는 국가는 인도와 중국뿐이다. 2023년 4월 기준 세계에서 가장 인구가 많은 ㉠은 인도이며, 그 다음으로 인구가 많은 ㉡은 중국이다.

04

지도의 A는 사우디아라비아의 사막 지역, B는 인도와 방글라데시의 갠지스강 중·하류 지역, C는 몽골의 초원 지역, D는 중국의 황허강과 창장강 하류 지역이다. 사우디아라비아의 사막 지역(A)은 건조한 기후가 나타나 인구가 희박한 지역이며, 인도와 방글라데시의 갠지스강 하류(B)는 계절풍의 영향을 받아 벼농사가 활발하고 인구가 밀집한 지역이다.

ㄷ. 몽골의 초원 지역(C)은 건조한 기후로 인구가 희박한 지역이다.

ㄹ. 중국의 황허강과 창장강 하류 지역(D)은 벼농사에 유리한 지역으로 인구가 밀집한 지역이다.

05

지도의 음영을 살펴보면 경제 발전 수준이 높은 대한민국과 일본에서 수치가 높고, 경제 발전 수준이 낮은 나라에서 수치가 낮다. 이는 중위 연령을 나타낸다. 저출산·고령화가 진행중인 대한민국과 일본은 총인구를 연령순으로 나열할 때 정중앙에 있는 사람의 해당 연령을 말하는 중위 연령이 높다.

06

(가)는 저출산·고령화에 따른 노동력 부족 및 소비 감소, 경제 성장 둔화, 노인 복지 비용 증가 등의 문제가 발생하는 국가이다. 이로 인해 유소년층 인구 비율이 낮고, 노년층 인구 비율이 높은 인구 피라미드는 ㄴ이다.

(나)는 석유 수출로 얻은 이익을 바탕으로 대규모 개발 사업에 투자하고 있으며, 이에 필요한 남성 노동력의 유입이 활발한 지역이다. 이로 인해 청장년층의 인구 비율이 높고, 남초 현상이 나타나는 인구 피라미드는 ㄷ이다. 참고로 ㄱ은 인도, ㄴ은 일본, ㄷ은 사우디아라비아의 인구 피라미드이다.

07

(가)는 1961년 이후 인구가 빠르게 증가하고 있으며 유소년층 인구 비율이 높고, 노년층 인구 비율이 낮은 개발 도상국이다. (나)는 1991년~2021년 인구가 정체 또는 감소하고 있으며 유소년층 인구 비율이 낮고, 노년층 인구 비율이 높은 선진국이다. 참고로 (가)는 파키스탄, (나)는 일본이다. 인구 증가율이 높고 유소년층 인구 비율이 높은 (가)는 (나)보다 여성 1인당 출생아 수가 많다. 경제 성장 이후 저출산 및 고령화 현상이 나타나는 (나)는 (가)보다 국민 1인당 평균 소득이 높다.

ㄱ. 경제 발전 수준이 낮고 노년층 인구 비율이 낮은 (가)는 (나)보다 평균 기대 수명이 짧다.

ㄷ. 출산율이 낮은 (나)는 (가)보다 유소년층 인구 비율이 낮다.

08

아시아는 천연자원이 풍부하고 농업, 제조업, 서비스업 및 첨단 산업에 이르기까지 다양한 산업이 발달하였다.

ㄴ. 아시아는 석탄, 니켈, 희토류 등 주요 천연자원의 공급지 역할을 하고 있다.

ㄹ. 최근에는 중국의 인건비가 상승하면서 노동 집약적 제조업의 생산 공장이 중국에서 남부 및 동남아시아로 옮겨 가고 있다.

ㄱ. 아시아에서 석유 생산이 가장 많은 지역은 서남아시아이다.

ㄷ. 아시아는 우리나라와 일본 등을 중심으로 반도체, 정보 통신 기기 등의 첨단 산업이 발달하였으며 최근에는 인도와 중국 등의 첨단 산업 또한 발달하고 있다.

09

(가)는 제조업의 수출액 비율이 85% 이상으로 높은 일본이다. 일본은 풍부한 자본과 뛰어난 기술을 바탕으로 중화학 공업 및 첨단 산업이 발달한 국가이다. (나)는 연료 및 광물의 수출액 비율이 70% 이상으로 높은 사우디아라비아이다. 사우디아라비아는 세계적인 산유국이자 석유 수출국이다.

10

영어를 사용하는 인구와 우수한 과학 인재가 많아 이를 바탕으로 뉴델리, 벵갈루루, 뭄바이 등에서 정보 통신 기술(IT) 산업이 발달하고 있는 국가는 인도이다.

11

지도의 A는 사우디아라비아, B는 인도, C는 중국, D는 베트남, E는 일본이다. 중국(C)은 2010년대 '세계의 공장'이라 불릴 정도로 제조업 강국이 되었다.

① 사우디아라비아(A)는 석유 생산 및 수출을 통해 성장하였으며, 석유 수출을 통해 얻은 자본을 바탕으로 다양한 산업을 육성하고 있다.

② 인도(B)는 '볼리우드(Bollywood)'라고 불릴 정도로 뭄바이를 중심으로 영화 산업이 발달하였으며, 뉴델리와 벵갈루루 등을 중심으로 첨단 산업이 발달하고 있다.
④ 베트남(D)은 최근 중국의 인건비 상승 등으로 노동 집약적 제조업의 생산 공장이 중국으로부터 이전해 오면서 성장하고 있다.
⑤ 일본(E)은 지하자원은 풍부하지 않지만 풍부한 자본과 뛰어난 기술을 바탕으로 중화학 공업과 첨단 산업이 성장하였다.

12

그래프는 베트남의 주요 수출 품목 변화를 나타낸 것이다. 베트남의 산업 구조 변화를 보면 총수출액이 1997년 92억 달러에서 2021년 2,825억 달러로 증가하였으며, 이를 통해 총무역액 역시 증가하였음을 알 수 있다. 또한 제조업의 수출액 비율이 높아졌고 2차 산업 종사자 수가 증가하였다.

오답 피하기

ㄷ. 원유와 같은 천연자원의 수출액 비율이 낮아졌다.
ㄹ. 쌀과 해산물 등의 농림어업 분야의 수출액 비율이 낮아졌다.

13

아시아의 산업 변화에 대비하여 우리나라가 성장하기 위해서는 기술 혁신과 연구 개발을 통해 국가 경쟁력을 강화하고, 첨단 및 서비스 산업의 해외 진출을 확대하며 다양한 산업의 균형적인 성장을 추구해야 한다. 또한 일부 국가에 대한 무역 의존도를 낮추고 여러 국가와 균형 잡힌 교류를 해야 한다.

서술형 문제

개념책 45쪽

01

답 완성하기   (1) A - (경제적 요인), B - (정치적 요인)
(2) A는 주로 소득 수준이 (낮고) 고용 기회가 적은 국가에서 (일자리)이/가 풍부한 국가로 이동한다. B는 주로 (전쟁 또는 내전)을/를 피해 주변 국가로 이동한다.

02

답 완성하기   베트남, 인도와 같이 (인건비)이/가 저렴한 다른 국가로 (생산 공장)을/를 옮기고 있다.

03

예시 답안   카타르는 청장년층에서 남초 현상이 나타나고 있다. 이는 카타르에서 석유와 천연가스 수출을 통해 얻은 이익을 대규모 개발 사업에 투자하면서 아시아의 주변 국가에서 젊은 남성 노동자들이 유입되었기 때문이다.

평가 기준	
상	카타르의 성비 특징과 그 원인을 모두 옳게 서술한 경우
하	카타르의 성비 특징만을 옳게 서술한 경우

04

예시 답안   아시아 국가들의 경제 성장으로 이들 국가에서의 문화 상품 소비가 증가하면서 한류 콘텐츠뿐만 아니라 화장품, 의류 등의 상품 수출도 증가하였고 우리나라를 찾는 관광객도 증가하였다.

평가 기준	
상	아시아의 산업 구조 변화가 한류 문화 관련 상품 수출과 관광객 수 증가를 가져왔음을 모두 옳게 서술한 경우
하	아시아의 산업 구조 변화가 한류 문화 관련 상품 수출과 관광객 수 변화에 미친 영향 중 한 가지만 옳게 서술한 경우

대단원 마무리 문제

개념책 47~49쪽

01 ⑤   02 해설 참조   03 ④   04 ②
05 ⑤   06 ⑤   07 ①   08 ②
09 해설 참조   10 ⑤   11 ⑤   12 ④
13 ④

01

지도의 A는 서남아시아, B는 중앙아시아, C는 남부 아시아, D는 동아시아, E는 동남아시아이다. 동남아시아(E)에 속한 국가로는 인도네시아, 미얀마, 베트남, 타이, 필리핀 등이 있다.

오답 피하기

① 서남아시아(A)에 속한 국가로는 사우디아라비아, 이란, 이라크, 아랍 에미리트, 카타르 등이 있다.
② 중앙아시아(B)에 속한 국가로는 카자흐스탄, 우즈베키스탄, 타지키스탄 등이 있다.
③ 남부아시아(C)에 속한 국가로는 인도, 파키스탄, 방글라데시, 네팔, 스리랑카 등이 있다.
④ 동아시아(D)에 속한 국가로는 대한민국, 중국, 일본 등이 있다.

02

예시 답안   ㉠ 두바이, (가) 풍부하게 매장된 석유 수출

평가 기준	
상	㉠의 도시명과 아랍 에미리트의 경제 성장 배경을 석유와 연관지어 옳게 서술한 경우
중	아랍 에미리트의 경제 성장 배경만을 옳게 서술한 경우
하	㉠의 도시명만 정확히 쓴 경우

03

아시아의 일본과 필리핀 등에서는 지진과 화산 활동이 활발하며, 화산 지형이 발달해 있다. 이는 이 국가들이 환태평양 조산대(㉠)에 위치하기 때문이다. 환태평양 조산대는 태평양을 둘러싼 판의 경계 지역으로, 세계 화산의 약 70~80%가 분포하여 '불의 고리'라는 별명을 갖고 있다.

04

지도의 A는 서남아시아와 중앙아시아에 주로 분포하는 건조 기후이며, B는 동아시아에 주로 분포하는 온대 기후이다. C는 적도 주변의 남부 아시아와 동남아시아에 주로 분포하는 열대 기후이다.

05

그래프의 (가)는 건조 기후가 나타나는 몽골의 울란바토르, (나)는 온대 기후가 나타나는 대한민국의 서울, (다)는 열대 기후가 나타나는 미얀마의 양곤이다. 미얀마의 양곤은 계절풍의 영향으로 여름철 고온 다습한 기후가 나타나 벼농사에 유리하며, 몽골의 울란바토르는 건조한 기후로 벼농사에 불리하다.

오답 피하기
① 건조 기후가 나타나는 몽골의 울란바토르는 연 강수량이 연 증발량보다 적다.
② 열대 기후가 나타나는 미얀마의 양곤은 동남아시아에 위치한다. 서남아시아는 대체로 건조 기후가 나타난다.
③ 건조 기후가 나타나는 몽골의 울란바토르는 온대 기후가 나타나는 우리나라의 서울보다 7월 강수량이 적다.
④ 온대 기후가 나타나는 우리나라의 서울은 열대 기후가 나타나는 미얀마의 양곤보다 1월 평균 기온이 낮다.

06

(가)는 예수를 구원자로 믿고 이웃 사랑 실천을 중시하는 크리스트교이며, (나)는 무함마드를 선지자로 여기고 그 가르침을 따르는 이슬람교이다. 크리스트교 신자들은 주로 일요일에 성당이나 교회에 가서 예배하며, 이슬람교 신자들은 하루에 다섯 번 정해진 시간에 메카를 향해 기도한다.

오답 피하기
ㄱ. 불교 신자들은 불상을 모시는 불당에서 예불을 올린다.
ㄴ. 힌두교 신자들은 갠지스강에서 목욕을 하며 죄를 씻어 낸다.

07

A는 인도차이나반도에 위치한 미얀마, 타이, 캄보디아, 라오스 등에 주로 분포하는 불교이다. B는 말레이시아, 인도네시아, 브루나이 등에 주로 분포하는 이슬람교이며, C는 필리핀에 주로 분포하는 크리스트교이다.

08

주민들이 주로 이슬람교를 믿는 ○○국은 파키스탄이며, 주민들이 주로 힌두교를 믿는 □□국은 인도이다. 파키스탄과 인도 간 분쟁이 발생하고 있는 ㉠은 카슈미르 지역이며, 카슈미르 지역은 지도의 B이다.

오답 피하기
① A는 유대교를 믿는 이스라엘 민족과 이슬람교를 믿는 팔레스타인 민족 간의 분쟁이 발생하는 이스라엘−팔레스타인 지역이다.
③ C는 불교를 믿는 신할리즈족과 힌두교를 믿는 타밀족 간의 갈등이 발생하는 스리랑카이다.
④ D는 이슬람교를 주로 믿는 로힝야족에 대한 정부의 탄압이 나타나는 미얀마의 라카인주이다.
⑤ E는 크리스트교와 이슬람교의 갈등이 나타나는 필리핀의 민다나오섬이다.

09

예시 답안 종교와 민족 분포가 다양한 싱가포르는 다양한 종교의 공존을 위해 여러 종교의 법정 공휴일을 지정하였다.

평가 기준	
상	다양한 종교가 공존하기 위한 노력의 일환임을 옳게 서술한 경우
하	싱가포르의 종교 분포가 다양하다는 내용만 서술한 경우

10

(가)는 합계 출산율이 높아 상대적으로 유소년층 인구 비율이 높은 인도이며, (나)는 합계 출산율이 낮아 상대적으로 노년층 인구 비율이 높은 일본이다. 노년층 인구 비율이 높은 일본은 인도보다 인구 고령화 현상이 뚜렷하게 나타난다.

오답 피하기
① 인도는 출생률이 높아 유소년층 인구가 노년층 인구보다 많다.
② 유소년층 인구 비율이 높은 인도는 노년층 인구 비율이 높은 일본보다 평균 연령이 낮다.
③ 경제 발달 수준이 높은 일본은 결혼과 자녀에 대한 가치관의 변화, 자녀 양육 부담 증가 등으로 저출산 현상이 뚜렷하게 나타난다.
④ 합계 출산율이 낮은 일본은 합계 출산율이 높은 인도보다 인구 증가율이 낮다.

11

국가에 필요한 남성 노동자가 해외에서 유입되어 청장년층 인구의 남초 현상이 나타나는 ㉠은 사우디아라비아이다. 인도, 필리핀, 파키스탄, 인도네시아는 모두 소득 수준이 낮고 일자리가 부족하여 인구가 유출되고 있는 국가이다.

12

지도의 A는 인도, B는 중국, C는 일본이다. '세계의 공장'이라 불리며 노동 집약적 제조업이 발달한 (가)는 중국(B)이다. 최근에는 중국의 인건비 상승으로 생산 공장이 남부 아시아와 동남아시아로 이전하고 있다. 천연자원은 부족하지만 풍부한 자본과 기술 발달로 가공 무역이 발달한 (나)는 일본(C)이다. 일본은 반도체와 로봇 등의 첨단 산업 또한 발달하였다.

13

사우디아라비아는 석유 고갈에 대비하여 다양한 산업의 발전을 꾀하며, 최근에는 우리나라와 협력해 정보 통신 기술 기반을 구축하고 있다. 베트남은 저렴한 노동비와 풍부한 자원으로 경제 성장 가능성이 크며, 우리나라의 기업들이 생산 공장을 베트남으로 옮겨 가며 양국 간의 협력이 강화되고 있다. 두 사례를 통해 '아시아의 산업 변화가 우리나라에 미치는 영향'에 대해 학습할 수 있다.

고난도 **실력 향상 문제**
개념책 49쪽

01 ④　　**02** ①

01

수도가 마닐라이며, 국가 내에서 크리스트교 신자 수가 가장 많은 (가)는 필리핀이다. 필리핀 남부 민다나오섬의 모로족은 이슬람교를 믿으며 필리핀 정부와 갈등이 나타나고 있다. 수도가 네피도이며, 국가 내에서 불교 신자 수가 가장 많은 (나)는 미얀마이다. 미얀마의 라카인주에는 이슬람교를 믿는 로힝야족이 거주하며 이들은 미얀마 정부로부터 탄압받고 있다. 수도가 쿠알라룸푸르이며, 국가 내에서 이슬람교 신자 수가 가장 많은 (다)는 말레이시아이다. 말레이시아는 문화와 종교의 다양성을 존중하여 다양한 종교가 평화롭게 공존하고 있다. 지도의 A는 미얀마, B는 말레이시아, C는 필리핀이다. 따라서 (가)는 C, (나)는 A, (다)는 B이다.

02

남부 아시아에 위치한 인도 북쪽에는 세계에서 평균 해발 고도가 가장 높은 산맥인 히말라야산맥(㉠)이 있다. 인도는 국가 내에서 힌두교 신자의 비율이 가장 높으며, 힌두교 신자들은 갠지스강(㉡)에서 목욕을 하며 죄를 씻어 낸다.

오답 피하기

ㄷ. 인도는 세계에서 인구가 가장 많은 국가이며, 과도한 인구 증가로 인한 인구 문제를 해소하기 위해 산아 제한 정책을 시행하였다.

ㄹ. 인도에서 정보 기술 산업 관련 다국적 기업의 진출이 활발한 이유는 영어 사용 인구와 우수한 과학 인재가 많기 때문이다. 석유 수출 중심의 산업 구조에서 벗어나 다양한 산업을 육성하는 국가는 서남아시아의 산유국인 사우디아라비아, 아랍 에미리트, 카타르 등이다.

Ⅲ. 유럽

01 유럽의 여러 국가와 자연환경

개념 확인 문제
개념책 56쪽

01 (1) 우랄　(2) 낮은, 높은　(3) 서안 해양성, 지중해성
02 (1) ×　(2) ○　(3) ×
03 (1) ㉣　(2) ㉢　(3) ㉤　(4) ㉠
04 (1) ㄱ　(2) ㄴ　(3) ㄷ　(4) ㄹ

실력 쌓기 문제
개념책 56~58쪽

01 ③	**02** ④	**03** ①	**04** ②	**05** ③
06 ③	**07** ②	**08** ④	**09** ④	**10** ⑤
11 ③	**12** ③	**13** ④	**14** ④	

01

ㄴ. 유럽은 북위 약 30~70°에 위치한다. ㄷ. 유라시아 대륙의 우랄산맥을 기준으로 동쪽은 아시아, 서쪽은 유럽에 해당하며, 지중해를 기준으로 북쪽은 유럽, 남쪽은 아프리카이다.

오답 피하기

ㄱ. 유럽은 우랄산맥의 서쪽에 위치한다.

ㄹ. 유럽은 서쪽에 대서양, 남쪽에 지중해가 있다.

02

사진은 파리의 에펠탑이다. 파리는 프랑스의 수도이다. ④ 프랑스는 전체적으로 프랑스 평원으로 이루어져 있으며, 알프스산맥은 프랑스 동쪽에 위치한다.

03

A는 서부 유럽, B는 북부 유럽, C는 남부 유럽, D는 동부 유럽이다. ① 서부 유럽에는 산업 혁명이 시작된 영국과 유럽에서 제조업 생산액이 가장 많은 독일이 있다.

오답 피하기

② 남부 유럽에 대한 설명이다.

③ 북부 유럽에 대한 설명이다.

④ 동부 유럽(D)의 국가들은 서부 유럽 등에 비해 경제적 수준이 낮지만 최근 빠르게 성장하고 있다. 따라서 서부 유럽이나 북부 유럽에 비해 사회 복지 제도가 잘 갖춰져 있지 않다.

⑤ 알프스산맥은 서부 유럽(A)과 남부 유럽(C) 사이에 위치한다.

04

템스강은 런던의 랜드마크이며, 세계 금융의 중심지인 런던은 영국의 수도이다.

오답 피하기

① 독일에는 라인강이 흐른다.

③ 프랑스의 수도 파리에는 센강이 흐른다.
④ 노르웨이는 북부 유럽에 위치하며, 주로 냉대 기후가 나타난다.
⑤ 에스파냐는 남부 유럽에 위치하며, 주로 지중해성 기후가 나타난다.

05

③ 유럽의 큰 강으로 도나우강(다뉴브강), 라인강, 센강 등이 있다. 이들 강은 모두 남부의 알프스 산지에서 시작하여 라인강과 센강은 북해로, 도나우강(다뉴브강)은 흑해로 흘러간다.

① 유럽의 북부에는 형성 시기가 오래된 스칸디나비아산맥이 있다.
② 유럽의 중부에는 프랑스 평원, 북독일 평원, 동유럽 평원 등이 넓게 펼쳐져 있다.
④ 유럽의 서안 해양성 기후 지역은 연중 강수가 고르기 때문에 강의 유량 변화가 작아 내륙 수운 교통에 유리하다.
⑤ 유럽 남부의 대표적 산지는 알프스산맥이다. 알프스산맥의 정상부는 해발 고도 4,000m가 넘으며, 여름철에도 눈과 빙하로 덮여 있다.

06

A는 스칸디나비아산맥, B는 알프스산맥이다. ㄴ. 스칸디나비아산맥은 알프스산맥보다 형성 시기가 오래되어 침식 및 풍화 작용을 받은 기간이 길다. ㄷ. 스칸디나비아산맥(A)은 노르웨이와 스웨덴 2개 국가의 경계를 이루고 있지만, 알프스산맥(B)은 스위스를 중심으로 주변에 프랑스, 독일, 이탈리아, 리히텐슈타인, 오스트리아, 슬로베니아 등 많은 국가에 걸쳐 분포한다.

ㄱ. 알프스산맥(B)이 스칸디나비아산맥(A)보다 평균 해발 고도가 높다.
ㄹ. 알프스산맥(B)에는 마터호른, 빙하호 등 빙하의 침식으로 형성된 다양한 지형들이 분포한다.

07

(가)는 노르웨이의 송네 피오르, (나)는 알프스산맥의 마터호른이다. 피오르는 빙하의 침식으로 형성된 골짜기가 해수면 상승 이후 바닷물에 잠긴 지형이며, 호른은 빙하의 침식으로 산 정상부가 뾰족하게 변한 지형이다. (가), (나) 모두 빙하의 침식 작용으로 형성된 지형이다.

08

지형 단면은 왼쪽에부터 북해~북독일 평원~라인강~알프스산맥~지중해로 이어진다. 대체로 평탄한 지형이 계속된 후 끝 부분에서 해발 고도가 높은 산지가 나타나는 지형 단면도이다. 이에 해당하는 구간은 D이다.

① A는 스칸디나비아산맥을 가로지른다.
② B는 대서양에서 시작하여 스칸디나비아산맥을 넘어 발트해에 이른다.
③ C는 발트해에서 시작하여 흑해에 이르는 구간으로 동유럽 평원을 지나며 높은 산맥은 없다.
⑤ E는 대서양에서 이베리아 고원을 지나 지중해에 이른다.

09

(가)는 '산타의 나라', '빙하의 작용으로 형성된 호수', '냉대 기후' 등으로 보아 북부 유럽에 위치한 핀란드임을 알 수 있다. (나)는 '지중해', '파르테논 신전', '여름철이 덥고 건조하여' 등으로 보아 지중해 연안에 위치한 그리스임을 알 수 있다.

프랑스는 대서양과 지중해에 모두 접해 있기 때문에 서안 해양성 기후와 지중해성 기후가 모두 나타난다.

10

⑤ 유럽의 지중해 연안 지역은 여름철이 덥고 건조하며, 겨울철은 온화하고 습윤한 지중해성 기후가 나타난다.

① 북부 유럽에도 대서양 연안 지역에서는 온대 기후가 나타난다.
② 유럽에는 열대 기후가 나타나지 않는다.
③ 난류와 편서풍의 영향이 큰 지역은 겨울이 따뜻하여 기온의 연교차가 작다.
④ 유럽은 편서풍과 난류의 영향으로 대륙의 동안에 위치한 우리나라보다 기온의 연교차가 작은 편이다.

11

(가)는 서안 해양성 기후, (나)는 지중해성 기후 그래프이다. ㄴ. 서안 해양성 기후 지역(가)은 일 년 내내 강수가 고르지만 지중해성 기후 지역(나)은 여름에 거의 비가 내리지 않는다. ㄷ. 지중해성 기후 지역(나)은 여름이 덥고 건조하고, 서안 해양성 기후 지역(가)은 일 년 내내 비가 자주 내린다.

ㄱ. 대체로 지중해성 기후(나)가 서안 해양성 기후(가)보다 저위도에 위치한다.
ㄹ. 서안 해양성 기후(가)는 일 년 내내 편서풍의 영향을 받지만 지중해성 기후(나)는 여름에 편서풍의 영향이 적다.

12

A는 서안 해양성 기후 지역, B는 지중해성 기후 지역이다. ③ 지중해성 기후 지역(B)에서는 여름이 덥고 건조하기 때문에 올리브, 포도, 코르크나무 등을 재배하는 수목 농업이 발달하였다.

① 위도가 높은 서안 해양성 기후가 지중해성 기후보다 겨울이 춥고 길다.
② 치즈 생산량은 낙농업이 발달한 서안 해양성 기후 지역이 지중해성 기후 지역보다 많다.
④ 운하는 서안 해양성 기후 지역인 프랑스, 독일 등 서부 유럽에 잘 발달해 있다.
⑤ 지중해성 기후 지역(B)에서는 여름이 매우 덥고 건조하기 때문에 밀은 주로 따뜻하고 비가 많은 겨울에 재배한다.

13

갑이 사는 지역은 여름에 해가 지지 않는 백야 현상이 나타나고 침엽수림이 넓게 분포한다. 또한 과거 빙하의 영향으로 형성된 피오르가 있다. 따라서 이 지역은 북부 유럽에 해당하는 노르웨이이다.

을이 사는 지역은 여름이 뜨겁고 지중해의 다양한 해산물 요리가 발달해 있는 남부 유럽 지중해 연안의 이탈리아이다.

병이 사는 지역은 혼합 농업이 이루어지고 있는 서부 유럽의 네덜란드이다.

14

포르투갈은 리스본이 수도이며, 지중해 연안에 위치하지 않지만 지중해성 기후가 나타난다. 수목 농업의 대표적 생산물인 코르크는 포르투갈이 세계 최대 생산국이다. 지도에서 A는 아이슬란드, B는 노르웨이, C는 아일랜드, D는 포르투갈, E는 이탈리아이다.

서술형 문제
개념책 59쪽

01

답 완성하기 유럽은 대륙을 기준으로 표현하면 (유라시아) 대륙의 서쪽에, (아프리카) 대륙의 북쪽에 위치한다. 또한, 해양을 기준으로 표현하면 삼면이 바다로 둘러싸여 있어, 유럽의 서쪽에는 (대서양), 남쪽에는 (지중해), 북쪽에는 북극해가 있다.

02

답 완성하기 독일에는 (평원)이/가 넓게 펼쳐져 있다. 독일은 (서안 해양성) 기후가 나타나기 때문에, 연중 (강수량)이/가 고르고 라인강의 수위는 항상 일정하다. 이러한 이유로 라인강은 일찍부터 (수운(해운) 교통로)(으)로 활용되어 왔으며, 독일은 이를 통해 산업 발달의 기반을 다질 수 있었다.

03

예시 답안 (1) 지중해성 기후

(2) 지중해성 기후는 여름철이 덥고 건조하며, 겨울철이 따뜻하고 비가 자주 내린다. 따라서 여름철에는 덥고 건조한 기후에 잘 적응한 작물인 포도, 올리브, 오렌지 등을 재배하고 겨울에는 날씨가 따뜻하고 비가 자주 내리기 때문에 여름철에 재배하지 못한 밀, 보리 등 식량 작물을 주로 재배한다.

평가 기준	
상	기후 명칭을 정확하게 쓰고, 농업 특성을 기후 유형과 관련시켜 명확하게 기술했을 경우
중	기후 명칭을 정확하게 쓰지 못했거나, 농업 특성을 여름철이나 겨울철 중 하나만 기술했을 경우
하	기후 명칭만 썼을 경우

04

예시 답안 (1) (가) 서안 해양성 기후, (나) 지중해성 기후, (다) 냉대 기후
(2) (가)는 서부 유럽, (나)는 남부 유럽, (다)는 북부 유럽에서 주로 나타나며, 세 기후 중 기온의 연교차는 겨울이 추운 냉대 기후가 가장 크다. 서안 해양성 기후와 냉대 기후의 월별 강수량은 고르게 분포하지만 지중해성 기후는 여름철에 거의 비가 오지 않는다.

평가 기준	
상	세 기후 유형을 정확하게 쓰고, 각 기후별로 분포 지역, 기온의 연교차, 강수량 등을 정확하게 비교하여 기술했을 경우
중	세 기후 유형 중 한 개 기후 유형만 쓰고, 기후별로 세 지표 중 두 개 이하만 비교하여 기술했을 경우
하	세 기후 유형을 쓰지 못하고 기후별로 세 지표 중 하나만 비교하여 기술했을 경우

02 유럽 도시의 다양성과 지속가능한 도시를 위한 노력 ~03 유럽의 통합과 분리

개념 확인 문제
개념책 62쪽

01 (1) 런던　(2) 탄소　(3) 플랑드르　(4) 영국
02 (1) ○　(2) ○　(3) ✕
03 (1) ㉣　(2) ㉢　(3) ㉠　(4) ㉡
04 (1) 높은　(2) 핀란드　(3) 니스　(4) 프라이부르크

실력 쌓기 문제
개념책 62~64쪽

01 ③	02 ⑤	03 ②	04 ②	05 ③
06 ⑤	07 ④	08 ④	09 ①	10 ①
11 ④	12 ②	13 ④		

01

ㄴ. 남부 유럽은 대부분 지역이 과거 로마의 영토였기 때문에 이탈리아의 로마를 비롯해 과거 로마 제국의 역사가 깃들어 있는 도시가 많다. ㄷ. 유럽에는 과거 고대 그리스·로마 시대, 중세, 근대, 산업 혁명을 거쳐 오면서 도시가 발달해 왔기 때문에 도시의 역사가 오래되었다.

오답 피하기
ㄱ. 유럽의 도시 발달 역사는 아프리카보다 오래되었다.
ㄹ. 산업 혁명 초기부터 발달한 도시는 서부 유럽에 많이 분포한다.

02

스웨덴의 수도 스톡홀름에는 첨단 산업 클러스터인 시스타 사이언스 시티가 있다.

오답 피하기
① 말뫼는 스웨덴의 친환경 도시이다.
② 밀라노는 이탈리아의 친환경 도시이자 패션으로 유명한 도시이다.
③ 오울루는 핀란드의 첨단 산업 도시이다.
④ 소피아 앙티폴리스는 프랑스의 첨단 산업 클러스터이다.

03

지도의 A는 런던, B는 브뤼셀, C는 밀라노, D는 모스크바이다.
② 벨기에의 수도 브뤼셀에는 유럽 연합의 본부가 있다.

오답 피하기
① 개선문, 에펠탑은 파리의 랜드마크이다.
③ 파르테논 신전은 그리스의 수도 아테네에서 볼 수 있다.
④ 냉대 기후가 나타나는 모스크바(D)가 온대 기후가 나타나는 런던 (A)보다 기온의 연교차가 크다.
⑤ 이탈리아의 수도는 로마이다.

04

(가)는 네덜란드의 로테르담, (나)는 그리스의 아테네이다. ㄱ. 로테르담(가)은 유럽의 관문 도시로, 해안에 위치하여 제품의 수출량이 많다. ㄷ. 도시의 역사는 고대 그리스 문명의 유적이 많은 아테네(나)가 로테르담(가)보다 오래되었다.

오답 피하기
ㄴ. 아테네(나)에 고대 유적이 많기 때문에 유적을 찾는 관광객은 로테르담(가)보다 아테네(나)에 더 많다.
ㄹ. 무역을 위한 대규모 선박의 이용은 무역항인 로테르담(가)이 역사 도시인 아테네(나)보다 유리하다.

05

말뫼(스웨덴), 코펜하겐(덴마크), 암스테르담(네덜란드), 프라이부르크(독일)는 모두 유럽의 친환경 도시들이다.

오답 피하기
① 암스테르담, 프라이부르크는 서부 유럽에 속한다.
② 말뫼, 프라이부르크는 수도가 아니다.
④ 고부가 가치의 첨단 산업 도시로는 오울루, 스톡홀름(시스타 사이언스 시티), 소피아 앙티폴리스 등이 대표적이다.
⑤ 오래된 역사 도시는 로마, 아테네 등이 대표적이다.

06

핀란드의 오울루, 스웨덴의 스톡홀름에는 첨단 산업 단지가 클러스터를 형성하고 있다. 오스트리아의 빈은 음악, 이탈리아의 베네치아는 영화제, 축제 등으로 유명한 문화 도시이다. ㉠은 스톡홀름, ㉡은 베네치아이다.

오답 피하기
니스는 프랑스의 지중해 연안에 위치한 휴양 도시이다.

07

(가)는 파리, (나)는 런던이다. 파리에는 센강이 흐르며, 에펠탑, 루브르 박물관, 라데팡스, 개선문 등이 유명하다. 런던에는 템스강이 흐르며, 빅벤, 타워 브리지, 버킹엄 궁전, 대영 박물관 등이 유명하다.

08

유럽 연합(EU)은 단일 화폐로 유로(EURO)를 사용하고 있으며, 회원국 사이에서는 주민들의 이동이 자유롭다.

오답 피하기
ㄱ. 영국은 2020년에 유럽 연합(EU)에서 탈퇴하였다.
ㄷ. 유럽 연합(EU)은 12개국으로 출범하였지만 이후 동부 유럽 국가 등이 추가로 가입하여 2023년 기준 회원국 수는 27개이다.

09

㉠은 벨기에의 수도 브뤼셀이다. 브뤼셀은 유럽 연합의 본부가 있는 유럽 연합의 중심 도시이기도 하다.

오답 피하기
② 오슬로는 노르웨이의 수도이다.
③ 헬싱키는 핀란드의 수도이다.
④ 마드리드는 에스파냐의 수도이다.
⑤ 바르샤바는 폴란드의 수도이다.

10

(가)는 유럽 연합 최초 회원국, (나)는 추가 가입한 회원국, (다)는 비회원국이다. ① 유럽 연합의 본부는 벨기에의 수도 브뤼셀에 있다. 벨기에는 유럽 연합 최초 가입 12개 국가 중 하나이다.

오답 피하기
② 유럽 연합 비가입국이라도 솅겐 조약에 가입한 국가는 유럽 연합 가입국으로 자유롭게 이동할 수 있다.
③ (가)는 최초 가입국, (나)는 추가 가입한 가입국이다.
④ (다)는 비가입국이다.
⑤ 동부 유럽의 유럽 연합 가입국들은 모두 추가 가입한 회원국(국가들)이다.

11

A는 영국이다. ㄴ. 영국은 2020년에 유럽 연합을 탈퇴하였다. ㄹ. 영국 북부의 스코틀랜드는 독립적인 역사, 문화, 언어를 가지고 있으며, 영국으로부터 분리 · 독립을 요구하고 있다.

오답 피하기
ㄱ. 영국의 수도는 런던이며, 런던의 랜드마크는 빅벤, 타워 브리지 등이 있다. 에펠탑은 프랑스 파리의 랜드마크이다.
ㄷ. 영국은 유럽 연합 가입국이 아니기 때문에 유로화를 사용하지 않는다. 영국이 유럽 연합에 가입했던 시기에도 영국은 유로화를 공동 화폐로 사용하지 않았다.

12

A는 영국의 스코틀랜드, B는 벨기에의 플랑드르, C는 이탈리아의 파다니아, D는 에스파냐의 카탈루냐이다. ② 벨기에 북부의 플랑드르 지역(B)은 네덜란드어를 주로 사용하고 있으며, 남부의 왈롱 지역은 프랑스어를 주로 사용하고 있어 두 지역 간 언어 갈등이 발생하고 있다. 이탈리아 북부의 파다니아 지역(C)은 상공업이 발달하여 이탈리아 남부 지역보다 소득 수준이 높다.

13

(가) 지역은 에스파냐의 카탈루냐 지역으로, 고유한 역사와 문화, 자체적인 언어를 사용하고 있으며, 경제 수준도 높아 에스파냐로부터 분리·독립을 요구하고 있다. (나) 지역은 영국의 스코틀랜드 지역으로, 에스파냐의 카탈루냐 지역과 마찬가지로 자체적인 역사, 문화, 언어를 가지고 있어 잉글랜드 중심의 영국으로부터 분리·독립의 움직임이 일어나고 있다.

개념책 65쪽

서술형 문제

01

답 완성하기 로마는 고대 (로마 제국)의 수도로 콜로세움 등과 같은 역사 유적이 풍부한 (역사 도시)이다. 니스는 프랑스의 지중해 연안에 위치한 (관광 도시)(으)로 푸른 지중해와 아름다운 (해안)이/가 유명하여 많은 관광객이 찾는다. 시스타 사이언스 시티는 스웨덴의 수도인 스톡홀름에 위치한 (첨단 산업 도시)(으)로, 첨단 산업과 관련된 기업과 연구소, 대학, 정부 기관 등이 가까이 위치하여 긴밀한 협력이 이루어지는 (산업 클러스터)을/를 형성하고 있다.

02

답 완성하기 에스파냐의 빌바오는 과거 (철강) 및 조선 공업이 발달하였다. 영국의 맨체스터는 과거 (면직물) 생산 등을 바탕으로 산업이 성장하였다. 그러나 두 도시 모두 다른 국가나 다른 지역에 산업 주도권을 내주고 산업이 빠르게 쇠퇴한 후 (도시 재생)을/를 통해 (서비스업) 중심으로 산업 구조가 변화하였다.

03

예시 답안 (1) 유럽 연합(EU)

(2) 유럽 연합이 형성된 이후 회원국 사이에는 상품, 서비스, 자본, 노동력 등이 국경을 초월하여 자유롭게 이동할 수 있게 되었다. 또한 유로(Euro)를 단일 화폐로 사용할 수 있어 생활이 더욱 편리해졌다. 하지만 최초 회원국과 추가로 가입한 회원국 간의 문화적·경제적 차이로 인한 갈등이 발생하게 되었다.

평가 기준	
상	유럽 연합 형성 이후 나타난 긍정적 요소를 세 가지 이상 제시하고 부정적 요소를 두 가지 이상 제시했을 경우
중	유럽 연합 형성 이후 나타난 긍정적 요소를 두 가지 이상 제시하고 부정적 요소를 한 가지 이상 제시했을 경우
하	유럽 연합 형성 이후 나타난 긍정적 요소 또는 부정적 요소만 제시했을 경우

04

예시 답안 (1) 플랑드르 지역

(2) 벨기에 북부의 플랑드르 지역은 네덜란드어를 주로 사용하고 있으며, 고부가 가치 산업에 종사하는 주민이 많아 지역의 경제 수준이 높다. 이에 비해 남부의 왈롱 지역은 프랑스어를 주로 사용하고 있으며, 소득 수준이 상대적으로 낮다. 플랑드르 지역 주민들은 언어 갈등과 함께 경제적 격차가 커지면서 벨기에로부터 분리·독립을 요구하고 있다.

평가 기준	
상	분리·독립의 원인을 언어, 경제적 격차 두 가지를 모두 제시했을 경우
중	분리·독립의 원인을 언어와 경제적 격차 중 한 가지만 제시했을 경우
하	언어, 경제적 격차 이외의 원인을 제시했을 경우

대단원 마무리 문제

개념책 67~69쪽

01 ②	**02** ②	**03** ④	**04** ①
05 해설 참조	**06** ②	**07** ④	**08** ①
09 해설 참조	**10** ②	**11** ⑤	**12** ①
13 ①			

01

유럽은 우랄산맥을 기준으로 아시아와 구분된다.

오답 피하기

① 유럽은 아시아, 아프리카 다음으로 인구가 많다.

③ 서부 유럽에는 산업 혁명의 발상지인 영국과 프랑스, 독일, 네덜란드 등이 있다.

④ 유럽의 서쪽에는 대서양, 남쪽에는 지중해, 북쪽에는 북극해가 있다.

⑤ 세계에서 면적이 가장 넓은 국가인 러시아는 폴란드, 헝가리 등과 함께 동부 유럽에 해당한다.

02

(가)는 독일의 베를린에 있는 브란덴부르크 문으로, 독일 분단과 통일의 상징물이다. (나)는 이탈리아 로마의 콜로세움으로, 고대 로마 제국의 대표적인 유적이다.

03

④ 알프스산맥에는 산악 열차가 건설되어 있어 아름다운 자연환경을 열차를 타고 둘러볼 수 있다.

오답 피하기

① 라인강은 알프스 산지에서 시작하여 북독일 평원을 지나 북해로 흘러간다.

② 유럽의 북부에는 비교적 낮은 산지, 남부에는 높고 험준한 산지가 있다.

③ ⓒ의 사례로 스칸디나비아산맥이 있다.

⑤ 스칸디나비아산맥은 비교적 형성 시기가 오래된 낮은 산맥이다.

04

단면도의 Ⓐ는 북해, Ⓑ는 지중해 방향에 해당한다. 따라서 북해에서 지중해로 지나가는 단면이기 때문에 유럽의 평원 중 북독일 평원을 지나고 알프스산맥을 넘어 지중해에 이르게 된다.

05

예시 답안　A는 서안 해양성 기후, B는 지중해성 기후에 해당한다. 여름철에 A는 편서풍과 바다의 영향을 받아 서늘하고 비가 자주 내리는 반면, B는 편서풍의 영향을 거의 받지 않아 기온이 높고 비가 거의 내리지 않는다.

평가 기준	
상	두 기후 명칭을 쓰고 강수의 특징을 정확하게 비교한 경우
중	두 기후 명칭 중 하나만 쓰고 강수의 특징을 비교한 경우
하	두 기후 명칭을 쓰지 않았거나 강수의 특징을 잘못 비교한 경우

06

(가)는 서안 해양성 기후, (나)는 지중해성 기후, (다)는 냉대 기후이다. 서안 해양성 기후는 서부 유럽 국가에서, 지중해성 기후는 남부 유럽 국가에서, 냉대 기후는 북부 유럽 국가 또는 러시아 등 대륙 내부에 위치한 국가에서 나타난다. A는 서부 유럽에 위치한 영국의 수도인 런던, B는 동부 유럽에 위치한 러시아의 수도인 모스크바, C는 남부 유럽에 위치한 이탈리아의 수도인 로마이다.

07

독일의 뮌헨은 서안 해양성 기후가 나타난다. ㄴ. 서안 해양성 기후는 연중 편서풍의 영향을 받는다. ㄹ. 서안 해양성 기후가 나타나는 서부 유럽 여러 국가에서는 곡물 재배와 목축업을 함께하는 혼합 농업이 발달하였다.

오답 피하기

ㄱ. 서안 해양성 기후는 여름이 서늘하고 비가 자주 내린다.

ㄷ. 전통 음식에 올리브유와 토마토를 사용하는 지역은 지중해성 기후 지역이다.

08

자료는 24시간 해가 지지 않는 백야 현상을 나타낸 것이다. ① 백야 현상은 고위도 지역의 여름에 나타나며, 이 지역에서는 겨울에는 밤이 24시간 지속되는 극야 현상도 나타난다. 고위도 지역에서는 겨울에 오로라 현상을 관찰할 수 있다.

오답 피하기

② 적도와 가까운 지역은 일 년 내내 낮과 밤의 길이가 비슷하다.

③ 수목 농업은 주로 지중해 연안에서 이루어진다.

④ 고위도 지역은 냉대 및 한대 기후가 나타나며 기온의 연교차가 대체로 크다.

⑤ 고위도 지역은 겨울이 춥고 길기 때문에 작물 재배가 거의 불가능하다.

09

예시 답안　그리스 산토리니섬은 지중해 연안에 위치하고 있어 여름철이 덥고 건조한 지중해성 기후가 나타난다. 이 지역 집들의 벽을 흰색 계열의 밝은색으로 칠하는 이유는 강한 태양빛을 반사시키기 위한 것이고, 벽을 두껍게 하는 이유는 여름철 뜨거운 열기를 차단하여 실내 공간을 시원하게 유지하기 위한 것이다.

평가 기준	
상	기후 명칭을 쓰고, 벽의 색깔과 두께에 대한 이유를 명확하게 제시한 경우
중	기후 명칭을 쓰고, 벽의 색깔과 두께 중 하나에 대한 이유만을 명확하게 제시한 경우
하	기후 명칭을 쓰지 않았거나 벽의 색깔과 두께에 대한 이유를 제시하지 못한 경우

10

밑줄 친 '이 도시'는 에스파냐의 바르셀로나이다. 바르셀로나는 지중해 연안에 위치해 있으며, 여름철 파란 하늘과 맑고 푸른 지중해, 아름다운 건축물이 어우러져 많은 여행객이 찾는다. 지도의 A는 포르투갈의 리스본, B는 에스파냐의 바르셀로나, C는 프랑스의 휴양 도시인 니스, D는 이탈리아의 로마, E는 그리스의 아테네이다.

11

유럽은 산업화, 도시화로 인해 각종 도시 문제와 환경 문제가 발생하고 이상 기후 현상에 따른 자연재해가 증가함에 따라 이에 대응하기 위해 지속가능한 친환경 도시를 만들기 위해 노력하고 있다. ⑤ 독일의 '환경 수도'로 불리는 도시는 프라이부르크이다.

12

밑줄 친 '이 국가'는 '유럽 연합 최초 가입국', '국내 총생산이 가장 많은 국가', '분단되었으나 현재는 통일된 국가' 등을 통해 독일임을 알 수 있다.

오답 피하기

네덜란드와 독일은 유럽 연합 최초 가입국, 핀란드와 헝가리는 추가로 가입한 국가, 러시아는 비가입국이다.

13

A는 벨기에, B는 이탈리아이다. ㄱ. 벨기에는 서부 유럽의 국가로 서안 해양성 기후가 나타난다. ㄴ. 벨기에의 북부 플랑드르 지역은 네덜란드어, 남부 왈롱 지역은 프랑스어를 사용하기 때문에 두 지역이 언어 사용으로 인한 갈등이 있다.

오답 피하기

ㄷ. 벨기에(A)와 이탈리아(B) 모두 유럽 연합 회원국이다.

ㄹ. 벨기에(A)와 이탈리아(B) 모두 북부 지역이 남부 지역보다 소득 수준이 높다.

고난도 실력 향상 문제

01 ⑤　　**02** ③

01

(가) 그림의 배경은 프랑스 파리이며, 비오는 날 파리의 모습이 담겨 있다. 파리는 연중 흐린 날이 많은 서안 해양성 기후가 나타난다. (나)는 강렬한 하늘과 올리브나무로 인해 지중해 연안 지역을 연상시킨다. (나) 그림의 배경은 프랑스 남부 지역의 프로방스이다. ⑤ 서안 해양성 기후는 여름과 겨울의 강수량 차이가 크지 않지만 지중해성 기후는 여름에 비해 겨울 강수량이 월등히 많다. 따라서 연 강수량에서 겨울 강수량이 차지하는 비율은 지중해성 기후 지역인 (나)가 서안 해양성 기후 지역인 (가)보다 높다.

오답 피하기

① (가)에서는 혼합 농업, 낙농업 등이 이루어진다. 수목 농업은 지중해성 기후 지역에서 이루어진다.
② 연중 편서풍의 영향을 받는 지역은 서안 해양성 기후가 나타나는 (가) 지역이다.
③ 겨울 기온은 위도가 낮은 지중해성 기후 지역(나)이 서안 해양성 기후 지역(가)보다 높다.
④ 서안 해양성 기후 지역이 지중해성 기후 지역보다 위도가 높다.

02

지도에 표시된 A는 영국, B는 벨기에, C는 프랑스, D는 스위스, E는 폴란드이다. ③ 벨기에(B)의 북부 지역은 플랑드르 지역이다. 이 지역은 대부분의 주민이 네덜란드어를 사용한다. 벨기에(B)의 남부 지역이 프랑스(C)어를 사용한다.

오답 피하기

① 벨기에(B)의 수도 브뤼셀에는 유럽 연합의 본부가 있다.
② 2019년에는 영국(A)이 유럽 연합의 가입국이었기 때문에 영국(A)과 폴란드(E) 사이에는 노동력의 이동이 자유로웠다.
④ 프랑스(C)는 유럽 연합 최초 가입국이며, 폴란드(E)는 추가 가입한 국가이다.
⑤ 스위스(D)는 유럽 연합 비가입국이지만 솅겐 조약에 가입했기 때문에 유럽 연합 가입국과 왕래할 때 국경 검문이나 여권 검사를 실시하지 않는다.

IV. 아프리카

01 아프리카의 여러 국가와 자연환경

개념 확인 문제

01 (1) 지중해　(2) 아틀라스　(3) 열대, 온대
02 (1) ○　(2) ✕　(3) ○
03 (1) ㄹ　(2) ㄴ　(3) ㄷ　(4) ㄱ　(5) ㅁ
04 (1) ㄴ　(2) ㄷ　(3) ㄹ　(4) ㄱ

실력 쌓기 문제

01 ②	**02** ①	**03** ③	**04** ⑤	**05** ②
06 ④	**07** ④	**08** ⑤	**09** ③	**10** ④
11 ①	**12** ②	**13** ④	**14** ③	

01

아프리카는 중심에 적도가 지나기 때문에 적도를 중심으로 남북이 대칭 구조로 이루어져 있다. 또한, 북쪽에는 유럽, 동쪽에는 아시아가 있다.

오답 피하기

ㄴ. 아프리카의 동쪽에는 인도양, 서쪽에는 대서양이 있다.
ㄹ. 아프리카는 유럽과는 지중해, 아시아와는 홍해를 사이에 두고 있다.

02

나이지리아는 기니만 연안에 위치하며 대부분 다양한 종류의 나무가 숲을 이루는 평야로 이루어져 있다. 아프리카에서 사막은 주로 북부와 남부에 발달해 있다.

03

지도의 A는 이집트, B는 말리, C는 나이지리아, D는 에티오피아, E는 남아프리카 공화국이다. ③ 열대 기후가 나타나는 나이지리아(C)는 건조 기후가 나타나는 이집트(A)보다 비가 자주 내린다.

오답 피하기

① 이집트(A)에는 열대 우림이 나타나지 않고 국토의 대부분이 사막으로 이루어져 있다.
② 아프리카에서 인구가 가장 많은 나라는 나이지리아(C)이다.
④ 아비시니아 고원에 위치한 에티오피아(D)가 기니만 연안에 위치한 나이지리아(C)보다 평균 해발 고도가 높다.
⑤ 남아프리카 공화국(E)은 일찍이 유럽계가 진출하여 주민 중 유럽인이 차지하는 비중이 높다.

04

킨샤사는 콩고 민주 공화국의 수도이다. 콩고 민주 공화국에는 열대 우림이 분포하며 이곳에는 야생 고릴라가 서식한다. 최근 야생 고릴라를 보기 위해 많은 관광객이 콩고 민주 공화국을 찾는다.

05

아프리카에서 가장 높은 산은 동부 아프리카의 케냐와 탄자니아에 걸쳐 있는 킬리만자로산이다. 아프리카 북서부에 있는 아틀라스산맥은 높고 험준한 산지이지만 최고봉의 해발 고도는 킬리만자로산보다 낮다. 킬리만자로산의 해발 고도는 5,895m이다.

06 A는 아틀라스산맥, B는 사하라 사막, C는 킬리만자로산, D는 칼라하리 사막, E는 아비시니아고원이다. ④ 사하라 사막(B)은 세계에서 면적이 가장 넓은 사막이다.

07

(가)는 나일강, (나)는 콩고강이다. ㄴ. 나일강(가)은 아프리카 동부의 열대 기후 지역에서 북쪽으로 흘러 지중해로 흘러든다. 콩고강(나)은 아프리카 중부 열대 기후 지역의 여러 곳에서 시작하여 분지를 지나 대서양으로 흘러든다.
ㄹ. 상류 지역과 하류 지역 간 강수량 차이가 큰 나일강(가)은 콩고강(나)보다 상류 지역의 국가와 중하류 지역의 국가 간 물 자원 확보로 인한 갈등이 많다.

ㄱ. 이집트 문명의 유적은 나일강의 중·하류 지역에 많다.
ㄷ. 나일강의 하류는 건조 기후, 콩고강의 하류는 열대 기후가 나타난다. 따라서 강 하류에서의 강수량은 콩고강이 나일강보다 많다.

08

동아프리카 지구대는 아프리카의 모잠비크에서 이집트 부근까지 수천 km에 이르는 연속된 큰 골짜기이다. 현재도 지각이 서로 반대 방향으로 멀어지고 있으며, 이 과정에서 화산 활동이나 지진이 발생하기도 한다.

09

세계 최대의 모래 바다는 세계에서 가장 넓은 사막을 의미하는 사하라 사막이다. 인류 문명의 기원은 고대 나일강의 주기적인 범람과 함께 발달한 이집트 문명을 의미한다. 아프리카의 지붕은 아프리카에서 해발 고도가 가장 높은 산인 킬리만자로산이다.

10

아프리카는 적도 주변에 연중 덥고 습한 열대 우림 기후가 나타나며, 그 주변에 연중 덥지만 건기와 우기가 뚜렷한 사바나 기후가 나타난다.

① 아프리카의 남반구에는 남아프리카 공화국의 남쪽 해안 등에 온대 기후가 나타난다.
② 아프리카는 열대 기후와 건조 기후가 매우 넓게 나타나고 온대 기후는 고원이나 남북 해안을 따라 좁게 나타난다.
③ 적도와 가장 가까운 지역에는 열대 기후가 나타난다.
⑤ 남아프리카 공화국의 남부 해안에는 온대 기후(지중해성 기후)가 나타난다.

11

(가)는 건조 기후 지역, (나)는 열대 기후 지역에 해당한다. ㄱ. (가)는 7월 기온이 1월 기온보다 높기 때문에 북반구에 위치한다. ㄴ. (나)는 7~8월이 건기, 나머지 기간은 우기가 뚜렷하게 나타난다.

ㄷ. 기후 그래프에서 막대는 월별 강수량을 나타낸 것이다. 막대의 길이를 모두 합하면 연 강수량이 된다. (가)는 (나)보다 연 강수량이 적다.
ㄹ. 기후 그래프에서 선은 월별 평균 기온을 연결해 놓은 것이다. 기온의 연교차는 가장 높은 월의 평균 기온에서 가장 낮은 월의 평균 기온을 뺀 값으로 (가)가 (나)보다 기온의 연교차가 크다.

12

아프리카의 사막에서는 기온의 일교차가 크고 낮 동안 태양이 뜨겁기 때문에 창문이 작고 벽이 두꺼운 흙벽돌집에서 생활하며 온몸을 감싸는 옷을 주로 입는다. ② 이동식 화전 농업은 열대 기후 지역에서 이루어지는 농업 방식이다.

13

지도의 A는 열대 기후, B는 건조 기후, C는 온대 기후이다. ④ 식물의 분포 밀도는 열대 기후(A)가 건조 기후(B)보다 높다. 건조 기후 중 사막에는 식물이 거의 자라지 않으며, 사막의 주변에는 짧은 풀이 자란다.

① 열대 기후(A)는 일 년 내내 무덥고 습한 날씨가 지속되는 기후와 건기와 우기가 뚜렷한 기후로 나뉜다.
② 건조 기후(B)는 대체로 연 증발량이 연 강수량보다 많다.
③ 커피, 천연고무 등을 플랜테이션 농업으로 재배하는 지역은 열대 기후(A) 지역이다.
⑤ 건조 기후(B)는 일 년 내내 비가 거의 내리지 않는다.

14

지도의 A는 이집트의 카이로로 사막 기후가 나타나며, B는 탄자니아의 다르에스살람으로 건기와 우기가 뚜렷한 열대 기후가 나타난다. C는 남아프리카 공화국의 케이프타운으로 남반구의 지중해성 기후가 나타난다. ㄱ은 건기와 우기가 뚜렷한 열대 기후 그래프, ㄴ은 연 강수량이 적은 건조 기후 그래프, ㄷ은 여름이 덥고 건조한 남반구의 지중해성 기후 그래프이다.

서술형 문제

01

답 완성하기 아프리카는 (적도)을/를 기준으로 (북반구)와/과 (남반구)에 비교적 균등하게 분포하고 있다. 적도가 지나는 국가는 대표적으로 가봉, (콩고 민주 공화국), 케냐 등이 있으며, 북위 30°가 지나는 국가는 모로코, 알제리, 리비아, (이집트) 등이 있다. 한편 아프리카의 남반구는 북반구에 비해 면적이 좁기 때문에 남위 30°가 지나는 국가는 북반구와는 달리 (남아프리카 공화국)와/과 레소토뿐이다.

02

답 완성하기 (가)는 (7월이 덥고 건조)하기 때문에 (북반구)의 지중해 연안에 위치하고, (나)는 (1월이 덥고 건조)하기 때문에 (남반구)의 남아프리카 공화국 해안에 위치한 지역이다.

03

예시 답안 (1) 동아프리카 지구대
(2) 동아프리카 지구대는 지구 내부의 힘에 의해 지각판이 갈라지면서 형성된다. 지각판이 서로 멀어지면서 긴 골짜기가 형성되는 과정에서 화산 활동이 일어나기도 하고 지진이 발생하기도 한다. 또한, 양쪽이 멀어지는 골짜기는 바다보다 낮은 땅이 되기도 하며, 물이 고여 거대한 호수가 형성되기도 한다.

평가 기준	
상	(가)의 명칭을 정확하게 쓰고, (가) 지형의 형성 원인과 (가) 지형이 아프리카 대륙에 미치는 영향을 모두 명확하게 기술했을 경우
중	(가)의 명칭, (가) 지형의 형성 원인, (가) 지형이 아프리카 대륙에 미치는 영향 중 두 가지 이하를 명확하게 기술했을 경우
하	(가)의 명칭, (가) 지형의 형성 원인, (가) 지형이 아프리카 대륙에 미치는 영향 중 한 가지 이하를 명확하게 기술했을 경우

04

예시 답안 (1) 케냐, 탄자니아
(2) 긴 풀과 나무가 듬성듬성 자라는 지역은 열대 기후 중 건기와 우기가 뚜렷한 사바나 기후 지역이다. 사바나 기후는 기온이 일 년 내내 높게 유지되지만 건기와 우기가 뚜렷하게 나타나기 때문에 건기 때에는 높은 기온으로 인해 풀이 마르고 우기 때는 풀이 무성하게 자란다.

평가 기준	
상	사례 국가를 두 개 이상 쓰고, 사바나 기후의 특성을 건기와 우기로 나누어서 명확하게 서술했을 경우
하	사례 국가 한 개 이하로 쓰고, 사바나 기후의 특성을 건기와 우기로 나누지 않고 서술했을 경우

---

02 아프리카의 다양한 문화와 지역 잠재력
~03 지속가능한 발전을 위한 노력과 협력

개념 확인 문제

01 (1) 많다 (2) 이슬람교 (3) 기니만 (4) 나이지리아
02 (1) × (2) ○ (3) ○
03 (1) ㉠ (2) ㉡ (3) ㉣ (4) ㉤ (5) ㉢
04 (1) ㄱ (2) ㄷ (3) ㄴ (4) ㄹ

실력 쌓기 문제

01 ③	**02** ②	**03** ①	**04** ①	**05** ②
06 ④	**07** ④	**08** ⑤	**09** ③	**10** ④
11 ②	**12** ④	**13** ②	**14** ②	

01

덥고 습한 열대 기후 지역에서는 창문이 크고 지붕의 경사가 급한 개방적인 가옥이 발달하였다.

오답 피하기
① 북부 아프리카의 이슬람교는 서남아시아로부터 전파되었다.
② 사막 지역에서는 밀, 대추야자 등을 주식으로 이용한다. 카사바는 열대 기후 지역에서 주식으로 이용하는 작물이다.
④ 아프리카는 수많은 부족이 자신들만의 고유한 정체성을 지키고 있다.
⑤ 북부의 건조 기후 지역에서는 기온의 일교차가 크기 때문에 주로 온몸을 감싸는 형태의 옷을 입는다.

02

아프리카는 다양한 부족을 중심으로 토속 종교가 뿌리내리고 있었으나 북부 아프리카는 서남아시아로부터 이슬람교가, 사하라 이남 아프리카는 유럽인의 진출로 인해 크리스트교가 전파되었다.

03

사진의 건물은 북부 아프리카 국가인 말리의 젠네 모스크이다. 젠네 모스크는 서남아시아의 일반적인 모스크와는 달리 흙벽돌을 이용하고 창문이 작은 형태를 띠고 있다. 이는 북부 아프리카의 건조 기후에 대비한 건축 양식이다.

오답 피하기
② 에티오피아는 동부 아프리카 고원에 위치한다.
③ 탄자니아는 열대 기후 지역에 해당한다.
④ 콩고 민주 공화국은 열대 우림 기후가 넓게 나타난다.
⑤ 남아프리카 공화국은 토속 종교와 크리스트교를 주로 믿는다.

04

타진은 물이 부족한 건조 기후 지역에서 채소에 포함된 수분을 충분히 활용한 요리이다. 주로 모로코와 같이 북부 아프리카의

사하라 사막과 그 주변에 위치한 국가에서 맛볼 수 있다. 지도의 A는 모로코, B는 나이지리아, C는 콩고 민주 공화국, D는 케냐, E는 마다가스카르이다.

05

그래프에서 아프리카는 30세 미만 인구 비율이 전체 인구의 3분의 2가 넘는 67.2%이지만 유럽은 전체 인구의 3분의 1에 해당하는 32.2%이다. 이를 통해 아프리카가 유럽보다 평균 연령이 낮아 매우 젊다는 사실을 추론할 수 있다.

오답 피하기
① 평균 수명은 유럽이 아프리카보다 길다.
③ 아프리카는 합계 출산율이 높아 유럽보다 인구 증가율이 높다.
④ 젊은 인구가 많은 아프리카에서 일자리가 많은 유럽으로 노동력이 주로 이동한다.
⑤ 아프리카는 대체로 유럽보다 가족당 자녀 수가 많기 때문에 아이를 돌보기 위한 경제적 부담이 크다.

06

아프리카의 문화가 세계 여러 지역에 영향을 미친 사례로 브라질의 삼바와 리우 카니발, 미국의 재즈와 블루스, 피카소의 작품 등이 대표적이다.

오답 피하기
ㄱ. 남아메리카의 크리스트교는 유럽의 크리스트교가 전파된 것이다.
ㄷ. 동남아시아 여러 국가에서 쌀을 이용한 전통 음식은 이 지역에서 쌀이 많이 생산되기 때문이다.

07

보츠와나는 아프리카에서 가장 빠르게 성장하고 있는 국가이다. 특히 다이아몬드 생산량이 세계 2위로, 다이아몬드 채굴과 가공업 등을 기반으로 관광 산업 등이 활성화되면서 경제가 발전하고 있다.

08

A는 석유, B는 카카오, C는 커피, D는 구리이다. 카카오(B)와 커피(C)는 시장에 내다 팔기 위하여 재배하는 상품 작물이다.

오답 피하기
① 석유(A)는 에너지 자원이다.
② 카카오(B)는 농작물이다.
③ 커피(C)의 아프리카 최대 생산국은 에티오피아이다.
④ 구리(D)는 석유나 석탄과 같은 에너지 자원이 아니다.

09

표에서 상위 5개국은 선진국에 해당되며, 하위 5개국은 저개발국에 해당한다. 따라서 합계 출산율이 높은 저개발국의 순위가 낮은 지표는 중위 연령이다. 중위 연령은 평균 연령이 낮을수록 낮아진다.

10

아프리카는 세계에서 가장 빠르게 인구가 증가하고 있어 노동력이 풍부하다. 또한, 석유, 석탄, 신·재생 에너지, 각종 지하자원이 풍부하여 잠재력이 매우 높은 지역이다. 그러나 미약한 의료 기술, 교육 기회 부족 등 주민들의 생활 수준은 매우 낮은 편이다.

11

(가)는 상위 순위의 국가들이 큰 강 유역에 위치하고 있어 수력이다. (나)는 사하라 사막, 나미브 사막, 칼라하리 사막 등 사막이 분포하는 지역의 국가들이 상위 순위에 있기 때문에 태양광·태양열이다. (다)는 대서양에 접해 있는 모로코의 발전량 비중이 높은 풍력이다.

12

아프리카는 지속가능한 발전을 위해 다양한 방면에서 주체적 노력을 하고 있다. 특히 자연환경적 잠재력이 높은 신·재생 에너지의 생산을 늘리고, 자유 무역 지대를 결성하여 다른 대륙과의 불공정한 무역을 개선하기 위해 노력하고 있다.

오답 피하기
ㄱ. 지속가능한 발전 목표(SDGs) 17개 목표는 국제 연합(UN)에서 제시하였다.
ㄷ. 화석 연료 생산과 사용 확대는 지구 환경에 부정적이기 때문에 지속가능한 발전과는 거리가 멀다.

13

아프리카의 녹색 장벽 프로젝트(Great Green Wall)는 세계 최대의 사막인 사하라 사막의 남쪽에 있는 동서 방향의 사헬 지대를 사막화로부터 보호하기 위해 추진하고 있다.

14

'K-라이스벨트'는 벼농사가 활발하게 이루어지고 있는 우리나라의 선진적인 벼농사 기술을 아프리카 여러 나라에 지원하는 사업이다. 아프리카의 열대 기후 지역은 기온이 높고 강수량이 풍부하기 때문에 벼를 재배하기에는 좋은 환경을 가지고 있다. 여기에 우리나라의 벼 재배와 관련된 기술적인 면을 보완하면 아프리카의 식량난을 해소할 수 있는 좋은 기회가 될 수 있다.

서술형 문제
개념책 85쪽

01

답 완성하기 (가)는 창문이 (작고) 지붕이 (평평)하다. (나)는 창문이 (크고) 지붕의 경사가 (급)하다. 사막이 발달한 (가) 지역에는 (햇빛)와/과 (바람)이/가 강하여 창문을 작게 만들고 비가 거의 내리지 않기 때문에 지붕이

평평하다. (나) 지역은 열대 기후가 나타나기 때문에 날씨가 (더워) 창문을
크게 만들었으며, 비가 (많이) 내려서 빗물이 잘 흘러내릴 수 있도록 지붕의
경사가 급하다.

02

답 완성하기   아프리카는 세계에서 인구가 가장 빠르게 증가하는 대륙이
다. 특히 (경제활동 인구)에 해당하는 (청장년층) 인구의 비중이 빠르게 증
가하고 있다. 이는 생산자와 소비자가 동시에 증가하는 효과를 가져올 수 있
다. 이를 토대로 (소비 시장)의 확대와 함께 (경제 성장)도 이룰 수 있어 앞
으로 아프리카는 세계 경제에서 큰 부분을 차지할 것으로 기대된다.

03

예시 답안   (1) A - (이슬람교), B - (크리스트교)
(2) 지도를 통해 북부 아프리카에는 이슬람교가, 사하라 이남 아프리카에는
부분적으로 크리스트교가 분포하고 있음을 알 수 있다. 북부 아프리카는 이슬
람교가 발생한 서남아시아와 지리적으로 가깝기 때문에 서남아시아로부터
이슬람교가 전파되었으며, 사하라 이남 아프리카는 과거 유럽인의 아프리카
진출이 바닷길을 통해 이루어졌기 때문에 해안 지역을 중심으로 유럽인에 의
해 전파된 크리스트교가 분포하고 있다.

평가 기준	
상	A, B 종교의 명칭을 정확하게 쓰고, 두 종교가 아프리카에 분포하게 된 배경을 지리적, 역사적 사실을 활용하여 논리적으로 서술했을 경우
중	A, B 중 한 개 이하 종교의 명칭을 쓰고, 두 종교 중 한 개 이하의 종교가 아프리카에 분포하게 된 배경을 지리적 · 역사적 사실을 활용하여 서술했을 경우
하	A, B 종교의 명칭을 쓰지 못했거나, 두 종교가 아프리카에 분포하게 된 배경을 정확하게 서술하지 못했을 경우

04

예시 답안   (1) 55개의 별은 아프리카 연합(AU)의 회원국 수를 의미한다.
(2) 아프리카 연합(AU)은 과거 식민 지배의 아픈 역사를 극복하고 아프리카
의 통합을 목표로 공동의 이익과 입장을 추구하며, 아프리카의 고질적인 문제
인 빈곤 퇴치를 위해 경제 개발을 추진하여 아프리카의 평화와 안정을 도모하
는 역할을 한다. 이를 위해 평화 유지군을 파견하여 아프리카 내 분쟁을 해결
하고 국제 사회에서 영향력을 확대하기 위해 노력하고 있다.

평가 기준	
상	(1)의 내용을 정확하게 쓰고, 아프리카 연합(AU)의 역할을 세 가지 이상의 사례를 들어 서술했을 경우
중	(1)의 내용을 정확하게 쓰고, 아프리카 연합(AU)의 역할을 두 가지 이하의 사례를 들어 서술했을 경우
하	(1)의 내용을 쓰지 못했거나, 아프리카 연합(AU)의 역할을 사례로 들지 못했을 경우

대단원 마무리 문제

개념책 87~89쪽

01 ⑤	02 ①	03 ⑤	04 ⑤
05 해설 참조	06 ③	07 ④	08 ⑤
09 해설 참조	10 ⑤	11 ⑤	12 ⑤
13 ①	14 ⑤		

01

아프리카는 북쪽으로 아틀라스산맥과 같은 높은 산지, 남쪽에는
드라켄즈버그산맥과 같은 비교적 낮은 산지가 분포한다.

02

대서양은 아프리카의 서쪽에, 지중해는 아프리카의 북쪽에 있기
때문에 이를 모두 충족시키는 나라는 아프리카의 북서부에 위치
한다. 또한, 유럽과 가장 가까운 위치에 있으며, 사하라 사막의
일부도 분포하는 국가는 모로코이다.

오답 피하기
② 세네갈은 대서양에만 접해 있다.
③ 앙골라에는 사하라 사막이 없다.
④ 튀니지는 지중해에만 접해 있다.
⑤ 코트디부아르는 기니만 연안에 접해 있으며 열대 기후가 나타난다.

03

거대한 바오바브나무가 자라고 벼농사가 활발하게 이루어지는
국가는 아프리카 동부의 인도양에 위치한 마다가스카르이다. 지
도에 표시된 A는 알제리, B는 수단, C는 콩고 민주 공화국, D는
탄자니아, E는 마다가스카르이다.

04

A는 아틀라스산맥, B는 사하라 사막, C는 나일강, D는 아비시니
아고원, E는 킬리만자로산이다. ⑤ 아프리카에서 가장 높은 킬리
만자로산은 화산 활동으로 형성되었으며, 산 정상부에는 큰 호수
가 있다.

오답 피하기
① 아틀라스산맥(A)은 형성 시기가 오래되지 않아 침식과 풍화 작용을
   받은 기간이 길지 않다. 따라서 해발 고도가 높다.
② 사하라 사막(B)의 주민들은 사막의 높은 열기로 인해 온몸을 감싸
   는 형태의 옷을 주로 입는다.
③ 나일강(C) 주변의 주민들은 강물을 이용하여 주로 밀을 재배한다.
④ 카카오는 기니만 연안의 열대 기후 지역에서 주로 재배하며, 아비
   시니아고원(D)에서는 커피가 많이 재배된다.

05

 A는 건조 기후 지역인 사하라 사막의 일부이기 때문에 강수량이 적고, B는 적도 부근의 열대 기후 지역의 일부이기 때문에 강수량이 많다.

평가 기준	
상	A, B를 건조 기후와 열대 기후로 나눠서 제시하고 강수량의 많고 적음을 정확하게 비교하여 서술했을 경우
하	A, B를 건조 기후와 열대 기후로 구분하지 못했거나 강수량의 많고 적음을 명확하게 구분하지 못했을 경우

06

나일강의 하류에 해당하는 이집트는 대부분 사막으로 이루어져 있으며, 콩고강 중·하류에 해당하는 콩고 민주 공화국은 열대 기후가 나타난다.

오답 피하기

① 아프리카의 북부에는 세계에서 가장 넓은 사하라 사막이 있다.
② 아프리카 남부의 남아프리카 공화국에는 여름철이 건조한 온대 기후인 지중해성 기후가 나타난다.
④ 아프리카의 동부에는 지각이 갈라지는 동아프리카 지구대가 있다.
⑤ 아프리카 서부 적도 부근의 기니만 연안에는 강수량이 풍부하여 열대 우림이 형성되어 있다.

07

사진의 풍경은 피라미드와 스핑크스 등 고대 이집트 문명의 유적이다. 이집트는 국토의 90% 이상이 사막으로 이루어져 있다. ㄴ. 사막은 연 증발량이 연 강수량보다 많다. ㄹ. 이집트는 아프리카의 북동부 끝에 위치하여 북쪽으로 지중해, 동쪽으로 홍해에 접해 있다.

오답 피하기

ㄱ. 이집트는 나일강의 하류에 위치한다.
ㄷ. 이집트는 대부분의 주민이 이슬람교를 믿는다.

08

잠비아와 짐바브웨는 남부 아프리카에 속하는 국가이다. 따라서 밑줄 친 '이 강'은 남부 아프리카를 흐르는 잠베지강임을 알 수 있다.

오답 피하기

① 나일강은 동부에서 북부 아프리카로 흐르는 강이다.
② 콩고강은 중부 아프리카를 흐르는 강이다.
③ 나이저강은 서부 아프리카를 흐르는 강이다.
④ 세네갈강은 서부 아프리카를 흐르는 강이다.

09

 열대 기후는 일 년 내내 기온이 높지만 강수량 및 숲의 모양에 따라 두 가지 유형으로 구분할 수 있다. (가)는 다양한 종류의 나무가 섞여 울창한 숲을 이루는 열대 기후 지역이며, (나)는 긴 풀과 짧은 나무가 듬성듬성 자라는 숲으로 이루어진 열대 기후 지역이다. 두 지역의 숲에서 차이가 나타나는 이유는 (가)는 일 년 내내 비가 자주 내리고, (나)는 건기와 우기가 뚜렷하기 때문이다.

평가 기준	
상	(가), (나) 지역 숲의 특성을 정확하게 쓰고, 차이점의 이유를 강수량 특성을 토대로 정확하게 기술했을 경우
중	(가), (나) 지역 숲의 특성을 정확하게 쓰고, 차이점의 이유를 간략하게 기술했을 경우
하	(가), (나) 지역 숲의 특성을 쓰지 못했거나, 차이점의 이유를 정확하게 기술하지 못했을 경우

10

(가)는 수단의 옴두르만의 모스크, (나)는 나미비아의 그리스도 교회이다. 종교 시설은 외형상 독특한 특징을 가지고 있다. 이슬람교의 모스크는 건물의 가운데가 둥근 돔 형태를 띠고 있으며, 크리스트교의 교회는 십자가가 주요 상징이다. 또한 아프리카에서는 북부 아프리카에서는 이슬람교, 사하라 이남 아프리카에서는 크리스트교의 종교 시설을 흔하게 볼 수 있다. 지도에 표시된 A는 모로코, B는 말리, C는 수단, D는 나미비아이다. A~C는 이슬람교 신자 비율이 높은 북부 아프리카 국가, D는 크리스트교 신자 비율이 높은 남부 아프리카 국가이다.

11

서남아시아 여성들이 착용하는 히잡은 이슬람교 율법에 제시된 의복 규정으로, 서남아시아의 종교 특징으로 나타나는 현상이다.

12

⑤ 아프리카(가)와 유럽(다) 사이에는 지중해가 있다.

오답 피하기

① 아시아(나)가 아프리카(가)보다 면적이 넓다.
② 중위 연령은 아시아(나)가 유럽(다)보다 낮다.
③ 아프리카(가)는 아시아(나) 다음으로 인구가 많은 대륙이다.
④ 유라시아 대륙은 아시아(나)와 유럽(다)을 포함한 대륙이며, 우랄산맥을 경계로 서쪽은 유럽, 동쪽은 아시아에 해당한다.

13

초콜릿의 원료가 되는 카카오는 열대 기후 지역에서 플랜테이션 농업을 통해 재배된다. 수확 과정에서 생산자는 힘든 노동을 제공했음에도 불구하고 노동에 대한 정당한 대가를 받지 못하고 유통 과정에서 중간 판매자들에 의해 이익이 불공정하게 배분된다. 따라서 이러한 부정적인 면을 바로 잡기 위해서는 공정 무역을 통해 생산자에서 소비자로 바로 연결될 수 있도록 유통 과정을 개선할 필요가 있다.

14

공적 개발 원조는 선진국의 정부나 공공 기관이 개발 도상국에 자금을 지원해 주는 제도로, 아프리카의 지속가능한 발전을 위한 주체적 노력 사례로 적절하지 않다.

고난도 실력 향상 문제

01 ⑤　　**02** ①

01

지도에 표시된 A 지역은 아프리카 북부의 지중해 연안 및 남아프리카 공화국 남부 해안 등 온대 기후가 나타나는 지역이다. ㄷ. 모로코의 지중해 연안 지역은 지중해성 기후가 나타난다. 북반구의 지중해성 기후는 여름철이 덥고 건조하다. 따라서 여름철에 해당하는 7월보다 겨울철인 1월의 강수량이 많다. ㄹ. 남아프리카 공화국의 남서부 지역은 남반구의 지중해성 기후 지역에 해당한다. 이곳에서는 여름철에 해당하는 1월에 건조한 기후에 잘 견디는 포도를 재배한다.

오답 피하기
ㄱ. 건기와 우기가 뚜렷한 사바나 기후에 대한 설명이다.
ㄴ. 열대 우림 기후에 대한 설명이다.

02

지도에 표시된 국가는 에티오피아, 남아프리카 공화국, 나이지리아, 코트디부아르, 보츠와나이다. A는 에티오피아, B는 남아프리카 공화국, C는 나이지리아, D는 코트디부아르, E는 보츠와나이다. ① 에티오피아(A)는 아비시니아 고원에 위치하기 때문에 기니만 연안의 평야 지대에 위치한 코트디부아르보다 평균 해발 고도가 높다.

오답 피하기
② 1인당 국민 총소득은 최근 경제가 빠르게 성장하고 있는 보츠와나(E)가 나이지리아(C)보다 많다.
③ 나이지리아(C)는 아프리카에서 인구가 가장 많은 국가이다.
④ 에티오피아(A)는 동부 아프리카에 속한다.
⑤ 남아프리카 공화국(B)은 대서양과 인도양이 만나는 곳에 위치한다. 내륙국은 에티오피아(A)와 보츠와나(E)이다.

V. 아메리카

01 아메리카의 여러 국가와 자연환경

개념 확인 문제

01 (1) 태평양　(2) 파나마　(3) 캐나다
02 (1) ○　(2) ×　(3) ×　(4) ○
03 ㄴ, ㅁ, ㅂ
04 (1) ㄱ　(2) ㄴ　(3) ㄷ　(4) ㄹ

실력 쌓기 문제

01 ④　**02** ①　**03** ④　**04** ①　**05** ②
06 ⑤　**07** ③　**08** ②　**09** ⑤　**10** ②
11 ④　**12** ①　**13** ①　**14** ⑤

01

아메리카는 적도에 걸쳐 남북으로 긴 형태를 하고 있어 두 지역으로 구분하기도 한다.
ㄴ. 브라질은 파나마 지협의 남쪽, 즉 남아메리카에 위치한다.
ㄹ. 적도에 걸쳐 있는 국가로는 에콰도르, 브라질 등이 있다.

오답 피하기
ㄱ. 태평양과 대서양에 접해 있다.
ㄷ. 멕시코는 라틴 아메리카에 위치한다.

02

애팔래치아산맥이 동부에 있고, 멕시코와 국경을 맞대고 있으며, 영어 사용자 비율이 높은 국가는 미국이다.

03

지도의 A는 미국, B는 캐나다, C는 멕시코이다. 상대적으로 고위도에 위치한 캐나다(B)는 멕시코(C)보다 냉대 기후가 넓게 나타난다.

오답 피하기
① 미국(A)의 수도는 워싱턴 D.C.이다.
② 캐나다(B)의 수도는 오타와로 고산 도시에 해당하지 않는다.
③ 멕시코(C)에는 애팔래치아산맥이 없다.
⑤ 미국(A)과 캐나다(B)는 앵글로아메리카이고, 멕시코(C)는 라틴 아메리카에 해당한다.

04

지도의 A는 파나마, B는 에콰도르이다.
ㄱ. 파나마 지협에 대한 설명이다. 이 지협은 파나마에 있다.
ㄴ. 에콰도르는 적도에 걸쳐 있다.

오답 피하기
ㄷ. 파나마(A)와 에콰도르(B)는 모두 라틴 아메리카에 위치한다.

ㄹ. 에콰도르(B)의 수도인 키토는 고산 도시이지만, 파나마(A)의 수도
인 파나마시티는 고산 도시가 아니다.

05

국토 모양이 길쭉하다는 내용과 산티아고라는 도시 이름이 있는
것으로 보아 칠레이다. 칠레 남부 해안에는 빙하 침식 지형인 피
오르가 발달하였다.

> **오답 피하기**

① 태평양에 접해 있다.
③ 남아메리카에 위치한다.
④ 수도인 산티아고는 해발 고도가 1,000m 미만으로 고산 지대에 위
치하지 않는다.
⑤ 국토 대부분은 온대 기후 및 건조 기후 지역이다.

06

(가)는 멕시코시티, (나)는 뉴욕이다. 지도의 A는 샌프란시스코,
B는 오타와, C는 뉴욕, D는 멕시코시티이다.

07

(가)는 볼리비아이다. 수도는 안데스산맥에 위치한 고산 도시인
라파스이고, 잉카 문명이 발달하였으며 소금 사막으로 유명한 우
유니 사막이 있다. (나)는 브라질이다. 수도인 브라질리아에는 국
가의 이름이 포함되어 있으며, 이외에도 주요 도시로 상파울루,
리우데자네이루가 있다.

08

지도의 A는 보고타, B는 쿠스코, C는 라파스, D는 부에노스아이
레스이다.
ㄱ. 보고타(A)는 콜롬비아의 수도이다.
ㄷ. 고산 도시인 라파스(C)는 대서양에 접해 있는 부에노스아이
레스(D)보다 해발 고도가 높다.

> **오답 피하기**

ㄴ. 쿠스코(B)에는 잉카 문명의 유적지가 있다.
ㄹ. B는 쿠스코, D는 부에노스아이레스이다.

09

지도의 A는 로키산맥, B는 애팔래치아산맥이다.
ㄷ. 환태평양 조산대에 속한 로키산맥(A)은 애팔래치아산맥(B)
보다 지각이 불안정하다.
ㄹ. 오랜 기간 안정적인 상태에서 침식 작용을 받아 온 애팔래치
아산맥(B)은 로키산맥(A)보다 평균 해발 고도가 낮다.

> **오답 피하기**

ㄱ. 잉카 문명의 유적은 안데스산맥에 분포한다.
ㄴ. B는 멕시코에 걸쳐 있지는 않다.

10

(가)는 아마존강으로, 안데스산맥에서 발원하여 대서양으로 흘러
들어간다. (나)는 리오그란데강으로, 미국과 멕시코의 국경 일부
를 이루며 멕시코만으로 흘러들어간다. 이 하천은 앵글로아메리
카와 라틴 아메리카를 구분하는 경계이기도 하다.

11

지도의 A 지역은 캐나다의 일부로, 빙하호가 널리 나타난다. 빙
하호는 과거 빙하가 덮여 있던 자리에 빙하가 녹아 형성된 물이
고인 호수를 말한다.

12

기후 그래프를 보면 가장 추운 달의 평균 기온이 18℃ 이상이며 일
년 내내 비가 많이 내린다. 따라서 (가) 지역은 열대 기후가 나타
나는 A이다.

> **오답 피하기**

② B는 해발 고도가 높아 일 년 내내 월평균 기온이 그래프처럼 높지
않다.
③ C는 온대 기후가 나타난다.
④ D는 온대 기후가 나타난다.
⑤ E는 건조 기후가 나타난다.

13

지도의 A는 캐나다, B는 멕시코, C는 브라질, D는 우루과이, E
는 칠레이다. 캐나다(A)는 건조 기후보다 냉대 기후가 넓게 나타
난다.

> **오답 피하기**

② 멕시코(B)는 빙하의 영향을 받아 형성된 피오르가 발달하지 않았다.
③ 브라질(C)은 국토 대부분이 열대 기후 지역이므로, 사막이 넓게 나
타나지 않는다.
④ 우루과이(D)는 대서양 연안 국가로 환태평양 조산대에 위치하지 않
는다.
⑤ 칠레(E)의 수도는 산티아고로, 온대 기후 지역이다.

14

(가)는 밀농사가 활발한 평야로 지도의 C(아르헨티나의 온대 기
후 지역)에 해당한다. (나)는 플랜테이션이 이루어지는 열대 기후
지역으로 지도의 B(브라질의 열대 기후 지역)에 해당한다. 지도
의 A는 건조 기후 지역이다.

서술형 문제

개념책 99쪽

01

답 완성하기 (1) ㉠ – (리오그란데강)
(2) ㉡은 (앵글로아메리카)이고, 미국이 이에 속한다. ㉢은 (라틴 아메리
카)이고, 브라질이 이에 속한다.

02

답 완성하기 알래스카주는 대부분 냉대 기후와 (한대) 기후가 나타난다.
이들 기후가 나타나는 지역은 연평균 기온이 (낮고), 겨울이 춥고 길어 농업에
(불리)하므로 인구가 밀집하여 거주하기 어렵다.

03

예시 답안　(1) 피오르

(2) 빙하가 깎아 만든 계곡이 바닷물에 의해 침수되어 길고 좁은 형태의 만이 발달하였다.

평가 기준	
상	빙하 지형 명칭을 쓰고, 지형의 형성 원인까지 모두 정확히 서술한 경우
중	빙하 지형 명칭을 정확히 썼으나, 지형의 형성 원인을 일부만 서술한 경우
하	빙하 지형 명칭만 정확히 쓴 경우

04

예시 답안　마나우스는 저지대에 위치하여 일 년 내내 기온이 높고 강수량이 많은 열대 기후가 나타난다. 반면에 키토는 해발 고도가 높은 산지에 위치하여 상대적으로 기온이 낮다. 즉, 두 지역은 저위도에 위치하고 있다는 공통점이 있으나, 지형의 분포와 해발 고도의 차이로 인해 기온 분포의 차이가 뚜렷하다.

평가 기준	
상	두 지역의 기후(기온) 특성을 정확히 쓰고, 해발 고도의 차이 때문임을 밝힌 경우
중	두 지역의 기후(기온) 특성만 정확히 쓰고, 해발 고도의 차이 때문임을 제대로 밝히지 못한 경우
하	두 지역 중 한 지역의 기후(기온) 특성만 쓴 경우

02 다양한 민족(인종)으로 구성된 아메리카
~03 초국적 기업의 발달과 지역 변화

개념 확인 문제
개념책 102쪽

01 (1) 페루　(2) 플랜테이션　(3) 프랑스　(4) 혼종성

02 (1) ○　(2) ×　(3) ×　(4) ×

03 ㄱ, ㄴ, ㅂ

04 (1) ㉡　(2) ㉢　(3) ㉠

실력 쌓기 문제
개념책 102~104쪽

01 ④	02 ⑤	03 ④	04 ④	05 ④
06 ⑤	07 ②	08 ⑤	09 ②	10 ⑤
11 ⑤	12 ⑤	13 ②	14 ③	

01

앵글로아메리카에 위치하며 영어와 프랑스어를 공용어로 사용하는 국가는 캐나다이다. 캐나다의 북극해 연안에는 원주민인 이누이트가 거주한다.

02

지도의 A 지역은 캐나다의 퀘벡주이다. 이 지역은 프랑스계가 다수 정착하여 살고 있으며 주로 프랑스어를 사용한다.

03

지도는 1500~1914년까지의 아프리카에서 아메리카로의 인구 이동을 나타낸 것이다. 이는 유럽계에 의한 강제 이주로, 플랜테이션 농장에서 필요한 노동력의 공급을 위해 이루어졌다.

04

(가)는 영어보다 에스파냐어 사용자 비율이 높은 국가가 해당하므로, 지도의 C(멕시코)이다. (나)는 프랑스어가 공용어에 포함되어 있지 않은 국가가 해당하므로, 지도의 A(미국)이다. 나머지 (다)는 지도의 B(캐나다)이다.

05

미국의 2020년 민족(인종) 구성을 보면 유럽계가 가장 높은 비율을 차지하고 있으며, 그다음으로는 히스패닉이 차지하고 있다. 히스패닉은 라틴 아메리카에서 주로 경제적 원인에 의해 앵글로아메리카로 이주해 왔는데, 미국의 소수 민족 중에서는 가장 높은 비율을 차지하고 있다. 따라서 그래프의 (가)가 히스패닉이다. 히스패닉 다음으로 높은 비율을 보이는 민족(인종)은 미국의 플랜테이션 노동력 공급을 목적으로 강제 이주된 아프리카계로, 그래프의 (나)이다. 나머지 (다)는 아시아계이다.

06

그래프의 (가)는 혼혈의 비율이 매우 높은 멕시코이다. (나)는 (가)보다 유럽계와 아프리카계의 비율이 모두 높게 나타나는 것으로 보아 브라질이다. 브라질(나)은 멕시코(가)보다 과거 식민지 시대에 플랜테이션 노동력의 유입이 많았으며, 국토 면적이 넓다.

오답 피하기

① 멕시코(가)는 아르헨티나와 국경을 접하고 있지 않다.
② 브라질(나)은 안데스산맥에 걸쳐 있지 않다.
③ 멕시코(가)는 브라질(나)보다 수도의 해발 고도가 높다.
④ 브라질(나)이 멕시코(가)보다 국가 내 포르투갈어 사용자 비율이 높다.

07

지도에 표시된 두 국가는 페루와 볼리비아이다. 이들 두 국가는 모두 안데스산맥에 걸쳐 있으며, 민족(인종) 구성에 있어 원주민이 유럽계보다 높은 비율을 보인다는 공통점이 있다.

오답 피하기

① 안데스산맥에 걸쳐 있다.

③ 에스파냐어를 공용어로 사용한다.
④ 이슬람교보다 크리스트교 신자가 많다.
⑤ 냉대 기후가 나타나지 않는다.

08

지도의 A는 캐나다, B는 멕시코, C는 브라질이다. ㄷ. 멕시코(B)
는 에스파냐, 브라질(C)은 포르투갈의 식민 지배를 받았다.
ㄹ. 세 국가 중 이누이트는 캐나다(A)에 주로 거주한다.

ㄱ. 캐나다(A)는 주로 냉·한대 기후가 나타나므로 플랜테이션이 발달
하기 어렵다. 아프리카계가 강제 이주된 곳은 미국이다.
ㄴ. 아스테카 문명의 유적은 멕시코(B)에 분포한다.

09

(가)는 대서양 연안에 위치하며 민족(인종) 구성에서 유럽계의 비
율이 매우 높다는 내용으로 보아 우루과이, 아르헨티나 등이 해
당한다. (나)는 카리브해에 위치한 섬나라로, 아프리카계가 다수
유입하였다는 내용으로 보아 자메이카, 아이티 등이 해당한다.

10

(가)는 탱고가 탄생한 국가인 아르헨티나이다. (나)는 삼바가 탄
생한 국가인 브라질이다.
ㄷ. 아르헨티나(가)는 브라질(나)보다 국가 내 에스파냐어 사용자
비율이 높다.
ㄹ. 아르헨티나(가)는 브라질(나)보다 민족(인종) 구성에서 유럽
계가 차지하는 비율이 높다.

ㄱ. 국토 대부분이 열대 기후 지역인 브라질(나)이 아르헨티나(가)보다
열대림의 분포 면적이 넓다.
ㄴ. 브라질(나)이 아르헨티나(가)보다 커피, 바나나, 사탕수수 등 플랜
테이션 작물의 수출액이 많다.

11

멕시코의 과달루페 성모상은 크리스트교의 문화와 원주민의 문
화가 결합되어 새로운 형태의 문화가 탄생한 사례이다.

12

초국적 기업은 각 조직이 지역적으로 분리되어 기능을 수행하면
서 경영의 효율성을 높이고자 한다. 본사가 주로 선진국에 입지
하는 이유는 개발 도상국에 비해 선진국에서 풍부한 자본과 고급
정보를 얻기가 상대적으로 유리하기 때문이다.

13

항공기 제조 기업의 부품이 국가별로 분리되어 생산되고 있는 것
은 전문 기술 기업의 협력과 분업을 통하여 글로벌 생산체제를
구축할 수 있기 때문이다.

14

미국의 디트로이트는 자동차 산업이 발달하면서 호황을 누렸으
나 기업의 생산 공장이 폐쇄되고 해외로 이전하게 된 결과 지역
경제가 크게 위축되었다. 이렇게 산업 시설이 폐쇄되거나 외부로
유출되면서 해당 지역의 일자리가 감소하고 경제가 침체하는 현
상을 산업 공동화라고 한다.

① 기업의 각 조직이 지역적으로 분리되는 것이다.
② 서로 다른 문화가 결합되어 독자적이고 새로운 문화가 탄생하는 것
이다.
④ 기업이 각 지역의 특성을 고려한 생산과 판매, 홍보 전략을 수립하
는 것이다.
⑤ 기업이 세계 각 지역과 연계하여 생산 활동을 수행하는 것이다.

서술형 문제

개념책 105쪽

01

 (1) A - (에스파냐), B - (포르투갈)
(2) 주로 커피, 사탕수수와 같은 작물을 대규모로 생산하는 농업인 (플랜테
이션)의 노동력 확보를 위해 (유럽계)에 의해 강제 이주되었다.

02

 (1) A - (영어), B - (프랑스어)
(2) 캐나다는 영국과 (프랑스)이/가 식민지 지배권을 놓고 경쟁함에 따라
두 국가의 영향을 크게 받았으며, 문화적 다양성을 인정하여 두 언어를 공용어
로 사용하고 있다.

03

 미국은 경제 발전 수준이 높고 일자리가 많기 때문에 상대적으
로 경제 발전 수준이 낮은 라틴 아메리카를 떠나는 경제적 목적의 인구 이주
가 활발하다. 라틴 아메리카 출신의 이주자들은 주로 에스파냐어를 사용하며
미국 남서부 지역을 중심으로 거주하기 때문에 해당 지역에서 언어가 공용어
로 사용하는 모습을 흔하게 목격할 수 있다.

평가 기준	
상	두 언어가 혼용되는 모습에 대하여 인구 이주 및 출신 지역과 관련지어 정확히 서술한 경우
하	두 언어가 혼용되는 모습에 대하여 출신 지역의 언급 없이 서술한 경우

04

 (1) ・본사가 있는 국가: (미국)
・공장 근로자 수가 가장 많은 대륙: (아시아)
(2) 의류 기업의 생산 공장 입지는 저임금 노동력을 많이 확보할 수 있는 지역
이 유리하다. 베트남과 인도네시아 등지는 저임금 노동력이 풍부하여 의류 기
업의 생산 공장 입지에 적합하다.

평가 기준	
상	국가와 대륙을 정확히 쓰고, 생산 공장 입지 이유까지 밝힌 경우
중	국가와 대륙을 정확히 쓰고, 생산 공장 입지 이유를 제대로 밝히지 못한 경우
하	국가와 대륙만 정확히 쓴 경우

대단원 마무리 문제

개념책 107~109쪽

01 ①	02 ③	03 ①	04 ③	05 ①
06 ③	07 해설 참조		08 ③	09 ②
10 ③	11 ⑤	12 ④	13 해설 참조	
14 ④	15 ④			

01

아메리카는 서쪽으로는 태평양, 동쪽으로는 대서양과 접해 있으며 남북으로 긴 형태를 하고 있다.

ㄱ. 아메리카는 태평양과 접해 있다.

ㄴ. 적도가 지나며 남반구와 북반구에 모두 걸쳐 있다.

오답 피하기

ㄷ. 모든 국가는 영국의 서쪽에 있으므로 영국보다 표준시가 늦다.

ㄹ. 국토 면적이 가장 넓은 국가는 캐나다이다.

02

지도의 A는 미국, B는 캐나다이다. 캐나다(B)에서는 영어와 프랑스어가 공용어로 사용된다.

오답 피하기

① 미국(A)의 수도인 워싱턴 D.C.는 고산 도시가 아니다.

② 캐나다(B)의 수도는 내륙에 위치한다.

④ 국토 면적이 상대적으로 넓으면서 국토의 상당 부분이 북극해와 접하고 있는 캐나다(B)가 미국(A)보다 한대 기후 지역이 넓게 나타난다.

⑤ 미국(A)과 캐나다(B)는 모두 앵글로아메리카에 속한다.

03

뉴욕은 국제 연합(UN) 본부가 있어 세계 정치의 중심 도시로 불린다. 또한 수많은 금융 기관이 입지한 월스트리트가 있어 경제의 중심 도시로 불리기도 한다. 대표적인 건축물로는 자유의 여신상이 있다.

04

지도의 A 산맥은 로키산맥으로, 환태평양 조산대에 속한다.

오답 피하기

① 로키산맥이 지나는 두 국가의 수도(미국의 워싱턴 D.C., 캐나다의 오타와)는 이 산맥에 위치하지 않는다.

②, ④ 안데스산맥에 대한 설명이다.

⑤ 에베레스트산이 있는 히말라야산맥에 대한 설명이다.

05

빙하가 깎아 만든 U자곡이 바닷물에 침수되어 형성된 지형을 피오르라고 한다. 칠레는 피오르가 발달하였으며, 피오르가 중요한 관광 자원으로 이용되고 있다.

06

지도의 A 기후는 캐나다와 미국에서 넓게 나타나므로, 냉대 기후이다. 지도의 B 기후는 남아메리카의 브라질에서 넓게 나타나므로, 열대 기후이다.

07

예시 답안 페루는 저위도의 안데스산맥에 위치하며 해발 고도가 높은 지역에 고산 도시가 발달하였다. 저위도의 해발 고도가 높은 곳은 비슷한 위도의 열대 기후 지역보다 기온이 낮다.

평가 기준	
상	고산 기후의 특성을 해발 고도와 관련지어 정확히 서술한 경우
하	해발 고도와의 관련성이 잘 드러나지 않은 경우

08

지도의 A 국가는 아르헨티나이고, 수도는 부에노스아이레스이다.

오답 피하기

① 아마존강이 흐르지 않는다.

② 미국에 대한 설명이다.

④ 아르헨티나에는 아스테카 문명의 유적지가 없다.

⑤ 주민 대부분이 에스파냐어를 사용한다.

09

미국의 남동부는 대규모 목화 재배에 필요한 노동력 확보를 위해 유럽계에 의해 강제 이주된 아프리카계가 다수 거주하게 되었다. 따라서 ㉠에는 유럽계, ㉡에는 아프리카계가 들어간다.

10

캐나다의 퀘벡주는 프랑스계 이주민이 정착한 이래 프랑스의 문화 정체성이 뚜렷하게 이어지고 있다. 캐나다는 영어 사용자 비율이 상대적으로 높은 국가이지만 영어와 프랑스어를 모두 공용어로 인정하고 있다.

11

페루, 멕시코, 브라질, 우루과이는 모두 라틴 아메리카에 속한다.

① 애팔래치아산맥은 미국에 있다.
② 페루, 멕시코는 포르투갈어보다 에스파냐어 사용자 비율이 높다.
③ 브라질은 남 · 북반구에 걸쳐 있으며, 우루과이는 남반구에 위치한다.
④ 브라질, 우루과이는 대서양과 접해 있다.

12

브라질은 유럽계와 혼혈의 비율이 높고, 그다음으로 아프리카계의 비율이 높다. 따라서 (가)는 유럽계, (나)는 아프리카계이다.
ㄴ. 아프리카계(나)는 과거 플랜테이션 노동력 확보의 목적으로 강제 이주되었다.
ㄹ. 카브리해에 위치한 자메이카는 모두 유럽계(가)보다 아프리카계(나)의 구성 비율이 높다.

ㄱ. 유럽계(가)는 브라질 내에서는 주로 대서양 연안에 거주한다.
ㄷ. 유럽계(가)는 아프리카계(나)보다 라틴 아메리카 총인구에서 차지하는 비율이 높다.

13

  아메리카는 유럽계의 진출 이후 플랜테이션 노동력 확보의 목적으로 아프리카계가 강제 이주되었다. 따라서 원주민, 유럽계, 아프리카계 간 문화가 접촉하면서 레게 음악과 같은 새로운 문화가 탄생하게 되었다.

평가 기준	
상	문화 혼종성을 민족(인종) 이주와 관련지어 정확히 쓴 경우
하	민족(인종) 이주와 관련된 내용이 잘 드러나지 않은 경우

14

의류 기업은 생산 공장의 입지 결정에 있어서 노동비 절감이 중요한 조건이 된다. 베트남, 인도네시아가 있는 동남아시아는 저렴한 노동력이 풍부한 편이다.

15

초국적 기업의 생산 공장이 입지하게 되면 해당 지역에서는 긍정적 측면 외에도 부정적 측면의 변화가 나타날 수 있다.
을. 기업 투자로 자본이 유입되고 새로운 일자리가 창출된다.
정. 경쟁력이 약한 현지 기업은 이전에 비해 어려움을 겪을 가능성이 있다.

갑. 산업 공동화는 기업이 기존의 시설을 폐쇄하거나 다른 지역으로 이전시킴으로써 지역 경제가 침체되는 것을 의미한다.
병. 생산 공장 관리를 위한 본사의 이전 가능성은 낮다.

01

지도의 A는 뉴욕, B는 멕시코시티, C는 키토, D는 리우데자네이루이다. 멕시코시티(B)는 멕시코의 수도이고, 키토(C)는 에콰도르의 수도이다.

① 뉴욕(A)은 온대 기후가 나타난다.
② 멕시코시티(B)는 주민 대부분이 에스파냐어를 사용한다.
③ 해발 고도가 높아 고산 기후가 나타나는 키토(C)는 열대 기후가 나타나는 리우데자네이루보다 연평균 기온이 낮다.
④ 세계 경제의 중심인 뉴욕(A)이 리우데자네이루(D)보다 초국적 기업의 본사 수가 많다.

02

지도의 B는 우루과이에서 매우 높은 비율을 보이는 유럽계이다. D는 자메이카에서 매우 높은 비율을 보이는 아프리카계이다. A와 C는 각각 원주민, 혼혈 중 하나인데, 우루과이는 원주민보다 혼혈의 비율이 높고, 페루는 원주민이 상당 부분을 차지한다는 것을 고려하면 A가 혼혈, C가 원주민이다. 혼혈(A)은 아프리카계(D)보다 라틴 아메리카 내 거주 비율이 높다.

① 원주민(C)에 대한 설명이다.
③ 유럽계(B)가 아프리카계(D)보다 고소득 업종의 종사자 비율이 높다.
④ 원주민(C)이 정착한 이래 유럽계(B)가 이주하여 정착하였다. 따라서 원주민(C)이 유럽계(B)보다 라틴 아메리카에 정착한 시기가 이르다.
⑤ 멕시코 내 거주 비율이 가장 높은 민족(인종)은 혼혈(A)이다.

VI. 오세아니아와 극지방

01 오세아니아의 지리적 특성과 자원 수출

개념 확인 문제
개념책 116쪽

01 (1) 캔버라 (2) 중국 (3) 오스트레일리아 (4) 피오르
02 (1) × (2) ○ (3) ○ (4) ×
03 ㄱ, ㄴ, ㄹ
04 (1) ㄷ (2) ㄴ (3) ㄱ (4) ㄹ

실력 쌓기 문제
개념책 116~118쪽

01 ③	**02** ④	**03** ③	**04** ②	**05** ⑤
06 ②	**07** ⑤	**08** ①	**09** ④	**10** ④
11 ④	**12** ②	**13** ④	**14** ②	

01

(가)는 대륙별 면적 비율이 가장 높은 아시아이다. (다)는 대륙별 면적 비율이 가장 낮은 오세아니아이다. (나)는 유럽이다.

02

오스트레일리아의 수도는 캔버라이다. 파푸아뉴기니의 수도인 포트모르즈비는 오스트레일리아의 수도인 캔버라보다 위도가 낮다.

ㄱ. 아이슬란드는 유럽에 포함되는 국가이다.
ㄷ. 그레이트빅토리아 사막은 오스트레일리아에 있다.

03

오세아니아에서 피오르가 발달하였고, 영국의 식민 지배를 받았으며, 환태평양 조산대에 속하는 국가는 뉴질랜드이다.

04

오페라 하우스가 명소인 시드니는 오스트레일리아에서 가장 인구가 많은 도시이다.

05

지도의 A는 퍼스, B는 다윈, C는 캔버라, D는 오클랜드, E는 웰링턴으로, A~C는 오스트레일리아, D와 E는 뉴질랜드에 위치한다. 오스트레일리아의 수도는 캔버라(C), 뉴질랜드의 수도는 웰링턴(E)이다.

06

지도의 B는 산호초 지대가 발달하였다. 지도의 C는 그레이트디바이딩산맥이다.

① A는 건조 기후 지역이다.
③ 아시아의 히말라야산맥에 대한 설명이다.
④ D에서는 찬정의 물을 이용한 양 사육이 활발하다.
⑤ E는 피오르가 발달한 지역이 아니다.

07

A 국가는 파푸아뉴기니로, 환태평양 조산대에 속하여 지각이 불안정하며 화산 활동이 활발하다.

① 피오르를 볼 수 없다.
② 국토 대부분이 열대 기후 지역이므로 활엽수림인 열대림이 널리 나타난다. 활엽수는 잎의 표면적이 침엽수보다 넓은 나무를 가리킨다.
③ 저위도에 위치하므로 연중 편서풍의 영향을 받기 어렵다.
④ 온대 기후 지역 중 지중해성 기후 지역에 대한 설명이다.

08

A 지형은 피오르를 나타낸 것이다. 피오르는 빙하의 침식 작용으로 형성된 골짜기에 해수면 상승으로 바닷물이 유입한 것이다.

09

지도의 ㉠ 기후는 오스트레일리아의 남서부와 남동부에 분포한다. 따라서 ㉠에 해당하는 기후는 온대 기후이다.

10

그래프와 같은 기후 특성이 나타나는 지역은 오스트레일리아의 내륙에 위치한다. 이 지역은 연 강수량이 적은 건조 기후가 나타나며 농업에 불리하다.

11

(가)는 뉴질랜드에서 인구가 가장 많은 도시인 오클랜드로 온대 기후가 나타난다. (나)는 오스트레일리아의 도시인 다윈으로 북부 해안에 위치하며 열대 기후가 나타난다. 연평균 기온은 열대 기후가 나타나는 (나)가 온대 기후가 나타나는 (가)보다 높다. 적도와의 최단 거리는 저위도에 위치한 (나)가 중위도에 위치한 (가)보다 가깝다.

ㄱ. (나)는 (가)보다 서쪽에 위치하여 일출 시각이 늦다.
ㄷ. 열대 기후 지역인 (나)는 온대 기후 지역인 (가)보다 기온의 연교차가 작다.

12

㉠에 해당하는 국가는 뉴질랜드이다. 낙농업과 목축업이 발달한 뉴질랜드는 우유 및 가공품과 양고기 등의 육류 수출액 비율이 높게 나타난다.

13

지도는 오스트레일리아의 자원 이동을 나타낸 것이다. 동부 산맥

에서 생산 및 수출이 활발한 A는 석탄, 서부 해안에서 생산 및 수출이 활발한 B는 철광석이다.

14

지도의 A는 중국, B는 오스트레일리아, C는 뉴질랜드이다. 지하수를 목축업에 사용하는 대찬정 분지는 오스트레일리아(B)에 있다.

오답 피하기

① 오스트레일리아(B)에 대한 설명이다.

③ 상대적으로 경제 규모가 크고 제조업 종사자 비율이 높은 중국(A)은 오스트레일리아(B)보다 제조업 생산액이 많다.

④ 뉴질랜드(C)가 석탄과 철광석의 수출량이 세계적인 오스트레일리아(B)보다 국가 수출액에서 유제품이 차지하는 비율이 높다.

⑤ 세 국가 중 총인구가 가장 많은 국가는 중국(A)이다.

서술형 문제

개념책 119쪽

01

답 완성하기   (1) ㉠ – (파푸아뉴기니)

(2) 국가의 수도에 해당하는 도시는 (캔버라)와/과 웰링턴이고, 국가 내 인구 1위에 해당하는 도시는 시드니와 (오클랜드)이다.

02

답 완성하기   A는 (열대) 기후 환경에서 서식하는 동식물이 주요 관광 자원이다. B는 (화산) 지형이 발달하여 활화산, 간헐천 등이 주요 관광 자원이다. C는 (빙하) 지형이 발달하여, 피오르가 주요 관광 자원이다.

03

예시 답안   지도의 A는 건조 기후가 나타나 인간이 거주하기에 불리하여 인구 밀도가 낮은 반면, B는 온대 기후가 나타나 인간이 거주하기에 유리하여 인구 밀도가 높다.

평가 기준	
상	두 지역의 인구 밀도 차이의 원인을 기후 분포와 관련지어 정확하게 서술한 경우
하	두 지역의 인구 차이만 정확히 서술한 경우

04

예시 답안   오스트레일리아는 국내 시장 수요가 적어 제조업의 성장이 미약한 반면 석탄, 철광석 등의 자원이 풍부하다. 반면 중국, 일본, 대한민국, 인도 등 아시아 국가는 산업화를 통해 제조업이 발달하여 석탄, 철광석 등의 자원 수요가 많다. 따라서 오스트레일리아는 이들 국가로 많은 자원을 수출하고 있다.

평가 기준	
상	오스트레일리아와 아시아 국가의 제조업 발달 정도와 자원 수급 관련 내용을 모두 정확히 서술한 경우
하	오스트레일리아와 아시아 국가의 제조업 발달 정도와 자원 수급 관련 내용 중 일부만 정확히 서술한 경우

---

02 태평양 지역의 환경 문제와 해결 방안
~03 극지방의 지리적 중요성과 지역 개발

개념 확인 문제

개념책 122쪽

01 (1) 쓰레기   (2) 해수면   (3) 온실   (4) 세종

02 (1) ○   (2) ✕   (3) ✕   (4) ○

03 ㄱ, ㄴ, ㄷ, ㅂ

04 (1) ㄷ   (2) ㄴ   (3) ㄱ   (4) ㄹ

실력 쌓기 문제

개념책 122~124쪽

01 ⑤	02 ③	03 ⑤	04 ⑤	05 ②
06 ①	07 ③	08 ①	09 ⑤	10 ①
11 ③	12 ④	13 ③	14 ③	

01

태평양에는 거대 쓰레기 섬이 형성되어 있으며, 대서양보다 해수면 상승으로 위기를 겪는 섬나라가 많다.

오답 피하기

ㄱ. 아프리카는 대서양 및 인도양과 접하고 있다.

ㄴ. 인도양보다 면적이 넓다.

02

'㉠ 섬'은 해양 쓰레기가 해류를 타고 이동하다가 속도가 감소하는 곳에 모여 형성된 쓰레기 섬을 말한다. 지도에서는 C에 쓰레기 섬이 형성되어 있다.

03

자료는 어업 활동 후 버려진 그물에 걸린 바다거북을 나타낸 것으로 해양 쓰레기 문제에 해당한다. 해양으로 유입된 폐기물은 해양 생물의 안전을 크게 위협하고 있다.

04

㉠은 미세 플라스틱으로, 생태계 순환 과정에서 어패류를 통해 인체에 유입되면 각종 질환을 유발할 수 있다.

① 염화 플루오린화 탄소에 대한 설명이다.
② 황산화물이나 질소 산화물로 구성된 산성비에 대한 설명이다.
③ 파리 협정은 온실가스 감축을 규정한 것이다.
④ 대부분 해류 속도가 감소하는 곳에 모여 쌓이게 된다.

05

사진은 산호초의 백화 현상을 나타낸 것이다. 이 현상은 기후변화로 인해 해수 온도가 높아지면서 나타나고 있다.

06

투발루는 국토의 해발 고도가 대부분 낮아 해수면 상승에 취약한 지형 조건을 갖추고 있다. 투발루 외에도 남태평양의 상당수 섬이 해수면 상승으로 물에 잠기고 있다.

07

2015년 195개국이 참여하여 온실가스 배출량을 단계적으로 줄이기 위해 체결한 국제 협약은 파리 협정이다.

① 폐기물의 해양 투기로 인한 해양 오염을 방지하기 위한 협약이다.
② 유해 폐기물의 국가 간 이동을 규제하기 위한 협약이다.
④ 파리 협정(2015년) 이전의 기후변화 협약으로 1997년에 체결되었다.
⑤ 습지의 보호와 지속가능한 이용을 위한 협약이다.

08

탄소중립은 온실가스의 배출량을 감소시키고, 흡수량을 높여 순 배출량(=배출량-흡수량)이 '0'이 되는 상태를 말한다. 숲은 이산화 탄소를 흡수하고 산소를 배출하는 기능을 하기 때문에 '숲 조성'이 ㉠에 들어갈 수 있는 내용으로 가장 적절하다.

09

지도의 A 지역(해역)은 북극해 일부를 나타낸 것이다. 미국, 러시아, 노르웨이, 캐나다, 덴마크 등이 북극해 영유권을 주장하고 있다.

① 북극해는 해빙이 떠다니는 저온의 바다이므로 난류성 어족 자원이 풍부하지 않다.
② 해양 쓰레기 섬이 형성되어 있지는 않다.
③ A에는 주권을 가진 섬나라가 없다.
④ 산호초는 대부분 남·북위 30° 사이 수심이 얕은 바다에 분포한다.

10

유라시아 대륙에는 러시아가 포함된다. 그린란드는 대부분 한대 기후가 나타난다.

ㄷ. 해빙의 면적은 기후변화로 인해 빙하가 녹으면서 축소되고 있다.

ㄹ. 남극에서는 영유권 분쟁과 군사 행동이 금지된다.

11

북극해 연안 및 주변 지역에서 각종 자원을 개발하는 인간의 활동은 불가피하게 자연환경에 악영향을 끼치게 된다. 그리고 기존 원주민들은 악화된 자연환경을 피해 도시로 이주하는 경우가 늘고 있다.

12

㉠에 들어갈 말은 남극이다. 남극 조약은 각국의 영유권 주장 및 군사 행동을 금지함으로써 남극의 평화적 이용 원칙을 확립하였다.

① 남반구에 위치한다.
② 이누이트는 주로 북극해 연안에 거주한다.
③ 북극에 대한 설명이다.
⑤ 북극에 대한 설명이다.

13

극지방은 동식물을 포함한 자연환경 전체가 연구 대상으로서의 가치가 높다. 빙하와 토양층에는 과거의 지구 환경 상태를 추정할 수 있는 자료가 담겨 있어 앞으로의 기후변화를 예측하는 데 도움이 된다. 또한, 극한의 기후 환경에 적응하며 서식하는 생물종이 다양하므로 환경 보전과 관리도 중시되고 있다.

14

그림을 통해 북극의 기존 생태 환경이 악화되고 있음을 알 수 있다. 북극은 기후변화로 빙하가 감소하고, 동물의 서식지 범위도 바뀌고 있다.

서술형 문제
개념책 125쪽

01

  (1) ㉠ - (플라스틱)

(2) ㉡은 미세 플라스틱이 (어패류 또는 물고기) 안으로 들어가고, 인간이 그 (어패류 또는 물고기)을/를 (섭취)하기 때문이다. ㉢은 해양 오염 및 해양 생물의 폐사로 (어획량)이/가 감소하기 때문이다.

02

  (1) ㉠ - (해수면 상승)

(2) 투발루는 국토 대부분의 (해발 고도)이/가 낮고 (바다)(으)로 둘러싸인 섬나라이다. 따라서 해수면 상승에 취약한 지형 조건을 갖추고 있다.

03

　태평양 지역 해수면 상승의 원인은 온실가스 배출량 증가로 지구의 기온이 높아졌기 때문이다. 따라서 일상생활에서 냉·난방에 필요한 전기를 아껴 사용하는 습관을 들이면 화석 연료의 사용량이 감소하여 온실가스의 배출량을 줄이는 효과가 있다.

평가 기준	
상	해수면 상승의 원인을 정확히 밝히고, 화석 연료 사용량 감소로 온실가스 배출량을 줄일 수 있음을 제시한 경우
하	해수면 상승의 원인을 정확히 밝혔지만, 화석 연료 사용량 감소 효과를 적절히 제시하지 못한 경우

04

　(1) ㉠ – (기후변화(또는 지구 온난화))
(2) 북극 항로는 기존 항로에 비해 거리가 짧고 이동 소요 시간이 덜 걸리기 때문에 기업의 물류비가 이전보다 크게 줄어들게 된다. 반면 인간의 접근과 왕래가 많아지면 해양 오염 및 쓰레기 폐기물 배출이 많아져 생태 환경에 악영향을 줄 수 있다.

평가 기준	
상	㉠에 들어갈 내용을 정확히 쓰고, 밑줄 친 두 부분의 이유를 모두 정확히 제시한 경우
중	㉠에 들어갈 내용을 정확히 썼지만, 밑줄 친 두 부분의 이유 중 일부를 미흡하게 제시한 경우
하	㉠에 들어갈 내용만 정확히 쓴 경우

대단원 마무리 문제

개념책 127~129쪽

01 ⑤	02 ③	03 ①	04 ④	05 ③
06 ④	07 ②	08 ①	09 ⑤	
10 해설 참조		11 ⑤	12 ⑤	13 ⑤
14 ②	15 해설 참조			

01

오세아니아는 해양을 뜻하는 '오션(Ocean)'에서 이름이 유래하였다. 대륙 내 대부분의 국가는 남반구에 위치한 섬나라이다.

02

㉠은 오세아니아에서 국토 면적이 가장 넓은 국가이며 코알라, 캥거루와 같은 동물로 유명한 오스트레일리아이다. 수도인 캔버라는 온대 기후가 나타난다. 그리고 오스트레일리아 동부에는 그레이트디바이딩산맥이 위치한다.

ㄱ. 환태평양 조산대에 위치하지 않는다.
ㄹ. 영국의 영향을 받아 주로 영어를 사용한다.

03

(가)는 수도가 웰링턴으로, 크게 북섬과 남섬으로 이루어진 뉴질랜드이다. (나)는 수도가 포트모르즈비로, 오세아니아에서 두 번째로 국토 면적이 넓은 파푸아뉴기니이다.

04

사모아와 더불어 세계에서 해가 가장 일찍 뜨는 국가는 키리바시이다. 이 국가의 국기에는 출렁이는 바다 위에 해가 떠오르는 모습이 표현되어 있다.

05

오스트레일리아의 시드니는 풍광이 아름다워 이탈리아의 나폴리, 브라질의 리우데자네이루와 더불어 세계 3대 미항으로 불리며, 도시를 대표하는 건축물은 오페라 하우스이다. 지도에서는 C에 해당한다.

① A는 오스트레일리아의 다윈이다.
② B는 오스트레일리아의 퍼스이다.
④ D는 뉴질랜드의 오클랜드이다.
⑤ E는 뉴질랜드의 웰링턴이다.

06

(가)는 뉴질랜드 대부분의 지역에서 나타나는 온대 기후이다. (나)는 오스트레일리아 북부 지역을 포함하여 남태평양 대부분의 섬에서 나타나는 열대 기후이다. 온대 기후(가)는 계절의 변화가 뚜렷하지만, 열대 기후(나)는 가장 추운 달의 평균 기온이 18℃ 이상일 정도로 연중 기온이 높다.

07

지도의 A는 오스트레일리아 남서부, B는 오스트레일리아 서부 내륙, C는 오스트레일리아 동부의 그레이트디바이딩산맥, D는 오스트레일리아 동부의 대찬정 분지, E는 뉴질랜드 북섬이다. B는 건조 기후가 나타나며 사막이 발달하였다.

① 온대 기후가 나타난다.
③ 환태평양 조산대에 속하지 않는다.
④ 지각이 안정적이며 화산 활동이 미약하다.
⑤ D에 대한 설명이다.

08

오스트레일리아 북쪽에 위치하는 것은 뉴기니섬이다. 세계에서 그린란드섬 다음으로 넓은 섬이며, 서부는 아시아에 속하는 인도네시아, 동부는 오세아니아에 속하는 파푸아뉴기니가 위치한다.

09

오스트레일리아는 광물 자원으로는 철광석, 에너지 자원으로는 석탄이 대표적인 수출품이다. 상품별 수출액 비율이 가장 높은 (가)는 철광석, 그다음으로 비율이 높은 (나)는 석탄이다.

10

예시 답안 이 지역은 열대 기후가 나타난다. 기온 분포를 보면 가장 추운 달의 평균 기온이 18℃ 이상으로 연중 기온이 높다. 강수 분포를 보면 겨울에 강수량이 적고 여름에 강수량이 많은 것으로 보아 건기와 우기가 구분된다.

평가 기준	
상	기후 이름을 정확히 쓰고, 기온과 강수량의 분포 특징을 모두 적절히 제시한 경우
중	기후 이름을 정확히 썼으나, 기온과 강수량의 분포 특징 중 일부를 적절히 제시하지 못한 경우
하	기후 이름만 정확히 쓴 경우

11

역내 포괄적 경제 동반자 협정(RCEP)은 아시아와 오세아니아 간 경제 협력과 자유 무역 증진을 위해 결성되었다. 아시아에서는 동아시아 3개국(중국, 대한민국, 일본), 동남아시아 10개국(베트남, 라오스, 캄보디아, 타이, 미얀마, 싱가포르, 필리핀, 브루나이, 인도네시아, 말레이시아)이 참여하고 있고, 오세아니아에서는 2개국(오스트레일리아, 뉴질랜드)이 참여하고 있다.

12

지도의 A 지역은 남태평양의 저위도 해상에 위치한다. 이 지역에는 해발 고도가 낮은 여러 크고 작은 섬들이 분포하며, 기후변화로 인한 해수면 상승 문제가 심각하게 나타나고 있다.

13

지도의 A 지역은 남극으로, 석유, 천연가스와 같은 지하자원의 매장량이 풍부하다.

오답 피하기
① 오세아니아에 속하지 않는다.
② 산호초 해안은 주로 적도 주변 저위도 지역에 위치한다.
③ 이누이트는 주로 북극해 연안(러시아, 캐나다, 미국 알래스카, 그린란드)에 거주한다.
④ 대부분 한대 기후가 나타난다.

14

극지방에는 자원 탐사, 생태계 및 기후변화 연구를 위한 각국의 연구소들이 건설되어 있다. 우리나라는 북극의 스발바르제도에 다산 과학 기지를 건설하였고, 남극에 세종 과학 기지와 장보고 과학 기지를 건설하였다.

15

예시 답안 ㉠에 들어갈 내용은 파리 협정이다. 이 협정에서 정한 온실가스 감축 목표가 잘 이행된다면 화석 연료 사용량이 감소하게 되고, 빙하가 녹아 형성된 물이 바다로 들어가는 양 또한 감소할 것이므로 ㉡에 제시된 해수면 상승 문제 해결에 도움이 될 수 있다.

평가 기준	
상	㉠에 들어갈 내용을 정확히 쓰고, 해수면 상승 문제 해결에 도움이 될 수 있는지를 적절히 제시한 경우
중	㉠에 들어갈 내용을 정확히 썼으나, 해수면 상승 문제와의 관련성을 다소 미흡하게 제시한 경우
하	㉠에 들어갈 내용만 정확히 쓴 경우

고난도 실력 향상 문제

개념책 129쪽

01 ③　　　02 ④

01

그래프의 (가)는 아시아, (나)는 아프리카, (다)는 오세아니아이다. 아시아(가)는 오세아니아(다)보다 총인구가 많다. 아시아(가)의 13개국과 오세아니아(다)의 2개국은 역내 포괄적 경제 동반자 협정(RCEP)을 체결하였다.

오답 피하기
ㄱ. 오스트레일리아는 오세아니아(다)에 위치한 국가이다.
ㄹ. 아프리카(나)에서 환태평양 조산대에 속하는 지역은 없다.

02

(가)는 1960년 오스트레일리아의 최대 수출 상대국인 영국이다. (다)는 2021년 오스트레일리아의 최대 수출 상대국인 중국이다. 나머지 (나)는 뉴질랜드이다. 중국(다)은 영국(가)보다 총인구가 많다.

오답 피하기
① 영국(가)은 유럽에 위치한다.
② 뉴질랜드(나)의 수도는 웰링턴이다.
③ 뉴질랜드(나)는 영국(가)보다 제조업 수출액이 적다.
⑤ 세 국가 중 섬나라는 영국(가)과 뉴질랜드(나)이다.

Ⅶ. 인간과 사회생활

01 사회화와 자아 정체성

01 (1) 사회화   (2) 재사회화   (3) 자아 정체성
02 (1) ×   (2) ○   (3) ○
03 ㄴ, ㄷ
04 (1) ⓛ   (2) ㉣   (3) ㉢   (4) ㉠

01 ②   **02** ⑤   **03** ③   **04** ⑤   **05** ①
06 ⑤   **07** ④   **08** ①   **09** ①   **10** ③
11 ⑤   **12** ⑤

01

인간이 태어나 다른 사람과 생활하면서 자신이 속한 사회에 필요한 언어와 행동 양식, 지식과 가치관 등을 배워 나가는 과정을 사회화라고 한다. 사회화는 개인적 측면에서 자신이 속한 사회의 생활 양식을 학습하여 사회 구성원으로 성장하는 과정이다.

02

빈칸 ㉠에 들어갈 용어는 사회화이다. 사회화의 내용이나 방식은 사회마다 다르게 나타날 수 있으므로, 어떤 사회 환경 속에서 사회화되었느냐에 따라 개인의 특성이 달라진다.

03

사회화는 개인적 측면과 사회적 측면에서 중요한 기능을 담당한다. 개인적 측면에서 사회화는 자신이 속한 사회의 생활 양식을 학습하여 사회 구성원으로 성장하는 과정이며, 이를 통해 개인은 자아 정체성과 개성을 형성한다.

오답 피하기

ㄱ, ㄹ. 사회화의 사회적 측면의 기능이다.

04

인간은 다양한 사회화 기관을 통해 사회화를 경험한다. 아동기에는 주로 비슷한 나이의 친구 집단인 또래 집단에서 놀이를 통해 집단 생활의 규칙과 질서를 습득한다.

05

사회화 기관이란 사회 구성원의 사회화를 담당하는 집단이나 기관을 말한다. 가정은 기본적인 생활 습관, 언어, 예절 등을 배우는 가장 기초적인 사회화 기관이다. 한편, 학교는 사회생활에 필요한 지식이나 기술, 규범과 가치 등을 체계적으로 배우는 공식적인 사회화 기관이다.

06

그림에 나타난 생애 시기는 청소년기이다. 청소년기에는 대부분 학교에서 사회생활에 필요한 지식과 규범을 배운다.

오답 피하기

①, ② 유아기는 가정의 영향이 가장 큰 시기로, 가정에서 기본적인 생활 습관과 언어 등을 습득한다.
③ 성인기에는 직장을 통해 업무에 필요한 지식과 기능을 배운다.
④ 노년기 사회화의 특징에 대한 설명이다.

07

그림에 나타난 사회화 기관은 대중 매체이다. 현대 사회에서는 대중 매체가 사회화에 많은 영향을 끼치며, 우리는 대중 매체를 통해 다양한 지식과 정보를 전달받는다.

오답 피하기

ㄱ. 가장 기초적인 사회화 기관은 가정이다. 가정은 유아기와 유년기에 기본 인성과 가치관을 형성하는 데 큰 영향을 미친다.
ㄷ. 사회화를 목적으로 하는 공식적인 사회화 기관은 학교이다. 인간은 학교에서 사회생활에 필요한 지식이나 규범을 체계적으로 배운다.

08

사회화는 평생에 걸쳐 이루어진다. 재사회화는 개인이 속한 집단이 바뀌거나 사회가 변화하는 경우 이에 적응하기 위해 새로운 지식과 생활 양식을 습득하는 것을 말한다.

09

재사회화는 개인이 속한 집단이 바뀌거나 사회가 변화하여 이에 적응하기 위해 새로운 것을 배우는 과정이므로 재사회화의 사례에는 자신을 둘러싼 사회 환경의 변화가 포함되어야 한다. 군에 입대한 신병, 남한에 이주한 새터민, 직장을 옮긴 직장인은 개인이 속한 집단의 환경이 변화했으므로 이에 적응하기 위해 새롭게 지식, 가치 등을 배우는 것이 필요하다. 또한 어르신은 정보 사회로의 빠른 변화에 적응하기 위해 스마트폰 사용법과 같은 새로운 정보 통신 기술을 익히는 것이 필요하다. ① 유·아동기에 한글을 익히는 것은 사회 환경의 변화로 인한 재사회화가 아니라, 기초적인 사회화를 경험하는 사례이다.

10

제시된 자료는 노인의 재사회화를 보여 주고 있다. 현대 사회는 변화 속도가 매우 빠르므로 이에 적응하기 위한 재사회화가 필요하다.

오답 피하기

① 가정에서의 유아기 사회화에 대한 설명이다.
④ 직장에서의 일반적인 사회화에 대한 설명이다.
⑤ 자아 정체성 형성에 결정적인 시기는 청소년기이다.

11

'나는 누구인가?'에 관한 답으로 자신의 성격, 가치관, 능력, 관심, 목표 등을 알고 명확히 한 상태를 자아 정체성이라고 한다. 현재의 나의 모습과 미래에 대해 성찰해 보는 활동은 자아 정체성 확립에 도움이 되는 활동이다.

12

자아 정체성은 개인적 특성뿐만 아니라 문화적 환경, 다른 사람과의 관계 등 다양한 사회적 요인의 영향을 받는다. 바람직한 자아 정체성을 형성하려면 나와 타인이 바라보는 자신의 모습이 적절히 조화를 이루어야 한다. 또래 집단과의 교류, 어른의 조언 등도 긍정적인 자아 정체성을 형성하는 데 도움이 될 수 있다.

서술형 문제
개념책 135쪽

01

답 완성하기   (1) ㉠ - (사회화)
(2) 개인적 측면에서 인간은 (사회화)을/를 통해 자신이 속한 사회에 적응하고, 자신만의 독특한 (개성)와/과 (자아 정체성)을/를 형성한다. 또한 사회적 측면에서는 자신이 속한 사회의 규범과 가치를 다음 세대에 (전달)하여 그 사회를 (유지)하고 발전시키는 기능을 한다.

02

예시 답안   (1) 재사회화
(2) 현대 사회는 변화 속도가 매우 빠르므로 새로운 환경에 적응하기 위해 새로운 지식, 기술, 가치 등을 배우는 재사회화의 중요성이 강조된다.

평가 기준	
상	현대 사회의 빠른 사회 환경 변화에 적응하기 위한 것이라는 내용을 포함하여 옳게 서술한 경우
하	사회 변화에 적응하기 위한 것이라는 내용을 명시하지 않아 재사회화의 필요성에 대한 설명이 미흡한 경우

02 사회적 지위와 역할
~03 우리 사회의 다양한 갈등과 차별

개념 확인 문제
개념책 138쪽

01 (1) 사회적 지위   (2) 역할   (3) 역할 갈등   (4) 차별
02 (1) ○   (2) ✕   (3) ○   (4) ○   (5) ✕
03 ㄱ, ㄷ, ㅂ
04 (1) ㉡   (2) ㉠

실력 쌓기 문제
개념책 138~140쪽

01 ③	**02** ③	**03** ②	**04** ①	**05** ③
06 ①	**07** ③	**08** ②	**09** ②	**10** ④
11 ⑤	**12** ①	**13** ③	**14** ⑤	**15** ③

01

개인은 다양한 사회적 관계 속에서 다양한 사회적 지위를 가진다. 전통 사회에서는 혈통이나 신분을 중시하여 귀속 지위가 중요했지만, 현대 사회에서는 개인의 능력을 중시하여 성취 지위의 중요성이 커지고 있다.

오답 피하기
ㄱ. 개인은 다양한 사회적 지위를 가질 수 있다.
ㄹ. 개인의 의지와 노력에 관계없이 자연스럽게 주어지는 귀속 지위도 있지만, 개인의 의지와 노력으로 얻는 성취 지위도 있다.

02

성취 지위는 후천적으로 개인의 의지나 선택, 노력에 따라 얻는 것이다. 아빠, 엄마, 남편 등은 성취 지위에 해당한다. 노인, 막내, 여자, 청소년은 자신의 의지와 관계없이 가지는 귀속 지위에 해당한다.

03

성취 지위는 자신의 의지나 노력에 따라 후천적으로 얻는 것이므로 어머니, 발명가는 성취 지위에 해당한다. 아들, 관노비, 천민은 자신의 의지나 노력과 관계없이 가지는 귀속 지위에 해당한다.

04

언니, 동생은 자신의 의지와 관계 없이 가지는 귀속 지위에 해당하고, 부모님은 자신의 의지와 선택에 따라 갖게 되는 성취 지위에 해당한다.

05

제시된 사례는 모두 개인의 의지와 노력에 따라 얻는 성취 지위에 해당한다.

① 성취 지위이다.
② 현대 사회에서 중요성이 강조된다.
④ 자신의 의지에 따라 후천적으로 얻는다.
⑤ 청소년, 노인은 귀속 지위에 해당한다.

06

제시된 사례는 사회적 지위에 따라 기대되는 역할과 이를 실제로 수행하는 구체적인 역할 행동이 일치할 경우에는 보상을, 그렇지 않을 경우에는 제재가 따른다는 것을 보여 준다. 여러 지위에 따른 서로 다른 역할이 충돌하는 현상인 역할 갈등과는 관련이 없다.

07

역할을 수행하는 개인의 구체적인 역할 행동은 개인마다 다르다. 지위에 따라 기대되는 역할을 잘 수행하면 칭찬과 보상을 받는다.

ㄱ. 개인은 다양한 사회적 지위와 그에 따른 다양한 역할을 가진다.
ㄹ. 지위에 따라 기대되는 일정한 행동 양식은 역할이다.

08

한 사람이 여러 가지 지위를 가지게 되면 그 지위에 따른 역할이 충돌하여 역할 갈등을 일으키기도 한다. 성악가로서 공연을 해야 하는 역할과 딸로서 아버지의 장례식에 참여해야 하는 역할이 충돌하는 상황이다.

09

역할 갈등이 잘 해결되지 못하면 개인은 심리적으로 불안감을 느끼고, 사회는 혼란스러워질 수 있다. 사회 구성원 다수가 공통으로 겪는 역할 갈등을 줄이기 위해 사회적 제도의 개선과 같은 사회적 노력이 필요하다.

10

직장 내 어린이집은 어린 자녀를 둔 부모라는 지위에 따른 역할과 직장인이라는 지위에 따른 역할이 충돌할 수 있는 역할 갈등을 줄이는 데 도움이 된다. 또한 회피 제도는 법관이 자신이 맡은 사건이나 사건 당사자와 개인적으로 관련이 있을 때 발생할 수 있는 역할 갈등을 방지하는 데 도움이 된다.

11

직장인이라는 지위에 따른 역할과 엄마라는 지위에 따른 역할이 충돌하는 역할 갈등의 상황이다. 오늘날 개인은 여러 지위를 가지면서 다양한 역할 갈등을 경험하고 있다.

12

차이를 이유로 부당하게 대우하는 것은 차별이라고 한다. 서로 다른 사람들의 가치, 이해관계가 부딪히는 것을 갈등이라고 한다.

13

차별은 서로를 구분할 수 있는 특성인 차이를 이유로 부당하게 대우하는 것이다. 이는 편견과 고정 관념 때문에 발생하는 문제이므로 차별을 해결하기 위해서는 차이를 인정하고 다양성을 존중하는 것이 필요하다.

ㄱ. 선천적으로 타고난 특성이 다른 것은 차이이다.
ㄹ. 갈등에 대한 설명이다.

14

성차별과 관련된 사례이다. 차별은 인권을 침해하고 사회 통합을 저해하므로 적극적으로 개선해야 할 문제이다. 사회적 차원에서 차별을 해결하기 위한 적절한 법과 정책을 마련해야 한다.

① 차이를 존중하지 못한 결과이다.
② 차별이 발생한 상황에서 공동체의 이익을 위해 개인의 희생과 인내를 요구하는 것은 바람직하지 않다.
③ 차별을 해결하기 위해 개인적인 노력도 필요하지만, 사회적인 노력이 필수적이다.
④ 갈등에 대한 설명이다. 차별은 적극적으로 개선해야 할 사회 문제이다.

15

제시된 제도들은 장애인 차별 및 성차별을 금지하고 개선하기 위해 실시하고 있다.

서술형 문제
개념책 **141**쪽

01

답 완성하기 사회적 (지위)에 따라 기대되는 (역할)을/를 잘 수행하는 경우에는 사회로부터 (보상)을/를 받을 수 있다.

02

답 완성하기 (1) 역할 갈등
(2) 어떤 역할이 갈등을 일으키는지 갈등 상황을 명확하게 분석한 후 하나의 역할을 (선택)하거나 (우선순위)을/를 정하여 순서대로 역할을 수행한다.

03

예시 답안 (1) (가) – (귀속 지위), (나) – (성취 지위)
(2) 귀속 지위는 개인의 의지나 능력과 상관없이 자연적으로 가지게 되는 지위이며, 성취 지위는 개인의 노력이나 능력에 따라 후천적으로 얻게 되는 지위이다.

평가 기준	
상	귀속 지위와 성취 지위의 의미를 모두 옳게 서술한 경우
하	귀속 지위와 성취 지위의 의미 중 하나만 옳게 서술한 경우

04

(예시 답안) 차별을 해결하기 위해서는 개인적 측면에서 편견을 버리고 서로 다르다는 차이를 인정해야 하며 다양성을 존중하는 태도를 가져야 한다. 사회적 측면에서는 차별적인 법과 제도를 개선하고 사회적 약자를 보호할 수 있는 복지 제도를 마련해야 한다.

평가 기준	
상	차별을 해결하기 위한 개인적, 사회적 노력을 옳게 서술한 경우
중	차별을 해결하기 위한 개인적, 사회적 노력을 모두 서술하였으나 미흡한 부분이 있는 경우
하	차별을 해결하기 위한 개인적, 사회적 노력 중 한 가지만 서술한 경우

대단원 마무리 문제

개념책 143~145쪽

01 ⑤　　02 ③　　03 ④　　04 ②　　05 ①
06 해설 참조　　07 ③　　08 ①　　09 ⑤
10 ④　　11 해설 참조　　12 ④　　13 ⑤
14 ④　　15 ②

01

제시된 자료는 인간이 오랜 시간 인간 사회에서 생활하지 못하면 인간다운 모습을 갖추지 못하고, 인간 사회에도 적응하기 어렵다는 것을 보여 준다. 인간은 사회적 존재로, 사회 구성원과 지속적인 상호 작용을 하는 과정에서 인간다운 인간으로 성장한다.

02

사회화된 행동은 인간이 자신이 속한 사회에서 필요한 생활 양식을 학습하여 습득한 결과이다. 재채기가 나오는 것은 본능적인 행동이지만, 옷소매로 코와 입을 가리는 것은 사회화를 통한 학습의 결과이다. 용변이 마려운 것은 본능이지만, 화장실에 가고 줄을 서는 것은 사회화를 통한 학습의 결과이다.

오답 피하기

ㄱ, ㄹ. 꽃가루로 인해 눈이 간지럽고, 모기에 물리면 간지러워 긁게 되는 것은 생물학적인 인간으로서의 특징일 뿐 사회화를 통한 학습의 결과라고 볼 수 없다.

03

인간은 자신이 속한 사회의 생활 양식을 학습하여 사회 구성원으로 성장해 간다. 또한 사회화는 가정, 또래 집단, 학교, 직장, 대중 매체 등 다양한 사회화 기관을 통해 이루어지며, 인간이 주로 영향을 받는 사회화 기관은 생애 각 시기마다 달라진다.

오답 피하기

ㄱ. 사회화는 평생에 걸쳐 이루어지는 과정이다.
ㄷ. 자아 정체성은 사회화 과정에서 형성되는 것이지만, 개인마다 다르게 형성된다.

04

사회화는 사회적 측면에서 사회의 규범과 가치를 다음 세대에 전달하여 사회를 유지하고 발전시키는 기능을 한다.

오답 피하기

④, ⑤ 개인적 측면에서의 사회화의 기능에 해당한다.

05

사회화 기관 중 기본적인 생활 습관, 언어, 예절과 같은 기초적인 생활 방식을 습득하는 곳은 가정이다.

06

(예시 답안) 제시된 자료에 나타난 사회화 기관은 또래 집단이다. 인간은 아동기에 또래 집단에서 놀이를 통해 공동체의 규칙과 질서를 습득한다.

평가 기준	
상	또래 집단을 쓰고, 특징을 명확하게 쓴 경우
중	또래 집단을 쓰고, 특징을 미흡하게 서술한 경우
하	또래 집단만 쓰고, 특징을 서술하지 못한 경우

07

개인의 지위 또는 소속된 집단이 바뀌거나, 사회가 빠르게 변화하는 경우에는 새로운 지식이나 가치관, 행동 양식을 익히는 재사회화가 요구된다. 사회 관계망 서비스(SNS) 게시물로 표현된 자료를 통해 미국이라는 새로운 사회의 언어와 문화 등을 익히며 재사회화를 경험하고 있는 사례임을 알 수 있다.

08

인간은 자아 정체성을 형성하는 과정에서 타인이나 사회 환경의 영향을 받는다. 그러나 무조건적으로 타인의 행동을 그대로 모방하는 것은 바람직하지 않다.

09

(가)는 귀속 지위, (나)는 성취 지위이다. 모든 사회적 지위에는 일정한 행동 양식이 기대되고, 이를 역할이라고 한다.

오답 피하기

① (가)는 귀속 지위이다.
② 현대 사회에서는 성취 지위의 중요성이 점점 커지고 있다.

③ 전통 사회에서 귀속 지위가 강조되기는 하였으나 성취 지위도 존재하였다.

④ 아빠, 학생은 성취 지위에 해당한다.

10

노인은 개인의 노력이나 선택과 관계없이 나이를 먹으면서 자연적으로 갖게 되는 지위이다. 국회 의원, 부모, 가수, 학생은 개인의 의지나 노력에 의해 얻어지는 성취 지위이다.

11

예시 답안 귀속 지위는 개인의 의지나 능력과 상관없이 자연적으로 가지게 되는 지위이지만, 성취 지위는 개인의 의지나 선택, 노력 및 능력을 통해 후천적으로 얻게 되는 지위이다.

평가 기준	
상	귀속 지위와 성취 지위의 획득 방법을 모두 옳게 서술한 경우
하	귀속 지위와 성취 지위의 획득 방법 중 하나만 옳게 서술한 경우

12

역할 갈등이란 한 개인이 가진 여러 사회적 지위에 따른 서로 다른 역할이 충돌하여 갈등이 발생하는 것이다. 친구로서 친구 생일 파티에 가야 할지, 방송 부원으로서 방송부 활동에 참석해야 할지 고민하는 것은 역할 갈등의 사례에 해당한다.

13

(가)는 차이, (나)는 차별에 해당한다. 차별을 해결하기 위해 개인적 측면, 사회적 측면의 노력이 필요하다.

오답 피하기

① (가)는 차이, (나)는 차별이다.

② 차이를 인정하는 태도가 필요하다.

③ 차별은 대부분 편견과 고정 관념 때문에 발생한다.

④ 차별은 인간의 존엄성을 훼손하고 인권을 침해할 수 있으므로 적극적으로 개선해야 할 문제이다.

14

국적, 장애와 같은 객관적인 차이를 이유로 다른 사람을 부당하게 대우하는 것을 차별이라고 한다. 지하철에 교통 약자석을 지정하는 것은 실질적 평등을 실현하기 위한 제도이며, 야간 근무자가 주간 근무자보다 많은 임금을 받는 것은 근무 환경의 차이에 따른 정당한 대가를 받는 것이다.

15

차이는 객관적으로 서로를 구분할 수 있는 특성을 말한다. 차이를 인정하지 않고 이를 이유로 특정 사람이 집단을 부당하게 대우하는 것을 차별이라고 한다. 따라서 차이를 인정하지 않는 법과 제도를 마련하는 것은 차별을 해결하기 위한 노력이라고 할 수 없다.

개념책 145쪽

고난도 실력 향상 문제

01 ④　　　　**02** ④

01

TV는 대중 매체이다. 대중 매체는 현대 사회에서 생활에 필요한 다양한 지식과 정보를 전달하며 큰 영향을 미치고 있다.

오답 피하기

① 가정에 대한 설명이다.

② 친구는 성취 지위에 해당한다.

③ 학교에 대한 설명이다.

⑤ 언니는 귀속 지위이며, 귀속 지위는 전통 사회에서 더 중시되었다.

02

(가)는 장애인 차별 금지법, (나)는 남녀 고용 평등법이다. 두 법 모두 차별을 금지하기 위한 법이다. 차별은 차이를 이유로 개인이나 집단을 부당하게 대우하는 것을 말하며, (가), (나)는 이를 방지하고자 하는 목적으로 만들어진 법에 해당한다.

오답 피하기

② 차별은 주로 편견과 고정 관념에 의해 발생하는 것으로 객관적 기준에 의한 차별이란 없다.

③ 서로 다른 집단 간 이해관계로 충돌하는 것은 갈등이며, 이해관계를 조정하여 갈등을 해결하기 위해 노력해야 한다.

⑤ 역할 갈등을 해결하는 것은 두 법의 공통적인 목적이 아니다.

Ⅷ. 다양한 문화의 이해

01 문화의 의미와 특징
~02 미디어와 문화

개념 확인 문제 　　　　　　　　　　개념책 150쪽

01 (1) 문화　(2) 좁은　(3) 보편성　(4) 변동성　(5) 뉴 미디어
02 ㄴ, ㄹ, ㅂ
03 (1) ㅁ　(2) ㄴ　(3) ㄹ　(4) ㄱ　(5) ㄷ
04 (1) 획일화　(2) 비판적

실력 쌓기 문제 　　　　　　　　개념책 150~152쪽

01 ③	**02** ⑤	**03** ③	**04** ⑤	**05** ①
06 ②	**07** ②	**08** ⑤	**09** ④	**10** ⑤
11 ④	**12** ⑤	**13** ④	**14** ④	**15** ④

01

문화란 사회 구성원이 만들어 낸 공통의 생활 양식이다. 따라서 인간이 만들어 낸 산물이 아닌 본능이나 유전, 자연 현상은 문화가 아니다. 또한 함께 공유하는 것이 아닌 개인의 습관이나 버릇도 문화가 아니다. 숟가락과 젓가락과 같은 도구를 이용하여 식사를 하는 것은 학습을 통해 습득하여 많은 사람들이 함께 누리는 생활 양식, 즉 문화에 해당한다.

오답 피하기
① 본능에 의한 현상이다.
② 개인의 독특한 버릇이다.
④ 자연 현상에 해당한다.
⑤ 유전에 따른 개인의 특성이다.

02

인간이 주어진 환경을 극복하고 적응하면서 만든 공통의 생활 양식을 문화라고 한다. 따라서 어느 사회나 인간이 있는 곳이면 문화가 존재한다.

오답 피하기
ㄱ. 인간의 행동 중에서도 인간이 만들어 낸 산물로 후천적으로 습득하여 함께 공유하는 것이 문화와 관련이 있는 것이다. 개인만의 독특한 버릇이나 본능에 의한 행동 등은 문화가 아니다.
ㄴ. 문화는 후천적으로 습득하는 것으로 본능적인 행동은 문화가 아니다.

03

제시된 문화는 모두 예술, 공연 등과 관련이 있는 좁은 의미의 문화이다. 좁은 의미의 문화는 문화라는 단어가 예술, 공연, 문학 등과 관련된 것을 뜻하거나 세련되고 교양 있는 것을 의미한다.

오답 피하기
①, ② 본능에 따른 행동, 개인의 습관은 문화가 아니다.
④ 세련되고 교양 있는 것을 뜻하는 것은 좁은 의미의 문화이다.
⑤ 한 사회 구성원이 공유하는 생활 양식은 넓은 의미의 문화이다.

04

(가)는 한 사회 구성원이 만든 공통의 생활 양식이라는 뜻의 넓은 의미의 문화, (나)는 세련되고 교양 있는 것, 예술, 문학 등과 관련된 좁은 의미의 문화이다.

오답 피하기
①, ② 좁은 의미의 문화에 대한 설명이다.
③ 청소년 문화는 넓은 의미의 문화로 사용한 것이다.
④ 넓은 의미의 문화에 대한 설명이다.

05

㉠은 어느 사회에서나 공통적으로 나타나는 생활 양식이 있다는 문화의 보편성을 보여 준다. ㉡은 자연환경과 사회적 상황에 따라 각기 다른 독특한 모습의 문화가 나타난다는 문화의 특수성을 보여 준다.

06

인간은 학습을 통해 자신이 속한 사회의 문화를 후천적으로 습득하기 때문에 어떤 사회에서 자랐느냐에 따라 인간의 행동과 사고방식이 달라진다. 이를 문화의 학습성이라고 한다. 우리나라 사람들이 젓가락질을 잘하는 것은 어릴 때부터 학습을 한 결과이다.

07

한 사회의 구성원들은 그 사회의 문화를 공유한다. 따라서 같은 사회에 속한 사람들은 특정 상황에서 상대방의 행동을 쉽게 이해하고 예측할 수 있다. 제시된 사례처럼 우리나라 사람들은 수험생에게 엿이나 찹쌀떡을 주는 문화를 공유하고 있어 그 의미를 이해할 수 있다. 또한 평소 즐겨 먹는 미역국이지만 미끄러운 성질 때문에 시험에서 '미끄러질까봐' 하는 우려로 꺼리는 것도 문화로 공유하고 있어 그 의미를 이해할 수 있다.

08

제시된 자료는 문화의 공유성을 이야기하고 있다. 한 사회의 구성원들은 같은 문화를 공유하기 때문에 특정 상황에서 상대방의 행동을 쉽게 이해하고 예측할 수 있다.

오답 피하기
① 문화의 변동성에 대한 설명이다.
② 문화의 보편성에 대한 설명이다.
③ 문화의 특수성에 대한 설명이다.
④ 문화의 전체성으로 인해 나타나는 특징이다.

09

문화는 언어와 문자를 통해 다음 세대로 전달되면서 새로운 요소가 추가되는데, 이를 문화의 축적성이라고 한다. 이를 통해 인간의 문화는 더욱 풍부하고 다양해진다. 처음에는 휴대 전화에 통화, 문자와 같은 기본적인 기능밖에 없었지만, 관련된 기술이 쌓이면서 점차 사진, 영상 통화, 인터넷 검색 등의 다양한 기능이 추가되었다. 이는 문화의 축적성의 사례에 해당한다.

오답 피하기
①, ⑤ 변동성의 사례에 해당한다.
② 전체성의 사례에 해당한다.
③ 학습성의 사례에 해당한다.

10

미디어의 종류는 전통적인 매체와 뉴 미디어로 구분할 수 있다. 인쇄 매체, 음성 매체, 영상 매체 등의 전통적인 매체는 정보의 생산자와 소비자 간에 일방향적인 의사소통이 이루어진다. 한편, 뉴 미디어는 정보의 생산자와 소비자 간에 쌍방향 소통을 가능하게 하였다. 현대에는 뉴 미디어의 발달로 정보의 생산자와 소비자 간의 쌍방향 소통이 활발하게 이루어지고 있다.

11

신문, 라디오, TV와 같이 정보 전달이 일방향적인 매체들을 전통적 매체라고 한다. 반면, 인터넷, 스마트폰과 같이 정보 전달이 쌍방향적인 매체들을 뉴 미디어라고 한다.

오답 피하기
① 정보 전달 속도는 뉴 미디어가 빠르다.
② 오늘날 뉴 미디어의 영향력이 더욱 커지고 있다.
③ 뉴 미디어는 정보 생산자와 소비자의 경계가 불분명하다.
⑤ 전통적 매체를 통해서는 전문 제작자에 의해 생산된 문화가 전달되었지만, 뉴 미디어의 등장으로 전문 제작자뿐만 아니라 누구나 문화를 생산하고 공유할 수 있게 되었다.

12

문화가 소비되는 과정에서 미디어가 상업성을 띠는 것은 미디어의 부정적인 측면이다. 이윤을 추구하는 과정에서 미디어가 지나치게 상업화되면 자극적이거나 폭력적인 콘텐츠를 만들게 되고, 과도한 간접 광고를 포함하기도 한다.

13

미디어는 새로운 지식 등 다양한 정보를 전달한다. 또한 사회적인 쟁점에 대해 많은 사람의 관심을 불러일으킴으로써 사회 문제를 개선하는 데 도움을 주기도 한다.

오답 피하기
ㄱ. 이윤 추구를 위해 지나치게 상업화되는 것은 미디어의 부정적인 측면이다.

ㄷ. 미디어를 통해 전달되는 정보에는 왜곡되거나 부정확한 정보도 있으므로 비판적으로 검토해야 한다.

14

제시된 자료는 미디어의 영향으로 개인의 개성이 사라지고 사람들의 사고방식이 획일화되는 모습을 보여 준다. 유명 연예인의 패션이 소비자의 구매에 큰 영향을 미치고, 이를 따라 하는 사람들이 최신 유행에 민감하고 세련된 사람으로 여겨지는 현상은 이러한 획일화를 더욱 부추기게 된다.

15

미디어를 바르게 활용하기 위해서는 미디어가 제공하는 문화와 정보를 비판적으로 검토하는 능력인 미디어 리터러시가 필요하다. 미디어를 통해 제공되는 정보의 신뢰성을 검토하는 것이 바람직한데, 유명 방송사나 신문사를 통한 정보라고 해서 모두 정확한 것은 아니다.

서술형 문제
개념책 153쪽

01

답 완성하기 (1) 공유성
(2) 한 사회의 구성원은 그 사회의 문화를 (공유)한다. 그래서 같은 사회에 살고 있는 사람들은 특정 상황에서 상대방의 행동을 쉽게 이해하고 (예측)할 수 있다.

02

답 완성하기 뉴 미디어는 정보 (생산자)와/과 (소비자)의 경계가 불분명하며, 정보 전달과 의사소통이 (쌍방향)(으)로 이루어진다는 특징이 있다.

03

예시 답안 (1) (가) – (보편성), (나) – (특수성)
(2) 문화의 보편성은 어느 사회에서나 공통적으로 나타나는 문화 현상이 있다는 것을 말한다. 한편 문화의 특수성은 사회에 따라 구체적인 문화의 모습이 다르게 나타나는 것을 말한다.

평가 기준	
상	보편성과 특수성의 의미를 모두 정확하게 서술한 경우
하	보편성과 특수성 중 하나만 정확하게 서술한 경우

04

예시 답안 (1) 문화가 아닌 것: (가), (나)

(2) 문화란 한 사회 구성원이 공유하는 생활 양식이다. 따라서 (가)와 같이 개인적인 버릇이나 습관은 문화가 아니다. 또한 (나)와 같이 인간의 본능에 따른 행위는 문화가 아니다. 문화는 인간이 주어진 환경에 적응하면서 만들어내고 후천적으로 학습한 것이기 때문이다.

평가 기준	
상	(가)는 개인적인 버릇이나 습관, (나)는 본능을 이유로 정확하게 서술한 경우
중	(가), (나)가 문화가 아닌 이유를 옳게 썼으나, (다)도 문화가 아니라고 서술하거나 부정확한 내용이 일부 포함된 경우
하	(가), (나) 중 한 가지 이유만 정확하게 서술한 경우

03 문화를 이해하는 바람직한 태도

개념 확인 문제

개념책 155쪽

01 (1) 다문화 사회 (2) 문화 사대주의 (3) 문화 상대주의
02 (1) 강화 (2) 자문화 중심주의 (3) 문화 사대주의
03 (1) ○ (2) × (3) × (4) ○
04 (1) ⓛ (2) ㉠

실력 쌓기 문제

개념책 155~157쪽

01 ③	02 ②	03 ②	04 ①	05 ①
06 ②	07 ③	08 ①	09 ⑤	10 ②
11 ③	12 ④			

01

국내에 거주하고 있는 외국인이 늘어나면서 우리나라 사회 전반에 다문화적 변화가 나타나고 있다. 외국인이 많이 거주하는 지역에서는 한국어뿐만 아니라 다른 언어로 표기한 간판이나 표지판이 설치되어 있다. 또한 지역별로 다양한 문화적 배경을 가진 이주민이 함께하는 다문화 축제가 열리기도 한다.

02

오늘날 문화적 배경이 서로 다른 다양한 집단이 함께 어우러져 살아가는 다문화 사회가 형성되었다. 이러한 변화는 우리 사회의 문화를 더욱 다양하고 풍부하게 한다. 여러 문화의 상호 작용으로 새로운 문화가 형성되어 문화 발전의 원동력이 되기도 한다. 다만, 문화적 차이로 인한 갈등이 발생하기도 한다.

03

자문화 중심주의는 문화의 우열을 평가하는 태도로, 자기 문화를 우수하다고 여기며 다른 사회의 문화를 무시하는 태도를 말한다. 이러한 태도는 자기 문화에 대한 자부심을 높이고 공동체의 결속을 강화하는 장점이 있지만, 다른 나라와 갈등을 일으킬 수 있는 문제점도 있다.

오답 피하기

ㄴ, ㄹ. 문화 사대주의에 대한 내용이다.

04

현우는 자기 문화에 비해 다른 사회의 문화가 열등하다고 여기고 있으므로 자문화 중심주의 태도를 보이고 있다. 이러한 태도는 다른 나라와 갈등을 일으킬 수 있다는 문제점이 있다.

오답 피하기

② 문화의 우열이 있다고 생각하는 태도이다.
③, ④ 문화 사대주의에 대한 설명이다.
⑤ 문화 상대주의에 대한 설명이다.

05

우리말보다 영어로 표현된 메뉴가 더 고급스럽고 멋있다고 여기는 태도는 자기 문화에 비해 다른 사회의 문화를 더 우월한 것으로 생각하고 따르는 문화 사대주의에 해당한다.

06

문화 사대주의는 자기 문화에 비해 다른 사회의 문화를 더 우월한 것으로 생각하고 따르는 태도이므로 다른 문화를 받아들이는 데 도움이 될 수 있다. 즉, 문화 사대주의는 다른 문화의 장점을 받아들여 자기 문화를 발전시키는 계기를 제공한다는 장점이 있다.

오답 피하기

①, ④ 문화 상대주의에 대한 설명이다.
③, ⑤ 자문화 중심주의에 대한 설명이다.

07

제시된 기사는 외국어로 된 아파트 이름이 더 고급스럽다고 생각하는 문화 사대주의적 태도를 보여 주고 있다. 문화 사대주의는 자기 문화의 가치를 인정하지 않기 때문에 문화의 고유성과 주체성을 상실할 수 있다는 문제점이 있다.

오답 피하기

①, ⑤ 자문화 중심주의에 대한 설명이다.
② 극단적 문화 상대주의에 대한 설명이다.
④ 인류의 보편적 가치를 훼손하는 문화까지 문화 상대주의 관점으로 이해하면 극단적인 문화 상대주의로 흘러갈 수 있으므로 이를 경계해야 한다.

08

(가)는 자문화 중심주의, (나)는 문화 사대주의로, (가)와 (나)는 모두 문화 간에 우열이 있다고 생각하는 태도이다. 자문화 중심주의는 다른 사회의 문화에 비해 자기 문화가 우수하다고 생각하고, 문화 사대주의는 자기 문화에 비해 다른 사회의 문화가 우수하다고 생각하는 태도이다.

오답 피하기

② 자문화 중심주의, 문화 사대주의와 같은 태도는 바람직하지 못한 태도이며, 다문화 사회에서 더욱 요구되는 태도는 문화 상대주의이다.
③ 문화 사대주의의 장점이다.
④ (가)는 자문화 중심주의, (나)는 문화 사대주의이다.
⑤ 문화 상대주의에 대한 설명이다.

09

자기 문화에 대한 자부심을 갖는 것은 좋지만, 문화의 우열을 평가하며 다른 사회의 문화보다 자기 문화가 가장 우수하다고 생각하는 것은 자문화 중심주의에 해당하므로 바람직하지 않다.

10

제시문은 이슬람 문화의 자연환경과 사회적 상황을 고려하여 돼지고기를 먹지 않는 문화를 이해하고 있다. 이와 같이 그 사회의 입장에서 문화가 형성된 맥락을 고려하여 이해하는 태도를 문화 상대주의라고 한다.

11

문화 상대주의는 그 사회의 문화가 형성된 상황이나 맥락을 고려하여 이해하는 태도이다. 이러한 태도는 모든 문화가 각기 다른 환경에 각자의 방식으로 적응해 온 결과이므로 나름의 독특한 의미와 가치를 지니며, 우열을 가릴 수 없다고 본다. 즉, 다른 문화를 존중하고 차이를 인정한다.

오답 피하기

ㄱ. 문화 상대주의는 문화 간에 우열이 존재한다고 생각하지 않는다.
ㄹ. 문화 상대주의는 해당 사회의 특수한 환경과 상황을 고려하여 다른 문화를 이해한다.

12

문화 상대주의는 그 문화가 형성된 상황이나 맥락을 고려하여 이해하는 태도를 말한다. 인도의 암소 숭배 문화는 소를 중요한 농경 수단으로 보고 성스러운 동물로 여기는 경제적, 종교적 상황에서 영향을 받아 형성된 것이다.

오답 피하기

① 문화 사대주의의 사례에 해당한다.
②, ③ 자문화 중심주의의 사례에 해당한다.

서술형 문제

개념책 157쪽

01

답 완성하기 인간의 생명과 존엄성 등 인류의 (보편적 가치)을/를 무시하는 문화까지 (문화 상대주의)을/를 적용하여 이해하는 것은 (극단적 문화 상대주의)에 해당하므로 바람직하지 않다.

02

예시 답안 (1) 문화 사대주의
(2) 문화 사대주의는 다른 문화의 장점을 받아들여 자기 문화를 발전시키는 계기를 제공한다는 장점이 있다. 하지만 자기 문화를 비하하여 고유 문화에 대한 자부심과 주체성을 상실할 위험이 있다는 단점이 있다.

평가 기준	
상	문화 사대주의의 장점과 단점을 모두 정확하게 서술한 경우
하	문화 사대주의의 장점과 단점 중 한 가지만 정확하게 서술한 경우

대단원 마무리 문제

개념책 159~161쪽

01 ②	**02** ①	**03** 해설 참조	**04** ⑤
05 ①	**06** ④	**07** ③	**08** ④
09 해설 참조	**10** ⑤	**11** ④	**12** ②
13 해설 참조	**14** ③	**15** ④	

01

문화는 후천적으로 학습된 공통의 생활 양식이며 지속적으로 반복되는 것이다. 본능에 따른 행동, 유전, 자연 현상, 개인의 독특한 습관이나 버릇, 일시적이거나 우연한 행동은 문화에 해당하지 않는다.

오답 피하기

(나), (라) 인간의 생리적 현상이나 본능에 따른 행동이다.

02

문화 시민의 '문화'는 교양 있고 세련된 것을 의미하므로 좁은 의미의 문화에 해당한다. 다문화, 한국 문화, 청소년 문화, 음식 문화의 '문화'는 모두 한 사회가 공유하는 생활 양식으로 넓은 의미의 문화에 해당한다.

03

 (가)의 한국 문화는 한 사회 구성원이 환경에 적응하며 만들어 낸 공통의 생활 양식을 의미하므로 넓은 의미의 문화이다. (나)의 문화가 있는 날은 예술, 공연, 문학 등을 의미하므로 좁은 의미의 문화이다.

평가 기준	
상	(가)는 넓은 의미의 문화, (나)는 좁은 의미의 문화임을 구분하고 각각의 의미를 정확하게 서술한 경우
중	(가)는 넓은 의미의 문화, (나)는 좁은 의미의 문화임을 구분하고, 그 의미를 한 가지만 정확하게 서술한 경우
하	(가)는 넓은 의미의 문화, (나)는 좁은 의미의 문화임을 구분하고, 각각의 의미를 서술하지 않은 경우

04

㉠은 문화의 특수성(다양성)에 대한 설명이다. 문화는 사회가 처한 환경에 따라 각기 다르게 형성되어 왔기 때문에 서로 다른 모습으로 나타난다.

오답 피하기

① 문화는 각 사회가 처한 환경에 따라 각기 다르게 형성되므로 우열이 존재하지 않는다.
② 문화의 변동성에 대한 설명이다.
③ 개인의 버릇이나 습관은 문화가 아니다.
④ 문화의 보편성이 나타나는 이유이다.

05

한 사회의 구성원은 그 사회의 문화를 공유한다. 이를 문화의 공유성이라고 한다. 한국 사람들은 뜨거운 국물을 먹거나 뜨거운 물에 들어갈 때 "시원하다"라고 말하는 문화를 공유하고 있어, 이 표현이 실제로 차갑다는 의미가 아니라는 것을 서로 알고 있다.

06

문화를 구성하는 요소들은 각기 독립적으로 존재하는 것이 아니라 다른 요소와 상호 긴밀한 관계를 유지하면서 전체를 이루는데, 이를 문화의 전체성이라고 한다. 또한 문화는 고정된 것이 아니라 시간이 흐르며 변화하는데, 이를 문화의 변동성이라고 한다.

07

인터넷, 스마트폰과 같은 뉴 미디어는 정보의 생산자와 소비자 간의 정보 전달이 쌍방향으로 이루어진다는 특징과, 시간과 공간의 제약 없이 언제 어디서든 원하는 문화와 정보를 누릴 수 있다는 특징이 있다.

오답 피하기

ㄱ. 정보의 생산자와 소비자의 경계가 불분명하다.
ㄹ. 현대 사회에서 뉴 미디어의 영향력은 커지고 있다.

08

요즘 미디어에서 제공되는 기사 제목을 보면 '충격', '경악', '결국', '알고 보니'와 같은 자극적인 문구로 사람들의 흥미를 끄는 경우가 대부분이다. 미디어는 이윤을 추구하는 과정에서 상업성을 띠기 쉬우며, 그 결과 자극적이고 선정적인 문화를 생산해 내는 문제점이 있다.

09

 제시된 자료는 같은 사실을 전혀 다른 시각으로 보도함으로써, 사람들이 어떤 기사를 접하느냐에 따라 서로 다른 반응을 보이게 된다는 것을 보여 주고 있다. 따라서 우리는 미디어가 제공하는 문화와 정보를 그대로 수용할 것이 아니라, 정보가 정확한지 여러 매체를 비교, 분석하고 편향된 시각이나 왜곡된 정보는 없는지 등을 비판적으로 검토하는 자세가 필요하다.

평가 기준	
상	비판적으로 검토하고 수용하는 자세에 대해 옳은 내용을 풍부하게 서술한 경우
하	비판적으로 검토해야 한다는 내용을 썼으나 미흡한 경우

10

우리나라 사회 전반에 다문화적 변화가 나타나면서 주변에서 다양한 문화를 경험할 수 있게 되었다. 다양한 배경을 가진 집단의 사람들이 함께 공존하면서 외국인 밀집 지역의 외국어 표기 간판 등이 생겨났다.

11

(가)는 자기 문화를 우수하다고 생각하고 다른 사회의 문화를 열등하다고 생각하며 무시하는 태도로 자문화 중심주의이다. (나)는 다른 사회의 문화를 우수하다고 생각하고 자기 문화를 열등하다고 생각하는 태도로 문화 사대주의이다.

12

자문화 중심주의는 다른 문화와 갈등을 일으킬 수 있다.

오답 피하기

①, ③ 문화 상대주의에 대한 설명이다.
④ 문화 사대주의의 장점에 해당한다.
⑤ 문화 사대주의의 문제점에 해당한다.

13

 한 사회의 문화를 그 사회의 자연환경과 사회적 상황이나 맥락을 고려하여 이해하고 존중하는 태도

평가 기준	
상	그 사회의 환경을 고려해 이해한다는 문화 상대주의의 의미를 옳게 서술한 경우
하	문화 상대주의의 의미를 서술하였으나 미흡한 경우

14

다른 문화를 이해하는 바람직한 태도는 그 사회의 환경을 고려하여 문화를 이해하는 문화 상대주의 태도이다.

오답 피하기

① 모든 문화는 각기 그 나름의 이유와 가치가 있다는 문화의 상대성을 고려하여 이해해야 한다.
② 문화의 우열을 평가하는 것은 바람직하지 않다.
④ 그 사회의 입장에서 그 문화를 이해해야 한다.
⑤ 인류의 보편적 가치를 무시하는 문화까지 문화 상대주의를 적용하는 것은 바람직하지 않다.

15

명예 살인과 같은 문화는 인간의 생명이나 인권과 같은 인류의 보편적 가치를 훼손하는 문화이다. 따라서 이런 문화까지 문화 상대주의 태도로 이해하려는 것은 극단적 문화 상대주의로 바람직하지 않다.

고난도 실력 향상 문제 　　　　　개념책 161쪽

01 ⑤　　　02 ②

01

글쓴이는 문화 상대주의 태도로 맨손 식사 문화를 이해하고 존중하고 있다. 문화 상대주의 태도는 그 문화가 형성된 자연환경과 사회적 상황 등을 고려하여 문화를 이해하는 태도이다.

오답 피하기

① ㉠은 한 사회의 구성원이 환경에 적응하며 만들어 낸 공통의 생활 양식으로, 넓은 의미의 문화이다.
② 문화 상대주의는 문화의 우열을 평가하지 않는다.
③ ㉡은 교양 있고 세련된 것으로, 좁은 의미의 문화이다.
④ 문화 상대주의 태도로 이해하고 있다.

02

A는 문화 상대주의, B는 문화 사대주의, C는 자문화 중심주의이다. 문화 상대주의는 다문화·세계화 시대에 더욱 필요한 문화 이해 태도이다.

오답 피하기

① 문화 상대주의는 다른 문화의 장점과 특징을 수용하여 새로운 문화를 창조하며 발전할 수 있게 한다.
③ 문화 사대주의는 다른 문화를 받아들이는 데 도움이 된다.
④ 자문화 중심주의에 대한 설명이다.
⑤ 문화 사대주의에 대한 설명이다.

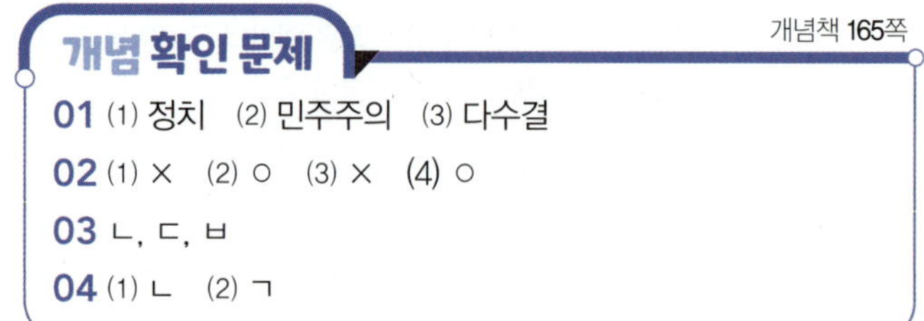

Ⅸ. 민주주의와 시민

01 정치와 민주주의

개념 확인 문제 　　　　　개념책 165쪽

01 (1) 정치　(2) 민주주의　(3) 다수결
02 (1) ✕　(2) ○　(3) ✕　(4) ○
03 ㄴ, ㄷ, ㅂ
04 (1) ㄴ　(2) ㄱ

실력 쌓기 문제 　　　　　개념책 165~167쪽

01 ②　　**02** ③　　**03** ②　　**04** ⑤　　**05** ⑤
06 ①　　**07** ③　　**08** ③　　**09** ②　　**10** ①
11 ①

01

좁은 의미의 정치는 정치권력을 획득하고 행사하는 국가와 관련된 활동이다. 넓은 의미의 정치는 사회 구성원 간의 대립과 갈등을 조정하고 해결해 가는 모든 활동이다.

오답 피하기

ㄴ. 아파트 주민 회의는 구성원 간의 대립과 갈등을 조정하여 의사 결정을 하는 활동으로 넓은 의미의 정치에 해당한다.
ㄹ. 정치는 대통령, 국회 의원과 같은 정치인들이 하는 좁은 의미의 정치뿐만 아니라 사회 구성원 간의 대립과 갈등을 조정하고 해결해 가는 넓은 의미의 정치까지 포함한다.

02

(가)는 정치권력을 획득하기 위한 활동으로 좁은 의미의 정치이고, (나)는 사회 구성원 간의 대립과 갈등을 조정하고 해결해 가는 활동으로 넓은 의미의 정치이다.

03

대통령의 외교 활동과 국회 의원의 선거 운동은 정치권력을 획득하고 행사하는 국가와 관련된 활동으로 좁은 의미의 정치에 해당한다.

오답 피하기

ㄴ. 학교 회장으로 선출되기 위한 공약 발표는 넓은 의미의 정치에 해당하는 활동이다.
ㄹ. 주차 문제 해결을 위한 주민 회의는 공동체 문제를 해결해 가는 과정으로 넓은 의미의 정치에 해당한다.

04

정치 형태로서의 민주주의는 소수에 의한 지배가 아닌 다수의 시민이 스스로 국가를 다스리는 정치 형태를 의미한다. 이는 국가의 운영과 국가의 의사 결정 방식에 있어 민주적 정치 형태이다. 생활 양식으로서의 민주주의는 관용, 대화와 타협, 다수결 및 소수 의견 존중 등을 통해 공동체의 문제를 해결하는 방식이다. ⑤ 오늘날의 현대 민주주의는 정치 형태를 넘어 생활 양식으로 그 의미가 확대되고 있다.

③ 생활 양식으로서의 민주주의는 민주주의가 추구하는 가치인 관용, 대화와 타협, 다수결의 원칙과 소수 의견 존중 등을 생활 속에서 실천하는 것이다.
④ 생활 양식으로서의 민주주의는 의사 결정 과정에 있어 충분한 대화와 토론 과정을 거쳐야 한다.

05

정치는 민주적 의사 결정을 통해 다양한 이해관계를 조정하고 공동체 문제를 해결한다. 또한 사회 구성원 간의 대립과 갈등을 해결하여 사회 질서를 유지하고 통합하며, 공동체가 나아가야 할 방향을 제시하여 사회 발전의 계기를 마련한다.

06

가족회의는 넓은 의미의 정치 활동이다. 가족회의를 통해 가족 구성원 간의 이해관계를 조정하고 합의를 이끌며, 휴대 전화 사용의 올바른 방법에 대한 해결책을 합리적으로 제시하였다.

07

판서의 내용은 생활 양식으로서의 민주주의를 실천하기 위해 필요한 가치와 태도이다.

갑. 정치 형태로서의 민주주의는 다수의 시민이 스스로 국가를 다스리는 국가 운영 방식이다.
정. 현대 민주주의는 정치 형태뿐만 아니라 생활 양식으로서의 민주주의의 중요성이 강조되고 있다.

08

㉠은 정치 형태로서의 민주주의를 의미한다. 이는 모든 국민이 국가의 주인으로서 권리를 가지고, 국민이 스스로 국가를 다스리는 것을 의미한다. 또한 국가의 의사 결정 과정에서 시민의 참여를 보장하는 정치 체제이다.

09

다수결의 원칙은 많은 사람의 의견이 옳다는 전제하에 효율적으로 의사를 결정하는 방식이다. 그러나 많은 사람의 의견이 항상 옳다고 할 수 없기 때문에 충분한 대화와 토론을 거치며 소수의 의견도 존중하는 것이 필요하다.

ㄴ. 자신과 다른 의견을 존중하고 이해하고자 하는 관용의 정신이 필요하다.
ㄹ. 대화와 토론을 통해 서로 양보하여 합의를 이루고자 하는 태도를 갖는 것이 바람직하다.

10

민주적 생활 양식으로는 관용, 대화와 타협, 양보와 배려, 공동체 의식, 비판적 태도, 다수결 및 소수 의견 존중 등이 있다.

ㄷ. 자신의 권리와 함께 타인의 권리도 중요함을 깨닫고 침해하지 않도록 해야 한다.
ㄹ. 대화를 통한 타협은 민주적 의사 결정 과정에서 필요하다.

11

민주주의는 민주적 의사 결정 과정에서 시민의 참여를 보장하고, 사회 구성원의 동의를 바탕으로 한 정책을 실시하여 국민의 자유와 권리를 보장한다. 또한 민주적 생활 원리를 통해 공동체 문제를 해결하여 민주 시민으로 성장하게 한다.

서술형 문제

개념책 167쪽

01

답 완성하기 (가)는 (좁은) 의미의 정치로 (정치권력)을/를 획득하고 행사하는 (국가)와/과 관련된 활동이다. (나)는 (넓은) 의미의 정치로 사회 구성원 간의 (대립과 갈등)을/를 조정하고 해결해 나가는 모든 활동이다.

02

예시 답안 (1) 넓은 의미의 정치
(2) 넓은 의미의 정치는 사회 구성원 간의 대립과 갈등을 조정하여 의사 결정을 하는 모든 활동을 말한다.

평가 기준	
상	넓은 의미의 정치의 의미를 정확하게 서술한 경우
하	넓은 의미의 정치의 의미를 미흡하게 서술한 경우

01

고대 아테네는 인구가 적고 영토가 작은 도시 국가로 시민이 직접 정치 참여하는 직접 민주주의가 발전하였다. 이에 시민들은 민회에 모여 국가의 주요 정책을 직접 토의하고 결정할 수 있었다.

오답 피하기

ㄴ. 여성과 노예, 외국인은 정치에 참여할 수 없었다.

ㄹ. 인구가 적고 영토가 작은 도시 국가로 한곳에 모여 국가의 주요 정책을 직접 결정할 수 있었다.

02

고대 아테네는 독재 정치의 가능성이 있는 인물의 이름을 도자기 파편이나 조개껍질에 적어 일정 이상의 표가 나오면, 10년 동안 국외로 추방하는 도편 추방제를 실시하였다. 이는 독재 정치를 막아 민주주의를 실현하고자 한 것이다.

03

근대 민주주의는 상공업으로 부를 축적한 시민 계급이 시민 혁명을 주도하여 국왕으로부터 국민의 자유와 권리를 되찾으면서 시작되었다. 근대 시민 혁명을 통해 시민의 대표들은 의회에 모여 국가의 의사 결정에 참여하는 간접 민주주의(대의 민주주의)가 발달하게 되었다.

오답 피하기

① 민주주의의 기원은 고대 그리스 아테네이다.

② 고대 아테네와 달리 근대 민주주의는 시민의 대표가 의회에 모여 정치를 하는 간접 민주주의이다.

④ 고대 아테네에서는 돌아가면서 공직을 담당하는 윤번제를 실시하였다.

⑤ 선거권 확대 운동은 19세기에 활발하게 전개되었다.

04

근대 시민 혁명 이후 차티스트 운동과 여성 참정권 운동, 흑인 참정권 운동이 활발하게 전개되었다. 그 결과 20세기 중반에는 일정한 나이 이상의 모든 사회 구성원에게 제한 없이 선거권을 부여하여 보통 선거 제도가 확립되었다. ③ 시민의 대표가 의회 활동에 참여하는 간접 민주주의가 실시되었다.

오답 피하기

① 현대 국가에서는 국가의 영토와 인구 규모가 확대되어 모든 시민이 한곳에 모여 정치에 참여하는 것이 어려워짐으로써 국민의 대표를 선출하여 국민의 의사를 반영하는 간접 민주주의가 발달하였다.

② 20세기 중반에는 대부분의 민주주의 국가에서 성별, 신분, 재산 등에 관계없이 일정한 나이 이상의 모든 시민이 정치에 참여하는 보통 선거 제도가 확립되었다.

④ 여성 참정권 확대 운동으로 여성도 정치에 참여할 수 있게 되었다.

⑤ 일정 나이 이상의 모든 시민에게 제한 없이 선거권을 부여하였다.

05

(가)의 민주주의는 직접 민주주의를 실시하였으며, 아테네 이후 쇠퇴했던 민주주의는 (나)의 시민 계급에 의해 다시 시작되었다. (나) 이후에도 정치에 참여할 수 없었던 여성, 노동자, 흑인들은 참정권 운동을 활발하게 전개하여 (다)에서 보통 선거 제도가 확립되었다.

오답 피하기

① (가)는 시민이 직접 참여하는 직접 민주주의를 실시하였다.

② (나)의 시민 혁명 이후에도 여성과 노동자 등은 참정권을 획득하지 못하였다.

③ 고대 아테네 시민들은 민회에 모여 국가의 정책을 직접 결정하였다.

⑤ (다)에서는 일정한 나이 이상의 모든 시민들이 정치에 참여할 수 있는 보통 선거 제도가 확립되었다.

06

인간의 존엄성은 인간은 인간이라는 이유만으로 존중받을 가치가 있다는 민주주의의 이념이다.

07

민주주의의 근본 이념은 인간의 존엄성이며 이를 실현하기 위한 전제 조건은 자유와 평등이다.

오답 피하기

ㄷ. 자유와 평등은 조화와 균형을 이뤄야 인간의 존엄성을 실현할 수 있다.

ㄹ. 외부의 부당한 간섭 없이 자기 뜻대로 행동하는 이념은 자유이다.

08

⊙은 자유이다. 오늘날에는 국가나 타인의 부당한 간섭을 받지 않을 자유뿐만 아니라 국가에 인간다운 삶을 요구할 수 있는 자유도 강조되고 있다.

오답 피하기

ㄱ. 인간은 인간이라는 이유만으로 존중받을 가치가 있다는 이념은 인간의 존엄성이다.

ㄴ. 자신의 권리뿐만 아니라 타인의 권리도 존중해야 한다.

09

평등은 모두에게 균등한 기회를 부여하는 형식적 평등과 개인의 선천적·후천적 차이를 고려하여 사회적 약자를 배려해야 한다는 실질적 평등으로 구분할 수 있다. 현대 사회에서는 장애인 의무 고용제, 국민 기초 생활 보장 제도를 통해 실질적 평등을 이루기 위해 노력하고 있다.

10

제시된 문서는 프랑스 혁명의 이념을 반영한 '인권 선언'이다. ④ 인권 선언에는 국왕의 절대 권력에 저항하여 자유와 권리를 되찾고자 하는 시민 혁명의 이념이 나타나 있다.

오답 피하기

①, ③ '모든 주권은 본질적으로 국민에게 있다.'라는 조항을 통해 국민 주권의 원리가 반영되어 있음을 알 수 있다. 국민 주권의 원리는 국가의 의사를 결정하는 최고 권력인 주권이 국민에게 있다는 원리이다.
② '모든 시민은 … 대표를 통해 법률 제정에 참여할 권리를 가진다.'라는 조항을 통해 대의 민주주의의 내용이 나타나 있음을 알 수 있다.

11

(가)는 주권을 가진 국민이 스스로 다스려야 한다는 국민 자치의 원리이다. (나)는 헌법에 따라 국가 기관을 구성하고 권력을 행사해야 한다는 입헌주의의 원리이다.

12

㉠은 헌법이다. 헌법은 국가의 최고 법으로 국민의 기본권 보장과 국가 운영의 원리를 규정하고 있다.

13

권력 분립의 원리는 국가 권력을 서로 독립된 기관이 나누어 맡아 견제와 균형을 이루어 국민의 자유와 권리를 보장한다는 것이다.

오답 피하기

① 입헌주의의 원리는 헌법에 따라 국가 기관을 구성하고 권력을 행사해야 한다는 것이다.
② 법치주의의 원리는 의회에서 제정한 법에 의거하여 국가를 운영함으로써 국민의 자유와 권리를 보장해야 한다는 것이다.
③ 국민 주권의 원리는 국가의 의사를 결정하는 최고 권력인 주권이 국민에게 있다는 것이다.
④ 국민 자치의 원리는 주권을 가진 국민이 스스로 국가를 다스린다는 것이다.

14

우리나라 헌법 제1조 제2항은 국민이 국가의 주인으로 최고 권력을 가지고 있다는 국민 주권의 원리를 나타낸다. ④ 국가 권력을 서로 독립된 기관이 나누어 맡아 견제와 균형을 이루어야 한다는 것은 권력 분립의 원리이다.

15

지역 주민이 선거를 통해 지역 자치 단체장을 선출하여 그 지역의 일을 처리하게 하는 것은 국민 주권과 국민 자치의 원리를 실현하고자 하는 것이다.

서술형 문제
개념책 173쪽

01

답 완성하기 근대 민주주의는 시민이 국가의 정책을 직접 결정하는 고대 그리스 아테네의 (직접 민주주의)와/과 달리 시민이 선출한 대표가 의회를 중심으로 정치를 담당하는 (간접 민주주의)이/가 실시되었다.

02

답 완성하기 헌법 조항에 나타난 민주주의의 기본 원리는 (권력 분립의 원리)이다. 이는 (국가 권력)을/를 서로 독립된 기관이 나누어 맡아 (견제)와/과 (균형)을/를 이루도록 하는 것이다.

03

예시 답안 (1) ㉠ - (시민 혁명), ㉡ - (차티스트)
(2) 근대에는 재산을 소유한 남성만 정치에 참여할 수 있는 제한적 민주주의였으나, 현대에는 보통 선거 제도를 통해 일정 나이 이상의 모든 시민이 정치에 참여할 수 있게 되었다.

평가 기준	
상	근대의 제한적 민주주의와 현대의 보통 선거 제도의 확립을 모두 정확하게 서술한 경우
중	근대와 현대의 특징 중 한 가지를 정확하게 서술한 경우
하	근대와 현대의 특징 중 한 가지를 서술하였으나 내용이 미흡한 경우

04

예시 답안 (1) 권력 분립의 원리(삼권 분립의 원리)
(2) 권력 분립의 원리는 국가 권력을 서로 독립된 기관이 나누어 맡아 견제와 균형을 이루고, 국가 기관의 권력 남용과 횡포를 막아 국민의 자유와 권리를 보장하기 위해 실시한다.

평가 기준	
상	권력 분립의 원리의 의미와 목적을 모두 정확하게 서술한 경우
중	권력 분립의 원리의 의미와 목적 중 한 가지만 정확하게 서술한 경우
하	권력 분립의 원리의 의미와 목적 중 한 가지를 서술하였으나, 그 내용이 미흡한 경우

개념 확인 문제
개념책 175쪽

01 (1) × (2) ○ (3) × (4) ×

02 (1) 국민 투표 (2) 참여 (3) 전자 (4) 시민 (5) 공론장

03 (1) 확대 (2) 직접

04 정치적 무관심

실력 쌓기 문제
개념책 175~177쪽

01 ④	02 ④	03 ②	04 ②	05 ⑤
06 ①	07 ④	08 ①	09 ③	10 ④
11 ①	12 ③			

01

현대 민주주의는 영토와 인구 규모의 확대로 시민의 직접 정치 참여가 어려우며, 사회가 전문화되고 복잡해지면서 정치적 전문성이 요구되었다. 이에 시민이 선거를 통해 선출한 대표가 국가의 중요한 정책을 결정하는 간접 민주주의가 발달하였다.

오답 피하기

① 전자 민주주의의 발달로 시민들의 정치 참여 기회는 과거보다 확대되었다.

② 인터넷의 발달로 시공간의 제약을 벗어나게 되어 일상의 정치적 참여가 가능해졌다.

③ 여성과 노동자의 정치 참여가 가능해져 보통 선거 제도가 확립되고 대중 민주주의가 발달하였다.

⑤ 영토와 인구 규모가 확대되어 모든 국민이 한 장소에 모이는 것에 한계가 있다.

02

현대 민주 국가에서는 시민이 투표로 선출한 대표가 의회를 중심으로 국민의 의견을 반영하여 국가의 정책을 의논하고 결정하는 대의 민주주의(간접 민주주의)가 발달하였다.

오답 피하기

ㄱ. 시민이 직접 정치에 참여하는 직접 민주주의는 고대 아테네에서 실시되었다.

ㄷ. 현대 민주 국가에서는 영토와 인구 규모의 확대로 국민이 스스로 국가를 다스리는 국민 자치의 원리를 온전히 실현하기에는 현실적으로 한계가 있다.

03

간접 민주주의는 국민의 선거로 선출된 대표가 국민의 의사를 대변하는 정치 형태로, 대의 민주주의라고도 한다.

오답 피하기

을, 정. 시민이 주권을 직접 행사하는 직접 민주주의는 국민 주권의 원리를 실현하는 이상적인 정치 형태이지만, 현대 국가에서는 시간과 비용이 많이 들어가 현실적으로 실현하기 어렵다.

04

제시된 사례는 시민의 정치적 무관심으로 국회 의원 선거 투표율이 낮아졌음을 보여 준다. 정치적 무관심으로 인해 대표자에 대한 정확한 검증이 어려울 수 있고, 국가 정책에 대한 비판과 감시가 소홀해져 국민의 정치적 요구가 정책에 정확히 반영되기 어렵다.

05

(가)에는 현대 민주주의 국가에서 실시되는 대의제의 한계점에 대한 내용이 들어가야 한다. 대의제는 정치에 대한 무관심과 이로 인해 시민의 의사가 정책 결정 과정에 반영되지 못하는 대표성의 한계가 나타날 수 있다.

오답 피하기

② 대표자의 결정이 지역, 계층, 세대별 의견을 고르게 반영하기 어렵다는 한계가 있다.

③ 시민이 정책 결정 과정에 직접 참여하기 어렵기 때문에 국민의 의사와 반대되는 정책 결정이 이루어질 수도 있다.

06

현대 민주주의의 발전을 위해 시민은 정책 결정 과정에 관심을 갖고 비판적인 태도로 정치권력을 견제할 수 있어야 한다. 또한 정치에 대한 관심을 가지고 적극적으로 참여해야 한다.

07

국민 투표는 국가의 중요한 사항을 국민이 직접 투표로 결정하는 제도이며 국민 발안은 국민이 직접 법률안 등을 국회에 제안할 수 있는 제도이다. ④ 국민 투표와 국민 발안은 대의제의 한계점을 보완하기 위해 직접 민주주의의 요소를 도입하여 시민의 정치 참여 기회를 확대할 수 있는 방안이다.

오답 피하기

⑤ 간접 민주주의의 한계를 보완하기 위해 국민 투표와 국민 발안과 같은 직접 민주주의 요소를 도입할 수 있다.

08

공론장은 주요 현안과 공공의 문제에 대한 합리적인 해결 방안을 찾기 위해 시민들이 모여 토론하는 일련의 장소로 공청회, 주민 설명회 등이 있다. 이는 대의제의 한계점을 제도적으로 보완하면서 시민들의 정치 참여를 유도하는 하나의 방안이다.

오답 피하기

ㄷ. 공론장은 다양한 계층의 시민들이 함께 현안에 대해 여러 의견을 나누는 활발한 토론이 이루어지는 공간이다.

09

제시문은 현대 민주 국가에서 실시되는 대의 민주주의의 한계점에 대한 내용이다. 현대 민주 국가는 대의 민주주의의 한계점을 보완하기 위해 직접 민주주의 요소를 도입할 수 있다.

오답 피하기

① 국가의 중요한 사항을 국민이 직접 투표로 결정할 수 있는 국민 투표를 실시할 수 있다.

② 선거로 선출된 대표를 국민이 직접 투표로 파면할 수 있는 국민 소환을 실시할 수 있다.

④ 국민이 직접 법률안 등을 국회에 제안할 수 있는 국민 발안을 실시할 수 있다.

⑤ 다양한 정보 매체를 활용한 전자 민주주의를 통해 시민의 정치 참여 기회를 확대할 수 있다.

10

인터넷과 정보 통신 기술의 발달에 따라 시공간의 제약을 벗어나 다양한 정보 매체를 활용한 시민의 정치 참여가 확대되고 있다. 이처럼 정보 매체를 활용하여 국민이 정치에 영향력을 행사하고 권력을 통제하는 것을 전자 민주주의라고 한다.

오답 피하기

① 전자 민주주의는 인터넷을 통해 정치에 참여하는 것을 말한다.

② 인터넷과 정보 통신 기술의 발달에 따른 정보화 사회가 기반이 되었다.

③ 정보 통신 기술로 인한 인터넷 발달로 가상 공간에서의 정치적 참여가 가능하게 되었다.

⑤ 온라인상에서 정치적 문제에 대해 시민, 전문가 등이 참여하여 충분히 토론하는 것이 가능하게 되었다.

11

현대 민주주의가 발전하려면 시민의 지속적인 관심과 적극적인 참여가 중요하다. 특히 선거가 치러지는 시기뿐만 아니라 정부의 정책 결정 및 집행 등의 전반적인 과정을 감시하고 문제점에 대해 개선을 요구할 수 있는 자질을 갖추어야 한다.

12

시민의 정치적 무관심에 따른 문제점을 비판하는 명언이다. 현대 민주주의가 발전하기 위해 국가는 대의 민주주의의 한계점을 보완하고, 시민의 정치적 참여 기회를 확대하는 정책을 마련해야 한다. 또한 시민은 정치에 지속적인 관심을 갖고 다양한 정치 참여를 통해 자신의 의견이 정책에 반영될 수 있도록 노력해야 한다.

01

답 완성하기　현대 국가는 (영토 또는 인구)와/과 (인구 또는 영토) 규모의 (확대)(으)로 국민이 직접 정치에 참여하는 데 많은 (시간 또는 비용)와/과 (비용 또는 시간)이/가 들어가기 때문에 현실적으로 한계가 있다.
현대 사회가 (전문화)되어 정치적 지식을 가진 (전문가)을/를 요구하게 되었다.

02

예시 답안　(1) 전자 민주주의

(2) 인터넷과 정보 통신 기술의 발달에 따라 시공간의 제약을 벗어나 다양한 정보 매체를 활용한 시민의 정치 참여가 확대되었다.

평가 기준	
상	인터넷과 정보 통신 기술의 발달과 시공간의 제약 극복이라는 배경을 모두 정확하게 서술한 경우
중	인터넷과 정보 통신 기술의 발달과 시공간의 제약 극복이라는 배경 중 한 가지를 정확하게 서술한 경우
하	인터넷과 정보 통신 기술의 발달과 시공간의 제약 극복 중 한 가지를 서술하였으나 내용이 미흡한 경우

대단원 마무리 문제　　　　　　개념책 179~181쪽

01 ④	02 ③	03 해설 참조	04 ④
05 해설 참조	06 ⑤	07 ⑤	08 ①
09 ①	10 ②	11 해설 참조	12 ①
13 ④	14 ④	15 ②	

01

좁은 의미의 정치는 정치권력을 획득하고 행사하는 국가와 관련된 활동이다.

오답 피하기

ㄱ. 가족 구성원 간의 대립과 갈등을 조정하고 해결해 가는 활동으로 넓은 의미의 정치에 해당한다.

ㄷ. 학교 대토론회를 통해 다양한 이해관계를 조율하여 공동체 문제를 해결하는 과정으로 넓은 의미의 정치에 해당한다.

02

탄소 포인트 제도를 통해 기후 변화에 따른 환경 문제를 해결할 수 있는 구체적인 실천 방향을 제시하였다. 이처럼 정치는 공동체 문제를 해결할 수 있는 방안을 제시하여 사회가 발전하는 계기를 마련하는 역할을 한다.

03

 정치권력, 정치권력은 국가가 정치적 기능을 수행하기 위해 행사하는 힘이다.

평가 기준	
상	정치권력을 쓰고, 정치권력의 의미를 명확하게 서술한 경우
중	정치권력을 쓰고, 정치권력의 의미를 미흡하게 서술한 경우
하	정치권력을 쓰고, 정치권력의 의미를 서술하지 못한 경우

04

(가)는 근대 시민 혁명 이후 참정권을 획득하지 못한 노동자들이 전개한 차티스트 운동에 대한 설명이다. (나)는 시민들이 민회에 모여 국가의 정책을 직접 결정한 고대 아테네의 직접 민주주의에 대한 설명이다. (다)는 국왕의 전제 정치에 맞서 시민들의 자유와 권리를 되찾은 근대 시민 혁명에 대한 설명이다. (라)는 일정한 나이 이상의 모든 시민이 선거에 참여할 수 있는 보통 선거 제도가 확립된 현대 민주주의에 대한 설명이다.

05

 시민이 국가의 정책을 결정하는 직접 민주주의를 실시하였고, 여자, 외국인, 노예가 정치에 참여할 수 없는 제한적 민주주의를 실시하였다.

평가 기준	
상	직접 민주주의와 제한적 민주주의의 특징을 모두 정확하게 서술한 경우
중	직접 민주주의와 제한적 민주주의의 특징 중 한 가지를 정확하게 서술한 경우
하	직접 민주주의와 제한적 민주주의의 특징 중 한 가지를 제시하였으나 미흡하게 서술한 경우

06

고대 아테네 이후 쇠퇴했던 민주주의는 계몽사상의 영향을 받은 시민 계급이 주도한 시민 혁명을 통해 다시 등장하였다. 근대 민주주의는 시민의 대표가 의회에 모여 정치를 하는 간접 민주주의(대의제)가 발달하였다. ⑤ 근대 시민 혁명은 영국의 명예혁명, 미국의 독립 혁명, 프랑스 혁명을 통해 활발하게 전개되었다.

① 민주주의는 고대 그리스 아테네에서 시작되었다.
② 시민의 대표가 의회에 모여 정치를 하는 간접 민주주의가 발달하였다.
③ 도편 추방제는 고대 아테네에서 독재자의 출현을 방지하기 위해 실시한 것이다.
④ 보통 선거 제도는 현대에 이르러서야 확립되었다.

07

인간의 존엄성은 인간이라는 이유만으로 존중받을 가치가 있다는 민주주의의 근본이념이다. 인간의 존엄성을 실현하기 위해서는 자유와 평등이 균형과 조화를 이루어야 한다.

④ 실질적 평등은 개인의 선천적·후천적 차이를 인정하고 사회적 약자를 배려하여 선천적·후천적 차이를 극복할 수 있게 하는 것이다.

08

제시문은 정부가 개인의 선천적·후천적 차이를 고려하여 실질적 평등이 이루어질 수 있도록 장애인 고용을 증진시키기 위해 실시하는 정책에 대한 내용이다.

09

헌법에 따라 국가 기관을 구성하고 권력을 행사해야 한다는 민주주의의 기본 원리는 입헌주의이다.

10

(가)는 국민이 국가의 주인으로 최고 권력을 가지고 있다는 국민 주권에 대한 설명이다. (나)는 주권을 가진 국민이 스스로 나라를 다스려야 한다는 국민 자치의 원리이다.

11

 국민 주권의 원리, 국가의 의사를 결정하는 최고 권력인 주권이 국민에게 있다는 원리이다.

평가 기준	
상	국민 주권의 원리라고 쓰고, 의미를 명확하게 서술한 경우
중	국민 주권의 원리라고 쓰고, 의미를 미흡하게 서술한 경우
하	국민 주권의 원리라고 쓰고, 의미를 서술하지 못한 경우

12

현대 국가에서는 영토와 인구 규모의 확대로 국민이 직접 정치에 참여하는 데 많은 시간과 비용이 들어간다는 한계가 있다. 또한 사회가 전문화되고 복잡해지면서 정치적 전문성이 요구되었다. 이에 국민이 선거를 통해 선출한 대표가 국가의 중요한 정책을 결정하는 대의 민주주의(간접 민주주의)가 발달하였다.

ㄹ. 국민 자치를 온전히 실현하는 것은 국민이 직접 국가의 중요한 정책을 결정하는 직접 민주주의에 해당한다.

13

인터넷과 정보 통신 기술의 발달로 인터넷, 쌍방향 케이블 텔레비전과 같은 뉴 미디어를 통해 시공간의 제약에서 벗어나 정치에 참여하는 전자 민주주의에 대한 설명이다.

③ 대중 민주주의는 일정한 나이 이상의 모든 시민이 정치에 참여할
수 있는 보통 선거 제도의 확립으로 발달한 정치 형태이다.

14

국민 투표, 국민 발안, 국민 소환은 현대 대의 민주주의의 한계점
을 보완하기 위해 직접 민주주의 요소를 도입하여 실시한 제도로
시민의 정치적 참여를 확대하기 위한 것이다.

15

우리나라 민주주의의 이념과 원리는 4·19 혁명과 6월 민주 항
쟁을 거쳐 정착되었다. 4·19 혁명은 부정 선거를 반대하여 일어
난 민주화 운동이며, 6월 민주 항쟁은 대통령 직선제를 요구하며
일어난 민주화 운동이다. 이와 같은 시민들의 정치에 대한 감시
와 비판으로 우리나라의 민주주의가 발달하게 되었다.

고난도 실력 향상 문제
개념책 181쪽

01 ①　　02 ④

01

(가)에 해당하는 시기는 근대이다. 근대에는 계몽사상에 영향을
받은 시민 계급의 성장으로 절대 권력인 국왕에 저항하는 시민
혁명이 전개되었다. 이를 통해 시민의 대표로 구성된 의회를 중
심으로 대의 민주주의(간접 민주주의)가 발달하게 되었다.

② 고대 아테네의 민주주의에 대한 설명이다.
③ 민회는 고대 아테네에서 입법, 행정, 재정 등 국가의 중요한 일을
결정하는 최고 의결 기관이다.
④ 근대에는 시민의 대표로 구성된 의회를 중심으로 한 간접 민주주의
가 발달하였다.
⑤ 현대에 이르러서야 일정 나이에 도달한 모든 사회 구성원이 정치에
참여할 수 있는 보통 선거 제도가 실시되었다.

02

(가)는 모두에게 균등한 기회를 부여하는 형식적 평등이다. (나)
는 개인의 선천적·후천적 차이를 고려하여 사회적 약자를 배려
하는 실질적 평등이다.

ㄱ. (가)는 형식적 평등, (나)는 실질적 평등이다.
ㄷ. (나)는 사회적 약자를 배려하는 장애인 의무 고용제, 국민 기초 생
활 보장 제도를 통해 평등을 실현하고자 한다.

Ⅹ. 정치과정과 시민 참여

01 선거와 선거 과정

개념 확인 문제
개념책 185쪽

01 (1) 선거　(2) 비밀　(3) 유권자
02 (1) 대의 민주주의　(2) 4년　(3) 여당
03 (1) 직접 선거　(2) 평등 선거　(3) 보통 선거　(4) 비밀 선거
04 (1) ×　(2) ○　(3) ×　(4) ○

실력 쌓기 문제
개념책 185~187쪽

01 ⑤	02 ②	03 ③	04 ②	05 ③
06 ①	07 ①	08 ②	09 ④	10 ①
11 ②	12 ①			

01

선거란 국민을 대신하여 나라의 일을 담당할 대표자를 선출하는
과정을 말한다. 대의 민주주의에서 선거를 통해 누가 대표로 선
출되느냐에 따라 정책이나 사회의 발전 방향이 결정되기 때문에
선거는 민주 정치의 성공과 실패를 좌우한다.

ㄱ. 직접 민주주의란 모든 국민이 직접 정치에 참여하여 의사 결정을
하는 제도를 말한다. 직접 민주주의는 가장 이상적인 민주주의의
형태이지만, 오늘날 사회의 규모가 커지고 복잡해지면서 모든 시
민이 정치에 직접 참여하는 것은 현실적으로 불가능하다. 따라서
현대 대부분의 민주 국가에서는 선거를 통해 대표자를 선출하고,
전문성을 가진 대표들이 모여 중요한 정책을 결정하는 간접 민주
주의(대의제)를 채택하고 있다. 따라서 선거는 대의제를 실현하는
매우 중요한 수단이 된다.
ㄴ. 선거는 투표를 통해 대표를 선출하는 방식으로 이루어진다. 직접
민주주의가 이루어졌던 고대 아테네에서는 시민들이 추첨을 하거
나 돌아가면서 공직을 맡았다.

02

우리나라에서는 국가 원수이자 행정부 수반인 대통령을 선출하
는 선거는 5년, 국민의 대표 기관인 국회의 구성원을 선출하는
선거는 4년마다 실시하고 있다.

ㄴ. 국무총리는 대통령을 보좌하여 행정 각부를 총괄하며, 대통령 자
리가 공석일 경우 대통령의 권한을 대행한다. 국무총리는 국회의
동의를 얻어 대통령이 임명한다.
ㄹ. 교육부 장관은 행정 부서 중 하나인 교육부의 수장으로서 대통령
이 임명한다.

03

현재의 대표자가 국정 운영을 잘못한다면 시민은 다음 선거에서 책임을 물어 교체할 수 있다. 선거는 국민이 대표자를 통제하는 수단이 된다.

① 선거는 시민의 뜻에 따라 국정을 담당할 대표자를 선출하는 기능을 한다.
② 국민의 지지와 동의를 얻어 선출된 대표는 권위를 인정받아 정당성을 가지고 국정에 관한 일을 추진할 수 있다.
④ 시민은 선거를 통해 자신의 의사를 표현함으로써 주권을 행사한다.
⑤ 시민은 선거를 통해 정치적 의사를 표현하고 정책을 평가하면서 자연스럽게 정치에 참여할 수 있다.

04

제시된 대통령 선거는 행정부 수반이자 국가 원수를 선출하기 위한 절차이다. 대통령 선거는 5년을 주기로 실시된다.

ㄴ. 선거를 공정하게 치르기 위해서는 보통 선거, 평등 선거, 직접 선거, 비밀 선거의 원칙을 따라야 한다.
ㄹ. 국회의 구성원을 선출하는 것을 목적으로 하는 선거는 국회 의원 선거이다.

05

제시문은 선거가 대표자에게 권력의 정당성을 부여한다는 내용이다. 대표자는 선거를 통해 국민의 지지와 동의를 얻었기 때문에 대표자로서의 지위에 대해 정당성을 갖는다.

06

(가)는 직접 선거, (나)는 비밀 선거의 원칙을 나타낸다.

②, ⑤ 보통 선거의 원칙은 일정한 연령에 달한 모든 국민에게 선거권을 부여한다는 것이다.
③, ④ 평등 선거의 원칙은 모든 유권자에게 동등한 가치의 투표권을 부여해야 한다는 것이다.

07

보통 선거의 원칙이란 일정 나이 이상의 모든 국민에게 선거권을 부여한다는 것이다. 우리나라에서는 18세 이상의 모든 국민이라면 누구나 유권자가 된다.

ⓒ은 직접 선거, ⓒ은 평등 선거, ⓔ과 ⓜ은 비밀 선거의 원칙을 지키기 위한 절차이다.

08

유권자란 선거에 참여하여 대표자를 선출할 수 있는 권리를 가진 사람으로, 우리나라에서는 18세 이상이라면 누구나 유권자가 된다.

① 정당은 선거에서 대표자를 배출하여 정권을 획득하고자 한다.
③ 유권자는 선거 운동에 자원 봉사자로 참여할 수 있지만, 대가나 금품을 요구할 수 없다.
④ 후보자 또는 입후보자에 대한 설명이다.
⑤ 유권자는 선거를 통해 입법부의 구성원인 국회 의원과 행정부의 구성원 중에는 대통령만을 선출한다. 사법부의 구성원인 법관이 되기 위해서는 법학 전문 대학원에서 일정 기간 동안 교육을 받고 변호사 자격 시험을 통과한 후에 10년 이상의 법률 사무에 종사하면서 경력을 쌓아야 임용될 수 있다.

09

유권자는 선거 공보나 벽보, 정당 누리집, 정책 토론회 등을 통해 후보자의 공약, 인품, 자질, 정치적 능력 등을 비교하여 선거에서 올바른 선택을 해야 한다.

10

「공직 선거법」에 따르면 유권자라면 누구나 선거 운동을 할 수 있다. 일반적으로 법적으로 정해진 기간에만 선거 운동을 할 수 있지만, 전자 우편이나 인터넷 누리집 등을 통한 선거 운동은 선거일을 포함하여 언제든지 할 수 있다.

ㄷ. 후보자를 헐뜯어서 말하거나 진실이 아닌 것을 진실인 것처럼 꾸며서 게시 및 공유하는 일은 금지된다.
ㄹ. 기표소 안에서 투표지를 촬영하거나 사회 관계망 서비스(SNS) 등에 게시하는 일은 민주 선거의 원칙 중에서 비밀 선거의 원칙에 위배되는 행위이므로 금지된다.

11

정당은 정치적 견해를 같이 하는 사람들이 정치권력을 얻기 위해 조직한 단체이다. 정당은 정치권력의 획득을 목적으로 하기 때문에 각종 선거에 후보자를 공천하여 당선시키고자 노력한다. 법을 개정하는 일은 국민의 대표 기관인 국회에서 담당한다.

12

제시된 자료에는 공약을 개발하는 정당의 역할이 나타나 있다. 공약이란 정부, 정당, 입후보자 등이 어떤 일에 대하여 국민에게 실행할 것을 약속하는 일이나 그러한 약속을 말한다.

01

답 완성하기　(1) ㉠ - (선거)

(2) (선거)을/를 통해 선출된 대표자는 국민의 지지와 동의를 얻었기 때문에 권위를 인정받아 (정당성)을/를 얻게 된다. 대표자가 맡은 일을 제대로 수행하지 않을 때에는 시민들이 다음 선거에서 다른 대표로 (교체)할 수 있기 때문에 정치권력을 (통제)하는 기능도 가진다.

02

예시 답안　(1) ㉠ - (유권자)

(2) 정당은 유권자의 지지를 얻기 위해 자질과 능력을 갖춘 후보자를 공천한다. 그리고 자신들의 정치적 견해와 시민의 요구를 반영하여 공약을 개발한다. 또한 유권자들의 많은 지지를 얻어 자기 정당의 후보자가 당선될 수 있도록 선거 운동을 지원한다.

평가 기준	
상	선거 과정에서 정당이 수행하는 역할을 세 가지 이상 정확히 서술한 경우
중	선거 과정에서 정당이 수행하는 역할을 두 가지만 서술한 경우
하	선거 과정에서 정당이 수행하는 역할을 한 가지만 서술한 경우

02 정치 주체와 정치과정

개념 확인 문제　　　　　　　　　　개념책 190쪽

01 정치 주체

02 (1) 비공식적　(2) 공익　(3) 정부

03 (1) ㉡　(2) ㉠　(3) ㉢

04 (라) – (가) – (나) – (다) – (마)

05 (1) ○　(2) ×　(3) ×

실력 쌓기 문제　　　　　　　　개념책 190~192쪽

01 ⑤	02 ④	03 ②	04 ②	05 ②
06 ⑤	07 ②	08 ③	09 ①	10 ②
11 ④	12 ①	13 ③	14 ③	15 ③

01

제시된 자료는 이익 집단이 자기 집단의 특수한 이익을 주장하고 있는 모습을 나타낸다.

오답 피하기

① 정당에 대한 설명이다. 정당은 정권 획득을 위해 선거에 후보자를 공천하여 자기 정당의 후보자를 당선시키기 위해 노력한다.

② 국가 기관에 대한 설명이다. 헌법에 따라 공식적으로 정책을 결정할 수 있는 정치 주체는 국회와 정부이다.

③ 언론에 대한 설명이다. 언론은 신문, 방송, 인터넷 등의 매체를 통해 정치과정 전반에 관한 정보를 제공하는 정치 주체이다.

④ 정부에 대한 설명이다. 정부는 정책을 결정하고 집행할 수 있는 공식적인 권한을 가진 정치 주체이다.

02

제시된 자료에 나타난 정치 주체는 시민 단체이다. 시민 단체는 시민의 정치 참여를 유도하고 사회 문제를 해결하기 위한 대안을 제시하며, 국가 기관이 제대로 활동하는지 감시·비판하는 역할을 한다.

03

이익 집단과 시민 단체는 모두 비공식적 주체로서 정책 결정 과정에 영향력을 행사한다는 공통점이 있다.

04

㉠에 들어갈 정치 주체는 정당이다. 정당은 공식적인 정치 주체에 해당하지 않으면서 정권 획득을 목적으로 하며 선거에 후보자를 공천한다.

오답 피하기

① 국회에 대한 설명이다. 국회는 공식적인 정치 주체로서 정책에 필요한 법률을 제·개정하거나 폐지한다.

③ 정부에 대한 설명이다. 정부는 공식적인 정치 주체로서 국회가 제정한 법률을 바탕으로 현실에 맞게 정책을 결정하고 시행한다.

④ 언론에 대한 설명이다. 언론을 통해 정치과정에 대한 정보가 왜곡되거나, 시민의 여론이 조작된다면 국민의 뜻이 정책에 정확하게 반영될 수 없다. 따라서 언론은 공정하고 객관적으로 보도하기 위해 노력해야 한다.

⑤ 시민 단체에 대한 설명이다. 시민 단체는 공익 실현을 위해 시민들이 자발적으로 결성한 단체이다.

05

정당, 시민 단체, 이익 집단 중에서 선거에서 후보자를 공천하는 정치 주체는 정당이다. 시민 단체는 공익 실현을 위해 활동하지만 이익 집단은 사익 추구를 위해 활동한다. 따라서 (가)는 정당, (나)는 시민 단체, (다)는 이익 집단에 해당한다.

06

언론은 신문, 방송, 인터넷 등의 매체를 통해 정치에 관한 전반적인 정보를 제공하는 정치 주체를 말한다.

오답 피하기

ㄴ. 여론에 대한 설명이다. 언론은 여론 형성에 중요한 역할을 한다.

07

헌법에 따라 정책을 직접 결정할 수 있는 권한을 가진 공식적 주체는 국회, 정부, 법원 등의 국가 기관이다.

ㄴ, ㄹ. 정당, 언론, 이익 집단, 시민 단체 등은 비공식적 주체에 해당한다.

08

그림은 국회 본회의에서 법률 개정안이 통과되는 모습을 나타낸다. 따라서 그림에 나타난 정치 주체는 국회이다.

① 정부에 대한 설명이다.
② 국회는 정책 결정 및 집행 단계에서 핵심적인 역할을 한다.
④ 법원에 대한 설명이다.
⑤ 시민 단체에 대한 설명이다.

09

국회, 정부와 같은 국가 기관은 헌법에 따라 공식적으로 정책을 결정하고 집행하는 정치 주체이다.

② 국회를 구성하는 모든 국회 의원은 국민이 선거를 통해 직접 선출하지만, 정부의 구성원 중 국민이 선거를 통해 선출하는 대표자는 대통령뿐이다.
③ 법원에 대한 설명이다.
④ 언론에 대한 설명이다.
⑤ 이익 집단에 대한 설명이다.

10

A는 정치과정에 해당한다. 오늘날에는 국가 기관 외에 비공식적 정치 주체들이 정치과정에 활발히 참여하고 있으며, 그 역할도 확대되어 가고 있다.

ㄴ. 정치과정에 의해 결정된 정책이라고 하더라도 집행 과정에서 문제가 발생하면 수정·보완될 수 있다.
ㄹ. 정당, 언론 등은 비공식적 주체에 해당한다.

11

(라)의 정책 집행 단계에서 핵심적인 역할을 하는 정치 주체는 정부이다.

⑤ (마)의 정책 평가는 시민에 의해 이루어진다. 이러한 시민의 평가 내용은 다시 정치과정에 반영되어 정책이 수정 또는 보완되거나 새로운 정책이 수립되기도 한다.

12

제시된 사례는 시민 단체와 이익 집단이 자신의 의견을 자유롭게 표현하는 이익 표출의 단계를 나타낸다.

13

(가)에 들어갈 정치과정의 단계는 '이익 집약'이다. 이익 집약 단계에서는 정당이나 언론 등이 시민들의 다양한 이익을 모아 요약하고 대안을 제시한다.

①은 이익 표출 단계, ②는 정책 집행 단계, ④는 정책 평가 단계, ⑤는 정책 결정 단계에 해당하는 사례이다.

14

정책 결정 단계에서는 시민의 다양한 요구를 바탕으로 국회와 정부가 정책을 수립하고 결정한다.

ㄱ. 이익 집약 단계에 해당하는 사례이다.
ㄹ. 이익 표출에 해당하는 사례이다.

15

정책 결정은 공식적인 정치 주체 중에서 국회와 정부가 담당하지만, 정책 집행은 정부의 고유한 역할이다. 따라서 ㉠에 공통적으로 들어갈 정치 주체는 정부가 된다.

서술형 문제
개념책 193쪽

01

답 완성하기　(1) ㉠ - (이익 집단)
(2) (이익 집단)은/는 (전문성)을/를 바탕으로 국가 기관이 (정책)을/를 결정하고 집행하는 데 도움을 준다는 긍정적인 측면이 있다. 하지만 (자기 집단의 이익)만을 지나치게 추구하는 과정에서 (공익)와/과 충돌하여 (사회 혼란)을/를 유발한다는 부정적인 측면이 있다.

02

답 완성하기　(1) ㉠ - (입법부), ㉡ - (사법부)
(2) (국회)은/는 정책의 바탕이 되는 (법률)을/를 제·개정하거나 폐지한다. 정부는 법률을 기반으로 (정책)을/를 수립하고 집행한다. (법원)은/는 법률이나 정책과 관련된 분쟁을 (재판)을/를 통해 해결한다.

03

예시 답안　(1) ㉠ - (시민 단체)
(2) 시민 단체는 시민들의 자발적인 정치 참여를 유도하고 여론을 형성한다. 또한 국가 기관이 정치 활동을 제대로 하고 있는지를 감시하고 비판한다. 공동체의 발전을 위해 환경, 인권 등 사회의 다양한 분야에서 활동하면서 사회 문제를 해결하기 위한 대안을 제시하기도 한다.

04

예시 답안   이익 표출 단계에서 개인과 집단 등이 어떤 정책에 대한 다양한 의견을 표출하면 이익 집약 단계에서 정당이나 언론 등이 그러한 의견을 모아 대안을 제시한다. 이후 정책 결정 단계에서 국회는 정책의 바탕이 되는 법률을 만들고 정부는 구체적인 정책을 수립한다. 정책 집행 단계에서는 정부가 정책을 현실에 맞게 구체적으로 집행한다. 정책이 시민의 다양한 의견을 반영하여 결정되었다 해도 집행 과정에서 예상치 못한 새로운 문제들이 나타날 수 있다. 따라서 정책 평가 단계에서 이러한 문제점을 해결하기 위해 시민의 평가를 받아 정책이 수정되거나 보완되는 환류가 이루어지기도 한다.

평가 기준	
상	'정책'이 결정되고 집행되는 과정을 '정치과정'의 각 단계에 따라 정치 주체가 어떤 역할을 하고 있는지를 제대로 서술한 경우
중	'정치과정'의 각 단계마다 정치 주체의 역할을 명시하여 잘 서술하였으나 '정책'이 결정되고 집행되는 과정이 제대로 드러나지 않은 경우
하	제시된 도식에 나타난 단어만을 나열하는 수준으로 쓴 경우

03 지방 자치와 시민 참여

개념 확인 문제

개념책 195쪽

01 (1) 지방 정부   (2) 기초 자치 단체   (3) 지방 의회
02 (1) ㉡, ㉣   (2) ㉠, ㉢
03 (1) ○   (2) ×   (3) ○
04 (1) ㄱ   (2) ㄴ   (3) ㄷ   (4) ㄹ

실력 쌓기 문제

개념책 195~197쪽

01 ③	02 ③	03 ①	04 ⑤	05 ①
06 ①	07 ②	08 ③	09 ⑤	10 ④
11 ⑤	12 ④			

01

제시된 내용은 지방 자치 제도에 대한 설명이다. 지방 자치 제도는 지역 주민들이 지방 자치 단체를 구성하여 그 지역의 일을 자율적으로 처리하는 방식으로 운영된다. 이를 위해 지역 주민들은 지방 의회 의원과 지방 자치 단체장을 지방 선거를 통해 직접 선출해야 한다.

오답 피하기
ㄱ. 지방 자치 단체를 구성하는 지방 의회 의원과 지방 자치 단체장은 모두 지방 선거를 통해 주민에 의해 선출된다.
ㄹ. 지방 자치가 제대로 이루어지려면 지방 정부가 중앙 정부로부터 자율성을 가져야 한다.

02

지방 자치 제도를 통해 지방 정부가 중앙 정부와 권력을 나누어 맡음으로써 권력 분립의 원리를 실현할 수 있다. 따라서 지방 자치 제도가 중앙 정부의 권력을 강화하는 것이 아니라 분산시키는 데 기여한다.

03

제시된 주소를 바탕으로 할 때 수원시장과 경기도지사는 집행 기관인 지방 자치 단체장이 된다.

오답 피하기
ㄷ, ㄹ. 수원시 의회 의원과 경기도 의회 의원은 의결 기관인 지방 의회를 구성한다.

04

지방 자치 단체 중 의결 기관인 지방 의회는 지역 주민의 의견을 바탕으로 지역에 필요한 자치 법규인 조례를 제정하거나 개정하는 일을 한다. 또한 지역의 예산을 심의하여 확정하고, 집행 기관이 역할을 잘하고 있는지 견제하고 감시한다.

오답 피하기
①, ②, ③ 지방 자치 단체장에 대한 설명이다.
④ 지방 자치 단체장은 집행 기관에 해당한다.

05

우리나라의 지방 자치 단체는 의결 기관인 지방 의회와 집행 기관인 지방 자치 단체장으로 구성된다. 지방 의회 의원과 지방 자치 단체장은 모두 지방 선거를 통해 주민에 의해 선출된다.

오답 피하기
ㄷ. 지방 의회의 구성원은 지방 선거를 통해 주민들에 의해 직접 선출된다.
ㄹ. 지방 자치 단체장은 지역의 예산안을 편성하고 집행한다. 예산안을 심의하고 확정하는 일은 지방 의회가 담당한다.

① 주민 감사 청구 제도에 대한 설명이다.
② 지방 선거에 대한 설명이다.
③ 지방 지치 단체장이 지역의 예산을 직접 집행할 권한을 가진다.
④ 주민 조례 발안 제도에 대한 설명이다.

12

(가)는 주민 소환 제도, (나)는 주민 청원 제도에 대한 설명이다.

06

㉠은 기초 자치 단체의 의결 기관에 해당하고, ㉡은 기초 자치 단체의 집행 기관에 해당한다. ① 지방 의회는 지역 주민의 의견을 바탕으로 지역에 필요한 자치 법규인 조례를 제정하거나 개정하는 일을 한다. 또한 지역의 예산을 심의하여 확정하고, 집행 기관이 역할을 잘하고 있는지 견제하고 감시한다.

② 조례를 제 · 개정하거나 폐지하는 일은 지방 의회가 담당한다.
③ 지방 의회 의원과 지방 자치 단체장은 모두 임기가 4년이다.
④ 지방 의회에서 지역 정책이 결정되면 지방 자치 단체장이 실행한다.
⑤ ○○시 의회 의원은 의결 기관인 ○○시 의회의 구성원이고, ○○시 시장은 집행 기관에 해당한다.

07

제시된 자료는 ○○군 주민들이 겪는 교통 불편 문제를 해소하기 위해 도입된 '100원 택시' 제도가 마련되는 모습을 제시하고 있다.

ㄴ. '100원 택시' 사업은 ○○군의 지역 문제를 해결하기 위한 지역 정책이므로 우리나라 전체 시민들이 이용할 수 있는 것은 아니다.
ㄹ. '100원 택시' 사업을 시행하기 위한 예산을 심의하고 확정할 권한은 ○○군 의회에 있다.

08

시민은 지역 문제를 해결하기 위해 지방 선거를 통해 지역 대표를 선출한다. 지역 정책을 집행할 권한은 지방 자치 단체장이 가지며, 지역 주민은 지역 문제를 해결하거나 지역에 도움이 되는 정책을 제안하고, 그 정책이 제대로 집행되는지를 감시한다.

09

㉠에 나타난 시민 참여 제도는 주민 조례 발안 제도이다. 주민 조례 발안 제도란 지방 의회에 조례를 제정하거나 개정 또는 폐지할 것을 지역의 주민이 제안할 수 있는 제도를 말한다.

10

지방 선거란 지역 주민을 대신할 지방 의회 의원과 지방 자치 단체장을 선출하는 과정을 말한다.

ㄱ. 지방 선거는 4년마다 전국 단위로 이루어진다.
ㄷ. 지방 선거에서 지역 대표를 선출하는 것은 투표의 형태로 이루어진다. 찬성 또는 반대로 의사를 표시하는 방식은 주민 투표이다.

11

주민 참여 예산 제도란 주민이 지방 자치 단체의 예산 편성 과정에 참여하여 예산의 우선순위 등을 결정하는 제도를 말한다.

서술형 문제

개념책 **197쪽**

01

답 완성하기 (1) ㉠ - (지방 의회), ㉡ - (지방 자치 단체장)
(2) (지방 의회)은/는 지역에 필요한 자치 법규인 (조례)을/를 제정하고, (예산)을/를 심의하고 확정한다. (지방 자치 단체장)은/는 지역 정책을 실행하는 데 필요한 (규칙)을/를 제정하고, 예산을 편성하고 (집행)한다.

02

예시 답안 (1) ㉠ - (주민 참여 예산 제도)
(2) 지역 정책에 관한 요구 사항을 지방 자치 단체에 문서로 직접 제출할 수 있는 제도

평가 기준	
상	지역 정책에 대한 의견을 '지방 자치 단체'에 '문서'로 직접 제출한다는 내용을 정확하게 서술한 경우
하	지역 정책에 대한 의견을 단순히 제시한다는 내용만으로 서술한 경우

대단원 마무리 문제

개념책 **199~201쪽**

01 ④	**02** ⑤	**03** ③	**04** 해설 참조
05 ③	**06** ①	**07** ④	**08** 해설 참조
09 ③	**10** ③	**11** ②	**12** ③ **13** ⑤
14 ③			

01

그림은 선거를 나타낸다. 선거는 국민을 대신할 대표자를 선출하는 과정이다.

오답 피하기

ㄱ. 보통, 평등, 직접, 비밀 선거의 원칙에 따라 운영된다.
ㄷ. 우리나라에서는 18세 이상의 국민에게 선거권을 부여하고 있다.

02

선거의 기능 중 (가)는 정치권력에 정당성을 부여하는 내용, (나)는 정치권력을 통제하는 내용이 제시되어 있다. 대표자가 권력을 남용하거나 역할을 제대로 수행하지 못하면 다음 선거에서 그 책임을 물어 교체할 수 있으므로 선거는 대표자를 통제하는 기능을 가진다. 또한 선거를 통해 국민의 지지와 동의를 바탕으로 선출된 대표자는 임기 동안 대표자로서의 정당성을 인정받으므로 선거는 대표자에게 정당성을 부여하는 기능을 가진다.

03

A국은 선거에서 지역에 따라 유권자가 가지는 표의 개수(가치)를 다르게 부여하므로 평등 선거를 위반하였다. 또한 유권자가 직접 투표소에 가지 않더라도 대리로 선거를 할 수 있도록 하고 있으므로 직접 선거를 위반하였다.

04

예시 답안　㉠에 들어갈 민주 선거의 원칙은 비밀 선거이다. 비밀 선거란 유권자가 누구에게 투표했는지 다른 사람이 알지 못하도록 해야 한다는 원칙이다.

평가 기준	
상	비밀 선거라고 쓰고, 그 의미를 필수 키워드를 모두 사용하여 제대로 서술한 경우
중	비밀 선거라고 쓰고, 그 의미를 서술하였으나 내용이 다소 미흡한 경우
하	비밀 선거라고만 쓴 경우

05

③ 정당은 정책 설명회, 토론회, 공청회 등을 통해 시민에게 자기 정당과 후보자의 정치적 이념이나 정책 내용을 알릴 수 있다.

오답 피하기

① 유권자는 후보자의 경제력이 아닌 공약이나 자질, 능력 등을 우선 순위로 두어 평가해야 한다.
② 선거권이 없는 중학생은 선거 운동을 할 수 없다.
④ 「공직 선거법」에 따라 선거 후보자를 비방하거나 허위 사실을 게시하는 것을 금지하고 있다.
⑤ 유권자는 기표소 안에서 투표지를 촬영해서는 안 된다.

06

정당은 정치적 의견이 같은 사람들이 정치권력을 획득할 목적으로 만든 단체이다.

오답 피하기

② 국회에 대한 설명이다.
③ 국민이 선거를 통해 선출한 대표로 구성되는 기관은 국회이다.
④ 언론에 대한 설명이다.
⑤ 시민 단체에 대한 설명이다.

07

정치 주체는 헌법에 따라 정책을 결정 또는 집행하는 권한이 있는 공식적 주체와 그렇지 않은 비공식적 주체로 구분된다.

오답 피하기

① 이익 집단은 사익을 추구하지만 시민 단체, 정당, 국가 기관은 공익을 우선시한다.
② 정치 주체는 모두 정치과정에 영향력을 행사한다.
③ 선거에 후보자를 공천하는 정치 주체는 정당뿐이다.
⑤ 여론을 형성하는 데 주도적인 역할을 하는 정치 주체는 언론이다.

08

예시 답안　시민들이 자발적으로 만든 단체이다. 정책이 결정되는 데 영향을 미치는 정치 주체이다. 국가 기관이 정치 활동을 제대로 하고 있는지를 감시하고 비판한다.

평가 기준	
상	이익 집단과 시민 단체의 공통점을 세 가지 이상 서술한 경우
중	이익 집단과 시민 단체의 공통점을 두 가지만 서술한 경우
하	이익 집단과 시민 단체의 공통점을 한 가지만 서술한 경우

09

오늘날에는 국가 기관 외에 비공식적 정치 주체들이 정치과정에 활발히 참여하고 있으며, 그 역할도 확대되어 가고 있다. 정당, 언론 등은 비공식적 주체에 해당한다.

10

(가)는 이익 집약, (나)는 이익 표출, (다)는 정책 집행, (라)는 정책 평가, (마)는 정책 결정 단계에 해당하는 내용이다.

11

(가)는 정치과정의 단계 중 정책 집행에 해당한다. 정책을 현실에 적용하여 구체적으로 실행하는 정치 주체는 정부이다.

12

빈칸 ㉠에 들어갈 제도는 지방 자치 제도이다. 지방 자치 제도를 통해 지방 정부가 중앙 정부와 권력을 나누어 맡음으로써 권력 분립의 원리를 실현할 수 있다.

13

지방 의회는 의결 기관이고, 지방 자치 단체장은 집행 기관이다. ㄷ. 의결 기관인 지방 의회의 구성원은 지방 선거를 통해 선출된다. ㄹ. 집행 기관인 지방 자치 단체장은 지역 내의 행정권을 행사한다.

> **오답 피하기**
> ㄱ. 시, 군, 구는 기초 자치 단체에 해당한다.
> ㄴ. 특별시, 광역시, 특별자치시, 도, 특별자치도는 우리나라의 광역 자치 단체에 해당한다.

14

빈칸 ㉠에 들어갈 정치 참여 제도는 주민 투표 제도이다. 주민 투표 제도란 지역 사회의 중요한 사항이나 정책에 관하여 주민이 직접 투표로 의사를 표시하는 제도를 말한다.

고난도 실력 향상 문제   개념책 201쪽

01 ③   **02** ④

01

정당, 시민 단체, 이익 집단 중에서 정권 획득을 목적으로 하는 정치 주체는 정당이다. 또한 자기 집단의 특수 이익을 우선시하는 정치 주체는 이익 집단이다. 따라서 (가)는 정당, (나)는 시민 단체, (다)는 이익 집단에 해당한다.

> **오답 피하기**
> ① 정책을 수립하고 집행하는 정치 주체는 정부이다.
> ② 공직 선거에 후보자를 공천하는 정치 주체는 정당이다.
> ④ 이익 집단과 시민 단체는 모두 다양한 이익을 자유롭게 표출한다.
> ⑤ 이익 집단과 시민 단체는 모두 시민들이 자발적으로 만든 단체이다.

02

ㄴ. 시민 단체는 공동체의 발전을 위해 환경, 인권 등 사회의 다양한 분야에서 활동한다. ㄹ. 시민 단체에 가입하거나, 집회나 서명 운동에 참가하는 것은 모두 대의 민주주의의 한계를 보완하기 위한 정치 참여 방법이다.

> **오답 피하기**
> ㄱ. 지방 의회 의원은 국회 의원 선거가 아니라 지방 선거를 통해 선출된다.
> ㄷ. 대통령 선거는 5년, 국회 의원 선거나 지방 선거는 4년마다 실시되기 때문에 선거에 투표하는 것은 시민이 수시로 참여할 수 있는 방법으로 볼 수 없다.

XI. 일상생활과 법

01 법의 의미와 목적
~02 생활 속의 다양한 법

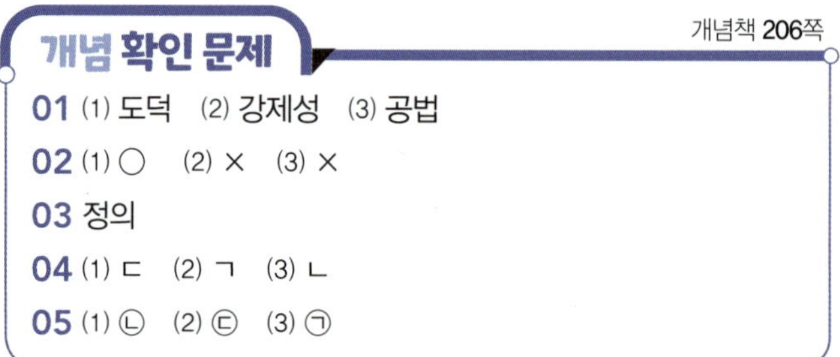

개념 확인 문제   개념책 206쪽

01 (1) 도덕   (2) 강제성   (3) 공법
02 (1) ○   (2) ×   (3) ×
03 정의
04 (1) ㄷ   (2) ㄱ   (3) ㄴ
05 (1) ㉡   (2) ㉢   (3) ㉠

실력 쌓기 문제   개념책 206~208쪽

01 ①	**02** ⑤	**03** ②	**04** ③	**05** ②
06 ②	**07** ②	**08** ②	**09** ④	**10** ③
11 ①	**12** ②	**13** ④	**14** ①	

01

사회 규범이란 사회에서 사람들이 해야 할 일과 하지 말아야 할 일을 정해 놓은 행동의 기준을 말한다.

> **오답 피하기**
> ㄷ. 사회 규범 중 법에만 해당하는 설명이다.
> ㄹ. 사회 규범 중 도덕에만 해당하는 설명이다.

02

(가)는 도덕, (나)는 관습에 해당하는 사례이다.

> **오답 피하기**
> 도덕은 양심 등에 비추어 인간이 마땅히 지켜야 할 바람직한 행동의 기준을 말한다. 관습은 한 사회에서 오랫동안 지켜져 내려온 행동 양식이나 풍습이다.

03

도덕은 양심 등에 비추어 인간이 마땅히 지켜야 할 바람직한 행동의 기준을 말한다. 법은 사회 구성원의 합의에 따라 국가가 제정한 사회 규범이다. 도덕이 인간 내면의 양심이나 동기를 중요시한다면 법은 겉으로 드러나는 행위와 그 결과도 중요시한다.

04

빈칸 ㉠에 들어갈 사회 규범은 법이다. 법을 지키지 않을 경우 국가의 제재를 받는다는 점에서 강제성을 가진다는 특징이 있다.

> **오답 피하기**
> ① 법은 강제성을 가진다. 법 이외에 다른 사회 규범은 지키지 않아도 국가의 제재를 받지 않는다.

② 도덕에 대한 설명이다. 법은 정의 실현을 목적으로 한다.
④ 도덕에 대한 설명이다. 법은 행위의 동기보다 행위의 결과를 중요
시한다.
⑤ 관습에 대한 설명이다.

05

법은 사회 구성원이 지켜야 할 행위나 판단의 기준을 제시함으로
써 분쟁을 예방하거나 해결하고 범죄로부터 사람들을 보호한다.
또한 법에는 개인에게 어떠한 권리가 있는지, 개인의 권리가 침
해되었을 때 어떻게 구제받을 수 있는지 규정되어 있다. 이처럼
법은 개인의 권리를 명시하고 이를 침해하는 행위를 제재함으로
써 개인의 권리를 보호해 주고 사회 질서를 유지한다.

06

착한 사마리아인 법은 자신에게 특별한 위험이나 피해가 발생하
는 것도 아닌데 어려움에 처한 사람을 구하지 않는 사람을 처벌
하는 법을 말한다. 착한 사마리아인 법에 대해 갑은 반대하는 입
장, 을은 찬성하는 입장을 가지고 있다.

오답 피하기

① 갑은 국가가 개인의 내면적 양심 문제에 개입하는 것은 옳지 않다
고 하고 있으므로, 착한 사마리아인 법을 도입하는 것에 반대할 가
능성이 크다.
③ 을은 국가가 강제해서라도 시민의 생명과 안전을 보장하는 것이 중
요하다고 생각한다.
④ '착한 사마리아인 법' 자체는 도덕이 아니므로 선이 아닌 정의를 실
현하는 것이 목적이 된다.
⑤ 갑은 법과 도덕의 명확한 구분을, 을은 법과 도덕의 관련성을 강조
한다.

07

그림은 정의의 여신상을 나타낸다. 빈칸 ⊙에는 정의가 들어가야
한다. 정의의 여신상은 눈을 가리거나 감고 있으며, 한 손에는 양
팔 저울을, 다른 한 손에는 양날 검을 들고 있다. 두 눈을 가리거
나 감는 것은 법에 따라 공정하게 판단을 내리겠다는 의미이다.
양팔 저울은 모든 사람에게 공평하게 판결하겠다는 것이며, 양날
검은 법을 엄격하게 집행하겠다는 뜻이다.

오답 피하기

을. 칼은 법의 강제성을 나타낸다.
정. 눈을 가린 것은 공정한 판단을 의미한다.

08

(가)에 들어갈 법은 공법이다. 공법은 국가와 개인 또는 국가 기
관 간의 공적인 생활 관계를 규율하는 법이다.

오답 피하기

ㄴ. 사법에 대한 설명이다.
ㄹ. 사회법에 대한 설명이다.

09

제시된 자료에서는 범죄 종류 중 '절도'가 나타나 있고, 그에 따른
형량이 규정되어 있다. 따라서 빈칸 ⊙에 들어갈 법은 형법이다.

오답 피하기

① 헌법에 대한 설명이다.
② 민법에 대한 설명이다.
③ 헌법에 대한 설명이다.
⑤ 상법에 대한 설명이다.

10

사법은 개인과 개인 사이의 사적인 생활 관계를 규율하는 법이
다. 사법은 재산권과 계약, 손해 배상 등의 재산 관계와 혼인, 상
속 등과 같은 가족 관계에 관한 내용과 관련이 깊다.

오답 피하기

① 세금 납부와 관련된 일은 공적인 생활 영역이다.
② 소매치기를 당한 사람은 범죄 피해자가 되므로 국가의 도움을 받아
침해된 권리를 구제받을 수 있다. 이는 공적인 생활 영역에 해당한다.
④ 문제가 있는 상품은 소비자 기본법에 따라 환불받을 수 있다. 이는
사회법의 적용을 받는 사례이다.
⑤ 음주 운전을 하여 현행범으로 체포되었을 경우 국가의 처벌을 받게
되므로 공법의 적용을 받게 된다.

11

사적인 생활 영역을 규율하는 사법에는 민법과 상법 등이 있다.

오답 피하기

ㄷ. 헌법은 공법에 속한다. 헌법은 국민의 권리와 의무, 국가의 통치
구조와 운영 원리 등을 규정한 최고법이다.
ㄹ. 형법은 공법에 속한다. 형법은 범죄의 종류와 그에 따른 형벌의 내
용과 정도를 규정한 법이다.

12

사회법은 사법과 공법의 중간 영역으로서 모든 사람의 인간다운
생활을 보장하는 것을 목적으로 한다.

오답 피하기

① 민법, 상법 등은 사법에 속한다. 사회법은 노동법, 경제법, 사회 보
장법으로 구분된다.
③ 공법에 대한 설명이다.
④ 형법에 대한 내용이다. 형법은 공법에 속한다.
⑤ 사법에 대한 설명이다.

13

(가)는 경제법, (나)는 사회 보장법에 대한 설명이다. 경제법과
사회 보장법은 모두 사회법에 속한다.

14

노동법에는 근로 기준법, 최저 임금법 등이 있다.

② 공정 거래법은 독점 규제 및 공정 거래에 관한 법률의 약칭으로, 경제법에 속한다.
③ 국민 연금법은 사회 보장법에 속한다.
④ 장애인 복지법은 사회 보장법에 속한다.
⑤ 소비자 기본법은 경제법에 속한다.

서술형 문제

개념책 209쪽

01

답 완성하기 (1) ㉠ - (도덕), ㉡ - (법)

(2) (도덕)은/는 인간 내면의 양심이나 행동의 (동기)을/를 규율하지만, (법)은/는 겉으로 드러나는 행동의 (결과)을/를 규율한다. (도덕)을/를 위반한 경우 양심의 가책이나 사회적 비난을 받지만, (법)을/를 어겼을 경우 국가에 의해 (제재)을/를 받는다.

02

답 완성하기 (1) ㉠ - (정의)

(2) (정의)은/는 모든 사람에게 각자가 받아야 할 (정당한 몫)을/를 주는 것을 말한다. 즉, 개인의 (능력과 노력)에 따라 정당한 (보상)을/를 받게 하거나 다른 사람의 권리를 침해하거나 사회를 어지럽힌 사람에게는 (제재)을/를 가하는 것을 말한다.

03

예시 답안 (1) 헌법

(2) 헌법은 국민의 권리와 의무, 국가의 통치 구조와 운영 원리 등을 규정한 최고법이다. 헌법은 우리 사회가 추구하는 공동의 가치를 담고 있는 최상위 법으로 우리나라에 있는 모든 법의 기준과 근거가 된다.

평가 기준	
상	헌법의 의미를 규정 내용을 중심으로 쓰고, 그 특징을 '최상위법'에 초점을 맞추어 서술한 경우
중	헌법의 의미를 규정 내용을 중심으로 썼으나, 그 특징을 '최상위법'이 아닌 다른 내용을 중심으로 서술한 경우
하	헌법의 의미만을 쓴 경우

04

예시 답안 제시된 내용을 배경으로 등장한 법은 사회법이다. 사회법은 사회·경제적 약자를 보호하고, 모든 국민의 인간다운 생활을 보장하는 것을 목적으로 한다. 사회법은 크게 노동법, 경제법, 사회 보장법으로 구분할 수 있다. 노동법은 노동자의 권리와 근로 조건을 규정하고, 노사 간의 이해관계를 조정하기 위한 법이다. 경제법은 기업의 자유로운 경쟁을 보장하고 소비자의 권익을 보호하기 위한 법이다. 사회 보장법은 빈곤, 질병, 장애, 고령 등으로 어려움을 겪고 있는 사람들을 돕고 모든 국민의 인간다운 생활을 보장하기 위한 법이다.

평가 기준	
상	사회법의 목적을 쓰고, 그 내용을 노동법, 경제법, 사회 보장법으로 구분하고 각각의 의미를 구체적으로 서술한 경우
중	사회법의 목적을 쓰고, 그 내용을 노동법, 경제법, 사회 보장법이라는 명칭만으로 제시한 경우
하	사회법의 목적만 쓴 경우

03 재판의 의미와 공정한 재판

개념 확인 문제

개념책 212쪽

01 (1) × (2) ○ (3) ×
02 (1) 사법부 (2) 민사 재판 (3) 검사
03 (나) – (라) – (다) – (가)
04 (1) 원고 (2) 사법권 (3) 증거 재판주의
05 심급 제도

실력 쌓기 문제

개념책 212~214쪽

01 ②	**02** ④	**03** ④	**04** ①	**05** ①
06 ⑤	**07** ①	**08** ②	**09** ①	**10** ②
11 ⑤	**12** ⑤	**13** ④	**14** ③	**15** ②

01

재판은 법원이 분쟁 사건에 관하여 법적인 판단을 내리는 과정이다.

ㄴ. 재판을 통한 분쟁 해결은 시간과 비용이 많이 들고, 절차가 복잡하며 당사자들이 정신적 고통을 겪을 수 있다는 단점이 있다.
ㄹ. 재판은 사법부인 법원이 담당한다.

02

재판은 절차가 복잡하고 최종 판결까지 시간이 오래 걸려 분쟁 당사자의 심리적 고통이 수반될 수 있다. 또한 변호사를 선임하는 경우 경제적인 부담이 될 수 있고, 문제가 해결될 때까지 재판 당사자가 심리적으로 고통을 받을 수 있다. 하지만 법적인 전문가의 도움을 얻어 분쟁이나 문제를 명확하게 해결할 수 있다는 장점이 있다.

03

㉠에 들어갈 재판은 행정 재판이다. 행정 재판은 행정 기관이 국민의 권리를 침해하였는지를 판단하는 재판이다.

04

민사 재판은 개인과 개인 간의 권리와 의무에 관한 다툼을 해결하기 위한 재판이다.

[오답 피하기]

ㄷ. 형사 재판에 대한 설명이다. 민사 재판에서 판사는 원고와 피고 중 누구의 주장이 옳은지를 판결 내린다.

ㄹ. 국민 참여 재판은 죄가 무거운 형사 사건을 대상으로 하는 형사 재판에 한하여 시행된다.

05

그림은 민사 재판정의 모습이다. 민사 재판정에는 소송을 제기한 원고, 소송을 제기당한 피고, 판결을 내리는 판사가 참여한다. 이 외에도 원고와 피고의 편에서 법률적인 도움을 주는 변호사, 사건에 대해 자신이 경험한 사실을 진술하는 증인도 참여할 수 있다.

06

민사 재판은 돈을 빌리고 빌려주는 과정에서 일어난 다툼, 손해에 대한 배상과 같이 개인 사이에서 일어난 분쟁을 해결한다.

[오답 피하기]

ㄱ, ㄴ. 금품 절도 사건이나 폭행 치사 사건은 모두 범죄에 해당하므로 형사 재판에서 다룰 수 있는 사건이다.

07

제시문은 A가 B를 폭행하여 일어난 사건이다. A는 상해죄에 해당하는 범죄를 저질렀기 때문에 그에 따른 처벌 정도를 결정하는 형사 재판을 받게 된다. ① 피의자인 A가 기소되어 형사 재판을 받게 되면 피고인 신분이 된다.

[오답 피하기]

② 공정한 재판을 위해서는 공개 재판주의에 따라 재판이 이루어져야 한다.

③ 형사 재판에서는 검사가 공소를 제기하여 이루어진다.

④ 국민 참여 재판은 살인, 강도 등 죄가 무거운 형사 사건을 대상으로 이루어지며, 피고인이 원할 경우에만 시행된다. 또한 배심원은 만 20세 이상의 국민 중에서 무작위 추첨을 통해 정해지므로 범죄 피해자가 원한다고 하여 배심원이 될 수는 없다.

⑤ A가 폭행을 저질렀으므로 범죄 유무 및 형량을 결정하기 위한 형사 재판이다.

08

㉠에 들어갈 개념은 기소이다. 형사 재판은 범죄 혐의가 있는 피의자에 대해 수사를 한 후 검사가 법원에 기소하는 것으로 시작된다.

[오답 피하기]

① 고소란 범죄 피해자가 범죄 사실을 직접 신고하는 것이다.

③ 변론은 소송 당사자나 변호인 등이 재판 진행 과정에서 자신의 주장을 말하는 것이다.

④ 신문은 법원이나 기타 국가 기관이 어떤 사건에 관하여 증인, 당사자, 피고인 등에게 말로 물어 조사하는 일이다.

⑤ 판결은 판사가 법원에서 변론을 거쳐 소송 사건에 대하여 판단하고 결정하는 일을 말한다.

09

제시된 자료는 형사 재판을 실시하기 위한 역할극 준비 계획서이다. 형사 재판은 검사가 피의자를 대상으로 공소를 제기하면서 시작되므로 (가) 장면의 내용은 적절하지 않다.

10

재판이 공정하게 진행되지 않는다면 국민의 자유와 권리가 제대로 보장되기 어렵다. 따라서 우리나라에서는 사법권의 독립, 공개 재판주의와 증거 재판주의, 심급 제도 등을 두어 재판이 공정하게 이루어지도록 하고 있다. ② 재판은 국가 기관이나 여론 등의 영향을 받지 않고 공정하게 이루어져야 한다.

11

㉠에는 사법권의 독립이 들어가야 한다. 법원의 구성, 법관의 자격, 법관의 신분 보장에 관한 규정을 둔 이유는 사법권의 독립을 보장하기 위해서이다.

12

제시문은 증거 재판주의에 대한 설명이다. 위법한 절차로 수집된 증거는 증거 재판주의에 따라 증거 능력이 인정되지 않는다.

13

그림의 (가)는 지방 법원, (나)는 고등 법원, (다)는 대법원이다. ㉠은 항소, ㉡은 상고이다.

14

제시된 그림은 심급 제도를 나타낸 것이다. 심급 제도란 급을 달리하는 법원에서 한 사건에 관해 여러 번 재판을 받을 수 있게 하는 제도이다.

15

국민 참여 재판이란 일반 국민이 형사 재판에서 배심원으로 참여할 수 있게 하는 제도를 말한다. 이 제도는 국민의 사법 참여를 확대하고 재판의 공정성과 투명성을 높이는 데 기여하고 있다. 배심원단은 재판에 참여하여 토의를 통해 피고인의 유무죄 및 형벌의 정도를 판단하여 판사에게 의견을 전달한다. 국민 참여 재판은 살인, 강도 등 죄가 무거운 형사 사건을 대상으로 이루어지며, 피고인이 원할 경우에만 시행된다. 또한 만 20세 이상의 국민이라면 누구나 무작위 추첨을 통해 배심원이 될 수 있다. ② 판사가 배심원의 판단을 의무적으로 반영해야 하는 것은 아니지만 그 의견을 참고하여 판결을 내린다.

01

답 완성하기　　(1) ㉠ - (재판)

(2) (재판)은/는 (법원)이/가 구체적인 사건에 대해 (법)을/를 적용하여 공적인 판단을 내리는 과정이다. (재판)은/는 사람들 사이에 발생한 (분쟁)을/를 해결하고, 범죄자에게 (형벌)을/를 부과함으로써 (사회 질서)을/를 유지하는 기능을 한다.

02

답 완성하기　　(1) 심급 제도

(2) (심급 제도)(이)란 한 사건에 대해 급이 다른 (법원)에서 여러 번 (재판)을/를 받을 수 있게 한 제도이다. 이는 법관의 (잘못된 판결)(으)로 발생할 수 있는 국민의 피해를 최소화하고 (공정한 재판)을/를 통해 국민의 (기본권)을/를 보장하기 위해 실시된다.

03

예시 답안　　(1) ㉠ - (민사 재판)

(2) 원고는 갑이고, 피고는 을이다. 원고는 민사 재판에서 피해를 입었다고 생각하여 법원에 소장을 제출하는 사람이다. 한편, 피고는 원고에 의해 소송을 당한 사람이다. 따라서 갑은 을을 상대로 돈을 갚으라는 소송을 제기하였으므로 원고가 되고, 을은 소송을 제기당한 사람이므로 피고가 된다.

평가 기준	
상	원고는 갑, 피고는 을이라고 쓰고, 그 이유를 구체적으로 서술한 경우
하	원고는 갑, 피고는 을이라고만 쓴 경우

04

예시 답안　　빈칸 ㉠에 들어갈 재판의 원칙은 공개 재판주의이다. 우리나라에서는 국가 안전과 관련된 사건이나 재판받는 사람의 인권을 보호해야 하는 경우를 제외하고는 모든 재판이 공개로 이루어지고 있다. 이에 따라 재판 당사자가 아닌 사람들이라면 누구나 재판 과정을 방청할 수 있다. 이러한 공개 재판주의를 실시하는 이유는 재판 당사자의 인권이 침해되거나 불공정한 판결이 이루어지는 것을 방지하기 위한 것이다. 이를 통해 법을 공정하게 적용하여 잘못된 판결을 방지함으로써 국민의 권리를 보호하고자 한다.

평가 기준	
상	공개 재판주의라고 쓰고, 그것을 실시하는 이유를 300자 내외로 논리적으로 서술한 경우
중	공개 재판주의라고 쓰고, 그것을 실시하는 이유를 서술하였으나 문맥상 어색하거나 글의 분량이 많이 부족한 경우
하	공개 재판주의라고만 쓴 경우

01 ⑤	02 ②	03 ③	04 ①	05 ①
06 해설 참조		07 ⑤	08 ①	09 ③
10 ③	11 ④	12 해설 참조		13 ②
14 ③				

01

제시문은 사회 규범의 종류를 나타낸다. 사회 규범이란 사람들이 사회생활을 하면서 따라야 할 행동의 기준이다.

오답 피하기

① 사회 규범 중 법만 해당하는 설명이다.

② 법은 행위의 결과를 규율한다.

③ 사회 규범 중 관습에만 해당하는 설명이다.

④ 법은 강제성이 있어서 위반할 경우 국가의 제재를 받는다.

02

제시문은 도덕에 대한 설명이다. 도덕에 해당하는 사례로는 효도, 어른 공경 등이 있다.

오답 피하기

① 종교 규범에 해당하는 사례이다.

③, ④는 관습에 해당하는 사례이다.

⑤ 법에 해당하는 사례이다.

03

제시된 사회 규범은 법이다. 관습, 도덕, 종교 규범은 그 내용이 명확하지 않은 경우가 많지만 법은 해야 할 일과 하지 말아야 할 일을 명확하게 규정하고 있다. 법은 강제성을 가지기 때문에 이를 위반할 경우 국가에 의해 제재를 받는다.

오답 피하기

ㄱ. 내면의 양심과 행위의 동기를 중시하는 것은 도덕이다. 법은 겉으로 드러나는 행위와 그 결과도 중요시한다.

ㄹ. 도덕에 대한 설명이다.

04

그림은 법이 자동차의 통행 방법을 정해 분쟁을 예방하거나 해결하는 기능을 가지고 있음을 나타낸다. 법은 관습이나 도덕 등 다른 사회 규범에 비해 내용이 명확하여 누구에게나 일관되게 적용될 수 있으므로 분쟁을 해결하는 객관적이고 공정한 기준이 된다.

05

ㄱ. (가) 형법은 범죄의 종류와 그에 따른 형벌의 내용과 정도를 규정한 법이다. ㄴ. (가)와 (나)는 공적인 생활 영역을 규율하므로 공법에 속하고, (다)는 사적인 생활 영역을 규율하므로 사법에 속한다.

ㄷ. (나) 헌법은 우리나라 최고법이므로 (가) 형법과 (다) 민법보다 상위

법이다.

ㄹ. (가)~(다)는 국가가 제정한 사회 규범으로 강제성이 있다. 따라서

그 준수 여부는 개인의 자율성에 따르지 않는다.

06

예시 답안   개인과 개인 사이의 사적인 생활 관계를 규율하는 법으로, 대
표적으로 민법, 상법 등이 있다.

평가 기준	
상	사법의 의미와 사법에 속하는 법을 모두 서술한 경우
하	사법의 의미 또는 사법에 속하는 법 중에 어느 하나만을 쓴 경우

07

(가)는 사법, (나)는 공법이다. 사회법은 사적인 생활 영역에 국
가가 개입하기 때문에 사회법은 사법과 공법의 중간적인 성격을
가지고 있다.

① (가)는 사법이다.

② (나)에는 헌법, 형법 등이 속한다.

③ 사법과 공법은 모두 개인의 권리를 보호한다.

④ 사법과 공법은 모두 법이므로 겉으로 드러나는 행위와 그 결과를
규율한다.

08

㉠에는 사회법의 목적이 들어가야 한다. 사회법은 사적인 생활
영역에 국가가 개입하면서 만들어진 새로운 유형의 법이다. 근대
시민 사회에서 국가가 개인의 자유와 권리를 최대한 보장한 결과
여러 문제점이 발생하였다. 사회법은 이러한 근대 자본주의의 문
제점을 해결하고, 사회·경제적 약자의 권리를 보호하여 모든 국
민에게 최소한의 인간다운 삶을 보장하기 위하여 등장하였다.

09

재판이란 분쟁이 발생했을 때 법원이 일정한 절차를 거쳐 내리는
공적인 판단이다. ③ 재판을 통한 분쟁 해결은 조정이나 분쟁에
비해 시간과 비용이 많이 들고, 절차가 복잡하며 당사자들이 정
신적 고통을 겪을 수 있다는 단점이 있다.

10

민사 재판은 '원고의 소장 제출 → 피고 답변서 제출 → 원고와
피고의 변론 → 판사의 판결'의 순서로 이루어진다.

11

A는 원고, B는 피고, C는 검사, D는 피고인이다. ㄴ. 민사 재판
의 당사자인 원고와 피고, 형사 재판의 피고인은 재판에서 변호

사 또는 변호인의 도움을 받아 변론할 수 있다. ㄹ. 피고인은 검
사에 의해 형사 재판을 받게 된 사람을 말한다.

ㄱ. 원고는 법원에 피고를 상대로 소장을 제출할 수 있다. 고소는 범죄
피해자가 범죄 사실을 직접 신고하는 일을 말한다.

ㄷ. 형사 재판에서는 범죄로 피해를 입은 사람은 재판의 직접적인 당
사자가 될 수 없다.

12

예시 답안   (가)는 형사 재판, (나)는 민사 재판이다. 형사 재판은 폭행, 절
도 등의 범죄 사건이 발생하였을 때, 범죄의 유무를 판단하고 그 형벌 정도를
결정한다. 민사 재판은 돈을 빌리고 빌려주는 과정에서 일어난 다툼, 손해에
대한 배상과 같이 개인 사이에서 발생한 분쟁을 해결한다.

평가 기준	
상	(가) 형사 재판, (나) 민사 재판이라고 쓰고, (가)와 (나)의 차이점을 사건의 내용을 중심으로 서술한 경우
중	(가) 형사 재판, (나) 민사 재판이라고 쓰고, (가) 또는 (나)의 특징만을 서술한 경우
하	(가) 형사 재판, (나) 민사 재판이라고만 쓴 경우

13

공정한 재판을 위한 제도를 알아보는 학습 활동으로는 사법권 독
립, 심급 제도, 공개 재판주의, 증거 재판주의 등에 대해 알아보
는 것을 들 수 있다.

을. 민사 재판과 형사 재판을 비교하는 것은 재판의 종류를 알아보기
위한 학습 활동에 더 적절하다.

정. 조정은 분쟁을 해결하기 위한 방법 중 하나로 재판의 대안이 될 수
있다.

14

제시된 그림은 심급 제도를 나타낸다. ③ 심급 제도는 공정한 재
판을 실현하기 위한 제도이다. 심급 제도는 재판에 여론을 적극
적으로 반영하려는 제도로 보기는 어렵다.

고난도 **실력 향상 문제**

01 ②　　　**02** ⑤

01

갑이 사기죄를 저지른 것으로 의심되어 수사를 받은 후에 형사 재판에서의 판결 내용이 나타나 있다.

오답 피하기

① ㉠은 형사 재판이다.

③ (다) 단계는 판결이 이루어지는 단계이므로 변론이 이루어질 수 없다. 한편, 을은 검사이므로 피고인의 범죄 사실을 밝히는 일을 한다.

④ 병은 재판 당사자가 아니라 판사이므로 상소하는 사람이 아니다.

⑤ (나) 재판 과정이나 (다) 재판의 결과는 공개 재판주의에 따라 일반인에게도 공개된다.

02

그림은 국민 참여 재판 제도를 나타낸다. 우리나라에서는 2008년부터 사법 제도에 대한 국민의 관심과 신뢰를 높이기 위해 국민 참여 재판 제도를 실시하고 있다. 국민 참여 재판은 피고인이 원할 경우 이루어질 수 있다.

오답 피하기

ㄱ. 만 20세 이상의 국민이라면 누구나 무작위 추첨을 통해 배심원이 될 수 있다.

ㄴ. 국민 참여 재판은 살인, 강도 등 죄가 무거운 형사 사건에서만 이루어진다.

XII. 인권과 기본권

01 인권 보장과 기본권

개념 확인 문제

개념책 224쪽

01 (1) 인권　(2) 천부 인권　(3) 인권 침해　(4) 인권 감수성　(5) 청구권

02 (1) ○　(2) ✕　(3) ✕

03 (1) ㄴ　(2) ㄹ　(3) ㄱ　(4) ㄷ

04 기본권

실력 **쌓기 문제**

개념책 224~226쪽

01 ④	**02** ⑤	**03** ②	**04** ③	**05** ③
06 ④	**07** ④	**08** ④	**09** ⑤	**10** ④
11 ③	**12** ①	**13** ②	**14** ⑤	

01

인권은 성별, 인종, 종교, 재산, 사회적 지위 등에 관계없이 누구나 동등하게 누리는 보편적 권리이며, 태어나면서부터 하늘이 부여한 권리이다.

오답 피하기

ㄱ. 인권은 연령에 상관없이 모두가 누리는 보편적 권리이다.

ㄷ. 인권은 국가의 법으로 보장되기 이전부터 자연적으로 주어지는 권리이다.

02

세계 인권 선언문은 제2차 세계 대전 이후의 인권 침해 상황을 반성하여 인권을 보호하자는 의지를 담아 국제 연합(UN)에서 채택한 합의문이다. 세계 인권 선언은 모든 인간이 보편적으로 누려야 할 인권의 기준을 제시하였다.

오답 피하기

ㄱ. 근대 절대 왕정 시대에 시민 혁명을 통해 채택된 문서는 영국의 권리장전과 프랑스의 인권 선언이다.

ㄴ. 세계 인권 선언은 보편적 인권의 기준을 제시하여 오늘날 세계 여러 나라의 헌법에 반영되었다.

03

기본권은 인권 중에서 헌법에서 규정하고 있는 권리이다. 기본권을 헌법에 명시함으로써 국가의 부당한 권력으로부터 국민의 자유와 권리를 보장하고 있다. 우리나라 헌법에서는 인간으로서의 존엄과 가치 및 행복 추구권을 포함하여 자유권, 평등권, 참정권, 청구권, 사회권 등을 보장하고 있다. ② 모든 사람은 동등하게 인권을 누릴 수 있는 보편적 권리를 가지고 있다.

04

헌법은 국가 최고의 법으로 국민의 기본권을 명시하고 있다. 이는 국가 권력에 의해 국민의 권리가 침해되지 않기 위해 필요한 법과 제도를 규정한 것이다. 기본권은 인권 중에서 헌법에 규정된 기본적인 권리로 헌법에 보장되지 않은 인권도 보장되어야 한다.

> **오답 피하기**
> ㄹ. 인권을 보장하기 위해서는 법과 제도적 장치가 필요한데 대부분의 민주 국가는 헌법에 기본권을 명시하여 국민의 자유와 권리를 보장한다. 국가는 헌법에 의거하여 국가를 통치하고 운영하여 국민의 자유와 권리를 보장하기 위해 노력해야 한다.

05

㉠에 들어갈 용어는 인권 침해이다. 인권 침해는 개인이나 국가 기관 등에 의해 인권을 제대로 보장받지 못하거나 방해받는 것을 일컫는다. 인권 침해는 사회 구성원의 편견과 고정 관념, 사회의 잘못된 관습 및 국가의 불합리한 법과 제도에 의해 발생한다.

> **오답 피하기**
> ⑤ 인권 감수성은 일상생활에서 어떤 상황이나 문제를 인권과 관련하여 인식하고 민감하게 받아들이는 태도이다.

06

인권 침해는 사회 구성원의 편견 및 고정 관념, 사회의 잘못된 관습, 불합리한 법률 및 제도로 인해 발생된다. 제시된 사례에서 개인이 동의하지 않은 성적에 관련된 정보를 공개적으로 게시하여 인권 침해가 발생하였다. 과거로부터 관행적으로 행해져 왔던 방식으로 처리한 것은 고정 관념에서 비롯된 것이다. ④ 인권 침해 문제를 해결하기 위해 사회 구성원의 인권 감수성을 높이려는 노력과 함께 인권 개선을 위한 법과 제도적 정비가 마련되어야 한다.

07

㉠은 인권 감수성으로 일상에서 발생하는 상황이나 문제를 인권과 관련하여 인식하고 민감하게 받아들이는 태도를 말한다. 인권 보장을 위해서는 인권 감수성을 키우고 우리 주변에 인권이 침해되는 일이 없는지 관심을 가져야 한다.

> **오답 피하기**
> ① 인간으로서 마땅히 누려야 하는 권리이다.
> ② 인권 중 헌법에 규정하여 보장하는 기본적인 인권이다.
> ③ 인간이 태어나면서부터 하늘로부터 부여받는 권리이다.
> ⑤ 인간이라는 이유만으로 존재 가치가 있으며 존중받아야 한다는 민주주의의 근본이념이다.

08

헌법 제10조는 인간으로서의 존엄과 가치 및 행복 추구권으로 모든 기본권이 추구하는 가치이다. 이 조항을 토대로 헌법에서는 기본권의 종류와 그 내용을 명시하여 개인의 인권을 보호할 의무가 국가에 있음을 규정하고 있다. ④ 국가는 개인이 가지는 불가침의 인권을 보장하기 위해 함부로 국민의 자유와 권리를 침해해서는 안 된다.

09

평등권은 성별, 종교, 인종, 재산의 유무, 사회적 지위 등에 관계없이 동등하게 대우받을 권리이다.

> **오답 피하기**
> ① 인간으로서의 존엄과 가치 및 행복 추구권에 대한 설명이다.
> ② 정치 의사 결정의 참여를 보장하는 참정권이다.
> ③ 국가의 간섭을 받지 않고 개인이 자유로운 생활을 할 수 있는 자유권에 해당한다.
> ④ 사회권은 인간다운 생활을 보장받기 위해 교육을 받을 권리, 근로의 권리, 사회 보장을 받을 권리, 건강하고 쾌적한 환경에서 생활할 권리 등을 요구할 수 있는 권리이다.

10

우리나라 헌법에서는 신체의 자유를 보장하기 위해 법률에 의하지 않고는 체포 또는 구속되지 않으며, 변호인의 조력을 받을 권리가 있음을 명시하고 있다. 신체의 자유는 헌법 제12조에 명시하여 자유권으로 보장하고 있다.

> **오답 피하기**
> ㄱ. 부당한 차별을 받지 않고 동등하게 대우받을 권리는 평등권에 해당한다.
> ㄷ. 국가에 최소한의 인간다운 생활의 보장을 요구할 수 있는 권리는 사회권에 해당한다.

11

(가)는 국가의 정치 결정 과정에 참여할 수 있는 참정권이다. (나)는 청구권으로 국민의 기본권이 침해되었을 때 구제를 요구할 수 있는 권리이다. 청구권에는 청원권, 재판 청구권, 국가 배상 청구권 등이 있다.

12

기본권 침해 시 국가에 일정한 청원권, 재판 청구권, 국가 배상 청구권을 통해 국가에 구제를 요청할 수 있는 기본권은 청구권이다. 청원권은 국민이 국가 기관에 자신의 의견이나 요구 사항을 문서로 제출할 수 있는 권리이며, 재판 청구권은 누구나 재판을 받을 수 있는 권리이다. 국가 배상 청구권은 공무원의 직무상 불법 행위로 손해를 입은 국민이 국가나 공공 단체에 정당한 배상을 청구할 수 있는 권리이다.

> **오답 피하기**
> ㄷ. 국민 투표권은 헌법 개정과 같은 국가의 중요한 일에 국민이 직접 투표하여 정책을 결정할 수 있는 참정권에 해당한다.
> ㄹ. 공무 담임권은 국가 기관이나 공공 단체의 공직을 맡아 담당할 수 있는 권리로 참정권에 해당한다.

13

참정권은 국가의 의사 결정에 참여할 수 있는 권리로 선거권, 공무 담임권, 국민 투표권 등이 있다.

오답 피하기

① 자기의 뜻대로 직업을 선택할 수 있는 것은 자유권에 해당한다.
③ 누구든지 나이에 따른 차별을 받지 않는다는 것은 평등권에 해당한다.
④ 기본권 침해 시 국가에 일정한 행위나 구제를 요청할 수 있는 것은 청구권이다.
⑤ 국가 활동의 위법으로 손해를 입은 국민이 국가에 손해 배상을 요구할 수 있는 것은 청구권이다.

14

인간다운 생활을 보장받기 위해 국가에 요구할 수 있는 사회권에 포함되는 권리들이다. 그밖에 사회권에 속하는 권리로는 근로의 권리가 있다.

서술형 문제
개념책 227쪽

01

답 완성하기   인권은 성별, 인종, 종교, 사회적 지위 등에 관계없이 누구나 (동등)하게 누려야 하는 (보편적) 권리이다. 또한 인권은 태어나면서 (하늘)(으)로부터 부여받았다는 의미로 (천부 인권)(이)라고도 한다.

02

답 완성하기   (기본권) 침해 시 국가에 대해 일정한 행위나 (구제)을/를 요청할 수 있는 청구권으로 (청원권), (재판) 청구권, 국가 (배상) 청구권 등이 있다.

03

예시 답안   (1) ㉠ - (선거권), ㉡ - (공무 담임권)
(2) 선거권은 국민의 대표를 뽑을 수 있는 권리이며, 공무 담임권은 국가 기관이나 공공 단체의 공직을 맡아 담당할 수 있는 권리이다.

평가 기준	
상	선거권과 공무 담임권의 의미를 모두 정확하게 서술한 경우
중	선거권과 공무 담임권 중 한 가지의 의미만 정확하게 서술한 경우
하	선거권과 공무 담임권 중 한 가지의 의미를 서술하였으나 내용이 미흡한 경우

04

예시 답안   (1) ㉠ - (인권 감수성)
(2) 어떤 상황이나 문제를 인권과 관련하여 인식하고 민감하게 받아들여 인권의 소중함을 인식하는 태도이다.

평가 기준	
상	인권 감수성의 의미를 정확히 서술한 경우
하	인권 감수성의 의미를 서술하였으나 내용이 미흡한 경우

02 기본권 제한과 침해 시 구제 방법
~03 근로자의 권리와 노동권 보장

개념 확인 문제
개념책 230쪽

01 (1) 공공복리   (2) 헌법 재판소   (3) 노동 3권   (4) 단체 교섭권   (5) 부당 해고
02 (1) 법률   (2) 질서 유지   (3) 최저   (4) 고용 노동부
03 (1) 재판   (2) 단결권   (3) 부당 노동 행위
04 (1) ㄴ   (2) ㄹ

실력 쌓기 문제
개념책 230~232쪽

01 ②	02 ①	03 ③	04 ④	05 ③
06 ④	07 ③	08 ⑤	09 ⑤	10 ④
11 ②	12 ①	13 ②	14 ②	15 ⑤

01

우리나라 헌법에서는 국가 안전 보장, 질서 유지, 공공복리를 위해 필요한 경우에 한하여 기본권을 제한할 수 있도록 규정하고 있다. 그러나 기본권을 제한하더라도 자유와 권리의 본질적인 내용은 침해할 수 없다.

오답 피하기

ㄴ. 기본권은 국가 안전 보장, 질서 유지, 공공복리를 위하여 법률에 의해서만 제한할 수 있다고 규정하고 있다.
ㄹ. 우리나라 헌법에서는 기본권을 제한하더라도 국민의 자유와 권리의 본질적인 내용을 침해해서는 안 된다고 명시하고 있다.

02

개발 제한 구역은 도시화로 인한 자연환경 훼손을 막아 녹지를 보호하기 위한 정책이다. 이는 환경 보호와 쾌적한 환경 유지와 같은 공공복리를 위해서 개인의 자유권을 제한한 것이다.

오답 피하기

② 도로 교통법에서 좌석 안전띠 착용 의무화나 과속 및 음주 단속은 사회 질서 유지를 위해 개인의 기본권을 제한한 대표적 사례이다.

③ 군사 보호 시설 구역에서의 개인 통행이나 사진 촬영 등을 제한하는 것은 국가 안전 보장을 위해서이다.
④ 개발 제한 구역은 공공복리를 위해서 개인의 재산권 사용을 제한한다.

03

그림은 교통질서를 확립하기 위해 제한 속도를 위반하는 차량을 단속하여 개인의 통행 자유를 제한하는 모습이다.

04

㉠에 해당하는 인권 구제 기관은 법원이다. 법원은 가장 기본적이고 보편적인 수단인 재판을 통해 침해된 인권을 구제하며 법률에 의해 권리를 침해한 사람을 처벌한다.

① 언론 중재 위원회는 잘못된 언론 보도를 바로 잡는 역할을 담당한다.
② 국민 권익 위원회는 행정 기관의 위법하고 부당한 처분으로부터 기본권이 침해된 국민이 고충 민원을 접수하면 침해된 기본권을 구제하는 기관이다.
③ 국회는 국민의 대표로 구성된 입법 기관으로 국민 생활에 도움을 주는 법을 제정하는 국가 기관이다.
⑤ 국가 인권 위원회는 인권 침해 우려가 있는 법이나 제도의 문제점을 조사하여 개선을 권고하고 시정을 요청하는 독립된 국가 기관이다.

05

인권 침해 우려가 있는 법이나 제도의 문제점을 조사하여 개선을 권고하는 독립된 국가 기관은 국가 인권 위원회이다. 인권이 침해된 국민은 진정을 제기하여 구제를 요청할 수 있다.

ㄱ, ㄹ. 법원은 인권을 침해한 사람을 법률에 따라 재판을 담당하는 인권 구제 기관이다.

06

인권이 침해되었을 때 국민은 법원, 헌법 재판소, 국가 인권 위원회, 국민 권익 위원회 등을 통해 구제를 신청할 수 있다. ④ 국가 권력에 의해 기본권이 침해된 국민은 헌법 재판소에 헌법 소원을 제기하여 기본권을 보장받을 수 있다.

① 한국 소비자원은 소비자의 권리와 이익을 증진하고, 소비생활의 향상을 도모하기 위해 물품 사용으로 인한 피해를 구제한다.
② 타인에 의해 자신의 권리가 침해된 경우에는 법원에 소장을 제출하여 민사 재판을 통해 구제받을 수 있다.
③ 행정 기관인 시청의 잘못된 처분으로 권리가 침해되었을 때는 행정 소송을 제기하여 행정 재판을 받을 수 있다.
⑤ 행정 기관의 위법하고 부당한 처분으로부터 기본권이 침해된 국민은 국민 권익 위원회에 고충 민원을 접수하여 침해된 기본권을 구제받을 수 있다.

07

언론 중재 위원회는 언론 보도로 인해 피해를 입은 국민이 정정 보도 및 손해 배상 청구를 요구하면 이와 관련하여 언론 보도로 인한 인권 침해 사항이 있는지 여부를 심의한다.

① 인권이 침해되었을 때 법원에 재판을 청구하여 구제를 신청할 수 있다. 헌법 소원은 국가 권력에 의해 기본권이 침해된 경우 헌법 재판소에 구제를 청구하는 제도이다.
② 기본권 침해 시 헌법 재판소에 헌법 소원을 제기하여 구제를 요청할 수 있다.
④ 국민 권익 위원회는 행정 기관의 위법으로 인권이 침해되었을 때 이에 따른 고충 민원의 처리와 불합리한 행정 제도를 개선하는 기관이다.
⑤ 국가 인권 위원회는 인권 침해 우려가 있는 법이나 제도의 문제점을 조사하여 개선을 권고하는 기관이다.

08

제시된 사례는 나이가 많다는 이유로 면접에서 불이익을 받아 인권이 침해된 경우이다. 자신의 사정을 진술하고 적절한 조치를 희망하는 진정서를 제출하여 인권을 구제받을 수 있는 기관은 국가 인권 위원회이다.

09

근로자는 사용자에게 노동력을 제공하고 임금을 받는 사람으로 사용자에 비해 경제적 약자로 불리한 위치에 있어 근로 기준법에 의해 근로의 권리를 보장받는다.

ㄴ. 자영업자는 자신의 사업을 경영하기 위해 직원을 고용하여 노동력을 제공받고 임금을 지급하기 때문에 근로자로 볼 수 없다.

10

근로자는 사용자에 비해 불리한 위치에 있는 경제적 약자로 근로자가 최소한의 인간다운 생활을 할 수 있도록 최저 임금제를 시행하고 근로 조건의 기준을 법률로 규정하고 있다. ④ 청소년 근로자도 성인 근로자와 동일하게 최저 임금 및 근로 기준을 보장받는다.

① 우리나라 헌법 제33조에서는 경제적 약자인 근로자가 서로 단결하여 사용자와 대등한 위치에서 근로 조건을 협의할 수 있도록 노동 3권을 보장하고 있다.
② 사용자가 최저 수준 이상을 임금으로 지급하도록 하는 최저 임금제를 실시하고 있다.
③ 근로자의 권리 침해 시 고용 노동부, 노동 위원회, 법원 등을 통해 구제를 신청할 수 있다.
⑤ 임금 수준, 노동 시간, 휴식 시간 등의 근로 기준을 법률로 정하여 근로자의 기본적인 생활을 보장하고 있다.

11

(가)는 단결권, (나)는 단체 행동권에 해당한다.

오답 피하기

단체 교섭권은 노동조합이 근로 조건에 관하여 사용자와 협상할 수 있는 권리이다.

12

노동권 침해는 부당 해고, 부당 노동 행위, 근로 계약서 미작성, 임금 체불 등이 있다. ㄱ. 근로 계약서 미작성에 따른 노동권 침해 사례이다. ㄴ. 근로자의 노동 3권 중 단체 행동권을 침해한 사례이다.

오답 피하기

ㄷ. 근로자는 임금을 매달 1회 이상 일정한 날짜에 본인이 직접 현금으로 전액 지급받을 권리가 있다.

ㄹ. 사용자는 정당한 사유로 근로자를 해고하더라도 해고 30일 전에 해고 계획을 서면으로 알려야 한다.

13

제시된 사례는 정당한 사유 없이 근로자가 노동조합을 통해 사용자와 근로 조건에 관하여 협의를 할 수 있는 단체 교섭권을 보장받지 못하였다.

오답 피하기

① 노동조합의 정당한 단체 교섭 제안을 거부하는 행위로 부당 노동 행위에 해당한다.

③ 부당 노동 행위는 법원에 소송을 제기하여 재판을 통해 구제받을 수 있다.

④ 부당 노동 행위는 노동 위원회에 구제 신청하여 노동권을 보장받을 수 있다.

⑤ 근로자는 사용자보다 경제적 약자로 불리한 위치에 있어 노동권이 침해되는 사례가 발생한다.

14

제시된 사례는 노동조합에 가입했다는 이유로 승진 대상에서 제외하여 노동권을 침해한 부당 노동 행위이다. 부당 노동 행위는 노동 위원회와 법원을 통해 침해된 노동권을 구제받을 수 있다.

오답 피하기

ㄹ. 한국 소비자원은 물건을 구입한 소비자가 피해를 입었을 경우에 구제받을 수 있는 기관이다.

15

근로자의 권리 침해는 개인적인 문제를 넘어 사회 구성원 모두가 관심을 가져야 한다. 이에 사용자는 노동자의 노동 3권과 근로 조건을 보장하기 위해 노력해야 한다. 근로자는 근로 조건과 노동권이 침해되었을 경우 구제 방법을 숙지해야 한다. ⑤ 근로자는 노동조합을 통해 사용자와 근로 조건에 관하여 협의할 수 있는 단결권을 권리로 보장받고 있으며, 필요한 경우 자신의 권리를 행사할 수 있어야 한다.

서술형 문제

개념책 233쪽

01

답 완성하기 우리나라 헌법에서는 (국가 안전 보장) 질서 유지, (공공복리)을/를 위하여 필요한 경우에 국민의 (기본권)을/를 제한할 수 있도록 하고 있다. 그러나 제한하는 경우에도 국민의 (자유)와/과 (권리)의 (본질적)인 내용을 침해할 수 없다고 규정하고 있다.

02

답 완성하기 (1) ㉠ - (최저 임금제)

(2) (최저 임금제)은/는 근로자의 (임금)의 (최저) 수준을 보장하도록 근로 기준법에 정하여 근로자를 보호하는 제도이다.

03

예시 답안 (1) ㉠ - (국가 인권 위원회)

(2) 국가 인권 위원회는 인권 침해 우려가 있는 법이나 제도의 문제점을 조사하여 개선을 권고하는 독립된 국가 기관이다.

평가 기준	
상	국가 인권 위원회의 역할과 특징을 모두 정확히 서술한 경우
중	국가 인권 위원회의 역할과 특징 중 한 가지를 정확히 서술한 경우
하	국가 인권 위원회의 역할과 특징 중 한 가지를 서술하였으나 그 내용이 미흡한 경우

04

예시 답안 (1) 단결권

(2) 단결권은 노동자가 근로 조건 향상을 위해 노동조합을 만들고 이에 가입하여 활동할 수 있는 권리이다.

평가 기준	
상	단결권의 의미를 정확하게 서술한 경우
하	단결권의 의미를 정확하게 서술하지 못한 경우

대단원 마무리 문제

개념책 235~237쪽

01 ①	02 ⑤	03 ②	04 해설 참조
05 ⑤	06 ④	07 ②	08 해설 참조
09 ④	10 ③	11 ②	12 ④	13 ⑤
14 ③	15 ①		

01

제시된 자료에서 설명하고 있는 개념은 인권이다. 인권은 인간이 인간답게 살아가기 위해 마땅히 누려야 할 기본적인 권리로 국가 권력에 의해 침해될 수 없다. 또한 누구나 차별 없이 누려야 하는 보편적 권리이며, 국가가 성립되기 이전에 태어나면서부터 자연적으로 부여된 것이다.

오답 피하기

ㄷ. 인권은 태어나면서부터 하늘로부터 부여받은 권리로 천부 인권이라고도 한다.

ㄹ. 인권은 성별, 인종, 종교, 재산, 사회적 지위 등에 관계없이 누구나 동등하게 누려야 하는 권리이다.

02

제시된 자료는 인권 침해에 대한 설명이다. 인권 침해는 사회 구성원의 편견과 고정 관념, 사회 관습, 국가의 잘못된 법률과 제도 등에 의해 개인이나 집단 또는 국가 기관 등에 의해 인권을 제대로 보장받지 못하거나 방해받는 것을 일컫는다. ⑤ 투표소 접근이 어려운 장애인을 위한 이동 시설을 마련하지 않은 것은 장애인의 참정권을 보장하지 못한 사례이다.

오답 피하기

① 우리나라는 청소년을 유해 환경에서 보호하기 위해 미성년자에게는 주류를 판매할 수 없다고 청소년 보호법에 명시하고 있다.

② 대학 입시 성적에 따라 합격자를 선발하는 것은 공정한 경쟁에 따른 것으로 인권 침해라고 볼 수 없다.

③ 판매 실적에 따른 성과급 차등 지급은 능력에 따른 정당한 보상으로 인권 침해로 볼 수 없다.

④ 이용자의 안전을 위해 키에 따라 놀이기구 탑승 제한을 두는 것은 인권 침해로 볼 수 없다.

03

참정권에 대한 설명으로 국가의 정치적 의사 결정에 대해 국민은 선거권, 공무 담임권, 국민 투표권을 보장받는다. 선거권은 국민의 대표를 뽑을 수 있는 권리이며, 공무 담임권은 국가 기관이나 공공 단체의 공직을 맡아 담당할 수 있는 권리이다. 국민 투표권은 헌법 개정과 같은 국가의 중요한 사항에 대하여 투표할 수 있는 권리이다.

오답 피하기

ㄴ. 청구권에 해당하는 청원권은 국민이 국가 기관에 자신의 의견이나 요구 사항을 문서로 제출할 수 있는 권리이다.

ㄹ. 국가 배상 청구권은 공무원의 직무상 불법 행위로 손해를 입은 국민이 국가나 공공 단체에 정당한 배상을 청구할 수 있는 권리로 청구권에 속한다.

04

예시 답안 ㉠에 들어갈 용어는 헌법이다. 인간의 존엄과 가치 및 행복 추구권은 헌법에 보장된 기본권의 토대로 모든 기본권이 추구하는 궁극적인 가치이며 포괄적인 권리이다.

평가 기준	
상	㉠의 용어를 쓰고, ㉡이 기본권으로서 지니는 성격을 정확하게 서술한 경우
중	㉠의 용어를 쓰고, ㉡이 기본권으로서 지니는 성격을 미흡하게 서술한 경우
하	㉠의 용어를 쓰고, ㉡이 기본권으로서 지니는 성격을 서술하지 못한 경우 혹은 ㉠의 용어는 쓰지 못했으나 ㉡이 기본권으로서 지니는 성격을 정확하게 서술한 경우

05

제시된 사례는 ○○초등학교 학생들의 안전을 위해 신호등 설치를 관할 구청에 요청한 것으로 청구권이 행사되었다. 청구권은 국가 기관에 기본권 보장을 위한 일정한 행위를 요구할 수 있는 권리이다.

06

제시된 헌법은 사회권에 해당하는 조항이다. 사회권은 인간다운 생활의 보장을 국가에 요구할 수 있는 권리로 교육을 받을 권리, 근로의 권리, 사회 보장을 받을 권리, 건강하고 쾌적한 환경에서 생활할 권리 등이 해당한다.

오답 피하기

① 성별, 종교, 인종 등에 의해 차별을 받지 않고 동등하게 대우받을 권리는 평등권이다.

② 국가의 간섭을 받지 않고 개인이 자유로운 생활을 할 권리는 자유권이다.

③ 국가의 의사 결정에 참여할 수 있는 권리는 참정권이다.

⑤ 기본권 침해 시 국가에 일정한 행위와 구제를 요구할 수 있는 권리는 청구권이다.

07

(가)는 아파트 건설 업체의 부실한 관리로 인해 안전상의 피해를 입어 재판 청구권을 행사한 사례이다. 재판 청구권은 청구권에 해당한다. (나)는 경제 활동 능력이 없는 노인 계층의 최소한의 인간다운 생활을 국가가 보장하는 것으로 사회권에 해당한다.

08

예시 답안 ㉠에 들어갈 용어는 법률이다. 우리나라 헌법에서는 국가 안전 보장, 질서 유지, 공공복리를 위해 필요한 경우에는 기본권을 법률에 의해 제한할 수 있다.

평가 기준	
상	㉠에 들어갈 용어를 쓰고, (가)에 해당하는 세 가지 경우를 모두 정확하게 서술한 경우
중	㉠에 들어갈 용어를 쓰고, (가)에 해당하는 두 가지 경우를 정확하게 서술한 경우
하	㉠에 들어갈 용어를 쓰고, (가)에 해당하는 한 가지 경우를 정확하게 서술한 경우

09

 국민 권익 위원회에 대한 설명이다. 국민 권익 위원회는 행정 기관의 위법하고 부당한 처분으로부터 국민의 기본권을 보호하는 국가 기관으로 국민은 기본권이 침해되었을 때 민원을 신청하여 구제를 요청할 수 있다.

① 법원은 가장 기본적이고 보편적인 수단인 재판을 통해 구제한다.
② 헌법 재판소는 국가 권력(공권력)에 의해 침해당한 기본권을 헌법 소원 심판을 통해 구제한다.
③ 한국 소비자원은 소비자의 권익을 증진하고 소비생활의 향상을 도모하기 위해 설립된 공공 기관이다.
⑤ 언론 중재 위원회는 잘못된 언론 보도로 인한 인권 침해를 구제한다.

10

 B군이 희망하는 고등학교에서 입학을 여학생으로만 한정하여 B군의 평등권이 침해되었다. 이에 B군은 침해된 권리를 구제받기 위해 국가 인권 위원회에 진정을 제기할 수 있다. 또한 다른 구제 수단으로 권리를 보장받지 못했을 경우 헌법 재판소에 헌법 소원 심판을 청구하여 기본권을 구제받을 수 있다.

11

 근로자는 사용자에게 노동을 제공하고 임금을 받는 사람으로 사용자보다 경제적으로 불리한 위치에 있어 최소한의 인간다운 생활을 할 수 있도록 최저 임금제를 시행하고, 근로 조건의 기준을 근로 기준법에 규정하여 노동권을 보호하고 있다. 또한 근로자는 노동 3권에 해당하는 단결권, 단체 교섭권, 단체 행동권을 보장받는다.

12

 근로 계약서를 서면으로 작성하지 않거나 노동 3권을 침해하는 부당 노동 행위, 마땅히 받아야 할 임금을 제때 받지 못하는 임금 체불, 정당한 사유 없는 해고 등은 노동권 침해 사례에 해당한다.

ㄱ. 최저 임금제는 근로자의 최소한 인간다운 생활을 위한 임금의 최저 기준을 정해 놓은 것으로 실적에 따른 최저 임금 이상의 임금을 지급받는 것은 문제가 되지 않는다.
ㄷ. 근로 기준법에는 원칙적으로 1일 8시간, 1주 40시간 이상의 근로를 초과할 수 없다고 명시되어 있지만 근로자의 의사에 따라 초과 수당을 지급받고 이루어지는 근로는 노동권 침해에 해당하지 않는다.

13

 그림에서 근로자는 노동 3권에서 보장하고 있는 단체 행동권을 행사하고 있다. 단체 행동권은 사용자와의 협의가 원만하게 이루어지지 않았을 경우 일정한 절차를 거쳐 파업 등의 쟁의 행위를 할 수 있는 권한이다. ⑤ 근로자가 노동조합을 통해 사용자와 근로 조건에 관하여 협상할 수 있는 권리는 단체 교섭권이다.

14

 제시문은 노동 3권으로 근로자가 보장받고 있는 단결권과 단체 교섭권을 침해된 사례이다. 노동조합의 가입 및 활동을 이유로 임금을 줄이거나 탈퇴를 강요하는 것은 단결권을 침해한 것이며, 정당한 이유 없이 노동조합의 협상에 사용자가 응하지 않는 것은 단체 교섭권을 침해한 것으로 모두 부당 노동 행위에 해당한다.

① 부당 해고는 정당한 이유 없이 근로자를 해고하는 행위이다.
② 임금 체불은 마땅히 받아야 할 임금을 적게 받거나 제때 받지 못하는 것이다.
④ 근로 기준법에 근거하여 사용자는 근로 시간 외의 초과 근무를 근로자에게 강요해서는 안 된다.
⑤ 사용자는 근로자와 근로 조건에 관하여 반드시 서면으로 근로 계약서를 작성해야 한다.

15

 갑은 받아야 할 임금을 제때 받지 못하는 임금 체불로 인해 노동권이 침해되었다. 임금 체불로 인한 노동권 침해 시 고용 노동부에 진정을 제기하여 권리를 구제받을 수 있다.

고난도 실력 향상 문제

개념책 237쪽

01 ③　　　**02** ③

01

 세계 인권 선언은 모든 인간이 보편적으로 누려야 할 인권의 기준을 제시하여 오늘날 세계 여러 나라의 헌법에 반영되었다. ⓒ은 모든 사람이 차별받지 않고 누구나 누릴 수 있다는 평등권 사상이 반영되어 있으며, 인권은 모두가 누릴 수 있는 보편적 권리임을 나타내고 있다.

ㄱ. ⓐ은 인권은 인간이 태어나면서부터 하늘로부터 부여받았다는 천부인권 사상이 반영되어 있다. 이는 인권이 국가가 성립되기 이전부터 가질 수 있는 권리임을 나타낸 것이다.
ㄹ. 인권은 세계 인권 선언처럼 인권을 보장하는 문서가 만들어지기 이전부터 인간에게 주어진 권리이다.

02

 우리나라 헌법 제12조 제1항은 국민의 자유권과 관련된 조항으로 신체의 자유를 보장하고 있다. 자유권은 국가의 간섭을 받지 않고 개인이 자유로운 생활을 할 권리이며, 신체의 자유란 자유권적 기본권 중 하나로 신체활동을 외부의 간섭 없이 자율적으로 행할 수 있는 자유를 의미한다.

ㄱ. 사회권은 인간다운 생활의 보장을 국가에 요구할 수 있는 권리이다.
ㄹ. 국가에 대하여 일정한 행위를 요구할 수 있는 권리는 청구권이다.

I. 세계화 시대, 지리의 힘

쪽지 시험
실전책 4~5쪽

01 우리가 살아가는 모자이크 세계
1 1 수리적 2 상대적(관계적) 3 해발 고도 4 열대
  5 온대 6 고산 7 도시 8 이슬람교
2 1 ○ 2 ○ 3 × 4 × 5 × 6 ○
3 1 경도 2 북위 3 건조 4 극지방 5 알파카
  6 인문환경

02 네트워크로 연결된 세계
4 1 지역성 2 확대 3 완화 4 공간적 5 네트워크
  6 경제 7 강화
5 1 × 2 ○ 3 × 4 ○ 5 ×
6 1 작아졌다 2 공간적 3 증가

03 서로 영향을 주고받는 역동적인 세계
7 1 세계화 2 획일화 3 지역화 4 표시제
  5 브랜드화 6 마케팅 7 현지화
8 1 ○ 2 × 3 ○ 4 ○ 5 ○
9 1 문화 2 지역화 3 지역 브랜드화 4 지리적 표시제

대단원 종합 문제
실전책 6~8쪽

01 ②	02 ②	03 ②	04 ④	05 ③
06 ①	07 ⑤	08 ②	09 ⑤	10 ④
11 ④	12 ②	13 ④	14 ③	15 ①

01
위치에 따라 지역의 특성이 달라지기 때문에 지역의 특성을 파악하려면 그 지역이 어디에 위치해 있는지 알아야 한다. 수리적 위치와 지리적 위치는 변하지 않는 고정적 위치인 절대적 위치에 해당한다.

02
수리적 위치는 위도와 경도로 표현하는 위치이다. 위도는 가로선으로 표현되며, 위도에 따라 기후대가 달라진다. 반면 경도는 세로선으로 표현되며, 경도에 따라 시간대가 달라진다.

오답 피하기
ㄴ. 위도는 북위 0°~90°, 남위 0°~90°까지 설정하며, 경도는 동경 0°~180°, 서경 0°~180°까지 설정한다.
ㄹ. 위도의 기준은 적도이며, 경도의 기준은 본초 자오선이다.

03
싱가포르는 적도 주변에 위치하여 열대 기후가 뚜렷하게 나타나며, 태평양과 인도양을 연결하는 해상 교통의 요지로 중계 무역이 발달하였다.

오답 피하기
ㄴ. 싱가포르는 북반구의 적도 주변에 위치한다.
ㄹ. 싱가포르는 우리나라보다 서쪽에 위치하여 시간대가 늦다.

04
세계의 기후는 대체로 적도에서부터 열대 기후, 건조 기후, 온대 기후, 냉대 기후, 한대 기후 순으로 나타난다. A는 북극해 주변의 고위도 지역에 주로 분포하는 한대 기후이다. B는 북부 아프리카, 서남아시아, 오세아니아에 주로 분포하는 건조 기후이며, C는 적도 부근의 저위도 지역에 넓게 분포하는 열대 기후이다.

05
(가)는 아시아 내륙에 위치하며 강수량이 적어 목축업이 주로 행해지는 곳으로, 이에 해당하는 지역은 지도의 B이다. (나)는 유럽 남부 해안에 위치하며 여름이 덥고 건조하고 포도 생산과 와인이 유명한 곳으로, 이에 해당하는 지역은 지도의 A이다. 지도의 C는 오세아니아에 위치한 지역이다.

06
지도에 표시된 지역은 대체로 고위도 지역의 유라시아 대륙과 아메리카 대륙 북쪽에 넓게 분포하는 냉대 기후 지역이다. 냉대 기후 지역에서는 침엽수로 우거진 숲과 통나무집을 볼 수 있다.

오답 피하기
② 열대림 사이에 위치한 고상 가옥은 주로 열대 기후 지역에서 볼 수 있다.
③ 풀이 짧은 초원과 이동식 가옥인 게르는 주로 건조 기후 지역에서 볼 수 있다.
④ 주민들이 함께 모여 벼를 수확하는 모습은 주로 온대 기후나 열대 기후 지역에서 볼 수 있다.
⑤ 모래 사막 주변에 위치한 지붕이 평평한 가옥은 주로 건조 기후 지역에서 볼 수 있다.

07
지도에 표시된 A는 아이슬란드, B는 마다가스카르, C는 네팔, D는 인도네시아, E는 뉴질랜드이다. 이 국가 중에서 섬나라는 A, B, D, E이며, 네팔(C)은 내륙의 산지에 위치한 국가이다. 또한 이 국가 중 열대 기후가 나타나지 않는 국가는 A, C, E이며, 우리나라와 계절이 정반대인 국가는 B, E이다. 마지막으로 영국보다 표준시가 빠른 국가는 B, C, D, E이다. 네 가지 조건을 모두 만족하는 국가는 뉴질랜드(E)이다.

08

해발 고도가 높아 연중 우리나라의 봄과 같은 고산 기후가 나타나 고산 도시가 발달한 지역은 안데스 산지이다. 안데스 산지의 주민들은 전통적으로 알파카와 라마를 사육하고, 옥수수와 감자 등을 재배하며 살아간다.

09

그림을 통해 편지, 전보, 전화, 스마트폰에 이르기까지 통신 수단이 발달하고 있음을 알 수 있다. 통신의 발달로 전자 상거래를 통한 물건 구매가 증가하였다.

[오답 피하기]
① 통신의 발달로 국가 경계의 의미와 역할이 작아졌다.
② 통신의 발달로 경제활동의 시간적 제약이 약화되었다.
③ 통신의 발달로 정보 접근성이 높아지고 세계 여러 문화의 전파 속도가 빨라졌다.
④ 통신의 발달로 비대면을 통한 사람과의 접촉이 증가하였다.

10

세계의 공간적 상호 작용을 파악하기 위해 세계 해저 인터넷 연결망을 확인하면 통신 네트워크를 통해 전 세계가 하나로 연결되어 있음을 알 수 있다. 또한 우리 주변 먹거리의 원산지를 찾아 정리함으로써 우리의 먹거리가 전 세계 여러 국가에서 생산된 제품이며, 공간적 상호 작용을 통해 우리 식탁에 올라오는 것을 알 수 있다.

[오답 피하기]
갑. 한대 기후는 고위도 지역에 나타나는 기후이며, 한대 기후의 분포만으로 세계의 공간적 상호 작용을 파악하기 어렵다.

11

경제의 세계화는 상품, 서비스, 자본, 노동력 등을 활발하게 교류하고 세계가 하나의 거대 시장을 형성하는 현상이다. 경제의 세계화로 기업이나 지역의 경제적 이익이 늘어나고, 소비자는 다양한 상품을 쉽게 구매할 수 있게 되었다.

[오답 피하기]
ㄱ. 경제의 세계화로 국가 간 경쟁은 더욱 치열해졌다.
ㄷ. 초국적 기업의 등장은 경제의 세계화를 더욱 촉진시키는 역할을 한다.

12

우리나라, 중국, 베트남은 지역마다 전통 의상이 있지만 오늘날에는 세 국가 주민들의 옷차림이 모두 비슷해졌다. 이를 통해 문화의 세계화가 진행됨에 따라 전 세계의 생활 모습이 비슷해지고 있음을 알 수 있다.

13

같은 애니메이션 영화의 같은 장면임에도 불구하고 캐나다, 오스트레일리아, 중국에서 개봉된 영화에 등장하는 동물 캐릭터가 서로 다르게 나타난다. 그 이유는 해당 지역의 문화를 고려한 현지화 전략 때문이다. 이렇게 세계화는 지역에 따라 다른 모습으로 나타나기도 한다.

14

인도네시아 발리의 주민들이 전개한 비닐봉지 사용 제한 캠페인과 영국 가스탕의 주민들이 만든 공정 무역 마을이 세계 여러 지역으로 전파되는 내용을 통해 지역 차원에서 자율적으로 세계의 다양한 세계 문제를 해결하고자 하였으며, 지역의 이러한 변화가 세계 여러 지역에 긍정적인 영향을 주고 있음을 알 수 있다.

[오답 피하기]
갑. 세계의 다양한 문제를 지역이 주체가 되어 해결하려는 노력과 이런 노력이 세계로 퍼져가는 현상이며 이는 문화의 획일화 현상으로 볼 수 없다.
정. 지역 주민들의 노력으로 세계의 여러 문제를 해결하려는 사례이며, 초국적 기업의 현지화 전략으로 볼 수 없다.

15

프랑스의 카망베르 치즈가 지리적 표시제 상품으로 인정받는 것과 러시아 상트페테르부르크에서 지역 특성을 살린 백야 축제를 지역 마케팅으로 활용하는 것은 모두 세계화 시대의 지역화 전략의 사례에 속한다.

대단원 서술형 문제
실전책 9쪽

01

[예시 답안] 지도에 표시된 지역은 저위도의 해발 고도가 높은 지역으로, 일 년 내내 우리나라의 봄과 같은 고산 기후가 나타난다. 이러한 자연환경의 영향으로 예로부터 고대 문명이 발달하고 고산 도시가 형성되었다.

평가 기준	
상	위치와 자연환경에 따른 영향을 모두 옳게 서술한 경우
하	위치 또는 자연환경의 특성 중 한 가지만을 옳게 서술한 경우

02

[예시 답안] (1) ㉠ - 지역화 전략, ㉡ - 현지화 전략
(2) 지역화 전략의 사례로는 미국 뉴욕의 'I♥NY'와 같은 지역 브랜드화, 프랑스의 카망베르 치즈와 같은 지리적 표시제, 브라질의 리우 카니발과 같은 장소 마케팅 등이 있다. 현지화 전략의 사례로는 필리핀 주민들의 입맛에 맞춘 쌀밥 버거, 튀르키예 주민들의 기호에 맞춘 케밥 버거 등이 있다.

03

예시 답안 지역의 자율성이 강화되면서 한 지역의 변화가 세계에 영향을 주기도 한다. 두 사례와 같이 세계 여러 지역에서 나타나는 문제를 해결하는 데 한 지역의 사례가 세계 여러 지역에 전파되어 긍정적인 영향을 미치고 있다. 이와 같이 오늘날에는 세계화가 가속화되는 동시에 지역의 영향력도 커지면서 세계와 지역 간의 상호 작용이 더욱 활발해졌다. 지역의 각종 문제를 지방 자치 단체와 지역 주민들이 서로 협력하여 해결해 나가는 것과 같이 세계 시민이자 지역 주민으로서 세계 여러 지역에 대한 이해와 관심을 갖고 문화적 다양성을 이해하며 자신과 공동체의 발전을 위해 노력하는 태도가 필요하다.

Ⅱ. 아시아

쪽지 시험

01 아시아의 여러 국가와 자연환경
1 1 우랄 2 도쿄 3 싱가포르 4 히말라야 5 환태평양 6 계절풍 7 열대 8 건조
2 1 ○ 2 × 3 ○ 4 ○ 5 ○ 6 ○
3 1 동아시아 2 인도 3 방콕 4 사마르칸트 5 룹알할리 6 게르

02 아시아의 종교와 문화 다양성
4 1 힌두교 2 불교 3 이슬람교 4 소 5 예수 6 이슬람교
5 1 × 2 × 3 ○ 4 ○
6 1 필리핀 2 돼지 3 카슈미르 4 불교

03 아시아의 인구 특징과 성장 잠재력
7 1 인도 2 저출산
8 1 ○ 2 × 3 ×
9 1 유출 2 정치적 3 남초

04 아시아의 산업 특징과 변화
10 1 석유 2 중국 3 한류
11 1 ○ 2 ×
12 1 일본 2 석유 3 인도

대단원 종합 문제

01 ④	02 ④	03 ③	04 ④	05 ①
06 ④	07 ①	08 ⑤	09 ④	10 ②
11 ①	12 ④	13 ②	14 ①	15 ④

01

아시아는 동아시아, 동남아시아, 남부 아시아, 서남아시아, 중앙아시아로 구분되며, 중앙아시아에는 카자흐스탄, 우즈베키스탄 등 국가 이름에 '스탄'을 사용하는 국가가 많다.

오답 피하기
① 동남아시아는 적도 주변에 위치하여 주로 열대 기후가 나타난다.
② 서남아시아의 주민들은 주로 이슬람교를 믿으며, 이슬람 문화가 나타난다. 유교와 불교, 젓가락 문화는 동아시아에 대한 설명이다.
③ 자카르타는 인도네시아, 하노이는 베트남에 위치한 도시이며, 두 도시는 모두 동남아시아의 주요 도시이다.
⑤ 남부 아시아의 주요 국가로는 인도, 파키스탄, 방글라데시 등이 있다. 인도네시아와 베트남은 모두 동남아시아에 속한 국가이다.

02

지도의 A는 사우디아라비아, B는 이란, C는 인도네시아, D는 필리핀이다. 테헤란이 수도이며, 이라크, 아프가니스탄, 파키스탄 등과 국경을 이루는 (가)는 이란이다. 이란은 이슬람교를 믿는 주민이 많으며, 이스파한 자메 모스크가 세계 문화유산으로 등재되었다. 마닐라가 수도이며, 7천여 개의 섬으로 이루어진 (나)는 필리핀이다. 필리핀은 크리스트교를 믿는 주민이 많으며, 마닐라 성당과 산 아구스틴 성당이 유명하다. 따라서 (가)는 B, (나)는 D이다.

03

중국의 수도이자 정치 중심지이며, 자금성과 천안문으로 유명한 도시는 베이징이다. 베이징은 1990년 아시안 게임이 개최되었으며, 2008년에는 하계 올림픽, 2022년에는 동계 올림픽이 각각 개최되었다.

① 도쿄는 일본의 수도이며, 금융업이 발달한 세계 도시이다.
② 뉴델리는 인도의 수도이며, 1951년 제1회 아시안 게임이 개최된 도시이다.
④ 상하이는 중국의 경제 중심지로 성장한 도시이다.
⑤ 항저우는 상하이와 가까운 곳에 위치한 중국의 도시이며, 2022년 아시안 게임이 개최된 도시이다.

04

지도에 표시된 A는 히말라야산맥에서 발원하여 인도와 방글라데시를 거쳐 인도양으로 흘러가는 갠지스강이며, B는 중국에서 발원하여 미얀마, 라오스, 캄보디아 등을 거쳐 베트남으로 이어지는 메콩강이다. C는 중국의 서쪽에서 동쪽으로 흐르는 창장강이다.

05

(가)는 연 강수량이 매우 적어 건조 기후가 나타나는 지역이며, (나)는 일 년 내내 덥고 비가 많이 오는 열대 기후가 나타나는 지역이다. (다)는 사계절이 뚜렷하며 여름에 고온 다습하고 겨울에 한랭 건조한 온대 기후가 나타나는 지역이다. 지도의 A는 건조 기후가 나타나는 사우디아라비아의 리야드, B는 열대 기후가 나타나는 말레이시아의 쿠알라룸푸르, C는 온대 기후가 나타나는 대한민국의 서울이다. 따라서 (가)는 A, (나)는 B, (다)는 C이다.

06

불탑과 불상을 볼 수 있는 타이의 왓 프라깨오 사원은 불교 사원이며, 수많은 신이 조각된 인도의 스리미낙시 사원은 힌두교 사원이다. 따라서 (가)는 불교, (나)는 힌두교이다. 힌두교는 많은 신을 섬기는 다신교이며, 힌두교 신자들은 소를 신성시하여 소고기를 먹지 않는다.

ㄱ. 알라를 유일신으로 섬기는 종교는 이슬람교이다.
ㄷ. 신자들이 갠지스강에서 몸을 씻으며 영혼을 정화하는 종교는 힌두교이다.

07

지도의 A는 인도, B는 타이, C는 필리핀이다. (가)는 힌두교 신자 비율이 가장 높은 인도이며, (나)는 불교 신자 비율이 가장 높은 타이이다. (다)는 크리스트교 신자 비율이 가장 높은 필리핀이다. 따라서 (가)는 A, (나)는 B, (다)는 C이다.

08

이슬람교의 주요 종교 경관으로는 둥근 돔과 첨탑이 있는 모스크가 있으며, 이슬람교 신자들은 메카를 향해 기도하고, 라마단 기간의 금식과 성지 순례 등의 의무를 지킨다. 이슬람교에서는 돼지를 불결하게 여겨 이에 이슬람교 신자들은 돼지고기를 먹지 않는다.

09

지도의 A는 유대교와 이슬람교 간 종교 갈등이 나타나는 이스라엘-팔레스타인 지역이며, B는 이슬람교와 힌두교 간 종교 갈등이 나타나는 카슈미르 지역이다. C는 불교와 힌두교 간 종교 갈등이 나타나는 스리랑카이다. 따라서 (가)는 C, (나)는 A이다.

10

불교와 힌두교, 이슬람교, 크리스트교의 여러 종교 기념일을 법정 공휴일로 지정한 싱가포르와 이슬람 모스크, 불교 사찰, 크리스트교 성당과 교회, 힌두교 사원 등이 한 도시에 나타나는 말레이시아의 믈라카 등은 다양한 종교가 공존하는 지역의 사례이다.

11

세계에서 인구가 가장 많은 국가는 인도이며, 두 번째로 인구가 많은 국가는 중국이다. 인도네시아는 세계에서 미국 다음으로 인구가 많아 인구 규모 세계 4위의 국가이며, 사우디아라비아는 건조 기후 지역에 위치하여 상대적으로 인구가 적다. 따라서 세 국가를 인구가 많은 순으로 배열하면 중국 > 인도네시아 > 사우디아라비아이다.

12

그래프의 국가는 2021년 유소년층 인구 비율이 낮고 노년층 인구 비율이 높으며 저출산 및 고령화 현상이 나타나고 있는 일본이다. 일본은 1991년보다 2021년의 노년층 인구가 많다.

① 그래프를 보면 1961년 일본은 노년층 인구가 유소년층 인구보다 적음을 알 수 있다.

② 일본은 1961년 이후 인구가 증가하여 1961년보다 1991년의 총인구가 많다.

③ 일본은 1961년보다 2021년의 합계 출산율이 낮아 저출산 현상이 뚜렷하게 나타난다.

⑤ 세 시기 중 청장년층 인구가 가장 많은 시기는 1991년이다.

13

지도의 A는 소득 수준이 낮고 고용 기회가 적은 국가에서 소득 수준이 높고 일자리가 많은 국가로 이주하는 경제적 요인에 의한 이동을 나타낸 것이며, B는 시리아, 아프가니스탄 등에서의 내전을 피해 주변 국가로 이주하는 정치적 요인에 의한 이동을 나타낸 것이다.

ㄴ. 경제적 요인에 의한 이동은 주로 소득 수준이 낮은 개발 도상국에서 소득 수준이 높고 일자리가 많은 선진국으로 이동한다.

ㄹ. 정치적 요인에 의한이동은 대체로 분쟁을 피해 국경을 접한 주변 국가로 이동한다.

14

지도의 A는 사우디아라비아, B는 인도, C는 베트남, D는 일본이다. 사우디아라비아(A)는 석유 고갈에 대비하여 서비스업과 첨단 산업 육성을 위해 노력하고 있으며, 인도(B)는 우수한 과학 인재가 많으며 벵갈루루, 뉴델리 등지에서 정보 통신 기술 산업이 발달하고 있다.

ㄷ. 풍부한 자본과 뛰어난 기술을 바탕으로 첨단 산업이 발달한 국가는 일본(D)이다.

ㄹ. 일본(D)은 지하자원이 풍부하지 않지만 원료를 수입하고 제품을 생산하여 수출하는 중화학 공업이 발달하면서 경제가 고도성장하였다.

15

아시아의 산업 구조 변화 속에서 우리나라의 기업들은 인건비가 저렴하거나 넓은 소비 시장을 확보할 수 있도록 동남아시아 또는 남부 아시아에 생산 공장을 세우기도 한다. 또한 기업의 경쟁력을 강화하고자 연구 시설을 확충하고 기술 혁신을 추진하고 있다.

ㄱ. 우리나라와 아시아 여러 국가 간 자유 무역 협정(FTA)이 맺어지면서, 아시아 국가와의 경제적 협력은 강화되고 있다.

ㄷ. 아시아 각국의 산업 구조는 농업 중심에서 제조업 중심으로 변화하고 있다.

01

예시 답안 (1) A – 몽골, B – 인도네시아

(2) 건조 기후가 나타나 초원이 발달한 몽골에서는 주민들이 전통적으로 유목 생활을 하며 가옥의 조립과 해체가 용이한 게르를 짓고 산다. 열대 기후가 나타나는 인도네시아에서는 땅의 열기와 습기, 해충을 피하기 위해 가옥의 바닥을 지면에서 띄운 형태의 고상 가옥을 짓고 산다.

평가 기준	
상	두 국가의 명칭을 모두 옳게 쓰고, 두 국가에서 나타나는 전통 가옥의 특징을 모두 옳게 서술한 경우
중	두 국가의 명칭을 모두 옳게 쓰고, 한 국가에서 나타나는 전통 가옥의 특징만을 옳게 서술한 경우
하	두 국가의 명칭만 옳게 쓴 경우

02

예시 답안 (1) 카슈미르 지역

(2) 주민들이 이슬람교를 주로 믿는 파키스탄과 힌두교를 주로 믿는 인도 간에 국경을 둘러싼 분쟁이 나타나고 있다.

평가 기준	
상	지역의 명칭을 옳게 쓰고, 종교 갈등이 나타나는 두 국가와 해당 종교를 연결하여 옳게 서술한 경우
중	종교 갈등이 나타나는 두 국가와 해당 종교를 연결하여 옳게 서술한 경우
하	지역 명칭만 옳게 쓴 경우

03

예시 답안 (가)는 인도, (나)는 일본, (다)는 사우디아라비아이다. 인도는 출생률이 높아 유소년층 인구 비율이 상대적으로 높으며, 인구가 빠르게 증가하고 있다. 인도는 자원 및 사회 기반 시설 부족 등의 문제가 발생할 우려가 있지만 생산 가능 인구가 많아 성장 잠재력이 높다는 장점도 있다. 일본은 결혼과 자녀에 대한 가치관 변화, 자녀 양육 부담 증가 등으로 출생률이 낮으며 노년층 인구 비율이 상대적으로 높아 저출산·고령화 현상이 나타나고 있다. 사우디아라비아는 젊은 남성 노동자의 유입이 활발하여 청장년층의 남초 현상이 나타난다.

평가 기준	
상	(가)~(다)에 해당하는 국가를 쓰고, 세 국가의 인구 구조를 모두 옳게 서술한 경우
중	(가)~(다)에 해당하는 국가를 쓰고, 두 국가의 인구 구조만을 옳게 서술한 경우
하	(가)~(다)에 해당하는 국가를 쓰고, 한 국가의 인구 구조만을 옳게 서술한 경우

Ⅲ. 유럽

쪽지 시험

실전책 16~17쪽

01 유럽의 여러 국가와 자연환경

1 **1** 아시아 **2** 지중해 **3** 베를린 **4** 이탈리아
 5 러시아 **6** 동유럽 **7** 피오르 **8** 혼합 농업 **9** 백야

2 **1** ○ **2** × **3** ○ **4** ○ **5** ○ **6** × **7** × **8** ×

3 **1** 우랄 **2** 그리스 **3** 낮은 **4** 알프스 **5** 아이슬란드
 6 북해 **7** 서안 해양성 **8** 덥고 **9** 많다 **10** 크다

02 유럽 도시의 다양성과 지속가능한 도시를 위한 노력

4 **1** 런던 **2** 탄소중립 **3** 자전거 **4** 프라이부르크
 5 온실가스 **6** 빌바오

5 **1** ○ **2** ○ **3** ○

6 **1** 빈 **2** 프랑스 **3** 지중해 **4** 많은

03 유럽의 통합과 분리

7 **1** 유럽 연합 **2** 솅겐 **3** 브렉시트 **4** 카탈루냐

8 **1** × **2** × **3** × **4** ○

9 **1** 브뤼셀 **2** 네덜란드 **3** 제조업

대단원 종합 문제

실전책 18~20쪽

01 ④	**02** ②	**03** ③	**04** ③	**05** ⑤
06 ④	**07** ③	**08** ①	**09** ①	**10** ④
11 ①	**12** ④	**13** ②	**14** ⑤	**15** ②
16 ④				

01

남부 유럽에는 에스파냐, 포르투갈 등이 있으며, 서부 유럽에는 프랑스, 영국, 독일 등이 있다.

오답 피하기
① 유럽의 동쪽에는 아시아가 있다.
② 그리스, 이탈리아는 남부 유럽에 속한다.
③ 아이슬란드는 북부 유럽, 영국은 서부 유럽에 속한다.
⑤ 스칸디나비아산맥은 노르웨이와 스웨덴의 경계를 이룬다.

02

(가)는 이탈리아의 수도인 로마, (나)는 러시아의 수도인 모스크바이다. ㄱ. 콜로세움은 고대 로마 제국 시대에 건축되었기 때문에 16세기에 건축된 성 바실리 대성당보다 건축된 시기가 이르다. ㄷ. (가)는 지중해성 기후, (나)는 냉대 기후가 나타나기 때문에 기온의 연교차는 (나)가 (가)보다 크다.

오답 피하기
ㄴ. 러시아는 세계에서 국토 면적이 가장 넓은 국가이다.
ㄹ. 이탈리아는 남부 유럽, 러시아는 동부 유럽에 속한다.

03

유럽은 해발 고도가 높은 산지는 대체로 남부에 있다. 피레네산맥, 알프스산맥 등이 높은 산지에 해당한다.

오답 피하기
① 유럽에서 화산 지형은 북부 유럽의 아이슬란드, 남부 유럽의 이탈리아 등에서 나타난다.
② 피오르 해안은 과거 빙하의 영향을 받았던 북부 유럽의 해안에서 주로 나타난다.
④ 남부의 산지는 북부의 산지보다 형성 시기가 늦기 때문에 침식과 풍화 작용을 덜 받아 높고 험준하다.
⑤ 유럽의 운하는 대부분 평원을 지나는 강에 건설되어 있으며, 이들 강은 북해로 흘러간다.

04

사진은 센강을 수운으로 이용하는 모습이다. 센강은 알프스 산지에서 시작하여 프랑스 평원을 지나 북해로 흘러간다. 따라서 운하를 이용하는 모습은 프랑스 평원을 흐르는 센강에서 흔하게 볼 수 있다.

오답 피하기
지도에 표시된 A는 스칸디나비아산맥 일부, B는 호수가 많은 핀란드, C는 프랑스 평원, D는 에스파냐의 이베리아 고원, E는 알프스산맥이다.

05

밑줄 친 '이 국가'는 대서양에 접해 있으며, 화산 활동이 활발하고 여름철 백야 현상, 겨울철 오로라 현상을 관찰할 수 있는 국가로, 고위도에 위치한 아이슬란드이다.

오답 피하기
① 독일은 평원을 이루고 화산 활동이 일어나지 않고 오로라도 관찰할 수 없다.
② 영국은 화산 활동이 거의 일어나지 않는다.
③ 프랑스에서는 자료에서 제시한 내용을 관찰할 수 없다.
④ 노르웨이는 화산 지형보다 빙하 지형이 많다.

06

그래프는 냉대 기후 지역의 기후 그래프이다. ㄹ. 냉대 기후 지역에는 상록 침엽수림이 넓게 나타난다.

오답 피하기
ㄱ. 냉대 기후는 북부 유럽이나 동부 유럽의 내륙 지역에서 나타난다. 서부 유럽에서는 서안 해양성 기후가 넓게 나타난다.
ㄷ. 수목 농업은 지중해성 기후 지역에서 이루어진다.

07

유럽은 위도는 대체로 높지만 대서양으로부터 불어오는 편서풍과 난류의 영향으로 겨울이 온화한 온대 기후가 나타난다. 대표적인 국가로 영국, 프랑스, 독일 등이 있다.

08

A는 서안 해양성 기후가 나타나는 영국의 런던, B는 지중해성 기후가 나타나는 포르투갈의 리스본이다. ㄱ은 서안 해양성 기후 그래프, ㄴ은 지중해성 기후 그래프, ㄷ은 냉대 기후 그래프이다.

09

㉠은 북부 유럽에 속한 국가들로 냉대 기후가 주로 나타나고, ㉡은 남부 유럽에 속한 국가들로 지중해성 기후가 주로 나타나며, ㉢은 서부 유럽에 속한 국가들로 서안 해양성 기후가 주로 나타난다.

10

(가)는 영국 런던의 타워 브리지, (나)는 지중해 연안에서 올리브를 재배하는 모습이다. (가)는 서안 해양성 기후, (나)는 지중해성 기후가 나타난다. ④ 지중해성 기후는 겨울이 온난 습윤하기 때문에 밀, 보리 등의 곡물을 재배한다.

> **오답 피하기**
> ① 런던은 대서양이 지중해보다 가깝다.
> ② 코르크나무는 지중해성 기후 지역에서 잘 자란다.
> ③ 지중해 연안 지역은 여름철이 덥고 건조하다.
> ⑤ 화훼 농업과 낙농업은 서부 유럽의 대도시 부근에서 활발하게 이루어진다.

11

영국의 맨체스터는 산업 혁명 당시 공업이 빠르게 성장하였지만 현재는 공업이 쇠퇴하고 도시 재생을 통해 상업, 금융 도시로 탈바꿈하고 있다.

12

지도의 A는 아이슬란드의 수도인 레이캬비크, B는 프랑스의 수도인 파리, C는 에스파냐의 바르셀로나, D는 이탈리아의 수도인 로마, E는 러시아의 수도인 모스크바이다.
④ 파르테논, 아크로폴리스, 아고라 등은 그리스의 수도 아테네와 관련된다.

13

(가)는 수도가 코펜하겐인 덴마크이다. 덴마크는 북해로부터 불어오는 바람을 이용하여 풍력 발전이 활발히 이루어진다. (나)는 레이캬비크가 수도인 아이슬란드이다. 아이슬란드는 화산 활동이 활발하여 땅속 에너지를 활용한 지열 발전이 활발히 이루어지고 있다.

14

이탈리아의 파다니아는 상공업이 발달한 북부의 8개 주를 일컫는 명칭으로 경제 수준이 높은 주민들은 지속적으로 이탈리아로부터 분리·독립을 요구하고 있다.

15

유럽은 유럽 연합 출범 이후 추가로 가입한 동부 유럽의 여러 국가와 최초 가입한 국가 간 경제적 격차가 큰 편이다. ㄱ. 북부 유럽은 대부분 선진국으로 개발 도상국이 많은 동부 유럽보다 1인당 국내 총생산이 많다. ㄷ. 유럽 연합에서 탈퇴한 영국의 1인당 국내 총생산은 5만 달러 미만이다.

> **오답 피하기**
> ㄴ. 에스파냐는 남부 유럽에 속한 이탈리아보다 1인당 국내 총생산이 적다.
> ㄹ. 1인당 국내 총생산 5만 달러 이상인 노르웨이, 스위스 등은 유럽 연합 회원국이 아니다.

16

지도에서 A는 벨기에의 수도 브뤼셀, B는 북부 지역에 해당하는 플랑드르, C는 남부 지역에 해당하는 왈롱 지역이다. 벨기에는 북부의 플랑드르 지역(B)이 남부의 왈롱 지역(C)보다 주민들의 소득 수준이 높은 편이다.

대단원 서술형 문제
실전책 21쪽

01

> **예시 답안** (1) A - 스칸디나비아, B - 우랄, C - 알프스

(2) 유럽은 북부에 스칸디나비아산맥과 같은 낮은 산지, 남부에 알프스산맥과 같은 높은 산지가 분포하고 그 사이에 프랑스 평원, 북독일 평원, 동유럽 평원 등과 같은 넓은 평원이 펼쳐져 있다. 유럽의 큰 강은 남부의 높은 산지에서 시작하여 평원을 지나는데, 라인강, 센강 등은 북해로 흘러가고, 도나우강(다뉴브강)은 동쪽의 흑해로 흘러간다.

평가 기준	
상	A~C의 명칭을 정확하게 쓰고, 유럽의 지형 특징을 산지, 평원, 강의 명칭과 함께 언급하여 기술했을 경우
중	A~C 중 2개 이하의 명칭을 정확하게 쓰고, 유럽의 지형 특징을 산지, 평원, 강의 명칭 언급 없이 기술했을 경우
하	A~C의 명칭을 쓰지 않았거나, 유럽의 지형 특징을 산지, 평원, 강의 명칭을 언급하지 않고 기술했을 경우

02

예시 답안 (1) ㉠ 지형 – 피오르, 국가 – 아이슬란드
(2) 피오르는 하천에 의해 형성된 골짜기에 빙하기에 빙하가 흘러가며 U자 모양의 골짜기를 만든 후 빙하기가 끝나면서 해수면이 상승하여 바닷물로 채워진 지형이다.

평가 기준	
상	피오르의 형성 과정을 빙하의 작용, U자 모양 골짜기 형성, 해수면 상승의 순서로 서술했을 경우
하	피오르의 형성 과정을 빙하의 작용, U자 모양 골짜기 형성, 해수면 상승 중 한 개 이상을 누락시키고 서술했을 경우

03

예시 답안 (1) 벨기에, 독일, 프랑스, 네덜란드, 룩셈부르크, 이탈리아, 영국, 덴마크, 아일랜드, 그리스, 에스파냐, 포르투갈
(2) 영국은 유럽 연합에 가입할 때부터 독일이나 프랑스가 주도하던 유럽 연합의 정책에 소극적이었으며, 유로화 도입과 공동의 이민 정책 등을 거부하였다. 또한 영국이 유럽 연합에서 얻는 이익에 비해 유럽 연합에 지불하는 분담금이 지나치게 많다는 입장을 가지고 있었다. 유럽 연합 가입 후 노동력이 자유롭게 이동할 수 있어서 영국으로 일자리를 찾아 들어오는 이민자 수가 급증하여 자국민의 일자리가 줄어들게 되었다. 이로 인해 영국은 국민 투표를 실시하여 유럽 연합 탈퇴를 결정하게 되었다.
(3) 영국의 자국 내 분리·독립의 문제도 있는데, 북부의 스코틀랜드이다. 스코틀랜드는 지역 자체적인 문화, 역사, 언어를 가진 지역 공동체로서 영국으로부터 정치적·경제적으로 차별받고 있다고 생각하는 주민이 많아 영국으로부터 분리·독립을 주장하고 있다.

평가 기준	
상	(1)의 대표적 국가 세 개를 정확하게 쓰고, 영국의 유럽 연합 탈퇴 이유와 스코틀랜드의 영국으로부터 분리·독립 이유를 모두 명확하게 제시했을 경우
중	(1)의 대표적 국가 두 개 이하를 쓰고, 영국의 유럽 연합 탈퇴 이유와 스코틀랜드의 영국으로부터 분리·독립 이유 중 한 가지만 명확하게 제시했을 경우
하	(1)의 대표적 국가를 제시하지 못하거나, 영국의 유럽 연합 탈퇴 이유와 스코틀랜드의 영국으로부터 분리·독립 이유를 명확하게 제시하지 못했을 경우

Ⅳ. 아프리카

쪽지 시험

01 아프리카의 여러 국가와 자연환경

1 1 적도 2 대서양 3 열대 우림 4 아비시니아 5 동아프리카 6 나일강 7 칼라하리 8 사파리 9 오아시스 10 이집트 11 드라켄즈버그

2 1 ○ 2 ○ 3 ○ 4 ○ 5 ○ 6 × 7 ×

3 1 이슬람교 2 나이지리아 3 코트디부아르 4 고원 5 에티오피아 6 유럽인 7 케이프타운 8 아틀라스 9 킬리만자로산 10 열대 11 개방 12 플랜테이션 13 적다

02 아프리카의 다양한 문화와 지역 잠재력

4 1 삼바 2 석유 3 상품 4 남아프리카 공화국 5 나이지리아 6 케냐 7 중위 연령

5 1 ○ 2 ○ 3 ○ 4 ○ 5 ×

6 1 밀 2 벼 3 카사바 4 옥수수 5 합계 출산율 6 커피 7 카카오

03 지속가능한 발전을 위한 노력과 협력

7 1 아프리카 연합(AU)
  2 아프리카 대륙 자유 무역 지대(AfCFTA)
  3 공적 개발 원조 4 공정 무역

8 1 ○ 2 ○ 3 ×

9 1 나일강 2 옥스팜 3 그린피스

대단원 종합 문제

01 ④	**02** ③	**03** ⑤	**04** ①	**05** ②
06 ⑤	**07** ①	**08** ②	**09** ②	**10** ⑤
11 ③	**12** ④	**13** ④	**14** ⑤	**15** ③

01

동부 아프리카는 고원으로 이루어져 있으며, 에티오피아, 케냐, 탄자니아, 소말리아 등이 속한다.

오답 피하기

① 북부 아프리카에는 모로코, 알제리 등이 있다.
② 서부 아프리카에는 나이지리아, 코트디부아르 등이 있다.
③ 중앙 아프리카에는 가봉, 콩고 민주 공화국 등이 있다.
⑤ 남부 아프리카에는 나미비아, 보츠와나, 남아프리카 공화국 등이 있다.

02

지도에 표시된 A는 알제리, B는 말리, C는 콩고 민주 공화국, D는 케냐, E는 잠비아이다.

③ 알제리(A)는 지중해 연안을 제외한 국토의 대부분이 사하라 사막으로 이루어져 있기 때문에 열대 기후가 넓게 나타나는 콩고 민주 공화국(C)보다 국토 내 건조 기후 지역이 차지하는 비율이 높다.

오답 피하기
① 말리(B)는 대부분의 지역이 사하라 사막에 포함되기 때문에 주민들은 폐쇄적인 가옥에서 생활한다.
② 아프리카에서 벼농사가 활발한 국가는 인도양의 섬나라 마다가스카르이다.
④ 아프리카에서 콩고 민주 공화국(C)과 잠비아(E)는 구리 매장량과 생산량이 많다.
⑤ 북부 아프리카에 위치한 알제리(A)가 사하라 이남 아프리카에 위치한 케냐(D)보다 이슬람교 신자가 많다.

03

(가)는 모로코에서 바라본 아틀라스산맥, (나)는 남아프리카 공화국에서 바라본 드라켄즈버그산맥이다.

⑤ 모로코의 지중해 연안과 남아프리카 공화국의 남서부 해안은 온대 기후인 지중해성 기후가 나타난다.

오답 피하기
① 모로코는 대서양 연안에 위치한 국가이다.
② 아틀라스산맥(가)은 드라켄즈버그산맥(나)보다 형성 시기가 오래되지 않아 풍화와 침식을 받은 기간이 짧다.
③ 모로코와 아틀라스산맥은 사하라 사막에 접해 있다.
④ 아프리카에서 석탄 생산량이 가장 많은 국가는 남아프리카 공화국이다.

04

마사이족은 동아프리카의 유목민으로 케냐와 탄자니아에 걸쳐 거주한다. 킬리만자로산은 아프리카 최고봉인 화산으로 케냐와 탄자니아의 국경에 위치한다. 따라서 두 사진의 모습을 볼 수 있는 국가는 케냐이다.

05

(가)는 플랜테이션, (나)는 이동식 화전 농업이다. 플랜테이션으로 재배되는 작물은 커피, 카카오, 천연고무 등 상품 작물이며, 이동식 화전 농업으로 재배되는 작물은 감자, 옥수수, 카사바 등의 식량 작물이다.

06

아름드리 바오바브나무 숲이 있으며, 벼농사가 활발한 인도양의 국가는 마다가스카르이다. 마다가스카르는 아프리카 대륙의 여러 국가와 달리 쌀을 주식으로 하며 동남아시아의 문화적 특징이 잘 나타나는 국가이다.

07

사진은 대추야자 나무와 대추야자 열매의 모습이다. 대추야자는 사막과 같은 건조 기후에 잘 적응한 작물이며, 오아시스 주변에서 주로 재배된다. 주민들은 대추야자를 밀과 함께 주식으로 이용한다.

오답 피하기
ㄷ. 대추야자는 상품 작물이며 이동식 화전 농업 방식으로 재배되지는 않는다.
ㄹ. 건조 기후는 연 증발량이 연 강수량보다 많다.

08

(가)는 지중해성 기후, (나)는 사바나 기후이다.
② (가)는 12월~3월이 건기, (나)는 6월~9월이 건기로, 두 지역 모두 건기와 우기가 뚜렷한 편이다.

오답 피하기
① (가)는 온대 기후, (나)는 열대 기후이다.
③ (가), (나) 모두 1월이 7월보다 기온이 높기 때문에 남반구에 위치한다.
④ 그래프를 토대로 (나)가 (가)보다 연평균 기온이 높음을 알 수 있다.
⑤ 그래프에서 막대는 월 강수량, 점은 월평균 기온이다. 기온이 가장 낮은 달의 강수량은 (가)가 (나)보다 많다.

09

(가)는 사막에서의 낙타 체험 관광, (나)는 사바나 기후 지역에서의 사파리 관광이다. 지도에 표시된 네 국가 중 A는 모로코, B는 리비아, C는 카메룬, D는 케냐이다. 모로코(A)에는 아틀라스산맥과 사하라 사막이 함께 나타난다. 카메룬(C)에는 열대 우림이 나타난다. 케냐(D)에는 사바나 초원이 넓게 나타난다.

10

A는 이슬람교, B는 크리스트교, C는 토속 종교이다.
⑤ 남아프리카 공화국은 일찍이 유럽인이 진출하면서 크리스트교가 전파되었으며, 현재 이슬람교보다 크리스트교를 믿는 주민이 많다.

오답 피하기
① 이슬람교(A)는 서남아시아로부터 전파되었다.
② 크리스트교(B)를 믿는 주민들은 교회에 모여서 예배한다.
③ C는 아프리카에서 자체적으로 뿌리내린 토속 종교이다.
④ 아프리카에서 가장 오래된 종교는 토속 종교(C)이다.

11

A는 마다가스카르에서 주로 주식 재료로 이용하는 쌀이다. B는 건조 기후 지역에서 주식 재료로 이용하는 밀이다. C는 주로 열대 기후 지역에서 주식 재료로 이용하는 카사바이다.

12

㉠은 '아프리카 최대 석유 생산국', '놀리우드(Nollywood)' 등을 통해 아프리카에서 인구가 가장 많은 나이지리아임을 알 수 있다.

13

아프리카는 석유, 석탄, 구리, 코발트 등 지하자원의 매장량이 많다. 하지만 석유, 석탄 등의 화석 연료를 개발하여 활용하는 것은 친환경 중심의 지속가능한 발전을 위한 노력이라고 볼 수 없다.

14

(가)는 수력, (나)는 풍력이다. ㄷ. 모로코는 대서양으로부터 불어오는 바람을 이용하여 풍력 발전을 활발하게 하고 있다. ㄹ. 수력은 강의 낙차, 유량 등을 활용하여 발전하는 방식으로, 나일강의 상류에 위치한 에티오피아와 하류에 위치한 이집트는 모두 나일강의 물을 활용하여 수력 발전을 한다.

오답 피하기
ㄴ. 사막에서는 바람이 강하게 불기 때문에 수력보다는 풍력을 생산하기에 유리하다.

15

공정 무역을 통해 생산자와 소비자 모두가 만족하는 결과를 얻을 수 있다. 생산자에게는 정당한 대가를 지불할 수 있고 소비자에게는 지구 환경 개선과 부의 편중이나 노동력 착취 등에 대한 사회적 정의를 실현할 수 있는 기회가 된다.

오답 피하기
ㄱ. 공정 무역을 하면 중간에서 이익을 가져가는 단계가 줄어들기 때문에 유통 과정이 단순하다.
ㄹ. 공정 무역 상품은 제품의 대량 생산이 어려워 제품의 가격이 높다는 단점이 있다.

대단원 서술형 문제

실전책 27쪽

01

예시 답안 (1) A – 열대 기후, B – 건조 기후, C – 온대 기후
(2) ㉠ 지역은 열대 기후와 온대 기후가 동시에 나타난다. 그 이유는 ㉠ 지역에 해발 고도가 높은 고원이 분포하기 때문이다. 고원은 해발 고도가 높은 평탄한 지형이다. 해발 고도가 높아질수록 기온이 낮아지기 때문에 ㉠의 낮은 지역은 열대 기후, 높은 지역은 온대 기후가 나타난다.

평가 기준	
상	(1) 세 기후를 정확하게 쓰고, (2) 해발 고도에 따른 기온 변화를 제시하여 논리적으로 기술했을 경우
중	(1) 세 기후 중 두 개 이하를 정확하게 쓰고, (2) 해발 고도에 따른 기온 변화를 제시하여 기술했을 경우
하	(1) 세 기후 중 한 개 이하를 정확하게 쓰고, (2) 해발 고도에 대한 언급 없이 단순하게 기술했을 경우

02

예시 답안 (1) 공정 여행
(2) 공정 여행을 통해 다른 문화를 존중할 수 있으며, 여행지의 자연환경을 보호하고 여행지에 기여할 수 있다. 이를 위해서는 현지 주민이 운영하는 숙박 시설과 음식점을 이용하고, 현지의 전통 공예품 만들기 체험 등에 참여하면서 주민의 삶과 문화를 존중하는 태도로 지역을 여행해야 한다.

평가 기준	
상	(1)을 정확하게 쓰고, 공정 여행자의 여행 사례를 두 가지 이상 들어 서술했을 경우
하	(1)을 정확하게 썼거나 공정 여행자의 여행 사례를 한 가지 이하로 들어 서술했을 경우

03

예시 답안 (1) (가) – 수력, (나) – 태양광·태양열
(2) (가)는 수력이다. 수력은 물의 낙차나 양을 이용하여 발전하는 방식으로, 큰 강 유역에 위치한 지역이 수력 발전을 하기에 유리하다. 아프리카에서 큰 강은 나일강, 콩고강, 잠베지강, 나이저강 등이 있는데, 수력 발전의 상위 5개 국가는 모두 큰 강 유역에 위치하고 있다. (나)는 태양광·태양열이다. 태양광·태양열은 뜨겁고 맑은 날이 많은 지역이 유리하다. 따라서 사막은 태양광·태양열 발전에 매우 유리한 지역이다. 태양광·태양열 발전의 상위 5개 국가도 모두 사막이 있는 지역이다. 남아프리카 공화국은 칼라하리 사막, 이집트, 모로코, 알제리는 사하라 사막, 나미비아는 나미브 사막이 위치하고 있다.

평가 기준	
상	(1)의 두 가지를 정확하게 쓰고, (2)의 두 재생 에너지의 발전량이 많은 이유를 국가별로 해당 강, 사막을 사례로 들어 정확하게 기술했을 경우
중	(1)의 두 가지를 정확하게 쓰고, (2)의 두 재생 에너지의 발전량이 많은 이유를 국가별로 기술했을 경우
하	(1)의 두 가지를 정확하게 쓰지 못했거나, (2)의 두 재생 에너지의 발전량이 많은 이유를 논리적으로 기술하지 못했을 경우

V. 아메리카

01
캐나다는 북극해 연안에 위치하며 국토 면적은 세계 2위이다.

02
북아메리카 및 앵글로아메리카에 속하는 국가로는 캐나다와 미국이 있는데, 이 중 미시시피강 유로의 대부분이 지나는 국가는 미국이다.

03
지도의 A는 캐나다, B는 멕시코이다. 에스파냐의 식민 지배를 받은 멕시코(B)는 캐나다(A)보다 국가 내 에스파냐어 사용자 비율이 높다.

오답 피하기
① 캐나다(A)의 수도는 오타와이다.
② 캐나다(A)는 국토 대부분이 냉대 기후 지역 및 한대 기후 지역이다.
③ 멕시코(B)에는 피오르가 나타나지 않는다.
④ 이누이트는 주로 북극해 연안에 거주한다. 그리고 멕시코(B)에서는 순록 유목이 이루어지지 않는다.

04
지도의 A는 밴쿠버, B는 오타와, C는 로스앤젤레스, D는 뉴욕, E는 멕시코시티이다. 오타와(B)는 캐나다의 수도이다.

오답 피하기
② 로스앤젤레스(C)는 고산 도시가 아니다.
③ 멕시코시티(E)는 고산 도시이며, 건조 기후가 나타나지 않는다.
④ 세계의 경제 중심지라 불릴 정도로 외환 거래액이 많고 각종 금융 기관이 밀집해 있는 뉴욕(D)이 밴쿠버(A)보다 세계 경제에 미치는 영향력이 크다.
⑤ 에스파냐의 식민 지배를 받은 국가에 위치한 멕시코시티(E)는 주로 에스파냐어를 사용하며, 캐나다에 위치한 밴쿠버(A)보다 도시 내 영어 사용자 비율이 낮다.

05
보고타, 라파스, 키토는 남아메리카의 도시이며 해발 고도가 높은 곳에 위치한 고산 도시이다. ㄴ. 보고타는 콜롬비아, 라파스는 볼리비아, 키토는 에콰도르의 수도이다. ㄹ. 세 곳 모두 고산 도시이며, 일 년 내내 온화한 기후가 나타난다.

오답 피하기
ㄱ. 내륙에 위치한다.
ㄷ. 라틴 아메리카에 위치한다.

06
지도의 A는 로키산맥, B는 애팔래치아산맥, C는 미시시피강이다. ㄷ. 미시시피강(C)은 대체로 북에서 남으로 흐르며, 멕시코만으로 유입한다. ㄹ. 상대적으로 형성 시기가 늦고 지각이 불안정한 로키산맥(A)은 오랜 기간 안정적인 상태에서 침식 작용을 받아온 애팔래치아산맥(B)보다 평균 해발 고도가 높다.

오답 피하기
ㄱ. 잉카 문명의 유적지는 안데스산맥에 분포한다.
ㄴ. 애팔래치아산맥(B)은 환태평양 조산대에 속하지 않는다.

07
파타고니아 사막이 있고 우루과이, 칠레 등과 국경을 맞대고 있는 국가는 아르헨티나이다.

08
아마존강의 유로 대부분이 지나는 국가는 브라질이며 지도의 C이다. 지도의 A는 콜롬비아, B는 페루, D는 칠레, E는 아르헨티나이다.

09

지도의 (가)는 열대 기후, (나)는 건조 기후, (다)는 온대 기후이다.
ㄱ. 건조 기후(나)가 나타나는 지역은 연 강수량이 매우 적고 강한 일사에 의한 증발량이 많아서 나무가 자라기 어렵다.
ㄷ. 열대 기후(가)는 건조 기후(나)보다 적도 부근에서 넓게 나타난다.

[오답 피하기]
ㄴ. 온대 기후(다)는 주로 중위도 지역에서 나타난다.
ㄹ. 온대 기후(다)가 열대 기후(가)보다 기온의 연교차가 크고 계절의 변화가 뚜렷하다.

10

라틴 아메리카 출신의 이주자로 에스파냐어를 모국어로 사용하는 민족(인종)은 히스패닉이다. 주로 미국으로 건너와 멕시코와의 접경 지역에 거주하므로 지도의 E에 해당한다.

11

(가)는 유럽계에 의해 16세기 이후 플랜테이션 노동력 공급의 목적으로 강제 이주된 아프리카계이다. (나)는 고산 지대에서 고대 문명을 일으켰던 원주민이다. 오늘날 쿠스코(잉카 문명), 멕시코 시티(아스테카 문명) 등은 당시 고대 문명의 중심지였다.

12

㉠은 캐나다 퀘벡주이다. 영국과 프랑스의 식민 지배 경쟁이 치열하게 벌어지는 과정에서 프랑스계가 퀘벡주에 정착하게 되었다. 캐나다는 미국과 국경을 맞대고 있다.

[오답 피하기]
① 안데스산맥은 남아메리카에 위치한다.
② 아타카마 사막은 페루, 칠레 등 남아메리카 국가들에 걸쳐 위치한다.
④ 캐나다는 포르투갈의 식민 지배를 받지 않았다.
⑤ 미국에 대한 설명이다.

13

지도의 (가)는 칠레, (나)는 브라질이다. 칠레를 식민 지배했던 국가는 지도의 C(에스파냐)이고, 브라질을 식민 지배했던 국가는 지도의 B(포르투갈)이다. A는 영국이다.

14

(가)는 (나)보다 국가 내 혼혈의 비율이 매우 높다. 라틴 아메리카에서 혼혈의 비율이 상대적으로 높은 국가로는 멕시코, 칠레, 콜롬비아가 대표적이다. (나)는 (가)보다 국가 내 유럽계의 비율이 매우 높다. 라틴 아메리카에서 유럽계의 비율이 상대적으로 높은 국가로는 아르헨티나, 우루과이가 대표적이다.

15

(가)는 유럽계에 의해 형성된 음악인 탱고이다. (나)는 아프리카계에 의해 카니발 축제로 발전한 음악인 삼바이다. 재즈는 미국 남부 지역에서 아프리카의 음악이 다른 음악과 결합되어 탄생하였다.

16

지도에는 초국적 기업의 각 조직이 공간적 분업을 통해 제품을 생산·판매하는 과정이 나타나 있다. 이를 통해 기업의 글로벌 생산체제를 탐구할 수 있다.

[오답 피하기]
① 서로 다른 문화의 결합 및 새로운 문화의 탄생을 의미한다.
② 지역 내 기존 산업의 비중이 감소하여 지역 경제가 침체하는 현상이다.
③ 지역의 경쟁력과 이미지를 제고할 수 있는 전략이다.
④ 개발과 보전을 함께 고려하면서 환경과 사회의 수용 가능성을 염두에 둔 개발이다.

17

운동화 제조 기업이 동남아시아에 새로운 생산 공장을 세운 이유는 저임금 노동력을 확보하려는 목적이 강하다고 할 수 있다.

18

커피 전문점의 본사는 미국에 있으며, 매장은 아랍 에미리트에 있다. 원두를 생산하는 공장은 기후 조건을 고려할 때 브라질에 위치하는 것이 가장 적절하다. 브라질은 2022년 기준 세계 최대의 커피 생산국으로, 국토 대부분이 열대 기후 지역이다.

대단원 서술형 문제

실전책 **33**쪽

01

[예시 답안] (1) ㉠ - 볼리비아

(2) 라파스는 고산 도시로 해발 고도가 높은 반면, 엘 알토는 낮다. 이렇듯 볼리비아는 산지가 발달하여 지역 간 해발 고도 차이가 큰 것이 특징이다. 이를 고려하여 지형적 제약을 극복할 수 있는 케이블카가 대중교통 수단으로 효과적일 수 있다.

평가 기준	
상	국가명을 정확히 쓰고, 해당 국가의 지형적 특징을 명확하게 서술한 경우
중	국가명을 정확히 썼으나, 해당 국가의 지형적 특징에 대한 서술이 다소 미흡한 경우
하	국가명만 정확히 쓴 경우

02

예시 답안 (1) ⊙ - 유럽계, ⓒ - 아프리카계

(2) 라틴 아메리카는 15세기 이후 본격적으로 유럽계가 이주해 왔고, 이후에는 아프리카계가 강제 이주되었다. 이에 따라 기존의 원주민 외에 유럽계와 아프리카계가 거주하게 되었고, 서로 다른 민족(인종) 간 혼혈이 이루어졌다.

평가 기준	
상	두 민족(인종)을 정확히 쓰고, 혼혈의 증가 배경을 적절히 제시한 경우
중	두 민족(인종)을 정확히 썼지만, 혼혈의 증가 배경을 제시한 내용이 다소 미흡한 경우
하	두 민족(인종)만 정확히 쓴 경우

03

예시 답안 (가) 글을 통해 초국적 기업이 세계 각 지역에서 다른 기업과 치열한 경쟁을 하면서 판매량을 늘리기 위해서는 차별화된 전략이 필요하며, 이러한 사례로 현지의 특수성, 소비자의 선호도를 반영하고 있음을 알 수 있다. 해당 지역의 상황을 잘 인지하고 있는 현지 법인의 의사결정이 빠른 시간 내에 반영되도록 자율성을 부여하고 있다.

(나) 글에서는 초국적 기업의 공간적 분업을 다루고 있다. 노동비가 많이 소요되는 업종의 생산 공장은 대체로 노동비 절감 여부가 중요한 입지 조건이 된다. 그러나 선진국에 생산 공장을 입지시키더라도 소득 수준이 높은 소비자가 많다면 판매량을 극대화할 수 있다. 그리고 무역 장벽의 제한 없이 현지에서 생산 후 판매되면 관세의 부담을 덜고 가격 경쟁력을 높일 수 있어 유리하다.

평가 기준	
상	(가), (나) 글의 밑줄 친 부분에 담긴 기업의 전략을 모두 정확히 쓴 경우
중	(가), (나) 글의 밑줄 친 부분에 담긴 기업의 전략 중 하나만을 정확히 쓰고, 다른 한 부분은 미흡한 경우
하	(가), (나) 글의 밑줄 친 부분에 담긴 기업의 전략이 제시문을 인용하는 수준인 경우

VI. 오세아니아와 극지방

쪽지 시험
실전책 34~35쪽

01 오세아니아의 지리적 특성과 자원 수출
1 1 인도양 2 오스트레일리아 3 뉴질랜드 4 파푸아뉴기니 5 웰링턴 6 시드니 7 키리바시 8 그레이트디바이딩 9 화산 10 온대(서안 해양성) 11 중국

2 1 × 2 × 3 ○ 4 ○ 5 × 6 ○ 7 ○ 8 ○ 9 ○

3 1 좁다 2 포트모르즈비 3 남동부 4 빙하 5 그레이트샌디 6 양고기 7 수출국

02 태평양 지역의 환경 문제와 해결 방안
4 1 태평양 2 쓰레기 3 해류 4 플라스틱 5 쓰레기 6 파리 7 백화

5 1 × 2 ○ 3 × 4 ○ 5 ×

6 1 많다 2 넓다 3 확대될 4 미세 5 높은 6 저위도 7 저탄소

03 극지방의 지리적 중요성과 지역 개발
7 1 그린란드 2 빙하 3 축소 4 다산 5 북극

8 1 ○ 2 ○ 3 × 4 × 5 ○ 6 ○ 7 ○ 8 ×

9 1 북아메리카 2 세종 3 노르웨이 4 남극 5 아시아 6 우수

대단원 종합 문제
실전책 36~38쪽

01 ⑤	02 ②	03 ①	04 ②	05 ⑤
06 ③	07 ②	08 ④	09 ⑤	10 ④
11 ⑤	12 ⑤	13 ③	14 ③	15 ⑤
16 ②	17 ⑤			

01

통가, 피지, 나우루, 솔로몬 제도, 파푸아뉴기니는 모두 오세아니아에 속한 섬나라이다.

02

지도의 A 지역은 오세아니아 및 환태평양 조산대에 속한다.

오답 피하기

ㄴ. 빙하 지형이 발달하지 않았다.

ㄹ. 적도 부근으로 대부분 열대 기후가 나타난다.

03

(가) 국가는 수도가 웰링턴이고, 크게 북섬과 남섬으로 이루어진 뉴질랜드이다. (나) 국가는 수도가 캔버라이고, 캥거루, 코알라의 서식지가 있는 오스트레일리아이다. 오스트레일리아(나)는 뉴질랜드(가)보다 국토 면적이 넓고, 철광석 생산량이 많다.

ㄷ. 지하자원의 주요 수출국인 오스트레일리아(나)는 뉴질랜드(가)보다 수출액 내 유제품의 비율이 낮다.
ㄹ. 국토의 대부분이 건조 기후 지역인 오스트레일리아(나)는 뉴질랜드(가)보다 국토 내 온대 기후 지역의 비율이 낮다.

04

㉠과 ㉡은 세계에서 두 번째로 큰 섬인 뉴기니섬에 같이 위치하므로 각각 인도네시아, 파푸아뉴기니 중 하나인데, ㉠은 아시아에 속하므로 인도네시아, ㉡은 오세아니아에 속하므로 파푸아뉴기니이다. 바누아투는 오세아니아, 말레이시아는 아시아에 속한다.

05

지도의 A는 다윈, B는 퍼스, C는 캔버라, D는 오클랜드, E는 웰링턴이다. A~C는 오스트레일리아의 도시이고, D와 E는 뉴질랜드의 도시이다. 뉴질랜드의 수도인 웰링턴(E)은 오클랜드(D)보다 정치 중심지로서의 영향력이 크다.

① 다윈(A)은 열대 기후가 나타난다.
② 퍼스(B)는 환태평양 조산대에 위치하지 않는다.
③ 캔버라(C)는 대찬정 분지에 위치하지 않는다.
④ 온대 기후 지역인 오클랜드(D)는 열대 기후 지역인 다윈(A)보다 연평균 기온이 낮다.

06

(가)는 뉴질랜드에서 인구가 가장 많은 도시인 오클랜드이다. (나)는 오스트레일리아에서 인구가 가장 많은 도시인 시드니이다.

07

지도의 A에서는 세계 최대의 산호초 지대인 대보초를 볼 수 있다. 산호초는 오스트레일리아의 대표적인 관광 자원 중 하나이다.

08

기후 그래프를 보면 가장 추운 달의 평균 기온이 −3~18℃이며 연중 습윤한 온대 기후임을 알 수 있다.

09

기업적 영농의 밀 재배가 이루어지는 지역은 지도의 E이다. E는 온대 기후 지역으로 곡물 농업이 활발하다.

10

1965년 오스트레일리아 최대 수출 상대국인 (가)는 영국이다. 2022년 오스트레일리아 최대 수출 상대국인 (라)는 중국이고, 중국 다음으로 수출액 비율이 높은 (다)는 일본이다. 나머지 (나)는 미국이다. 중국(라)은 일본(다)보다 총인구가 많다.

① 영국(가)은 유럽에 위치한다.
② 미국(나)의 수도인 워싱턴 D.C.는 동쪽에 위치한 영국의 런던보다 표준시가 늦다.
③ 일본(다)은 영국(가)보다 산업화를 겪은 시기가 늦다.
⑤ 네 국가 중 섬나라는 영국(가)과 일본(다)이다.

11

뉴질랜드는 광물 및 에너지 자원의 수출액 비율보다 육류, 목재, 과일, 채소 등 농림축산물의 수출액 비율이 높다. (가)는 가장 높은 수출액 비율을 보이는 것으로 보아 우유 및 가공품(유제품)이다.

12

오스트레일리아의 서부 해안 일대에서 많이 생산되는 자원인 (가)는 철광석이고, 동부 산지에서 많이 생산되는 자원인 (나)는 석탄이다.

13

'(가) 협정'은 오스트레일리아와 뉴질랜드, 그리고 아시아 13개국이 체결한 역내 포괄적 경제 동반자 협정(RCEP)이다. 지리적으로 인접한 아시아와 오세아니아 간 자유 무역 확대를 통한 무역량 증대가 주된 체결 목적이다.

14

㉠에 해당하는 것은 '화석 연료'이다. 화석 연료의 과다한 소비로 온실가스 배출이 증가하여 지구 온도가 상승하고, 빙하가 녹으면서 해수면이 상승한다. 화석 연료에는 석탄, 석유, 천연가스가 해당된다.

15

그림은 투발루의 외교부 장관이 수중 연설을 하는 모습이다. 투발루는 해수면 상승으로 국토가 물에 잠길 위기에 처해 있다. 실제 2021년 투발루 장관은 바다에 들어간 후 국제 사회에 기후위기와 해수면 상승 문제 해결을 위해 함께 노력할 것을 당부하는 연설을 하였다.

16

태평양에는 쓰레기가 한곳에 모여 형성된 쓰레기 섬이 있다. 이것은 각종 플라스틱 제품과 어업 도구, 비닐봉지 등이 해류와 바람을 타고 이동하다가 한곳에 모여 형성된다.

17

지도의 (가)는 남극, (나)는 북극이다. 우리나라는 남극(가)에 두 곳, 북극(나)에 한 곳의 과학 기지를 건설하였다. 기후변화로 빙하가 녹으면서 북극(나)은 아시아~유럽 간 기존 선박 항로를 대체할 새로운 항로로서의 이용 가치가 높아지고 있다.

오답 피하기

ㄱ. 남극(가)은 인간의 정착과 생산 활동이 이루어지기 어렵다.

ㄴ. (나)의 영유권 분쟁 당사국으로는 미국, 러시아, 캐나다, 노르웨이, 덴마크가 있다.

대단원 서술형 문제

실전책 39쪽

01

예시 답안 (1) ㉠ - 수력, ㉡ - 지열

(2) ㉢은 뉴질랜드가 지각판의 경계에 있어 지각이 불안정한 것과 관련이 깊다. 뉴질랜드는 환태평양 조산대에 위치하여 지각 속의 열 에너지를 이용하는 지열 발전이 활발하다.

평가 기준	
상	재생 에너지 두 가지를 모두 정확히 쓰고, 지각 특성을 지열 발전과 관련지어 제시한 경우
중	재생 에너지 두 가지를 모두 정확히 썼으나, 지각 특성을 지열 발전과 관련지어 제대로 제시하지 못한 경우
하	재생 에너지 두 가지 중 한 가지만 정확히 쓴 경우

02

예시 답안 (1) ㉠ - 파리

(2) 교토 의정서와 비교할 때 참여국 수가 크게 확대되어 전 세계 선진국은 물론 개발 도상국까지 참여하게 되었다. 이는 기후변화에 따른 위기를 심각하게 인식하고 국제 사회의 구성원 모두가 책임을 같이 져야 한다는 것을 의미한다.

평가 기준	
상	㉠에 들어갈 내용을 정확히 쓰고, 협약 참여국 수의 확대 의미를 적절히 제시한 경우
하	㉠에 들어갈 내용을 정확히 썼으나, 협약 참여국 수의 확대 의미를 적절히 제시하지 못한 경우

03

예시 답안 (1) 북극의 자연환경이 악화하면서 먹이를 찾지 못한 북극곰이 인간이 사는 지역을 침범하고 있다. 이는 기후변화로 인해 해빙이 녹으면서 서식지가 줄어 북극곰의 생존에 큰 위기가 닥쳤기 때문이다. 북극곰들이 인간이 버린 쓰레기에서 음식을 찾다보니 쓰레기의 유해 성분이 북극곰의 건강을 해칠 우려도 있고, 북극곰과 인간의 충돌이 발생하면 큰 사고가 날 수도 있다.

(2) 해빙의 감소 원인이 되는 기후변화 문제를 해결하기 위해서는 에너지 절약 습관을 키워야 한다. 자가용보다는 대중교통이나 자전거를 이용하고, 냉난방기 적정 온도 유지 등 불필요한 전력 소비를 줄이며, 친환경 제품을 적극적으로 이용해야 한다.

평가 기준	
상	기사에 제시된 환경 문제를 적절히 요약하고, 기후변화 문제 해결을 위한 개인적 차원의 실천 방안을 타당하게 제시한 경우
중	기사에 제시된 환경 문제의 요약, 기후변화 문제 해결을 위한 개인적 차원의 실천 방안 중 하나를 미흡하게 쓴 경우
하	기사에 제시된 환경 문제를 적절히 요약하지 못했고, 기후변화 문제 해결을 위한 개인적 차원의 실천 방안을 타당하게 제시하지 못한 경우

VII. 인간과 사회생활

01

사회화된 행동은 다른 사람들과 생활하면서 학습하여 습득한 결과이다. ④ 생물학적인 인간의 본능적인 행동이다.

02

인간은 사회화 과정을 통해 다른 사람들과 생활하면서 자신이 속한 사회에 필요한 언어와 행동 양식 등을 배운다. 어느 사회에서 사회화되었느냐에 따라 그 사람의 특성은 달라진다.

03

노인이 키오스크 사용법을 배우는 것은 재사회화의 사례이다. 현대 사회의 빠른 변화에 적응하기 위한 재사회화가 중요해지고 있다.

04

현대 사회에서는 신문, 텔레비전, 인터넷 등의 대중 매체를 통해 생활에 필요한 다양한 정보와 지식을 제공받는다. 오늘날에는 대중 매체가 사회화에 많은 영향을 끼치고 있다.

오답 피하기

① 학교에 대한 설명이다.

② 또래 집단에 대한 설명이다.

③ 가정에 대한 설명이다.

⑤ 또래 집단에서는 놀이를 통해 공동체 생활에 필요한 규칙과 질서를 배운다.

05

유아기에는 가정이 기본 인성과 가치관을 형성하는 데 큰 영향을 끼친다. 아동기에는 또래 집단이 주로 놀이를 통해 규칙이나 공동체 의식을 배우는 데 큰 영향을 끼친다.

06

자신의 성격, 가치관, 능력, 관심, 목표 등을 명확히 한 상태를 자아 정체성이라고 한다. 청소년기는 사회화 과정에서 자아 정체성이 형성되는 중요한 시기이다.

오답 피하기

ㄱ. 사회화 과정은 평생에 걸쳐 진행되기 때문에 자아 정체성은 성인이 되어서도 변화할 수 있다.

ㄴ. 자아 정체성은 자아를 찾으려는 개인의 노력과 가정, 또래 집단, 학교, 미디어 등의 상호 작용 속에서 형성된다.

07

청소년기는 자아 정체성이 형성되는 중요한 시기이며, 혼란을 느끼기도 하는 시기이다. 자아 정체성을 형성하는 과정에서 타인의 영향을 받고, 때로는 타인의 가치관이나 행동을 모방하거나 비교하기도 하지만 특정 대상을 무조건 따라 하는 것은 바람직하지 않다.

08

사회적 지위에는 기대되는 일정한 행동 양식인 역할이 있다. 이를 잘 수행하면 사회적으로 칭찬과 보상을 받을 수 있다.

오답 피하기

① 사회적 지위는 귀속 지위와 성취 지위로 구분되며, 개인의 의지나 노력과 관계없이 자연적으로 주어지는 것은 귀속 지위이다. 귀속 지위와 달리 성취 지위는 개인의 의지와 노력에 의해 얻어진다.

② 현대 사회가 복잡해지고 다양한 지위를 갖게 되면서 역할 갈등도 증가하고 있다.

④ 개인의 구체적인 역할 행동은 개인마다 다르다.

⑤ 개인이 사회적 관계 속에서 차지하고 있는 위치는 사회적 지위이다.

09

아들은 개인의 의지와 관계없이 얻게 되는 귀속 지위이다. 학생, 학급 회장, 밴드부원, 프로게이머는 모두 개인의 의지와 노력에 따라 얻게 되는 성취 지위이다.

10

제시된 사례는 모두 성취 지위에 해당한다. 성취 지위는 개인의 의지나 노력, 능력에 따라 후천적으로 얻는 지위이다.

11

ⓒ은 수영 선수에게 기대되는 행동 양식을 충실히 수행하고 있는 선재의 구체적인 행동, 즉 역할 행동을 나타낸다. 이처럼 지위에 따라 기대되는 바를 충실하게 수행하면 사회적 인정과 보상을 받는다.

㉠ 학교는 사회생활에 필요한 지식, 규범 등을 체계적으로 학습하는 공식적인 사회화 기관이다.
ⓒ 성취 지위이다.

12

교육 발전에 기여한 교사에게 표창장을 수여하는 것은 교사라는 사회적 지위에 기대되는 역할을 충실히 수행한 것에 대한 사회적인 인정과 보상에 해당한다.

13

밴드부 부장이라는 지위로 공연에 참여해야 하는 역할과, 손녀라는 지위로 할머니 칠순 잔치에 참여해야 하는 역할이 충돌하는 역할 갈등 상황이다.

14

역할 갈등은 한 사람이 갖는 여러 사회적 지위에 따른 서로 다른 역할들이 충돌하는 것이므로 더 많은 지위를 갖는 것은 역할 갈등을 해결하기 위한 방안이 될 수 없다.

15

노동자와 사용자 측의 입장이 달라 발생한 갈등 상황이다. 갈등은 자신이나 자신이 속한 집단의 이익을 우선적으로 고려하기 때문에 나타나는 자연스러운 현상이다. 오늘날 사회 구성원의 이해관계와 가치관이 다양해지면서 다양한 형태의 갈등이 발생하고 있다.

①, ②, ③ 차별과 관련된 설명이다.
④ 자신의 이익을 우선적으로 고려하기 때문에 나타나는 현상이다.

16

외국인 근로자와 한국인 근로자를 차별한 사례이다. 차별은 인간의 존엄성을 훼손하고 인권을 침해하는 일이다.

17

차별을 해결하기 위해 개인적 차원에서는 다양성을 존중하고 차이를 인정하는 태도가 필요하다. 사회적 차원에서는 차별을 막기 위해 법과 제도를 정비하고 특히 사회적 약자를 위한 법과 복지 제도를 마련해야 한다.

ㄱ. 차별의 대처 방안과 관련이 없는 설명이다.
ㄷ. 차이가 존재하는 것은 자연스러운 일이며, 이를 인정하는 태도가 중요하다.

대단원 서술형 문제

실전책 45쪽

01

예시 답안 (1) ㉠ - (재사회화)

(2) 정보 사회로 변화함에 따라 노인들이 새로운 디지털 매체의 사용법을 배운다. 군대에 입대하여 신병 교육을 받는다. 귀화한 외국인이 한국어와 한국 문화를 익힌다. 새로운 직장에 들어간 직장인이 업무에 필요한 지식과 기술을 배운다.

평가 기준	
상	사회 변화에 적응하기 위해 새로운 생활 양식을 익히는 재사회화의 개념에 적합한 사례를 두 가지 모두 정확하게 쓴 경우
하	재사회화의 개념에 적합한 사례를 한 가지만 정확하게 쓴 경우

02

예시 답안 (1) 테니스 선수, 남편

(2) 한 사람이 가진 여러 가지 사회적 지위에 따른 역할이 서로 충돌하여 갈등이 발생하는 것이다.

평가 기준	
상	역할 갈등의 발생 원인을 지위, 역할 등의 단어를 포함하여 정확하게 서술한 경우
하	역할 갈등의 발생 원인을 지위, 역할 등의 단어를 제대로 활용하지 않고 미흡하게 서술한 경우

03

예시 답안 인간은 사회 속에서 다른 사람들과 상호 작용하며 사회생활에 필요한 지식과 가치, 행동 양식 등을 습득한다. 인간은 이러한 사회화 과정을 거쳐야만 인간답게 살 수 있는 사회적 존재이다. 자료 속의 소년은 이와 같은 사회화 과정을 겪지 못하였기 때문에 인간답게 살지 못하고 사회에 적응하지 못한 것이다.

평가 기준	
상	인간이 타인과 함께 생활하며 사회화 과정을 통해 인간다운 삶을 살 수 있는 사회적 존재라는 내용을 포함하여 정확하게 서술한 경우
중	사회화를 통해 인간다운 삶을 살 수 있는 사회적 존재라는 내용이 포함되었으나 내용 서술이 충분하지 못한 경우
하	사회화에 대한 내용을 포함하였으나 내용 서술이 미흡한 경우

04

  인간이 생애 각 시기마다 주로 영향을 받는 사회화 기관이 다르게 나타나며, 유아기에는 가정, 청소년기에는 학교, 성인기에는 직장에서 주로 사회화를 경험한다. 유아기에는 가정에서 언어, 기초적인 생활 습관 등을 배운다. 청소년기에는 대부분 학교에서 사회생활에 필요한 지식과 규범을 배우고, 성인기에는 대체로 직장에서 업무에 필요한 지식과 정보를 습득한다.

평가 기준	
상	가정, 학교, 직장을 정확하게 쓰고 각각의 특징을 옳게 서술한 경우
중	가정, 학교, 직장을 썼으나 그 특징을 일부만 옳게 서술한 경우
하	가정, 학교, 직장만 쓴 경우

VIII. 다양한 문화의 이해

쪽지 시험
실전책 46~47쪽

01 문화의 의미와 특징

1 ㄱ, ㄷ

2 1 넓은 2 공유성 3 전체성

3 보편성, 특수성

4 1 공유성 2 학습성 3 변동성 4 전체성

5 1 ○ 2 × 3 ○ 4 ○ 5 ○ 6 ×

6 1 넓은 2 변동성 3 특수성

02 미디어의 문화

7 1 미디어 2 뉴 미디어 3 획일화 4 상업성

8 ㄷ, ㅂ

9 1 ○ 2 × 3 ○ 4 × 5 ○

10 1 쌍방향 2 비판적

03 문화를 이해하는 바람직한 태도

11 1 다문화 2 자문화 중심주의
   3 문화 사대주의 4 문화 상대주의

12 1 ○ 2 × 3 × 4 × 5 × 6 ×

13 1 ㄱ 2 ㄷ 3 ㄴ

14 1 문화 상대주의 2 자문화 중심주의

대단원 종합 문제
실전책 48~50쪽

01 ④	**02** ④	**03** ⑤	**04** ②	**05** ②
06 ④	**07** ②	**08** ⑤	**09** ①	**10** ⑤
11 ①	**12** ④	**13** ④	**14** ③	**15** ④
16 ③	**17** ⑤			

01

문화는 인간이 주어진 환경에 적응하면서 발전시켜 온 공통의 생활 양식이다. 따라서 학습된 생활 양식은 문화이다. 본능이나 유전, 자연 현상, 개인의 독특한 습관이나 버릇은 문화에 해당하지 않는다.

02

세련되고 교양 있는 것, 예술이나 공연과 관련된 것은 좁은 의미의 문화이다. 반면에 한 사회 구성원이 환경에 적응하며 만들어 낸 공통의 생활 양식은 넓은 의미의 문화이다. 유럽 문화는 넓은 의미의 문화이고, 문화생활, 문화가 있는 날, 문화 상품권, 문화 시민은 모두 좁은 의미의 문화이다.

03

문화는 주어진 환경을 극복하고 적응하면서 만든 공통의 생활 양식이다. 하지만 인간의 기본적인 욕구나 사고방식이 비슷하므로

어느 사회에서나 공통적인 생활 양식이 나타나며, 이를 문화의 보편성이라고 한다. 반면, 사회마다 처한 환경이 다르므로 구체적인 문화의 모습은 다르게 나타나며, 이를 문화의 특수성이라고 한다.

04

어느 사회에서나 새해를 특별하게 맞이하는 문화가 있는 것은 문화의 보편성을 보여 준다. 반면, 새해 맞이 행사의 구체적인 모습이 다르게 나타나는 것은 문화의 특수성을 보여 준다.

①은 문화의 변동성, ③은 문화의 축적성, ⑤은 문화의 전체성에 대한 설명이다.

05

㉠은 문화의 특수성을 의미한다. 어느 사회에서나 공통적인 생활 양식이 나타나지만, 서로 다른 환경에 적응하는 과정에서 각기 나름의 생활 양식을 형성하므로 구체적인 문화의 모습은 달리 나타난다.

06

문화를 구성하는 요소는 상호 긴밀한 관계를 유지하며 하나의 전체를 이룬다. 따라서 한 부분이 변화하면 다른 부분에도 영향을 미친다. 또한 한 사회의 문화를 제대로 이해하려면 각각의 부분이 어떻게 연관되어 있는지 살펴봐야 한다.

ㄱ은 문화의 공유성, ㄷ은 문화의 축적성에 대한 설명이다.

07

제시된 설명은 문화의 학습성에 관한 것이다. 가정에서 식사 예절을 배우는 것은 학습성의 사례이다.

①, ③은 문화의 공유성, ④는 문화의 전체성, ⑤는 문화의 변동성의 사례이다.

08

문화의 한 부분이 변화하면 다른 부분도 연쇄적으로 영향을 받는 것은 문화의 전체성 때문이다.

09

미디어는 정보를 주고받으며 공유하는 수단이다.

ㄷ. 뉴 미디어의 영향력이 확대되고 있지만, 여전히 전통적 매체들도 함께 이용된다.
ㄹ. 단순 정보 전달의 수단을 넘어 많은 영향력을 행사하고 있다.

10

(가)의 텔레비전은 정보 전달이 일방향으로 이루어지는 영상 매체이고, (나)의 스마트폰은 정보 전달이 쌍방향으로 이루어지는 뉴 미디어이다. 뉴 미디어에서는 정보 생산자와 소비자의 경계가 불분명하며, 누구나 정보의 생산자가 될 수 있다.

① (가)는 영상 매체로 전통적 매체에 해당한다.
② (나)는 뉴 미디어에 해당한다.
③ (가)는 일방향적인 의사소통이 이루어진다.
④ 현대 사회에서는 뉴 미디어의 영향력이 크다.

11

일부 미디어의 정보만 믿고 받아들이는 태도는 바람직하지 않다. 미디어를 통해 접하는 다양한 문화와 정보를 비판적으로 검토하고 적극적으로 개선하려는 노력을 해야 한다.

12

자신이 속한 사회의 문화를 우수하다고 보고 다른 문화를 무시하는 태도를 자문화 중심주의라고 한다. 과거 중국의 중화 사상은 이러한 자문화 중심주의의 대표적인 사례이다.

13

갑의 태도는 자기 나라의 피자가 우수하다고 생각하고 다른 나라의 피자는 무시하는 것으로 볼 때, 자문화 중심주의로 볼 수 있다. 을의 태도는 반대로 자기 나라의 피자가 열등하다고 생각하고 피자의 본고장인 다른 나라의 피자가 우수하다고 생각하고 따르려 하는 것으로 볼 때, 문화 사대주의로 볼 수 있다.

14

갑의 태도는 자문화 중심주의, 을의 태도는 문화 사대주의이다. 자문화 중심주의는 자기 문화에 대한 자부심을 높이고 구성원들의 결속을 강화할 수 있다.

① 자문화 중심주의와 문화 사대주의는 모두 문화 간에 우열이 있다고 본다.
② 문화 사대주의에 대한 설명이다.
④ 자문화 중심주의에 대한 설명이다.
⑤ 문화 사대주의는 다른 사회 문화의 장점을 수용하여 자기 문화를 발전시키는 계기가 될 수 있다.

15

문화 상대주의는 그 사회의 상황을 고려하여 문화를 이해하는 태도이다. 문화 상대주의를 통해 다른 문화를 올바르게 이해하고 주체적으로 수용할 수 있다.

① 문화 상대주의는 문화 간에 우열이 없다고 본다.
② 자문화 중심주의에 대한 설명이다.
③ 인류의 보편적 가치를 훼손하는 문화까지 존중할 수는 없다.
⑤ 문화 사대주의에 대한 설명이다.

16

인도의 힌두교도에게 갠지스강이 어떤 의미인지를 그 사회의 환경과 맥락을 고려하여 이해하는 문화 상대주의적 태도이다.

① 문화 간에 우열을 평가하지 않는다.

②, ⑤ 문화 사대주의에 대한 설명이다.
④ 자문화 중심주의에 대한 설명이다.

17

중국의 전족은 인간의 존엄성과 같은 인류의 보편적 가치를 훼손하는 문화이다. 따라서 이를 문화 상대주의적 태도로 존중하는 것은 바람직하지 않다.

대단원 서술형 문제

실전책 51쪽

01

예시 답안　(1) 축적성
(2) 음성, 문자 기능만 있던 휴대 전화에 카메라, 인터넷 검색 등 다양한 기능이 추가되었다. 기술의 축적으로 바퀴 달린 탈것이 마차부터 시작하여 엔진을 장착한 자동차까지 발달하였다.

평가 기준	
상	문화가 다음 세대로 전달. 축적되어 그 내용이 더욱 풍부하고 다양해지는 사례를 옳게 서술한 경우
하	문화가 다음 세대로 전달되는 사례를 제시하였으나 이 과정에서 문화가 풍부하고 다양해진다는 축적성의 특징이 제대로 드러나지 않게 서술한 경우

02

예시 답안　(1) (가) - (문화 사대주의), (나) - (자문화 중심주의)
(2) 문화 사대주의와 자문화 중심주의는 모두 문화에 더 나음과 못함, 즉 우열이 있다고 생각하는 바람직하지 못한 문화 이해의 태도이다.

평가 기준	
상	문화에 우열이 있다고 생각하는 공통점을 서술한 경우
하	기타 다른 부수적인 공통점을 서술한 경우

03

예시 답안　티베트의 장례 문화를 그 사회가 처한 상황을 고려하여 이해하는 문화 상대주의가 나타난다. 문화 상대주의란 한 사회의 문화를 그 사회의 자연환경과 사회적 상황이나 맥락을 고려하여 이해하고 존중하는 태도를 말한다. 그러나 문화 상대주의적 태도를 가진다고 해서 모든 사회의 문화를 존중해야 하는 것은 아니다. 인간의 존엄성과 같은 인류의 보편적 가치를 무시하는 문화까지 문화 상대주의를 적용하는 것은 극단적인 문화 상대주의라고 하며, 이는 바람직하지 않다.

평가 기준	
상	문화 상대주의 명칭, 의미, 유의점을 모두 포함하여 분량에 맞게 서술한 경우
중	문화 상대주의의 명칭을 쓰고 의미나 유의점을 미흡하게 서술한 경우
하	문화 상대주의의 명칭만을 서술한 경우

IX. 민주주의와 시민

쪽지 시험

실전책 52~53쪽

01 정치와 민주주의

1　1 정치　2 주권　3 정치권력　4 넓은　5 민주주의
　　6 생활 양식　7 소수　8 시민 혹은 국민
2　1 ×　2 ○　3 ○　4 ×　5 ○　6 ○
3　1 정치권력　2 넓은　3 정치 형태　4 민주주의
　　5 타협

02 민주주의의 발전 과정과 이념 및 원리

4　1 직접 민주주의　2 민회　3 시민 혁명
　　4 간접 민주주의 혹은 대의 민주주의　5 차티스트 운동
　　6 보통 선거 제도　7 자유　8 평등　9 국민 자치
　　10 입헌주의
5　1 ○　2 ○　3 ○　4 ×　5 ×　6 ×　7 ○
6　1 직접　2 시민　3 근대　4 보통　5 적극적
　　6 실질적　7 국민 자치　8 권력 분립

03 현대 민주주의의 특징과 발전을 위한 노력

7　1 정치적 무관심
　　2 대의 민주주의(대의제) 혹은 간접 민주주의
　　3 국민 소환　4 전자　5 공론장　6 참여
8　1 ×　2 ○　3 ×　4 ○　5 ○　6 ○　7 ×

대단원 종합 문제

실전책 54~56쪽

01 ⑤	**02** ④	**03** ②	**04** ①	**05** ⑤
06 ④	**07** ②	**08** ①	**09** ⑤	**10** ④
11 ⑤	**12** ②	**13** ③	**14** ⑤	**15** ②
16 ④	**17** ⑤	**18** ②		

01

(가)는 좁은 의미의 정치로 정치권력의 획득·행사와 관련된 활동이다. (나)는 넓은 의미의 정치로 일상생활 속에서 나타나는 문제를 민주적 방식에 따라 해결하는 활동이다.

오답 피하기
③ 가족회의는 (나)와 같은 넓은 의미의 정치에 해당한다.
④ (가)는 정치인들의 정치 활동과 관련된 활동으로 좁은 의미의 정치에 해당한다.

02

아파트 주민 토론회, 학생회장 후보 출마, 학급 회의, 대학교 등록금 협상을 위한 협의회는 모두 사회 구성원 간의 대립과 갈등을 조정하고 해결해 가는 활동으로 넓은 의미의 정치에 해당한다. ④ 대통령의 외교 활동은 좁은 의미의 정치에 해당한다.

03

제시된 사례는 노사 간의 임금 인상과 근로 조건 개선을 둘러싼 이해관계를 조정하고 갈등을 해결한 것이다. 이처럼 정치는 다양한 이해관계를 조정하고 사회 구성원 간의 대립과 갈등을 해결하는 역할을 한다.

04

정치 형태로서의 민주주의는 다수의 시민이 스스로 국가를 다스리는 정치 형태를 의미한다. 생활 양식으로서의 민주주의는 관용, 대화와 타협, 다수결 및 소수 의견 존중 등을 통해 공동체의 문제를 해결하는 방식이다.

ㄷ. 생활 양식으로서의 민주주의로 일상생활에서 민주주의의 원리에 따라 문제를 해결하고자 하는 것이다.

ㄹ. 나와 다른 가치관을 수용하고 인정하는 관용은 생활 양식으로서의 민주주의에 따른 태도이다.

05

다수결의 원칙은 다수의 의견이 옳다는 전제하에 효율적으로 의사를 결정하는 방식이다. 하지만 다수의 의견이 항상 옳다고 할 수 없기 때문에 다수의 의견에 따라 결정하더라도 충분한 대화와 토론을 거치며 소수의 의견도 존중해야 한다.

06

민주적인 의사 결정은 정책 결정 과정에서 국민의 지지와 동의를 얻을 수 있으며, 이를 통해 국민의 자유와 권리를 보장할 수 있게 된다. 또한 민주적인 의사 결정을 통해 생활 양식으로서의 민주주의를 경험하여 민주 시민으로 성장하는 계기가 된다.

ㄷ. 의사 결정 과정이 민주적이더라도 집행 과정 또한 관심을 가지고 견제와 비판의 자세를 가져야 한다.

07

고대 아테네의 민주주의는 시민이 민회에 모여 국가 정책을 직접 결정하는 직접 민주주의가 발전하였다.

① 여성, 노예, 외국인은 정치에 참여할 수 없었다.

③ 시민들은 추첨을 통하거나 돌아가면서 공직을 담당하였다.

④ 도편 추방제를 실시하여 독재 정치를 예방하고자 하였다.

⑤ 일정 연령에 이른 모든 시민에게 선거권을 부여한 것은 20세기에 이루어졌다.

08

근대 민주주의는 시민 계급이 주도한 시민 혁명을 통해 다시 등장하였다. 근대 민주주의는 시민의 대표를 뽑아 의회 중심의 대의제를 실시하였다.

ⓒ 고대 그리스 아테네는 민회를 통해 민주주의를 발전시켰다.

ⓔ 여성, 노동자, 농민은 여전히 참정권을 부여받지 못했고, 20세기에 이르러서야 참정권 확대 운동으로 정치에 참여할 수 있었다.

09

19세기 선거에 참여할 수 없었던 노동자와 여성들은 차티스트 운동과 여성 참정권 운동을 전개하였고, 그 결과 20세기에 참정권을 획득하였다.

ㄱ. 차티스트 운동은 노동자를 중심으로 전개되었다.

10

제시된 자료는 근대 프랑스 혁명의 정신이 반영된 인권 선언의 내용이다. 인권 선언은 절대 군주의 억압에 맞서 자유와 평등을 되찾으려는 프랑스 혁명의 이념이 담겨 있다. ④ 국가의 주인인 국민에게 최고 권력이 있다는 국민 주권이 원리가 반영되어 있다.

⑤ 자유와 평등은 민주주의의 근본이념인 인간의 존엄성을 실현하기 위한 전제 조건이다

11

4·19 혁명은 이승만 정부의 부정 선거를 반대하는 시민들이 주도하여 일어난 민주화 운동이다. 이는 독재 정치와 부정부패에 맞선 시민들의 노력으로 민주주의의 기틀을 마련했다는 역사적 의의를 지니고 있다.

12

국가의 의사를 결정하는 최고 권력인 주권이 국민에게 있다는 것은 국민 주권의 원리이다. 이는 국가 권력은 국민의 동의와 지지를 바탕으로 행사되어야 한다는 것을 나타낸다. 대표자를 선출하는 선거와 국민의 의사를 묻는 국민 투표 실시를 통해 국가의 최종적인 의사 결정은 국민에게 있다는 것을 알 수 있다. 이러한 국민 주권을 실현하는 가장 기본적인 방법은 선거를 통해 대표자를 선출하는 것이다.

13

그림은 권력 분립의 원리를 나타낸 것이다. 권력 분립의 원리는 국가 권력을 서로 독립된 기관이 나누어 맡아 견제와 균형을 이루고, 이를 통해 권력 남용을 방지하여 국민의 기본권을 보장하는 데 목적이 있다.

ㄱ. 국민 자치의 원리에 대한 설명이다.
ㄹ. 국가 의사의 최종 결정은 국민에 의해 이루어진다는 국민 주권의 원리에 대한 설명이다.

14

현대 민주주의는 영토와 인구 규모의 확대로 국민의 직접 정치 참여가 어려우며 사회가 전문화되고 복잡해지면서 정치적 전문성이 요구되었다. 이에 국민의 선거를 통해 선출된 대표가 국가의 중요한 정책을 결정하는 간접 민주주의가 발달하였다. ⑤ 간접 민주주의는 시민의 의사를 정확하게 반영하기 어렵다는 한계점이 있으며, 이는 직접 민주주의 요소를 도입하여 보완할 수 있다.

② 인터넷의 발달로 시공간의 제약을 벗어나, 전자 민주주의가 발전하였고, 이로 인해 정치적 참여가 활발해졌다.
④ 주요 현안과 공공의 문제에 대한 합리적인 해결 방안을 모색하기 위해 시민들이 모여 토론하는 공론장이 활발하게 이루어지고 있다. 이러한 공론장은 전자 민주주의의 발달에 힘입어 온라인으로 활성화되었으며, 그 범위 또한 더욱 확대되고 있다.

15

현대 민주 국가에서 실시하는 대의 민주주의는 시민의 의사를 정확하게 반영하고 다양한 계층의 의견을 반영하기가 어려우며, 시민의 정치적 무관심을 초래할 수 있다는 한계를 지니고 있다.

16

국민 소환과 국민 투표에 대한 설명이다. 이는 대의 민주주의가 시민의 정치적 무관심을 초래한다는 문제점을 해결하고 시민의 정치적 참여를 이끌기 위해 직접 민주주의의 요소를 도입한 것이다.

17

정책 결정 과정에서 시민들의 다양한 의견 수렴을 위한 공론장은 전자 민주주의의 발달로 인해 온라인 공론장이라는 새로운 형태로 발달하게 되었다. ⑤ 온라인상의 정치적 참여는 시공간의 제약을 극복하면서 더욱 활발하게 이루어졌다.

② 온라인상의 정치적 참여 기회가 확대됨에 따라 시민들의 정치적 관심이 증가하여 대의제의 한계점을 보완할 수 있게 되었다.

18

민주주의의 발전을 위한 바람직한 시민의 역할은 정치에 관심을 갖고 적극적으로 참여하여 정부의 정책 집행 과정을 감시하고 문제점에 대한 개선을 요구하는 것이다.

대단원 서술형 문제

실전책 57쪽

01

예시 답안 (1) 갑 - (자유), 을 - (평등)
(2) 자유는 외부의 간섭을 받지 않고 자신의 의견대로 표현하고 행동할 수 있는 것이며 평등은 모든 사람이 성별, 신분, 종교, 신체적 조건 등에 따라 차별받지 않고 동등하게 대우받는 것이다.

평가 기준	
상	자유와 평등의 의미를 모두 정확하게 서술한 경우
중	자유와 평등의 의미 중 한 가지를 정확하게 서술한 경우
하	자유와 평등의 의미 중 한 가지를 제시하였으나 미흡하게 서술한 경우

02

예시 답안 (1) ㉠ - (입헌주의의 원리)
(2) 입헌주의는 헌법에 따라 국가 기관을 구성하고 권력을 행사해야 한다는 원리이다.

평가 기준	
상	입헌주의의 의미를 정확하게 서술한 경우
하	입헌주의의 의미를 미흡하게 서술한 경우

03

예시 답안 자료는 국회 의원 선거에 대한 연령별 관심도를 나타낸 것이다. 자료의 18~29세와 30대에 해당하는 젊은 유권자들의 선거에 대한 관심도가 낮아진 것을 알 수 있다. 국민이 선거에 대해 무관심해지면 대표자에 대한 정확한 검증이 이루어지지 않고 국가 정책에 대한 비판과 감시가 소홀해져 국민의 정치적 요구가 정책에 정확히 반영되기 어렵다는 문제점을 초래한다. 현대 민주주의의 발전을 위해 국가는 시민의 참여를 활성화하는 제도적 방안을 마련하여 정치에 대한 관심을 높여야 한다. 대의 민주주의를 보완할 수 있는 직접 민주주의의 요소를 도입하거나 전자 민주주의를 확대하여 시민들이 정치에 참여할 수 있는 기회를 제공해야 한다. 민주주의가 발전하려면 제도적 방안 마련과 함께 시민의 정치적 관심과 참여가 중요하다. 시민은 정책 결정 과정에 관심을 갖고 비판적인 태도로 정치권력을 견제할 수 있어야 한다. 특히 선거가 치러지는 시기뿐만 아니라 정부의 정책 결정 및 집행 등의 전반적인 과정을 감시하고 문제점에 대해 개선을 요구할 수 있어야 한다.

평가 기준	
상	현대 민주주의의 문제점을 선거에 대한 무관심(정치적 무관심)이라고 쓰고, 해결 방안을 국가의 제도적 보완과 시민의 역할로 구분하여 서술한 경우
중	현대 민주주의의 문제점을 선거에 대한 무관심(정치적 무관심)이라고 쓰고, 해결 방안을 국가의 제도적 보완과 시민의 역할 중 한 가지만 서술한 경우
하	현대 민주주의의 문제점을 선거에 대한 무관심(정치적 무관심)이라고 썼으나, 해결 방안을 서술하지 못한 경우

X. 정치과정과 시민 참여

쪽지 시험

01 선거와 선거 과정

1 1 대의 민주주의 2 대표자를 선출 3 5년
  4 보통 선거 5 직접 선거 6 18세

2 1 선거 2 4 3 평등 선거 4 비밀 선거
  5 유권자 6 정당 7 공약

3 1 ○ 2 × 3 ○ 4 × 5 ○ 6 ○ 7 ○

02 정치 주체와 정치과정

4 1 정치 주체 2 여론 3 법원 4 정책
  5 이익 표출

5 1 이익 집단 2 공익 3 국회
  4 이익 집약 5 정책 집행

6 1 ○ 2 × 3 ○ 4 × 5 ○

03 지방 자치와 시민 참여

7 1 지방 자치 2 광역 자치 단체, 기초 자치 단체
  3 지방 의회 4 규칙 5 주민 소환제

8 1 조례 2 집행 기관 3 4년 4 지방 선거
  5 주민 청원제

9 1 ○ 2 ○ 3 × 4 ○ 5 × 6 ○

대단원 종합 문제

01 ④	02 ③	03 ④	04 ③	05 ②
06 ①	07 ⑤	08 ①	09 ①	10 ②
11 ②	12 ⑤	13 ⑤	14 ①	15 ①
16 ④	17 ⑤			

01

선거를 통해 어떤 대표를 선출하느냐에 따라 국가 정책이나 사회 발전 방향이 정해지기 때문에 선거는 대의제를 실현하기 위해 가장 중요한 요소이며, '민주주의의 꽃', '민주주의의 축제'라고 불린다. ④ 현재의 대표자가 국정 운영을 잘못한다면 시민은 다음 선거에서 책임을 물어 교체할 수 있다. 선거는 국민이 대표자를 통제하는 수단이 된다.

02

선거 주기를 기준으로 구분할 때, 대통령 선거는 4년마다 실시되지 않으므로 C는 대통령 선거이다. 선거를 통해 선출되는 대표자를 기준으로 구분하면, B는 지방 선거이다. 따라서 A는 국회 의원 선거이다. ㄴ. 4년마다 실시되면서 지역 대표를 선출하는 지방 선거(B)를 통해 지방 자치 단체가 구성된다. ㄹ. C는 대통령 선거이다. 대통령 선거에 의해 선출된 대통령의 임기는 5년이다.

오답 피하기

ㄱ. 4년마다 실시되면서 지역 대표를 선출하지 않는 A는 국회 의원 선거이다.

ㄹ. A, B, C는 모두 평등 선거의 원칙에 따라 실시된다.

03

투표소 내 촬영 금지는 비밀 선거의 원칙을 보장하기 위한 것이다. 비밀 선거의 원칙이란 유권자가 누구에게 투표했는지 다른 사람이 알지 못하도록 해야 한다는 원칙을 말한다.

04

첫 번째 사례에서 갑국은 차등 선거를 실시하고 있기 때문에 평등 선거의 원칙에 어긋난다. 두 번째 사례에서 을국은 제한 선거를 실시하고 있기 때문에 보통 선거의 원칙에 어긋난다. 따라서 A는 평등 선거, B는 보통 선거이다.

05

A는 이익 집단에 해당한다. ㄱ. 이익 집단은 자신이 속한 분야의 전문적인 지식을 토대로 사회 문제에 대한 해결책을 제시하기도 하고 정부의 정책을 평가하기도 한다. ㄷ. 이익 집단이 자기 집단의 이익만을 우선할 경우 사회 전체의 이익과 충돌하여 사회적으로 혼란을 가져올 수 있다.

오답 피하기

ㄴ. 국회에 대한 설명이다.

ㄹ. 정당에 대한 설명이다.

06

「공직 선거법」에 따르면 선거권이 없는 사람을 제외하고 유권자라면 누구나 선거 운동을 할 수 있다. 그러나 기표소 안에서의 투표지 촬영, 사회 관계망 서비스(SNS) 등에 촬영한 투표지 게시, 후보자 비방이나 허위 사실의 게시 및 공유, 선거 운동과 관련한 대가나 금품 요구 등은 할 수 없다.

07

정치과정의 비공식적인 정치 주체로는 정당, 이익 집단, 시민 단체 등이 있다. 그 중 공익을 실현하면서 환경 운동 연합, 녹색 소비자 연대 등을 사례로 들 수 있는 정치 주체는 시민 단체이다.

08

제시문은 정당에 대한 설명이다.

오답 피하기

ㄷ. 미디어를 통해 정부 정책을 비판하고 해설하면서 여론 형성을 주도하는 정치 주체는 언론이다.

ㄹ. 시민의 다양한 의견을 반영하여 정책을 수립하고 집행하는 정치 주체는 정부이다.

09

정부 부서 중 하나인 보건 복지부는 공식적으로 정책을 결정할 수 있는 권한을 가지고 정책을 구체적으로 집행하는 역할을 담당한다.

오답 피하기
② 정부는 공식적인 정치 주체이다.
③ 법원에 대한 설명이다.
④ 이익 집단에 대한 설명이다.
⑤ 국회에 대한 설명이다.

10

정치과정의 단계 중 (가)는 이익 표출에 해당한다. 이익 표출이란 개인이나 집단이 자신들의 다양한 의견과 요구 사항 등을 다양한 방법으로 표현하는 단계를 말한다.

오답 피하기
ㄴ. 국회에서 정책의 바탕이 되는 법률을 만드는 것은 정치과정의 단계 중 정책 결정에 해당한다.
ㄹ. 정부가 정책을 실시하는 것은 정치과정의 단계 중 정책 집행에 해당한다.

11

제시된 자료는 정당과 언론이 시민들의 다양한 이익을 모아 요약하고 대안을 제시하는 내용을 나타낸다. 이는 정치과정 단계 중에서 이익 집약에 해당한다.

12

지방 의회는 지역 주민의 의견을 바탕으로 지역에 필요한 자치 법규인 조례를 제정하거나 개정하는 일을 한다. 또한 지역의 예산을 어떻게 사용할지 심의하여 확정하고, 집행 기관이 역할을 잘하고 있는지 견제하고 감시한다.

오답 피하기
① 지방 자치 단체는 4년마다 실시되는 지방 선거를 통해 구성된다.
② 시, 군, 구 등은 기초 자치 단체에 해당한다.
③ 지방 자치 단체장은 집행 기관에 해당한다.
④ 집행 기관인 지방 자치 단체장은 자치 법규인 규칙을 제정한다.

13

지방 자치가 제대로 이루어지려면 지방 정부가 중앙 정부로부터 자율성을 가져야 하며, 지역 주민들이 지방 의회 의원과 지방 자치 단체장을 직접 선출해야 한다.

14

㉠은 지방 의회, ㉡은 지방 자치 단체장에 해당한다. ① 지방 의회는 조례를 제정한다.

오답 피하기
② ㉠은 지방 의회이다.
③ 지방 의회와 지방 자치 단체장의 임기는 모두 4년이다.
④ 지방 자치 단체장이 지방 의회에 예산안을 제출한다.
⑤ 지방 의회 의원은 지방 선거를 통해 주민이 직접 선출한다.

15

지방 자치 제도에서 지역의 각종 행정 사무를 처리하고 규칙을 만드는 것은 지방 자치 단체장이다. ① 기초 자치 단체장에 해당한다.

16

지역 주민은 지역 사회의 문제를 해결하기 위해서 지방 선거, 주민 투표, 공청회 또는 주민 설명회 등에 참가할 수 있다.

오답 피하기
ㄱ. 지방 의회가 담당하는 역할이다.
ㄷ. 지역 정책의 바탕이 되는 규범은 조례와 규칙이다. 국회에서 법률을 제정한다.

17

빈칸 ㉠에 들어갈 정치 참여 제도는 주민 참여 예산 제도이다. 주민 참여 예산 제도는 주민이 지방 자치 단체의 예산 편성 과정에 참여하여 예산의 우선순위 등을 결정하는 제도를 말한다.

대단원 서술형 문제

실전책 63쪽

01

예시 답안 (1) ㉠ - (선거)
(2) 공정한 선거를 위해서는 보통 선거, 평등 선거, 직접 선거, 비밀 선거의 원칙을 지켜야 한다. 보통 선거의 원칙이란 일정한 연령에 달한 모든 국민에게 선거권을 부여한다는 원칙이다. 평등 선거의 원칙이란 모든 유권자는 동등한 가치의 투표권을 행사해야 한다는 원칙이다. 직접 선거의 원칙이란 유권자는 대리인을 거치지 않고 자신이 직접 투표해야 한다는 원칙이다. 비밀 선거의 원칙이란 유권자가 누구에게 투표했는지 다른 사람이 알지 못하도록 비밀을 보장하는 원칙이다.

평가 기준	
상	민주 선거의 원칙 중 보통 선거, 평등 선거, 직접 선거, 비밀 선거의 개념을 모두 정확하게 서술한 경우
중	민주 선거의 원칙 중 보통 선거, 평등 선거, 직접 선거, 비밀 선거의 개념 중 2~3개만을 서술한 경우
하	민주 선거의 원칙 중 보통 선거, 평등 선거, 직접 선거, 비밀 선거의 개념 중 1개만을 서술한 경우

02

예시 답안 (1)㉠ - (지방 자치 제도)

(2) 지역 주민의 다양한 요구를 반영하여 그 지역의 실정에 맞는 정치를 실시할 수 있다. 국가 권력이 중앙 정부에 집중되는 것을 막아 권력 분립의 원리를 실현할 수 있다. 주민이 민주주의를 직접 체험하고 배울 수 있는 기회를 제공한다.

평가 기준	
상	지방 자치 제도의 의의를 세 가지 이상 서술한 경우
중	지방 자치 제도의 의의를 두 가지만 서술한 경우
하	지방 자치 제도의 의의를 한 가지만 서술한 경우

03

예시 답안 (가) 정당이란 정치적 의견이 같은 사람들이 정치권력을 획득하기 위해 만든 집단이다. 정당은 정치권력을 얻기 위해 시민의 다양한 의견을 모아 여론을 형성하고, 이를 국회나 정부에 전달하여 정책에 반영시키기 위해 노력한다. (나) 언론은 신문, 방송, 인터넷 등의 매체를 통해 정보를 제공하는 정치 주체이다. 언론은 정책에 대한 해설이나 비판을 제시함으로써 여론을 형성하는 데 중요한 역할을 한다. 또한 정치과정 전반에 대한 정보를 제공하여 시민들이 정치에 참여하는 데 도움을 주기도 한다.

평가 기준	
상	정당과 언론의 의미를 모두 쓰고, 정당과 언론의 역할을 정치과정과 관련하여 서술한 경우
중	정당과 언론의 의미를 모두 쓰고, 각각의 역할을 서술하였으나, 정치과정과 관련 없는 내용이 포함되고 글의 분량이 많이 부족한 경우
하	정당의 의미 또는 언론의 의미 중 하나만을 서술한 경우

XI. 일상생활과 법

쪽지 시험

실전책 64~65쪽

01 법의 의미와 목적

1 1 사회 규범 2 도덕 3 착한 사마리아인 법
4 제재 5 분쟁 6 정의

2 1 관습 2 도덕 3 법 4 동기, 결과
5 자율성, 강제성 6 정의

3 1 ○ 2 ○ 3 × 4 × 5 ○ 6 ×

02 생활 속의 다양한 법

4 1 공법 2 헌법 3 형법 4 사법 5 민법
6 최소화 7 사회법 8 노동조합 및 노동관계 조정법
9 경제법

5 1 ○ 2 ○ 3 × 4 ○ 5 × 6 ○

6 1 헌법 2 형법 3 사법 4 사회법
5 사회 보장법

03 재판의 의미와 공정한 재판

7 1 ○ 2 × 3 ○ 4 × 5 ○ 6 ×

8 1 민사 재판 2 원고 3 피고인 4 공개 재판주의
5 심급 제도 6 대법원

9 1 민사 재판 2 검사 3 고등 법원
4 증거 재판주의 5 3번 6 법관 7 항소, 상고

대단원 종합 문제

실전책 66~68쪽

01 ①	02 ④	03 ⑤	04 ④	05 ③
06 ③	07 ①	08 ①	09 ⑤	10 ⑤
11 ①	12 ②	13 ④	14 ⑤	15 ⑤
16 ②	17 ②	18 ③		

01

학교생활뿐만 아니라 출생, 취업, 결혼, 사망에 이르기까지 우리는 전 생애에 걸쳐 법의 보호와 규제를 받으며 살아간다. 이처럼 법은 우리의 일상생활과 동떨어진 것이 아니라 밀접하게 연결된다.

02

관습은 의식주, 관혼상제와 같이 어떤 사회에서 오랫동안 지켜 내려온 질서나 풍습을 말한다. 도덕은 효도, 어른 공경 등과 같이 인간이 당연히 지켜야 할 도리이다. 우리나라에서는 관습에 따라 돌잔치를 하고, 도덕에 따라 대중교통을 이용할 때 어른에게 자리를 양보해야 한다고 생각한다. 따라서 빈칸 ㉠에 들어갈 사회 규범은 관습이고, ㉡에 들어갈 사회 규범은 도덕이다.

03

법은 행위의 결과를 중시하고, 강제성이 있기 때문에 법을 지키지 않으면 국가로부터 제재를 받는다. 반면, 도덕은 양심에 따라 자율적으로 지키도록 하는 사회 규범으로 행위의 동기를 중시한다.

오답 피하기

① ㉠에 들어갈 내용은 '결과'이다.
② ㉡에 들어갈 내용은 '동기'이다.
③ ㉢에는 '강제성'이 들어가야 한다.
④ ㉣에는 '자율성'이 들어가야 한다.

04

「주택 임대차 보호법」은 국민 주거 생활의 안정을 보장하고자 제정된 법으로 자기 집이 없이 전세나 월세로 살아가는 사람들의 권리를 보호하고 있다. 「장애인 복지법」은 장애인의 재활과 보호를 목적으로 제정된 법으로 장애를 가진 사람들의 권익을 보호하고 있다.

05

제시문은 정의에 대한 설명이다. ③ 정의 실현은 무조건 똑같이 대한다고 이루어지는 것이 아니다. 범죄자에게 그가 저지른 죄의 크기만큼 형벌을 받도록 하는 것이 정의를 실현하는 것이다.

06

공법이란 국가와 개인 또는 국가 기관 간의 공적인 생활 관계를 규율하는 법이다. ㄴ. 폭행 혐의를 받아 형사 재판을 받게 되므로 공법의 적용을 받게 된다. ㄷ. 국민의 대표자를 선출하는 선거에 참여하는 것은 공법의 적용을 받는 생활 영역이다.

오답 피하기

ㄱ. 부동산 매매 계약은 개인의 재산권과 계약에 대한 내용이므로 사적인 생활 영역을 규율하는 사법의 적용을 받는다.
ㄹ. 사회 · 경제적 약자를 보호하는 법은 사회법이다.

07

제시된 자료에는 민법과 상법이 나타나 있으므로 (가)에는 사법이 들어가야 한다. 사법은 사적인 생활 관계를 규율하는 법이다.

오답 피하기

ㄷ. 형법에 대한 설명이다. 형법은 공법에 속한다.
ㄹ. 사회법에 대한 설명이다.

08

강제성을 가진 사회 규범은 법이며, 그중 공적인 생활 관계를 다루는 것은 공법이다. 공법 중 한 국가의 최고 법은 헌법이므로 (가)에는 헌법이 해당한다. 한편, 법 중에서 사적인 생활 관계를 다루는 것은 사법이고, 사법 중 개인의 재산 및 가족 관계를 규정하는 법은 민법이다. 따라서 (나)에는 민법이 들어가야 한다.

09

(가) 사법은 개인과 개인 사이의 사적인 생활 관계를 규율하는 법이다. (나) 공법은 국가와 개인 또는 국가 기관 간의 공적인 생활 관계를 규율하는 법이다. (다) 사회법은 개인 간의 생활 영역에 국가가 개입하는 법이다.

오답 피하기

① (가) 사법에는 민법, 상법 등이 있다.
② (나) 공법은 공적인 생활 관계를 규율한다.
③ 사회적 약자를 보호하는 법은 (다) 사회법이다.
④ (다) 사회법은 개인의 생활 영역에 국가가 개입하여 나타난 법이므로, 개인의 자유를 최대한 보장하는 것은 아니다.

10

제시된 법들은 모두 사회법에 속한다. 근로 기준법은 노동법, 전자 상거래법은 경제법, 장애인 복지법은 사회 보장법에 해당한다. ⑤ 사회법은 개인 간 생활 영역에 국가가 개입하여 등장한 법이다.

11

사회 규범 중 1단계 힌트는 '법'에 해당하고, '법' 중에서 2단계 힌트는 '사회법'에 해당한다. '사회법' 중 근로자의 권리를 보호하는 법은 '노동법'이다. ① 노동법에는 근로 기준법, 최저 임금법, 노동조합 및 노동관계 조정법, 남녀 고용 평등과 일 · 가정 양립 지원에 관한 법률 등이 있다.

오답 피하기

② 공정 거래법은 독점 규제 및 공정 거래에 관한 법률의 줄임말이다. 공정 거래법은 기업의 시장 독점과 횡포를 방지하고, 부당 공동 행위 및 불공정 거래를 규제하기 위한 법으로 경제법에 속한다.
③ 소비자 기본법은 소비자의 권익을 보호하기 위한 국가 기관의 구성과 활동을 규정한 법으로 경제법에 속한다.
④ 국민 건강 보험법은 국민의 질병 · 부상에 대한 예방과 치료 및 건강 증진을 위한 보험 급여를 정한 법률로 사회 보장법에 속한다.
⑤ 국민 기초 생활 보장법은 생활이 어려운 사람에게 필요한 급여를 제공하여 이들의 최저 생활을 보장하고 자활을 돕기 위한 법으로 사회 보장법에 속한다.

12

재판은 분쟁을 가장 확실하고 공정하게 해결하는 방법이지만, 시간과 비용이 많이 소요되고 당사자 간의 심리적 갈등이나 감정적 거리감이 발생할 수 있다.

오답 피하기

ㄴ. 재판을 통한 분쟁 해결은 공정하고 객관적인 판단이 가능하다는 장점이 있다.
ㄹ. 재판의 판결은 판사의 전문적인 판단을 통해 이루어진다.

13

밑줄 친 재판은 개인과 개인 사이의 분쟁을 해결하는 민사 재판에 해당한다. ④ 을은 범죄자가 아니며, 범죄 사건을 다루는 재판은 형사 재판이다.

14

형사 재판은 고소 또는 고발에 의해 범죄 사건에 대한 수사가 이루어진 뒤에 검사가 법원에 기소를 하면서 시작된다. 법정에서 검사는 증거를 통해 피고인의 범죄 사실을 밝히고, 피고인은 변호인의 도움을 받아 자신의 주장을 변론한다. 이후 판사는 진술과 증거를 토대로 피고인의 죄의 유무와 형벌의 정도에 대한 판결을 내린다. 따라서 형사 재판은 '(라) 범죄 피해자의 고소', '(다) 사건에 대한 수사', '(가) 검사의 기소', '(마) 검사의 신문; 변호인의 변론', '(나) 판사의 판결'의 순서대로 이루어진다.

15

(가)에는 원고와 피고가 나타나 있고, (나)에는 검사와 피고인이 나타나 있다. 따라서 (가)는 민사 재판, (나)는 형사 재판에 해당한다.

ㄱ. (가)는 민사 재판, (나)는 형사 재판이다.

ㄴ. 국민 참여 재판은 살인, 강도 등 죄가 무거운 형사 사건을 대상으로 이루어지며, 피고인이 원할 경우에만 시행된다.

16

사법권의 독립이란 재판이 국가 기관이나 여론 등의 영향을 받지 않고 공정하게 이루어지도록 하는 것을 말한다. ② 우리나라에서는 사법부의 구성원인 법관이 되기 위해서는 법학 전문 대학원에서 일정 기간 동안 교육을 받고 변호사 자격 시험을 통과한 후에 10년 이상의 법률 사무에 종사하면서 경력을 쌓아야 임용될 수 있다.

17

그림은 심급 제도를 나타낸다. 심급 제도는 한 사건에 대해 급을 달리하는 법원에서 여러 번 재판을 받을 수 있게 한 제도이다. ㄱ. ㉠은 최종심을 담당하는 대법원이므로 우리나라 최고 법원에 해당한다. ㄷ. 심급 제도는 법관의 잘못된 판결로 발생할 수 있는 국민의 피해 최소화한다. 이를 통해 공정한 재판이 이루어져 국민의 기본권이 보장된다.

ㄴ. ㉡은 상고, ㉢은 항소이다.

ㄹ. 심급 제도는 같은 사건을 세 번 재판하기 때문에 재판의 신속성과 효율성은 낮아지는 대신 재판의 공정성과 객관성은 높일 수 있다.

18

국민 참여 재판 제도는 국민의 사법 참여를 확대하고 재판의 공정성과 투명성을 높이는 데 기여하고 있다. ③ 배심원단은 재판에 참여하여 토의를 통해 피고인의 유무죄 및 형벌의 정도를 판단하여 판사에게 의견을 전달한다.

① 국민 참여 재판은 살인, 강도 등 죄가 무거운 형사 사건을 대상으로 이루어지며, 피고인이 원할 경우에만 시행된다.

② 판사가 배심원의 판단을 의무적으로 반영해야 하는 것은 아니지만 그 의견을 참고하여 판결을 내린다.

④ 국민 참여 재판이란 일반 국민이 형사 재판에서 배심원으로 참여할 수 있게 하는 제도를 말한다.

⑤ 만 20세 이상의 국민이라면 누구나 무작위 추첨을 통해 배심원이 될 수 있다.

대단원 서술형 문제

실전책 **69**쪽

01

 (1) ㉠ - (착한 사마리아인 법)

(2) 〈찬성 입장〉 나는 착한 사마리아인 법을 우리나라에 도입하는 것을 찬성하는 입장이다. 자신에게 특별한 위험을 초래하지 않는 데도 위험에 처한 사람을 구해주지 않는 것은 사회 구성원으로서 옳지 않은 행위이다. 따라서 타인의 위험을 방관하는 행위를 처벌함으로써 사회적 책임과 도덕성을 강화할 수 있다.
〈반대 입장〉 나는 착한 사마리아인 법을 우리나라에 도입하는 것을 반대하는 입장이다. 타인이 위험에 처했을 때 도울지 말지는 법으로 강제할 일이 아니라 교육의 영역이라고 생각한다. 착한 사마리아인 법을 도입하는 것은 개인이 위험에 처한 사람을 도울지 말 것인지를 결정할 자유를 심각하게 침해하는 것이다.

평가 기준	
상	착한 사마리아인 법에 대해 찬성 또는 반대 입장을 밝히고, 그 근거를 논리적으로 서술한 경우
중	착한 사마리아인 법에 대해 찬성 또는 반대 입장을 밝히고, 그 근거도 서술하였으나 내용이 빈약하거나 논리적이지 않은 경우
하	착한 사마리아인 법에 대해 찬성 또는 반대 입장만을 밝힌 경우

02

 (1) ㉠ - (사회법)

(2) 근대 시민 사회에서는 국가의 개입을 최소화하고 개인의 자유로운 경제 활동을 최대한 보장하는 것을 중요하게 여겼다. 그러나 산업 혁명 이후 자본주의가 발달하면서 노동 착취, 환경 오염, 빈부 격차 등의 여러 가지 사회 문제가 발생하여 최소한의 인간다운 생활조차 누리기 어려운 사람들이 많아졌다. 이에 그러한 문제점을 해결하기 위해 사적인 생활 영역에 국가가 개입하여 사회적 약자를 보호하도록 하는 사회법이 등장하였다.

평가 기준	
상	사회법의 등장 배경을 근대 이후 발생한 사회 문제를 구체적으로 제시하면서 그것을 해결하기 위해 국가가 개입하였다는 내용으로 전체적인 글의 구성과 흐름이 매끄럽게 서술한 경우
중	사회법의 등장 배경을 산업 혁명 이후 발생한 사회 문제 해결을 위해 국가가 개입하였다는 내용으로 서술하였으나 글의 구성과 흐름이 매끄럽지 않은 경우
하	사회법의 등장 배경을 단순히 사적인 생활 영역에 국가가 개입하여 나타났다는 내용만으로 서술한 경우

03

예시 답안 ㉠에 들어갈 사법 제도는 심급 제도이다. 갑은 편의점에서 발생한 화재 사건을 저질렀다고 의심되어 1심 법원인 지방 법원(지방 법원 단독부)에서 형사 재판을 받았다. 판결에 따라 갑은 벌금 500만 원을 물게 되었다. 하지만 갑이 화재를 낸 것이 아니었기 때문에 판결에 불복하여 항소하였다. 2심 법원인 지방 법원 합의부에서는 갑이 화재를 낸 것이 아니라는 판결이 내려져 무죄를 선고받아 갑의 억울함이 해소되었다. 이처럼 심급 제도는 법관의 잘못된 판결로 발생할 수 있는 국민의 피해를 최소화한다. 이를 통해 공정한 재판이 이루어져 국민의 기본권이 보장될 수 있다.

평가 기준	
상	㉠에 들어갈 사법 제도를 심급 제도라고 쓰고, 제시된 사례를 바탕으로 그 활용 방안과 목적을 서술한 경우
중	㉠에 들어갈 사법 제도를 심급 제도라고 쓰고, 그 활용 방안과 목적을 서술하였으나 제시된 사례를 바탕으로 하지 않고 일반적인 내용만을 제시한 경우
하	㉠에 들어갈 사법 제도를 심급 제도라고 쓰고, 그 목적만을 서술한 경우

XⅡ. 인권과 기본권

쪽지 시험

실전책 70~71쪽

01 인권 보장과 기본권

1 **1** 인권 **2** 헌법 **3** 시민 혁명 **4** 세계 인권 선언 **5** 인권 침해 **6** 기본권 **7** 청구권

2 **1** × **2** ○ **3** ○ **4** × **5** ○ **6** ○ **7** ○ **8** ×

3 **1** 보편적 **2** 자연권 **3** 국제 연합 **4** 자유권 **5** 청구권 **6** 사회권

02 기본권 제한과 침해 시 구제 방법

4 **1** 기본권 **2** 질서 유지 **3** 헌법 재판소 **4** 재판 **5** 인권 침해 **6** 국민 권익 위원회

5 **1** ○ **2** ○ **3** × **4** ○ **5** × **6** ○

6 **1** 법률 **2** 공공복리 **3** 국민 권익 위원회 **4** 진정 **5** 헌법 재판소

03 근로자의 권리와 노동권 보장

7 **1** 근로자 **2** 최저 **3** 단체 교섭권 **4** 노동조합 **5** 단체 행동권 **6** 부당 노동 **7** 노동 위원회 **8** 고용 노동부

8 **1** ○ **2** ○ **3** × **4** × **5** ○ **6** ○ **7** × **8** ○ **9** ×

대단원 종합 문제

실전책 72~74쪽

01 ④	**02** ③	**03** ②	**04** ③	**05** ①
06 ⑤	**07** ⑤	**08** ④	**09** ⑤	**10** ⑤
11 ①	**12** ⑤	**13** ③	**14** ③	**15** ③
16 ②	**17** ①	**18** ③		

01

㉠에 해당하는 말은 인권이다. 인권은 인간이면 누구나 누릴 수 있는 보편적 권리이며 태어나면서부터 가지게 되는 권리이다.

오답 피하기

① 노예와 농노는 인권을 누릴 수 없는 계층이었다.

② 인권은 국가가 성립되어 법이 만들어지기 전부터 자연적으로 부여된 권리이다.

③ 인권은 태어나면서부터 하늘로부터 부여받은 권리로 인권을 보장하는 문서가 만들어진 후 인간이 누릴 수 있는 것이 아니다.

⑤ 법이 만들어지기 전부터 인권은 인간이 누릴 수 있었던 자연권이다.

02

고대의 노예나 중세의 농노는 인간으로서 존중받지 못하고 인권을 누릴 수 없는 계층이었다. 근대에 이르러서야 절대 군주의 지

배에 저항하는 시민 계급의 성장으로 자유와 평등을 제도적으로
보장받기 시작하였다. 제2차 세계 대전 때 인권을 침해받는 일이
대거 발생하자 국제 연합(UN)에서는 모든 인간이 누려야 할 인
권의 기준을 제시한 세계 인권 선언을 발표하였다.

오답 피하기

ㄱ. 고대의 노예는 다른 사람의 소유로 강제로 노역을 당하는 사람으
로 오랫동안 인간으로서의 인권을 가진 존재가 아닌 물건처럼 사
고 팔리는 존재였다.

ㄹ. 세계 인권 선언은 제2차 세계 대전 이후 국제 연합에서 채택하여
발표한 선언문이다.

03

인권 침해는 개인이나 집단 또는 국가 기관 등에 의해 인권을 제
대로 보장받지 못하는 것으로 사회 구성원의 편견과 고정 관념,
사회의 관습, 국가의 잘못된 법률과 제도에 의해 발생한다. 제시
된 사례는 장애를 이유로 해당 업무를 수행할 수 없을 것이라는
사회 구성원의 편견에 의해 발생한 사례로 볼 수 있다.

오답 피하기

⑤ 장애인의 인권과 관련하여 인식하고 민감하게 받아들이는 인권 감
수성을 높여 장애인의 인권이 보장되고 있는지 살피고 인권이 침
해되지 않도록 관심을 가지는 자세가 필요하다.

04

인권은 모든 사람이 차별 없이 동등하게 누려야 하는 것이다. 성
별, 인종, 종교, 장애의 유무 등을 이유로 자신의 권리를 보장받
지 못하는 것은 인권 침해에 해당한다.

오답 피하기

① 인종 차이에 따른 차별로 인권 침해이다.

② 장애인 이동의 자유를 보장하기 위해 우리나라는 법으로 장애인 화
장실 설치를 의무화하고 있다.

④ 동의 없이 타인의 사진을 올리는 것은 개인의 사생활을 보호받을
권리를 침해한 것이다.

⑤ 장애를 가졌다는 이유로 공무원 시험 응시를 제한한 것은 개인의
평등권을 침해한 것이다.

05

신체의 자유, 거주 · 이전의 자유, 사생활의 비밀과 자유는 모두
자유권에 해당하는 권리이다.

오답 피하기

② 평등권에 해당하는 설명이다.

③ 인간의 존엄과 가치 및 행복 추구권에 해당한다.

④ 청구권에 대한 설명이다.

⑤ 사회권에 대한 설명이다.

06

첫 번째 내용은 사회 보장 제도에 관한 것이다. 사회 보장 제도는
인간다운 생활을 국가가 보장하는 것으로 사회권에 해당한다. 두

번째 내용은 건강하고 쾌적한 환경에서 생활할 권리인 환경권에
대한 것이다. 환경권은 사회권에 해당한다.

07

기본권은 국가의 안전 보장, 질서 유지, 공공복리를 위해 필요한
경우에 한하여 국회가 정한 법률에 의해 제한될 수 있다. 기본권
을 제한하더라도 자유와 권리의 본질적인 내용은 침해할 수 없다.

08

전염병 예방을 위해 식당 운영 시간을 제한하는 것은 공공의 이
익(공공복리)를 위해 개인의 자유권을 제한한 것이다.

09

A씨는 장애를 가졌다는 이유로 식당 출입을 거부당함으로써 인
권이 침해되었다. ⑤ 국가 인권 위원회에 진정을 넣어 침해된 권
리를 구제받을 수 있다.

오답 피하기

② 헌법 재판소는 국가 권력에 의해 기본권이 침해되었을 때 헌법 소
원 심판을 통해 국민의 권리를 구제한다.

③ 언론 중재 위원회는 잘못된 언론 보도로 인한 피해를 심의하는 기
관이다.

10

㉠에 들어갈 기본권은 사회권이다. 사회권은 인간다운 생활의 보
장을 국가에 요구할 수 있는 권리로 교육을 받을 권리, 근로의 권
리, 사회 보장을 받을 권리 등이 있다.

오답 피하기

① 자유권에 대한 설명이다.

② 평등권에 대한 설명이다.

③, ④ 참정권에 대한 설명이다.

11

법원은 사법권을 행사하여 인권을 구제하는 대표적인 국가 기관
이다.

오답 피하기

② 국민 권익 위원회는 국민의 인권 보호와 고충 처리를 위해 불합리
한 행정 제도를 개선하는 기관이다.

③ 국가 인권 위원회는 진정을 처리하여 인권 침해를 구제하는 독립적
인 국가 기관이다.

④ 헌법 재판소는 헌법 소원 심판을 통해 국민의 기본권을 보장한다.

⑤ 국가 인권 위원회에 대한 설명이다.

12

국민 권익 위원회는 행정 기관의 위법하고 부당한 처분으로부터
기본권이 침해된 국민이 고충 민원을 접수하면 침해된 기본권을
구제하는 기관이다.

13

최저 임금 제도에 대한 설명이다. 최저 임금 제도는 근로자의 최소한의 생활을 보장하기 위해 임금의 최저 수준을 법으로 정한 것이다.

오답 피하기

ㄱ. 최저 임금 제도는 상대적으로 사용자보다 불리한 위치에 있는 근로자를 보호하기 위한 것이다.

ㄹ. 청소년 근로자도 성인 근로자와 동일하게 최저 임금제의 보호를 받는다.

14

(가)는 단체 행동권, (나)는 단결권에 해당한다.

오답 피하기

① 쟁의 행위는 사용자와의 협의가 원만하게 이루어지지 않았을 경우 일정한 절차를 거쳐 할 수 있으며, 대표적으로 파업, 태업 등이 있다.

② 단결권은 근로자가 근로 조건의 유지·개선과 그 밖의 경제적·사회적 지위의 향상을 목적으로 단결할 수 있는 권리이다.

④ 단결권, 단체 교섭권, 단체 행동권은 노동 3권으로 보장하고 있다.

⑤ 노동 3권인 단결권, 단체 교섭권, 단체 행동권은 사용자에 비해 불리한 위치에 있는 근로자의 권리를 보호함으로써 노사 간의 균형적인 관계를 이루기 위한 것이다.

15

사용자가 근로자의 노동 3권을 침해하거나 그 행사를 방해하는 것을 부당 노동 행위라고 한다. ③ 노동조합 결성을 감시하고 방해한 것은 노동자의 단결권을 침해한 것으로 부당 노동 행위이다.

오답 피하기

① 임금을 제때 주지 않는 임금 체불에 해당한다.

② 육아, 출산을 이유로 부당하게 해고를 통보하는 부당 해고에 해당한다.

16

제시된 사례에서는 노동조합에 가입하고 활동하는 근로자에게 불이익을 주어 단결권을 방해하는 부당 노동 행위와 노동조합의 대표를 부당하게 해고하는 노동권 침해 행위가 나타나 있다.

17

육아 휴직을 이유로 부당하게 해고를 통보한 사례이다. 부당 해고는 정당한 이유 없이 근로자를 해고하는 행위로 노동 위원회에 구제를 신청하거나 법원에 소송을 제기하여 구제받을 수 있다.

18

근로자의 권리 보장은 근로자 개인의 문제가 아니므로 국가가 노동권 보호를 위한 법을 정비하고, 사용자는 근로자의 권리를 존중하는 자세가 필요하다. 또한 근로자도 자신의 권리를 알고 이를 보장받기 위해 노력하는 자세가 필요하다.

대단원 서술형 문제

실전책 75쪽

01

예시 답안 (1) ㉠ - (자유권)

(2) 헌법 재판소에 헌법 소원을 청구하여 침해된 기본권을 구제받을 수 있다. 또는 헌법 재판소의 헌법 소원 심판을 통해 침해된 기본권을 구제받을 수 있다.

평가 기준	
상	자유권이라고 쓰고, 침해된 기본권을 구제할 수 있는 방안을 정확하게 서술한 경우
중	자유권이라고 쓰고, 침해된 기본권을 구제할 수 있는 방안을 미흡하게 서술한 경우
하	자유권이라고 썼으나, 침해된 기본권을 구제할 수 있는 방안을 서술하지 못한 경우

02

예시 답안 (1) 노동 위원회

(2) 노동 위원회는 부당 해고와 부당 노동 행위로 인한 노동권의 침해를 구제하는 역할을 한다.

평가 기준	
상	노동 위원회의 역할을 부당 해고와 부당 노동 행위 모두 제시하고 그 내용을 정확하게 서술한 경우
중	노동 위원회의 역할을 부당 해고와 부당 노동 행위 중 하나만 제시하고 그 내용을 정확하게 서술한 경우
하	노동 위원회의 역할을 부당 해고와 부당 노동 행위 중 하나만 제시하고 그 내용을 미흡하게 서술한 경우

03

예시 답안 아파트 경비원들은 정당한 이유 없이 해고를 통보받은 부당 해고와 받아야 할 임금을 제때 받지 못하는 임금 체불로 인해 노동권이 침해되었다. 이와 같이 부당 해고와 임금 체불로 인한 노동권 침해 시 노동 위원회와 고용 노동부에 구제를 신청하거나 법원에 소송을 제기하여 재판을 청구할 수 있다. 근로자의 권리 보장은 근로자 개인의 문제가 아니라 국가와 시민 사회가 노동의 가치를 생각하면서 함께 지켜나가야 한다. 이에 국가는 노동권 보호를 위한 관련법을 정비하고, 사용자는 근로자의 권리를 존중하는 자세를 가져야 한다. 근로자 자신도 자신의 정당한 권리를 보장받기 위해 노력하는 자세가 필요하다.

평가 기준	
상	노동권 구제 방법을 제시하고, 근로자의 권리 보장 방안을 국가 및 개인적 측면으로 구분하여 서술한 경우
중	노동권 구제 방법을 제시하였으나, 근로자의 권리 보장 방안을 국가 및 개인적 측면 중 한 가지만 서술한 경우
하	노동권 구제 방법을 제시하였으나, 근로자의 권리 보장 방안을 서술하지 못한 경우

구독으로 무제한 학습
가벼운 시작, 무한한 성장
EBS eBook
만점왕, 뉴런, 수능특강 등 EBS 교재를 구독으로 만나 보세요
단체 구입 문의 | pub@ebs.co.kr
book.ebs.co.kr

중학

뉴런

정답과 해설